【中国现代史学要籍文献选汇·中国历史（第一编）】

中国史话

（一——四册合集）

韦休 编

上海三联书店

图书在版编目(CIP)数据

中国史话/韦休编. —上海：上海三联书店，2020.11
（中国现代史学要籍文献选汇·中国历史）
ISBN 978-7-5426-7235-3

Ⅰ.①中…　Ⅱ.①韦…　Ⅲ.①中国历史　Ⅳ.①K20

中国版本图书馆CIP数据核字(2020)第207802号

中国史话

编　　者：韦　休
责任编辑：程　力
责任校对：江　岩
装帧设计：清　风
策　　划：嘎　拉
执　　行：取映文化
加工整理：嘎　拉　笑　然　牵　牛　牧　原
监　　制：姚　军
出版发行：上海三联书店
（200030）中国上海市漕溪北路331号A座6楼
印刷装订：常熟市人民印刷有限公司
版　　次：2021年1月第1版　**印　　次：2021年1月第1次印刷**
开　　本：650×900毫米　1/16开
字　　数：800千字
印　　张：60.5

ISBN 978-7-5426-7235-3/K.616　　定价：388.00元（精装）

韋休編
朱中翰校

中國史話（一）

中華民國二十年九月初版

中國史話第一册

目次

中國史話（原名中國的故事）

第一章　太古的中國

這一部書裏，是源源本本的記着，我們中國從太古到現在，怎樣成立，怎樣發達，許多重要的故事。

第一個問題，我們要考究誰開創這個中國？一個國家，決不是一個人的力量能够造成的，所以我們不能指出那一個人開創中國，我們只能指出開創中國的是那一夥人。

要回答這個問題，先要明白世界人類的派別。世界人類原來是『一本同源』的，只因千萬年來，各受所住地方氣候食物等不同的影響，生出各種各族的分別。據現在研究人種學的學問家說，世界人類可分爲四大人種：就是黃色人種、白色人種、黑色人種和紅色人種。每一人種再分爲若干民族。開創中國的就是黃色人種中的漢族。❶

第二個問題，『中國』這個名稱怎樣起的？原來『中國』二字，表示中央的意思。我們漢族人對於四邊的外族，一向很看輕他們，當他們野蠻民族，稱他們爲東夷、西戎、南蠻、北狄；自居中央，以爲是文明的高貴的民族，稱爲中國。所以中國的疆域就是我們漢族人所立國家政治勢力達到的地方。太古的中國，是指黃河流域一帶地方；現今中國精華聚集的長江流域，那時候還是南蠻居住的地方呢。

漢族人是一向住在黃河流域的呢，還是從別的地方遷移得來的呢？這還沒有碻實的證據來斷定。古書上載中國人民古代祭祀所供的神，有『崑崙之神』，或者崑崙地方，就是漢族人的老家了。崑崙在那兒呢？考據下來，就在現今新疆省西北一帶高原上。這一帶高原，據人種學家的意見，以爲是世界各大民族的老家。所以研究中國歷史的人，也大都以爲我們漢族人是從這一帶高原，經由現今的新疆甘肅兩省地方，遷到黃河流域來的。這不過是一種推測，究竟是否碻實，要等將來發見更多的古物，以及別種古史的資料，來詳細考定了。

漢族人怎樣遷到黃河流域，和初到黃河流域的時候，怎樣情形，現在已經無從查考。姑且把古書上記着的幾種傳說，錄在下面：

開天闢地的祖先，名叫盤古氏。❷那時天地混沌，和雞子一般，盤古氏生在其中。一萬八千歲之後，天地開闢，輕清的東西變爲天，重濁的東西變爲地，盤古氏住在這天地的中間；天地和盤古氏各自變化，天每日高一丈，地每日厚一丈，盤古氏每日長一丈，這樣的又經過了一萬八千年，天極高，地極厚，盤古氏極長了。盤古氏之後，有天皇氏，兄弟十二人，各人一萬八千歲；有地皇氏，兄弟十一人，也是各人一萬八千歲；有人皇氏，兄弟九人，凡一百五十世，合計四萬五千六百年。這簡直是一段神話，誰都知道全是憑空想像，萬無此種事實的。

發明居住的祖先，名叫有巢氏。古代的世界，人類和各種鳥獸蟲豸，雜住在一起，人類往往被兇猛的野獸殺死，被有毒的蟲豸傷害。有一位聰明的聖人，教大家在樹上，搭起窠來居住，就不致被猛獸毒蟲殺傷了。這位聰明的聖人，大家都稱他有巢氏，亦稱大巢氏。

有巢氏之後，人類雖是有了住處，但還不知道用火，晚上住在黑暗裏，吃東西還是生吞活剝的。過了許多年，又有一位聖人出世，他發明了鑽木取火的方法。他在樹林裏走的時候，看見一種啄木鳥啄食樹枝，往往發出火花來；因此用木棒上在樹木鑽研，試了好幾回，居然也有火花發出來了。他漸漸知道利用火來點燈，利用火來煮熟吃的東西。這位聰明的聖人，大家都稱他燧人氏。

到伏羲氏的時候，文化已大有進步。他看見蜘蛛結網捕捉食物，因而發明了結網的方法，用樹葉或草桿搓繩，用繩結成大網和小網，作爲捕鳥捕獸捕魚的器具。又知道有幾種比較馴順的容易繁殖的野獸，可以豢養着充作食料，乃發明牧畜的方法。他又依着天象，制成八卦。這八卦代表中國古代的術數思想，一部記載中國古代術數思想的易經，就是用這八卦推演出來的話。直到現在，社會上還有人迷信八卦是驅邪的法寶。那時候沒有別種文字，所以也有人以爲這八卦就是中國最古的文字。

古代的野蠻社會，男女配偶，並不固定的，所以人民但知有母，不知有父。伏羲氏發明牧畜之後，財產和奴隸的制度，從此開始，男子就成爲牲畜、財產、奴隸的主人，在社會上和家庭中的地位漸漸重要，男女之間漸有固定配偶的必需，於是發生一夫一妻的婚姻制度。

伏羲氏之後，有神農氏出世。他因當時人民，吃果實和獸肉，每有疾病和毒傷的危險，所以辨嘗各種草木，研求滋養人身的食物，發見一種美味的植物，叫做穀類。他細心考察穀類生長的情形，發明栽種的方法，和栽種的器具。他教大家製耒耜（栽種的器具），種五穀，就成爲中國農作的祖先。

神農氏又規定一種『日中爲市』的方法。他看到人民拿了有餘的東西，要換取缺乏之東西，必須東奔西走，彼此詢問，費時間，費精力，非常不便。於是指定一處適中便利的地點，使大家每逢日中的時候，聚集在那裏交換貨物。

燧人氏伏羲氏和神農氏中國古史上稱爲三皇。三皇之後，便是五帝。五帝的名稱，就是黃帝、顓頊、帝嚳和堯、舜。五帝時代，關於人類生活的事物，有九件重要的發明：

一、用麻織布，用蠶絲織帛，方始有遮蔽全身，形式完善的衣服。

二、用粗大的樹幹刳空了，造成獨木船；用細長的樹枝削成了槳，作爲渡河的器具。

三、把牛馬等牲畜養得馴熟了，教他們馱載笨重的東西，運送到很遠的地方去。

四、用木作梁柱，用泥土築牆，用茅草蓋屋，造成房屋，以避風雨。

五、知道許多人聚居一塊，結成村落。村落裏設置柵門碉樓，晚上派人打更守夜，防備敵人來侵奪住所和財產。

六、用樹枝弄彎曲了做弓，把樹枝削尖了做箭，作爲攻戰的武器。

七、用木做杵，掘地成臼，舂碎穀粒，製成糕餅。

八、從前人死了，就用茅草包裹了，拋在曠野裏；那時有人發明製棺槨來盛斂尸體，好好的安葬在泥裏，築成墳墓，墳上還種些樹木當作標記。

九、從前記事的方法是結繩，大事打大結，小事打小結，這方法終太簡陋，仍不免纏誤遺忘；那時有人發明一種象形文字，寫成書契。

這種種傳說，雖不免荒渺無稽，而且很像後人揣測的說話。但其中從天地的開闢，一直到社會的成立，所有進化的程序，還沒有多大錯誤。有巢氏是代表樹居時代的情形。三皇的傳說，是代表從漁獵時代進到耕稼時代的情形。五帝時代的發明，如衣服住屋器用，以及村落埋葬交通文字等事，都是描寫農業社會初期的發展

❶漢族這個名稱，不是民族的本名，是後來起的。古代漢族自稱，他族稱漢族，或稱『華』或稱『夏』。『漢』是朝代的名稱，漢朝的時候，我們民族的勢力很強盛，因此就把朝代的名稱，移作民族的名稱。現在稱我們中國有漢、滿、蒙、回、藏五大民族，『漢』字用作我們民族的名稱，已是很通行的了。

❷近來有人說，盤古氏的神話，是苗族人所傳，因爲現在的苗人還有祭拜盤古氏的風俗。

【研究問題】

漢族人爲什麼要從崑崙地方遷到黃河流域？

怎麼說盤古氏的神話全是憑空想像萬無此種事實的呢？

爲什麼住在樹上就不致被猛獸毒蟲殺傷呢？

火對於人類生活上的關係怎樣？

爲什麼有人迷信八卦是驅邪的法寶？

一夫一妻的婚姻制度爲什麼要到牧畜時代纔發生？

發明日中爲市之後社會上有什麼影響？

五帝時代的發明那一件對於人類生活的關係最重要？為什麼？

有巢氏燧人氏伏羲氏神農氏等古代眞有其人嗎？為什麼？

這種種傳說中那一些是荒渺不可信的？為什麼？

社會進化的程序大概是怎樣的？

第二章　大禹治洪水

中國古代的傳說中，有一件驚天動地的大事，就是五帝時代的末期，有一場洪水之災，幸虧大禹出來把他治平的。

洪水的故事，不但在中國古代的傳說中是一件大事，世界各地古代的神話，和宗教的經典上，往往有這樣的記載。洪水是怎樣來的？禹時的洪水，古書上沒有敍明來歷。各地的洪水，大都夾雜着許多神怪的故事，不可以信爲眞實。推想起來，或者是當時的人類，不知道疏通河道的緣故。有人以爲這是古代冰川融解的緣故，但從年代上推算起來，卻不符合。據地質學家的說法，地球上最近一次冰期，離開現在約有五萬年。中國洪水的故事，是四千年前的事。其他各地的傳說，年代也各各不同，災期長短又很不一律，顯然是各有各自地理上的原因了。

禹時的洪水，就地理上揣測起來，大概是黃河作怪。這個揣測，有兩種有力的根據：第一是黃河流域係我們漢族的先民孳生繁殖的地方，當時災情這樣的重大和普遍，一定是受黃河泛濫的影響。第二是這黃河從古以來常有水災發生，至今黃河隄岸的修築管理，還是國家的一件重大工程。

現在不妨先把黃河怎樣常有水災發生的道理，研究一下。黃河的發源地，在現今青海巴顏喀喇山的北麓，那裏地勢高出海面一四〇〇〇尺。上流經過甘肅陝西兩省地方，一路都在山谷裏面曲曲折折的，從高地向平原奔流。水中所含泥沙，也就不容易澱積起來。流到河南省滎澤縣以下，脫離了山脈的束縛，完全入於平原，水流既是和緩，兩岸又是一帶入水易化的黃土，水中所含泥沙，漸漸重濁，於是河身因積沙的緣故，漸漸高起，不得不築隄岸來防河水的漲溢了。年深月久之後，泥沙愈積愈厚，河隄愈築愈高，竟致於水面高過城牆，河底與地面相平，兩旁的隄岸，一經大水衝激，往往決口，釀成不可收拾的大水災。有時河水從決口衝入別的河槽裏去了，也就改走新路，舊道反漸漸的乾涸起來；這種乾涸的黃河舊道，在徐海一帶，還存留着呢。自從大禹平治洪水以後，至今約四千多年，黃河下游河道的大變遷，共計已有六次；其餘小小的變遷，那是數也數不清了。

就黃河現今的情形看來，已是這樣的可怕，何況在大禹沒有平治洪水的以前呢？那時有龍門呂梁❶二山，還沒有鑿開，黃河流到這裏，突然沒有了去處，就在孟門❷之上，胡亂向東流去。當夏秋時候，黃河上流冰雪融化，這一帶土地，不論山陵平原，一概衝沒，衝到東方，再與長江淮河的泛濫，打成一片。於是洪水滔天，成爲中國重大的災情了。

古書上記當時洪水的情形道：『當堯做天子的時候，洪水四處亂流，中國成爲龍蛇的世界，人民都沒有安定的住所，在低下的地方，只得在樹上築巢居住，比較高一點的地方，只得躲在小的山陵，或土丘上面。』這可見被災的十分可慘了。

堯見了這個景況，着急的了不得，下令訪求有平治洪水的人材。地方官保舉一個名叫鯀的，擔任這事，堯就命他試辦。豈知這鯀不懂水性，一味用隄岸來逼束洪水，要想使得受災的範圍縮小些。經過了九年工夫，耗費了不少物力，結果還是不成。後來堯讓天子之位給舜，舜考查鯀治水的成績，覺得他辦事過於荒唐，便公布罪狀，把他殺了，命鯀的兒子禹，繼續辦理此事。

禹受命之後，對於父親鯀的治洪水無功，結果被殺，十分痛心，決心要把洪水治好。他研究明白父親治洪水失敗的原因，知道應當從根本上用工夫，把河道的來源去路，整理得很有系統，方始可以使得一片汪洋的洪水，都依着一定的路道，流到海裏去，不致於到處亂流，漂沒田地。這個主見立定之後，便留心考察洪水最大的根源，好着手整理。他發見了黃河作怪是禍根，便決定先行整理黃河的水道。他從黃河上游積石山地方整理起，一路疏通，把龍門呂梁和砥砫⑧三處阻塞水道的山石設法鑿開，把下流分成九條水道，通入渤海與黃海中。

黃河治好之後，隨卽整理附近的濟河和淮河。其次，乃整理長江水道，從岷山起，往東逐段疏通，把三峽鑿通，引漢水也流入長江。於是中國的河道，成爲黃河、濟河、淮河、長江四條通海的大河，使附近的小河，都歸流到這四條大河裏。滔天的洪水，從此被大禹平定了。流亡的難民，方始安土定居，大禹的功績實在不小啊！

古書上載禹治水時的情形道：『禹受命之後，請益和后稷做助手，到處督同當地的百姓，逢山開山，沒路通路，挖深湖泊，疏濬源頭。禹自己用心計畫，詳細考查，十三年在外，一天也不肯休息；曾經三次經過自己的家門，也沒有進去一次，洪水治平之後，派益教百姓在多水的低地上栽種水稻，又派后稷管理各地的糧食，使各地方多餘的可以和缺乏的調劑平均。』這可見他的辛勤勞苦，盡力爲百姓謀利益了。

以上所述大禹的事跡，是實實在在確有其事的呢，還是一種神話呢？這還沒有人能够確切的斷定。這事在好幾種古書裏都載明，似乎不完全是假話。若就他的成績來說，卻也不能不使人起疑。整理全國河道的大工程，他只費了十三年工夫，居然有這樣好的成績，着實可驚。現今有了各種機械的幫助，也未必辦得到。在簡陋的古代，做出這樣的事業，可算是一種奇跡了！卽使說當時是命令全國人民合力工作的，他只是監工，那末他少不得要周歷各地，指導巡察，也不是十三年工夫可以辦到的啊！

【研究問題】

❶在現今山西省離石縣地方。

❷在現今山西省晉城縣與河南省沁陽縣的中間。

❸在現今山西省垣曲縣南首。

古代的洪水與現時的水災有什麼分別?

怎樣可以使黃河不會時常發生水災?

鯀治水爲什麼失敗?禹治水爲什麼成功?

禹爲什麼只整理成四條通海的大河?這四條通海的大河,如今在什麼地方?現狀怎樣?

禹把洪水治平之後,對於中國有些什麼好影響?

禹治水的成績既有可以使人起疑的地方,爲什麼不能確切斷定他是神話呢?爲什麼古書中大都有禹治洪水的記載?

第三章　三代的傳說

傳說中的古代中國，在三皇五帝之後，便是『三代』。所謂三代，就是指夏商和西周。這三代，有人以爲是古代統一中國的三個王室，其實那時候的中國，還在初開化的時代，政治組織還沒有脫盡部落的形式，不見得會有大一統的規模。據古書中所載的傳說來考究，這三代似乎就是漢族人在黃河流域所建立的，互相競爭的，三個強大部落，在全盛的時候，都曾做過各部落的盟主。

夏的始祖，就是平治洪水有功的大禹。在大禹以前，做天子的，不是由一姓相傳的，是由前任的天子，選取有才幹的賢人，教他做後任的天子。例如堯讓位給舜，舜又讓位給大禹。這種制度，在古書上美其名曰『禪讓』。後世都很稱贊，以爲他們能够不把天子的大權高位，私自傳給自己的子孫，而讓給當時有才幹的賢人，這是合乎『天下爲公』的精神，所以認爲歷史上的黃金時代，一向傳爲美談。

大禹受舜的禪讓做了天子，死後卻是由他的兒子啓承繼，從此就變禪讓爲世襲，是『家天下』的開始。但也有人說，禹死的時候，並不想使自己的兒子承繼爲天子，要禪讓給益的；只因啓也很有才幹，而且百姓都很思念他父親平治洪水的大功績，所以一致擁戴啓爲天子。當時並沒有『家天下』的私意，也不是有意要變禪讓爲世襲的。

啓的兒子名太康，在啓死之後，也承繼爲天子，但因專好音樂和打獵，任意荒廢政事，以致被羿驅逐，失去天子之位。這可見當時做天子的，倘或有些過失，比較好一點的人，便可以把他趕走了，自爲天子。那知事不湊巧，羿做天子不久，又被寒浞所殺，而寒浞的作爲，更不如太康。於是逃在外面的太康後人少康，乘此機會，又稱天子。古書稱他是『少康中興。』當時經了這樣的反覆，到底還是恢復了夏天子，世襲制度方始立定了牢不可破的基礎。

最後的夏天子名履癸。這人體力特強，據說能把鐵鈎拉直，能把鐵塊抽成鐵條。他自恃力大，任性亂做，一味搜括百姓的錢財，供自己飲酒作樂的使用，弄得百姓非常怨恨。有人勸他說：『做國王的應該愛惜百姓。現在大王爲求自己享用得快樂，搜括百姓的錢財，百姓必然懷恨；萬一百姓因懷恨而反叛起來，這便怎樣？』履癸聽了，大笑道：『百姓可以反叛國王？從來沒有這樣的道理！要知道一國的國王，好比天上的太陽，沒有太陽還能生活嗎？沒有國王還成一個世界嗎？』他又覺得這人多說多話，實在討厭，吩咐手下把這人驅除了，自己更加放肆，一點也沒有顧忌。百姓聽到了這個消息，更是怨恨，人人這樣的咒駡：『唉！這太陽什麼時候纔可以去掉呢！我們寧願同他一起死滅！』這履癸如此作威作福，給百姓怨恨，後世人就給他一個惡名叫做『桀』。

那時候西方另有一個部落，漸漸的強盛起來，部落名商，首領名湯。商湯是一個很有才幹的人，漸漸吞滅附近弱小的部落，開始和夏履癸相競爭。他又很能與行善事，使得人家都很願歸附他。他用兵征伐的時候，各地百姓都眼巴巴的盼望他早些來到，東面去征伐，西方的百姓失望了，南面去征伐，北方的百姓失望了，都說：『爲什麼遲到我們這裏呢？你來了我們纔有生路啊！』商湯這樣的受百姓歡迎，夏履癸那樣的被百姓怨恨，兩下競爭，不問可知商湯是一定可以得到勝利的。履癸被湯逼得逐步向東南退卻，最後在鳴條❶一戰，履癸大敗，逃到南巢❷，就死於亭山。❸商湯就代夏履癸爲天子。

關於商代的事績，比較夏代有些可靠的史料，可以供研究時的考證。在民國紀元年十三四年的時候，河南省彰德地方，發見許多刻文的甲骨，經歷史學家考據下來，知道是商代的遺物。從這些甲骨上的刻文中，查出許多商代君王的名號，並且知道商代的人民，還是過游獵的生活，而且有非常相信鬼神的風俗；因爲這些刻文，多半是卜占的繇辭❹，所卜的多半是關於打獵和祭鬼神的事。

迷信鬼神，有事必先卜占，這本是初民時代的遺風，不過商代此風特盛，竟致於成爲一朝政治的策術，差不多一切國家大事，都看卜占的繇辭來決定的，天子、百官都反對的辦法，只要卜占的繇辭贊成了，天子也只得照着執行。鬼神的權力關係政治這等重大，因此後人指商代是實行的神權政治。

商湯以後，傳到受辛，也是一個和夏履癸一般昏暴的君王。這受辛也有一個惡名叫做『紂』。後人談論歷史，往往把桀紂並稱，當作昏暴的君王的代表。古書中關於他們二人的罪過，也敍述得一模一樣的，都說是建築極精美的宮室，作酒池肉林，在宮中終夜飲酒，男女混雜，荒淫無度。想來他們二人，當日或者不見得如此作惡，也許是敵人故意張大他們的罪狀，和後人故意裝點的吧！

商代的末年，西方也有一個強大的部落興起，名稱叫周。據說他們的祖先，在大禹做天子時，做專管農事的官職，所以子子孫孫都以耕種爲業。後來夏天子不知道注意農事，他們就丟了官職，逃到西方野蠻民族所住的地方住下。據歷史學家的考證，大概他們最初是住在現今甘肅省和陝西省東西接界的地方。古書中說他們先時建國的地方在豳❺。在古公亶父的時候，受了野蠻民族的侵擾，乃遷到岐下❻。豳地的百姓，很信仰古公亶父，也都扶老攜幼的，跟着一同搬到岐下。古公亶父因此就地築城建屋，竭力保護他們。附近的百姓，看見他這樣仁愛，也都來歸附，國勢漸漸的強大了。

古公亶父的孫兒子名昌，是一個多才多藝，聰明仁厚的人，做了國君之後，一心整頓國事，招攬人才，國勢更加興盛了。商受辛得知了，便把昌召去，設法囚禁起來。周國的人慌了，打聽得受辛貪愛女色，便覓了美女進獻。受辛受了美女，居然釋放周昌，並且封他做『西伯，』爲西方各小國的領袖。周昌回國之後，益發多行善事，附近小國歸向他的更多了。

古書上有一段故事，很足以表示各小國心悅誠服，歸向周昌的情形。據說當時有虞芮兩國，因爭奪邊界的田地，相持不決，兩國的國君一同到周國來請求判斷。他們進到周國的境界，看見周國的百姓都很有禮貌，走在路上都是互相讓路，沒有爭先恐後的行爲；耕田的人也各把公共的田岸讓出，沒有暗下侵削了擴充自己的田地的。虞芮兩君，看了這個情形，覺得周國的人事事相讓，而自己卻爲了邊界的田地相爭起來，不免有些慚愧，因此各人都願讓出田地，不再爭執了。

周昌見諸侯歸心，於是自稱爲王，吞併附近的小國，在豐❼設立京都。不久，昌死，太子發承繼，竭力整頓軍事。有一回，在孟津❽地方舉行閱兵，各地派兵赴會的，據說有八百國。那時，商受辛更加暴虐得不成事體，任意殺人，有因諫勸的緣故被剖腹死的。於是周發乃宣布受辛罪狀，起兵攻商，帶了兵車四千部，直抵牧野❾。商受辛也發兵七十萬來抵禦。雙方兵力，商比周雖是人數衆多，但是兵心都不願爲受辛盡力，一經開戰，紛紛倒戈，受辛因此大敗。周發乘勝進逼，受辛只退回京師朝歌❿，上鹿臺，把一切珠玉珍寶，都帶在身上自己放火燒死。周發也趕到朝歌，把受辛的首級割下，掛在太白旂上示衆，一面將受辛所搜刮的財物散給百姓，一面就祭告天地，自稱天子了。後世稱周昌爲文王，稱周發爲武王。

以上敍述的故事，大半是出於傳說，未必實有其事；但就其中所提及的地名看來，大概夏代活動的中心在現今的山西省，商代活動的中心在現今的河南省，周代活動的中心在現今的陝西省，這很足以證明黃河流域是我們漢族人發跡的地方了。

❶現今山西省安邑縣。

❷現今安徽省的巢湖中。

❸現今安徽省和縣境內的歷陽山。

❹繇音胄（ㄓㄡ）。繇辭就是卜占卜出來的話。

❺現今陝西省邠縣。

❻現今陝西省岐山縣。

❼現今陝西省鄠縣。

❽現今河南省孟縣南首。

❾現今河南省汲縣。

❿現今河南省淇縣。

【研究問題】

部落時代爲什麼不會有大一統的規模？

禪讓，實有其事嗎？想起來是怎麼一回事？

怎麼說世襲制度是在少康中興時定的基礎？

爲什麼履癸作惡百姓只有怨恨不能反抗呢？

刻文的甲骨當初是作什麼用的？這種古物的發見，對於古史的研究有什麼好處？

爲什麼初民時代這樣的迷信鬼神？

神權政治要發生什麼流弊嗎？

爲什麼古書中把履癸和受辛的罪狀敘述得一模一樣？

周國注重農業與地理上有什麼關係？

虞芮兩君爭奪田地爲什麼要到周國來請求判斷呢？

周發在孟津閱兵是什麼意思？

商湯周昌的興行善事，履癸受辛的暴虐百姓，是否實有其事？爲什麼？

第四章　西周的事迹

周武王打敗商國，殺了受辛，自爲天子之後，想建設一個大一統的國家；於是着手把分據各地方的部落和小國，用天子的名義，加給他們一種封號，這就是所謂『封建。』當時封建的制度，是把爵位分爲五等，封地分爲三等。五等爵位，就是公、侯、伯、子、男。三等封地，是公、侯得封地百里見方，伯得封地七十里見方，子、男得封地五十里見方，封地不滿五十里的，稱爲附庸。據說受封的約有一千六七百國。這一千六七百國中，大部分是古代自然發生的部落，他們雖不是周天子建立的，但對於周天子也不表示反抗，周天子既不能無故把他們滅掉，也就給他一個封號，表示承認他們存在的意思。有些部落當初曾經幫助商受辛的，商滅亡之後，也連帶的被攻滅，周天子就把這些土地分封自己的子弟，和滅商有功的人。這種新封的各國，與周天子關係密切，周天子很要倚仗他們護衛王室，所以爵位也高，封地也大，使他們有監視舊有各小國的權能。又訂立定期朝見巡查訪問等辦法，用來維持相互的關係，而表示王室的尊嚴。

封建定妥之後，不久，武王死了，由兒子誦承繼，這是成王。成王年齡太小，恰當天下初定，只恐不足以鎮壓各地的諸侯，乃由武王的兄弟旦代行天子職權，稱爲攝政，這是周公。

我們中國社會一向很講究禮法，相傳這周公就是規定各種禮法的祖先。其實社會上的各種制度習慣，決不是一人一手的力量所能創立的，一定是世世代代日積月累的遺傳下來的。就是現在社會通行的各種法律，雖都有文字規定，但這種文字規定的法律，只是就社會上通行的規條記出，決不是先有文字的規條，然後通行的；否則卽使勉強通行，必致發生窒礙。我們中國是農業的古國，社會上一切制度習慣，當然是照着農業上的便利來規定的。周國注意農業最早，他們的制度習慣，當然對於後來的影響最大。周公是周代統一中國後管理政事最長久的人，他必然很用力把在西方通行的制度習慣，跟着農業的發達，推行中國各地；因此中國的禮法，都要說是他一人一手所創作的了。至於古書上寫着各種制度禮儀定得十分周密完備的，也許大半是後來人假托周公的著作。

周公攝政的時候，中國各地尙沒有十分安定，商國的後人，以及東南地方徐淮一帶的野蠻民族，都乘着武王新喪的機會，起兵反叛。周公的兄弟們，又有因嫉妒而在外造言生事的。於是周公乃用兵東征，平定亂事，征服異族，費時二年，方始成功。東征勝利之後，周公擇定洛邑❶地方，建立東都，作爲控制東方的根據地。

成王長成之後，周公乃把政權交還。成王死後，康王釗承繼。成王康王的時代，中國十分太平。康王的兒子是昭王瑕，他曾帶兵南征，在漢水中溺死。據歷史學家的考證，大概長江流域的楚國，在周初雖受封子爵，那時已漸漸強盛，有與周王室競爭的形勢，周天子用兵征伐，不幸大敗，昭王因此溺死；周王室認此事是奇恥大辱，大家絕不提起，以致至今眞相不明。

昭王既溺死，兒子穆王滿繼立。這穆王似乎是一位很有作爲的國王，曾征伐犬戎，❷制作刑法，❸後世或稱他穆天子。

後來傳到厲王胡，是一個暴虐無道的昏君。京城裏的百姓受了他的暴虐，往往數說他的罪過。厲王知道了，十分厭惡，使一個親信的女巫監視百姓，有敢議論天子的，捕來殺死，從此百姓都恐懼得很，不敢多言，甚至於在路上遇見了，要想攀談，恐惹嫌疑，只是大家看看，算是彼此招呼了。

召公勸厲王道：『抑制百姓的言論，好比用堤岸來防止洪水，一時雖亦見效，但一旦橫決起來，反而不可收拾。』厲王不聽，自信威力的壓迫，百姓是無法反抗的，只要嚴密監視，百姓便不敢議論他的罪過了。三年之後，京師百姓，因爲壓迫太利害，實行反叛，聚衆攻擊厲王。厲王無法抵當，逃出都城，避居在彘❹。太子靜於亂時躲在召公家裏，百姓知道了，圍住召公的住宅，要求交出太子。召公一想，我當初曾經諫勸過厲王，可惜他不聽好言，要遭這次刼難，連太子也被百姓仇恨，要來搜捉；我若交出太子，太子必死，那是很像我因怨厲王不聽好言，到此時幸災樂禍，有意不救太子，不很妥當；若不交出，其勢反爲不美，不如將計就計，把自己的兒子代做太子，交給百姓，於是太子靜纔免一死。那時周王室一時無人執掌政權，乃由召公和周公❺二人共同理事，歷史上稱爲『共和。』共和十四年，厲王在彘身死，召公周公乃共立太子靜爲天子，這就是宣王。

宣王幼年遭過這樣的大難，很受刺激，所以做了天子之後，很能夠注意國政，勤慎辦事，一切效法文王武王成王康王的遺風。晚年，和異族人戰爭，不幸被姜戎打敗在千畝❻地方。

宣王死後，兒子幽王宮湼繼立。幽王寵愛褒姒和褒姒所生的伯服，竟把申后和申后所生太子宜臼廢去了，立褒姒爲后，伯服爲太子。褒姒素性不喜笑，幽王偏要引他發笑，用盡種種方法，都不見效。最後，幽王把召集諸侯救兵的烽火點着了，諸侯望見以爲周王室有什麼刼難，都派兵來救應，到了京城，卻不見有什麼亂子，紛紛退去。褒姒見諸侯的兵急急忙忙的趕來，來了無事，白白的回去，禁不住大笑起來。幽王很得意，屢次燒着烽火，引褒姒發笑，因此失信於諸侯。

幽王廢申后，被申后的母家申國得知了，十分惱恨，便與犬戎等異族人勾結了，來攻幽王。幽王用烽火召諸侯的救兵，諸侯又以爲是幽王作戲，都不理會。結果幽王被殺，褒姒被擄，周王室所藏財寶，都被異族人刼去。事後，申侯立宜臼爲天子，這就是平王。京師被犬戎等異族人紛擾之後，殘破不堪，犬戎又不時來侵略，平王乃遷往東都洛邑。歷史上稱平王遷往東都以前爲西周，以後爲東周。東周的時候，周王室雖依然存在，然而威力不振，諸侯多不受他的支配，任意呑併附近的小國，擴大自己的勢力，互相競爭，造成春秋戰國的局面。

以上所述事跡，雖是模糊影響，沒有詳明確實的記載可考，但已不是像前三章所述的傳說了。從這裏頭，我們可以得到下列兩種推測：

第一，西周的祖先，一向很注重農業，立定中國農業社會的基礎。他們的最初根據地是在現今陝西省的南部。在文王武王的時候，勢力擴張到現今河南省的北部。周公攝政的時候，又推廣到現今的山東省和河北省的南部，安徽江蘇兩省的北部，後來漸漸達到湖北省一帶。凡是勢力及到的地方，所有農作方法和一切便利農事的制度禮法，也隨着推行。這樣便廣布了以農業爲中心的文化種子於中國各地。

第二，西周初發跡的時候，常受西北一帶匈奴族各部落的侵擾。在武王伐商，周公東征，武力強盛的時候，漸漸平定東南方徐淮一帶的粵族❷各部落。後來國勢漸衰，又常受異族人的侵擾。昭王南征而死，是南路的失敗；宣王被姜戎打敗，是北路的失敗；平王東遷洛邑，是西路的失敗。古代中國民族競爭的情形，可見一斑。

❶現今河南省洛陽縣。

❷是匈奴族的一個部落。

❸這刑法名稱呂刑，見書經中。

❹現今山西省霍縣。

❺不是周公旦，是他的後代。

❻現今山西省介休縣。

❼據說就是現在的馬來人。

【研究問題】

什麼叫做大一統的國家？

周天子爲什麼不把舊有的部落一起滅掉呢？

封建制度實行以後，王室的尊嚴是否可以永久維持？

成王既是年齡太小，爲什麼不由周公承繼天子之位呢？

爲什麼制度習慣必由日積月累遺傳下來，不是一人一手所能創立呢？

周公爲什麼要建立東都？

爲什麼厲王被百姓驅逐以後，周王室不致於滅亡？

召集諸侯的救兵那時候何以要用烽火?

平王遷往東都以後,爲什麼周王室的威力就此不振?

西周的發展對於中國的社會文化有什麼關係?

何以見得中國文化是以農業爲中心?

第五章　井田和宗法

我們讀了前一章，可知西周的文化是中國文化的根基。現在我們要考究西周文化的大體是怎樣的，因此我們可以了解中國文化的根柢是什麼。

關於西周的社會組織和制度，在古書中可考的，除封建之外，要算井田和宗法最關重要了。本章所討論的要點，就是井田和宗法的大概。

那時候的社會情形，和現在的大不相同。我們從現在的社會情形着想，是不容易明白那時候的社會是怎樣情形的，也不容易明白這種組織和制度是怎樣造成的，對於當時有什麼作用。所以我們要從遠一點講起，要先查明白人類怎樣從野蠻時代一步一步開化的情形。

原始時代的人類，在毒蛇猛獸的環境裏，是很孤弱地過的極艱險的生活。後來靠着他們的聰明與努力，漸漸發明了使用火與木石作防身的傢伙；並且知道集合團體，與毒蛇猛獸或是異族人互爭生存的地位。有血統關係的親族，就是人類原始的團體組織。同一團體中的人，無論強的怎樣強，弱的怎樣弱，都不能不努力維持共同生活；因為那時候除了共同生活之外，個體決不能單獨的存在。他們發見了食物豐富的地方，便全體都去。他們佔據了住所，或是造好了一些簡陋的房屋，都是全體共同居住的。每一次大圍獵成功了，或是逢到一次捕魚汛之後，他們必集合全族的人，公開一次盛大的宴會，飽飽的大吃一頓，暢暢快快的歡樂一場。

在人類發明打獵以前，是不知道佔據土地，劃界而守的。到了游獵時代，纔發生各族保守自己的獵地的習慣。這獵地是全族人共有的，倘若有異族人侵入，往往引起劇烈的戰爭。後來人口增加，各族的獵地漸漸密接，戰爭不能解決他們的糾紛，於是各族之間，自自然然的造成一種用和平方法分配土地的制度。這分配土地的制度，就是封建的初步。

游獵的民族，是分配獵地；游牧的民族，是分配牧地；到了農業發達之後，於是各族之間由獵地或牧地的分配，進而為耕地的分配。前章所述百里、七十里、五十里三等封地的封建，就是中國古代各部落之間的土地分配法。封建之後，諸侯把封地分給百姓耕種，其區分方法，在中國古代，有所謂『井田制度』。

井田的制度，可以從井田二字的字義上來作解釋，就是把一塊田劃成井字形的耕地分配法。大約是一里見方的田算一井，一井有田九百畝；分爲九區，每區約一百畝。居中的一區是公田，公田四周的八區是私田。私田分發給八家，每家得一百畝，所有收穫，全歸八家各自所有。這就是古書所謂「一夫受田百畝。」「夫」是指已成婚的男子。受田的年齡，以三十娶妻有家的爲合格；到了六十歲，照例要把所受的田歸還公家了。那時候的田地是不准買賣或私相授受的。這公田一百畝，其中八十畝，由承種八區私田的分種，每家種十畝，收穫的東西，盡歸公家；其餘二十畝，分爲八份，每份二畝半，也分給八家，由他們作爲造住宅種桑麻養牲畜之用。

田有肥有瘠，就由公家考量了，變更分配的方法：肥田年年可以耕種，所以每家百畝；中田耕一年必須休一年，所以每家二百畝；下田耕一年必須休二年，所以每家三百畝。這樣分配法，分得瘠田的也不致吃虧了。

家有人口多少，規定五口一家爲標準；五口以上，餘爲餘夫，餘夫每人受田二十五畝，多則依此類推。

這井田的制度，近來有些人疑心是後人的推測，當時未必實行；卽使實行，也只是西周獨有的制度，未必推行於各地。但我們從此已可見古代諸侯分發耕地給百姓承種的情形，以及借百姓的力助耕公田的辦法；土地的分劃或者未必有這樣的平正，大體是不出乎這種情形和辦法的。因爲近來有人用科學方法研究社會進化的歷史，知道集產的村落社會分配土地的辦法，大體也和古書上所說的井田制度相彷彿。我們研究井田制度，原不必注意到分劃田地的形式，只要記得那時候的田地不准買賣和人民都有受田的資格等原則。

在集產的村落社會裏，土地的主權，是屬於全體人共有的。後來村落變爲邦國，政治上分成統治和被統治兩等人，於是土地的主權乃落於統治人天子或諸侯的手中，由他們執掌分給百姓承種的大權。這樣的社會裏，天子或諸侯的親屬，就是貴族，被統治的受田耕種的，就是平民。貴族既有土地的主權，人口漸繁的時候，不免因此引起糾紛，社會秩序往往因此破壞，於是在我們中國古代，就有所謂宗法制度產生出來，救濟這種弊病。所以這宗法制度，可以說是中國古代貴族社會組織的善良方法。

宗法的要點，就是從一個親族團體中，定出一個中心來，使得一祖所生的子孫，因此團結不散，以便對國內維持貴族的地位，對國外對抗外族的侵略。這個中心，就是代表始祖的「宗子。」譬如有人征服了一處地方，就地爲王，這人便是始祖。始祖死了，承繼王位的，唯有這始祖正妻所生的長子一人；其餘次子和妾所生的庶子，雖是年長或是有才幹，也不能承繼王位。這承繼王位的長子，就是一族的宗子。此後世世代代，都由正妻所生的長子作宗子，一系相傳，稱爲「大宗。」那些次子或庶子，分封出去做諸侯的，便是「小宗。」小宗是對於大宗而言的，始祖的次子或庶子，既受封爲諸侯，對於王室中承繼王位的長子，雖屬於小宗，但在自己的國內，又是大宗的始祖了。例如周公旦，對於武王或成王是小宗，在魯國便是大宗的始祖。分封在外的諸侯死了之後，也依王室的例，由各人正妻所生的長子承繼爲諸侯，次子庶子，也就分封出去爲大夫。大夫對於諸侯，又是小宗。大夫倘然再把自己的土地分封子弟，也是如此。

宗子既是代表始祖，而爲一個親族的中心，所以他對於一祖所生的子孫，都有收卹的責任。族人對宗子，不問長幼尊卑，都應該盡力擁護，十分敬重他。所以宗子在族中是尊貴無比的。古書中記着一段族人對於宗子應盡的禮節道：『次子和庶子，都應該十分敬重宗子和他的夫人，雖然自己做官發財，不敢在宗子的家裏，放出勢利的排場。坐車馬帶僕從去的，要把車馬從人停在門外，只好少許帶幾個隨身僕人進去。假使宗子家裏用的器物是破舊的了，那末應當揀些上好的衣服車馬器物等進獻宗子，而自己享用次一等的；倘若沒有進獻過，就不敢穿了上好的衣服，坐了上好的車馬到宗子的門上去。……』這種禮節，無非要保持和表示貴族的威嚴，使百姓見了，又敬重，又畏懼，不致起反抗的念頭。

所以，我們要知道，本章所講的井田和宗法，以及前章所講的封建，實在是一貫的制度，是中國古代的階級社會裏的三大要件。封建是各地貴族由一個強有力的做領袖，結成聯盟，免得互相戰爭，彼此維持和平。宗法是各個貴族確定一個嫡生的長子做中心，親密團結，免得族人因互爭權位而致於失敗滅亡。這等貴族，就是那時候的天子諸侯和公卿大夫，他們各有封地，都掌握土地的主權。他們就用井田的制度，把土地分給百姓承種，使百姓助耕公田，受百姓的供養。百姓的地位，差不多是那時候貴族的農奴呢。

這種制度，在古代地曠人稀，文化不很發達的時候，未始不是相安一時的辦法，到了人口繁殖社會進化的時候，便自然的崩壞了。所以東周時代，各地諸侯，就不甘心受三等封地五等爵位的束縛，互相兼併，封建制度無法維持了。一夫受田百畝，八家共耕公田的辦法，也因田少人多不敷支配而廢止。獨有宗法一項，經了春秋戰國的大變亂，反隨着貴族社會的崩壞而普及到全社會，演成了中國根深蒂固的家族制度，直到如今。這也因東周以後的社會，還是農業社會，而一方面舊貴族倒了，新貴族還是不斷產生的緣故。到了現今工商業逐漸興盛，這制度也有不能維持的趨勢了。

【研究問題】

怎麼說西周的文化是中國文化的根柢？

爲什麼那時候個人在社會裏不能單獨的生存？

獵地寄接之後，何以就會產生分配土地的制度？

爲什麼必須已婚成家的男子方始有受田的資格？

井田制度的重要原則是什麼?

井田制度有什麼優點?有什麼劣點?

宗法制度怎樣產生的?要點是什麼?

爲什麼要把宗子的地位擡得這樣的尊貴?

宗法制度與家族制度有什麼關係?

家族制度到了現在爲什麼也有不能維持的趨勢?

第六章　諸侯的兼併

中國古代的封建制度，天子不過是諸侯的盟主，各國內部都歸諸侯各自為政；所以一到天子威力削弱的時候，就不免各自逞強，互相衝突了。就是那些和天子同姓的諸侯，初封時，親族關係還很明顯，隔了幾代，也同陌路人一般的，要互相猜忌，實行火併的。所以周武王封建時，中國有一千六七百國，到了平王東遷以後，所謂春秋時代，只剩得一百多國了。

「春秋」是魯國史書的名稱，曾經孔子編定，從魯隱公元年記起，到孔子死之前二年絕筆。魯隱公元年，當周平王四十九年，即民國紀元前二千六百三十三年；絕筆的年分是魯哀公十四年，當周敬王三十九年，即民國紀元前二千三百九十二年，中間凡二百四十二年。這春秋是至今存留着的第一部可靠的編年史記，歷史家因此就把書中所記的時代，稱為春秋時代。這一時代，中國各地方重大的事情，都可考見，不是像三代的事迹，只能知道一個大概了。

春秋時代二百四十二年之間，中國比較有勢力的諸侯，有晉、齊、楚、秦、魯、燕、蔡、曹、衛、鄭、吳、宋、陳、越十四國，其中齊、晉、秦、楚、吳、越六國更強。

齊國的始祖姓姜名呂尙，就是世俗所傳的姜太公，是周文王和武王的謀臣，因他有功，封於營丘❶。這地方近海，太公因而提倡工商業，尤其注意捕魚和煮鹽；於是人民日漸繁殖，成爲東方的大國。周公攝政的時候，徐淮一帶有亂事，周王室又命太公在東方一帶，可以自由征伐不馴順的諸侯，於是疆土更加擴大，差不多佔有了現今山東省的東半部。民國紀元前二千五百九十六年，桓公小白立，用管仲爲相，先行整理內政，竭力開發財富，訓練軍隊，使得國富兵強。等實力充足了，然後用「尊王攘夷」❷的口號，用兵各地。曾經幫助燕國打退山戎，把狄人驅逐了，恢復邢衛兩國的封地。又召集諸侯的兵隊攻打楚國，責備他不敬周王室的罪過，並且追究從前周昭王南征不返的根由。因此，諸侯都能知道齊國的聲威，聽他的號令和指揮。齊國也就假借天子的名義，把持中國的政局。這樣做法，就是所謂「霸業」。

桓公死後，齊國大亂，霸業從此中止。宋襄公茲甫起兵替齊國代平亂事，並想繼續齊桓公建立霸業，不幸被楚國打敗，受傷而死。從此就成了晉、楚、秦三國爭霸的局面。

晉是周王室同姓的諸侯，始祖是成王的兄弟，喚做唐叔虞，封地在唐❸，後因其地有晉水，改稱晉國。到春秋時代，已滅了附近翼霍魏耿虞虢等小國，佔有現今山西省的南半部，和陝西省的東境，河南省的北境了。

楚是南方長江流域中部的諸侯，周昭王南征不返，大概是和他們戰爭失敗的緣故。據說他們是五帝中顓頊的後代，受周武王封的名熊繹。封地本在漢水流域的中部，後來漸漸向南方發展，吞併野蠻民族的地方，國勢強大，竟自稱爲王。春秋時代，楚國的地方，已經西至現今四川省的東部，北至河南省的南部，東至江蘇安徽的北部，南至湖南江西的北部了。

秦是西方強大的諸侯，他們的始祖是西周一個主管養馬的官員，因有功封於秦❹，爲附庸國。後來又替西周擔當防禦西方野蠻民族的責任。周平王東遷之後，乃大有機會開拓疆土。到了春秋時代，已佔有現今陝西甘肅一帶地方。當初西周發跡所據形勢重要的區域，都歸他們所有的了。

楚國既把宋襄公打敗，勢力大盛，漸有建立霸業的形勢。晉文公重耳出兵與楚國在城濮❺

地方一戰，楚兵大敗，於是晉文公成爲中國的霸主。晉文公死後，秦穆公任好，想襲取鄭國，卻被晉襄公擊敗於崤山❻。鄭國的地位，在現今河南省的中部，是當時各國的衝要地方，凡要獨霸中國的，都必須先得此地，所以春秋時代因爭鄭國而起的大戰很多。這次秦國的失敗，使他們在春秋時代終究不能向東方來成就霸業，只好在西方稱強一方，這就可見對於鄭國得失的重要了。

此後晉國和楚國又因爭鄭國大戰二次：第一次在民國紀元前二千五百零八年，楚國出兵攻鄭國，晉國派兵去救，與楚國大戰於邲，❼晉兵大敗，楚莊王旅因此取得中國霸主的地位。第二次在民國紀元前二千四百八十六年，晉國攻鄭國，楚國來救，在鄢陵❽大戰，楚兵大敗。此後兩國又相爭很久，直至大家筋疲力盡了，纔於民國紀元前二千四百五十七年，成立了宋國向戌所發起的弭兵同盟，兩國的兵爭，方始終止。

晉楚弭兵之後，東南的吳國和越國先後向中原❾發展，爭取霸主的地位。吳國先強，因蔡國的請求，出兵攻楚，破楚國的都城郢❿。楚昭王借了秦國的救兵，方始復國。吳國攻入楚國都城的時候，越國出兵攻吳國的後方；吳國還兵攻越，越國大敗，越王句踐哀求請和。吳國既勝了楚國和越國，聲威很盛，又兼吳王夫差野心勃勃，竟然北伐齊、魯，在黃池⑪大會諸侯，與晉國爭霸主的地位。那知越王句踐從求和之後，臥薪嘗膽，一心想法報復；這時見吳王用兵北方，國內空虛，突然進攻，直抵吳國的京都，夫差救應不及，聞訊後自殺，吳國遂亡。句踐乃乘勝帶兵渡過淮河，與齊晉諸侯會於徐州⑫，也算稱霸一時。

春秋之後的二百五十七年，稱爲戰國時代。那時候晉國被三大夫瓜分成爲韓魏趙三國；齊國的政權，亦由姜氏轉到大夫田氏的手裏；陳國被楚國吞滅；鄭國被韓國吞滅；宋國既滅曹，又被齊國吞滅；越國既滅吳，又被楚國吞滅；蔡國魯國先後被楚國吞滅；春秋時的十四國，除衞國僥倖的存在之外，只剩韓、魏、趙、燕、齊、楚、秦七大強國了。歷史上稱他們「戰國七雄。」

至於周王室，早已削弱得不成話說，例如韓、魏、趙三家瓜分晉國，和田氏篡奪姜氏的齊國，照周初祖宗所定的禮法看來，這簡直是大逆不道，然而當時周天子居然允許他們的要求，加封爲諸侯，王室的尊嚴，從此喪失乾淨了！

戰國前半期一百多年，七國勢均力敵，又當春秋爭霸長期戰爭之後，各國都有暫時休息，整頓內部的傾向。這時候中國社會，發生劇烈的變化；舊有的制度和一切組織，都已顯露破綻，有重新改造的要求；於是各派的思想自由發展，各種學術都有特殊的進步，實在是中國歷史上最可寶貴的時代啊。

到了戰國後半期，好像各國都已準備充足，第二次長期戰爭重又開始。西方的秦國，因所據的地勢好，地位好，發展最快，用兵最得手。他於民國紀元前二千二百五十一年和二千二百三十九年，兩次伐魏，先把黃河兩岸以及河套一帶地方完全收服，使得自己的領土完整，不至於受人牽制。再於民國紀元前二千二百二十七年，南征滅蜀，得了一個從未開發的富庫。從此秦國就站穩了腳跟，可以從容地與東方各國爭鬬了。

當時的形勢，秦國已立於不敗的地位；但六國倘能團結一致，秦國實在也沒有方法可以吞滅六國的。所以有機謀的政客，就發出合縱和連橫兩種主張。爲六國的安全計算，應當聯合關東諸侯結一個攻守同盟，一致對秦，這叫做合縱；爲秦國的利益計算，最好使六國分別與秦國發生關係，各存以秦國爲好幫手的心而自相殘殺，這叫做連橫。無奈六國各不相容，雖能合縱一時，終必走入連橫的圈套，自起衝突，結果給秦國占盡了便宜。最可憐是周天子也想糾合六國的兵力，攻打秦國，反被秦國所滅。這是民國紀元前二千一百六十七年的事。秦國既滅周王室，又於民國紀元前二千一百四十一年滅韓國，民國紀元前二千一百三十九年滅趙國，民國紀元前二千一百三十六年滅魏國，民國紀元前二千一百三十四年滅楚國，民國紀元前二千一百三十三年滅燕國，民國紀元前二千一百三十二年滅齊國，於是六國皆亡，秦乃統一中國了。

❶現今山東省昌樂縣。
❷尊王就是敬重周王室，攘夷就是排斥野蠻民族。
❸現今山西省陽曲縣。
❹現今甘肅省天水縣。
❺現今山東省城濮縣。
❻山在現今河南省永寧縣。

❼現今河南省鄭縣。

❽現今河南省鄢陵縣。

❾指中國的腹心，就是現今河南省一帶地方。

⑩現今湖北省江陵縣。

⑪現今河南省封丘縣。

⑫現今山東省滕縣。

【研究問題】

為什麼與王室同姓的諸侯也要互相猜忌實行火併呢？

為什麼沿海的地方要提倡工商業？

為什麼齊桓公用兵各地要用『尊王攘夷』的口號？

為什麼春秋時代的諸侯都要爭霸主的地位？

齊晉楚秦四國為什麼比他國強大？

晉楚秦三國爲什麼要爭奪鄭國，甚至不惜引起大戰呢？

吳越二國偏在東南，怎麼也可以與中原諸侯爭霸？

何以周天子封了韓魏趙三家和田氏，就要喪失王室的尊嚴？

爲什麼中國社會到了戰國時代要發生劇烈的變化？

秦國怎樣會立於不敗的地位？

合縱既有益六國，何以六國不能持久，連橫既有害於六國，何以六國會走入圈套的呢？

戰國時代的形勢與春秋時代的形勢最大的不同是什麼？

第七章　貴族階級的崩壞

春秋戰國時代，諸侯劇烈的兼併，這就是各地貴族竭力向外發展而互相侵伐；其結果是使中國產生了一個大一統的國家，而各地的貴族社會，卻從此崩壞了。崩壞的原因在互相侵伐之外，最根本的就是井田制度不能通行。

井田制度的不能通行，也是一種自然的趨勢。當西周的初年，中國地多人少，八家合種一井田，支配下來，還綽綽乎有餘。到了春秋戰國的時候，人口逐漸增多，比從前增加了好幾倍，而在文化發達的各地，如黃河流域一帶，田地已無可開闢，已成爲人有餘田不足的景象；再加着當時各國間戰爭劇烈，諸侯們也不守井田舊制，向人民徵收苛捐雜稅，名目繁多，井田制度那得不因此破壞呢？

在井田制度通行的時代，百姓到了一定的年齡，便可以承種田地。土地的主權雖屬於貴族所有，但田地既不能自由買賣，彷彿就是公有的。井田廢了之後，田地於是成爲私有的財產，可以自由買賣了。田地可以自由買賣之後，百姓便有無田可耕的恐慌，只得另找別項生業，有的就去做工，有的就去經商。因此春秋末年，社會上除農人之外，就有了許多工人和商人。

農工商三種生業，比較起來農人最爲勞苦。據當時的人計算❶：『一家五口，耕田一百畝，春天耕地，夏天芸草，秋天收割，冬天牽礱，自挑水喝，自斫柴燒，一年四時，忙得一天也沒有得休息。田裏的收穫，每畝收米一石半❷，耕田一百畝，共一百五十石。除去應納公家的稅十分之一，餘一百三十五石。五人一年需食米九十石❸，再剩四十五石。時價米每石值錢三十，共計錢一千三百五十。除去四時祭祀的費用錢三百，餘一千另五十。五人衣服的費用，一年需錢一千五百，不足四百五十。不幸遇到疾病死喪，以及國家新增的捐稅，這種種費用，還沒有計算在內啦。』這樣看來，當時農人的生活，是何等的艱難？做工的就不然，倘能運用巧思，多做些人人需要，人人愛用的東西，得利一定不少。經商的得利更多，他們一天到晚，講盤子，做市面，看貨品銷路的大小，來源的多少，定買進賣出的價錢，只要能夠賤買貴賣，不愁不利市三倍。所以到了戰國時代有句俗語：『用貧求富，農不如工，工不如商。』

從前百姓的生活，都靠耕田，耕田必需向公家承領，承領也有一定的限制，謀生的路，劃一而且呆板，無論怎樣辛苦也只得忍受。井田廢了，土地變爲私有財產之後，耕田多少不再有限制，謀生的路也不僅耕田一條，大家可以有選擇和競爭的自由。並且從前不能耕種的山地，湖泊以及荒原，沙灘等也有人買了，經營種樹、開鑛、養魚、畜牧、煮鹽等有利事業。於是有些才能善於經營的人，往往「田連阡陌，貨積如山，」有巨萬的家私；而那些辛苦的農民，以及營業失敗，或因戰事災荒而失業的百姓，卻大半是窮得幾無立錐之地，衣衫襤褸，吃些糟糠度日。這和從前大家不分貧富的時代，大不相同了。

社會上發生了這樣貧富不均的現象，於是「拜金主義」大流行，貴族社會的崩壞，更快，更容易，向來一切對於百姓的不平等的限制，一層層的解除了。

從前貴族社會勢力強固的時候，名分看得十分尊嚴，凡衣服、飲食、房屋、器具、車馬等一切享用，以及慶弔婚喪的禮節，都有層層的階級，使上下尊卑，分得清清楚楚，一點不混淆。到了春秋戰國時代，諸侯正忙着攻戰，一心想搜刮錢財，供給軍用。爲籌款便利起見，對於富有財力的人，不得不十分優待，不惜把向來貴族平民之間種種不平等的限制一律解除，雖出身微賤的人，一旦做了富商，國君往往用平等的禮節接待他了。至於一般人的生活和享用，也是只要有錢，便憑各人的愛好，不再有什麼限制。這種限制的解除，表面上似乎是一種不重要的虛文，但其影響所及，使一般人對於起居飲食的事物，知道着手改良，也是促進社會文化的一種原動力呢。

關於不平等的限制的解除，有兩種，對於社會關係最重要的，便是教育和政治。從前只有貴族的子弟可以入國學，百姓唯有優秀的，纔可以入鄉學；而鄉學中的功課，也與國學中顯然不同，百姓所受的差不多是一種奴隸教育。至於國家的各級官職，卻大半是由貴族世襲的，百姓只有盡力耕田，毫無參與政治的機會。春秋戰國時代，學官漸漸失職，國家又十分需要人材，於是教育和政治的限制自然的解除了。這兩種限制解除之後，有才能的百姓，都有機會研究學問，擔任官職，充分發揮他們學術上和政治上的天才。所以東周以後，學派繁多，而爲諸侯劃策定計的游士，也就盛極一時了。

東周以後的學派，所謂『諸子百家，』很不容易詳細數說他的派別。考究這許多學派的興起，都與當時的社會情形有關係。例如春秋時代，正是舊社會組織開始破壞的時候，一時秩序大亂，所謂「暴行有作，邪說風行。」暴行是指當時弒君弒父的事件，和戰爭滅國的不義之舉；邪說大概是指違背舊禮教的革命論調。在這種暴行和邪說之下，就有以孔子爲領袖的儒家產生。他們守着周公的遺風，主張正名分，守禮法，鼓吹以仁義治天下的王道。孔子死後，他的孫子子思傳中庸，其私淑的門人孟子傳詩書，後來又有荀子傳禮經，皆堪稱爲儒家的大師。和儒家分道揚鑣的，則有墨子一派。墨子的學說，反對儒家正名分，守禮法的主張，提倡不分親疏遠近的「兼愛。」他又看見當時各國互相侵伐，人民受戰禍的痛苦，心有不忍，宣傳「非攻。」曾經因楚國將攻打宋國，去說服楚王，阻止他出兵。又如因齊桓公建立霸業而成管子一派，因秦孝公整頓秦國而成商君一派，因君權發達而有申不害韓非子的刑法，因戰事劇烈而有孫武吳起的兵法，因七國並立而有蘇秦張儀等合縱連橫的學說。此外還有扁鵲秦和的醫術，屈原宋玉的文學學術的發達，從古以來，要算這一時期最盛了！

學派既多，於是各自分頭宣傳，有學問的，或想把自己的主張，救國救民，或想逞自己的才幹，求富求貴，眞是人才輩出，游士如雲了。正好那時的諸侯，急切要求國富兵強，實現開拓疆土，統一中國的野心，渴望各種人材來供使用；於是只要有一技之長，不論何人，都招攬得來養在門下。春秋時代，楚國起用僕人中鮮虞，晉國起用廚子屠蒯，管仲引薦強盜晏偃，保舉囚犯，已經先開了風氣。到了戰國，魏文侯從子夏求學，燕昭王拜郭隗爲師，諸侯們的敬重人才，可見一斑。各國的公子，像趙國的平原君趙勝，魏國的信陵君魏無忌，齊國的孟嘗君田文，楚國的春申君黃歇，他們門下都有食客數千人。游士政客，往往奔走各地，甲國不用，便到乙國，乙國再不用，又到丙國，所謂「朝秦暮楚」，有的昨日是逃亡的旅客，今朝便是榮貴的宰相，蘇秦張儀一言之下，富貴驚人，就是最顯明的例子。在游士羣中，雖也有雞鳴狗盜之輩，混雜在內，但也不少俠客烈士，像侯嬴田光聶政荊軻等人物，都是後世難得的。當這些游士聲勢轟震的戰國末年，從前世襲官職的貴族子弟，權威衰落得毫無聲息了。

❶李悝替魏文侯說的話，說的是戰國初年的情形。

❷每畝收米一石半，和現在的情形大概相同。但當時的農業技術，一定不及現在，收穫怎麼會有這許多。

❸五人一年需食米九十石，卽每人每月食米一石半，每日食米三升，古代人的食量有這樣的大，豈非奇事。想來那時量米的升斗，或者比現在要小，所以每畝也收得到一石半，每人每日可以食米三升之多。

【研究問題】

怎麼說諸侯劇烈的兼併是各地貴族竭力向外發展的表現？

諸侯互相侵伐與貴族社會的崩壞有什麼關係？

諸侯向人民徵收苛捐雜稅何以也是井田制度破壞的一個原因？

田地可以自由買賣之後於農人有利呢？有害呢？爲什麼？

謀生之道大家可以自由競爭之後，於一般人民有利呢？有害呢？爲什麼？

發生了貧富不均的現象何以能使貴族社會崩壞得更快更容易？

貴族何以不給百姓受平等的教育，不給參與政治的機會？

爲什麼許多學派的興起都與當時的社會情形有關係？

各國的公子爲什麼門下要養這許多食客？

諸侯養食客與俠客烈士的產生有什麼關係？

爲什麼貴族子弟中人材反而缺少呢？

第八章 孔子

東周的諸子百家中，學說最有影響於中國的，要推孔子。至今中國各地，都有他的祠廟，中國人無論男女老小，大都知道他，敬仰他，稱爲「孔夫子。」就是外國人，也大都知道孔子是中國幾千年來大名鼎鼎的聖人。

孔子名丘，字仲尼，春秋時代的魯國人。生於民國紀元前二千四百六十二年，歿於民國紀元前二千三百九十年，年七十三歲。

他做小孩子的時候，最喜歡陳列了祭器，演習祭祀的儀式。少年時代，便很懂禮節，曾到周王室，從老子研究古代的禮儀。又到齊國，從太師習古樂。一生都很留意學問，凡古代的典故，人家不很知道的，他往往知道；因此各地的人遇到什麼疑難不解的事物，來請敎他時，他總能說出源源本本來。當時大衆都知道他很有學問，從他研究的弟子很多。

他不但是一個學問家，而且是一個實際政治家。他五十二歲時，充當魯國的司寇官❶。那年魯定公和齊襄公約定在夾谷❷地方會盟。定公將赴會的時候，孔子對定公道：『有文事的必有武備，有武事的必有文備，古來諸侯出境，照例都帶着官員兵隊同行的。』定公很以爲然，就教孔子帶着兵隊隨去。會見的時候，齊國使萊人出來奏樂，一陣鼓噪，喧囂得很。孔子對齊景公說：『兩國諸侯爲和好起見，在此地會盟，是一種很鄭重的禮節，爲什麽用這野蠻人的音樂？』齊景公聽了，心上很慚愧，便指揮萊人退去。後來又有許多宮女出來歌舞，孔子又說：『這是誘惑人的把戲，爲什麽會盟的時候也用着他，是什麽人預備着的，這人應受嚴重的處分。』齊景公因此很畏懼孔子，對魯定公也不敢怠慢。這一次會盟，孔子很替魯國爭得些體面，使得齊國把從前侵奪魯國的地方自願退回。

定公十四年，孔子代理宰相的職權，三月之後，他已把魯國治理得很有秩序。這消息傳布出去，齊國人都有些恐慌，說道：『看孔子的政治成績，很有使魯國成就霸業的可能；倘使魯國竟然成就了霸業，我們齊國和他們最接近，只怕要第一個吃虧，不如趁早獻些地方，與他們交結好了。』有一個犂鉏，不贊成馬上獻地的辦法，他說：『我們何不先設法使孔子無法行使職權，免得魯國成就霸業；倘若不成，再行獻地不遲。』齊景公採用犂鉏的主張，在國內挑選美女八十名，教會了他們歌舞，然後給他們裝飾好了，用三十輛精美的車子，送到魯國去。這班美女到了魯國，先在魯國都城南高門外的賓館住下。魯大夫季桓子得訊，先自卸了公服，改穿便衣，偷偷的走去看了一遍，十分樂意，乃報知魯定公，請他去看。魯定公竟然聽了，排齊儀仗，出南高門到賓館裏去看這些美女歌舞，看得很快樂，竟把國內政事也拋荒不理了。孔子的弟子子路對孔子說：『老師，知道這幾天定公同季桓子的行爲嗎？這還成什麼體統！看來他們也不像有大志的人，我們不如走了罷！』孔子說：『且慢！待祭天過後，看他們是否照例把祭肉分來。如果照例把祭肉分來，足見他們還把我放在眼裏，我也還有實行主張的機會；否則再走不遲。』那知魯定公竟聽了季桓子的話，把齊國送來的歌舞美女收受了，大作其樂，一連三天，沒有與百官見面商議政事。祭天之後，孔子竟也沒有分到祭肉，因此辭了職就離開魯國。

孔子離開魯國之後，開始周遊各國。先到衛國，衛靈公不能重用他，乃又動身到陳國。路過匡❸地，匡人以爲是魯國的陽虎，陽虎是魯國的奸人，曾得罪過匡人，孔子面貌很像陽虎，匡人誤認了，便把孔子圍困起來。一連被圍了多日，幾乎絕糧餓死，好容易經甯武子搭救了，方始出險。出險之後，仍退回衛國，從衛國到曹國。在曹國不得志，又到宋國，恰遇宋國的司馬官❹桓魋要殺孔子，乃逃到鄭國。又到陳國。在陳國住了三年，陳國也沒有用他的意思，只得再到別國去。想不到離開陳國，經過蒲地，又逢亂事，被蒲人圍困，幸有弟子公良孺得信之後，帶了從人把他救出。想到晉國，聞得晉國的賢人竇鳴犢舜華被殺，知道去也不是，乃暫歸魯國，又往來衛陳兩國。

這時候，魯定公死後，已是哀公三年，孔子年六十歲。季桓子病到將死，忽然想起孔子，歎口氣道：『從前我們魯國很有些興旺的樣子，只因我得罪了孔子，以致於仍舊這樣的衰弱！』說着望了他的兒子康子道：『我死之後，你必定做魯國的宰相，我看還是請孔子回來罷！』過了幾天，桓子死了，康子繼立，要想馬上去召孔子回國。公之魚勸康子道：『昔年老大人用孔子，沒有終局，很惹諸侯們的訕笑；現在又用孔子，萬一再半途而廢，豈不要更加笑話了嗎？』康子因此不召孔子。孔子仍往來陳蔡兩國。楚昭王差人來請孔子，孔子將往楚國。陳蔡的大夫商議道：『孔子是有才能的，楚是大國，若使楚國用孔子，我們平時不很理會他，他也許報復起來，豈不危險？』於是暗地裏發了幾十個家丁去阻當孔子的去路，把孔子圍困起來。孔子被圍之後，竟致絕糧，隨從他的弟子，也有餓壞了睡着不能起身的。孔子還是照舊講究學問，奏弄樂器，十分自在。弟子們卻有些不耐煩的樣子，孔子就對他們演說處世遇到危難時應有的態度。後來，由子貢向楚國報告消息，討了救兵，方始出險，到達楚國。楚昭王想把書社七百里地方封孔子，令尹⑤子西勸道：『楚國的使臣有及得子貢的嗎？大夫有及得顏回的嗎？將官有及得子路的嗎？地方官吏有及得宰予的嗎？我們的祖先，當初封地不過五十里，現在成了幾千里的大國；西周開國也不過地方百里，終究得了天下；現在孔子開口便講大禹商湯文王武王周公召公的事業，又有許多有才能的弟子幫助他，我們把七百里地方封他，只怕於楚國無益的吧！』昭王乃作罷。不久昭王死了，孔子只得重回衞國。

魯哀公十一年，孔子離魯國已十四年，季康子念着桓子的話，迎接孔子回國。但迎接回來了，仍舊不能用他。孔子自知年紀老了，當世未必有人能重用他了，乃決心專做著述的事業：把古代的官書刪成尙書，把古今的詩歌選定了三百多首，還定了禮書和樂書。孔子晚年，最喜研究周易，於是又把研究的心得，加了許多說明。又用自己的政治主張，根據魯國的史記，作了一部春秋。這書、詩、禮、樂、易經、春秋，後世便稱爲六經。現在樂書已經亡失，只剩五經。但書、詩、禮三種書中，已有許多話是後人胡亂加入的了。此外還有一部論語，雖不是孔子自己的著作，內容大概是孔門再傳的弟子所記孔子及孔子弟子的談話議論。研究孔子學說的人，用這書和易傳春秋兩書參考，可以看見他的眞相。

孔子學說的要點，是看透世上一切事物，都有一個極簡單的原起，這原起認錯了一點，事事物物都要認錯。所以主張一切事業要從正名分做起。圓的不可以叫做方的，方的不可以說他圓的；做君的要像君，做臣的要像臣；凡君臣、父子、夫婦、兄弟、朋友之間，都有各人的名分，處世接人的道理，不可互相混亂，不可互相攙越。他提倡人與人相互之間，必須依着「忠恕」二字做去。「忠」就是幫人做事從頭到尾都肯盡心盡力。「恕」就是處處能體諒別人，自己不願做的，就不要給人家去做，自己不願受的，也不要給人家去受。

孔子爲人的精神，無論讀書做事，到得高興的時候，連飯也忘記吃了，憂愁也丟開了，甚至於自己老到什麽地步也不問了。他又有不怕困難的精神，事事孳孳懇懇，人家以爲不可救藥的時候，他還是拚命的去幹；所以當時有人說他是一個「知其不可爲而爲之」的人。

孔子的弟子，史記上說有三千，雖不知其詳情，但他教學幾十年，周遊十幾國，弟子一定不少。戰國初年，他的弟子滿佈各國，他的學說在社會上很有影響，和其他各學派，常常引起辨論。但當時的社會，舊的組織和制度已崩壞得不可收拾，而新的還沒有建設起來，他的學說實在不能應合這時世的需要，所以在政治上不能通行。到了漢朝，漢高祖以太牢祀孔子爲崇儒之始。漢武帝又罷黜百家，儒家乃得獨霸中國的學術界；而實際上孔子學說的重要部分，反不明顯，漸受別種學派的影響而失去眞相。歷朝的皇帝又喜歡利用孔子片段的主張，來維持天子的尊嚴，竭力硬擡孔子；於是孔子的祠廟滿佈各地，漸漸成爲一個類乎宗教的偶像了。

❶是古代執掌刑法的最高長官。

❷在現今山東省萊蕪縣。

❸現在河北省長垣縣。

❹是古代執掌兵馬的最高長官。

❺楚國的首相。

【研究問題】

孔子所處的社會是怎樣的情形？

夾谷會盟時，萊人奏樂宮女歌舞，孔子爲什麼表示反對？

齊景公爲什麼畏懼孔子，並且不敢怠慢魯定公？

季桓子和魯定公受了齊國送來的美女，子路爲什麼要勸孔子辭職？孔子爲什麼要等不分祭肉給他時纔辭職？

孔子爲什麼要周遊各國？各國的國君爲什麼不能用他？各國的大夫爲什麼都要勸國君不要重用他？

孔子到最後爲什麼要專心做著作事業？

孔子的學說與當時的社會有什麼關係？

那些事可以表現他「知其不可爲而爲之」的精神？

何以見得他的學說不能應合時世的需要？

爲什麼以後孔子的學說會失去眞相的呢?

皇帝們尊重孔子對於社會上學術上有什麼影響?

第九章　縱橫家的活動

縱橫家，就是戰國時代以合縱連橫兩種主張游說諸侯的一派人；其中最著名的，是蘇秦和張儀？這二人同是鬼谷子的弟子，平時的交誼也不很壞，但是活動的方面恰恰相反。

蘇秦是東周洛陽人。他先把連橫的主張向秦惠王陳說，適逢商鞅被殺之後，秦王正在厭惡游士，不能得用，只好回家。蘇秦的家況不很富裕，當初動身到秦國時的費用，是竭力張羅得來的，指望到了秦國，一見秦王，便可得志。那知事不湊巧，不能如願，所帶盤纏，卻已耗盡，便很狼狽的回到家裏。家裏見他空手回家，都不高興：妻子只顧織布，父母默默無言，要請嫂子給他做些飯吃，卻被譏諷了幾句。蘇秦受了些冷淡，也只得暗暗叫苦，自己做飯吃，自己料理行李。連夜打開書箱，發憤讀書，仔細研究太公著的陰符。讀書每到深夜，纔睡，疲乏極了，要打瞌睡，就用椎子猛刺自己的大腿，鮮血直流。這樣的刻苦用功，一年之後，居然很有心得，自己得意道：『現在再去游說諸侯，看他們再不把黃金白玉和宰相印信送給我嗎。』

蘇秦這次出門，先去見趙王，卻又受趙王兄弟奉陽君的阻當，仍舊不得志，乃到燕國，見燕王說道：

『燕國一向不很受諸侯的攻擊，大王也知道他的原因嗎？要知道這是地勢的關係。趙國在燕國的南方，與秦國屢次爭戰；燕國擁兵數十萬在旁觀察形勢，所以他們都不敢來侵犯。但是要知道燕國的不受侵犯，趙國的關係大，秦國的關係小；因爲秦國遠在千里之外，趙國是近在百里之內。現在倘若和千里之外的秦國和好，而不注意百里之內的趙國，這是大大的錯誤。請大王決計與趙國訂立合縱的約，再謀各國一致對秦，這是使燕國永久安寧的辦法。』

燕王聽了，很以爲然，便資助蘇秦車馬，教他去見趙王。那時奉陽君已死。蘇秦對趙王說：

『當今東方的六國，秦國最注意的，便是趙國。然而秦國不敢全力攻擊趙國，是恐怕韓魏兩國在後方搗亂。韓魏兩國所據的地勢不利，一受秦兵攻擊，往往不能支持，致於屈服。韓魏屈服於秦國，趙國就容易吃虧了。我看天下的形勢，六國的地方比秦國大六倍，兵力強十倍，倘能一致對秦，秦必失敗。只是一般主張連橫的游士，貪圖自己的安樂，使諸侯割地，與秦國和好；一日秦國違約來攻，他們就不負責任了。這個，大王務必留意！我爲大王打算，最好聯合韓魏趙燕齊楚六國，結一個攻守同盟，秦攻一國，其餘五國都出兵相救，或當正面，或抄後路，或從旁牽制，違反盟約的，五國共同對付他。這樣，秦國便不敢出函谷關一步了。』

趙王很佩服蘇秦的議論，給他預備上好的車馬，並資助無數金錢，使他約會諸侯，訂立合縱的盟約。

那時秦國派犀首帶兵攻魏國，魏國大敗。蘇秦這時有點着慌了，只怕秦兵乘勝進攻趙國，那是他正在開始經營的合縱抗秦事業，便要大受打擊了。正好張儀前來見他，他便觸動心機，決定在張儀身上安排着一個妙計。

張儀是魏國人，曾到楚國游說，與楚令尹同席飲酒，令尹失了一塊美玉，竟冤枉是張儀偷的，把他打了一頓。他的妻笑他道：『嘻！你不讀書游說，也不致於吃這一番的苦！』張儀說：『你看我的舌頭還在嗎？』妻說：『那還在。』張儀說：『那就得了！』到蘇秦在趙國得意了，張儀便去見他。蘇秦知道了，故意教人不要通報，躭擱他幾天，纔與他會面。會見之後，卻又羞辱了他一番。張儀氣憤不過，心想秦國強過趙國，我去見了秦王，秦王若用我，終可以設法報復，乃往秦國。蘇秦又暗地裏派人帶了金錢跟去，一路補助張儀。張儀到得秦國，一見秦王，秦王便用他做客卿。那跟去的人，忽然要辭去。張儀道：『我一路幸虧有你幫忙，現在我好了，有機會報答你了，爲什麼此時就要辭去？』那人就說：『先生不知其中底細，這完全是蘇秦的設計。』張儀大驚，歎道：『我中了蘇秦的計了！請你回去向蘇先生說，現在是他建立事業的時候，我怎好破壞他！』

於是蘇秦去見韓王，報告趙王發起縱約的意思，並且說：

『韓國有兵數十萬，又出產好弓箭，好刀劍，怎麼也屈服於秦國？屈服是無益的。要知道秦國的貪心不容易饜足，不時要求割地；大王的地方有限，禁得起他們一再要求嗎？』

韓王聽了，說：『好！我加入縱約！』蘇秦乃往見魏王說：

『從前越王句踐失敗的時候，只有殘兵三千，臥薪嘗膽，到底報仇雪恨。周武王伐紂滅商，也不過兵三千人，兵車三百部。現在大王有兵七十萬，兵車六百部，戰馬五千匹，比較越王句踐和周武王強多了，何必誤聽連橫的奸計，一輩子屈服於秦國呢？大王倘能贊成趙王合縱的主張，纔是不受秦國侵犯的根本辦法。請大王三思！』

魏王也被說動，贊成合縱。蘇秦再往齊國和楚國，見齊王說：

『齊國人多財富，擁兵數十萬，離秦國又遠，秦國決不敢越過亢父的險要輕易來攻，何必與秦國連橫，求免戰禍？倘能加入縱約，便不必有這種屈服的行爲，可以建立霸業呢。』

見楚王說：

『楚國地方六千里，兵力滿百萬，糧米足够支持十年，很容易建立霸業，所以在六國中最爲秦國所忌。爲大王打算，應即與六國定合縱的盟約，使秦國孤立，方是楚國的利益。』

齊王楚王都允許了，於是六國都加入縱約，蘇秦爲縱約長，掌六國的相印。這是民國紀元前二千二百四十四年的事。

蘇秦由楚國回趙國，有六國的車馬從人簇擁着，很像國王的模樣。路過洛陽，蘇秦的兄弟妻嫂見了，都向他叩頭。蘇秦向嫂子笑道：『怎麼你從前對我很不客氣，現在這樣的恭敬呢？』嫂子伏在地上答道：『只因叔叔現在官也高了，錢也多了！』蘇秦長歎一聲說：『唉！落難的時候，大家看輕你，發迹之後，大家畏懼你，人生在世，怎好不貪富貴，不愛勢利！但是我當初就有了良田二百畝，卻又不見得會有今日了！』蘇秦回到趙國，趙王因他功大，封爲武安君。

後來，秦王使犀首挑撥齊國與魏國，使他們夾攻趙國，於是合縱的盟約破壞。趙王因此責問蘇秦，蘇秦站腳不住，離開趙國，往燕齊兩國，不幸被人刺死。

張儀在秦，同公子華領兵攻魏，取蒲陽。不久，又勸秦王把蒲陽還給魏國，使魏國自願割地與秦國和好。又幾次三番使魏國與秦國連橫，幾次三番暗地裏使秦兵攻魏，因此秦王很優待張儀。不久，楚、魏、韓、燕、趙又結縱約攻秦，秦兵出函谷關應戰，五國的兵大敗。明年，秦又攻韓，斬韓兵八萬，諸侯都很恐懼。張儀乃往魏國，勸魏王道：

『魏國地方，四通八達，最容易受別國的侵犯。從前六國合縱，終歸失敗；要知道同胞兄弟，爲爭奪財產尚有互相殺傷的事，何況六國？大王若不與秦國連橫，只要秦國出兵遮斷六國的聯絡，到那時便爲難了！請大王詳細考量。』

魏王因此使張儀與秦國連橫，張儀乃回秦國爲宰相。二年後，魏國反悔，秦又攻魏，同時並攻韓、趙，三國都敗。

秦王又想攻齊國，恐怕齊楚合縱，乃使張儀說楚王。張儀勸楚王和齊國絕交，說明秦國願割商於六百里地給楚國。等到楚齊絕交，齊又與秦連横，楚國要求割地，秦國卻只給地方六里。楚王自知受愚，不禁大怒，出兵攻秦，卻又大敗，被殺兵卒八萬人，結果還是求和。秦楚媾和之後，楚王要秦國交出張儀。張儀竟大膽前往，到了楚國，賄通楚王的寵臣，使向楚王寵妃關說；因此楚王非但不殺張儀，反十分優待他。張儀又勸楚王道：

『現今的強國，唯有秦和楚；兩國相爭，其勢不能並立。大王倘若與秦國失和了，秦國威脅韓魏，合力攻楚，楚國便很危險。合縱的策略，說來雖是好聽，實際是使六國輕易與秦國開釁，自取敗亡的辦法。秦國現在已佔據西蜀，順長江東下，攻擊楚國，很快當的；楚國要等諸侯的救兵，只怕來不及了。爲大王打算，應與秦國約爲兄弟，彼此和好，不要互相侵伐，纔是最好的辦法。』

張儀又去見韓王說：

『韓國地方多山，不很富足，想和富強的秦國競爭，這是雞子碰石子的辦法。最好能和秦國結約和好；倘要發展，去攻秦國一向妬忌的楚國，是有利而無弊的。』

韓王聽了張儀說法，秦乃封張儀爲武信君，使他再游說齊王：

『從前主張合縱的說齊國與秦國，距離很遠，秦國一時不易來攻。現在我報告大王，秦楚已約爲兄弟，韓、魏、趙都已屈服，一旦秦國使韓魏趙出兵攻齊國，齊國不就很危險嗎？希望大王觀察時勢，趁早與秦國和好。』

齊王應許了，張儀乃往趙國，見趙王說

『大王從前與六國諸侯，訂立縱約，一致攻秦，秦國很受打擊，積恨在心。現在秦國已和楚齊韓魏結好，將與大王一決雌雄，並使四國各出兵相助，特來報告，請大王從早設法。』

趙王因請問張儀有何辦法，張儀請趙王與秦王在澠池會盟，講求和好。約定之後，張儀乃去燕國，見燕王說：

『大王一向和趙國結好，以爲是安全的辦法；現在趙王已與秦國連橫，大王應當也與秦國連橫，否則秦國使趙國來攻，便怎樣呢？』

燕王聽了十分恐懼，乃割五城向秦國求和。

張儀說六國與秦連橫，都已成功，將回咸陽❶，途中得秦王死信。新立的秦王與張儀不很投合。六國知道了這個消息，都把連橫的計劃打消，重又合縱。張儀也離開秦國，在魏國爲宰相一年而死。

看上面所記蘇秦張儀游說六國的話，完全是利用各國畏懼秦國，和利害衝突的弱點。他們擒住了這個弱點，乘時勢的轉變，仗着辯才，說得天花亂墜；在後世的人看來，很像是他們貪圖富貴榮華，把中國攪得紛亂如麻了！

❶秦國都城，現今陝西省咸陽縣。

【研究問題】

蘇秦先以連横說秦王，後以合縱說六國，怎樣主張不定的？

那時候游士游說的目的是什麼？

蘇秦對六國諸侯的話各各不同，與六國的情形有什麼關係？

蘇秦爲什麼要這樣激動張儀，使他到秦國去？

縱約定了之後，齊魏爲什麼又聽了犀首的主張夾攻趙國呢？

張儀是魏國人，爲什麼這樣幫助秦國難爲魏國？

張儀對六國諸侯的話與六國的情形有什麼關係？

六國方一致與秦國連橫，爲什麼一聽得秦王死訊，便又合縱？

六國諸侯爲什麼這樣聽信縱橫家的說話？

第十章　荆軻刺秦王

春秋戰國時代，各國諸侯大夫的門下，大都收養許多食客，其中有血性的，感恩圖報，往往有俠烈的事跡表現。現在把荆軻爲燕太子刺秦王一事敍述出來，作爲代表。

荆軻衛國人，喜歡讀書擊劍，爲人深沈，生平游歷各國交結有才情的人。在燕國，與屠狗的高漸離爲朋友，交情極好。高漸離善於擊筑❶，荆軻和他常在一起飲酒，酒醉之後，高漸離擊筑，荆軻唱歌，有時兩人忽然哭了，大家都莫名其妙。

民國紀元前二千一百四十三年，燕太子丹，從秦國逃回；因秦王待他不好，訪求勇士俠客，要想設法報復。本國的殺人犯秦舞陽和秦國的叛將樊於期，都在他的門下。太子的老師鞠武勸太子道：『樊於期是秦王懸賞緝拿的仇人，你把他收在門下，這是取禍之道，我看還是使樊將軍避到匈奴地方去的好；太子倘決心報仇，還是糾結韓、魏、趙、齊、楚各國合縱攻秦。』太子丹說：『老師的話確是不錯，但樊將軍窮困了來投奔我，怎好因畏懼秦國的緣故，把他驅除到荒涼多沙漠的地方去？至於合縱攻秦，這是曠日持久，夜長夢多的事，我實在等不得；倘使另有妙計，極願請教。』鞠武說：『太子想用燕國單獨的力量，與強大的秦國爲敵，在我想來總是凶多吉少的事，我實在不能爲太子劃策。我有個朋友田光，這人足智多謀，願介紹他來見太子。』太子說：『好極了！我很願意結交田先生，請設法請他就來一見。』是於鞠武奉太子的命去見田光，申請太子丹敦請的意思。田光欣然隨了鞠武來見太子。

太子丹聞田光來到，親自出門迎接，恭恭敬敬的領他到自己的宮裏，仔仔細細的替他拂拭坐席。田光坐定了，太子使左右的人都迴避了，然後鄭鄭重重的對田光說：『現在的形勢是燕秦不能同時並立，請教先生救護燕國的策略！』田光答道：『我壯年的時候，還算有用，現在老了，精力已衰，不中用了；但我願舉薦一位奇男子荆軻，或者可供太子的使用。』太子說：『那末我很願意和荆先生相交！』田光道：『很好，我就給太子去請他。』太子乃恭送田光出門，又鄭重的囑咐道：『我與先生商議的，是關於國家的大事，請先生嚴守祕密，萬萬勿輕易洩漏！』田光笑道：『噢！是了！』

田光見荆軻，說：『我與你的交誼，也算得不薄了！現在太子丹因鞠武的推薦，請我去商量國事，但我已年老，不能有什麼作爲，因你我交誼的關係，沒有先與你商得同意，把你推薦了，希望你能去一見太子。』荆軻道：『是了！』田光又說：『要知道一個人做事，最好不起人的疑心。現在太子與我商量國事，而囑咐嚴守祕密，或者他對我不能深信。既是如此，我便一死以明心跡！請你趕快去見太子！』說能，拔劍自殺。

荆軻見太子丹，報告田光已經自殺。太子聽了，心上非常難過，哭道：『我請田先生嚴守祕密，這是謹愼的表示，並非有什麼疑心田先生之處；想不到田先生竟因此自殺，田先生心跡現在是很明白的了，可是使得我好難受啊！』靜默了一回，很嚴重的對荆軻道：『我很感謝田先生很能表同情於我，介紹先生與我相見，這是燕國的大幸！現在秦國眞個貪如虎狼，看光景不是吞倂各國，使各國國王都投降屈服，不會饜足。但看韓王已經被擄，韓國的地方都已給秦國佔有了。王翦現又引兵向趙國進攻，趙國亡了，燕國也必不免，這是使得我日夜不安的事。燕國弱小，迭次受到兵災，要想抵當強暴的秦國，那是萬萬沒有希望的。要六國合縱呢，那是各有心事，而且都有畏懼秦國，只怕因此惹禍的恐怖，也是不能成功的。我以爲最好能有一個勇士，假借名義到秦國去，效學曹沫的故事，❷使秦王退還向各國侵略的地方，否則就此把秦王刺死了。到那時，秦國的大將正是帶了兵在國外征戰，國內突然發生這樣的大亂子，必然十分混亂；倘若各國諸侯能夠乘此時機，合縱攻秦，說不定就此可以把秦國打倒了。』荆軻聽了，嘿嘿無言，停了一回，答道：『這般重大的事，我能力淺薄，只怕擔任不了！』太子再三的說道：『先生義氣深重，願先生不要推辭！』荆軻看太子誠懇請求，也就一聲不響的默認了。於是太子給荆軻收拾上好的住屋，預備着上好的衣服飲食，供養荆軻，此外凡一切車馬陳設，荆軻要什麼預備什麼，毫不吝惜。

後來，王翦的兵已攻破趙國，擄趙王，將進攻燕國。太子很焦急的對荆軻說：『秦國的兵，將到燕國的邊境，我雖願永久的供養先生，只怕也難如願了。』荆軻說：『太子不說這話，我也要來見太子，商量辦法了。現在我最躊躇的，到了秦國，沒有信物，只恐不能見秦王，沒有機會下手。我想秦王很仇恨樊於期將軍，懸賞千金要樊將軍的頭，倘能把樊將軍的頭，和燕國督亢的地圖，給我帶去奉獻秦王，大事纔有希望。』太子說：『督亢的地圖不成問題，只是樊將軍因窮困了來投奔我，我沒有這般忍心下手害他，請先生另想別的辦法罷！』

荆軻乃自己去見樊於期，對樊於期說：『將軍受秦國的壓迫也太利害了！殺了將軍的父母宗族，還要懸重賞購取將軍的頭，將軍想怎樣的對付？』樊於期聽了很奮激，暗暗淌淚長歎一聲道：『這是我一向痛心的事，不過現在一時也沒有辦法！』荆軻說：『我有一個辦法，可以爲將軍復仇，並且救了燕國的危急。』樊於期很急切的問道：『有什麼好辦法？』荆軻說：『希望將軍犧牲一個頭顱，給我去奉獻秦王，秦王必然很快活的見我，我就一手拉住秦王，一手用利刀把他刺死。這樣，將軍以爲何如？』樊於期很興奮的答道：『這確實是一個絕妙的辦法。好！我敬當遵命！』隨卽自刎。

太子得了這個報告，趕來一看，樊將軍已死，便伏在屍上放聲大哭。但已無可奈何，只得把樊將軍的頭割下，用木匣裝了，預備送往秦國。荆軻又要鋒利的匕首。太子早已預備着一把用毒藥鍊過的匕首，曾經拿來試用，見血卽死，便交結荆軻。但是荆軻還不想動身。太子看看有點急了，疑心荆軻有意延宕，再三催促。荆軻見太子迭次來催，有些發怒了，對太子道：『我的遲遲不出發，爲的要等我一個朋友來了纔與他同去，使這事穩穩的成功；太子既是等不及了，算了罷，我就此出發。』太子乃使秦舞陽與荆軻同去做助手，以爲秦舞陽曾經殺人，也是一個勇士。出發的時候，太子和親信的人，都穿了素服，到燕國邊界上易水河岸相送。高漸離也趕來送行，醉了，仍舊擊筑，荆軻歌道『風蕭蕭兮易水寒，壯士一去兮不復返！』

荆軻既到秦國，落了賓館，先訪得了秦王的寵臣，通了賄賂，請他向秦王說明來意。秦王得知樊於期已死，燕王又自願獻地，非常快活，定期在咸陽宮朝見荆軻。朝見的時候，荆軻捧了盛樊於期頭顱的匣子，秦舞陽捧了燕國督亢的地圖，很恭敬的走到殿前。秦舞陽禁不住面色變了，秦王的手下都有些奇怪。荆軻回過頭來對秦舞陽笑道：『小國的官吏，畢竟沒見過世面，見了天子，就恐懼得這樣子！』秦王也不奇怪，命秦舞陽等在殿前，單由荆軻一人上殿。荆軻呈上樊於期的頭顱和督亢地圖。秦王驗過樊於期的頭顱，再翻地圖。正在這個時候，荆軻拔出匕首來，一手抓住秦王的袖子，想脅迫住了他提出要求。秦王大驚，用力掙脫，很快的逃避開來。荆軻拿起匕首，在後面緊緊追趕，滿殿奔走。秦王匆忙之間，想拔身上的佩劍，劍長，一時拔不出套，非常惶急。秦國的慣例，在國王的殿上，無論何人，不許隨帶兵器；帶兵器的護衞，都在殿前，非有國王的命令，不許擅自上殿。這時秦王，只顧自己拔劍抵當，沒有下命令召護衞的上殿救護，而劍又拔不出套，殿上的人，都急得想不出主意。忽有人呼道：『大王把劍從背後拔出來。』秦王得人提醒，便如法把寶劍拔出。於是荆軻匕首短，秦王寶劍長，荆軻被秦王斫倒在地。荆軻隨手把匕首擲秦王，不幸沒有擲中，着在柱上。秦王斫荆軻，荆軻着了八劍，動彈不得，後來被秦王的手下亂刀剁死。

秦王統一中國之後，荆軻的好友高漸離因擊筑有名，入秦王宮中。有知道他是荆軻的好友，出首發告，秦王因愛他擊筑的技藝，赦他不死，但挖去他的兩眼。但高漸離仍不忘友朋被殺的仇恨，置鉛於筑中，就秦王近身的機會，舉起筑來，猛力擊秦王，也沒有擊中，被秦王殺死。

❶是一種樂器，其狀如瑟而較大，頭上安弦，用竹枝擊動。

❷民國紀元前二千五百九十二年，齊桓公伐魯，魯敗，割地求和，齊桓公與魯莊公在柯地會見，商訂和約，將定約，曹沫扭住了齊桓公，拔出匕首來對齊桓公說：『你允許把魯國的割地退還，否則結果你的性命！』齊桓公無法，允他的要求，曹沫纔收回匕首，釋放齊桓公。齊桓公爲保持信用起見，竟然把魯國的割地退還。

【研究問題】

爲什麼這等俠義之士，生活往往這樣的與常人不同？

鞠武介紹田光，田光介紹荆軻，爲什麼太子丹總是這樣誠懇的接受，不怕他們勾通了來騙取富貴嗎？

田光何必自殺？

太子丹的計劃倘若實現，其結果能與曹沫的故事相同嗎？爲什麼？

爲什麼荆軻要等自己的朋友到了一同去？

荆軻去見秦王爲什麼先要賄通秦王的寵臣？

荆軻刺秦王不成，他的原因是什麼？

第十一章　秦始皇帝的政策

自從六國被秦吞併之後，中國走入了一個新的時代。這時代開創的主要人物，是秦始皇帝❶嬴政和丞相李斯。❷

秦始皇帝首先打破中國部落割據的封建制度，積極推行集權中央的郡縣制度。他首創中國強有力的專制的中央政府，立定中國大一統的規模。他勒定中央和地方的官制，為中國此後歷朝政府的法則。他把異族人的勢力驅逐到黃河流域之外，和南嶺以南，建立中國疆域（所謂本部十八省）的基礎。這些都是他靠着李斯等的幫助，一手作成的不朽的功業，值得我們永遠紀念的。我們不應該只顧依着世俗的見解，僅僅記得他是一個奢侈暴虐的專制魔王。

始皇初併六國，統一告成這一年，（民國紀元前二千一百三十二年）丞相王綰奏請：『六國初滅，燕齊楚等處地方僻遠，應建立若干王國，分封子弟。』始皇交羣臣評議，大家都附和王綰的主張，獨有廷尉李斯不以為然，奏道：『西周初年，封建同姓子弟為諸侯的很多，但到後來疏遠了，便互相侵伐，好像寃仇一般；弄得諸侯之間，戰爭不息，周天子也無法禁止。現在我們秦國統一各地，都可以設置郡縣。許多同姓子弟和有功的人，只消把國家收得的賦稅，分別賞賜他們，很足够的了；而且也不致於引起糾紛，互相爭奪，這是求安寧的方法。若要分封諸侯，實在不妥。』始皇也說：『從前天下都受戰亂的痛苦，就爲着有了諸侯。現在天下初定，再行封建，這與製造亂源無異。廷尉李斯的主張很是。』於是把全國分爲三十六郡，③推行郡縣制度。

同時又勒定官制。其中重要的官職，中央政府有丞相，專管全國的行政；有太尉，專管全國的軍政；有御史大夫，專管言論和糾察。地方政府有郡縣兩級：郡有司行政的守，司軍事的尉，司監察的御史；縣有令和尉，分掌民事和軍政。各級職官，都由皇帝任用和罷免。這種官制與秦以前的相去較遠，而此後二千餘年，因此制職權統系分明，大體都沿用着沒有變動。

這樣，郡縣制度雖似乎已經確立，然而人情都還習慣於封建，時常有反對的論調起來，因此釀成「焚書」的不幸事件。

焚書事件，發生於民國紀元前二千一百二十四年。有一天，始皇在咸陽宮中置酒宴請百官。

當時有一個僕射周青臣恭維始皇行郡縣制度的好處說：『陛下❹廢封建，立郡縣，這是免除戰禍，使天下永久太平的善政，這是皇統萬世一系，自古以來未有的良法。』博士淳于越聽說郡縣制度勝於封建制度，與他主張不合，又見周青臣恭維得利害，就出來發言道：『從前夏商周三代，都分封子弟功臣，護衛王室，所以傳國很久。現在陛下富有天下，而子弟們卻沒有一尺一寸的封地，萬一將來有奸臣專政，危害皇室的時候，就沒有一個人能夠起來救護了，這是很危險的。大凡作事不學古人，斷難長久。這周青臣只知道一味恭維陛下，以致陛下不能知道制度上的錯誤，這實在不是忠臣的行爲。』始皇聽了，就問大衆：『淳于越的話大家以爲如何？』丞相李斯奏道：『從前五帝三王管理國事，各因時勢立法，不一定沿用舊制。現在陛下創立大一統的基業，推行郡縣制度，這那裏是愚陋的儒生們所能懂得其中的深意。淳于越所說三代的故事，不適合於現在的時勢，實在不足取法的。戰國時代，諸侯並爭，各國紛紛招納游說的策士，所以百家並起，各人誇說自己的學說，議論當時的政令。目前天下已經統一，這種戰國時代的不良風氣，應該根本掃除。這一班儒生，大都不明白當世的情形，一味引用古代的傳說，胡亂批評國家的政治制度，這實在近乎煽惑人民。臣❺以爲若不嚴重取締，與國家的威信有關，其害甚大。取締的方法，宜將一切書籍，凡非秦國的記載，一律燒燬。除官府藏書，仍歸博士保管，民間所藏詩書，以及諸子百家的書籍，應使完全繳到地方官府，一幷燒燬。此後人民有敢胡亂談說詩書的，斬首示衆。如敢胡亂引據古典，反對國家法令的，滿門抄斬。自發此項命令之後，三十天內，不把違禁書籍交出燒燬的，面上刺字，發往邊地罰作苦工。可以不必燒燬的，只有醫藥卜筮種樹的書。人民如有志學習法令，可從官吏爲師。』始皇聽了，十分贊成，就下詔實行焚書。

我們看以上始皇和李斯對於廢止封建，設立郡縣的話，實在很透徹，很高明。王綰和淳于越的論調當時一定很多；他們始終堅持，不因有人反對，稍變宗旨，竭力要貫徹主張，是何等有勇氣，有毅力！不過實行焚書，想因此杜絕反對派的議論，這卻未免過火一點。但爲鞏固中央政權，應付當時的時勢起見，有此非常的舉動，也不可以說是毫無理由的暴行。現在號稱文明和進步的政府，對於不利於政府的言論，嚴厲取締起來，也或者不輸於始皇焚書的政策。我國歷史上，一向把這焚書事件，與始皇因厭惡方士，連帶以煽惑人心的罪名，坑殺儒生四百六十餘人的事件。❻相提並論，實在不很適當。

考查始皇當時的政策，有許多都是提高中央威權，建立統一規模的。例如收集全國兵器，改鑄銅像和銅器，放在咸陽；使各地富豪十二萬戶，都聚居京師；以及統一全中國的「度」「量」「衡」和車軌的尺寸，文字的形體，衣冠的式樣等，實在是很有意思的。只因他喜歡用刑法來強制執行，有時不免有作威作福的表示，因此大家只計其罪不計其功了。

以上所述，是始皇對於內政的設施。至於對外擴張領土，驅逐異族人的功績，也是不可埋沒的。他固定了我們漢族完整的地盤，二千多年來，直到如今，實在還是守着這個範圍呢。

始皇的對外擴張領土，就是北逐匈奴和南平南越，現在分頭說明他的事蹟如下：

匈奴族人，大概是住在黃河流域的西北一帶。我們漢族人在黃河流域漸漸發展，便時時和他們發生衝突。最古，有黃帝逐獯鬻和堯教八狄的傳說。其後西周在陝西一帶經營農業，也造次受着狄人的騷擾。春秋時代，晉、鄭、齊、魯、宋、衛等國，常受赤狄白狄的侵掠。獯鬻、八狄、狄、赤狄、白狄，都是屬於匈奴族，他們都是些『分散谿谷，』逐水草遷移的游牧部落，無事牧養牲畜，有事當兵出戰，人民大都勇悍非常。我們漢族因所住的地方，土地肥美，很早發明種植，而有城郭宮室之美。他們很豔羨我們的富有，所以時常來侵奪土地劫掠財物。我們用兵征剿，他們抵敵不過，便散入谿谷裏去了。但他們所居的地方，都不很合於耕稼之用，我們征剿既畢，也就收兵退回，他們看我們沒有派兵駐防，便又捲土重來了。所以戰國時代，燕、趙、秦三國，各在北方邊境築造長城，防禦他們。秦併六國的當兒，河套地方有個部落漸漸強大，也統一了匈奴各部落，其首領單于頭曼，不時派人來侵犯北方一帶。秦始皇帝統一中國之後，乃派蒙恬帶兵三十萬北伐。頭曼不能抵抗，只得棄去河套，向北奔逃。這河套原是一片膏腴之地，蒙恬乃就河南地分設四十四縣，將內地貧民囚徒，移殖那邊。再就從前燕、趙、秦三國所築長城，首尾聯絡，西頭從臨洮起，東至遼東，共長萬里許，所以號稱萬里長城。只因北地天氣特別的寒冷，所以那築城的士卒十分受苦，至今民間無論何人，都知道秦始皇起造萬里長城，是一件苛酷的事。

這長城到了北魏和唐朝，又重行建築，位置亦已經變更。現在的長城，西從甘肅的嘉峪關起，橫截甘肅、陝西、山西、河北四省的北境，以至於河北遼寧交界的山海關，這是明朝時慢慢修造起來的了。

南方長江流域，古時本是蠻族居住的，在春秋戰國時代，已經吳、越、楚等國開闢，成爲漢族的領土。始皇統一中國之後，乃派兵越過五嶺，略取南越的地方，把他分置南海桂林和象三郡。又把越王句踐的子孫所盤踞沿海的地方也平定了，設立閩中郡。這南方四郡，也調發內地的許多貧民囚徒等移殖那邊，人數約計五十萬。

始皇如此集權中央，開拓領土，可算是漢族歷史上一個重要人物。可惜他幹這些事業，僅僅是爲着發揮個人的野心，未必爲着民族的利益，更說不到爲着民衆的利益，他心目中完全是要建立一人一姓的基業。所以功成之後，不免流於奢侈和暴虐。他把六國的宮室，完全描下圖樣來，在京都咸陽各各倣造一所。又在渭南建造一所萬分壯麗的阿房宮，在驪山預先營造萬年吉地。因此調動百姓來當苦工，約有一百萬人之多。還要連年出去「巡遊」「封禪」，特造他皇駕經過的「馳道」。這樣不顧民生的窮奢極欲，再加着嚴刑峻法；於是人民的怨聲載道，逼得豪傑蠭起，使天下後世的人，只知道他是個奢侈暴虐的專制魔王，把不可一世的大功大業也都遮蓋了。

❶民國紀元前二千一百三十二年，秦王嬴政既把六國都滅了，嫌這「王」的稱號，被六國用得太濫了，再用未免不大尊嚴，教丞相御史等另擬一個稱號。議後的結果是『古時有天皇、地皇、泰皇，泰皇最貴，請上尊號，王爲泰皇。所下命令，稱「制」或「詔」，天子自稱「朕」。』他的批答道：『去泰用皇，再采上古帝號，稱爲「皇帝」；其餘的照准。』因他知道古來相傳有三皇五帝的名目，自以爲功業已經超過他們，所以兼稱皇帝。後來他又下一道制說：『死後由臣子按着一生的行爲，議立謚法，實在不妥；自今以後，朕爲始皇帝，後世以計數，二世三世，至於萬世，傳之無窮。』這就是秦始皇帝這個名稱的來由。通常又把秦始皇帝省稱爲秦始皇。

❷初爲廷尉，後於民國紀元前二千一百二十五年升爲丞相。

❸三十六郡是內史、上郡、北地、隴西（在現今陝甘一帶）三川、潁川、南陽、碭郡、邯鄲（在現今河南一帶）河東、上黨、代郡、太原、雁門、（在現今山西一帶）雲中、九原（在現今察綏一帶）上谷、鉅鹿、漁陽（在現今河北一帶）右北平、遼西、遼東、（在現今遼寧熱河一帶）東郡、齊郡、薛郡、瑯琊（在現今山東一帶）泗水、九江、鄣郡、會稽（在現今江蘇、安徽、浙江、江西一帶）漢中、南郡、長沙、黔中、（在現今湖北、湖南、貴州一帶）巴郡、蜀郡（在現今四川一帶）本是統一初成的時候設置的，後來又添置閩郡（現今福建全境）南海、桂林（在現今兩廣一帶）象郡（在現今廣東西南部和安南的北部）

四郡，合爲四十郡。

❹陛是天子宫殿的階石，陛下是對天子的稱呼。

❺君主國做官的對天子自稱爲臣。

❻這事件發生在焚書的後一年。起初始皇很相信講神仙的方士，請他們求仙鍊藥。這一年，方士盧生與侯生私下議論始皇，說了許多壞話。始皇得知了，大怒，我焚書之後，請了許多儒生和方士，他們不好好的給我「興太平」「求奇藥」，反在背後說我的壞話。就派御史去按問。儒生們互相告發，互相牽引，因此坑殺四百六十餘人。

【研究問題】

怎麽說封建制度是部落割據？怎麽說郡縣制度是集權中央？

秦併六國之後，究竟應否再行封建制度？

怎麽說再行封建制度是製造亂源？

秦時的官制和現在有什麽不同？

爲什麽當時有人對於郡縣制度持反對的論調？

淳于越的話最有理由的是那一點？理由是否充足？

怎麼說三代的故事不足取法？

爲什麼李斯要主張取締游士議論國家政事？

李斯主張的焚書辦法，是否適當？

坑殺儒生的事件何以不能與焚燒詩書相提並論？

爲什麼收集全國兵器？這辦法是否妥當？

爲什麼要使全國富豪聚居於京師？這辦法是否妥當？

爲什麼要統一全國的度量衡？

爲什麼要統一車軌的尺寸文字的形體和衣冠的式樣？

這些辦法，怎麼說是統一的規模？

北逐匈奴，南平南越，於中國領土的完整有什麼關係？

爲什麼築造萬里長城？這萬里長城對於中國有什麼關係？

北逐匈奴，南平南越之後，爲什麼使人民移殖過去？

始皇一生的功業對於漢族有什麼利益？

始皇奢侈暴虐的原因是什麼？除了他發揮個人的野心之外，可再有什麼原因？

第十二章　豪傑的蠭起和爭鬭

秦併六國之後，始皇和李斯竭全力以建立大一統的帝國，不惜以嚴刑峻法，來做貫澈主張的工具，已足以引起全國人心的不安了。又兼始皇作威作福，奢侈暴虐，弄得百姓們怨恨非常，漸漸釀成叛亂的因子；只因被始皇赫赫的威名鎭壓住了，一時不敢爆發。始皇死後，二世皇帝和趙高既沒有偉大的才能和魄力來繼承這偉大的基業，卻依然作威作福；於是各處強硬有勢力的所謂豪傑們，乃趁着機會紛紛起事了。表面上似乎是中了淳于越「不學古人斷難長久」的預言，其實秦的滅亡，又何嘗是不封子弟爲諸侯孤立無助的緣故呢？

民國紀元前二千一百二十一年，秦始皇帝巡遊東方，死於沙邱❶。始皇有十八個兒子，大兒子名扶蘇，是相信儒術的，因與始皇意見不合，被派在蒙恬的軍中。小兒子胡亥，很得始皇的愛寵，這一次始皇帶着他一同巡遊。始皇病重的時候，寫了一封信給扶蘇，叫他到咸陽去迎喪即位❷；這信卻被管印信的宦官❸趙高揑住了。趙高與胡亥十分親暱，要想使胡亥做皇帝，以便自己偷取政權。他就去勸丞相李斯，設法廢掉扶蘇，改立胡亥。李斯起初不肯，經不起趙高把利害再三的勸誘，說道：『秦國的丞相，往往不能有好結果的；你倘若依始皇的遺命立了扶蘇，扶蘇一定相信蒙恬，你一定不得好好兒的下場了。』李斯聽了這話，就贊成趙高的主張，商定矯詔書教蒙恬扶蘇自殺。一路把始皇死的消息祕密着，直到回了咸陽，纔宣布出來，擁胡亥爲二世皇帝。

二世皇帝即位之後，趙高的權勢很重。他欺騙二世，教他深居宮中，以便一切由他專斷。他又教二世，殘殺自己的兄弟姊妹，壓制朝中的大臣，表示皇帝的威嚴。這時候，刑法比始皇時更加嚴重，向民間調發苦工的事更加繁多了，叛亂的動機，就此逼束得一觸即發，不可收拾了。

始皇死後一年，即二世元年七月裏，有一批戍卒❹在路上遇了大雨，以致延誤限期，依法全體都有死罪。其中陳勝吳廣二人，本來蓄意乘機作亂的，就對大衆說：『我們現在已誤限期，都有死罪，與其等死，還不如拚死一幹，索性反了；幹得出頭，就是功名富貴。自古以來的王侯將相，難道都是現成的種子嗎？』衆人經這一番激動的話，就跟着二人，把監同趕路的將尉殺了，實行造反。陳勝自稱楚王。一時各地豪傑，得此消息，紛紛響應，張耳、陳餘、周市、韓廣、田儋、劉邦、項梁等，都殺了地方官吏，或自立爲王，或擁立六國的後人。這些豪傑，大概是各地的土豪，或是獨霸一方的地痞，他們勾糾了些無賴流氓做頭目，招集貧苦的農民，就地暴動，聲勢大的，吞併附近弱小的各股，編成軍隊，儼然成爲一種反抗秦朝的勢力。六國的忠臣義士，往往從中指導他們。這是豪傑蠭起的實情。

二世得訊，大驚，便下詔把派在驪山築造始皇陵墓的罪犯苦工，都赦免了，編成隊伍，命章邯帶領着去討伐這各路的叛逆。秦的兵威素來很盛，這些新起的烏合之衆，如何抵當得住；所以交鋒之後，陳勝吳廣，卽被剿滅；田儋項梁，也都戰死。正當秦兵勢如破竹的時候，卻來了一位中國歷史上英名蓋世的將軍項羽，纔把章邯打敗。

這項羽是項梁的姪子。項氏本是楚國世代的將門。項梁起兵之後，聽了范增的計謀，立楚國後人名心的爲楚懷王。章邯與各路豪傑戰，各路豪傑大都潰敗。項梁出兵救應，曾經戰勝章邯。但其後二世使章邯帶着全國兵馬再與楚軍大戰，項梁戰敗而死。章邯勝了項梁，以爲楚軍從此完了，不再追擊，便又渡過黃河去攻北方的趙國，把張耳陳餘所立的趙王，圍困在鉅鹿❺。趙王急了，乃向楚懷王求救。楚懷王乃發兵兩路：一路使宋義爲上將，項羽爲次將，范增爲末將，往北路救趙；一路使沛公劉邦往西路入函谷關，攻秦的京都。誰知宋義到了安陽❻，屯紮了四十六天，不肯進兵。項羽性急，屢次催促，不聽，乃假託奉楚懷王命令，殺了宋義，自爲上將，立卽發兵渡河與秦兵接戰。

項羽率領全部軍隊渡過黃河，命令兵士破釜沉舟，各備三日之糧，使得都存一個有進無退，決死之心。那時章邯使部將王離涉間蘇角圍鉅鹿，築甬道與大本營通連，並作運糧之用。項羽一到鉅鹿城外，突擊王離等，大戰九次，截斷甬道，攻破秦軍，王離被擒，蘇角被殺，涉間不降，自焚而死。各處救應趙王的軍隊，都紮住營頭，因懼怕秦兵，不敢輕動。鬪得項羽率領楚軍突然進攻，在壁壘上觀戰，見楚兵無不一個當十個的奮勇，呼聲動天，沒有一個不覺得惴恐的。項羽既破秦軍，乃請諸侯的將士諸侯將士來到轅門，都不知不覺的跪了進見，俯伏在地，不敢擡頭，從此項羽的威名震動全中國。

章邯既敗，本想收集殘兵，再擋項羽一陣。想不到派人去向關中求救，趙高反懷疑他，無法可想，便索性投降了項羽，項羽消滅了函谷關以東的秦軍，乃引兵西進，準備攻打關中。

沛公（劉邦）這一路軍隊，本想從洛陽❼攻入函谷關，後因與秦軍接戰不利，乃改變方針，走南陽❽攻入武關❾。消息傳到咸陽，二世責問趙高；『怎麼弄得這樣的路路失敗？』趙高恐懼了，怕因此得罪，不如先下手爲強，便把二世害死，立公子嬰爲秦王，不再用皇帝名號，還想保守關中。秦王嬰很不滿意趙高，又設法把他刺殺了，不料只做了四十六天秦王，沛公的軍隊已抵灞上❿，無法抵禦，只得投降。秦朝就此滅亡。這是民國紀元前二千一百十七年的事，始皇死了不過四年。

沛公納了秦王嬰的降，乃入咸陽。蕭何把秦丞相府的圖籍收取了。沛公下令把秦時的苛法，一律廢止，與秦民約法三章「殺人者死，傷人及盜抵罪」，不久便退兵，仍駐灞上。

項羽至函谷關，見關上已有兵把守，又聞沛公已定咸陽，大怒，使黥布把函谷關攻破，引了四十萬大兵，直抵鴻門⓫，準備攻擊沛公。沛公的兵只有十萬，論兵力是萬敵不過項羽的。項羽有個季父項伯，與沛公手下的張良素有交情，連夜見張良，告訴他項羽不日要打沛公，勸他早些避開。

張良因卽報告沛公，沛公乃請項伯相見，很恭謹的對項伯說：『我先到關中，對於地方上「秋毫無犯」一切都代爲看守着，專等項將軍來處分。我派兵駐守函谷關，是只怕別的寇盜要來侵佔，並且防備非常的事變。我對於項將軍實在只有服從，毫無惡意，請代爲向項將軍疏通一下。』項伯見沛公誠懇的態度，當卽應允，並勸沛公明天親自去見項羽謝罪。項伯回去把沛公的話，轉告項羽，又勸項羽不要錯怪了功人，項羽也以爲然。

明天淸早，沛公帶了張良樊噲，輕騎到鴻門見項羽，當面解釋。項羽聽了項伯的話，早已不想難爲沛公，今又見他這般恭順小心，當初的怒氣全消了，便請沛公在軍中飲酒，這就是所謂「鴻門之宴。」席間，范增屢次慫恿項羽乘此機會殺了沛公，並使項莊舞劍，叫他刺死沛公，幸而項羽無殺沛公的決心，沛公又有項伯張良樊噲等的救護，未曾被害，脫身逃回灞上。過了幾天，項羽帶兵入咸陽，殺子嬰，掘始皇墳，燒阿房宮，大屠殺一場，然後捲了秦朝所有的珍寶婦女，出關東去。

早先，楚懷王與各路反秦的首領相約：『先入關的便爲關中王。』這時候，項羽差人去報告楚懷王，楚懷王回答他「如約」二字，項羽那裏肯聽，便自作主張，大封諸侯。自立爲西楚霸王，以江淮一帶爲根據地。立沛公爲漢王，以巴蜀漢中爲封地，使他不容易向中原發展。又把關中地方分爲三區，封章邯司馬欣董翳等，使他們遮塞漢王的出路。其餘各國將士，與他交好的都封爲王。共十九王，霸王自以爲是十八王的領袖。表面上把楚懷王尊爲義帝，實際把他遷到偏僻的郴[12]地，不久又把他殺了。這種行爲，大家都有些不服，尤其是漢王。

不久，那滅秦有功而未得封的，和部下有許多軍隊而沒處歸宿的，便自由行動起來。霸王乃以領袖的資格，出兵干涉。沛公乃乘此機會，用韓信爲大將，攻入關中，章邯戰敗，餘二人亦投降。又出關吞滅各國，爲義帝發喪，宣言討伐項羽，帶兵五十六萬，由洛陽東進，攻入霸王的京都彭城[13]。霸王聞訊，帶精兵三萬，猛烈反攻，大破漢軍於睢水[14]，殺漢兵三十餘萬，漢王與數十人輕騎逃到滎陽[15]方始收集散兵，紮住死守。

漢王在滎陽，有蕭何留守關中，發關中的人補充軍隊；通巴蜀的糧，接濟軍食，尚能與楚軍相持。又靠着韓信在東方和黃河以北的發展，使霸王很受牽制。霸王恃強驕橫，頗失各方同情，連手下得力的將士，也往往反叛了，投奔漢王，以致成爲孤立。又因缺乏糧食，不得已與漢王議和，約定鴻溝⑯以東歸楚，以西歸漢，平分中國。

楚漢既和，霸王引兵東歸，漢王也想引兵西歸。張良陳平勸漢王道：『漢已占有天下的大半，楚軍因糧食缺乏，飢餓而且疲乏，此時正好下手攻擊，否則是養着猛虎留後日的禍害。』漢王聽了，追擊楚軍，合着韓信彭越的兵，把霸王圍困在垓下。⑰霸王帶了八百騎士突圍向南逃去，至烏江⑱，因起兵八年，經過七十餘次戰事，從未失敗，此次一敗塗地，非常悲傷，遂託言無面目見江東父老，拔劍自刎而死。於是漢王統一中國，成爲漢朝開國皇帝漢高祖。那時是民國紀元前二千一百十四年。

❶現今河北省邢臺縣。

❷皇帝登位，稱爲即位。

❸皇帝宮中隨從的官員，因宮中多宮女，恐發生男女不道德的事，所以多用割去生殖器的人來充當。

❹防守邊地要塞的兵丁。

❺現今河北省平鄉縣。

❻現今山東省菏澤縣。

❼現今河南省洛陽縣。

❽現今河南省南陽縣。

❾在現今陝西省商縣境內。

❿在現今陝西省長安縣的東面。

⓫現今陝西省臨潼縣。

⓬現今湖南省郴縣。

⓭現今江蘇省銅山縣。

⓮在現今安徽省濉溪縣東。

⓯現今河南省滎澤縣。

⓰即現今的賈魯河，在河南省境。

⓱在現今安徽省靈璧縣南。

⑱在現今安徽省和縣南。

【研究問題】

秦亡的原因，既不是不封子弟爲諸侯孤立無助的緣故，究竟是什麼呢？

趙高以宦官的資格敢於這樣胡作亂爲，其原因是什麼？

陳勝吳廣一發動，爲什麼各地豪傑紛紛起來了呢？

各路豪傑，爲什麼要擁立六國的後人？

沛公既入咸陽爲什麼又退至灞上？

霸王失敗的原因在那裏？漢王成功的原因在那裏？

第十三章　封建制度的反動

周初的封建制度，本是部落割據而已。春秋戰國的紛爭已是這個制度將要死滅的象徵。到了秦併六國，大一統的局面已成，這個制度當然不應該再存立了。但是一般人以爲列國分立是當然的事，反以爲大一統是個變局。迂腐的儒生，以爲作事須學古人，這種成見更深。雖經李斯的幾番駁斥，始皇的斷然處置，終未能折服人心。燒燬詩書以及遷富豪於咸陽，這原是防六國的死灰復燃，杜絕部落割據的根苗。然而不但毫無效果，卻反而給了封建制度的反動以一種刺激，促進其爆發的勢力。始皇一死，各地豪傑蠭起，大都立六國之後，以爲號召，並指秦有破壞封建，私利天下的罪過，作爲起兵的藉口了。

秦亡之後，霸王項羽，就代表這種封建的反動勢力，大封諸侯。當時連霸王自己的地盤，共有十九王國，義帝僅有一個虛空的最尊的名號罷了。這十九王國的大概如下表：

人名	封號	封地	都城	備註
項羽	西楚霸王	梁楚地九郡	彭城（現今江蘇省銅山縣）	
劉邦	漢王	巴蜀漢中	南鄭（現今陝西省南鄭縣）	
章邯	雍王	咸陽以西	廢丘（現今陝西省興平縣）	秦降將。
司馬欣	塞王	咸陽以東至河	櫟陽（現今陝西省臨潼縣）	秦降將。
董翳	翟王	上郡	高奴（現今陝西省膚施縣）	秦降將。
魏王豹	西魏王	河東	平陽（現今山西省臨汾縣）	周市所立魏王咎的兄弟。
韓王成	韓王		陽翟（現今河南省禹縣）	張良請項梁所立。
申陽	河南王		洛陽（現今河南省洛陽縣）	張耳的嬖人。
司馬卬	殷王	殷故墟	朝歌（現今河南省淇縣）	趙國的將。
趙王歇	代王		代（現今河北省蔚縣）	張耳陳餘所立。
張耳	常山王	趙地	襄國（現今河北省冀縣）	
英布	九江王		六（現今安徽省六安縣）	楚國的將。
吳芮	衡山王		邾（現今湖北省黃岡縣）	秦鄱陽令。

共敖	臨江王	江陵（現今湖北省江陵縣）	義帝的柱國。
燕王廣	遼東王	無終（現今河北省薊縣）	燕人韓廣。
臧荼	燕王	薊（現今北平大興縣）	燕國的將。
齊王市	膠東王	卽墨（現今山東省卽墨縣）	田儋的子。
田都	齊王	臨淄（現今山東省臨淄縣）	齊國的將。
田安	濟北王	博陽（現今山東省長淸縣）	戰國時齊國末代王建的孫兒子。

霸王項羽的分封諸侯，完全憑他個人的私意，也不是以功績爲標準，也不是以實力爲標準，所以不久就發生混亂。田榮把田市田都田安的封地都奪了，自爲齊王；陳餘把張耳攻破了，迎代王歇爲趙王；漢王也併了雍塞翟韓殷西魏河南等王的封地，又派韓信吞滅趙代齊各國的封地。到項羽烏江自刎之後，他所封的諸侯，又都煙消火滅，中國乃統一爲漢朝，這是封建制度反動的第一次失敗。

漢高祖的統一中國，雖是自己部下力征經營的效果，但也很得力於當時各地有實力者的背楚歸漢；所以他做了皇帝，便不得不對於那些據地自雄的實力派，分別加封。封的是：

楚王韓信，

淮南王英布

梁王彭越，

趙王張耳，

韓王公孫信，

燕王盧綰，

長沙王吳芮，

這可以算是封建制度第二次的恢復。

但是漢高祖的實行封建制度，制度原是不得已而應此故事。封了之後，總覺得不能放心。他想到大家說秦亡於孤立，似乎覺得封建制度有恢復的必要；不過留這些據地自雄的諸王，終是皇室的禍根，即使自己活著的時候不生問題，將來死後，不免作亂起來，把皇室推翻。這是他一時難決

的心事

結果，他決定了一個好辦法，以爲異姓的人不可靠，自己的子弟，一定可以護衞皇室。他作定主張，便起了陰謀，放出辣手，化了八年工夫，把這些異姓功臣，先後翦除，陸續分封自己的子弟去接管封地。他把

楚王韓信廢了，分其地爲荆楚二國，封從兄劉賈爲荆王，封弟劉交爲楚王。把

淮南王英布滅了，封子劉長爲淮南王，封兄子劉濞爲吳王（荆王被英布攻殺，荆國併入吳國。）把

梁王彭越滅了，分其地爲梁和淮陽二國，封子劉恢爲梁王，劉友爲淮陽王。把

趙王張耳的兒子張敖廢了，封子劉如意爲趙王。把

燕王盧綰廢了，封子劉建爲燕王。

韓王公孫信也被迫而降匈奴。只有長沙王吳芮因封地偏僻而小，所以能够碩果僅存。又封自己的兒子劉肥爲齊王，劉恆爲代王。這廢黜異姓功臣，改封同姓子弟的事辦完之後，他就宰殺

白馬，告天立誓，「非劉氏而王，天下共擊之。」到這時，劉邦方以爲劉家的天下，可以安如磐石。

但是漢高祖畢竟不及始皇李斯的見地，他只知道異姓功臣的不利於皇室，沒有想到權利所在，同室操戈的禍害。

後來劉恆做了皇帝，漸覺諸王漸漸強大，每有驕橫的表現。適逢吳王劉濞竟招集亡命之徒，陰謀反叛；淮南王劉長又因擅變法令，勾結外敵，以驕恣伏誅。於是賈誼鼂錯等獻議削弱諸侯，預防意外。劉恆乃把淮南和齊二大國大加割裂。

分淮南爲三國，封劉長之子劉安爲淮南王，劉勃爲衡山王，劉賜爲廬江王。

分齊爲六國，這時哀王劉襄恰死，無子，乃分封其弟劉將閭爲齊王，劉志爲濟北王，劉賢爲菑川王，劉雄渠爲膠東王，劉邛爲膠西王，劉辟光爲濟南王。

這還是「分封諸王的子弟，來分散他們的實力」的方法。到劉恆的兒子劉啓做了皇帝，又因分散實力的方法，不能消弭諸王的野心，乃用鼂錯的計謀，硬削諸王的封地，等他們暴露謀反的面目時，一起翦除。於是久蓄反謀的吳國，便聯絡了濟南菑川膠東膠西楚趙六國，以驅除鼂錯爲口實，舉兵實行造反。初時，劉啓的意志動搖了，把鼂錯斬首，令七國罷兵，但是七國不聽，劉啓只得堅決用兵，靠了善於用兵的周亞夫，把亂事平定，七國國王先後被殺或自殺。

從此以後，皇室對於諸王，便一意裁制他們，削弱他們，把諸王治國的大權也都奪了。封建制度的第二次反動，到這時差不多全歸失敗。

一面封建制度迭次失敗，一面郡縣制度卻漸漸鞏固。漢初封建的時候，並未廢去郡縣制度，一面仍置郡縣由皇帝派官治理，直屬中央。後來，諸王逐漸叛亂滅亡，存留的也都削小；郡縣制度的推行便漸漸擴大範圍。七國亂後，諸王的治國大權也被奪了；於是全國政權，又統一於中央政府之下。王侯只有個虛名，實權都歸皇帝所任命的「相」所有。實際上當時的一個王國等於一郡，侯國等於縣，郡縣制度已經完全代替了封建制度，所剩只有個有名無實的封號爵位而已。

至於郡縣制度本身又經過一度的改變。起初嫌秦時的郡太大，酌量分析。西漢末年，全中國有一百零三個郡國。後來又嫌過於瑣碎，重分全中國爲十三部，統屬這許多郡國。那十三部是：

司隸校尉部（地當現今陝西省的中部、東南部，河南省的西部北部，山西省的西南部。）

豫州刺史部（地當現今河南省的東南部，安徽省的西北部，江蘇省的西北部，山東省的西南部。）

冀州刺史部（地當現今河北省的東南部，河南省的北部，山東省的西北部，）

兗州刺史部（地當現今山東省的中部、西部，河南省的東部，河北省南境的一小部。）

徐州刺史部（地當現今江蘇省的北部，山東省的南部。）

青州刺史部（地當現今山東省的北部、東部。）

荆州刺史部（地當現今河南省西南境的一小部，湖北湖南兩省的全部，廣西貴州兩省的一部。）

揚州刺史部（地當現今江蘇安徽兩部的大部，江西、福建、浙江三省的全部。）

益州刺史部（地當現今四川省的大部，甘肅省的東南部，雲南、貴州兩省的一部。）

涼州刺史部（地當現今甘肅省的大部，新疆省和西套蒙古各一部。）

并州刺史部（地當現今山西省的大部，陝西省的北部，河套全部，內蒙古的一部。）

幽州刺史部（地當現今河北省的東北部，奉天省的南部，朝鮮的一部。）

交州刺史部（地當現今廣東省的全部，廣西省的大部，安南的北部。）

這辦法，在郡縣制度的本身，加增了統轄和聯絡的便利，變成了州郡制度。對於封建制，則因刺史的職權地位高出於王侯國相之上，列國政治上的地位更低了。

【研究問題】

為什麼各地豪傑指秦有破壞封建的罪過呢？

項羽的封建，倘能大公無私的實行，封建制度能維持下去嗎？

為什麼漢初又不能不分封諸侯呢？

劉邦剪除異姓諸侯，還於封建制度有什麼關係？

劉恒劉啓等倘若不削弱諸侯，那些同姓諸侯可以與皇室相安無事嗎？為什麼？

郡縣變到州郡，對於封建制度有什麼關係？

第十四章　文景二帝之治績

中國人民經過了春秋戰國五百年的長期戰亂，以及秦始皇帝外征異族內興土木❶的勞擾，秦末豪傑爭鬭，漢初諸王叛變等事故，實在弄得十分疲乏苦痛，正需要一個休養生息的時期了。在這個時代的要求之下，就產生了漢文帝劉恆和景帝劉啓寬厚的政治。

文帝劉恆是劉邦的兒子，本受封爲代王。民國紀元前二千零九十一年，劉邦的妻呂后死了，劉恆便被迎立爲皇帝。他爲人謙恭節儉，是中國歷史上少有的君主。在位二十三年，一切衣食住行等需用，都不喜浮華，從來沒有輕易虛耗過一文錢。有一次，他想築造一座露臺，請匠人估計，工料約需費百金。他就此作罷，說道：『百金之數，是中等人十家的資產啦，我何必化了築一座露臺呢？』他日常穿的，不過是一種黑色的粗布袍。他最愛寵的愼夫人，也穿得十分樸素。他宮中的布置陳設，十分簡陋，帳幔等物，都不用錦繡的。日常生活節儉到如此，在皇帝之中，要算難能可貴的了！

他對於政治，也是一切都抱多一事不如少一事的主張。漢朝建立以來二十餘年，政治設施大都因襲秦朝的舊章，有的嫌他太苛細，便將就簡易些，沒有另起爐竈的必要。這時候，秩序已經大定，賈誼就勸他「改正朔、易服色、定官名、與禮樂，」把新朝統一的規模樹立起來，他卻以爲「不必多此一舉。」功臣及同姓諸王有驕橫喜歡搗亂的，他也往往寬假他們，不主張嚴重處分。匈奴屢次侵擾邊境，他始終取防禦主義，不願勞師動衆的去征伐。他的兒子景帝劉啓繼立，也很能夠照着這種主張行事。所以前後三四十年，中國社會表面上很有些太平景象；歷史上對於文景二帝的政策，也很多讚美。

文景二帝的政策，具體說來，可用兩句話來包括，就是減田賦和輕刑罰。古代井田制度之下徵取人民的田賦，大概是以十分之一爲標準。劉邦做了漢朝的開國皇帝，減田賦取十五分之一。文帝十三年，竟下詔全免人民的田賦，到景帝三年纔使人民納田賦的半數，卽又減爲取三十分之一，其間共十三年沒有收取過人民的田賦，可算是中國歷史上僅有一次的事。

至於刑罰，中國古代本分爲「墨」「劓」「剕」「宮」「大辟」五等❷。秦時用刑，更加苛酷，有「鑿顚」「抽脅」「鑊烹」「車裂」「腰斬」「夷三族」「具五刑」等名目，實在還沒有脫野蠻時代的遺風。文帝時，有一個太倉令淳于意犯了罪，例當受刑，解到京師長安去執行。這淳于意沒有兒子，單生五個女兒。起程的時候，女兒們哭哭啼啼，都來相送。淳于意看了，很氣憤的駡道：『生女不生男，急來無用處。』幼女緹縈聽了，十分悲苦，便跟着父親同到長安，上書奏文帝道：『我的父親在齊國做官，大家都稱道很廉潔公平的。現在不知道爲着何事犯了法，判決受刑。我想一個人死了便不能再生，肢體殘缺了也無法回復原形，雖能此後改過自新，已經沒有辦法的了。因此，我願投入官府，充當奴婢，贖父親的刑罪，使得他有改過自新的機會。』文帝看了，覺得緹縈的話很可憐，也很有道理，乃下詔把「黥」「劓」「刖」三種肉刑廢除，以「髡鉗」代「黥」刑，以「笞三百」代「劓」刑，以「笞五百」代「刖」刑。這是文帝十三年，即民國紀元前二千零七十八年的事。景帝時，又把笞數減少，第一次減「笞三百」爲「笞二百」，「笞五百」爲「笞三百」；第二次再減「笞二百」爲「笞一百」，「笞三百」爲「笞二百」。又把笞法改善，起先笞背受笞的往往致命；景帝六年改爲笞臀，一手笞畢，不許換人，笞的刑具也規定式樣，免得行時，有輕有重。這輕刑罰的動機，是緹縈引起來的；所以緹縈也算得我國歷史上一個可以紀念的人物哪！

這種減田賦輕刑罰的政策，在中國政治上算爲一種仁政，能實行這種仁政的，便是好皇帝。其實這不過是一種消極無爲的辦法，對於人民生計和社會秩序，並沒有從根本上解決；或者反便宜了商賈豪強。只因在皇帝的專制政府統治之下，政治設施發自深宮，上惠不通，就是有好大喜功的皇帝，要推行些對於人民生計社會秩序有益的政策，其結果往往反弄得人民愈加痛苦，秩序愈加紛亂，倒不如一事不做，不致惹出是非來比較穩妥。所以多一事不如少一事，便成爲做皇帝的不二法門；這種消極無爲的辦法，便成爲最能博得天下後世稱美的仁政了！

以上所論，並非故意把這種仁政說壞；要知道施行這種仁政的結果，當時的一般人民，實在沒有得到什麼利益，只是便宜了有特殊勢力的少數人；尤其實行減田賦的結果更明顯。

原來從井田制度廢止以後，田地變爲私有的財產，多被富豪收買了去，造成一種「不耕而食」的大地主。農民要耕田，便不得不向地主去租，地主把田出租，便要向農民收租，於是農民便不得不受地主們的剝削了。我國的禮教，雖一向提倡寬厚仁愛，但是地主們對於農民的剝削，卻自古以來就很苛酷的。農民一年到頭，辛苦耕種，收穫了十分米穀，地主便要取五分作爲田租，甚至於水旱災荒，都不肯克己一點。所以占着全社會大多數的農民，自古以來，就貧無立錐。逢到年荒，不消說是更無生路；就是豐年，靠着收穫的十分之五，支持一家五口的生活，也要移東補西的調度，方纔可以掙扎得不餓不寒。他們手頭活動的金錢，原是有限，新穀登場，不得不賤價糶出，應付目前的使用；等到青黃不接的時候，米糧貴了，卻要重價糴來餬口。這豈不是農民受了地主剝削之外，還要受豪商的剝削麽？

農民這樣的痛苦，國家自當設法救濟。文帝景帝的減免田賦，表面上未始不是一種救卹農民的克己辦法，但是試問農民受得到實惠嗎？農民耕種的是地主的田地，繳納的是地主的田租。國家減免的是地主應納的田賦，農民一點也沒有受到利益。所以荀悅說：『國家所施的恩惠，過於三代；農民所受的剝削過於秦朝。這是國家的恩惠沒有直接使人民受到利益，而被豪強的地主們中間占盡了便宜。』這話的係實情。這樣看來，減田賦的仁政，實在是幫助地主的發展，與大多數人民的生計，不見有絲毫的利益而且還有流弊。

至於輕刑罰，雖不比減田賦的有流弊發生，實在也不過是一時的仁政。只要看景帝之後，漢武帝時代，又用苛酷的刑罰便可見一斑了。不過文帝明令廢除肉刑，不能不說他改良中國刑法破天荒的舉動啊！

❶即建築工程。

❷墨刑是臉上刺字，劓刑是割去鼻子，剕刑是斬去腳趾，宮刑是割去生殖器，大辟就是斫頭。

❸髡是剃髮，鉗是用鐵器束住頸項。

【研究問題】

從春秋時代到漢朝初年這樣的多事。社會上的問題歸納起來有那幾個？到文帝景帝時這些問題是否已經解決？

文帝多一事不如少一事的主張，對當時的社會有什麼關係？

緹縈上書目的只在救父，爲什麼文帝把肉刑都廢止了呢？那末，怎麼說他也算得一個歷史上可以紀念的人物呢？

爲什麼在皇帝的專制政府之下，有益民生社會的政策，反不易推行呢？

文帝爲什麽不裁制當時的地主豪商呢？

減田賦的流弊指什麽說？

第十五章　漢武帝開拓邊疆

文景二帝實行休養生息的仁政，雖不能把貧富不均的民生問題根本解決，但是他們節儉滅政主義，卻儘足以使得國力充實。據說武帝❶的初年，京師中積蓄的錢，累百鉅萬，貫串的繩子因年深月久都已腐朽了；太倉中積蓄的米，陳陳相因，堆塞不下，暴露在外，腐敗得不可食了。

在國力充實的時代，逢到了雄材大略的皇帝，自然要竭力向國外開拓了。武帝就那時勢所造的英雄。他是個心強氣盛的人，與他祖父父親的做法大不相同；在他手裏着實開拓了不少的疆土。我們這民族所以稱爲漢族，完全是受着他的影響。現在把武帝開拓疆土的成績，敍述如下：

當時漢朝第一個大敵，就是匈奴。匈奴自被秦將蒙恬攻逐之後，好幾年不敢南下。秦末漢初，中國多事，匈奴冒頓單于的勢力漸強，重又佔了河套地方。民國紀元前二千一百十一年，漢高祖親自引兵攻匈奴。冒頓故意把些老弱的兵丁，引誘高祖深入，高祖不知是計，指揮三十萬大軍，緊緊追趕到平城❷地方，冒頓忽令精兵四十萬邀住了大戰，把高祖圍困在白登❸，一連七日，外無救應，內乏糧食，十分危急。後來幸虧陳平想出一條計來，差人送了一份厚禮給冒頓閼氏❹，運動他設法勸冒頓解圍，纔得退兵南歸。於是知道匈奴難以力服，只有想法軟化他們，派遣使者同匈奴和親，把皇帝宗室的女兒，給單于做閼氏，每年奉送許多綢緞酒食，約爲兄弟之國。但是匈奴和漢朝的關係，還是有時戰有時和，不很親善。

漢武帝見軟化匈奴，不見效力，便想用武力解決。先教人以出賣馬邑城爲名，引誘匈奴軍臣單于到長城近邊來，打算埋着伏兵，把他捉住。想不到這計策被他發露，沒有成功。從此雙方不時衝突，邊界地方，被匈奴時來劫掠，很不安寧。武帝乃使車騎將軍衞青，打進匈奴的根據地河套地方，建立朔方郡，恢復蒙恬得來的地方。後來匈奴伊稚斜單于設大本營在距離長城很遠的北方沙漠中，不時派兵來挑釁，想引誘漢兵衝到遠處，乘疲乏的時候出來襲擊。武帝乃使衞青霍去病兩路進攻，大破匈奴，在狼居胥山❺禪於姑衍山而還。從此匈奴只得另找發展的方向，沙漠以南，沒有他們的王庭了。

漢和匈奴初開釁的時候，漢軍不很得手。後來聽得匈奴和西域❻的月氏國不睦❼，因此就派張騫到月氏去，想與他聯絡了夾攻匈奴。張騫帶着嚮導，從隴西⑧出國。想不到從中國往月氏去，必須經過匈奴國境，張騫因此被匈奴留住，在匈奴住了十餘年；已娶了匈奴女子爲妻。後不知如何，被他偷偷的逃出匈奴，到了大宛國⑨。大宛派人把他送到康居⑩，康居又派人送他到月氏。那知月氏因已佔得一片肥沃的土地，很是滿足，也不想再報匈奴之心；因此張騫在月氏住了一年多，不得要領而回。

後來，匈奴西邊的渾邪王殺了休屠王來投降，漢朝就他們的地方，開了酒泉、武威、敦煌、張掖四郡⑪。張騫建議去招烏孫⑫人來住在那裏，一則可以分散匈奴的勢力，二則可以使西域各國的人都來歸向中國。武帝派他到烏孫，烏孫不肯來；而他的副使卻引了大宛、康居、月氏、大夏、安息、身毒、于闐⑬等國的代表，來朝見漢天子了。於是漢與西域，方始交通。

漢武帝見西域諸國，都派代表來朝見，益發得意，一年之中總要派十幾批使者到西域去。當時出使外國的人，難免有些無賴夾雜在裏頭，想借此爲發財的機會，對於沿路各國，往往任意需索；因此當道各國，頗以爲苦。樓蘭、車師⑭兩國首先反叛，大宛也不臣服，武帝先後派兵擊破他們。

西域各國，對於漢朝就有些畏懼了。

匈奴既經平定，西域又是交通了，武帝乃用兵東北，滅衛氏朝鮮。原來朝鮮也是東亞的一個古國，據說他們的始祖，就是中國的箕子。當戰國時代，朝鮮曾和燕國交兵，被燕國打敗，劃浿水[15]爲界。漢初，燕王盧綰被高祖所逼，逃入匈奴，燕國大亂。燕人衛滿，招聚徒黨，渡過浿水，佔據朝鮮的邊疆。朝鮮王箕準無法對付，只得將就教他爲朝鮮防守邊境。後來衛滿勢力漸大，就出兵襲擊箕準，箕準支持不住，逃到南方，衛滿就做了朝鮮的國王。漢武帝的時候，朝鮮南方的辰韓國人要想到朝貢漢天子。朝鮮王衛滿的孫兒子右渠，不許他到中國來。一面又引誘漢朝逃亡的官民去歸附他，並且襲殺漢朝遼東的官員。武帝認爲他是有意挑釁，卻也來得正好，便派楊僕荀彘，水陸兩路，同時並進，討伐右渠。恰是朝鮮發生內亂，有人殺了右渠來投降漢朝，衛氏朝鮮就此滅亡。武帝乃就朝鮮的地方，分設樂浪、臨屯、眞番、玄菟四郡[16]。

以上所述，是漢武帝向北方、西北方、東北方的對外發展。用兵的結果，雖使各國一時都投降服從。但終究因爲地理上與中國不相聯絡的緣故，一旦中國有事，便又被異族人佔去了。惟有對南方用兵，平定閩越南越和西南夷，可算是對於中國領土完整最有關係的功績了。

閩越本是越王句踐後人無諸佔據的地方，秦滅六國之後，始皇就這地方設閩中郡。秦亡，無諸因也參加滅秦的戰爭，有功，受漢高祖封爲閩越王。惠帝⑰時，又封無諸的族人搖爲東甌王。武帝時，閩越攻東甌，又攻南越，兩處先後向漢朝求救，武帝出兵攻閩越，有餘善殺其王郢投降，乃能兵。後來餘善又反，武帝命楊僕韓說從海道進兵把他討平，斬餘善，閩越被滅。因地方多山，容易作亂，乃使住民完全移住到江淮一帶。

南越本是秦時桂林、南海、象三郡地方。秦亡，趙佗佔據其地，自稱南越王，後又稱南越武帝。漢初，高祖妻呂后當朝的時候，曾進攻長沙，横行南方一帶。文帝時，派人把利害說他，表面上纔算服從漢朝。武帝時，趙佗已死，南越內亂，並殺害居留境內的漢官，乃命路博德楊僕進兵討平，分其地爲南海、蒼梧、鬱林、合浦、九眞、日南、珠崖、儋耳、交趾九郡。

西南夷自古與中國不生關係。漢武帝時，唐蒙奉命出使南越，南越人請他吃蜀地出產的枸醬，因而知道蜀和南越中間隔着一個夜郎⑱國。回朝之後，獻議與夜郎通好，使他出兵制服南越。

武帝乃使唐蒙去說夜郎，使他服從中國。夜郎國首領多同，被唐蒙忽而威嚇，忽而利誘，居然聽命，於是漢朝就夜郎國地設犍爲郡。後來張騫從西域回來，說起在大夏時看見蜀的布和邛的竹杖，考究來歷，知道是從身毒國運來的；因此推定從蜀通過西南夷，一定可通身毒，而由身毒通西域各國。武帝乃決心要收服西南夷。漢伐南越這一年，使人去請夜郎等國出兵夾攻。且蘭⑲的首領不願聽命，竟然反了。武帝即派兵攻破且蘭，收其地設牂牁郡。於是西南夷都很恐懼，願服屬中國。漢又增設粵巂、沈黎、汶山、武都等郡⑳。後來又滅滇㉑，設益州郡。

這閩越南越西南夷的地方，即今福建、廣東、廣西、雲南、貴州、四川一帶，地位在粵江流域，和長江上游。我們中國本部，必須把這幾處地方都收歸一起，纔可算是完整的領土。所以在當時雖似乎是勞民傷財的事，實際上對於中國民族的統一和發展有很大的關係，其功績不在秦始皇帝建立中國大一統的規模之下呢。

❶景帝的兒子，名劉徹。

❷現今山西省大同縣。

❸山名，在現今山西省大同縣東

❹匈奴單于的妻稱閼氏，音燕支。

❺在察哈爾蘇特尼部之北，外蒙喀爾喀地方。

❻現今新疆省以及新疆省西北一帶地方。

❼月氏本住在現今甘肅省的西北部，後被匈奴打破，並且虜殺了他們的首領，乃遷移到現今中央亞細亞的東南部。

❽現今甘肅省的中部。

❾現今中央亞細亞的東部。

❿現今中央亞細亞的北部。

⓫酒泉現今甘肅省高臺縣。武威現今甘肅省武威縣。敦煌現今甘肅省敦煌縣。張掖現今甘肅省張掖縣。

⓬在現今新疆省伊寧一帶。

⓭大宛康居月氏見前。大夏在現今中央亞細亞阿母河中流沿岸。安息在現今的波斯。身毒在現今的印度。于闐在現今新疆省和闐縣一帶。

⑭樓蘭的地方，現在已變爲白龍堆沙漠。車師在現今新疆省吐魯番縣。

⑮即現今的大同江。

⑯樂浪現今黃海平安兩道的地方。臨屯現今漢江以北的地方。眞番現今鴨綠江兩岸的地方。玄菟現今咸鏡南道的地方。

⑰高祖子，名劉盈。

⑱在現今貴州省桐梓縣石阡縣一帶。

⑲在現今貴州省平越縣一帶。

⑳粵巂在現今四川省西昌縣一帶。沈黎在現今四川省漢源縣一帶。汶山在現今四川省茂縣一帶。武都在現今甘肅四川兩省接界的地方。

㉑在現今雲南省昆明縣。

【研究問題】

漢武帝開拓疆土他當時存的什麼心理？

征伐匈奴爲什麼這樣的困難呢？

征伐匈奴對於漢族的發展有什麼關係？

漢通西域究竟於漢族有什麼關係呢？

爲什麼一旦中國有事，匈奴西域朝鮮等地，就容易被異族人佔去呢？

西南夷在漢以前，爲什麼一向不與中國發生關係？

爲什麼唐蒙說夜郎歸服中國，夜郎首領多同竟肯聽命呢？後來且蘭國首領爲什麼又不肯聽命？

西南夷的地方，於中國的領土完整有什麼關係？

第十六章　儒家和經學

漢武帝的時候，還有一件很可以紀念的事，就是儒家的學說從此盛行，所謂經學在中國學術界上佔了重要的地位。

儒家奉孔子爲祖師。孔子死後，他的門弟子雖沒有能夠盡量傳布他學說的重要部分，僅僅注意於繁瑣的禮儀；然而儒生已是滿布全中國各地，儒家的學說，在社會上已很占勢力了。秦始皇帝用李斯，實行法家的學說。當時一般儒生，便把着門戶之見，紛紛非議政事，以致釀成焚書坑儒的不幸事件。就這事件的反面看來，也可以推想到儒家在當時的潛勢力了。不但如此，政府也還設博士之官，位置重要的儒生；皇帝出去巡遊封禪，也還要請教儒生議訂典禮儀式呢。這就足見儒家在這種高壓的政治勢力之下，表面上雖曾受一度很大的打擊，實際上他的勢力還未可輕視呢。

秦亡以後，漢高祖對於儒生，起初也盡量的侮辱。儒生酈食其當高祖爲沛公時，請沛公麾下

❶的騎士介紹求見沛公。騎士與酈生同鄉，便進老實的忠告道：『沛公與儒生的感情很壞，平時有客穿了儒生的服裝來的，沛公就把來客的儒生帽子取下，溲溺其中。與人談及儒生，往往大罵不止。我看還是不必求見。』後來騎士拗不過，居然給他做到，而沛公竟於見酈生時，踞坐在牀上，使兩女子洗足，表示怠慢。這是一例。又有儒生陸賈，一向幫助高祖辦事很出力，能言善辯，常充代表見諸侯，並且遠道到南越說服趙佗。我們想來陸生有這樣的功勞，高祖總該好說好話的待他了，誰知道陸生有時提及詩書，高祖便開口罵道：『乃公以馬上得天下，詩書有什麼用處！』這又是一例。看這兩例，可見高祖是怎樣的厭惡儒生，侮辱儒生！可是後來叔孫通爲他定了朝儀，就一變而接近儒生，前後的態度，不同得如出兩人。

高祖既統一中國，宴請有功的將士。諸將士酒後爭功，往往出言不遜，或則拔劍擊柱。高祖看了，心上很不以爲然，但也是無可奈何。叔孫通因此進言道：『儒生難與他們圖謀進取，可與守成，請召魯地的許多儒生，會同臣的弟子，共擬朝儀。』高祖命他試辦試辦看。叔孫通往魯招請儒生，有兩個儒生議論他道：『他一生已換了十個主人，到處恭惟趨奉；現在天下初定，各種整理建設的事很多要辦他都不勸高祖舉辦，獨是先定朝儀，這又是趨奉皇帝的把戲，我們不屑去。』叔孫通笑道『這眞是不識時務的鄙儒！』後來招得儒生三十人，還至京師，會同自己的弟子，和高祖左右的人，共百餘人，先商定了辦法，又用功演習。一月後，叔孫通請高祖觀看，高祖很滿意，就命令羣臣都照着演習。適逢長樂宮落成，就正式開始實行朝儀：分文東武西，依次跪拜，王侯將士，都嚴守秩序；有失儀的，就被御史牽去。朝儀完畢，開大宴會，往日酒後爭功的事，不再發生。高祖歎口氣道：『我今日纔知道做皇帝的尊貴了！』從此信用儒生，與叔孫通等共定朝儀的，都有重賞。這是儒家日後發展的立腳點。

到了漢武帝卽位之後，下詔各郡國薦舉「賢良方正，直言極諫」的人，保送京師，聽候任用，儒家更得了大好的發展機會。當時各郡國舉薦的，大都是儒生，廣川博士董仲舒，也在其列。他三次在武帝面前回對武帝的策問，都很合武帝的意。第三次對策的結論，大吹大擂的擡出了所謂春秋大一統主義❷來說：

『春秋大一統主義，是天地間的常道，古今來的通理，無論何人，都應該遵守着的。現在諸子百家的學說，並行中國。各人有各人的主張，各家有各家的學說；所以政府所定的法制，因當權的人屢次更換，便刻刻改變，不能統一，使得百姓莫衷一是，不知道遵守那一個好。依臣愚見，以爲凡不關六藝⑬，不是孔子的學說，一概禁止採用。如此則邪說可以息滅，法制可以統一，百姓就也有所遵守了。』

當時的丞相衞綰，也很信奉孔子的學說，接着也奏武帝道：『各郡國所舉的賢良之中，很有些是信奉申、商、韓非、蘇秦、張儀等學說的，倘若一體錄用，將來不免擾亂政治，請一律罷免。』武帝立卽照准。於是罷黜百家，尊崇六經，又特地使人用了很厚的禮物，迎魯儒生申生來議立明堂，立博士官，設弟子員額五十人。儒家靠了皇帝丞相的威權，來壓倒百家，百家的學說，從此很少人去研究學習，儒理的學說，就取得了獨霸中國學術界的地位，孔子便漸漸成爲全中國思想界最大的偶像，曾經孔子編定的六經，乃成爲中國最重要書本。

曾經孔子編定的六經，卽詩、書、禮、樂、易經、春秋。漢時樂經已經亡失，只剩了五經。五經的內容：書是古代片段的史料，詩是古代的民歌和貴族中祭祀宴會時所用的禱詞樂詞的集子，禮是古代社會各種儀節的紀錄，易是古代卜占的繇辭，春秋是東周初年的史籍。這些古書，本身自然有他不可磨滅的價值，但其中未必有什麼深奥精妙的理論隱藏着。然而漢朝的儒生，卻說這些古書既經孔子編定，其中必有孔子學說的精華，於是各人專門研究一經，把心得傳授弟子，乃有所謂經學發生。

儒生講經學，又有家派的不同，最大的分別就是今文家和古文家。漢博士官所用經書的本子，是用當時通行的隸書寫的本子。隸書在漢時，好像我們現在用的楷書；所以所謂今文，就是用當今的文字寫的。到了後來，有散在民間和藏在牆壁間的古本漸漸發見；這些古本，是用漢以前的文字寫的，所以所謂古文，就是用古代的文字寫的。經文一種用今文寫的，一種用古文寫的，表面上似乎是版本的不同；那知其中內容，凡字句篇章等也都不同。因此講經學的，就分為兩大派，對於孔子的身分，和研究經學的根本觀念，彼此不同，互相爭辯不休。中國學術界因此為了經文的解釋和家派的爭論，化費了大部分的工夫。

自從儒家得勢，經學創立之後，中國的社會，生出兩種重大的影響：其一是歷朝皇帝往往以尊孔重儒來鞏固自己的權位；儒者亦以得君行道爲發揮政治才能的不二法門，以致功名祿利的崇拜，成爲社會上的習俗。其二是經學占了學術界的主要地位，使得學術思想專重書本上的記誦，鮮有從事於事物方面的實驗研究。中國學術界少有新方向的發展，或是就受了這兩種影響的緣故吧！

❶麾節軍隊的旗幟，麾下就是軍官的部下。

❷孔子整理魯國史書，作成春秋，其中對於忠君敬上的褒揚他，對於作亂犯上的貶抑他，隱隱然保持着周王室大一統的尊嚴，後人稱之爲春秋大一統主義。

❸易、書、詩、禮、春秋、樂，叫做六藝。

【研究問題】

儒生怎麼會布滿中國各地？

秦時儒生批評政事的言論是否得當？爲什麼儒家在當時的潛勢力這樣盛大？

漢高祖爲什麼這樣厭惡儒生侮辱儒生？

叔孫通定朝儀與儒家的學說有什麼關係？

怎麼說儒生難與進取，可與守成？爲什麼？

董仲舒爲什麼要大吹大擂的擡出春秋大一統主義來？

諸子百家的學說是否應該罷黜？六經是否應該這樣的尊崇？

爲什麼研究經學的會發生許多家派？

儒家得勢經學創立以後，孔子的學說是否很昌明了呢？

第十七章　兩個做皇帝的儒生

王莽和劉秀，兩人都是儒生出身做皇帝的；因彼此做法不同，結果是一個失敗，一個得意。現在把他們兩人失敗和得意的事蹟，寫一個大略在後面：

王莽是漢皇室的外戚。他的姑母是漢元帝劉奭的妻。漢元帝死後，成帝劉驁即位，重用國舅王鳳。王鳳的兄弟王崇王譚王商王根王逢時同日封侯，當時的人稱他們王氏五侯。王鳳死，王音王商王根等相繼爲大司馬，執掌漢朝的政權。一門富貴，勢利已極；公子們往往不求學問，在外仗勢欺人。獨有王莽因他父親早死，淸貧孤苦，沒有沾染富貴人家子弟們的習氣，用心求學，認眞做人，長大時頗能有些成就。姑母王太后，因此很看得起他，不常在成帝面前提拔他。成帝平時，也很聽得有人稱贊王莽有才能，好德性，便封他爲新都侯。後來漸漸得到成帝的信用，也做了大司馬。成帝死後，哀帝劉欣卽位，王氏失勢，王莽也辭去官職，閉門在家，交結當世名人，修養學問。不久哀帝死了，王太后乘機入宮，召王莽再任大司馬，定計迎立平帝劉衎卽位。平帝年幼，王太后臨朝聽政，一切國家大事，都歸王莽作主。百官都恭惟王莽，請皇帝封王莽爲安漢公。王莽以爲人心歸附，就一步一步的布置他推翻漢朝，自爲皇帝的計劃。第一步，使自己的女兒爲平帝皇后。第二步，用藥把平帝毒死。第三步，迎立孺子嬰，自比周公，代行天子職權，稱假皇帝。第四步，假造許多祥瑞符命，託言劉氏氣數已盡，王氏當興，老實不客氣的，算是順應天意，由假皇帝變爲眞皇帝，把孺子嬰廢掉，改國號曰新。

原來這位新朝皇帝，是一位有心改革的政治大家。他有計劃的奪取了全國的政權，便依着他經學的心得，大刀闊斧的，不顧一切的硬幹了。那時候，社會上貧富不均的現象，更加利害。推究原因，完全是大地主和豪商等，拚命剝削百姓，弄得百姓生計艱難，流亡四處。一般儒生，大都醉心於古代的井田制度，很不滿意於地主豪商。而地主豪商，又都與當時諸侯王發生關係，實在不容易裁制他們。董仲舒師丹孔光之輩，便想出了什麼「限制私田」的平和緩進辦法，想稍稍限制兼併；但結果因有力者的反對，終究沒有實行。王莽做了皇帝，便實行斷然處置，下令收取天下的田畝，改名「王田」，不准互相買賣。如一家男口不過八人，而田過一井的，必須分餘多的田給親戚鄰里。這是取締地主的辦法。又立五均、司市錢府等官。一年四季，每逢第二個月，由司市官規定物價標準。商人的貨物，有賣不掉的，五均官用平價收買，等市場缺貨時，仍用平價賣出。人民有正當用途，要借錢的，錢府官處可以出借，按月取息百分之三。又因鹽、酒、鐵及伐木、開礦、畜牧、漁獵、冶鑄、借貸等事業，或是有關民生的，或是容易被人壟斷的，都不許商人經營，一律收歸國家辦理。這都是取締豪商的辦法。以上兩種辦法，實在是爲保護大多數人民的利益，抑制少數人兼併剝削着想的；而且也可以說是切合儒家的主張，很有些試行理想國的精神。但是當時的地主豪商勢力實在太大，這種與他們生命有關的辦法實行起來，自然要千方百計的設法破壞。王莽手下又沒有許多盡心竭力幫着推行新法的人材，只有任憑那些貪官汚吏，從中侵占利益，暴虐百姓。一般百姓，對於新政本不很明白眞相，受了地主豪商的破壞，貪官汚吏的暴虐，不免發生誤會，鬧成亂子。而王莽自己又是性子躁急，不能持久，沒有濟變之才的，大好一盤有利民生的改革計劃，不幸完全失敗！

王莽一生的大缺點，就是事事學古和迷信法制。他對於現在社會雖有改革的決心，但是一味要復古，不知道審察當世的情形，變通辦事。甚至於官制地名，也要硬拉胡扯的依據經文或古來的傳說來改。還有在設計推翻漢朝時，事事效法周公。到了敗亡的時候，還說：『天生德於予，漢兵其如予何！』硬是效學孔子被困時的口吻。這更迂闊得可笑！

他又以爲法制一定，天下自定，所以一意講究六經，盡力制禮作樂，把日常的例行政務，也有抛荒不理。因此法制未定，天下已經大亂，各地盜匪乘機而起，給劉秀再興漢朝的機會。

王莽末年，盜匪蠭起的情形，很像秦亡時的局面。但大都是聚衆劫掠，不過一種無計劃的暴動。其中勢力最大的，要算綠林山❶的一股。漢宗室劉縯劉秀兄弟倆起兵與他們會合，聲勢漸大。不久又擁劉玄稱漢帝，恢復漢朝，漸成爲民心一致的傾向。王莽乃發兵四十萬攻劉玄，與劉秀等戰於昆陽❷，大敗。於是各地紛紛響應漢兵。漢兵入長安，王莽爲亂兵所殺。王莽爲皇帝共十六年。

但是劉玄的手下，多半是盜匪出身，做事不成體統，各地的盜匪又很猖獗。劉縯本爲他們所忌，被他們借端殺害。劉秀因出巡在外，沒有遭難，乃在鄗❸即皇帝位。後有號稱赤眉的盜匪攻殺劉玄，劉秀攻赤眉，赤眉不能抵當，都投降了劉秀。那時劉秀已有黃河兩岸的地方，基礎已經穩定，乃漸漸收服各地盜匪，着手統一中國，中興漢朝。歷史上把王莽篡奪以前稱西漢，也稱前漢；劉秀中興以後稱東漢，也稱後漢；劉秀爲東漢的光武帝。

光武年少時，曾遊學長安，所以幫助他定天下的，也都是長安的儒生。做了皇帝之後，對於這些功臣待遇也與高祖不同，很能相安無事。一切政事，也大體能實行儒家的學說，很體卹百姓的痛苦。又很提倡經學，興建太學，設五經博士，教授弟子。凡老師宿儒，都起用作重要的官吏。

他本是一個儒生，知道正名分明人倫的學說，尤其是關於君臣的倫理觀念，切實提倡了，可以用作鞏固皇室的工具；所以做了皇帝之後，便乘着這一姓再興的時機，特別獎勵不事二姓的忠臣，表章堅貞的氣節。根據上述的原則，乃發生下列的故事：

當初有個卓茂，也是儒生，在哀帝平帝的時候作縣令，在任上對於百姓很親愛，又能教百姓爲善，使得境內路不拾遺，政績很好。王莽殺平帝後，他便告老還鄉。光武卽位之後，首先訪他，下詔稱贊他很有氣節，爲人所不能爲；尊爲太傅，封褒德侯，食邑二千戶。死後，光武親自送葬。

又有蜀人譙玄，在平帝時奉命巡察各地，中途聞得王莽攝政，稱假皇帝，棄官逃回家鄉。後來公孫述在蜀自立，屢次請他出山，不就。光武即位時，譙玄已死，命郡官用中牢致祭。李業在平帝時爲郎，王莽執政時頗想用他，他隱居不就。公孫述屢次請他，他也不肯出山，被用藥毒死。光武即位，下詔表其門閭。費貽不肯就公孫述的聘請，裝作瘋顛，退避深山中。光武便任他爲官，官至合浦太守。

這些事跡，都是表示獎勵不肯變節，使臣民忠於一姓。但是單只注意這一點，又容易被人看穿，所以對於倔強不服，自命清高的人，也一例尊敬，點綴點綴。例如嚴光本是光武的舊友，用他做官，他不肯受命，獨釣富春江㉔上；周黨經三次聘請，方始朝見，朝見時卻又伏而不謁；光武都聽憑他們，不勉強，不見怪。這雖與不事二姓的氣節不同，但也是堅守自己的志氣，富貴威武不能引動他壓服他，尊敬他們，也見得敦重品格的意思。

舊時讀歷史的人，終以爲王莽是大逆不道十惡不赦的小人，劉秀是一朝中興的聖明皇帝。其實這不免有些偏見，姓劉的做得皇帝，姓王的便做不得皇帝的嗎？不過我們從兩人做事的結果看來，儒家的學說在復古的一方面，用得不謹慎，流弊很大；而關於正名分明人倫的主張，卻是很足以被做皇帝的用做很穩當的工具，那是從此得到一個有力的證明了。至於王莽作僞，劉秀謹厚的話，也不免帶些成敗論人的意味吧！

❶在現今湖北省當陽縣。

❷現今河南省葉縣。

❸現今河北省高邑縣。

❹卽現今浙江省錢塘江上游的一段。

【研究問題】

什麼叫做外戚？外戚怎會有這般大的權勢？

地主豪商怎樣會得與諸侯王發生關係？

王莽取締地主的辦法是否妥善？

王莽的新政，既是於大多數人民有益的，爲什麼人民不盡力擁護他？

王莽爲什麼要事事學古？爲什麼迷信法制？

爲什麼光武能與幫他定天下的功臣相安無事？

孔子正名分明人倫的主張是否與光武表章氣節的宗旨相同？

爲什麼舊時讀歷史的人都譏王莽爲作僞呢？

第十八章　東漢的清議和黨案

光武帝劉秀用着政府的力量，切實提倡守正不變的節義，他的本旨原要使得做官的忠於皇帝，不事二姓，鞏固皇帝的權位。但其影響所及，竟造成了社會上一種美好的風氣，使得人人知道修養品行，愛惜名譽；鄉里朋友之間，很嚴正的互相督責，互相批評，凡品行稍有失於檢點之處，便會受人指摘，往往因此被全社會所輕視，終身沒有公然出頭的機會。這就是東漢時代一種很可寶貴的清議。當時清議的力量很大，只要看了下面敍述的故事二則，便可見一斑。

袁紹是東漢末年汝南地方的公族，並且有豪傑的聲名，有一次，由濮陽令任上卸職回鄉，一路護送隨從的人很多。將行至汝南界上，便請許多相送的賓客以及隨從的人，都各自散去，因說道：『我這般闊綽的排場，怎好給許子將先生看見呢！』就此單車回家。原來袁紹的同鄉許劭，字子將，是一位很有德行的名士，袁紹怕他批評，所以如此。

黃允因司徒袁隗要嫁女給他，他便回家要把已娶的妻休掉。他的妻夏侯氏氣憤不過，便招集全體親族，把他平日私下所幹不道德的行爲，盡量宣布了，然後離開。因此黄允就被衆親族所輕視，終身不得出頭辦事。

這種風氣流傳到後來，更加嚴厲，竟至於有人於無意中犯了一點小過失，也遭人家一輩子的指摘辯白不清。例如陳壽在父親的喪中，染了疾病，使婢子調搓丸藥，恰被來客撞見，就引起人家許多議論，困頓了好幾年。阮簡遭父喪的時候，出行在外，路遇大雪，到友人家裏暫時一躲，恰好這友人宴客，無意中被邀參加，便大受衆人批評，也是困頓了近乎三十年。

這風氣起初大概偏重在個人的修養方面，後來漸漸影響到政治界，到東漢末年，因外戚和宦官互相攻擊，和政治腐敗的緣故，因此造成長時期的黨人案。

西漢雖亡在外戚手裏，但是皇帝卻不因此記着仇恨，外戚仍舊很容易靠着皇后和太后的力量，得到掌握國家大權的機會。東漢外戚之禍，從章帝劉炟的皇后竇氏手裏開始。章帝在位的時候，竇氏皇后就任性胡爲，謀殺寵妃，廢立太子。章帝死後，竇氏便以太后資格臨朝聽政，用胞弟竇憲爲大將軍。竇憲因平定匈奴有功，漸漸專横。因此和帝劉肇受不住他的壓迫，便與宦官鄭衆定計把竇憲殺害。這是外戚與宦官衝突的起點。其後和帝皇后鄧氏，和安帝劉祜皇后閻氏，順帝劉寶皇后梁氏，都起用母家的人。鄧閻二黨外戚先後被皇帝與宦官所殺，梁氏的父親梁商尚能安分，其子梁冀卻又驕橫不法，毒害質帝劉纘，結果也被桓帝劉志與宦官單超等定計謀殺害。從此，外戚不能振作，宦官因有功卻漸漸專橫了。

宦官是皇帝親近的侍臣，皇帝深居宮中，不大與外間往來，宦官隨侍左右，與皇帝最爲親密。皇帝有什麼委曲的心事，一時無人商量，他們便是絕好的顧問；所以東漢誅殺外戚的事件，都有宦官與聞了。事成之後，向被外戚把持的政權，便往往轉移到宦官手裏。但是宦官流品最雜，其中不學無術，品行卑劣的人更多，他們執政，怎會有好的政績做出來。又他們往往因利乘便，援引兄弟姻親，充任地方官吏，在外納賄賂，害百姓，弄得醜聲四布，十分糟糕。

那時政治雖壞，民間卻受了清議的影響，風俗還很美好。更兼一般外戚子弟，多入太學。太學是大儒名士聚集之地，他們爲仇恨宦官起見，乘着時勢，推波助瀾，批評政治，攻擊奸人。儒生等受此影響，在朝廷或地方作官時，逢有機會便不惜以嚴厲的手段懲治貪汚的宦官親戚，與舊時的惡勢力相奮鬬。其中意氣盛的，自不免辦得過度。宦官們得知此中含着外戚報復的意味，得有機會，便也構成罪案，把一般名士儒生，以黨人二字，想一網打盡了。

桓帝既與單超等定計殺梁冀，乃大大的封賞宦官。李雲勸桓帝不可十分信用宦官，第一個被捕入牢獄。杜衆聞知李雲入獄，奏請同死，亦被捕。陳蕃等營救李雲杜衆，都受處分。於是宦官的聲勢，盛極一時；而反對宦官的，無形中有了一種結合，與宦官對抗。楊秉李膺屢次把宦官貪贓枉法的眞憑實據檢舉出來，抑制宦官，因此宦官深深的記着仇恨，設法報復，民國紀元前一千七百四十六年，有張成教子殺人，李膺捕來治罪，張成的弟子牢脩，受了宦官的指使，出頭控告李膺與太學生及各地生徒，結黨作亂。桓帝受了宦官的包圍，竟然下詔收捕黨人。太尉陳蕃極力諫勸，桓帝以爲他們眞是結黨，便把李膺等捕入獄中，牽連到二百餘人，或有逃避的，便懸賞緝拿。陳蕃再上書諫勸，並亦免職。後因皇后的父親竇武說明被捕各人都是忠良，宦官不可親信，並引古人的事跡來證明，桓帝纔把黨人赦罪釋放，但仍把黨人的姓名紀錄下來，不准再作官吏，禁錮終身。這是黨案的開始。黨案中人雖被禁錮，全國都贊成他們很有氣節，名譽因此更高。表表的黨人，都加稱號有三君、八俊、八顧、八及、八廚等名目。

桓帝死後，竇武等迎靈帝劉宏卽位，竇武陳蕃當權。宦官曹節，也因迎立有功，漸漸驕橫。竇武陳蕃定計剷除宦官，請竇太后同意。竇太后遲疑不決，風聲洩漏了，反被曹節等先下手，陳蕃竇武先後被殺，竇太后也被遷在南宮監視。

竇武陳蕃當權時，又把李膺等一輩人舉拔出來。竇武陳蕃被殺後，李膺等當然重被免職。宦官很嫉惡李膺等，因此蓄心重提黨案，把他們殺害。有張儉曾抄沒宦官侯覽的家財，侯覽與他有宿怨，乃唆使張儉的同鄉朱並，引據八俊、八顧、八及等名目控告張儉結黨作亂。靈帝下詔按名拘捕。曹節因此又命各地方官把李膺等前次黨案中人，重行收禁。

當是時靈帝年方十四歲，收捕黨人，完全是宦官們的朦混行事。曹節奏請嚴辦黨人，靈帝問：『黨人有什麽罪惡，一定要這樣的嚴辦，甚至於把他們殺死？』曹節答道：『他們實在不法。』靈帝又問：『他們有什麽不法行爲？』曹節答：『他們要造反，要奪皇帝的權位。』於是靈帝乃准奏。

這次黨案比桓帝時更嚴酷，李膺等百餘人，都死在牢裏，他們的妻子，也被驅逐到邊境地方。

當時有名的學者，和忠正強硬的官吏，宦官一切指爲黨人；與宦官有怨仇的，也往往牽入黨案，誣害而死，因此被殺害，被監禁，被驅逐的又是六七百人。後遇大赦，亦惟黨人不赦。曹鸞乘連年災荒，諫勸靈帝解放黨人，力言黨人都是忠良，受罪實是冤枉。靈帝非但不准，反把曹鸞捕殺，並下詔嚴辦黨案，凡黨人的門生故吏，父子兄弟，以及五服之內的親屬，有服官的，應該一律免職。

直到民國紀元前一千七百二十八年，張角等黃巾賊造反。宦官呂強，怕他們爲黨案不平做口號，引起大亂，乃奏請靈帝赦免黨人，於是因黨案被禁的釋放，被逐的召回。這黨人案自民國紀元前一千七百四十六年起，至民國紀元前一千七百二十八年，凡十八年。漢朝因此大傷元氣，不久使滅亡了。

【研究問題】

爲什麼光武帝表章氣節，可以造成淸議的風氣？

淸議對於當時的社會有什麼好影響？

外戚專橫，當時的皇帝爲什麼只有與宦官密謀剷平他們？

宦官執政，比了外戚當權那一樣的禍害大？

爲什麼不使宦官外戚以外有才能的執政當權呢？

爲什麼當時竟沒有好辦法來驅除宦官，改革政治？

當時的黨人爲什麼不設法以實力驅除宦官呢？

爲什麼桓靈二帝這樣的聽信宦官，他們竟不能辨別好歹的嗎？

第十九章　佛教的流入

東漢時代，印度的佛教由西域傳入中國，這是於中國文化上很有關係的一件事。原來中國古代，社會上沒有正式的宗教，僅有帶些宗教性的術數，以及流行於民間的對於鬼神的迷信；直到佛教流入，纔有統系分明的宗教。

印度在中國的西南，漢稱身毒，也是亞洲的文明古國，在四千餘年前，文化已經發達。國內因歷史上異族侵入和宗教上的關係，分爲四個階級：最高的叫做「婆羅門」，就是專司禱告的僧侶；其次叫做「剎帝利」，就是各邦的王族和武士；又其次叫做「吠奢」，就是從事農業和畜牧的平民；最下的叫做「戍陀羅」，那是被征服的異族人，充當奴隸的。這四個階級之間，不相往來，不通婚姻，待遇很不平等：最高的一級有無上的權勢，任意箝制王族，欺弄百姓；最下的被壓迫如牛馬一般的任勞受苦，連宗教的信仰也被限制，廟門都不許走進一步呢。

印度有四部古書，叫做吠陀經典，書中敍述些崇拜天然和祭祀鬼神的話。書中所稱最尊貴的天神，叫做大梵天王。這書後來成爲婆羅門教的經典。婆羅門教的僧侶就附會着說：『我們「婆羅門」的始祖，是從大梵天王嘴裏生出來的，所以用口舌掌管傳教事業，這種人頂尊貴；「剎帝利」是從大梵天王臂膊上生出來的，所以用手臂拿了兵器保衛國家；「吠奢」是從大梵天王肚子裏生出來的，所以專管種田養牲畜，「戍陀羅」是從大梵天王腳上生出來，所以只能夠當奴隸，給我們踏在腳底下，這種人最低賤。』這完全是維持階級不平的論調。後來婆羅門教的僧侶更加驕傲專橫，不但最下級「戍陀羅」憤憤不平，王族武士也不滿意，僧侶中也有自疑這種附會的說法的，甚至於有對吠陀經也漸起疑惑的，於是婆羅門教的根本漸動搖，而佛教乃乘此時興起。

佛教的始祖，名喬答摩悉達，是印度迦比羅國淨飯王的太子。他的生卒年月，傳說各異，大約稍早於我國的孔子。他從小聰明異常，學問武藝，都很精熟。他看見當時社會階級不平等的情形，很不滿意。又是天生一副慈悲心腸，思想與平常人不同，看見飛鳥啄食小蟲，就想到各種生物只知道自相殘殺的可憐。對於人的生活，覺得總不能脫離老病死亡的痛苦，便十分感觸，漸漸發生厭世的思想。十九歲時，夜間乘宮中大家熟睡的時候，悄然乘馬出宮，逃向深山而去。一路行到一條大河岸邊，他就把太子的衣裝卸下，打發隨從的人回去，獨自一人到深山裏去，訪求隱居的修道士。後來覺得從修道士研究，也是無益，乃至深林裏獨自研究，絕食數年，也沒有能夠成道。他於尼禪連河畔坐菩提樹下，立志修道不成，永不離開這坐位。坐了四十八天，乃發明一種普遍澈底的學說，可以使人超脫苦難的。於是離開菩提樹下山盡力佈道，遊歷印度各地，到處宣講，信仰他的人很多。

他的學說，把慈悲救苦做宗旨，主張一切衆生皆平等，與婆羅門教的階級制度，絕對相反。又以爲人生在世，做一分事業，有一分報應，爲善的造下善因，自有善報，爲惡的造下惡因，自有惡報；所以他佈道的時候，對於一般人，詳演因果報應的說法，引用許多天堂地獄六道輪迴的寓言，使世人警醒。

他從三十五歲開始說教傳道，在各地建立道場，宣講他的學說，凡四十餘年，到八十歲，在拘尸那城去世。據說他死的時候，正在講經說法，弟子都環坐在他面前，他頭北面西，右脅而臥，就此圓寂❶了。死後人家稱他釋迦牟尼，又稱「佛陀」❷，省稱爲「佛」。

釋迦牟尼說教的時候，弟子們隨時把他的演說辭紀錄下來，後來就成爲佛經，有什麼華嚴經、楞伽經、般若經、法華經等等。釋迦牟尼死後，佛教徒日常都要諷誦這些佛經；到各處傳教時，就依着這些佛經，對人宣講。並且塑了佛像，焚香禮拜，以爲紀念；佛門弟子修行得道的，後人也往往塑像紀念他，謂之菩薩。因此念經拜佛像，就成爲佛教中普通的習慣；佛教傳到的地方，也就有塑佛像的寺院了。

佛教的勢力，在釋迦牟尼生時，雖很能得印度人民的信仰，但還不很廣大。釋迦牟尼死後，他的弟子阿難迦葉等盡力傳佈，乃漸漸盛行。約至我國周末秦初的時候，印度孔雀王朝的阿育王，定佛教爲國教，勢力達到極盛的地步。又由國家派遣教士，四出宣傳，佛教勢力乃推廣到印度以外，北至現今中央亞細亞，南至錫蘭。

秦始皇帝時，有沙門寶利防等帶了佛經來中國宣傳，始皇因他與中國學說不同，把他拘囚起來。這大概是佛教由西域一帶闖入中國的第一次。漢武帝和西域交通，佛像佛經漸漸傳入中國，流行於民間。東漢初年，班超通西域，破大月氏兵，佛教傳到中國的門路大通，高僧紛紛到中國來，佛教在中國的勢力漸盛。

東漢明帝劉莊，有一晚夢見一個金身的神人，頂上有白光，十分驚異，詢問羣臣。有個信奉佛教的答道：『西方有個聖人，其名曰佛，身軀高大，面黃金色，陛下夢見的，或者就是他。』因此奏請明帝派人設法去取佛經，宣揚佛教。明帝就派蔡愔等到西域去研究佛教。蔡愔到了印度，乃訪求高僧，聽講佛法，鈔寫佛經。後來與沙門攝摩騰、竺法蘭，把佛經佛像等物，用白馬馱着，一同來到洛陽。明帝留二沙門住鴻臚寺，使他們就地譯經。攝摩騰譯成四十二章經，竺法蘭譯成十地斷結經。這便是中國翻譯佛經的起始。這二沙門死後，鴻臚寺便改稱白馬寺，永久作爲僧人念經拜佛的地方。這是中國國家建立佛寺的起始。

自此以後，佛教在中國已得政府的認可，傳布更廣，百姓信仰的更多。至東漢末年，桓帝在宮中建造佛寺，延請西域的胡僧翻譯經典，佛教又得一次有力的提倡。靈帝時，有笮融在今徐州一帶，大建佛寺，極壯大極華麗，有高樓堂閣，可容三千餘人，佛像或塗黃金，或披錦衣。每逢四月初八日（陰曆）稱爲浴佛日，必大開佛會，布施飲食；僧人來受布施，和來參觀的人，有一萬餘。這是中國佛教徒大規模行布的開場。漢末三國時代，魏文帝曹丕准許人民髮度受戒，中國人民始有出家作僧的。此後一般學者，漸與西域來的高僧交接，研究佛經，於是佛教的哲學思想，就與中國學術界發生影響了。

❶佛死叫圓寂。

❷佛教中用語，也稱菩提。他的意義有三方面：一是自覺，要自悟本性；二是覺他，要說法度人；三是覺行圓滿。要這三方面都修養的完備了，纔可以稱做佛陀。

【研究問題】

什麼叫做宗教？

民間對於鬼神的迷信怎樣起來的？

異族侵入怎樣會使社會上發生階級？宗教上的關係怎麼也會使社會上發生不平的階級？

佛教的發生與當時印度的社會有什麼關係？

釋迦牟尼爲什麼要這樣苦心修道？爲什麼又如此熱心傳教？

天堂地獄六道輪迴的寓言是什麼宗旨？後來爲什麼會發生流弊？

釋迦牟尼的學說是否很有價值？有價值之點是什麼？

念經拜佛像的習慣對於佛教有什麼關係？後來爲什麼也會發生流弊？

秦始皇帝爲什麼不許沙門寶利防傳教？

發生於印度的佛教，怎麼也會盛行於中國？

現今佛教在中國的情形是怎樣？

第二十章　神仙家變成道教

佛教傳入之後，對於中國最大的間接影響，就是使中國社會上一向有的，帶有宗教意味的神仙家，取得了佛教的皮相，漸漸的變成中國唯一自創的道教。

神仙家的起初，大概發生於戰國時代的燕齊二國。這二國的位置在海邊，往往因航海的傳聞，和海上所見海市蜃樓的幻象，以誤傳訛，便說海中有三個神仙所住的海島，島上有仙人和不死之藥。這就是方士們入海求仙的緣起。方士們又和中國古代的醫學，很有關係，他們懂得一點藥物，又能祝說病由，用符咒醫治，所以在社會上很有勢力；連秦始皇和漢武帝兩個雄材大略的皇帝，也都入他們的彀中。原來這兩個皇帝，一切都不懼怕，獨怕爲人不能避免的死亡；方士們乃以「求神仙」和「鍊奇藥」等長生不死的方術，說動他們，正合他們的心事，方士們便都因此得意，勢力逐漸盛大了。

秦始皇巡遊到齊地，有方士徐市，上書說：『東海中有三神山，名曰蓬萊、方丈、瀛洲，都是神仙所住的地方產生仙草，假使採到了，一服之後，可以長生不死。』始皇大喜，就招集三千童男，三千童女，命徐市帶領了乘着海船來訪求三神山；結果徐市等一去不回，逍遙海外了。後來又派燕人盧生入海求仙，盧生從海上回來，長生的仙草沒有取到，卻取到了一種圖書，上面有「亡秦者胡也」一句話；始皇因卽出兵三十萬命蒙恬北伐匈奴。盧生又勸始皇道：『皇帝所到的地方，惡鬼都會避開，惡鬼避開了，仙人就會降臨，乃可得不死之藥；但若有人知道皇帝的所在，便不靈了，請以後行蹤祕密些。』始皇居然照辦，凡宮中人洩漏皇帝所在的往往被殺。這可見他確信方士的話，行動都受他們的支配。

漢武帝時，方士李少君進見，說道：『祭竈神後，可把丹砂鍊成黃金，做成杯盤用了，有卻老延壽的功效，還可以看見東海中蓬萊島上的神仙，行過封禪的典禮，便可以長生不死。』又說：『我曾到東海中仙島上見安期生，他正在那裏吃瓜一般大的棗子。』武帝聽信了，也親自去祭拜竈神，並派遣方士入海訪求安期生。後來李少君病死了，武帝還以爲他是成仙去的，並沒有死。武帝寵愛的王夫人死了，方士少翁，不知怎樣的搗鬼，使武帝見了王夫人鬼，受封爲文成將軍。少翁的同學欒大，大言能爲武帝用丹砂鍊成黃金，能作法塞住黃河的決口，能取得不死之藥，能請神仙降臨，因此受封爲五利將軍，娶公主爲妻。公孫卿講黃帝在鼎湖騎龍上天的故事，受命爲郎；後又勸武帝行封禪，加官爲中大夫。種種可笑的玩藝，在武帝演得不少。又化了許多財力，建築柏梁臺和建章宮等，迎候神仙光降，但是終究不見效驗。直到晚年，武帝方知上當，歎道：『天下豈有神仙，都是妖妄罷了！』

自從秦始皇漢武帝相信神仙，鬧了許多笑話，神仙的傳說，在民間受了很大的影響。雖是方士們借求仙鍊丹的把戲換取富貴功名的事，從此失敗；但是在民間用符水治病的信仰，已經根深蒂固。後來這一派專門用符水爲百姓治病的方士，便偸取一點佛教的形式，漸漸的造成一種宗教，名曰道教。

首創道教的，便是東漢時的張陵，據說他是幫漢高祖定天下的留侯張良的九世孫。他曾徧遊名山，在蜀中鵠鳴山裏，著成道書二十四篇。方士們單只靠着符水治病和求仙鍊丹的道術，要構成一種宗教，未免太淺薄，所以當時道教中人便附會老子爲太上老君，把他拉來作道教的教主；而道教的書中，便有許多老子道德經中的學說，夾雜其中。這樣，道教就算有了一點哲學的基礎。原來老子的學說，深奥玄妙，又有一般谷神不死的寓言，最容易被人假借，當作神祕的護符。而且老子騎青牛出函谷關去的傳說，也有些神仙家昇天成仙的意味，足以給方士們利用的呢。

這張陵後由蜀中還居龍虎山❶自稱已經修養得道，能爲人治病驅鬼，自號「天師，」很得一方百姓的信仰。他死了，把經籙印劍，傳給兒子張衡，張衡又傳給兒子張魯。靈帝時，張陵的門徒張角等，用靈符仙水，替人治病，稱爲太平道；百姓信從他的很多，乃謠言漢朝氣數已盡，聚衆造反以黃巾爲號，叫做黃巾賊，後被漢兵剿滅。又有張修在巴郡，也能用道術爲百姓治病，求治的須納米五斗，稱爲五斗米道；後來聚衆劫掠，便叫米賊。

張魯受了自己祖父和父親一貫的家傳，再斟酌張角張修的做法，聚衆佔據漢中，乃盡力以政治的力量，推行他家所倡的道教。以誠信不欺詐，作爲教條，教百姓染了疾病，只須自認罪過，誠心懺悔。懺悔之法，作書三通，書明病人姓名，敍述服罪悔過的話，一通置山上，一通埋地下，一通沉水中，稱爲「三官手書。」他自號「師君，」政治領袖又兼宗教領袖。百姓初來入教學道的，稱爲

「鬼卒。」學道有根柢的，乃稱「祭酒，」帶領部衆；部衆人多的，稱爲「治頭大祭酒。」祭酒各設立「義舍，」內置「義米，」行路人飢餓時，可以取來充飢，不許多取，多取便要遇鬼害病。祭酒又兼作地方官吏，管理民政。百姓對於這種辦法，也還覺得簡便易行，所以張魯在漢中維持了約有三十年之久。後被曹操所逼，方始退走。張魯自己退入巴中，❷教他的兒子張盛仍舊還居龍虎山，做他們世襲的天師。

後來到了魏晉時代，道教又完全變去漢以前神仙家的舊面目。道教中人，又於老子的學說之外，把易經中所記的中國古代哲學思想，取來裝點他們的門面，晉朝的葛洪博覽典籍，著抱朴子，亦言丹藥非妄。因此一般名流學者，漸有信仰道教的，不僅受愚夫愚婦的崇拜了。

再過百餘年，到了南北朝時代，乃又取得君主的信仰，北魏太武帝拓跋燾定道教爲國教了。那時有個嵩山道士寇謙之，學習張魯的道術，自稱得仙人祕傳，曾經遇見太上老君，教他繼承張陵爲天師，又給他經誡二十卷，教他細心研習，用來清整道教，除去張家所行的僞法，不准再取百姓的米，專以禮儀法度傳教，修養服食藥餌，閉精鍊氣的法術。又說：『在嵩山之中，遇見天上許多仙人，授他錄圖眞經六十餘卷，教他依據經中所說的道術，去輔佐北方的太平眞君。』後來寇謙之把錄圖眞經進獻魏太武帝，太武帝非常喜歡，改年號爲太平眞君，延請嵩山道士，在京師設立天師道場。寇謙之就在這天師道場中，設壇宣講，各月一次，每地來聽講的，常有數千人。後又奏請太武帝，親至道場，領受符籙。太武帝照准，排法駕前往道場，儀仗都遵從道教的制度。此後新皇帝即位，都照例到道場中受符籙，成爲一項重要的典禮。

寇謙之一派鬼話，騙得北魏皇帝誠心信仰，道教得此一番提倡，勢力漸漸盛大，與佛教儒家成爲中國三大信仰的中心了。

❶在現今江西省貴溪縣。

❷現今四川省東部。

【研究問題】

方士在戰國及秦漢時代會取得社會上的信仰，他的基礎是什麼？

秦始皇漢武帝這樣的雄材大略，怎麼也會上方士的當？

符水治病難道也有效力的嗎？怎麼會取得百姓的信仰？

張魯的辦法，怎麼也會在漢中維持有三十年之久？

為什麼宗教必須有哲學思想作基礎？

寇謙之的鬼話，怎麼居然有這等效力？

道教與佛教儒家比較起來怎樣？

本册大事年表

民國紀元前	大事
四六〇八(?)	黃帝卽帝位。
四四二四(?)	顓頊卽帝位。
四三四六(?)	帝嚳卽帝位。
四二六八(?)	堯卽帝位。
四二〇八(?)	命鯀治洪水。
四一九四(?)	命禹治洪水。
四一六六(?)	舜卽帝位。
四一一六(?)	禹卽帝位。
四一〇八(?)	禹的兒子啓承繼卽帝位。
四〇九九(?)	太康卽帝位。羿逐太康。
四〇五〇(?)	寒浞殺羿。

三九九〇(?)	少康中興。
三七二九(?)	履癸卽帝位。
三七〇八(?)	西周的祖先在豳建國。
三六七七(?)	商湯戰敗夏履癸，履癸死於南巢。商湯卽帝位。
三一〇九(?)	古公亶父率領百姓從豳遷到岐下。
三〇九六(?)	周昌爲國君。
三〇六五(?)	受辛卽帝位。
三〇五五(?)	受辛囚禁周昌。
三〇五三(?)	周昌被釋放，受辛封他做西伯。
三〇四六(?)	周昌死，子發繼立。
三〇三三(?)	周發攻殺商受辛，自爲天子。
三〇二六(?)	周武王發死，子成王誦立，周公旦攝政。
三〇二四(?)	周公東征。
二九八九(?)	周成王死，康王釗立。

二九六三(?)	周康王死，昭王瑕立。
二九一三(?)	昭王南征失敗，溺死漢水中。　明年，穆王滿立。
二九〇一(?)	穆王伐犬戎。
二八六二(?)	穆王作呂刑。
二七八九(?)	厲王胡立。
二七五七(?)	厲王使女巫監視百姓。
二七五三(?)	百姓驅除厲王，厲王避居於彘。
二七三九	共和十四年，厲王死於彘，宣王靜立。
二七〇〇	宣王伐姜戎，被姜戎打敗。
二六九二	幽王宮湼立。
二六八二	申侯勾結犬戎，攻殺幽王。
二六八一	平王宜臼立，遷往東都洛邑。
二六三三	孔子作春秋從本年起。　春秋時代開始。
二五九六	齊桓公小白立，用管仲爲相。

二四〇八	孔子代理魯國的相，殺少正卯。孔子辭職離開魯國，周遊各國。
二四一一	孔子爲魯司寇。魯定公齊景公會於夾谷。
二四一七	吳國攻楚國，破楚國京師郢。
二四五六	宋向戌發起弭兵同盟。
二四六二	孔子生。
二四八六	晉楚在鄢陵大戰，楚兵大敗。
二五〇八	晉楚在邲大戰，晉兵大敗，楚莊王稱霸。
二五二四	楚莊王旅立。
二五四三	晉楚在城濮大戰，楚國敗，晉文公稱霸。
二五四七	晉文公重耳立。
二五四九	宋襄公茲甫被楚國打敗，受傷而死。
二五五四	齊桓公死，齊國大亂。
二五六七	齊桓公召集諸侯的兵隊伐楚。
二五七〇	秦穆公任好立。

年代	事件
二四〇五	吳越大戰，越敗，越王句踐哀求請和。
二三九八	宋滅曹。
二三九五	孔子回魯國從事著作事業。
二三九三	吳王夫差在黃池大會諸侯。
二三九二	孔子作春秋絕筆。
二三九〇	孔子死。
二三八九	楚滅陳。
二三八四	越滅吳。
二三五八	楚滅蔡。
二三一四	周天子加封晉大夫韓魏趙三家爲諸侯。
二二九七	周天子加封齊大夫田氏爲諸侯
二二八六	韓滅鄭。
二二六一	秦廢井田。
二二五一	秦伐魏，取黃河西岸的地方。

年份	大事
二二四五	楚滅越。
二二四四	蘇秦說六國合縱成功。
二二三九	秦使張儀伐魏，得河套一帶地方。
二二二八	蘇秦被殺。
二二二七	秦伐蜀。
二二二二	張儀說六國都與秦連橫成功。
二二二一	張儀死。
二一六七	周天子想合六國兵力攻秦，反被秦滅。
二一六〇	楚滅魯。
二一四三	燕太子丹從秦國逃回。
二一四一	秦滅韓。
二一三九	秦滅趙。
二一三八	荆軻奉燕太子丹之命刺秦王，不成。
二一三六	秦滅魏。

二一三四	秦滅楚。
二一三三	秦滅燕。
二一三二	秦滅齊，統一中國，秦王嬴政稱秦始皇帝。秦始皇決意廢封建，分全國爲三十六郡。
二一三〇	秦始皇使徐市入海求仙。
二一二六	使蒙恬引兵三十萬，北伐匈奴。
二一二五	派兵平南越。修築萬里長城。李斯爲丞相。
二一二四	燒燬詩書。
二一二三	坑殺儒生四百六十餘人。
二一二一	秦始皇巡遊東方，死於沙丘。趙高李斯擁立胡亥爲秦二世皇帝。
二一二〇	陳涉吳廣首先造反，各地豪傑蠭起。
二一一八	項羽打敗章邯。
二一一七	劉邦攻入關中。趙高殺二世皇帝。秦王子嬰投降劉邦。 項羽入咸陽大屠殺。項羽大封諸侯，自稱西楚霸王。
二一一三	西楚霸王被漢王打敗，在烏江自刎。漢王做皇帝。叔孫通爲漢高祖定朝儀。

二一一一	漢高祖攻匈奴，被困在白登。
二〇九一	漢高祖妻呂后死，文帝劉恆即位。
二〇七八	下詔全免田賦。因緹縈上書救父，下詔廢除肉刑。
二〇六五	景帝劉啓下詔收田賦的一半。吳楚七國反叛，命周亞夫討平。
二〇五五	減笞數並改笞法。
二〇五一	武帝劉徹即位。下詔命郡國各舉賢良方正直言極諫的人。罷黜百家，尊崇六經。
二〇四七	設立五經博士。
二〇四四	聽李少君的話，親自祭拜竈神，並派方士入海求仙。
二〇四一	使唐蒙說服夜郎國，立犍爲郡。設博士弟子員五十人。
二〇三八	使衛青攻匈奴，取河套，立朔方郡。
二〇三三	渾邪王殺休屠王來降，立四郡。
二〇三〇	使衛青霍去病攻匈奴，在狼居胥山立紀功碑。
二〇二六	張騫的副使引西域各國代表朝見漢武帝。築柏梁臺。
二〇二三	派兵平南越，立九郡。派兵平且蘭，立牂牁郡。西南夷都歸服，立四郡。

年代	事件
二〇二一	派兵平閩越。
二〇二〇	派兵滅衞氏朝鮮，立四郡。　派兵滅滇，立益州郡。
二〇一九	派兵平樓蘭車師。
二〇一四	派兵平大宛。
二〇一二	大宛内亂，殺其王來投降。
二〇〇〇	罷黜方士。
一九二七	成帝劉驁封王莽爲新都侯。
一九一九	王莽爲大司馬。
一九一七	哀帝劉欣卽位，王莽退職。
一九一二	哀帝死，王太后召王莽再任大司馬。
一九一一	平帝劉衎卽位，封王莽爲安漢公。
一九〇九	王莽把女兒嫁給平帝做皇后。
一九〇七	王莽用藥毒死平帝，迎立孺子嬰。
一九〇六	王莽稱假皇帝。

一九〇四	王莽廢孺子嬰，自爲皇帝，國號曰新。
一九〇三	王莽下令收天下的田，改名王田，不准買賣。
一九〇二	立五均司市錢府等官。
一八九五	綠林山盜匪造反。
一八九〇	劉縯劉秀起兵。
一八八九	劉玄被推爲皇帝。　王莽攻劉玄，大敗，被亂兵所殺。　劉縯被害。
一八八七	劉秀在鄗自立爲皇帝。　赤眉攻殺劉玄。　尊卓茂爲太傅，封褒德侯。
一八八五	光武大破赤眉。
一八八三	興建太學。　召見莊光周黨，倔強不屈。
一八七六	用中牢祭譙玄，表李豪的門閭。　用費貽作官。
一八四七	明帝劉莊派蔡愔往印度求佛法。
一八四四	蔡愔與沙門攝摩騰竺法蘭同到洛陽。 明帝教二沙門在鴻臚寺譯經，鴻臚寺後改白馬寺。
一八二四	章帝劉炟死，竇氏臨朝聽政，用胞弟竇憲爲大將軍。

一八二三	竇憲大破匈奴。
一八二〇	和帝劉肇與宦官鄭衆定計誅殺竇憲。
一七六六	外戚梁冀毒害質帝劉纘。
一七五三	桓帝劉志與宦官單超等定計誅殺梁冀。
一七四六	牢修控告李膺與太學生及各地生徒結黨作亂，桓帝下詔收捕黨人，黨案開始。
一七四五	桓帝聽后父竇武的諫勸，把黨人赦罪釋放，但仍禁錮他們，終身不許服官。
一七四四	桓帝死，靈帝劉宏卽位，陳蕃竇武謀剷除宦官，計劃洩漏，反被宦官殺死。
一七四三	黨案重提，李膺等百餘人死在牢裏。
一七三六	下詔更要嚴辦黨案。
一七二八	黃巾賊造反，大赦黨人。　黨案結束。
一七一八(?)	張魯據漢中。
一六七九	曹操取漢中，張魯退巴中。
一四八八	寇謙之把籙圖眞經進獻魏太武帝。　魏京師始立天師道場。
一四七〇	魏太武帝親至天師道場領受符籙。

韋休編
朱中翰校

中國史話（二）

中華民國二十年九月初版

中國史話第二册

目次

中國史話（原名中國的故事）

第二十一章　東漢時代的外族

漢武帝開拓邊疆，要算是古代漢族最強盛的時代；但其用兵征伐外族的結果，到了東漢以後，竟漸漸變成外族蹂躪中國的原因。這裏頭的消息，是我們應該十分注意的。東漢初年，也曾立過戡定外族的功績；然不過把武帝開拓邊疆未完的功業，繼續完成罷了。到東漢末年，已經降服而散住內地的外族人，却就漸漸變亂起來。現在把東漢戡定外族和外族擾亂的事實，大略敍述如下：

武帝征匈奴，直接的攻擊是民國紀元前二千另三十八年衛青取河南地，和二千另三十年霍去病封狼居胥山，禪於姑衍山兩次。這兩次攻擊，雖是把他們驅逐到沙漠以北，但不能算是根本剷除；一旦漢族衰弱了，他們還是要捲土重來的。最足以制匈奴死命的，要算民國紀元前二千另三十二年納渾邪王降，開河西四郡❶，與西域交通這一回事。漢與西域交通以後，匈奴與西域各國便不時互相衝突。西域烏孫王娶漢朝的公主，匈奴恨他最深，壺衍鞮單于出兵攻烏孫，漢朝的公主向中國求救，漢宣帝劉詢乃派五將軍五路出兵攻匈奴。又叫校尉常惠，幫助烏孫王出兵從西方夾擊。匈奴聞得中國出兵，便帶了牲畜逃避，卻不防烏孫又從西方攻來，因此大受損失。這是民國紀元前一千九百八十四年的事。這一年冬天匈奴單于親自領兵攻烏孫報怨，得勝而還，不料路遇大雪，士卒凍死十分之九。於是烏孫乘機反攻，北方的丁令和東方的烏桓❷也乘機侵入，匈奴被殺傷無算，後來又遭飢荒，人民餓死十分之三，牲畜死十分之五，匈奴從此變成一個弱國，然而還沒有服屬中國。

❶卽酒泉、武威、敦煌、張掖四郡。

❷丁令是回族的祖先，烏桓是鮮卑的分支。

渾邪王降時，匈奴降人四萬餘，武帝使他們分住在隴西北地上郡朔方雲中五郡❶的塞外，這是匈奴人搬到中國西北一帶與漢族人雜居的起始。

❶隴西北地即現今甘肅省的中部和東北部，上郡朔方雲中即現今陝西省的北部和綏遠省全部。

後來匈奴內亂，五單于爭立，結果被呼韓邪單于所併，而呼韓邪單于的兄又自立爲郅支單于，攻呼韓邪單于。呼韓邪單于失敗，投降中國，於民國紀元前一千九百六十二年朝見漢宣帝。漢宣帝准他住在五原❶塞外，匈奴降人乃又雜居幷州刺史部的境內。郅支單于後來退居西域，被漢朝的西域都護甘延壽陳湯攻殺。到這時候，匈奴便算給中國征服。

❶現今綏遠省五原縣。

呼韓邪投降之後，匈奴對於中國十分恭順。後來休養生息，部落漸盛，適逢王莽當朝，中國內亂，他們便乘機反叛。東漢初年，匈奴又起內亂，分爲南北二部，南匈奴單于又投降中國。民國紀元前一千八百六十二年，光武帝使南單于駐紮在西河美稷❶。南單于便分派部下，幫助中國守邊，將士巡邏守禦，因此北地朔方五原雲中定襄雁門代郡❷一帶，都有匈奴人雜居。明帝時，南單于與北單于私下交通，漢朝乃於民國紀元前一千八百四十七年置度遼營於五原❸，監視南匈奴。

❶漢朝時的縣，故城在現今鄂爾多斯左翼中旗。

❷定襄雁門代郡卽現今山西省的北部和西北部。

❸現今綏遠省五原縣。

章帝末年，北匈奴衰弱，南匈奴要想吞併他，向中國請兵北伐，剛剛章帝死了，和帝卽位，竇太后當朝，要使竇氏立功，乃命竇憲出征，大破北匈奴於稽落山，在燕然山刻石紀功而歸。❶後二年❷，竇憲又派左校尉耿夔出兵，大破北匈奴於金徽山。❸從此以後，匈奴族的主力，漸漸向西方遷移，不再侵犯中國；遷到歐洲，就成爲後世匈牙利人的祖先。

❶大約在現今外蒙古杭愛山一帶。

❷卽民國紀元前一千八百二十一年。

❸究竟在何處，還沒有確實考證出來，或者就是現今的阿爾泰山。據古書上說是在塞外五千餘里。這是漢族征匈奴向北最遠的地方。

西域各國，從武帝破大宛之後，都已服屬中國。王莽時代，匈奴反叛，西域也都與中國脫離關係，一部分歸附匈奴。光武帝時，不理西域的事，中國與西域一時隔絕。明帝討伐匈奴，乃使班超出使西域，班超帶着三十六人，兩次出使，先後在鄯善❶于闐攻殺匈奴使者，脅降鄯善于闐，使西域各國重又歸服中國，其時是民國紀元前一千八百三十九年。八年後，西域又亂，仍由班超用兵討平。

❶就是樓蘭改名。

匈奴平服，西域再通的時候，中國與羌族也大起交涉；結果雖羌族終被中國平定，漢朝卻因此衰弱而滅亡了。

羌族分布的地方很廣，而且支派很多；西域也有羌族人建立的國家。中國西境有一支羌族人住在湟中❶。漢武帝因他們與住在河西❷的匈奴只隔着一枝祁連山脈，恐他們互相交通，派兵把他們驅逐到西海鹽池一帶，築令居塞❸，設護羌校尉監視他們。武帝死後，羌人受匈奴的指使，起兵攻金城郡❹，宣帝使趙充國帶兵六萬人，把他們打平；把投降的羌人就安置在金城郡。王莽時，羌人獻西海地方，王莽就其地設立一個西海郡。王莽末年，中國大亂，羌人重又佔據西海，並且侵入中國。民國紀元前一千八百七十七年，羌人攻臨洮❺，光武帝使馬援討平，把投降的羌人安置在天水、隴西、扶風三郡❻。不久，占據大允谷和大小榆中一帶的羌人先後反叛，隴西一帶大受侵擾，官員將士往往被殺。章帝末年，使張紆爲護羌校尉，勦辦爲首作亂的羌人。羌人向張紆請降，張紆用計毒殺羌人大小頭目八百餘人，並羌人數千。大小榆谷的羌人動了衆怒，奉迷唐爲領袖，互相團結，要與漢兵死鬪。張紆無法應付，因此去職。鄧訓爲護羌校尉注重安撫的辦法，羌人稍稍安定。民國紀元前一千八百二十三年，鄧訓用兵攻破迷唐，羌人大都歸服。鄧訓死後，迷唐又作亂，至民國紀元前一千八百十一年，方始剿平。羌人投降的六千餘，安置在漢陽安定❼隴西一帶。和帝用曹鳳的主張，恢復西海郡，把大小榆谷一帶，夾着黃河，開列屯田。羌人的擾亂，至此時方始告一段落。

❺湟中就是湟水流域，湟水在現今青海省東北境和甘肅省西境，就是現今的大通河。

❻就是現今甘肅省的西北部。

❼故城在現今甘肅省平番縣西北。

❹就是現今甘肅省的中部和西部。

❺就是現今甘肅省的臨潭縣和岷縣。

❻天水卽現今甘肅省東南部，扶風卽現今陝西省西部。

❼漢陽卽天水，安定在現今甘肅省東部。

種族的意見，一時很難融和的，何況當時中國西北一帶的漢族，是以戰勝民族自居的，對於雜居的羌人，自然不免有壓迫侵略的情形；尤其是吏民豪右對他們壓迫侵略得更重。這就於無形中種了禍亂的因了。民國紀元前一千八百另五年，東漢政府召回西域都護，徵發金城隴西漢陽一帶的羌人，編爲騎兵出去迎接。羌人恐怕長久屯駐在外，都不願去；官吏強迫他們一定要去。行到酒泉，逃散了許多。各郡發兵邀截，處置得不免急切一點，羌人乃聚衆反叛。羌人已歸服多時，沒有武器，反叛時或用竹竿木棒當槍，或用板桌當盾，本是極容易鎭壓平服的。可笑當時郡縣的官吏，大都很懦弱膽怯，見鬧了亂子，便嚇得手忙脚亂，不能好好的應付，亂事因此擴大。涼州刺史部下各屬完全糜爛，東方蔓延到三輔❶，南方蔓延到益州刺史部屬下。

❶就是西漢時的京兆區域。漢武帝時把這區域派由京兆尹左馮翊右扶風三個官員分治，所以稱爲三輔。地方即現今陝西省的中部。

涼州的官吏大都是內地人；見羌人作亂聲勢盛大，無心拒戰和守禦，都把郡縣的衙署遷移到內地。百姓不願意遷移，他們就把田中的禾穀割了，房屋拆了，防禦工程破壞了，強迫出發，又逢旱荒和蝗災，弄得百姓流離死亡的，不知多少。東漢政府派鄧騭、任尙、侯霸、虞詡、司馬鈞、龐參、鄧遵、馬賢等先後用兵，或盡力征討，或設計收撫，或派人刺殺羌人的首領，或引兵深入隔絕羌人的聯絡，用偏種種方法，直到民國紀元前一千七百九十四年，好容易纔把三輔肅清。計軍費已用去二百四十萬萬，府帑空竭，邊郡和內地死者無算，涼幷二州，元氣大傷。此後八年，由馬賢節節擊敗羌人，至民國紀元前一千七百八十四年，涼州乃完全克復，把移到內地的郡縣仍舊遷回。不多時，因幷州部和涼州部兩刺史對於羌人壓迫騷擾，羌人又起來反叛。漢順帝命馬賢再討伐，馬賢戰死，趙沖繼續用兵共十餘年，用去軍費共八十餘萬萬。

桓帝時，皇甫規把官吏挑動羌亂，和將士討羌時許多糜費誤事的情形，盡情揭發，請付予平定羌亂的責任。桓帝准了他，他就先設法把羌人打敗一陣，然後盡量招降；羌人投降的十餘萬。後因檢舉涼州一帶失職的官吏，被誣害了，以致免職。桓帝改命段熲為護羌校尉，征剿反叛的羌人。這段熲，與皇甫規的見解不同。他因羌人屢次投降，屢次反叛，主張把羌人殺盡，杜絕後來的禍患。於是從民國紀元前一千七百四十九年起，至一千七百四十三年，經一百八十餘次戰事，斬羌人三萬八千餘，亂事乃平。

羌亂盛時，鮮卑烏桓和南匈奴，亦在東北一帶騷擾。鮮卑烏桓都屬於東胡族。漢初，東胡給匈奴冒頓單于打破，便分成兩支：在北的是鮮卑，在南的是烏桓。烏桓受漢武帝招安，住在上谷、漁陽、右北平、遼東、遼西五郡❶的塞外，幫助漢兵戍守邊疆。鮮卑於匈奴被中國打平後，佔據匈奴舊地，乃與中國接界。東漢末年，他們與南匈奴勾結了，乘漢朝用兵平羌亂的機會，攻掠幽冀幷涼四州部的北境。其中鮮卑最強，他們是擾亂中國的中堅。後來鮮卑英勇的酋長檀石槐死了，內部分裂，就此無力侵擾中國，然他的部落分布極廣，幽冀幷涼四州部的塞外，無一處沒有鮮卑，這就是後來五胡亂華時鮮卑人最強的根原。至於烏桓與南匈奴本來不很強大，鮮卑衰了，他們是很容易對付的。民國紀元前一千七百另五年，曹操大敗烏桓於柳城❷，殺的降的共有二十餘萬，烏桓從此消滅。民國紀元前一千六百九十六年，南匈奴呼廚泉單于朝拜漢獻帝，被曹操留住在鄴城❸，部下也被分爲五部，並有漢人爲司馬，南匈奴也就被制服了。

❶現今河北省北半部，熱河省全部，遼寧省大部。

❷現今熱河省淩源縣。

❸現今河南省臨漳縣。

各外族雖已逐漸平定，然因連年戰亂，元氣大傷，已伏下黃巾賊造反的禍根；涼州用兵最久，就是涼州將作亂的導線；北方各州郡和塞外滿布羌人鮮卑人匈奴人等，成爲五胡亂華的張本。

【研究問題】

爲什麼開了河西四郡，足以制匈奴的死命？

使外族與漢族雜居究竟是否適宜？

明帝討伐匈奴，爲什麼要使班超出使西域？

漢武帝爲什麼要防羌人與匈奴人交通？

曹鳳在西海郡大小楡谷一帶開列屯田，這辦法與應付羌亂有什麼關係？

東漢應該怎樣對付羌人是最正當？

爲什麼東漢政府勤辦羌人要化這許多經費？

皇甫規和段熲二人對付羌亂的辦法怎樣不同？那一個的辦法適當？爲什麼？

曹操爲什麼把南匈奴分爲五部？爲什麼要有漢人爲司馬？

第二十二章　黃巾賊造反和涼州將作亂

東漢以後，中國漸漸走入被外族蹂躪的命運，實在並非外族頑強的結果，也並非因用兵征伐外族，和招納降人入居內地的錯誤。只要看東漢末年的羌亂，羌族人數也不算多，力量也未必強，然而亂事的蔓延，軍費的浩大，至於如此；這就可見中國本已有了衰亂的病根，受外族蹂躪乃是一種病象；而羌亂就是這種病象的一度表現。

從病象推究病根，因而對症發藥，這是治病的唯一好方法。倘若頭痛醫頭，腳痛醫腳的治病，暫時雖也能使病象不現，但是病根沒有除去，反足以促起其他病象，並使暫時不現的病象將來更劇烈的表現。這個譬喻，很適當用來說明羌亂後引起黃巾造反和州郡割據，以及造成後來五胡亂華的道理。

那末中國衰亂的病根是什麽呢？最主要是皇帝專制的制度。這制度成立於中國正當發皇的時候，成立以後，中國便轉變到衰亂的趨向。這制度的成立，雖也是當時自然的趨勢，並非有人故意促成；但是這制度使中國從此衰亂，卻是不可掩的事實，歷史是在很忠實的證明這是中國的病根，理論方面詳細的說明，不是本書的任務。這裏不過是要點清眉目，所以略表幾句。讀了本書中大部分的敍述，儘可以從事實上證明皇帝專制的政制給予中國的不良影響，現在把東漢皇帝專制政府所造成的，長期的羌亂所引起的，黃巾賊造反和涼州將作亂的事實敍述如下：

東漢後半期的政府，當大權的不是外戚，便是宦官。外戚中儘多紈袴子弟，宦官們大都狎邪小人，這等人本沒有什麽政治才能，徒因與皇帝親近得了寵幸，居然也混進政府盤據高位，他們當了國家大權，自然就產生許多貪官汚吏，把政治攪得十分腐敗，十分黑暗。而統兵的將領，也就乘此機會，擁兵自重。羌亂的擴大，就是受了這種影響。

羌亂平定之後，各郡縣受軍事影響，顚沛流離，元氣大傷，本該好好的辦理善後，纔可以使人民蘇息。豈知當時的政府，無人過問到這一層。宦官們正忙着製造黨案❶，陷害正人君子。因黨案的結果，更使一班貪官汚吏，揚揚得意。他們便毫無顧忌的與各地方土豪劣紳，朋比爲奸，欺壓良善的人民。社會上本是被富豪兼倂，不平得利害，又當喪亂之後，怎禁得這許多貪殘的虎狼，恣意騷擾。於是百姓求生不得，只好挺而走險，爲匪爲盜，與散兵殘敵，勾結一起，做反抗政府，拒敵官兵，刼掠城市鄉村的寇賊了。

❶參考第十八章。

恰好那時候道教正在開創，道教徒張角等就利用這民不聊生的絕好機會，用符水治病做手段，造作謠言，聚衆煽亂，一方推廣他宗教的勢力，一方發揮他政治的野心。張角，鉅鹿人，奉黃老之學，倡「太平道」，用符水替人治病，偶然有效，得衆人的信仰，當他神仙看待。他分派弟子，周遊四方，宣傳太平道的法力，凡十餘年，有門徒數十萬，蔓延靑、徐、幽、冀、荆、揚、豫、兗、八州部地方，有病的都往張角處認罪悔過，請求醫治，聲名很大。可笑當時的官吏，不明眞相，竟以爲他善道教化，所以百姓歸向。張角乃野心勃勃，祕密入京師窺察形勢，使弟子分領羣衆，立三十六方，大方萬餘人，小方六七千人，各立頭目，儼然軍隊組織。又謠言「蒼天已死，黃天當立，歲在甲子，天下大吉」。大方馬元義，部下有荆揚兩州羣衆數萬，約期在鄴城起事，進攻京師，並與官官封諝徐奉勾結，教他們內應。不料事先有人告發，馬元義被捕殺。張角乃命令各方，趕快起兵。民國紀元前一千七百二十八年春，各路同時造反，張角自稱天公將軍，其弟張寶稱地公將軍，張梁稱人公將軍，部下都是頭裹黃巾爲號，所以東漢政府稱他們爲黃巾賊。

黃巾賊畢竟是倉卒起事的草寇，論兵力究竟是不濟事的。初起雖是聲勢浩大，但經漢靈帝派左右中郎將皇甫嵩朱儁分頭征勦，當年就被討平；計戰時被官兵斬殺的有二十餘萬人，州郡搜捕餘黨殺死的，每郡約數千人。然而從此各地盜匪蠭起，大股二三萬人，小股六七千人，都以黃巾爲號。郡縣兵力單薄，無法鎭定，東漢政府爲各地方應付盜匪便利起見，把州刺史改爲州牧，許他們自由調遣軍隊，便宜行事。於是州郡的威權漸重，有野心的便乘機割據，到後來涼州將作亂，中央政府破壞，各地的軍事領袖，乃紛紛獨立，成爲中國分裂的直接原因。

黃巾賊雖經平定，而外戚和宦官的爭奪大權，依然不止。民國紀元前一千七百二十三年，靈帝病死，何皇后與其兄何進擁立皇子劉辯。靈帝在日，愛王美人所生的兒子劉協，想立爲太子，未曾實行，病重時囑託宦官蹇碩，使劉協繼立。靈帝既死，蹇碩怕何進兵權在手，不敢發動。劉協受封爲陳留王。何進知道蹇碩受靈帝遺命，並想設計謀害他，想殺蹇碩，但是有所顧忌，不敢下手。後來校尉袁紹勸何進盡除宦官，何進得了很大的助力，乃下手殺蹇碩，定計除宦官。然何太后尙遲疑不決。袁紹因勸何進召集四方的將士帶兵入京，脅迫太后同意行事。何進與駐兵河東的涼州將董卓有友誼，便派入去召他進京。宦官張讓等見事機危急，設計殺何進。

袁紹便派兵將捕宦官六千餘人一起殺了。張讓等擁皇帝劉辯，和陳留王出宮避亂，途中受人責備，亦投河而死。董卓趕到，就擁兵入京城，迎皇帝劉辯與陳留王回宮中。皇帝劉辯見董卓猝然帶兵來迎，驚恐得很，連話也說不清楚，陳留王把變亂經過告訴董卓，說得頭頭是道；因此董卓便有廢去劉辯，改立劉協之意。

董卓入京之後，恃強擴充部隊，攬奪大權。袁紹看不過，略與他理論，董卓也不肯相讓，袁紹乃出京走往山東。袁紹去後，董卓就實行廢去劉辯，擁立劉協，是爲獻帝。並即殺害何太后，自爲相國，凶暴橫行，無惡不作。

山東各州郡對於涼州將壟斷政權，本是不平。又見他行動荒謬，乃借爲口實，紛紛起兵，宣言討伐董卓；推袁紹爲盟主。董卓見衆怒難犯，便挾着獻帝遷都長安，好與涼州根據地相近，遷都時，用兵脅迫洛陽住民數百萬，一同西行，路上百姓病死不少。又發掘東漢歷代皇帝皇后的陵墓和大官富戶的墳地，盜取殉葬的財寶，滿載而去。

當時起兵討伐董卓的軍隊，聲勢雖很盛壯，然而對於董卓的凶暴都有些畏懼，並且各存保養實力佔據地盤的私意；所以大家都很持重，不肯輕易進兵，彼此遷延，看風色行事。奮武將軍曹操，獨自發憤先行進兵，到滎陽汴水，❶遇董卓部將徐榮，一戰而敗，並中流矢。

❶滎陽現今河南省滎陽縣，汴水是河名，在滎陽北境流過，下流入淮河。

長沙太守孫堅，由南陽❶進兵，先亦被徐榮打敗，後又收集散兵再進，董卓使胡軫呂布二人合力抵禦。呂布與胡軫不睦，軍心動搖，孫堅乘機進攻，胡軫呂布大敗。孫堅又進至距離洛陽九十里大谷，董卓親自來戰，亦敗，退入長安。孫堅乃入洛陽，收拾地方，封好被掘的陵墓，董卓退至長安，在城東建造莊院，名曰郿塢，積穀三十年，預備失敗後退居之地。

❶現今河南省西南部和湖北省北部的地方。

後來，司徒王允與董卓的乾兒子呂布，於民國紀元前一千七百二十年四月，合謀將董卓殺死。董卓的女壻牛輔和董卓部將李傕郭汜張濟等，奉命在函谷關東抵禦關東的軍隊，得董卓死訊，都很恐慌；王允呂布不知好好的安慰他們，一時誅滅涼州將的空氣很濃。呂布派兵攻殺牛輔，李傕郭汜派人至長安求赦，王允不許，李傕郭汜乃反入長安，王允被殺，呂布逃往山東。李傕郭汜又自相攻伐，長安大被騷擾，人民逃避一空。獻帝見勢不佳，乃乘機逃出長安；行至半途，李傕郭汜派兵追來，靠河東一帶的盜匪救應，方始脫險，回至洛陽。獻帝被董卓刼往長安時，關東的州郡，實行割據，互相兼倂，皇帝的名義雖還存在，中央政府早已消滅，中國乃由統一而變爲分裂。後來獻帝逃回洛陽，雖也脫了涼州將的控制，然不久又被另一武人曹操所挾持，從此就開了四百年軍閥政治的局面。

【研究問題】

怎麼說東漢以後中國受外族蹂躪，不是外族頑強的緣故？怎麼說不是征伐外族，招納降人的緣故？

皇帝專制政府之下，外戚宦官之外的人，怎麼不容易參與政治？

外戚宦官當了國家大權，何以就會產生貪官汚吏？何以統兵的將領就會乘此擁兵自重？

羌亂的擴大與將領的擁兵自重有什麽關權？

爲什麽民不聊生的時候，就多盜匪？

貪官汚吏爲什麽要與土豪劣紳相勾結？

張角的勢力怎麽會得這樣的大？

州刺史改爲州牧，怎麽便要造成割據？

靈帝爲什麽要立劉協，卻去託了宦官，不託別人？

董卓廢劉辯立劉協於他自己有什麽利益？

曹操孫堅爲什麽獨敢進攻董卓？

王允呂布爲什麽要殺董卓？

獻帝回洛陽以後，爲什麽不能再立中央的權勢？

董卓曹操爲怎麽都要挾持獻帝？

第二十三章　鼎足分立的三國

漢末州郡割據互相兼倂的結果，成爲魏蜀吳三國。魏國的始祖是曹操，但他自己並沒有稱皇帝，魏國的第一個皇帝是曹操的兒子曹丕。蜀國始祖是劉備，他是漢朝的宗親；他當時做皇帝，自以爲是繼續東漢的，所以蜀國也稱蜀漢。吳國的始祖是孫權，他是繼承父親孫堅和長兄孫策的基業；因立國在中國的東南，所以吳國也稱東吳。

這三個人最初在州郡開始割據的時候，都沒有很大的地盤。曹操雖稱奮武將軍，然部下不過千餘人。劉備只在降虜校尉公孫瓚部下爲別部司馬，所部兵士，不滿千人。孫權的父親孫堅戰死後，長兄孫策依傍袁術，開始活動時，也不過孫堅的殘部千餘人。當時地盤最大，聲勢最盛的是袁紹，他據有幽幷青冀四州，他是漢朝世代做官的世家。其餘如據荊州的劉表，據壽春的袁術，據益州的劉焉，據涼州的馬騰韓遂，勢力都比這三人強大，然而結果都歸消滅，只剩了他們三人，互相斷鬪，各不相下。

他們互相廝鬬的結果，誰也沒有能够滅掉誰，還是第三者司馬氏把他們一起吞併的。然而這司馬氏原是魏國的軍閥，他是承受的魏國的基業。魏國在三國中本是最強，很有統一的資格。只因劉備用了諸葛亮的計謀，才把鼎足三分的局面維持了四五十年之久。司馬氏的滅蜀篡魏吞吳，還是在諸葛亮死了之後成功的。所以這諸葛亮實在是三國時代的中心人物，至今中國人大多數知道歷史上有足智多謀神出鬼沒的軍師諸葛亮。現在把三國局面的成立和三國先後消滅的事跡，大略敘述如下：

董卓作亂，州郡聯兵討伐的時候，曹操看破他們都是不能成大事的。他覺得這正是他大有爲的機會，便在黃河南岸一帶地方，逐漸略取地盤，擴充兵力，爲自立的準備。獻帝回至洛陽，因地方殘破，將士專橫，困苦不堪，想得一個有實力的來作護衛；外戚董承，便召曹操。曹操因即挾獻帝遷都許昌，❶自爲大將軍，大權都落在他的手中；於是他就可以「挾天子以令諸侯」，所假借的名義，與衆不同，聲勢就大起來了。

❶現今河南省許昌縣。

曹操略地至徐州，徐州牧陶謙告急於劉備等，劉備率兵千餘人往救。陶謙使劉備屯駐小沛。❹陶謙死時，遺命迎劉備爲主，於是劉備爲徐州牧。袁術來攻，劉備與他相持於盱眙❷呂布突然襲取徐州，劉備乃往投奔曹操。曹操借兵給劉備，合力攻殺呂布。袁術在壽春立足不住，想要投奔袁紹，曹操使劉備邀擊，袁術敗死。

❶現今江蘇省沛縣。

❷現今安徽省盱眙縣。

劉備本不是個安分的人，怎肯久居於曹操指揮之下。恰是獻帝受不住曹操的挾制，密令董承設法翦除曹操，劉備亦參與其事。事機不密，給曹操發覺了，董承被殺，劉備與曹操亦決裂。曹操攻劉備，劉備敗了，又投奔袁紹。

那時候，黃河流域成了曹袁對峙的形勢，曹操據黃河南岸，袁紹據黃河北岸。官渡❶一戰，袁紹大敗，氣憤而死。袁紹的兒子袁譚袁尙相爭，曹操乘機逐漸收併袁紹所據的幽、幷、靑、冀、四州地方，黃河流域除上游的涼州，都歸曹操所有了。

❶在現今河南省中牟縣的北境。

袁紹敗死，劉備又容身不住，乃往荊州依附劉表。劉表使劉備屯駐新野。❶劉備在新野竭誠延攬荊州有才能的人，親至隆中❷聘用諸葛亮。不久，劉表死，曹操南下攻荊州，劉表的幼子劉琮投降。劉備不防曹操猝然而來，只好退避。曹操派輕騎追他，一日一夜行三百餘里，到當陽長阪❸，追到了。劉備兵敗，棄了妻子，與諸葛亮張飛趙雲等數十人脫逃，輜重部隊，都被曹操所得。劉備等途中與關羽相遇，乃共至夏口，❹與劉表長子江夏太守劉琦相結合。

❶現今河南省新野縣。

❷在現今湖北省襄陽縣城西二十里。

❸在現今湖北省當陽縣東北。

❹現今湖北省黃岡縣。

那時長江下游揚州一帶，歸孫權所有。曹操攻荊州，追劉備時，孫權屯兵柴桑❶，觀望風色。曹操既得荊州，聲勢浩大，便想收服孫權，乘此統一中國。因即寫一封恐嚇信給孫權道：『今治水軍八十萬，將與將軍會獵……』」論兵力，曹操實在比孫權強得多，而且正是勢如破竹的時候，孫權很難敵他；但北兵不善水戰，到南方後，又多因水土不服而害病，曹操也未必能夠穩穩取勝。所以孫權部下，有主張暫時忍耐着投降了，求得保全的，也有主張與曹操一決勝負的，孫權一時也躊躇不決。

❶現今江西省九江縣。

劉備逃至夏口，用諸葛亮計約孫權同拒曹操。諸葛亮往柴桑見孫權，陳說曹操不難擊破的情形，以三分中國的大勢。孫權乃決計出兵，派周瑜帶水軍三萬，與劉備合力，拒敵曹軍。雙方在赤壁❶對陣，曹軍紮在長江北岸，周瑜等紮在南岸。周瑜部將黃蓋，假意約期投降曹操，因卽順風放火，把江面的北船，燒個乾淨，並延燒岸上的營落，曹軍幾乎全軍覆沒。曹操受了這番很大的打擊，狼狽逃回北方，一時無力再向長江流域用兵。劉備就乘此時機，收取武陵長沙桂陽零陵四郡❷爲根據地。鼎足三分之勢，就此立了基礎。

❶在現今湖北省嘉魚縣境內。

❷現今湖南省的大部。

劉備既得荊州，就想向蜀中發展。恰好益州劉焉的兒子劉璋，因漢中的張魯相迫，招他幫助，他就帶兵入蜀。不多時，劉備就和劉璋翻臉，奪取益州，又想向漢中涼州發展。這目標卻與曹操衝突，而且曹操先已討滅涼州的馬騰韓遂，脅降漢中的張魯。這時的劉備，兵力已不比從前，竟把漢中從曹操的手中奪下，並使關羽出兵攻取襄陽了。

孫權於劉備入蜀時，頗想乘虛奪取荊州。劉備不願開釁，便與孫權平分荊州，求妥協。劉備使關羽守江陵❶，孫權使魯肅守陸口❷。關羽進兵北方的時候，孫權調回魯肅，使呂蒙襲取江陵。關羽聞後路有失，回兵救應，不料半路遇伏，竟被擒殺。荊州乃全歸孫權所有。

❶現今湖北省江陵縣。

❷現今湖北省蒲圻縣。

民國紀元前一千六百九十六年，曹操自稱魏王。後三年，曹操死，兒子曹丕繼立，就逼漢獻帝禪位，是爲魏文帝，前一年，劉備自稱漢中王，聞得獻帝禪位曹丕，也就於民國紀元前一千六百九十一年卽皇帝位於成都❶，算是承接東漢的皇統，是爲蜀漢昭烈帝，亦稱蜀漢先主。明年，孫權自稱吳王，至民國紀元前一千六百八十三年，亦在建業❷卽皇帝位，是爲吳大帝。

❶現今四川省成都縣。
❷現今首都。

關羽是先主的把兄弟，被東吳擒殺，先主非常痛心，不惜把「先滅曹氏，再收東吳」的政策放棄了，親自統兵伐吳。不料給吳將陸遜在猇亭❶殺敗。先主退至白帝城❷，又氣又慚，一病而死。其子劉禪繼立，是爲後主。先主遺命諸葛亮輔政。

❶在現今湖北省宜都縣西。
❷在現今四川省奉節縣城東十三里。

諸葛亮深知魏在三國中佔優勢，蜀吳不宜相爭，必聯兵拒守，方可保全。所以他不記先主猇亭失敗的仇恨，派鄧芝往東吳講和，鄧芝見吳王說：『蜀吳和好，不但爲蜀，亦是爲吳。蜀吳聯合，進可以滅魏，退可以維持鼎足三分的形勢。倘吳與魏和，魏必有苛求，蜀又出兵東下，吳必不能安

全。」吳王聽了，乃與蜀永遠連和，

蜀吳連和既成，諸葛亮待先主的國喪期滿，先平牂牁、越嶲、永昌、益州四郡❶的亂事，收服蠻王孟獲。然後整理內政，積極練兵，準備北伐。

❶現今四川省南部，和雲南省貴州省一帶。

民國紀元前一千六百八十五年，諸葛亮出師，屯駐漢中。明年，進攻祁山❶。那時魏文帝已死子明帝曹叡在位。魏國不料蜀國突然出兵，很是驚惶，天水南安安定三郡❷，都叛變了響應諸葛亮。魏明帝見勢不佳，親自引兵至長安，命張郃抵禦蜀兵。諸葛亮使馬謖當前鋒，馬謖自以爲有才能，違背了諸葛亮的調度，在街亭❸被張郃打得一敗塗地。諸葛亮只得退回漢中。這一年冬，諸葛亮再出散關❹，包圍陳倉❺，因軍糧不繼，無功而退。明年，攻取武都陰平❻。民國紀元前一千六百八十年，又攻祁山，用木牛運糧，大敗魏兵，終因糧盡而退。魏將張郃來追，被蜀伏兵射殺。民國紀元前一千六百七十八年，又由斜谷❼出兵，用流馬運糧，據武功五丈原❽，與魏將司馬懿對陣，司馬懿死守不戰，諸葛亮乃分兵屯田，作持久之計。雙方相持百餘日，諸葛亮死在軍中，遺囑整軍而退。

司馬懿巡視蜀軍營址，嘆道：「真是天下奇才！」

❶在現今甘肅省西和縣西北。
❷現今甘肅省的東南部。
❸現今甘肅省秦安縣。
❹在現今陝西省寶雞縣西。
❺在現今陝西省寶雞縣東。
❻武都，現今甘肅省成縣；陰平，現今甘肅省文縣。
❼在現今陝西省郿縣西南，是終南山的山谷，長四百二十里。
❽武功郎現今陝西省郿縣，五丈原在縣西南。

諸葛亮屢次出兵祁山時，吳大帝亦屢次侵擾淮南。❶一次是使鄱陽太守周魴假意投降，引誘曹休出兵，然後派陸遜襲擊，曹休大敗。一次是由中郎將孫布假意投降，引誘王凌，王凌又中計，被孫布打敗。後來吳國屢想用計引誘，都被滿寵識破，吳國無從發展。魏國屢次用兵攻吳，往往因水軍不精，亦不敢深入。

❶現今湖北省漢水以東，長江以北；和安徽江蘇兩省長江以北，淮水以南的地方，統稱淮南。

諸葛亮死後，蜀國蔣琬費禕相繼執政，都不大主張用兵。費禕死後，姜維掌兵權，屢次出兵伐魏，勞而無功。吳國大帝亦死，忙着內亂，沒有工夫顧到北方。魏國於明帝死後，司馬氏攬權，亦有內爭，也不能向外發展。三國疆土因此無大變更。司馬氏是魏國的軍閥。明帝死時，司馬懿與曹爽同受遺命輔政。後來司馬懿謀殺曹爽，大權都歸於司馬懿。司馬懿死，其子司馬師繼續執政，廢曹芳，立曹髦。司馬師死，其弟司馬昭繼續執政，殺曹髦，立曹奐。當時魏國的武人，除司馬氏一系之外，還有揚州一系。揚州系見司馬氏父子如此橫行，不服，王淩、毋丘儉、諸葛誕先後起兵討司馬氏，都被司馬氏平定。曹奐即位時，司馬昭受封晉公，魏國實際已是司馬氏所有。

民國紀元前一千六百四十九年，司馬昭派鍾會鄧艾兩路伐蜀，後主劉禪出降，蜀漢遂亡。明年，司馬昭進爵晉王。又明年司馬昭死，其子司馬炎繼立，乃逼曹奐禪位，改國號曰晉，是爲晉武帝。民國紀元前一千六百三十二年，晉武帝使杜預王濬兩路伐吳，攻入建業，孫皓出降，吳國亦亡。此時，晉武帝乃遂統一中國。

【研究問題】

獻帝召曹操作護衛，曹操怎麼就好攬奪國家大權？

劉備投東奔西，爲什麼各方都能容納他？

何以孫權肯助劉備抵拒曹軍？

何以諸葛亮能知曹軍不難擊破？

劉備取益州，孫權取荆州，何以這樣的不講信義？

劉備攻東吳失敗，諸葛亮爲什麼不爲他報仇？

蜀吳連和，兩國的利益那一國多？

諸葛亮爲什麼竭力準備伐魏？

揚州系討伐司馬氏是否思於魏國？

蜀國先滅，吳國最後亡，有怎麼地勢上的關係？

第二十四章　晉朝諸王的互相殘殺

晉武帝既統一中國，即設法安定晉國不壞的基礎。他以爲魏國滅亡，只因薄待宗室，同姓子弟雖亦封王，然都沒有實力；所以他們司馬氏起來奪取權位，十分容易。於是他就大封宗室爲諸王，各付與自選國中官吏的大權。因所封地方人口的多小，分藩國爲三等；大國可以養兵五千，成立三軍；次國可以養兵三千，成立二軍；小國可以養兵一千五百，成立一軍。對於諸王，或使在朝中執掌機要，或使都督外州軍事，都很重用。又竭力削去州郡的兵備，大郡限武吏百人，小郡限五十人。他以爲如此辦法，異姓的文武百官，便無法攬奪政權用兵作亂；同姓諸王，有實力護衛皇朝，子子孫孫，可以永久保持皇帝的政權了。這可算是「封建制度的第三次復活」。豈知皇帝專制的政權，是野心家爭奪的大目的，親兄弟也要因此相爭相殺；恢復封建制度，非但不能使一姓永久把持皇帝的政權，反足以使同姓骨肉互相殘殺，把封建制度必然的的罪惡再暴露一次。

晉武帝死，兒子惠帝司馬衷立。惠帝是一個極無能爲的人，由楊太后的父親楊駿輔政。楊駿喜歡專斷一切，很受人嫉忌。賈皇后與楊太后不睦，也想干預政事，屢受楊駿的阻礙，心常不平。因此使人告訴鎮南將軍楚王司馬瑋說：「楊駿將反」，楚王得訊，便帶兵入京。賈皇后乃逼惠帝下令使楚王攻楊駿。楊駿被殺，楊太后也被廢，被幽禁在金墉城❶楊駿既死，汝南王司馬亮與太保衛瓘共理朝政。汝南王和衛瓘想要奪取楚王的兵權，楚王勾結賈皇后殺汝南王和衛瓘，而楚王亦被賈皇后殺死。國家大權乃入賈皇后手中。

❶在洛陽西北，晉朝特建的，以爲幽禁被廢的皇后太子之用。

賈皇后爲人很毒辣。他既掌權，殺楊太后於金墉城。太子司馬遹不是賈皇后所生，賈皇后蓄心要害他。一天，賈皇后設計召太子入宮，把他灌得酩酊大醉，然後使他謄寫潘岳起草的一篇反辭。賈皇后便把這反辭呈給惠帝，惠帝大怒，命太子自盡；經百官救護，乃廢太子爲庶人，把他囚禁在金墉城。不久，又把他遷往許昌囚禁。

趙王司馬倫因趨奉賈皇后得兵權，這時候見賈皇后廢太子失人心，要乘機推翻賈皇后。就故意散放謠言，說有人要廢掉皇后，迎還太子。賈皇后信以爲眞，便把太子殺掉。趙王乃藉口起兵，殺賈皇后，自爲相國都督中外諸軍事，專斷一切。淮南王司馬允不服，起兵討趙王，失敗而死。趙王索性把惠帝趕到金墉城，稱他做太上皇，自己做皇帝了。

不久，齊王司馬冏在陽翟❶起兵討趙王，成都王司馬穎、河間王司馬顒響應。趙王大驚，派兵抵禦，各路皆敗。左衛將軍王輿帶領部下，入宮殺趙王，迎惠帝復位。齊王入洛陽執政，成都王河間王妒忌他，先後指摘他的不是。河間王唆使長沙王司馬乂攻殺齊王。旣而河間王成都王又起兵討長沙王，不能取勝，東海王司馬越突然乘夜擒長沙王，成都王穎入京，長沙王被殺。成都王廢太子司馬覃爲淸河王，有圖謀皇位之意。河間王請立成都王爲皇太弟。成都王漸漸驕橫起來，把皇帝的侍衞儀仗，都隨他搬到他的根據地鄴城。東海王乃在洛陽奉著惠帝號召四方，興兵討成都王。與成都王的兵相遇於蕩陰❷。成都王的兵久經訓練，部將石超又十分勇敢，東海王不能抵敵，大敗而逃，死傷不計其數。惠帝也隨着敗軍，狼狽奔逃。石超領兵緊緊追趕，惠帝遂被追兵亂箭射中三箭，面頰受傷。有個隨從的大臣嵇紹把身體掩護惠帝，惠帝方不致重傷。追兵趕着，即把嵇紹在惠帝前斬殺，血濺惠帝龍袍上。惠帝因即被石超擄去，解送鄴城。

❶現今河南省禹縣。
❷現今河南省湯陰縣。

已往的衝突還純粹是司馬氏子弟的互相殘殺，今後又各借用外族人的力量互相爭鬬；於是晉武帝所種的惡因，不但再暴露了封建制度的罪過，又牽連而引起外族蹂躪中國的慘禍。這又是皇帝專制的政制爲中國衰亂的病根的一個有力的證明。

成都王打敗東海王，擄獲惠帝，要算得志得意滿了，却不料幽州都督王浚，東瀛公司馬騰，借了烏桓鮮卑的兵來攻鄴城。匈奴左賢王劉淵❶隨成都王在鄴城，他久有回去帶領部衆圖謀自立之意，此時乃乘機向成都王請求回去召集匈奴五部來協助。成都王大喜，拜劉淵爲北單于，使他速去召兵。

❶晉初，居留幷州的匈奴五部，以左部帥左賢王劉豹的部族爲最強，自已說他們的先人是漢朝的外孫，所以冒姓劉氏。劉豹死，其子劉淵本留在洛陽，晉朝命他承繼爲左賢王，兼爲建威將軍五部大都督。成都王當國，把他留在鄴城。從他們的世系上推算起來，劉淵便是被曹操留在鄴城的呼廚泉的姪孫。

劉淵回至左國城，右賢王劉宣便率匈奴各部擁戴他爲大單于，不上二十天，集衆竟至五萬。正要出發，成都王已被打敗，擁惠帝逃往洛陽。劉淵想攻烏桓鮮卑的兵，救成都王，劉宣勸他道：『晉國一向當我們奴隸，現在他們骨肉自相殘殺，這正是上天給我們絕好的機會，可以恢復呼韓邪的基業，烏桓鮮卑與我們同是中國的外族，將來有事，還要互相幫助的，怎好攻擊他們』？劉淵聽了，說：『很好！大丈夫應當效法漢高祖魏武帝，呼韓邪還是不足道的』。於是按兵不動，在左國城自稱漢王。

❶在現今山西省離石縣北。

東海王攻成都王時，河間王派張方帶兵二萬相救；至洛陽，東海王已敗，惠帝也被擄在鄴城，河間王就命張方鎭守洛陽。到成都王在鄴城失敗，惠帝逃往洛陽時，張方帶騎兵三千，迎接惠帝，便挾着惠帝和成都王赴長安。宮中寶物，被張方部下搜括一空，魏晉以來收藏的寶物，絲毫不存。河間王得訊率步兵騎兵共三萬至灞上迎惠帝。惠帝乃設立行臺於長安，命河間王都督中外諸軍事，改立成都王弟豫章王司馬熾爲皇太弟，成都王被廢。

蕩陰戰後，東海王逃至徐州。後又在山東一帶，招兵買馬，擴充實力。張方挾惠帝至長安，東海王乃發兵討河間王，宣言迎接惠帝回京。范陽王司馬虓和王浚響應，推東海王爲盟主。

成都王被廢後，部下公師藩在趙魏一帶聚兵數萬，自稱將軍。有羯人石勒，本與汲桑合夥爲盜，此時亦加公師藩軍中。公師藩進攻鄴城，其時東海王之弟平昌公司馬模守鄴城，兵力單薄，勢頗危急，經范陽王派苟晞相救，才把公師藩擊退。河間王聞知公師藩起兵，聲勢一振，再使成都王都督河北諸軍事，並分命諸將抵拒山東的軍隊。

山東東海王等二次討伐河間王的軍隊，由王浚部將祁弘帶烏桓鮮卑兵爲先鋒，勢如破竹，成都王等各路軍隊都敗，成都王逃回長安。河間王見勢不佳，殺張方，向東海王求和。東海王不許，攻入關中，河間王大敗，逃入太白山❶，祁弘所帶鮮卑兵在長安大掠，殺二萬餘人。惠帝乃又隨祁弘的軍隊，出關還至洛陽。東海王自爲太傅專斷朝政，東嬴公進位東燕王，平昌公進位南陽王。成都王想逃至公師藩處，途中被捕送鄴城，給范陽王部下殺死。河間王被誘至途中，給南陽王派人邀殺。不久，惠帝忽然中毒死，皇太弟司馬熾即位，便是晉懷帝。惠帝的死，大家都疑是東海王所殺。

❶在現今陝西省鄠縣東南。

❷後又稱爲新蔡王。

成都王死，公師藩部下汲桑聲言爲成都王復仇，聚衆刼略郡縣，使石勒爲先鋒攻鄴城。鄴城被攻破，守鄴城的新蔡王被殺。汲桑放火焚燒鄴宮，火十日不滅，殺人萬餘，大掠而去。後來汲桑被苟晞打破，石勒歸附漢王劉淵。

民國紀元前一千六百另四年，漢王劉淵自稱皇帝；明年自左國城遷都平陽❶又明年劉淵死，子劉和繼立，劉淵弟劉聰殺了劉和代之。其時，石勒在河南抄掠，東海王親自帶兵討石勒，病死於項。❷軍中無主，退居洛陽，石勒追至苦縣，❸把晉兵殺得一個不留；並且把東海王的棺材打開，把尸體燒掉，說道：『這人攪亂天下，我替天下的人報仇，所以把他的尸骨燒了』！

❶現今山西省臨汾縣。

❷現今河南省項城縣。

❸現今河南省鹿邑縣。

從此，汝南王司馬亮、楚王司馬瑋、趙王司馬倫、齊王司馬冏、長沙王司馬乂、成都王司馬穎、河南王司馬顒、東海王司馬越，❶計共八王，先後都死，這八王爭權作亂，從楚王殺楊駿，至東海王死在軍中，共二十一年，歷史稱爲八王之亂。亂事中，晉惠帝一任他們播弄，忽東忽西，不要說皇帝的尊嚴，連到身體的自由也完失卻了。一門骨肉胡鬧到這步田地，眞是千古的奇觀了！

❶汝南王、趙王是司馬懿的兒子，楚王成都王長沙王是晉武帝的兒子，齊王是司馬師的孫兒，河間王是司馬懿的姪孫，東海王是司馬懿的姪兒，都還是很親近的骨肉。

【研究問題】

晉武帝所行的封建制度與秦以前的有什麼分別？

魏國所以滅亡的原因是什麼？

晉宗室諸王搗亂得這樣利害，其原因是什麼？

爲什麼他們都要把惠帝挾在手裏？

匈奴怎樣才會振作起來的？

晉朝不有內亂，外族就不會強硬起來的嗎？爲什麼？

公師藩汲桑爲什麼這樣忠於成都王？他們的目的是什麼？

惠帝這樣的被播弄，失自由，他怎樣不想擺脫的呢？

第二十五章　自由思想的風行

三國分立，八王擾亂的魏晉時代，中國的思想界有一個很大的的變化。

兩漢學術原來是崇尙儒術的，武帝表章六經於先，光武尊崇節義於後；雖蓋公言黃老，楊王孫貴裸葬，可云別裁。然則何以到了魏晉學者忽以老莊爲宗而黜儒術呢？這是有他的原因的：（一）由於曹操之嚴刑誅戮異己，故人舊怨，亦皆無餘，士多苟免之懷，人有憂生之嘆，爲避嫌疑，故託迹老莊以自廢放。（二）由於曹操之宏奬跅弛之士，至下詔求舉盜嫂受金不忠不孝之人，禮法廢而放達之風興，儒雅替而淸談之言盛，此自然之勢也。（三）由於魏晉喪亂之迭乘，人懷苟且，民皆剽舉，不念殖產，遷徙流離，影響於學術上，亦輕實踐而尙玄談，老莊虛無思想因而大煽。（四）由於佛家思想之輸入，釋氏之學以空寂爲歸，與老莊虛無思想稍近，於儒學則遠，故支道林之倫，立論探本老莊，而依傍釋氏。（五）由於漢季傳疏之學過趨煩瑣，皓首窮年而不能盡其業，王輔嗣始註易老，何晏稱說老莊，學者喜其淸新，而玄言風靡一世。（六）莊老之學，非仁義，蔑禮法，譏貶古代賢聖，名士嵇康遂啓疑舜禹，非薄湯武，而疑古惑經之風亦隨之而興。此自由思想之所以風行也。

這種思想，是以道家的哲學爲主體，認爲一切事物，如胎兒在母腹中，都是自然生成的，所以他們主張一切任其自然，任其自由自在；對於政治，也就有反對專制的表示。

自由思想的領袖人物，在東漢末年有仲長統、孔融、禰衡等，在魏晉時代有夏侯玄、王弼、何晏、阮籍、嵇康，劉伶王澄王衍樂廣衞玠阮瞻郭象向秀等。

仲長統行爲狂放，不喜政治生活。州郡官吏屢薦舉他，他都託病不去。他對於漢代政治界的情形，很有感慨；對於社會上拘迂和虛僞的現狀，很不滿意。他曾著一部書，名曰昌言，發表他的思想見解；可惜現在不傳，只剩幾篇見於古史書中，這幾篇的大旨是指摘過去和當時社會上不自然的狀態，言外的意思彷彿就說，個人應力求安適，不必鑽入政治界，自尋煩惱。

孔融禰衡，都喜歡飲酒，議論奇橫，常常譏諷曹操。曹操因他們很有名望，所以雖是懷恨，不敢輕率下手，直接害他們。有個名叫郄慮的，探知曹操的意志，乃控告孔融毀謗朝廷，言論荒謬。孔融曾說：『子在母腹中，猶之寄物於瓶中，父母對於子女，不見得有什麽特別的恩義』。郄慮也把這話叙入狀中，構成他的罪名。孔融竟因此被殺。

禰衡很傲岸，曹操有意要折辱他，因他善擊鼓，就於宴會中命他擊鼓，囑手下逼他更換鼓吏的服裝。禰衡在大庭廣衆，竟不慌不忙的褪下衣服，裸着身體，緩緩的把鼓吏的服裝穿上。曹操歎道：『我想折辱禰衡，不料反被他折辱了！』後來曹操薦他往劉表處，劉表受不住他的侮弄，又轉薦給黃祖。終因出言不遜，被黃祖殺死。

王弼是一個少年天才，不幸短命，年二十四歲卽死。但他所著周易和老子的註釋，是中國哲學上很有價値的作品。他對於「天」字，不解作「上帝」，而說是「天地萬物之總名」，這種思想，在一千六七百年前的中國，實在是難能可貴的了。

何晏亦是放浪不覊的人物。他的思想也很解放，以爲六經是聖人的糟粕，這見解着實驚人。不幸於曹爽和司馬懿爭奪政權的時候，他是偏袒曹爽的，後來曹爽失敗，因此被司馬懿所殺。

阮籍嵇康與山濤阮咸王戎向秀劉伶等，當時稱爲「竹林七賢」，都是不受禮教拘束的人。

阮籍志氣豪放，喜怒不現於色。有時閉門看書，數月不出；有時遊玩山水，終日不歸。讀書最愛老莊的學說。好飲酒，善彈琴。蔣濟爲太尉時，和曹爽輔政時，先後薦他召他，都託病不出。他曾做一篇大人先生傳，把大人先生比做褲襠裏的蝨，這可算一種奇文了。他看見中國多事，名士往往不得好結果，因此常常飲酒大醉，借此避煩惱。司馬昭想要爲司馬炎求娶他的女兒，他不願，但又不便拒絕，乃天天喝得酩酊大醉，醉了六七十天，使司馬昭無法向他開口提起親事。鍾會有心害他，屢次拉他談論時事，想從中捉了訛頭，構成罪名；他也是用酒醉的方法對付，竟然因此免禍。司馬昭屢次要他做官，他聽得步兵營有廚子善釀酒，便求爲步兵校尉。他家鄰近酒店中有個美貌女子，他去飲酒，醉了，就躺在這女子的近旁，一點也不避嫌疑。他雖不拘禮教，但是發言深遠奧妙，絕口不評論當代的人物。有人說，這就是他處世的謹愼，所以他能得善終。那末他是又豪放，又能謹愼了。

嵇康絕頂聰明，學問無師自通。家道很貧，他鍛鐵過活。鍾會是當時的貴公子，前去見他，他竟不接待，只顧鍛他的鐵。後來，他的至友呂安被誣成罪，連累了他。鍾會乘機就向司馬昭誣說他與毋丘儉勾通，並說他言論放蕩，有關風俗，勸司馬昭學孔子誅少正卯的故事，把他殺了。司馬昭聽了鍾會的話，竟把他殺害。臨刑時，他的態度十分從容，索琴彈弄一番。彈罷嘆道：『廣陵散一曲，從此失傳了！』死時年四十歲。當時的人都很痛惜他。

這派自由思想的人物，都不滿意於當時的社會，尤其反對儒家煩瑣虛僞的禮教，所以行爲往往放浪不羈。然而他們在放浪之中，都表露眞性情的，自有可敬可愛的人格。但是一般不能容物的軍閥，就把他們當作大逆不道，盡力攻擊；得有機會，便陷害他們。連歷史上的記載也往往一筆抹煞，甚至於把五胡亂華的責任，一起推在這派自由思想者的身上，說是他們首創風氣，「淸談」誤國。

所謂淸談，就是專講高深玄妙的理論，拋棄一切實際的世務的一種風氣。這種風氣，雖是因社會上仰慕自由思想者，竭力倣傚他們的行爲而起。但自由思想者的放浪，實在是不滿意於社會現狀的表現。自由思想者開了風氣，一般人紛紛倣傚，弄得社會上一派圓滑放蕩，沒有振作有爲的精神；這種流弊固然也是要不得的。但論起責任來，不僅自由思想者應當擔負的，還是社會先已有病根，纔會發生這種現象的。

至於五胡亂華，他的重大原因：一是漢時開拓疆土以來，政府對於外族降人沒有好的處置方法，任人侵擾挑唆，以致生心圖變；二是封建制度第三次的復活，鬧了晉朝諸王自相殘殺的亂子，給外族乘機侵入的機會。此外政治上經濟上的原因儘多，卽使要數到自由思想者所造成的清談，也只好說是一個微末而不很重要的原因。

實在，這種自由思想倘能好好發展，對於中國思想界可以有很大的貢獻。他的影響，說不定可以使中國的社會和政治，走入比較光明的大路。要知道中國的思想界和一般社會，很受着些迷信拘迂虛僞的思想的牽累。可惜這種反迷信反拘迂反虛僞的自由思想，正在發生成長的時期，受了政治問題民族問題等所造成擾亂的影響，轉入了悲觀消極的路途，這眞是中國文化上大大的不幸啊！

【研究問題】

何謂得君行道？

何謂託古改制？

怎麽說議封禪，定朝儀，春秋大一統的論調，和託古改制都是替皇帝捧場的做法？

怎麽說清議是無意中造成的美風俗？

自由思想的言論行爲與當時的社會有什麽關係？

仲長統爲什麽主張個人力求安適？

孔融說父母對於子女不見得有什麽特別的恩義，這話是否合理？

曹操爲什麽不肯自己把禰衡殺害？

王弼對於天字的解釋是否合理？

何晏爲什麽說六經是聖人的糟粕？

阮籍何以必用飲酒大醉的辦法來避免煩惱？

怎麽說自由思想倘能好好的發展，中國便可以走入比較光明的大路？

中國社會從什麽地方可見是受了迷信拘迂虛僞的牽累？

第二十六章　五湖亂華的經過

民族問題，在現今世界也往往引起擾亂，何況政治不完善的中國古代。漢朝竭全國的兵力財力，把北方各外族征服，使投降的外族人，雜居在黃河北岸一帶。政府中對於這些降人，沒有設法好好的安置管理，聽憑土豪軍人任意侵害他們；民族間的隔閡，日積月累，就釀成外族生心變亂的禍根了！魏晉時候，郭欽和江統都獻議當時的朝廷，把降人搬到長城外面；可見那時眼光稍遠的人，也都把這事看做一個很重要的問題了。晉武帝統一中國，只打算怎樣維持一姓的基業，絕不注意這個關係國家民族的大問題；既大封宗室，種了內亂的禍根；又竭力削弱州郡的兵力，自己毀壞了鎮壓外族的武器。八王之亂，中國鬧得落花流水，各地盜匪橫行，外族的變亂，就成爲一發而不可收拾的大風潮了。

我國古代對於北方的外族，一律稱爲胡族。那時在北方變亂的外族，可分五種，所以歷史上稱爲五胡亂華。所謂五胡，就是：

一、匈奴　南單于於東漢初投降漢朝後，匈奴就入長城雜居；至晉朝初年，大都散佈於并州一帶。

二、羯　匈奴的別種，住在上黨郡武鄉縣的羯室，❶所以稱爲羯。

三、鮮卑　東漢末年，鮮卑酋長檀石槐很強，佔據匈奴舊地；檀石槐死後勢力雖衰弱，然部落分布極廣，滿布在幽、冀、并、涼四州部的塞外。

四、氐　他們本來住在武都❷一帶，曹操使他們遷在扶風，始平，京兆一帶❸。

五、羌　東漢段熲平羌亂後，不久，羌人又漸漸繁殖，晉初已布滿馮翊、北地、新平、安定各郡❹。

五胡之中，匈奴鮮卑最強大；而鮮卑住在塞外，匈奴住在塞內，所以匈奴興起最先。

❶在現今山西省遼縣。

❷郎現今甘肅省東南隅武都縣、文縣、成縣、徽縣、和陝西省西南端寧羌縣一帶地方。

❸現今陝西省中部及其迤西一帶地方。

❹現今甘肅省西入陝西省境，的一隅，及其迤東在陝西省內的一帶地方。

自立爲漢皇帝的劉淵，乃匈奴呼廚泉單于的姪孫。晉惠帝時，命劉淵爲匈奴五部大都督，駐在洛陽，後從成都王司馬穎在鄴城。成都王與王浚司馬騰相衝突，劉淵就乘機自立。劉淵死後，子劉聰繼立。其時洛陽以東，盜匪充斥，大都歸附匈奴，於是匈奴的勢力大盛。民國紀元前一千六百零一年，劉聰的族弟劉曜，與石勒等合力攻破洛陽，擄了晉懷帝，燒了晉宮殿，殺了百官和兵民約三萬餘人，凱旋平陽。一天，劉聰大開宴會，教懷帝穿了奴隸的青衣，在席間執壺行酒。晉侍臣庾珉見了，想起堂堂漢族的皇帝現在竟變了外族人的奴隸，不勝悲傷，乃抱住懷帝，大哭起來。劉聰見了，勃然大怒，命手下把庾珉卽行斬首。明天，懷帝亦被害。懷帝的姪兒秦王司馬業聞得懷帝的凶訊，卽在長安卽皇帝位，是爲愍帝。愍帝在位四年，也被劉曜攻破長安，擄至平陽。劉聰出外打獵，教愍帝執戟做前導；百姓見了，指着愍帝說：「這是從前長安的皇帝啊！」後來，也因在宴會中執壺行酒，舊臣辛賓抱住了痛哭，一併被殺。

晉懷帝愍帝先後被擄被殺，漢族所建中央政府的根據地完全失卻。幸而有晉宗室琅玡王司馬睿在江南一帶保持着半壁江山，繼續晉朝皇統，卽位於建康，❶這便是晉元帝。歷史把愍帝以前的晉朝，稱爲西晉；元帝以後的晉朝稱爲東晉。從此北方一帶就墮入外族蹂躪的區域；南方一帶，成爲漢族勢力退守的地方了。

❸即建業，因避愍帝諱，乃改名建康。

匈奴雖是最先興起，但劉淵死後，劉聰只知作威作福，毫無才能，劉淵收降的羯人石勒，在山東一帶，併吞各股盜匪，幽、幷、靑、冀、司、豫、兗、徐、各州部。差不多全是他的勢力範圍；以襄國❶和鄴城爲根據地，漸有自立的模樣。劉聰死後，內部擾亂，於是劉曜自立於長安，史稱前趙。石勒自立於襄國，史稱後趙。不久，後趙又併前趙，雍秦兩州部，又歸石勒所有。

❶現今河南省邢臺縣。

石勒死，姪兒石虎殺石勒的兒子石弘自立，從襄國遷都鄴城。石虎淫暴無人道，作威作福，收略民間女子，國勢漸衰。石虎死，兒子石世、石遵、石鑒爭立，都被石虎養子冉閔所殺。冉閔自爲皇帝，改國號稱魏。冉閔本是漢人，下令大殺匈奴和羯人，無論貴賤男女老幼，一律斬首，死二十餘萬人；漢人中高鼻多鬚像匈奴或羯人的，也往往被人誤殺。匈奴經此一度大殺戮，勢力大衰，不能再興了。

鮮卑人慕容廆，本據有遼東❶一帶地方。慕容廆死，子慕容皝稱燕王。慕容皝死，子慕容儁又呑併遼西❷的鮮卑部落，國境乃與後趙接連。石勒死後，後趙衰亂，慕容儁乃乘機略取幽州和冀州。後又擒殺冉閔，滅掉魏國，從龍城❸遷都鄴城，是爲前燕。

❶現今遼東半島在遼河以東故名。
❷現今熱河省全部和奉天省的西部。
❸現今熱河省朝陽縣。

其時，前燕的勢力，只及到河北一帶。黃河上游乃有氐酋苻洪和羌酋姚弋仲圖謀自立。苻洪本屬劉曜，前趙被滅，乃改屬石虎，石虎把西方的事委他辦理，使他駐在枋頭❶。姚弋仲也是劉曜所封的平西將軍，後來也改屬石虎，並乘機向東發展，佔據灄頭❷。苻洪不久被趙將麻秋毒殺。苻洪的兒子苻健又殺麻秋，報父仇，引兵入關，建前秦國。姚弋仲也病死，其子姚襄投降東晉。而河南一帶，因北方無強大的國家，各郡縣往往仍與東晉發生關係；東晉乃有起兵經略北方的計畫。

❶在現今河南省濬縣的西南，卽現今的洪門渡。
❷在現今河北省棗強縣的東北。

東晉的內部，有荆州揚州兩派軍閥。初時兩派互鬨，無力對付北方的外族。後來荆州出了一個豪傑名桓温，他於民國紀元前一千五百六五年，成了伐蜀之功，於是東晉聲勢大振。

蜀中本由巴氐人李氏佔據。當西晉懷帝時，關中的氐人齊萬年造反，百姓都流亡到漢中，氐人李特因卽乘機入蜀。民國紀元前一千六百零六年，李特的兒子李雄攻入成都，幷取漢中，建立成國。李雄死，兒子李班立。李雄的兒子越殺李班立其弟李期。李期又被李特的孫兒李壽殺死。李壽又改國號稱漢，而國勢大衰。李壽死，其子李勢立。乃被桓温討滅。歷史上也稱成漢爲前蜀。

民國紀元前一千五百五十八年，桓温出兵伐前秦，直到灞上，苻健堅壁清野，抵死拒守，桓温糧盡，方始退兵。明年，又出兵討平姚襄，恢復洛陽；姚襄逃至關中，被秦人殺掉，其弟姚萇，也就投降苻氏。民國紀元前一千五百四十三年，桓温伐前燕，與慕容垂戰於枋頭，不利。桓温的功業，也就此終止。

桓溫恢復洛陽的明年，前秦苻堅即位。這苻堅很有作爲；信用王猛；整頓軍事和政治，國勢頓然強盛。前燕慕容垂戰勝桓溫，遭慕容評忌，不能立足，乃逃奔前秦，而前燕的國勢驟然衰落。民國紀元前一千五百四十二年，王猛攻前燕，取洛陽❶明年，攻破鄴城，慕容儁的兒子慕容暐被擒，前燕就此滅亡。民國紀元前一千五百三十六年，又攻滅晉涼州刺史張軌在涼州所建的前涼國，和鮮卑人拓跋氏所建的代國，差不多占有了全中國的三分之二，就想要吞滅東晉，統一天下。於是向西略取東晉的梁州益州，向東侵擾徐州和豫州，民國紀元前一千五百二十九年，起兵八十萬，進攻東晉。

這時候的東晉勢力也不很弱。揚州方面，由謝玄在廣陵，❶練就一枝精兵，名曰「北府兵」，由名將劉牢之統帶，屢立戰功，苻堅伐東晉，兵雖多而不精。所以東晉就利用他這個弱點，趁他沒有集中完畢之前，謝玄就命劉牢之把他的前鋒打敗，晉軍的氣勢，已經加倍。晉軍與秦軍夾淝水❷而陣，謝玄遣使請戰，請秦軍稍退，容晉軍渡淝水，一決勝負。秦軍想等晉軍渡了一半，用力一擊，卻不料自己的兵太不整齊，竟一退不可復止，給謝玄一陣進擊，秦軍大敗，死傷不計其數。苻堅亦中流矢，單騎逃至淮北，於是前秦大衰，北方乃又分裂。

❶現今江蘇省江都縣。
❷在現今安徽省的北境。

淝水戰後北方分裂的情形是：

民國紀元前一千五百二十八年，鮮卑人慕容垂稱燕王。明年，定都中山❶。又明年，稱皇帝。是爲後燕。

民國紀元前一千五百二十七年，鮮卑人慕容沖稱皇帝於阿房❷。明年，慕容沖被殺，慕容永又在長子❸稱皇帝，是爲西燕。

民國紀元前一千五百二十八年，羌人姚萇起兵北地，稱秦王。後二年，取長安，稱皇帝。是爲後秦。

民國紀元前一千五百二十六年，氐人呂光據姑臧❹，稱酒泉公。後三年，稱三河王。民國紀元前一千五百十六年，稱涼天王。是爲後涼。

民國紀元前一千五百二十七年，鮮卑人乞伏國仁據隴右，稱單于。民國紀元前一千五百十八年，其弟乞伏乾歸，稱西秦王。這是西秦。

民國紀元前一千五百二十六年，鮮卑人拓跋珪受部下推戴，復國稱代王。郎又改稱魏王。民國紀元前一千五百二十一年，定都平城❺，稱皇帝。是爲北魏。

後來，後燕吞西燕。慕容垂死後，後燕亦衰；受北魏攻擊，幾乎不能存立。其殘餘勢力，又分建二國：

民國紀元前一千五百十二年，慕容皝的幼子慕容德乘機據廣固自立。是爲南燕。

民國紀元前一千五百零五年，漢人馮跋殺燕河間公熙。後二年，馮跋在昌黎自立爲燕王。是爲北燕。

後秦國中又有：

匈奴人赫連勃勃於民國紀元前一千五百零五年叛變了，割據朔方，自稱大夏天王大單于。是爲夏國。

後涼國中又分出三國來：

民國紀元前一千五百十五年，匈奴人沮渠氏據張掖，推段業爲首領。後四年，沮渠蒙遜殺段業自立，稱涼王。是爲北涼。

民國紀元前一千五百一十二年，漢人李暠據燉煌稱西涼公，是爲西涼。

民國紀元前一千五百十五年，河西鮮卑人托髮烏孤據廣武，❻稱西平王。明年，改稱武威王，又明年，烏孤死，利鹿孤立。

民國紀元前一千五百十一年，利鹿孤改稱河西王。明年，利鹿孤死，傉檀立，改稱涼王。是爲南涼。

其結果是後秦滅後涼，西秦滅南涼，北涼滅西涼，夏滅西秦，北魏滅北燕夏和北涼。南燕後秦，則被篡奪東晉，建立宋國的劉裕所滅，於是中國變成南北兩國對立的局面。

❶現今河北省定縣。

❷現今陝西省渭南縣。

③現今山西省長子縣。

④現今甘肅省武威縣。

⑤現今山西省大同縣。

⑥現今山西省代縣。

計從西晉滅亡，至北魏強盛，中國北方，先後興滅共十九國，列表如下：

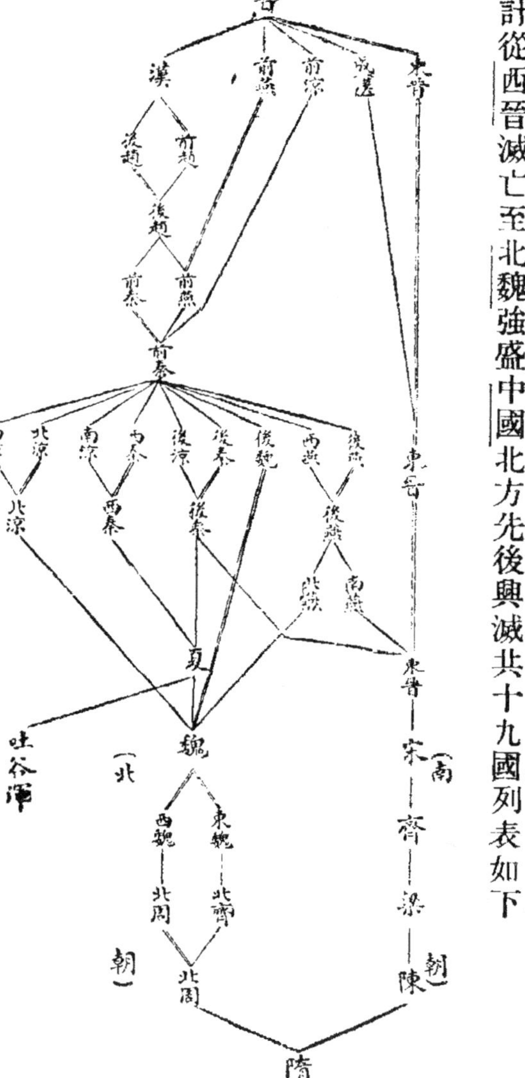

【研究問題】

何謂民族問題?

把降人搬到長城外面的辦法,是否適當?

匈奴打破洛陽長安,擄去懷帝、愍帝,何以各地沒有起兵救援或報復的?

冉閔爲什麼要大殺胡人?

淝水之戰晉軍以少勝多,是什麼原因?

五胡時期中那一種人最強,那一國最盛?

爲什麼是鮮卑人最強?

爲什麼前秦能夠最盛?

淝水戰後,何以北方就此分裂?

第二十七章　軍閥控制的南朝

中國的政府，從東漢末年，涼州將董卓帶兵入洛陽以後，開始被軍閥控制了，一直到南北朝時代。

魏晉都是以軍閥建國。魏建國之後，魏因三國分立，晉因八王擾亂，國家都不能不注意軍事，帶兵鎮守要地的將領，便很容易變爲軍閥來控制政府；所以這兩朝的中央政府，都不很鞏固。

東晉保守東南半壁，要抵抗北方強梁的胡人，軍事更是緊急。當時防守的要地，有揚州和荊州兩處。揚州因有淮河和長江的天然形勢，北兵很難飛渡，防守上比較容易。荊州方面，受北方的壓迫較重，而且在軍事上荊州倘有疏失，長江下游，便也很難保守，所以當時不得不在荊州屯駐重兵，因此東晉政府，常受荊州將領的壓迫。東晉元帝本是都督揚州軍事的，而且都城在建康，與揚州貼近，受了荊州將領的壓迫，便利用揚州的軍隊來設法防制荊州的將領，東晉的歷史，於是就成了揚州荊州兩系軍閥衝突的歷史。

桓温伐蜀成功，伐秦大勝之後，荆州系軍閥氣勢很盛，東晉政府幾乎被推翻。桓温死後，謝玄在揚州練成一枝「北府兵」，於淝水一戰，建了大功，揚州系軍閥驟然強盛，可是荆州系的勢力，畢竟還在，不久，桓温的兒桓玄，就乘政府內部不穩的機會，構煽各方軍隊，起兵造反，於民國紀元前一千五百十四年，直逼建康。東晉政府不得已，只得給桓玄等重要的官職，求他們罷兵。未幾，桓玄又把一同造反的各部軍隊兼并，荆州勢力又是煊赫一時。

民國紀元前一千五百零十年，荆州大飢荒，東晉政府仗着劉牢之和北府兵，乘勢攻桓玄。不料桓玄神通廣大，竟把劉牢之，也運動得叛了東晉政府，打入建康。然而劉牢之的兵權，同時也被桓玄奪去；劉牢之要想反抗，因北府兵不聽他的指揮，劉牢之就自縊而死。於是桓玄志得意滿，即於民國紀元前一千五百零九年，廢東晉安帝而自立。

北府兵是曾立過戰勝外族的功績的，力也不弱，那裏甘心桓玄的壓迫？軍中主將劉牢之雖死，有個豪傑劉裕，卻已養得毛羽豐滿，乃即於桓玄自立的明年，起兵京口❶廣陵，聲討桓玄。劉裕與桓玄戰於覆舟山，桓玄大敗，挾安帝逃至江陵。劉裕再派兵向長江上游追趕，再戰於崢嶸洲❷，桓玄兵大潰，挾安帝再想逃入蜀中，途中被寧州❹督護馮遷刺殺。明年，劉裕迎安帝回建康復位。至此，荊州系軍閥乃完全崩壞，兩系軍閥互鬨的歷史結束，中央政府的大權，完全落在揚州系軍閥首領劉裕一人的掌握中。

❶在現今江蘇省丹徒縣。

❷在現今江蘇省江寧縣東北，一名玄武山，卽鍾山的西部。

❸在現今湖北省鄂城縣東北與黃岡縣接界處，一名得勝洲。

❹現今雲南省省會附近一帶。

劉裕討平桓玄之後，休息數年。民國紀元前一千五百零四年，出兵伐南燕；明年，破廣固，把南燕滅掉。盧循徐道覆乘劉裕北伐，從始興❶出兵攻下長沙、南康、廬陵、豫章❷，劉裕還兵把他們討平。又乘勝滅掉割據蜀中的譙縱❸，漸漸翦除與自己不合的將領如劉毅、諸葛長民司馬休之等，東晉軍權都集中劉裕一人。都督二十二州軍事。民國紀元前一千四百九十六年，出兵攻後秦，從合肥❹向許昌洛陽，進兵一路順利。明年，打破長安，把後秦滅掉。

❶現今廣東省曲江縣。

❷長沙，現今湖南省長沙縣；南康，現今江西省贛縣；廬陵，現今江西省吉安縣；豫章，現今江西省南昌縣。

❸歷史上稱譙縱爲後蜀。

❹現今安徽省合肥縣。

這時候，涼州一帶只待劉裕兵到，便可收復，東晉大有可以恢復北方的形勢。而劉裕居心要奪取東晉的政權，恰是留守後方的劉穆之死了，誠恐有人算計他，要動搖根本，就引兵南歸，只留著一個小兒子義眞駐在長安，夏王赫連勃勃乃於民國紀元前一千四百九十四年，乘機取長安而稱皇帝。

劉裕回至南方，東晉安帝就任他爲相國，並封爲宋公。不久，劉裕就密謀殺死安帝，立其弟司馬德文，是爲恭帝。恭帝卽位，進封宋公爲宋王。劉裕既爲宋王，卽下手誅殺東晉宗室，於民國紀元前一千四百九十二年，逼恭帝禪位與他，是爲宋武帝。歷史上把宋武帝卽位的一年，作爲南北朝的開始。

宋武帝要算是一個精明人物，他一手翦除東晉各派的武人，把軍權都集中在他一人手裏。在位三年即死，故未見有何等驚人的功業。武帝死後，其宿將如徐羨之、傅亮、謝晦、檀道濟等，先後被其子宋文帝劉義隆謀殺。論理中央的政權，可以從此鞏固了；然而外族在中國北方的勢力還沒有掃除，軍事還很吃緊，因政治制度的不完善，舊的武人宿將雖被翦滅，新軍閥仍要源源的產生，中央政府仍不免受其壓迫，以至於被推翻。宋的滅亡，齊梁陳各朝的興起，都是演的這個循環的把戲。

最可惜的，當時的北方，北魏尚未強盛，正好一個恢復的機會；只因宋武帝略存自己權位的私意，並且徒然把功臣宿將除盡了，弄得統兵的將領都是庸碌之輩，無力再經營北方，任憑北魏從容發展，成了南北朝「南弱北強」的形勢。

宋武帝因知東晉政府常受荊州方面的壓迫，所以遺命由宗室子弟鎮守荊州，用意是惟恐異姓佔了荊州，漸漸養成尾大不掉的形勢，爲後來子孫的大患。豈知反種了宗室自亂的禍根，孝武帝劉駿和明帝劉彧都因此大殺同姓，給了鎮守淮陰❶的異姓將領蕭道成攬奪政權的機會。

❶現今江蘇省淮陰縣。

明帝死後，後廢帝劉昱，荒淫無度。文帝的兒子桂陽王劉休範造反，從潯陽❶晝夜兼程攻建康，其勢銳不可當。蕭道成扼險從容拒守，派人假意投降，乘機刺殺桂陽王，於大混戰中把亂事討平。蕭道成自此威權漸大。後廢帝則一味任性胡為，曾經闖入蕭道成的臥室，見蕭道成袒腹午睡，便攀弓搭箭，要射他的腹部。蕭道成驚醒了，對後廢帝說：『老臣無罪。』經侍臣勸用骨簇箭來射，後廢帝聽了，一箭中臍，投弓大笑而去。蕭道成大懼，乃把後廢帝設法刺死，迎安成王劉準即位，是為宋順帝。荊州刺史沈攸之不服，和中書令袁粲通謀起兵討蕭道成，都失敗而死。

❶現今江西省九江縣一帶。

蕭道成既討滅沈攸之等，勢力更大，都督十六州軍事，自為太傅。民國紀元前一千四百三十三年三月，蕭道成自為相國，封齊公。四月又進封齊王。不久就逼順帝禪位與他。將行禪讓典禮時，蕭道成使王敬則帶兵入宮催促。順帝見了，很恐懼，對敬則說：『要殺我了嗎？』敬則說：『不，請出宮罷了。從前你家取司馬氏，也是如此辦法的。』順帝哭道：『願此後生生世世不再生在帝王家』！

乃出宮，把皇帝的印信等，使人送交齊王。蕭道成乃即皇帝位，是爲齊高帝。

齊高帝在位四年即死，子武帝蕭賾立很能留心政治，要算是南朝的一個好皇帝。武帝死後，宗室又互相爭殺，因此又養成了戍守襄陽的軍人蕭衍的勢力。民國紀元前一千四百零十年蕭衍受宋禪，是爲梁武帝。

梁武帝在位四十八年，在南朝皇帝中，年壽最算是長久的。初年振作有爲，國內一時很太平。晚年迷信佛法，三次捨身同泰寺，乃致政務廢弛，國勢頓然衰落。恰逢北朝叛將侯景帶了河南十三州來投降，梁武帝收了他，遂成爲後來禍亂的根苗。南朝因此更加破敗，倘非北方有內亂，早被北朝滅了。

在南弱北強的形勢之下，南朝本不敢輕易攻擊北朝，侯景的投降，就使梁武帝起了恢復北方的雄心，叫自己的兒子貞陽侯蕭淵明出兵伐魏。南朝兵力，怎樣是北朝的對手，一戰之下，便大敗虧輸，蕭淵明也被擒，這一戰，不料卻引起了侯景謀奪南朝的野心。他見南朝兵備廢弛，便於民國紀元前一千三百六十四年，由壽陽❶起兵造反，攻入建康。梁武帝因此餓死於臺城❷。侯景擁立簡文帝蕭綱，不久把他殺了，改立豫章王蕭棟，旋又殺蕭棟，自稱漢皇帝。

❶即壽春，現今安徽省壽縣。

❷在現今江蘇省江寧縣北玄武湖旁。

侯景擾亂時，梁宗室子弟受封爲王的，都擁兵不救，獨有偏在南方的始興太守陳霸先起兵討侯景。侯景稱皇帝時，湘東王蕭繹在江陵即皇帝位，是爲元帝。元帝聞陳霸先起兵討侯景，亦派兵相助，乃把侯景討平。

侯景雖經討平，梁宗室又自相擾亂。元帝竟然求救於北朝，把在成都自立的武陵王蕭紀滅掉。於是益州又歸北朝所有，而東方州郡，亦大半被北朝所併，自巴陵❶至建康，以長江爲界。後來元帝又與北朝失和，民國紀元前一千三百五十八年，北朝派兵攻入江陵，元帝被害。北朝使梁武帝孫兒岳陽王蕭詧在江陵爲皇帝，對北朝稱臣，是爲西梁。

❶現今湖南省岳陽縣。

陳霸先在長江下游擁有實力，聞元帝被害，乃與王僧辯共立元帝的幼子蕭方智於建康。而北朝又派兵送被擒的蕭淵明爲梁朝皇帝，脅迫王僧辯迎立。王僧辯無法，只好照辦，廢敬帝，使爲太子。陳霸先不服，攻殺王僧辯，廢蕭淵明，重立敬帝。陳霸先的做法，並非忠於梁朝，實爲自己的地步。所以重立敬帝後，便於二年之間，由尚書令都督中外諸軍事，遞進爲丞相，爲相國，爲陳公，爲陳王。最後便於民國紀元前一千三百五十五年，廢敬帝而自立，是爲陳武帝。

南朝至陳時，衰弱已極，地盤只有江東一隅；幸而北朝正當東西分立，互相爭鬬的時代，故能苟延了三十二年。至民國紀元前一千三百二十三年，被隋文帝攻滅。南朝軍閥擾亂的局面，就此結束。

研究問題

何以帶兵鎭守要地的將領很容易變爲控制中央政府的軍閥？

軍閥控制之下的中央政府爲什麼不很鞏固？

爲什麼北府兵的力量竟能消滅強大的揚州系軍閥？

爲什麼劉裕不待統一北方之後，先要篡奪東晉？

爲什麼宋武帝使同姓子弟鎮守荆州，又要鬧成宗室相殘的亂子？

宋順帝爲什麼說此後生生世世不願生在帝王家？

北朝爲什麼要擁立蕭詧和蕭淵明？

爲什麼軍閥要篡奪帝位，必先鬧廢立的把戲？

第二十八章　異族統治的北朝

亂華的五胡，匈奴最先起，而鮮卑人的勢力最盛。東晉時北方各國，鮮卑人建立的居最多數。南北朝時代一百六十餘年，中國北方差不多完全在鮮卑人統治之下。

鮮卑族各部落中慕容氏最大。但是慕容氏所遇的機會，不如拓跋氏的好。拓跋氏的發展，正當匈奴羯氐羌各族衰弱的時代，所以他們成功了統一中國北方的基業。

拓跋氏的根據地在代北❶本稱代王。民國紀元前一千五百三十六年前秦苻堅出兵攻代，代王什翼犍逃至陰山以北。秦兵退了，他又回來，其子實君殺了他，自立爲王。前秦再出兵來攻，把實君殺掉，把代國的地方使匈奴人居住。什翼犍的孫兒珪，其時奔逃在外。民國紀元前一千五百二十六年，正月，拓跋珪在牛川❷招集舊部，仍稱代王。同年四月，改稱魏王。他東征西討，把附近同族異族的部落漸次收服，始成大國。

❶現今綏遠省境。

❷現今山西省右玉縣北邊牆外。

民國紀元前一千五百十七年，魏與後燕慕容氏不睦，慕容垂使其子慕容寶帶兵攻魏。魏王得訊，先退至黃河西岸避燕軍的鋒銳。燕軍趕至五原，與魏軍夾黃河對陣。燕軍出發時，慕容垂方有病，魏王乃使人遮斷燕軍與本國的交通，而造作謠言，說慕容垂病死。燕軍因此內部自亂，慕容寶亦即退兵。魏王挑選精銳的騎兵二萬，急急追趕，至參合陂，❶追到了，就乘夜襲擊，燕軍全部覆沒，慕容寶單騎逃回。

❶現今山西省陽高縣東北邊牆外。

明年，慕容垂親自帶領精兵攻魏，魏王仍是退避，燕軍直抵魏國都平城。慕容垂路過參合陂，見前次燕軍大敗的遺跡，尸骸堆積如山，氣憤得很，因即咯血得病。在平城駐紮十日，因病重退回，行至上谷❶而死；慕容寶繼立爲後燕皇帝。

❶現今察哈爾省懷來縣。

魏王得知慕容垂死，親自帶領傾國人馬南下，取幷州，從井陘東攻常山❶。後燕各郡縣，紛紛投降，只剩中山鄴信都❷三城。慕容寶在中山，趙王慕容麟謀殺慕容寶自立，事不成，逃出中山。慕容寶亦不自安，退至龍城❸。魏又攻取信都中山和鄴城，慕容寶在龍城因兵亂被殺。從此後燕破敗不堪；後來，其殘餘勢力又分爲北燕和南燕。

❶井陘在現今河北省井陘縣西北的山道，是河北河東（山西）之間的要隘，常山即現今井陘縣以東一帶地方。

❷信都在現今河北省冀縣東北。

❸現今熱河省朝陽縣。

魏王拓跋珪攻後燕大勝，乃於民國紀元前一千五百十五年在平城即皇帝位，是爲魏道武帝。然其後道武帝聽信了方士的話，服了寒食散❶，躁怒無常，國政頗亂，也就不能出兵征伐，僅僅謹守河北一帶，沒有發展。民國紀元前一千五百零四年，道武帝被其子淸河王拓跋紹所殺，長子拓跋嗣殺拓跋紹自立，是爲明元帝。明元帝又服寒食散，不能治事。民國紀元前一千四百八十九年，明元帝傳位與其子拓跋燾，是爲太武帝。

❶大概是一種丹藥，性極猛烈，初服時覺得百病消除，到後來毒發，受害很深。魏晉南北朝時的人，往往服食。

太武帝是北魏的一個英主，即位後四年，親自率兵攻夏，破其都城統萬❶，並派兵攻取蒲坂❷和長安。明年，擒夏皇帝赫連昌。赫連昌的兄弟赫連定自立於平涼❸，太武帝又派兵攻破他。赫連定逃到黃河以西，想攻奪北涼的地方，卻被吐谷渾❹人捉住，送到北魏，於是夏國滅亡。

❶現今陝西省懷遠縣西北有夏統萬故城，是夏主赫連勃勃所築，他自以爲將統一天下治理萬邦，故名統萬城。

❷現今山西省永濟縣。

❸現今甘肅省平涼縣。

❹鮮卑慕容氏在現今青海省一帶所建的國家。

那時，北方有鮮卑族的別部柔然人，用了回族高車人的羣衆，屢屢侵擾北魏邊境雲中一帶。太武帝於民國紀元前一千四百八十四年，親自統兵攻柔然。柔然的首領大檀大恐慌，向北奔逃。太武帝直追過漢時竇憲攻匈奴的故營壘，至菟園水❶，大檀部下投降的三十餘萬，大檀憂憤而死。後來太武帝又攻高車，使投降的高車部衆數十萬移住在漠南。

❶大約就是現今的杜拉河。

民國紀元前一千四百七十六年太武帝派兵伐北燕，北燕王馮弘逃至高麗，北燕被滅。後三年，太武帝親自由雲中渡河攻北涼，直逼姑臧城，勸涼王沮渠牧犍出城投降。沮渠牧犍希望柔然攻魏，魏兵自退，閉城固守。其後內部變亂，城破，沮渠牧犍乃降，北涼遂亡。於是中國僅剩魏宋兩國，南北對立。然太武帝的雄心豈肯就此滿足，他又不時進攻南朝，並且經營西域。連年用兵，雖是稱強一時，國力很是虛耗。

太武帝死，三傳至孝文帝拓跋宏。他於民國紀元前一千四百四十一年即位，至民國紀元前一千四百二十二年，方纔握到政權。他是北魏一個賢明的皇帝。他很仰慕漢族的文化，勵行改革，使鮮卑與漢族同化。北魏本建都平城，他因平城偏在北方，不容易吸收漢族的文化，決心要遷至洛陽，又恐北人驚擾，乃託言征伐南朝的齊國，於民國紀元前一千四百十九年，由平城南至洛陽，因卽宣布遷都的計劃。明年，下令禁穿胡服，百官在朝中說話，須用漢語漢音。太子拓跋恂不慣，私著胡服，並想逃回平城；孝文帝就把他重責百餘杖，囚禁起來，並且革去太子，廢爲庶人。又下令使從平城隨着京師遷至洛陽的官吏人民，死後便葬在河南，不必運柩還鄉；於是南來的代人，都化爲河南洛陽人。甚至於自己的姓拓跋氏他也嫌不像漢姓，改姓元氏；所以歷史上又稱北魏爲元魏。有人以爲元魏孝文帝的改革，是自己取消自己民族中固有雄武優良的特質，以致從此走入衰弱之路。這種看法，實在是錯誤的。文化較低的民族，用武力戰勝了文化較高的民族之後，實在是免不了受這被征服民族文化上的影響的。孝文帝的傾心於漢族文化，實在是自然的趨勢。文化並不是什麼高深玄妙的東西，其具體的表現，就是生活上的享用，文化較高的一定比較的豐裕安樂。這一點，文化較低的戰勝者，最容易感受影響，尤其是軍人和貴族，很快的會沾染到一種奢侈的習慣；而一般平民，也都因生活上的比較，而傾心愛慕，反於無形中投順了這被征服的民族。此時，戰勝民族的領袖，倘能利用政治的力量，把這征服民族文化上的優點，普遍應用，廣爲傳布，使自己的民族，也沐浴了這種較高的文化，便可以維持民族的存在和優勝的地位；否則奢侈的習慣，自會消滅雄武的特質，不久便好似中了毒一般的自然歸於失敗滅亡了。文化是天下的公物，誰能接受運用，就屬於誰的。要知道吸收他種民族文化上的優點，向來是一種有利的政策，怎好因元魏自孝文帝後呈了衰亂的現象，便指這種有利的政策是錯誤的呢？

考查元魏的衰亂，有兩個重要的原因：一是元魏的宗室官吏都沾染了奢侈的習慣，使得政治腐敗，釀成內亂；二是自孝文帝遷都洛陽之後，對於北邊的六鎮❶處置不善，以致他們怨恨鬱結，引起擾亂。這都與吸收漢族文化的政策本身無關，即使說不無關係，也是因執行這個政策不能澈底，和手段上稍有不妥的緣故。

❶六鎮即懷朔高平禦夷懷荒柔玄沃野；在現今綏縣察哈爾兩省境內。北魏設此六鎮，防備柔然和高車的侵入。

北邊六鎮擾亂的時候，北秀容❶酋長爾朱榮討平亂事，做了幷、肆、汾、廣、恆、雲六州都督，兵力稱強一時。其時魏孝明帝元詡與胡太后不睦，孝明帝密召爾朱榮入京，以兵力脅制胡太后。爾朱榮奉命，使高歡❷為前鋒，帶兵向洛陽進發，行至上黨❸，孝明帝忽後悔，止住他停止入京。胡太后聞訊，大恐懼，便把孝明帝殺掉。爾朱榮乃入洛陽，殺胡太后，擁立孝莊帝元子攸。爾朱榮恃有擁立的功績，很專權驕橫，孝莊帝很不以為然，用計把他殺死。爾朱榮的兒子爾朱兆在長子❹擁立長廣王元曄為皇帝，起兵攻殺孝莊帝，不久又廢長廣王元曄，改立廣陵王元恭，是為節閔帝。

❶在現今山西省朔縣北。

❷他的祖上本係漢族人，因犯罪流至懷朔鎮，乃與鮮卑同化。

❸即現今山西省東南部。

❹現今山西省長子縣。

爾朱氏部將高歡，素有野心，乃於民國紀元前一千三百八十一年，起兵信都，宣言討伐爾朱氏，爲孝莊帝復仇。明年，大破爾朱氏的兵於鄴城，攻入洛陽，廢掉節閔帝，擁立廣陵王元脩，是爲孝武帝。高歡自爲大丞相，又打敗爾朱兆於晉陽，佔據晉陽爲根據地。

孝武帝忌高歡，使賀拔岳都督雍華等二十州諸軍事，往關中立大行臺，屯兵平涼，以便抵制高歡。賀拔岳部下有宇文泰❶其人，很有謀略，被命爲夏州刺史。賀拔岳被秦州刺史侯莫陳悅❷刺殺，部下就擁戴宇文泰爲領袖。

❶宇文氏亦是鮮卑部落。

❷侯莫陳是姓，悅是名；他受高歡指使殺賀拔岳。

民國紀元前一千三百七十八年，高歡布置軍事，脅迫孝武帝遷都鄴城，孝武帝不許，並宣言高歡罪狀。宇文泰亦發布文告，聲討高歡，並調兵遣將，準備戰事。高歡乃從晉陽引兵南下，與孝武帝的兵夾河對陣。孝武帝不敢戰，逃往長安。不久被宇文泰毒殺，擁立南陽王元寶炬，是爲魏文帝。高歡入洛陽也擁立清河王元亶的兒子元善見爲皇帝，是爲孝靜帝，並即遷都鄴城。於是北朝分爲東魏西魏兩國。

東西魏分立之後，高歡宇文泰爭戰十年，互有勝負，誰也不能吞併誰。民國紀元前一千三百六十二年，高歡子高洋廢東魏孝靜帝，自爲皇帝國號曰齊，是爲北齊文宣帝。民國紀元前一千三百五十五年，宇文泰子宇文覺自稱周天王，廢西魏恭帝拓跋廓❶爲宋公。明年，周天王被叔父宇文護所殺，改立宇文覺的兄弟宇文毓爲周天王。又明年，周天王宇文毓即皇帝位，是爲北周明帝。民國紀元前一千三百三十五年，北周武帝宇文邕滅北齊，北朝復歸統一。明年，武帝死，子宣帝宇文贇立。宣帝在位二年，傳位給兒子靜帝宇文闡。不久，宣帝死，靜帝年幼，大權都歸於宣帝皇后的父親楊堅掌握中。楊堅大殺北周宗室，削平與自己不睦的人。民國紀元前一千三百三十一年，楊堅廢北周靜帝，自立爲皇帝，改國號曰隋，是爲隋文帝。民國紀元前一千三百二十三年又出兵滅陳，中國乃又統一。

❶恭帝即位復姓拓拔氏。

【研究問題】

南北朝時何以匈奴等族不能再興？

北魏的強盛有幾種原因，

孝文帝遷都洛陽是否必要？與吸收中國文化的關係怎樣？

孝文帝遷都洛陽爲什麼託言伐齊，然後出發南下？

試評孝文帝的改革政策，那些是必要的？那些不必要的？

何以軍人和貴族沾染奢侈的習慣最快？

怎樣才可以吸收他種民族文化上的優點？

爲什麼北魏經六鎭擾亂之後，便不能再興？

高歡要請孝武帝遷都是什麼意思？

滅亡東西魏的是那一種勢力：

第二十九章　新興的突厥

中國自周秦一直到南北朝，漢族與北方外族匈奴等的交涉，告一段落。周秦是漢族與這些外族對敵的時期，兩漢是漢族征服這些外族的時期，魏晉南北朝是漢族與這些外族混合的時期。其結果，這些外族有的與漢族同化了，有的從此消滅了。

從此北方就沒有外族的侵擾了嗎？不，舊的交涉好容易剛纔結束，新的交涉就接着起來了。此後新興的外族，最早的就是突厥，就是現今中國五族中回族的祖先。

這一族，我國古時稱爲丁令，後來稱爲鐵勒。丁令，鐵勒本是一音的兩種譯法。他們居住的地域，大約在現今西伯利亞的西南部。在南北朝以前，他們與漢朝的居住地域不相連接，先有匈奴人介在中間，後有鮮卑介在中間，所以不發生交涉。據說漢時蘇武出使匈奴，被匈奴留住不放，在匈奴北境牧羊時，曾有丁令人來刼掠他的羊羣；那末這回要算是漢族人與回族人最初的接觸了。南北朝時，北魏的同族柔然，借用了高車的羣衆，侵擾北邊。高車就是鐵勒的一部，因他們「車輪高大，輻數很多』，所以得名。那末這回要算是回族人侵擾中國北邊的開始，但還沒有與漢族人直接發生交涉。

北魏太武帝征柔然高車，收降的雖不少，然沒有根本破滅，所以必須在北方邊地設置六鎮，永久防備。北魏分爲東西兩國之後，柔然大擅的子孫醜奴和阿那瓌，仍利用高車人和東西魏做敵國。至民國紀元前一千三百六十年，始被突厥打破。這是突厥強盛的起始。

據說突厥的先世，曾住在中國西北平涼一帶。魏太武帝滅北涼沮渠氏，他們乃逃入柔然，住居金山❶一帶，爲柔然鍛鐵。金山形如兜鍪，其地土語呼兜鍪爲「突厥」，因就以突厥爲部族的名稱。南北朝末年，突厥強大，其首領土門向柔然可汗阿那瓌求婚，阿那瓌不允，罵道：『你是我家鍛鐵的奴隸，怎敢這樣無禮！』民國紀元前一千三百六十年，土門起兵攻柔然，阿那瓌自殺，土門乃自稱伊列可汗。明年，伊列可汗死，木杆可汗立。木杆可汗狀貌奇異，爲人剛強勇敢，又多智略，善用兵，西南破嚈噠，西北服結骨，北服鐵勒諸部，東北服室韋靺鞨，東南服奚契丹。❷於是突厥的疆域，占現今的蒙古，新疆，滿洲，和西伯利亞中央亞細亞一帶，與中國接連，要算開北方的外族從來未有的盛大局面。

⓫現今的阿爾泰山；「阿爾泰」的意思就是金。

⓬嚈噠是現今藏族的祖先，其全盛時代的疆域，西至波斯東至天山南路；結骨就是現今商加字人的祖先，其疆域在現今新疆省一帶地方；室韋是鮮卑的別部，其疆域在現今蒙古的東部，黑龍江省的北部；靺鞨是現今滿族的祖先，其疆域在現今黑龍江省的南部和吉林省的大部，奉天省的北部；奚契丹，是鮮卑的部落，其疆域在現今熱河省一帶地方。

木杆可汗死，佗鉢可汗立。這時候，東西魏已變爲北齊北周，彼此都怕突厥和敵人結好，你嫁公主，我贈繒帛，買突厥的歡心。於是佗鉢可汗十分驕傲，把北齊北周稱爲南方的兩個孝順兒子。北齊被北周攻滅，突厥擁立北齊文宣帝高洋的兒子范陽王高紹義。北周把宗室的女兒千金公主嫁給佗鉢可汗，佗鉢可汗纔把高紹義解送北周。佗鉢可汗死，沙鉢略可汗繼立。中國正當北周被隋文帝篡奪，隋文帝不很優待突厥，而千金公主又有爲北周報復的意思，竭力慫恿沙鉢略可汗侵擾中國。沙鉢略可汗乃助逃亡在突厥的北周營州刺史高寶寧攻掠隋朝幽州幷州的邊境。

當時突厥正當強盛，中國久經擾亂，實力上很難抵敵；所以隋文帝只好把歷代防禦北方外族的長城繕脩完固了，嚴密守備，另想他法使突厥內部自亂，然後乘機進攻。

北周千金公主出嫁時，由長孫晟送往突厥。長孫晟留在突厥一年，頗熟悉突厥的內部情形。原來突厥內部，很有可以挑撥離間的機會。當佗鉢可汗死時，本意要傳位與木杆可汗的兒子大邏便。有鎮守東方的爾伏可汗❶攝圖恃強擁立佗鉢可汗的兒子菴邏。大邏便有怨言，菴邏不安，讓位於攝圖。攝圖立，便是沙鉢略可汗。沙鉢略可汗封大邏便爲阿波可汗，又封其叔父玷厥爲達頭可汗；但二人都擁有兵力，不很甘心臣服沙鉢略可汗。長孫晟因獻計隋文帝，設法挑撥沙鉢略可汗與達頭可汗阿波可汗之間的惡感，使他們互相攻擊。隋文帝依計行事，突厥果然分爲東西。

❶突厥分部的酋長也稱可汗。其共主則稱大可汗。

民國紀元前一千三百二十八年，沙鉢略可汗向隋文帝請和，千金公主也自請改姓楊氏，認隋文帝爲父。隋文帝都允許了，改封千金公主爲大義公主。明年，沙鉢略可汗因不堪達頭可汗的攻擊，又恐契丹在東方搗亂，向隋文帝告急。隋文帝使兒子晉王楊廣發兵救援，沙鉢略可汗因此很感激隋文帝，誓願永爲藩屬。

沙鉢略可汗死，莫何可汗立，攻殺阿波可汗。不久，莫何可汗戰死，都藍可汗立。大義公主雖是一度服隋，然其爲北周報復之心終不死。後來他因事與隋文帝不和，乃又慫恿都藍可汗攻隋。隋文帝要除去大義公主，乃使人往突厥說動莫何可汗的兒子突利可汗，使他設法激怒都藍可汗殺死大義公主。恰是大義公主有與人私通的曖昧情事，因此被殺。大義公主既死，都藍可汗與突利可汗都向隋文帝求娶公主。隋文帝要乘機離間他們，故意把安義公主嫁突利可汗，不理都藍可汗的要求。都藍可汗大怒，發兵攻突利可汗，突利可汗大敗，逃奔中國。隋文帝封突利可汗爲啓民可汗。使長孫晟統兵五萬人，與啓民可汗同居朔州❶，其後啓民可汗招集舊部，人數漸多；隋文帝又使他遷住五原，使他的部下住在夏勝二州❷。安義公主死，隋文帝又把義成公主嫁啓民可汗，厚待啓民可汗像以前待沙鉢略可汗一般。不久，都藍可汗死，突厥內亂，隋文帝乃發兵助啓民可汗收服都藍可汗的部下，並派兵爲啓民可汗打敗都藍可汗的兒子步迦可汗。東突厥從此都臣服中國了。

❶現今山西省北部沿長城一帶地方。

❷夏州，在現今陝西省北邊橫山縣西北一帶；勝州，即現今綏遠省西部。

西突厥自從阿波可汗被東突厥莫何可汗擒殺後，部下擁泥利可汗為主。泥利可汗死，處羅可汗立。處羅可汗的母親向氏是中國人。隋文帝末年，向氏還中國，因路上有兵事，留居長安。隋文帝死，煬帝楊廣繼立❶。煬帝知向氏在中國，使裴矩去見處羅可汗，設法招降他。裴矩見處羅可汗，只說：『東突厥向中國請兵攻西突厥，隋朝天子將要出兵，向氏哭訴隋朝天子說「可汗早有意歸降中國，請先派人去招降，西突厥不降，再用兵不遲。」隋朝天子准了。所以派人來見可汗。』處羅可汗本是思念母親，又聽得裴矩如此說法，趕忙跪受隋煬帝的招降詔書。於是西突厥亦服。北齊北周以來北方的強敵，隋文帝總算用了計謀把他們平服了。但是這樣的平服，只是表面上暫時歸附，實際上絲毫沒有損傷他們的實力，所以一旦中國鬧了亂子，被他們看出了破綻，依然是一個強敵。

❶隋文帝的死，是被煬帝楊廣殺害的。

隋文帝一番苦心，籠絡住了強大的突厥，這原是一股虛邀。豈知他的夸大的兒子煬帝以爲大隋已是威服四夷，便大擺場面，顯耀天子的威風。民國紀元前一千三百另五年，他親至金河❶，臨幸啓民可汗的帳幕，賞賜不可計數。民國紀元前一千三百另一年，脅迫西突厥處羅可汗入中國朝見，接待方法，也是十分鋪張。這兩次勞兵飭財的舉動，徒然使東突厥恃寵而驕，西突厥因勉強而不免懷恨，貽禍後日。

❶地名，在現今綏遠省歸綏縣城南。

這隋煬帝是中國歷史上著名的荒唐皇帝。他在位十二年，時常出外巡遊。巡遊所到的地方，築馳道，開運河，❶作威作福，勞民傷財，毫無顧惜。他簡直不知道天下儘有許多野心的豪傑，正在等候百姓困苦怨恨的時，要起來取彼而代。

❶煬帝開的運河有兩條，一條叫通濟渠，從黃河通洛河、汴河、淮河、邗溝到江都。（即現今江蘇省江都縣）又開江南河，從京口（即現今江蘇省丹徒縣）達餘杭，（即現今浙江省餘杭縣。）一條叫永濟渠，從黃河向北通白河至涿郡，（即現今河北省大興縣宛平縣一帶）這兩條運河雖不就是現今貫通南北的運河，但就是這運河的基礎，他開運

河雖是爲行龍舟的便利，然於無意中收了調和南北文化的效益。

他以爲要使外族服屬中國，只消憑空耀武揚威，便可成功。所以他在啓民可汗帳中，見到高麗的使臣，便輕言命高麗王來朝見，想借啓民可汗俯頭順腦的樣子，和自己濫行賜賞的排場，來脅動他們，一雪往年文帝征高麗不能取勝的恥辱。❶他簡直不知道預備眞實的力量來鎭壓外族，也不知道對外用兵稍露了弱點，便會失去威信，引起叛亂的。

❶民國紀元前一千三百十四年，高麗王出兵侵犯遼西，隋文帝使漢王楊諒出兵抵當，不利而還。

民國紀元前一千三百另一年，煬帝巡遊至涿郡，高麗王不來朝見，便調集各地的兵馬，討伐高麗，用兵四年，勞而無功。到後來內亂已起，於是掩耳盜鈴的說是高麗王投降了，草草的下場。

可是事情就此糟了！國內各地豪傑蠭起，全國騷動。國外已經收服的突厥，隨即叛變。民國紀元前一千二百九十七年，煬帝巡遊北方，啓民可汗的兒子始畢可汗，就老實不客氣把他圍在雁門❶，幸而有人救援，方始脫險。隋朝只此兩世，便奄奄忽忽的夭亡了。

❶現今山西省代縣。

隋朝滅亡，中國大亂。突厥部衆漸強，又回復到從前的地位。中國北方邊地避亂的人民，大都奔逃突厥，於是突厥大盛。而在黃河流河稱強割據的豪傑，往往向突厥稱臣；就是唐高祖李淵從初起兵時到統一中國，始終對突厥是很恭順的。

【研究問題】

從周秦到南北朝，與漢族發生交涉的外族有那幾種？那幾種最強大？

突厥人何以在隋唐時代能够突然強大？

爲什麼北齊北周都要買突厥的歡心，

隋文帝爲什麼始終不曾大規模的用兵討突厥？他的對付突厥的方法是否適當？

突利可汗窮蹙了逃奔中國，何以隋文帝要封他爲啓民可汗，如此優待他，有什麼用意？

南突厥處羅可汗何以一經裴矩游說，便願投降？

煬帝征高麗無功，爲什麼就演成了內外叛亂的結果，以致於隋朝就此滅亡？

第三十章　唐太宗發揚國威

中國歷史上英武的皇帝，秦始皇漢武帝之後，便要數到唐太宗了。這三位皇帝，對於漢族的發展，都是有極大的功勳的；尤其是唐太宗的成就最偉大，最光榮燦爛。

唐太宗姓李名世民，他家的先世，就是西涼的李暠。西涼亡後，李氏世代在北朝爲官，隋煬帝時，李世民的父親李淵，爲晉陽留守，駐兵太原。隋煬帝作威作福，勞民傷財，弄得天下大亂，豪傑蠭起。李世民是一個雄材大略的人物，他看準這時候正是英雄用武的時候，便勸他的父親起兵，向西占取長安，擁立煬帝的孫兒楊侑爲皇帝，自爲丞相，操持政權。不久，便把楊侑廢掉，自爲皇帝，便是唐高祖。唐高祖平定各地豪傑，統一中國，都由李世民力征經營的。所以唐高祖在位九年，即傳位給他，他是爲唐太宗。

他在位二十三年，對於內政，很留意民衆的痛苦，能够任用有才能的官吏，使得全國太平。對於中國以外的各民族，或用兵征服，或派人招降，聲威盛極一時。他不但做了中國的大皇帝，而且做了服屬各民族共載的天可汗。他的兒子唐高宗李治，很能承繼他的基業，凡太宗未完的功業，大都是高宗給他續成的。

隋末，突厥強盛，北方割據的豪傑，都結好突厥，希望得到一點助力，唐高祖待突厥亦很恭順，因此突厥很驕。民國紀元前一千二百九十三年，閏煬帝於雁門的，始畢可汗死，其弟處羅可汗立。明年，處羅可汗死，其弟頡利可汗立。頡利可汗蓄心侵略中國，隋朝嫁往突厥的義成公主，以及亡命在突厥的隋朝宗室，就乘機對頡利可汗說：『從前啓民可汗全仗隋文帝的力量，方能立此基業，遺傳子孫。現在的中國，已經不歸隋文帝的子孫所有，可汗應該擁立隋文帝的子孫，起兵攻中國，纔是報答隋文帝的道理。』頡利可汗聽了很合意，便迎立隋宗室齊王楊暕的兒子楊政道於定襄，❶發兵侵擾中國的邊疆；北方各地，沒有一處不受騷擾，沒有一年不受騷擾，甚至於一年要被騷擾好幾次。唐京師因此戒嚴，高祖幾乎要遷都避亂。其時中國大亂初定，實力不充足，只好逆來順受，暫忍一時，抄用隋時的老文章。

❶在現今山西省平魯縣的西北。

唐太宗即位，積極訓練軍隊，專習騎馬射箭的技術，準備與突厥決一勝負，而突厥處羅可汗的兒子，專任防守東方的，仍稱爲突利可汗；太宗與他本是相識的，於是設法離間他，因此突厥內部不穩。與突厥同血統的鐵勒諸部，又因頡利可汗不善統御，一時都叛離突厥，爲推薛延陀回紇爲主，並且突厥地方又發生天災，人民牲畜死的不少。因此種種，突厥國勢大衰。民國紀元前一千二百八十三年，頡利可汗進兵侵犯河西，太宗認爲征討突厥之時機已到，乃發兵使李靖等分道攻突厥。明年李靖突破定襄，李世勣戰敗突厥於白道，❶頡利可汗請降，太宗已經許了。李靖窺破頡利可汗非誠意，恐貽禍將來，乃精選騎兵一萬，於夜間出發，進襲頡利可汗於鐵山，❷乘霧急進；突厥兵不防唐兵驟然來到，大驚恐，乃潰散，頡利可汗乘千里馬倉卒逃走，隋義成公主被殺，李靖李世勣大勝，擄獲無算。頡利可汗逃至中途，被唐將張寶相擒住，解送京師，唐高祖與唐太宗都十分欣喜。突厥部落或向北歸附薛延陀，或向西逃往西域，投降中國的十餘萬；東突厥於是滅亡。

❶在現今綏遠省歸綏縣北。

❷在陰山之北。

東突厥亡後，薛延陀漸漸佔據其地。當薛延陀初被鐵勒諸部推爲盟主時，唐太宗要利用他牽制突厥頡利可汗，所以封其首領夷男爲眞珠可汗。眞珠可汗初受封，對唐朝很恭順，及既佔有突厥舊地，勢力漸强，乃與唐朝成爲敵體。

突厥降人，太宗初時把他們安置在長城以內，使他們漸漸與中國人同化。後來覺得不甚妥帖，乃用突厥人李思摩爲可汗，使他統率突厥重歸舊地。薛延陀恃强侵略他們，唐朝出兵援助，薛延陀與唐朝就起了衝突。眞珠可汗死，子拔灼立，稱多彌可汗。唐太宗用兵高麗時，多彌可汗乘虛侵犯河南，被唐太宗預先設置的防兵打敗。多彌可汗爲人褊急，既被唐兵打敗，薛延陀內部大亂，多彌可汗被回紇攻殺。唐朝又派李世勣收服多彌可汗的部下，薛延陀遂亡。於是回紇等各部族凡十一姓，都派遣使臣到中國朝見唐天子。唐太宗大喜，親至靈州❶受各姓使臣朝拜，各姓使臣，請上尊號爲「天可汗」這是民國紀元前一千二百六十六年的事。明年，唐太宗下詔，把回紇等各部族的地方改爲府或州，封其首領爲都督或刺史，並各賞賜金銀繒帛和錦繡的袍服，回紇等各部族又請在回紇以南，突厥以北，開一條道路，設置驛站，以備各酋長入中國參見天可汗之用，稱爲「參天可汗道」。

❶現今甘肅省靈武縣。

回族除上述各部外，其時還有西突厥佔據烏孫舊地，脅服西域各國。唐太宗時，中國對西域各國，亦曾用兵。民國紀元前一千二百七十七年，使李靖攻吐谷渾，殺其可汗伏允。民國紀元前一千二百七十三年，使侯君集滅高昌❶，把其地改爲西州。民國紀元前一千二百六十八年，使郭孝恪破焉耆，擒其王突騎支。民國紀元前一千二百六十四年，使阿史那社爾攻龜茲，擒其王布失畢。於是葱嶺以東，要算平服。到民國紀元前一千二百五十五年，唐高宗使蘇定方發回紇兵攻破西突厥，擒沙鉢羅可汗，唐朝對於西域的威聲直達波斯，這時候要算是極遠了。

❶卽漢時車師之地，現今新疆省吐魯番縣一帶。

西域之南，卽現今西藏地方，又有一種外族興起，名曰吐蕃，是現今中國五族中藏族的祖先。他們的起源，與印度很有些關係。他們也是游牧民族，很獎勵戰爭，人民凡戰死的，他的子孫非常榮耀，在社會上的地位也較高；因此勢力漸強。他們的首領稱爲贊普，贊是雄健的意思，普是丈夫的意思，贊普就是雄健的丈夫的意思。

唐太宗時，吐蕃贊普棄宗隆贊，聞得突厥西域的可汗國王，往往娶唐朝的公主爲妻，他也很羡慕；因此於民國紀元前一千二百七十八年，遣使臣入中國朝見唐天子請求婚姻。唐太宗不許。吐蕃使臣回去見棄宗隆贊，只說：『唐天子待我很好，本來很有許配公主給贊普的意思，恰逢吐谷渾王朝見，後來就不許了，想來是這吐谷渾王說了我們什麼壞話的緣故吧！』棄宗隆贊大怒，立卽發兵攻吐谷渾。吐谷渾大敗。吐蕃乃又乘勝破黨項白蘭羌❶帶兵二十萬攻唐朝的松州。❷唐太宗派侯君集把他打敗。棄宗隆贊只得再派使臣來朝見謝罪，並且再行求婚。太宗乃許把文成公主嫁他。民國紀元前一千二百七十一年，棄宗隆贊獻黃金五千兩，和其他寶物，娶公主去。文成公主崇拜佛教，嫁棄宗隆贊後，又盡力介紹中國文化；於是吐蕃始有佛教，定法律，造文字，乃漸漸開化。

❶黨項在現今青海省南部。白蘭羌在現今青海省西南。
❷現今四川省松潘縣。

因中國和吐蕃交通，唐朝的兵威乃又達到了印度。這時候，玄奘求佛法游歷到印度，見烏萇國❶尸羅逸多王，陳述「太宗神武，中國富強。」文成公主嫁棄宗隆贊的一年，尸羅逸多王派使臣朝見唐天子。民國紀元前一千二百六十四年，唐太宗使王玄策赴印度。恰是尸羅逸多王死了，其臣阿羅那順自立，竟出兵拒絕。王玄策隨從只帶騎兵數人，退至吐蕃，借吐蕃和泥婆羅❷的兵反攻，生擒阿羅那順而還。

❶在現今印度克什米爾西北，藏瓦特河上游，即加非哩斯坦以東，印度河以西的地方。

❷即現今的尼泊爾。

以上是敍述唐朝對於西北兩方面國威的發展；其中除平定西突厥外，都是唐太宗對於外族力征經營的功績。至高宗即位，又用兵東方，遣蘇定方等渡海滅高麗百濟，破日本兵。唐朝的兵威，乃又達於東方海外。

高麗百濟和新羅三國，分據現今的朝鮮半島。高麗與隋朝屢起交涉，隋文帝煬帝都曾發兵東征；煬帝東征無功，因此亡國。唐高祖封高麗王為遼東郡王，高麗王使百濟王為帶方郡王，新羅王爲樂浪郡王。唐太宗時，高麗聯合百濟攻新羅，新羅求救於中國。唐太宗久有恢復遼東的雄心，乃於民國紀元前一千二百六十八年，出兵親征高麗。明年，渡過遼河，克復遼東。因久攻安市城❶不下，損失無算，班師回國。這一次出征無功，兵威很受挫折，唐太宗深以爲悔。

❶在現今奉天省蓋平縣東北。

民國紀元前一千二百五十二年，唐高宗因新羅又來求救，說是高麗百濟攻他更急，乃使蘇定方自成山❶渡海攻百濟，破其都城，其王義燕投降。百濟殘部又借日本兵想恢復。民國紀元前一千二百四十九年，唐將劉仁軌與日本兵戰於白江口，❷日本兵大敗，百濟於是完全平定。民國紀元前一千二百四十六年，高麗內亂，高宗使李世勣伐高麗。後二年，李世勣前鋒薛仁貴破扶餘城，❸高麗全國震動。李世勣又攻破平壤，❹擒高麗王，高麗亦被平定。所剩新羅一國，向來服從唐朝的；於是朝鮮半島全被唐朝的兵威鎮服。

❶現今山東省文登縣。

❷白江即現今的錦江。

❸在現今奉天省昌圖縣境。

❹高麗都城，現今是朝鮮平安南道的都會，據大同江北岸。

至於南洋方面，自魏晉以來，民間一向自由往來，南方各地的人民，在南洋經營的事業也不少。只可惜中國歷史對於這種開闢南洋的事實，都毫無記載，現今已無從查考了。唐時林邑眞臘❶等國，以及南洋海中各國，都曾派遣使臣到中國朝見，進貢土產珍寶。就當時歷史的記載考究下來，有許多國家是在現今的南洋羣島。所以唐朝的聲勢，雖未用兵南征，實已遠播海外。據說當時還有扶桑國沙門慧深來至荊州，扶桑地在中國之東三萬數千里，疑卽今之庫頁島也。

❶林邑卽現今安南北部，眞臘卽現今的柬埔寨。

統計起來，唐朝國威最盛的時候，是籠罩現今亞細亞洲的大半，可算是漢族從來未有的盛大。唐朝政府治理這許多地方，除中國本部設立州縣之外，設安東、安西、安南、安北、單于、北庭六都護府，統轄服屬的各國。安東都護府設在朝鮮平壤，統轄海東各國；安西都護府先設高昌交河，❶後移龜茲，統轄西域各國，安南都護府設在交州，❷統轄海南各國；安北都護府，於平薛延陀時設置，初名燕然都護府，後移設回紇乃改名，統轄沙漠以北各部族；單于都護府於平東突厥時設置，統轄沙漠以南各部族；北庭都護府於平西突厥時設置，統轄西域的一部分。

❶在現今新疆省吐魯番縣治西二十里。

❷現今安南河內。

【研究問題】

唐太宗爲什麼要等突厥內亂然後用兵？

唐太宗既許突厥請降，爲什麼李靖再要攻頡利可汗？

東突厥既被唐朝討滅，爲什麼突厥的地方會被薛延陀占去？

唐太宗爲什麼要用兵平西域？平西域有什麼其他目的？

唐太宗爲什麼先不許吐蕃求婚，後來把他打敗了，反許把文成公主嫁棄宗弄贊？

高麗迭次攻不破有些什麼原因？

爲什麼中國歷史不記載開闢南洋的事實？

服屬各國對於唐朝的關係是怎樣的？唐朝所設的都護府擔任些什麼職務？

第三十一章　唐時的宗教

唐太宗高宗發揚國威，收服外族，各國都派使臣來朝見進貢，有的送子弟到長安留學，以及民間的自由往來，因此中國文化漸漸推廣到國外。其中以朝鮮日本所受中國文化的影響最大，南洋次之，至今朝鮮日本人民的生活，尚與中國相近，南洋雖已大受西洋文化的影響，對於中國人尚稱爲唐人，可見當時所受的影響也不很小了！

中國文化既然輸出，照例外國文化亦必同時輸入。但唐朝在當時是上國，文化也較高於各國；所以除宗教以外，流入中國的很少。唐時由外國陸續傳來的宗教特多，最著的有回教，景教、祆教、摩尼教等。今述其大概於后：

回教發源於波斯西南的阿剌伯地方，創始人名穆罕默德，經典叫做可蘭，凡三十本三千六百節，穆罕默德起初傳教時，常有人謀害他，後來信仰的漸漸多了，勢力漸漸大了，於是連阿剌伯直到波斯，都歸服了他，都信奉回教。後來回教勢力更由波斯直到東方，中國因此也有回教徒了。

中國傳入回教，首先是在隋朝，隋煬帝時，蘇哈巴從海路到中國來，在番州❶建立一所懷聖寺，回教始盛行於中國南方。唐時，由陸路傳到回紇、天山一帶。唐朝晚年，回紇從蒙古移住新疆，改奉回教，因此回教又盛行於中國的西北部，回教之名也從此而起。回教徒來中國的更多，唐末，黃巢作亂，大殺寓居中國南方的回教徒，回教的勢力並不衰滅。

❶現今廣州市。

景教是最先傳入中國的基督教別派。當宋文帝元嘉中，羅馬基督教徒有個名叫聶斯脫利安的，倡了新說，自立一派。因爲當地衆教友不容，乃至亞洲西部，傳布於波斯等國。唐太宗時，波斯景教徒阿羅本拿了聖經到長安，太宗給他起造一所波斯寺，使他譯經傳教。高宗又封阿羅本爲鎮國法王，令各地都建造波斯寺，景教乃大流行於中國。後來因波斯被大食滅了，乃改波斯寺爲大秦寺。這景教起源於羅馬，當時稱羅馬爲大秦，故名大秦寺。大秦寺僧景淨特立大秦景教流行中國碑一座，以爲紀念。唐武宗時，大秦寺與佛寺等同廢，碑石沒入地中。至明時碑石出土，後人乃考知景教流行中國的情形。

祆教就是波斯的拜火教，相傳是周時波斯人祚祿亞斯太所創。他的教義，以爲世界之上，有陰陽二神：陽神很清淨很光明，能領導人爲善；陰神很汚穢，很黑暗，專引誘人作惡。爲人應該崇拜陽神，遠避惡神。火是陽神的代表，太陽是火的根源，所以他們崇拜火和太陽，稱爲拜火教，又名祆教。大食國興起後，波斯一帶的拜火教徒乃避難至東方。北齊北周的皇帝，都信這祆教，曾舉行祆教拜胡天的儀節。所謂胡天，就是祆神。唐太宗時，准祆教徒立祆寺於長安。又設薩寶府，任胡人爲祆正官，管理拜火教徒，可見當時祆教在中國的勢力了。

摩尼教是拜火教的別派，參雜佛教景教而成，是東漢末年波斯僧人摩尼所創。唐初，傳入中國。回紇人奉教最虔。教徒所守戒法，大致與祆教相同，而非常怪異，不娶不嫁，有病不服藥，專誠祈禱，死後裸體下葬。曾經唐玄宗下令禁止。後來唐肅宗借回紇兵平亂，摩尼教勢力乃盛。唐代宗時，准摩尼教徒在京師建摩尼寺，並賜匾額題「大雲光明」四字。回紇又請於荆、揚、洪、越等州，❶都建大雲光明寺。唐憲宗時，河南❷太原亦建摩尼寺與大秦寺祆寺並稱三夷寺。後來這三夷寺都因唐武宗的排斥，同時被廢，而這三教在中國都衰。

❶現今湖北江西江蘇浙江四省。

❷即當時的東京。

上述宗教雖亦盛行一時，然而在社會上的勢力，究還不如唐以前固有的道教和佛教。這兩種宗教，一則因唐朝姓李的關係，一則因哲學上基礎的深厚，在唐朝社會上聲勢更大，影響更深了。

唐高祖時，晉州人有名叫吉善行的，自稱在羊角山見老子。老子對他說：「爲我轉言唐天子，我便是他的祖先，」這話傳給唐高祖知道了，就下詔立廟祀老子。後來，高宗至亳州❷老子廟拜謁，上尊號爲太上玄元皇帝，認作始祖。又命王公以下，都要誦習道德經。中宗時，命各州都立觀一所，觀便是道教的寺院。玄宗親著道德經註解，命人民家家藏德道經一册。又命兩京及各州，都建玄元廟，依道教法則，齋戒禮醮，尊太上玄元皇帝爲大聖祖。道教簡直成爲國教，名位在佛教之上。到武宗時，寵用道士趙歸眞，親身接受法籙，皈依道教。又聽了趙歸眞的話，排斥佛教和其他外國傳來的各種宗教，拆毀佛寺四千六百餘所，勒令僧尼還俗二十六萬餘人，三夷寺僧人勒令還俗的三千餘人。

❶在現今山西省浮山縣境。

❷現今安徽省亳縣。

佛教在唐武宗時雖大受摧殘，但在武宗以前，所種的基礎已經很深，對於社會上的影響已是很大，一時遭了不幸，終究於根本無傷，在中國的宗教勢力和哲學思想上仍占很重要的地位。唐以前的佛教，大受南北朝皇帝的崇信，南朝尤甚。因此寺院大興，滿布各地。又因鳩摩羅什眞諦等著名佛教徒翻出許多重要的佛經，佛教在中國就放出了萬丈光燄，佛學成了中國學術思想上的重要分子。

唐太宗時，玄奘自長安向西去，經一百二十八國，一路翻山過嶺，受了許多磨難，才達到「西天佛國」的印度，拜印度高僧戒賢律師爲師，從他研究佛經。離中國十餘年，方始歸來。這便是「唐僧取經」故事的由來。

玄奘由印度回國，帶來佛經六百五十餘部，同弟子們在長安細心翻譯，譯成菩薩戒摩訶般若等七十五部，一千三百三十八卷。唐太宗很推重他，給他做了一篇大唐三藏聖教序，命當時的書法大家褚遂良寫了，刻成碑文。又有懷仁和尚，也把晉朝的書法大家王羲之寫的字，按着唐太宗御製聖教序，集成了一篇，刻在石上。這兩種碑文至今學生習字，還把他當做很好的習字範本。玄奘以後，高宗時又有義淨三藏航海往印度取經。在外二十五年，經歷三十餘國，得經四百餘部，偕同印度高僧日照和菩提流志等回國。玄宗時，印度高僧善無畏三藏，金剛智三藏，不空三藏等，先後到中國來，稱爲開元三大士。他們都盡力譯經傳教，頗引起一般研究佛經的興趣。研究佛經既是盛極一時，自然各因傳據的來源不同，發生了不少宗派，有所謂成實三論、律、涅槃、地論、淨土、禪、俱舍、攝論、天台、華嚴、法相、眞言等宗。

各宗派的思想內容，是一種很高深的專門學問，這書裏是無法介紹的。不過當時佛學上有一種重大的變化，對於中國的學術思想，很有重大的關係。有一種禪宗，受了佛經大宗輸入，和佛學宗派繁多，議論紛紛等影響，他們主張不立文字，隨機接人，以明心見性爲教義。這要算是佛學上的一種革命。這一派的思想，後來影響到儒家的學說，就造成了宋朝的理學。這一點是我們應當切實注意的。

【研究問題】

唐時各外族送子弟到長安留學，是什麼意思？

現今的中國爲什麼要派遣留學生到歐美日本？

日本既是受的中國文化的響響，何以至今他們反比我們中國強盛了呢？

唐時外國傳來的宗教特多是什麼緣故？何以獨有宗教能源源的傳入？

爲什麼穆罕默德傳教用和平手段是失敗，用威力反成功？

爲什麼唐太宗對於各教一律容納這辦法是否適當？

爲什麼唐武宗排斥道教以外的各種宗教，獨有佛教不受大影響，而其他各教都因此衰落？

佛學何以能在中國的學術思想上佔重要的地位？

佛學怎樣會影響到儒家的學說？

第三十二章　門閥和科舉

從前戰國時代因井田制度的破壞，與封建相建的貴族，乃完全崩壞。至秦漢時代，社會上除皇室以外，無有貴族與平民兩種階級對立的情形。魏晉時代，又因國家選拔人民服官的辦法生了流弊，有一種新的貴族階度興起。隋唐時代，國家選拔人民服官的辦法改變了，這新貴族乃又崩壞。

漢時國家用人，有兩種方法：一種由郡國官吏依地方上人口比例，按期荐舉人材；一種由皇帝就需要臨時下詔命郡國按指定人材荐舉。這就是「郡國選舉」的制度。凡人民無論何人，不問出身，都有服官的希望。

東漢時，淸議之風大盛。魏文帝認爲這淸議之風，可以利用來做選拔人材的辦法，就立了九品中正的制度。其法於州郡縣各設大小「中正，」使曾經作官而有聲望的本地方人充任。由這中正品評本地的人物，分爲上上、上中、上下、中上、中中、中下、下上、下中、下下九等。國家用人，就按他們所評的九等，分別授官。這制度在清議極重的時候，自然可以行之而無弊。但清議不過是一種風俗，風俗不是綿密的法律，很活動的，要隨時改變的；變到清議的力量薄弱了，中正也就不很可靠了，這制度便出生弊病來了。

一個人誰沒有親戚和朋友，做中正的自然也不免受情面的牽制，因而徇私。此外趨炎附勢，畏禍避害，私報恩怨，都是人情之常，做中正的一受此種影響，品評人物，豈能恪守中正的態度。況且一地方的人，做中正的未必個個認識，認識了也未必能夠個個熟悉他的人品才幹。所以中正的品評人物，與他親近而勢力較大的，必然佔盡便宜；與他疏遠而不善奔走奉迎的，必然吃虧。於是「官官相護」，漸漸造成了社會上一種世代爲官的特殊階級，無異於新的貴族。凡屬這一個階級裏的人，彼此照顧，互相標榜，不問才能，只看門第。官僚紳士的子弟，便穩穩列入九品中的上中兩品；其餘的人民，雖有高尚可貴的品行，精深難得的學問，往往不得列入上品，這就是所謂「上品無寒門，下品無世族。」寒門指上代沒有做官的人家，世族指世代做官的人家。

五胡亂華之後，漢族與胡人的血統漸相混雜。在當時的人看來，中原地方被胡人蹂躪是一重恥辱，漢族血統被胡人淆亂，是二重恥辱。這種恥辱，在一般的平民，所受刺激自然不如所謂世族的深刻。雪恥既是一時不可能，乃退一步想到怎樣避免恥辱。世族之家，爲要避免血統的被淆亂，乃就標榜門第，格外持重，顯得他不同凡俗。這樣，就有了自命淸高的意思，因此漸漸形成一種階級意識。又因東晉元帝退保江東，北方的世族紛紛南遷，爲要顯明自己在北方的門第起見，都標明出於何郡。於是社會上便自然而然的有所謂士族的門閥出現，與被稱爲庶人的平民分出界限來了。

到了南北朝，士庶的階級更加分辨得淸楚了，彼此且不得通婚。例如宋少帝劉義符爲公子時，由其父聘了晉恭帝之女爲妻，司馬休之便認爲是一種威逼；數說宋武帝劉裕的罪過時，也就提及。其他士族偶然與庶人聯了姻，便遭人家一輩子的指摘，認爲士族的恥辱。而一般平民，則爲勢利所歆動，處處要與貴族相比附，通婚做不到，對於起居動作的小節，偶然能與貴族相並，便以爲最莫大的榮幸；然而終不可得。例如侯景投降梁武帝之後，在當時的聲勢，可算得是喧赫一時了。他要倚仗梁武帝的勢力，娶南朝上等士族琅琊王家或陳國謝家的女兒，梁武帝尙且勸他道：

『王謝是高門，不能求配，還是向次一等的朱姓張姓人家去想法罷！』皇帝都不肯勉強高門的女兒，配與非高門的顯貴官家，可見當時的士族是何等身價了。

南朝如此，北朝更要嚴重。南朝還是在漢族人的統治之下，士族高門對於皇族尚是互通婚姻的。例如彭城劉氏、蘭陵蕭氏、吳興陳氏都是由軍閥變爲皇帝的，本來不是門閥，但旣爲天子，成了皇族，士族高門與他們通婚聯姻，便不算恥辱了。王謝二家，在南朝男娶公主爲妻，女嫁皇帝爲后的，也有數十起。至於北朝，因在外族統治之下，那就不然。北方太原王氏、范陽盧氏、滎陽鄭氏、淸河崔氏、博陵崔氏、隴西李氏、趙郡李氏等七家大族，便都沒有與皇族通婚姻的。北魏共二十五后，有漢人十一，然都不是士族。直到唐朝，太宗下令禁止這七家互相婚姻，他們雖不敢公然反抗，但私下還不願把女兒嫁給別姓呢？

當時門閥的聲勢雖是如此隆盛，然而門閥之下的高梁子弟，依仗他祖父、父親、親戚、朋友的勢力，可以安富尊榮，自然不求學問，不問此事，以致在國家做官時，掌了大權竟是毫無辦法。於是皇帝便不得不起用寒門之士，來處理機要的事務，一朝權在手，不問他出於何等門第，自然會有聲有勢，士族雖居高位，然毫無實權，就不得不受他們的節制了。這就是士族階級腐化的情形。隋唐時代，士族失了政治上優越地位，門閥乃漸漸破壞。經過了五代的紛亂，實際勢力乃完全消滅。但是當時的一切虛文，在社會上還是存而不廢。至今一般人民，遇有婚姻大事，簡帖上面，還往往寫着某郡某某的字樣。這就是魏晉南北朝門閥的遺留。

促進士族階級破壞的力量，不僅一種，其中要算隋唐時科舉制度的創行，最關重要。

•隋唐的科舉制度，就是把漢朝的郡國選舉制度用考試的方法來實行。隋文帝時裁廢中正，煬帝時舉行進士科考試，這是科舉制度的發端。到了唐朝，這制度乃漸漸完備。

其法：凡有志應試的，無論何人都可以自行向住居所在的州縣，報告投考，考中後，由州縣官備文申送京師尚書省❶「應省試」這輩準備應省試的人，是跟了州縣進貢的物品同往京師的，所以叫做「鄉貢」。應省試的，除了鄉貢之外，還有一種「生徒」，「生徒」就是在州縣學館中求學畢業的學生，由學館中送至尚書省，後來因歷屆省試的結果，生徒考中的不及鄉貢的多，所以鄉貢就成了科舉的主幹了。

❶是當時中央政府中執行政務的機關。

鄉貢和生徒，應省試考中後，便取得了某科出身的資格，在官場練習辦事；等到政府大員論荐，或是各藩鎮保舉了，再由吏部考試；考試及格，乃可以實授官職。

還有一種「制舉」，是一種無定期的特科。由皇帝按國家用人的需要，把所開科目和投考辦法規定了，用上諭布告全國；凡自分有特別才能的，合於所開科目的，都可應試。考試的時候，由皇帝親自監場。考卷彌封了，交大臣評閱。成績優的立即實授重要官職，次等的也給他一個出身，將來應吏部試及格了，實授官職。

那時的科目，多至數十種，如秀才、明經、進士、俊士、明法、明字、明算等等，但以明經進士兩科開考的次數最多。明經要經書記得爛熟，一般人嫌他太呆板，不很重視。進士要詩賦做得好，恰與唐代注重詞章的學風相合，最爲入時。但是做官的要他詞章好，與政治有什麼關係呢？考試的方法，眞是太不切實用了！

然而這種以考試爲主的科舉制度，論起來不能不說他是一種較好的辦法。以先郡國選舉和九品中正的制度國家拔用人材，下層社會裏有眞才實學的人，往往無從出頭。行了考試之後，無論何人，都可以自行向州縣報告投考，特殊階度便無法抑制一般人的自由競爭。自由競爭的結果養尊處優的特殊階級，往往落伍。所以這科舉制度產生之後，士族階級便站不住，門閥自然要破壞了。

至於後來科舉制度漸漸又變成阻礙中國學術思想發展和政治改革的魔障，那是考試方法上愈變愈不妥的緣故。這制度在清理上的優點，以及推倒妨礙人民服官權利的士族的功績，實是不可以一筆抹煞的。

【研究問題】

選拔人民服官，爲什麼要有確定的制度？

漢朝以前的選任官吏的制度是怎樣的？

郡國選舉的制度有何優點？有何缺點？

九品中正制度初行時，比郡國選舉制度有何優點？

社會上產生了士族階級對於政治上有什麼弊害？對於社會有什麼壞的影響？

爲什麼被外族凌辱，平民所受刺激不如士族的深刻？

怎樣爲發生這種士庶不通婚的現象的？這種現象有什麼壞的影響？有什麼好的影響？

士族子弟既無能力，何以皇帝必使他們占據高位？

唐朝的科舉制度有什麼優點？有什麼缺點？

考試制度的優點有幾種？

現今的考試制度是怎樣的？

第三十三章　均田和府兵

唐朝初年，在長期的紛亂之後，一時太平強盛，表面上似乎是唐太宗的雄材大略，善於經營的成績；然而一國一民族的興衰強弱，決非僅關領袖的好壞，還有其他制度等等的原因。中國自周秦以來，即以農業爲民生的基礎，所以一切制度，亦大都以農業爲根本。西周行井田制度，兵制即以井田制度而定。戰國以後，井田廢止，社會上漸呈貧富不均的現象；而兵制於秦漢以後，亦即變常備兵役爲臨時募兵，乃釀成後來軍閥擾亂的局面。魏晉以後，中國大亂，舊社會根本動搖，兼併貧弱的富豪，失了根據，田制改良方始容易着手；外族蹂躪的刺戟，深入民心，尚武精神也就重新喚起，而寓兵於農的府兵制度，乃亦應時產生。唐朝適逢其會，乃有太平強盛的現象。但此種田制和兵制，並非唐朝所創設，乃集晉南北朝隋各朝的大成，並即獲得其效果。

漢朝政府，屢次想限制富豪兼幷，改革田制，都因有重大的牽制，不能實行。晉武帝打平了吳國，乃制定一種「戶調」法。戶調就是按戶徵稅的意思。旣要按戶徵稅，那末同時必須限定每戶田的多少。考查當時的規定，是男子一人占田七十畝，女子三十畝。法定後不久，中國就此大亂。究竟這制度曾否實行，還是疑問。大概即使實行，也是很短的時間。

到北魏孝文帝時❶，又頒布了一種均田法。其辦法：是把田分成「桑田」和「露田」兩種。露田是無房屋無樹木的田地。凡人民男子年十五歲以上，受露田四十畝，婦人二十畝，終身承種，死後把所受的田歸還公家。又男子每人受桑田二十畝，種桑榆棗之類。桑田，死後不必歸還，公家作爲「世業」。桑田的畝數多過二十畝時，可以賣出，不足時可以買入；但是已有桑田二十畝的，不准再買入，不足二十畝的也不准賣出。大概當時是把官有的田地，作爲露田授與人民。其原有田地的，一時並不沒收他；本來沒有田地的，一時也不能都受田或補足田數。所以人民的桑田，也就有逾限的，有不足額的。

❶民國紀元前一千四百二十七年。

唐時的均田制更加完備。規定人民初生時爲「黃」，四歲爲「小」，十六歲爲「中」，二十一歲爲「丁」，六十歲「爲老。」授田的辦法：是丁男年十八歲以上，每人受田一頃；老年和殘廢的每人四十畝；婦女爲人妻妾而寡居的，每人三十畝，當門戶的加二十畝。都以其中的二十畝爲世業田，其餘的爲口分田。世業田種桑，榆，棗等樹木，口分田種穀類。田地支配給人民而有餘的地方，稱爲「寬鄉，」不足的稱爲「狹鄉。」狹鄉授田，較寬鄉減半。寬鄉的工人商人減半授田，狹鄉不給。遷徙和逢喪葬需用錢時，可將世業田出賣；自狹鄉遷至寬鄉時，口分田也可以出賣。賣去田的，不再授與。人死後，公家收回口分田，轉給無田的。收田授田，都以每年十月爲期；授田先給貧民。

史書上稱唐太宗時，農產豐足，人民安樂。米每斗只值錢四五，所以不見盜賊，晚上睡覺門戶不關閉，也不致失竊。旅客往來千里之外，不消攜帶乾糧，沿途人家都肯供給。眞個太平之世。這些話不免鋪張，未必盡確；但人民不受富豪兼併，有田可耕，大家都願認眞耕作，生產富足，生活安定，這是當然的結果。而這種好現象，則與田制的改良，實在大有關係。可惜這種制度，很不容易持久。當大亂之後，田地無主，人口稀少，推行自然不很困難；人口繁密之後，便有些窒礙難行了。北魏施行這種制度的結果，史書上沒有明白載明，不知當時情形究屬如何。唐時則史書上載明，到唐玄宗開元年間，便不能嚴密執行，又漸呈富豪兼併的現象。

至於兵制，秦漢雖行招募的制度，但是其時去戰國未遠，人民還有些尚武的風氣，所以兵力不弱。而中央政府威權還大，武人亦不致化爲軍閥。東漢以後，國家兵備漸漸廢弛，成了無兵的樣子。雖然有喚做兵的一種人，實是用來充儀衞壯觀瞻的，並不是要他們打仗的。所以羌人作亂，弄得無法應付。晉武帝平了吳國，恐怕州郡有兵，妨害皇室，特地把州郡的軍備解除；以致五胡擾亂，也無力對抗。東晉南北朝時，中國又經長期的戰爭。而東晉和南朝，只是軍閥火併，不知使人民受軍事訓練；人民徒然遭受兵燹之災，無力把外族討平，把中原恢復。北方五胡及元魏，雖亦連年征戰，然當兵的都不是我們漢族人，中國人民亦無練習軍事的機會。至東西魏及北齊和北周對立的時候，胡人都已鬬得力乏，不堪再戰，不得不使漢人從軍。於是寓兵於農的府兵制度產生，人民乃有受軍事訓練的機會，漢族人的尚武精神又振作起來了。「府兵」是中國歷史上有名的良好兵制，起原於北周。其制：選人民體格強健的，供他們當兵當兵的免除一切租稅，由刺史於農事空閑的時候，把他們教練，平時合爲二十四軍，約二十萬人。隋朝沿用北周制度，練成十二衞軍。

唐朝兵制，最爲完備。全國設折衝府六百三十四府，分爲上中下三等，上府練兵一千二百人，中府練兵一千人，下府練兵八百人。每府設折衝都尉一人，左果毅都尉右果毅都尉各一人，長史兵曹別將各一人，擔任編制訓練。編制法：十人爲一火，火有長；五十人爲一隊，隊有正；三百人爲一團，團有校尉。六百三十四折衝府府兵，仍分編爲十二衞軍。凡人民年二十歲便有當兵的義務，六十歲以後免兵役。能騎馬射箭的當騎兵，其餘的當步兵等。每年十一月，農忙已過，乃由折衝校尉督率教練。

練成的府兵，平時輪番擔任京師的衞戍事宜，叫做「番上」。一旦有事，便調集各府府兵，臨時命將，統率出征。戰事完畢，將帥交還兵權，兵士退歸田里；所以兵不致失業，將不能擁兵。這樣，人民既普遍的受了軍事訓練，國力自然充實。唐太宗的發揚國威，收服外族，雖也由於他的調度有方，但大半是受了府兵制度良好的影響啦！

太宗高宗收服四邊的外族之後，國家久不用兵，皇室又起糾紛，政府無暇整頓一切，各府府兵訓練乃漸漸廢弛，甚至於京師衞戍事宜的輪番當值，也不能按期舉行；當值的衞戍兵，往往私自逃逸，十分腐敗。當時的政府，無法整頓，乃將就把衞戍京師的部隊，改用募兵，叫做「彍騎」❶。

於是府兵制度破壞，而鎮守邊地將領漸有擁兵自重的傾向，軍閥擾亂之禍又開其端了。

❶彍是開弓引滿的意思，彍騎就是善射的騎兵。

因此有人懷疑：府兵制度既是這樣的優良，爲什麼太宗高宗之後，即便廢弛；這豈不是人存政存，人亡政息，民族國家的興衰，大有關係於領袖的好壞了嗎？其實不然。有好的領袖。果然可以創興和維持好的制度；但我們不能因此就只想望好的領袖。要知道基本的政治制度沒有弄好，好的領袖的產生不過是偶然的事實。在皇帝專制的政制之下，中央行政不免有疏闊的流弊。地方自治制度不發達，人民的政治能力不健全，又不知督促政府，地方官吏便可以任意玩忽政務，漸漸腐化起來。所以任憑任何良好的制度，令人生「徒法不能自行」之嘆了。

【研究問題】

爲什麼周秦以後的一切制度，都以農業爲根本？

民兵制度廢了，怎樣會引起軍閥擾亂的禍患？

漢時政府不能實行改革田制，受了什麼重大的牽制？

戶調法是否適當？

均田制爲什麼要於大亂之後才好實行？

均田制是否可以澈底革除富豪兼併的弊病？爲什麼？

唐時的均田制度爲什麼分寬鄉狹鄉？

均田制度實行之後，爲什麼會有生產富足的現象？

這種均田制度現在可以行得嗎？

有什麼方法可以使均田制度不致窒礙難行？

五胡北魏，爲什麼不使漢族人當兵？

這府兵制度是否可以永久實行？現在也還行得嗎？

府兵訓練廢弛之後，爲什麼當時的政府無法整頓？

邊地的將領，那時怎樣會有擁兵自重的傾向？

什麼是基本的政治制度？

爲什麼地方自治制度不發達，人民的政治能力便不健全？

皇帝專制的政制之下，爲什麼地方自治制度不發達？

第三十四章　節度使的專橫

節度使是唐朝的一種職官，是唐朝官制中最壞的一種。這種職官，唐朝初年是沒有的，是當府兵制度破壞了以後纔發生的。其性質就是一手兼操文武大權的方面大臣，實際就是割據一方的軍閥。所以歷史上稱之爲方鎭，又稱藩鎭。

中國的地方官制：秦時分郡縣兩級，郡有守司行政，尉司軍事，御史司監察；縣有令和尉，分司民事和軍政。漢初仍分郡縣兩級，郡有太守，大縣有令，小縣有長，其下都有丞尉，而把司監察的御史省去，由丞相派人分頭視察。其後又因郡的區域縮小，數目增多，統轄不便，分全國爲十三部，各設刺史，然刺史負一種督察的責任，並非實官。東漢末年，改刺史爲州牧，乃由郡縣兩級變爲州郡縣三級。東晉南北朝時，州又分得太小太多了，一州與一郡的區域相當。隋朝統一以後，把州和郡併爲一級，廢州留郡，唐朝沿用隋制，改郡爲州，而在州之上設道，全國共十道，後又分爲十五道。道亦不設實官，只有司督察的巡察使，按察使，采訪處置使，觀察使等名目；其職責是訪察州郡行政長官的善惡，舉其大綱，並不直接理事，與西漢時的刺史性質相彷彿。

至於軍事長官，在府兵制度通行的時候，除專司訓練的折衝都尉等以外，不設統率的將領。邊防重地，設大都督，但他們沒有干預地方行政之權。高宗時，都督帶「使持節」的，乃有節度使之名。民國紀元前一千二百零一年，唐睿宗使賀拔延嗣爲涼州都督，河西節度使，這是唐朝正式任命節度使的起始。但那時的節度使只是統率軍隊，對於州郡行政長官的督察，是不與聞的。所以這節度使，與地方官制的系統，起初是不生什麼直接的關係的。

後來府兵制度破壞，而外族又起叛亂，政府對於鎮守邊地的將領，不得不寵用他們一點，而他們也就老實不客氣，要擁兵自重，侵奪地方政權了。民國紀元前一千一百七十年，唐玄宗爲注重邊防起見，於沿邊一帶，設置十個節度經略使，❶各統若干州郡，掌握一切土地人民軍事財政的大權，從此方鎮的勢力漸漸強大，中央政府無法控制他們了。

❶安西節度使，治龜茲（現今新疆省庫車縣）；北庭節度使，治庭州（現今新疆省迪化縣）；河西節度使，治涼州（現今甘肅省武威縣）；隴右節度使，治鄯州（現今甘肅省西寧縣）；朔方節度使，治靈州（現今甘肅省靈武縣）；河東

節度使；治太原（現今山西省陽曲縣）；范陽節度使，治幽州（現今北平特別市）；平盧節度使，治營州（現今熱河省朝陽縣）；劍南節度使，治益州，（現今四川省成都縣）；嶺南五府經略使，治廣州（現今廣東省南海縣。）

方鎭之中，西北兩面的，因其抵當突厥吐蕃奚契丹等強大外族，所以兵力較厚。唐玄宗晚年，很有些荒淫，軍國大政，完全不在心上。宰相李林甫，妒功忌能，怕邊將功勞大的，要入朝爲宰相，於他有礙，就主張用胡人爲邊將。於是胡人安祿山因善於鑽營奉承，竟得兼任了平盧范陽兩鎭節度使。這時候，鮮卑族奚契丹漸漸強盛，不時侵犯中國。安祿山時時同他們打仗，收納了他們的降人，擴充自己的軍隊，漸成「范陽兵強天下莫及」之勢。他就范陽北面築了一座雄武城，表面說是防禦外族的工程，實際是他貯藏兵器積聚糧秣的府庫，暗暗進行他造反的工作。只因唐玄宗一向待他很厚，他一時不便發作。李林甫死後，楊國忠爲宰相。他與安祿山不對，對唐玄宗說，安祿山一定要反的。唐玄宗不聽。楊國忠便處處和安祿山故意作對，要想激得他反了，好見得自己的話不錯。民國紀元前一千一百五十七年，安祿山就在范陽起兵造反。這時候，內地的兵備廢弛，安祿山的軍隊很精，進行得又快，因此全國都震動了。

唐玄宗得信，要調兵無處可調，恰好河西節度使封常淸在京師，玄宗就命他往東京募兵抵當。新募的兵，如何抵當得住久練的軍隊，便節節失敗，河北河南，在一月之內，完全失守。安祿山攻入東京，便自稱皇帝，標國號曰燕。玄宗又派哥舒翰扼守潼關，哥舒翰主張堅守，楊國忠卻催他出戰。民國紀元前一千一百五十六年六月，兩軍戰於靈寶❶，哥舒翰大敗，潼關失守，京師動搖。唐玄宗只得逃入蜀中。行至馬嵬驛❷突然兵變，要求玄宗把宰相楊國忠和寵愛的楊貴妃殺掉，玄宗無法，只得依允。正要再行，忽有人請求留下太子李亨，應付敵人，玄宗也依了。太子行至靈武❸，卽皇帝位，卽是唐肅宗。

❶現今河南省靈寶縣。

❷在現今陝西省興平縣。

❸現今甘肅省靈武縣。

安祿山只是兵強，別無方略。他手下戰將，也大都勇而無謀。所以打入長安之後，便縱情於子女玉帛，沒有什麼大作爲了。民國紀元前一千一百五十五年，安祿山被其子安慶緒殺死，安慶緒自立，內部大亂，其勢大衰。朔方節度使郭子儀乘機恢復河東，準備進取兩京。唐肅宗使其子廣平王李俶爲天下兵馬大元帥，郭子儀爲副元帥，借回紇西域的兵克復西京，不久，又克復東京。安慶緒逃鄴城，郭子儀合各方兵力圍攻，日久不下。

安祿山部將中最驃悍的要算史思明，因與安慶緒不睦，投降唐朝，唐肅宗仍命他爲范陽節度使，河東節度使李光弼看破史思明終要反叛，使范陽節度副使烏承恩設法把他除了。事機不密，被史思明發覺。史思明乃殺烏承恩再反，發兵救安慶緒，郭子儀等的兵大敗。史思明入鄴城，便殺了安慶緒，自稱皇帝。又乘機攻下東京懷州河陽❶，唐朝形勢又很危急，幸而史思明也被其子史朝義所殺，其勢亦衰。民國紀元前一千一百五十年，唐肅宗死，代宗❷繼立。史朝義使人游說回紇，出兵攻唐。代宗即派鐵勒人僕固懷恩勸回紇轉攻史朝義。於是再命雍王李适做天下兵馬大元帥，和回紇的兵一同進取東京。史朝義敗逃幽州，幽州已降唐朝，想再逃奔奚契丹，被其部下李懷仙所逼，自縊而死，李懷仙就割了史朝義的首級，投降唐朝。一場大亂，總算平定。

❶懷州，現今河南省沁陽縣；河陽，現今河南省孟縣。

❷即廣平王李俶，立爲太子時改名李豫。

安祿山史思明雖然失敗，但是他們的殘餘勢力，實在沒有消滅。節度使的數目，已不止玄宗時所設的十個，分設添置，不一而足，差不多通國皆是。而且權勢比較更加擴大，其職位亦私相授受，任意爭奪，比從前更加專橫了。

當史朝義被討平的時候，他的部下薛嵩張忠志田承嗣李懷仙等紛紛投降。唐朝政府，但求一時相安，仍把他們在原來佔據的地方爲節度使：薛嵩爲昭義節度使，❶統轄相、衞、邢、洛、貝、磁六州；張忠志爲成德節度使，❷統轄恆趙深定易五州，賜姓李名寶臣；田承嗣爲魏博節度使，❸統轄魏博德滄瀛五州；李懷仙爲范陽節度使，❹統轄幽、莫、嬀、檀、平、薊各州。他們又與平盧節度使李正已，山南東道節度使梁崇義等，互相勾結，擴充實力。境內文武官吏，都擅自任免，不向中央關白，所有稅收，截留不解。又互結婚姻，相約以土地傳子孫。對於政府，都取合縱的態度；政府干涉一鎮，往往羣起抵抗，實在猖狂已極。

❶治相州，相州即現今河南省安陽縣。

❷治恆州，恆州即現今河北省正定縣。

❸治魏州，魏州即現今河北省清豐縣。

❹亦稱盧龍節度使。

不久，盧龍節度使由李懷仙轉變爲朱泚，昭義節度使的地盤，大都被田承嗣併去。河北成爲盧龍魏博成德三鎮，由朱泚田承嗣李寶臣三人分據。

民國紀元前一千一百三十一年，李寶臣死，其子李惟岳請求准予承襲。唐德宗居心裁制藩鎮，不許，李惟岳就和田承嗣的兒子田悅，和李正己梁崇義等起兵反叛。德宗命河東節度使馬燧，神策兵馬使李晟，打破田悅，淮西節度使❶李希烈討平梁崇義。又命易州刺史張孝忠爲成德節度使，使與朱泚的弟朱滔聯合攻李惟岳；而李惟岳的兵馬使王武俊殺了李惟岳投降唐朝。亂事將要平定了，不料朱滔王武俊因怨唐朝沒有重賞他們，自由行動，反去救助田悅。田悅很感激朱滔，想擁戴他爲皇帝。朱滔不從，乃各自立爲王；朱滔稱冀王，田悅稱魏王，王武俊稱趙王，李正己的兒子李納稱齊王。互結同盟，推朱滔爲盟主，約明一國受敵，三國相救；一國背約，三國共伐。李希烈亦舉兵響應，自稱天下都元帥。李希烈出兵攻破汝州，❷又進攻襄城，❸又弄得兵連禍結。

❶治蔡州，蔡州即現今河南省汝南縣。
❷現今河南省臨汝縣。
❸現今河南省襄城縣。

民國紀元前一千一百二十九年，唐德宗命涇原節度使，❶姚令言出兵討李希烈，兵從京師經過都以爲必有厚賞，誰知大失所望，於是叛變，攻入京城。德宗逃奔奉天。❷亂兵推朱泚爲主，朱泚即自立爲秦帝，出兵追德宗，圍奉天。幸得金吾大將軍渾瑊力戰，與河中節度使❸李懷光來救，纔得解圍。德宗用陸贄的建議，赦李希烈、田悅、王武俊、朱滔、李納等，專討朱泚。田悅、王武俊、李納都上表請罪。李希烈自稱楚帝。李懷光卻反與朱泚合兵，德宗不得已，再避至梁州。❹後來經李晟與渾瑊合力討平朱泚李懷光，收復京城。李希烈被部下陳仙奇殺死。朱滔不久亦死。亂事又告一段落。

❶治涇州，涇州即現今甘肅省涇川縣。

❷現今陝西省乾縣。

❸治蒲州，蒲州卽現今山西省永濟縣。

❹現今陝西省南鄭縣。

陳仙奇投降唐朝後，德宗就命他爲淮西節度使。不久，李希烈心腹吳少誠又殺陳仙奇，爲李希烈復讐。吳少誠死，其將吳少陽殺其子而自立。吳少陽死，子吳元濟繼立。吳元濟非但不聽唐朝節制，並不時出兵攻掠。平盧節度使李納的兒子李師道，成德節度使王武俊的兒王承宗，都和他互相勾結。唐憲宗派兵討吳元濟，久而不克。民國紀元前一千零九十五年，李晟的兒子李愬於雪夜襲入蔡州，擒吳元濟，送至京師正法。憲宗又徵發各鎭的兵討平李師道；河北三鎭，也都歸降，藩鎭似乎都恭順一點。

憲宗死，穆宗立，政府對於河北三鎭不知注意防備。於是朱滔的孫兒朱克融再據盧龍，王庭湊再據成德，史憲誠再據魏博，先後反叛。唐朝發兵攻討，各路軍隊，都觀望不前。從此以後，唐朝政府再也無力制服藩鎭，終因藩鎭割據而滅亡。

【研究問題】

現今的地方官制是怎樣的?

唐玄宗爲什麼要設置十個節度經略使?

倘使沒有李林甫任用安祿山,楊國忠激變安祿山,節度使之禍,是否可以不致爆發?

安史之亂以後,削除方鎭是否可能?

爲什麼河北三鎭不時叛亂?

陸贄建議專討朱泚,赦了其餘,這辦法是否適當?

藩鎭割據的形勢如此嚴重,何以唐朝仍能維持得很久?

藩鎭專橫對於當時的中國會有什麼影響?

第三十五章　唐朝衰亂時的外族

用武力征服外族，終究不算是永久的功業。中國強盛時，他們只得屈服投降；中國的兵威稍弱，國勢稍衰，他們便想要乘機恢復的。所以唐朝一到高宗死後，國政紛亂，無力鎮定外族，東突厥的殘餘勢力便又在北方一帶蠢動，鮮卑的遺族奚、契丹也起來侵擾東北了。

民國紀元前一千二百二十三年，突厥默啜立為可汗。他乘唐朝內部多事，漸漸招集舊部，收復頡利可汗時代的舊地，大舉入攻河北，破州縣數十。唐朝迭次用兵征討，都不能奏功。默啜死後，毗伽可汗立，其時與中國和好。毗伽可汗死，突厥內部自亂。民國紀元前一千一百六十八年，唐朔方節度使王忠嗣乃出兵直抵其王庭，把他滅掉，突厥從此不再復興。但這回突厥的破滅，並不是因唐朝兵力的壓迫，是他們因內亂而自亡。

奚和契丹就鮮卑姓宇文氏的部族，被慕容氏打破，逃至現今的熱河省一帶居住。又被北魏道武帝打敗，分為東西兩股，東為契丹，西為奚。契丹人住現今西喇木倫河與老哈河之間，奚人住現今英金河流域。唐太宗時，奚契丹都來投降。太宗把奚的地方設饒樂都督府，把契丹的地方設松漠都督府，都隸屬於營州。民國紀元前一千二百十六年，契丹李盡忠孫萬榮反，攻破營平二州，冀州亦受騷擾，唐朝發了幾十萬兵，都不能把他平定。後來還是靠托突厥默啜可汗把他們打敗。奚和契丹因此服屬突厥。突厥破滅之後，仍自立於中國的東北，到唐末漸漸強盛建立遼國，爲中國的大敵。

突厥契丹擾亂中國邊境時，回紇吐蕃也在西北一帶侵略中國土地。因此唐朝不得不注意邊防，使得守邊的大將，漸漸成爲擁兵坐大的軍閥。這是由外患引起內亂的消息。安祿山史思明作亂，唐朝不得不抽調防的軍隊，抵當叛賊。亂事緊急的時候，還要借用外族的兵力。這又因內亂擴大而引了外患。外患內亂，相繼而起，唐朝中期後期的時局，遂攪得不可收拾。那時的外患，比較重大的是回紇和吐蕃，其次是南詔和沙陀。

鐵勒的強大部族，本來只有薛延陀和回紇。薛延陀被唐太宗討滅，回紇就遷居其地。其時回紇還沒強盛，所以對於中國很恭順。突厥再興時，回紇便避入中國甘涼一帶。王忠嗣破突厥，回紇亦出兵相助；事後，回紇仍遷回舊地。唐玄宗封回紇首領爲懷仁可汗。至此回紇始強。

安祿山叛唐，唐肅宗使僕固懷恩借回紇兵平亂，約定克復土地歸唐朝，地方上的子女玉帛儘回紇收取。懷仁可汗乃使其子葉護，帶精兵四千相助。唐天下兵馬大元帥廣平王李俶與葉護約爲兄弟，葉護稱廣平王爲兄。至扶風，副元帥郭子儀大宴葉護三天。宴畢，即行進攻長安，居然因回紇兵強，一仗成功。葉護欲依約取長安子女玉帛，廣平王拜在葉護馬前，說道：『我們得了西京，卽便抄掠，誠恐東京的人，聞訊之後，反助敵人堅守，於軍事不利，請等破了東京，再依約辦理。』葉護下馬答拜，慨然依允。不久，又破東京，回紇乃放縱兵士，恣意大掠。廣平王與東京父老羅致錦帛萬匹獻回紇，回紇乃約束兵士，停止抄掠。

懷仁可汗死，子牟羽可汗立。史朝義乘唐肅宗新喪，代宗初立的時候，派人對牟羽可汗說：『唐天子已死，中國無主，請速卽出兵南下，分取唐朝府庫中的金帛。』牟羽可汗卽親自領兵南下，與僕固懷恩相遇，僕固懷恩乃勸他幫助唐朝，牟羽可汗乃轉向東去攻史朝義。代宗令雍王李适爲天下兵馬大元帥，督率各路兵馬東征。至陝州遇牟羽可汗。牟羽可汗責備雍王見他時爲何不朝拜蹈舞，並擅自把唐兵馬使藥子昂，行軍司馬韋少華杖殺。唐朝所受恥辱，達於極點，但只得忍氣吞聲，不敢計較，攻破東京時，回紇又大屠殺，大刼掠，死人以萬計，火十餘日不熄。

僕固懷恩雖是鐵勒人，然對唐朝確能盡忠的。後來被其他將領排擠，唐朝政府又委屈了他。他心中不甘，不得已而造反。與唐兵戰，敗了，逃入回紇。民國紀元前一千一百四十八年，僕固懷恩引回紇吐蕃吐谷渾等各國軍隊，進攻奉天涇陽❶。僕固懷恩中途急病身死。回紇吐蕃合圍涇陽，郭子儀單騎入回紇營，勸回紇與唐和，轉攻吐蕃，奪其抄掠所得的財物。回紇見郭子儀親自請和，誠信可感，又被郭子儀所說的利害引動了，乃與郭子儀立盟退兵。吐蕃得訊，也就逃去。

然而這時候的回紇已深知中國虛實，因此很驕。回紇每年貢馬數千匹，都是用不得的，卻要求給他很多的金帛，不知饜足。回紇居留長安的，驕橫非凡，往往酒後肇事，無所不爲。犯了法，給中國官府捕去，他們便聚衆刼取，官府也拿他們沒奈何。雍王李适，卽皇帝位爲德宗，因吃過回紇的虧，要想報復；可是估計國力，實在不彀，也只得罷了。

❶現今陝西省涇陽縣。

但是回紇在肅宗代宗時代，與中國交通很繁，多得中國的金帛，漸漸沾染了奢侈的習慣，也就好像中了毒一般的，自然而然的衰弱了。唐朝末年，被黠戛斯所攻。殘部有的竄入中國，被唐朝的軍隊征服，有的竄入奚國，仍被黠戛斯俘虜。於是沙漠一帶，不再有回紇存在。有一部逃至西域，住在天山南北，遂成爲現今新疆省一帶的回族的祖先。

回紇雖侵擾中國，然沒有吐蕃的猛烈。吐蕃於棄宗弄贊死後，便與中國爲敵。高宗末年，吐蕃就攻破党項，滅吐谷渾，其勢頗強。中宗時，唐朝割河西九曲的地給吐蕃，並許他們築橋河上，以通往來，他們就因此不時侵擾河洮一帶。唐玄宗派兵伐吐蕃，於民國紀元前一千一百五十九年，把河西九曲之地收回。安祿山反後，邊防空虛，吐蕃乃乘勢侵入，攻取河西隴右一帶地方，涇州邠州❶，乃大受侵擾。

❶現今陝西省邠縣。

唐代宗時，吐蕃攻入長安。代宗逃至陝州。吐蕃在長安抄掠府庫，焚燒街市，弄得殘破不堪。郭子儀收集殘兵，演說國恥，並虛張聲威，白天多插旗幟，夜晚多燃燈火，布置疑兵。吐蕃恐有大軍來攻，方始退走。德宗初立，和吐蕃媾和，約定以涇隴諸州爲界。朱泚反時，吐蕃允出兵助唐朝恢復京師；唐朝許他們倘能立功，割讓涇靈邠寧四州。吐蕃出兵後，軍中發生瘟疫，不戰退回。事平之後，吐蕃仍要報酬，唐德宗只給了他們一些金帛。吐蕃不滿意，因此又進兵侵擾，兵鋒直逼京師附近。唐朝派李晟渾瑊馬燧抵當，吐蕃又用了反間計，使得他們不能出力攻戰；因此吐蕃任意往來抄掠，一無罣礙，畿輔一帶，大受其禍。唐朝末年，吐蕃內部自亂，中國纔算努力把河西隴右的地方收回。

回紇吐蕃之外的外患，要數到南詔。南詔就是現今雲南、貴州、四川等省所有猓玀人的祖先。國名南詔，因唐時其衆分屬六詔❶，詔卽國王之意，其最南的蒙舍詔最強，後來統一六詔，所以得名，唐玄宗時，封南詔酋長皮邏閣爲雲南王。不久，南詔與吐蕃勾結，唐劍南節度使鮮于仲通出兵討南詔，大敗。楊國忠調山東兵十萬往討，又大敗。於是南詔北陷嶲州❷兵鋒達清溪關，❸西川大受其害。

❶蒙嶲詔，在現今四川省西昌縣；越析詔，亦稱磨些詔，在現今雲南省麗江縣；浪穹詔，在現今雲南省洱源縣；邆賧詔，在現今雲南省鄧川縣；施浪詔在浪穹詔之東，蒙舍詔，在現今雲南省蒙化縣。

❷現今四川省西昌縣。
❸現今四川省清谿縣。

唐德宗時，韋臯爲西川節度使❶，招降南詔，與他合力擊破吐蕃。其後，南詔又侵西川，攻至成都。南詔酋長酋龍，竟於民國紀元前一千零五十三年，自稱皇帝，建國號曰大禮。出兵攻嶺南，破安南都護府。唐朝使高駢做安南都護，把他打敗。南詔又攻西川，唐朝也把高駢調到西川，把他打破。酋龍死後，南詔衰亂，和中國就無甚交涉了。

❶治成都。

至於沙陀，乃西突厥的別部，於唐末入中國代平亂事，化爲割據河東的藩鎮。西突厥亡時，其別部處月，依傍北庭都護府；其地有沙陀大沙漠，故稱沙陀突厥。後來吐蕃攻回紇，破北庭，沙陀被吐蕃遷至甘州❶。民國紀元前一千一百零四年，沙陀酋長朱邪盡忠和其子執宜，因不堪吐蕃的壓迫，投降唐朝，先住在鹽州❷，後移往河東。唐懿宗時，助唐朝平內亂有功，朱邪執宜的兒子朱邪赤心被任爲大同節度使❸，賜姓名曰李國昌，沙陀就此得了地盤。李國昌的兒子李克用，爲沙陀兵馬使，戍守蔚州，父子聯兵，忽然造反。唐朝命幽州節度使李可舉往討，李國昌父子失敗，逃入韃靼。不久，黃巢造反，唐朝又赦了李克用，教他去打黃巢。黃巢被討平，李克用就做了河東節度使，沙陀就此入中原，以外族而兼藩鎭，其勢不小了。唐亡之後。就成爲五代中的第二代。

❶現今甘肅省張掖縣。

❷現今寧夏省鹽池縣。

❸治雲州，雲州卽現今山西省大同縣。

❹現今山西省靈邱縣。

【研究問題】

東突厥既被唐太宗討滅，怎麼能夠再興？

默啜可汗怎樣肯代中國討伐契丹的？

唐朝爲什麼要借回紇兵不派別人而派僕固懷恩？

唐朝爲什麼要許回紇收取子女玉帛，不許別的條件？

回紇何以屢次助唐，不把唐朝攻滅？

郭子儀單騎入回紇營，何以回紇便肯與唐立盟退兵？

現今中國的回族散布在那裏地方？

唐中宗爲什麼把河西九曲之地割給吐蕃？

朱泚反時，德宗爲什麼不向回紇借兵，而向吐蕃借兵？

南詔沙陀都不算大敵，爲什麼竟無法把他們討滅？

唐朝爲什麼也任沙陀人爲節度使，不怕受害的嗎？

李克用旣被討伐，怎麼也肯受唐朝之命去平黃巢？

第三十六章　唐朝的宦官和朋黨

唐朝的滅亡，其顯明的原因，是由於藩鎮的專橫和外族的侵擾。但是這還不算致命傷，倘有健全的中央政府，未嘗不可以從容的應付，好好的收拾。可惜當時朝中，又因宦官的把持和朋黨的傾軋，雖有賢明的皇帝，能幹的宰相，也不能振作有爲。國家社會，乃無法從大混亂中超拔起來了。

唐初的宦官，只管宮殿中的瑣事，本沒有什麼權柄的。唐玄宗用楊思勖帶兵平蠻亂，與高力士議論政事，宦官方始得勢。高力士的聲勢尤其浩大，朝中宰相如李林甫楊國忠，邊地方鎮如安祿山等，都不能不很恭順的與他交結。甚至於肅宗爲太子時，也是很恭謹的待他如兄。然其爲人謹愼，還沒有十分作惡，對玄宗也還能有很好的規諫。

玄宗避安祿山亂，逃出長安，宦官李輔國乘機取得肅宗的寵信，竟然仗勢擅作威福，壓制太上皇，刺殺張皇后。肅宗死，代宗立，想要除去李輔國，卻怕他手下有兵，表面上反尊稱他爲「尙父」，而暗中派人把他刺死，不敢公然的問罪定刑。李輔國雖死，宦官程元振魚朝恩卻仍得寵專權。程元振爲驃騎將軍，握禁軍大權，凡宰相節度使與他不合的，往往遭他陷害。魚朝恩爲天下觀軍容宣慰處置使，統帶神策軍，聲威赫赫逼人；郭子儀是立過平亂的大功績的，也遭他的妒忌而受他的排擠。然當時的宦官還是偶然掌握到兵權，還沒有根深柢固的勢力；所以一到罪惡顯著，還不難收拾，程元振魚朝恩的結果，都是各伏其辜。

民國紀元前一千一百二十九年，涇原兵在長安叛變，德宗逃往奉天。事平之後，德宗回京，他鑒於當時禁軍倉卒之間不能召集，十分危險，因此不願意把兵權專歸武將。於是他就神策軍天威軍中，置護軍中尉、中護軍等官，任命宦官竇文瑒、霍仙鳴等充任。又於政府中置樞密使，用宦官承宣詔命。從此宦官便正式獲得軍事政治的大權，其勢力乃不可侵犯了。最可注意的，就是宦官們不但把持國家軍政大權，甚至於皇位的承繼，皇帝的生命，完全在他們支配之下。德宗死後，順宗要想驅除宦官，宦官就逼他禪位於憲宗。憲宗晚年，因喫了方士的金丹，喜怒無常，宦官陳弘志就把他殺了，另立穆宗。穆宗亦因服金丹早死，敬宗繼立。敬宗性褊急，近侍宦官，小有過失，即被扑責；宦官劉克明就把他殺了立憲宗之子絳王李悟。樞密使王守澄等又殺絳王，立文宗。文宗想除宦官，鬱鬱不得志而死。文宗將死時，宦官仇士良魚弘志便發矯詔立潁王李瀍爲皇太弟，廢太子李成美爲陳王。文宗死，皇太弟卽殺陳王而卽皇帝位，是爲武宗。武宗病重時，也由宦官馬元贄等定計立光王李忱爲皇太叔。武宗死，皇太叔卽皇帝位，是爲宣宗。宣王死，宦官王宗實靠着兵權迎立懿宗。懿宗將死，由宦官劉行深韓文約共立僖宗。僖宗死後，羣臣要立他的長子吉王李保，而觀軍容使楊復恭又仗着兵權迎立昭宗。宦官本是皇帝的家奴，豈知唐朝皇帝的運命竟操在家奴的手中。僖宗對於宦官田令孜，且稱爲「阿父」呢。這也是中國歷史上的一件奇事。

宦官這樣專横，做皇帝的未必個個肯聽他們支配；所以唐朝的後期，就有好幾次皇帝與宦官爭鬬的故事：

第一次是在順宗時代。順宗用范希朝做神策京西行營使，收拾禁軍的兵權；而宦官派人分頭告誡諸將，「莫把兵權輕易給人」。范希朝到了奉天，諸將沒有一個人理他，兵權無從收起，弄得一籌莫展。於是宦官也就藉口順宗有病，逼他禪位於皇太子。

第二次是在文宗時代，文宗初卽位時，用宋申錫做宰相，和他合謀誅滅宦官。宦官誣指宋申錫謀反，文宗無法，只得把宋申錫貶斥。後又寵用李訓鄭注，使他們設法除宦官。李訓鄭注乃治陳弘志殺害憲帝之罪，並毒殺王守澄。王守澄定期將葬，鄭注擬於送葬時伏兵把宦官一網打盡。李訓忌鄭注立功，先朝設伏兵於左金吾殿，託言殿後有甘露降，使宦官去看，想趁此把他們殺掉。不料露破機關，反被宦官仇士良魚弘志刼文宗入宮，使神策軍行大屠殺，把李訓鄭注和宰相王涯，賈餗都害死，

第三次是在昭宗時代，昭宗一心要除宦官。宦官倚仗着方鎭的勢力屢次造反；昭宗屢次被竄，宦官劉繼述胆敢把昭宗囚禁起來，經神策指揮使孫德昭相救，方始脫險。最後，宰相崔胤，只得請藩鎭朱全忠起兵，總算達了誅滅宦官的目的。然而譬如用火燒殺木器中的蠹蟲，蠹蟲雖經殺盡，木器也被燒燬了，唐朝就因此滅亡。

就以上的事跡看來，宦官所以有這樣的勢力，實因他們握有禁軍和神策軍的兵權之故。宦官的得有兵權，則是德宗把國家設兵目的誤認爲保護皇帝個人之故。他以爲家奴比將士可靠，

殊不知家奴有了兵權，竟然先欺主人。

幾個皇帝的被欺，似乎關係很小。但在皇帝專制政制之下，皇帝是政治的中心，倘得有賢明的皇帝，政治清明，國家安寧，未始沒有希望。例如宣宗有「小太宗」的稱號，昭宗也很英明果毅，正可以振作有爲，中興唐朝。然而被宦官的勢力籠罩着，困頓得一點沒有辦法，豈不可惜！

皇帝專制的政制之下，政治的中心，除皇帝之外，次重要的就宰相或其他當國的大臣。良相能臣，倘得安於其位，從容做去，國家前途，亦很有望。然而當時的政治界裏，明明白白有一位有作有爲的大政治家，因了朋黨的傾軋，不能放手做事，以致政治成績，大打折扣。影響國家社會，亦不很淺。

那時有一位大政治家，姓李名德裕。他的政治成績，雖已受了黨爭的影響，不能有很大的成就。但就其所設施的而論，在當時也好算得難能可貴的了。他在浙西觀察使任內，盡力改革風俗，破除人民的迷信，曾毀除淫祠一千另十所，並請政府限制人民剃度爲僧尼，不准私設戒壇。又在西川節度使任內，竭力整頓邊防，一時吐蕃南詔，都不敢來侵犯。武宗時，他當國專政，裁全國冗濫的職官一千二百餘員。藩鎮中比較強大的河北三鎮，也一時不敢跋扈。外族如回鶻等，也能相安無事。似乎是時機湊巧，但也未始不是處理妥善，應付得當的結果。

惜乎他與李宗閔、牛僧孺等一輩人，因對策和科場中的意見❶，彼此結黨，互相傾軋排擠，先後凡四十年之久。一切用人行政，往往只顧黨見，不問是非。當時朝中官員，有三分之一，都與朋黨有關係。文宗曾有「去河北三鎮易，去朝中朋黨難」之嘆。其排擠傾軋的情形，於此可見一斑了。

❶憲宗時，進士李宗閔對策，有譏切宰相李吉甫的話；吉甫的兒子李德裕乃與李宗閔結下意見。穆宗時二人都已做了大官，爲了一次科場是李宗閔的黨人抑壓了李德裕黨人，不理他們的請託，乃公然大鬧意見。

文宗武宗兩朝，兩黨的勢力此起彼倒，更迭了好幾回。李宗閔牛僧孺的一方面，竟不惜勾結宦官，以打倒敵黨爲快意；而李德裕得勢時，抑壓敵黨，也往往過火。例如漢水泛濫，襄州被災，明明是天禍，竟也硬要加罪牛僧孺身上。又因黨見太深，行事不免流入專權的一路。李德裕到底受衆人的怨毒，因此得罪被貶斥而死。

總之，唐朝的宦官朋黨，都給了當時政治上很大的不良的影響，使得中央政權完全瓦解，引起軍閥外族橫行蹂躪之禍，把一個統一的中國，再送入混亂分裂的命運。

【研究問題】

怎麼說藩鎭專橫外族侵擾，不能算是唐朝的致命傷？皇帝專制時代的宦官，爲什麼很容易權勢喧赫？

代宗何以不敢把李輔國公然問罪定刑？

宦官們廢立皇帝，何以這樣輕而易擧？

何以順宗文宗都鬭不過宦官？

當時除了用藩鎭的兵力，有無其他滅除宦官的方法？

朋黨與現今的政黨有什麼區別？朋黨何以於政治有害？政黨對於政治是否完全有利？

李德裕李宗閔旣因私見結黨，何以竟有許多人加入的呢？

何以當時的皇帝竟無法制止他們的傾軋？

第三十七章　黃巢造反的始末

藩鎮外族的騷擾，鬧得兵連禍結；宦官朋黨的搗亂，攪得政治腐敗。兵連禍結，不得不收取苛捐雜稅來供給軍用；政治腐敗，自然有許多貪官汚吏要剝削百姓。百姓痛苦得受不住了，便被逼而爲匪作亂。唐朝末年的黃巢造反，其背景就是如此。

唐僖宗時，山東連年兵亂災荒，民不聊生。地方官非但不知好好救濟，依舊暴虐非凡，苛刻異常，以致百姓弱的困苦而死，強的挺而走險，流爲盜賊。初時打家刼舍，不過擾害鄉村；後來攻城奪地，居然拒敵官兵；愈鬧愈大，漸漸成爲政府的大敵。這種情形，與東漢末年的黃巾賊造反，先後對照，一模一樣；只是唐朝末年的民亂，少了一種宗教的作用。

其時各股盜匪中，濮州❶人王仙芝的聲勢最大。他起初在長垣❷起事，有兵三千。後來聚衆數萬，橫行濮州曹州，❸官兵往勦，往往被他打敗。

❶現今山東省濮縣。

❷現今河北省長垣縣。

❸現今山東省菏澤縣。

寃勾❶人黃巢，本是個鹽商，很有貲財。爲人也頗有才幹，文能書記作文，武能騎馬擊劍，並且口才很好。平日又喜歡交結英雄好漢，收養亡命之徒。曾應進士科考試，沒有考中。正逢時局混亂，他便於民國紀元前一千另三十七年，募集數千人，響應王仙芝。做了一道很痛切的檄文，說官僚怎樣腐敗，百姓怎樣困窮，自己不得已而起兵救大衆的話。一時謀生無路，怨恨官府的百姓，都去歸附他們。

❶在現今山東省菏澤縣境內。

王仙芝黃巢率衆由山東出河南，攻破數十州縣。僖宗命宋威爲招討草賊使，在沂州把❶王仙芝打敗了一陣，胡亂謊報王仙芝已死，遣散各路兵馬，而王仙芝等仍竄至汝州，攻掠唐、鄧、郢、復、申、光、盧、壽、舒、通等州。各州縣兵備單薄，只圖本地方的安全，築造防禦工事，準備固守；鄰地有警，亦不相救；官兵大都畏縮不前，不敢和他們劇烈爭戰，因此其勢蔓延得很大很快，猶之火着草場，猖

狂一時

❶現今山東省臨沂縣。

蘄州❶刺史裴渥，想要招降他們，一面派人請王仙芝等入城接洽，一面奏請唐朝封王仙芝等官爵。王仙芝與黃巢等三十餘人入蘄州城與裴渥會見，裴渥設宴款待。正在歡敍的時候，唐朝派人命王仙芝爲左神策軍押衙兼監察御史。王仙芝很歡喜。黃巢因自己沒有官爵，很不高興，對王仙芝說：『當初大家齊心起事，現在你獨因得官能休，你怎樣處置部下的衆人？』王仙芝聽了不作聲。黃巢大怒，在席間舉手便打，王仙芝頭部被打傷，因不敢受唐朝的任命。黃巢就把州兵收歸部下，大掠蘄州城而去。

❶現今湖北省蘄春縣。

後來，唐朝使曾元裕爲招討使，大破王仙芝於黃梅。❶王仙芝被擒殺，其部下都歸黃巢，羣推黃巢爲王，號衝天大將軍。其時北方一帶，唐朝調兵防守，官軍勢漸強。黃巢乃從宣州❷衝入浙東，開山路七百里，攻取福建諸州。鎭海節度使❸高駢發兵追擊，黃巢乃衝入廣南。❹黃巢自以爲是讀書人，一路上惟讀書人可免死，其餘便任意斬殺，死者無算。

❶現今湖北省黃梅縣。

❷現今安徽省宣城縣。

❷治杭州，杭州即現今浙江省杭縣。

❹即現今的廣東省一帶。

黃巢在廣南，向唐朝求爲廣州節度使❶，唐朝不許，乃奮力攻破廣州，攻掠嶺南各州縣。自稱義軍都統，發布檄文，指數唐朝政治的腐敗，官官怎樣的貪贓作惡，科舉怎樣的舞弊徇私，慷慨淋漓，活畫當時的實情。又下令凡刺史不許置財產，縣令犯贓的滿門抄斬，很像振作有爲的樣子。既而軍中發生疫病，兵死十分之四。黃巢不得已，乃依部下的請求還北方，由桂州❷編木筏，浮湘江順流而下，一路衝破衡州永州，直取潭州，❸潭州守將大敗，官兵死十萬餘人，尸體布滿江面。黃巢乘勝逼江陵，號稱精兵五十萬。山南東道節度使劉巨容屯兵荊門❹伏兵擊敗黃巢，黃巢乃折而向東，攻取鄂州。❺有人勸劉巨容乘勢追滅黃巢，劉巨容道：『朝廷待將士實在太過辜負人，有急難時，不惜重賞，使人拚命爲他殺敵，事平之後，便廢棄我們，一不留意，往往得罪，不如把黃巢留着。將來有敵可殺，還可以立功請賞』。因此放着不追。黃巢乃能從容向長江下游進展，一路破饒、信、池、宣、歙、抗等十五州。又由采石渡長江，圍天長六合，破中州，❻過潁宋徐兗各州境界，收取山東河南各州郡，攻入東都。他這一路行軍，嚴密約束部下，不許殺人放火，紀律尙好。軍隊過處，不過擄些強壯的男子，強迫當兵罷了。黃巢自稱率土大將軍，大有做皇帝之意。破東都時，唐文武百官出城迎接，黃巢一一慰問，毫不加罪，眞個一派帝王風度。民間也雞犬不驚，市面照常，秩然安然。

❶治廣州廣州卽現今廣東省番禺縣。

❷現今廣西省桂林縣。

❸衡州，現今湖南省衡陽縣；永州，現今湖南省零陵縣。潭州現今湖南省長沙縣。

❹現今湖北省荊門縣。

❺現今湖北省武昌縣。

❻采石磯，在現今安徽省當塗縣東北；天長，現今安徽省天長縣；六合，現今江蘇省六合縣；中州，現今河南省信陽縣。

唐朝聞東都失守，恐懼得很，派兵拒守潼關。然而這時候關中所有的神策軍，都是富家子弟，賄賂宦官，掛名軍籍，實際絲毫沒有經過訓練。平時穿了軍服，騎了高頭大馬，往來招搖；一旦奉命出發，那一個敢上陣去，便臨時出重金雇用窮人代充。這些軍隊，那裏是經過百戰的黃巢的兵的對手。所以黃巢很不費事的打進潼關，直取長安，長安城破前二日，宦官田令孜帶五百神策兵護衛僖宗，逃往咸陽，親王后妃只有六七人追隨。城中百官大都逃匿，一時無主，散兵貧民便紛紛闖入府庫盜取金帛，秩序大亂。

黃巢由潼關帶兵一路滔滔到長安，身坐黃金大轎，前驅後擁，好不威武。扈從的兵士，大都錦衣美馬，聲勢赫赫，留在長安的一般文武官僚，出城至灞上迎接。黃巢進城，登太極殿，唐宮裏的幾千宮女也跪在宮門口迎接，口稱『黃王萬歲！』黃巢大喜道：『這大概是天意吧！』黃巢的兵初入長安，對貧民很好，往往取出擄獲的金帛相贈。過了數天，乃動手抄掠富戶人家，大住宅被放火燒燬不少，舊官僚也殺死很多。又數日，黃巢即皇帝位，國號大齊。這是民國紀元前一千另三十二年冬間的事。

唐僖宗逃至咸陽，又轉往成都。黃巢派兵往追，被鳳翔節度使鄭畋當住。唐朝政府要使各藩鎮出兵討黃巢，卻是大都袖手旁觀。不得已，乃用行營招討都統王鐸的獻議，赦李克用，使以沙陀兵討黃巢戴罪立功。李克用由代北引沙陀兵南下，沙陀兵穿黑衣，勇猛異常，黃巢屢被打敗。黃巢的兵一見李克用的兵到，往往大呼老鴉兵到了，很是驚恐。

民國紀元前一千另二十九年，李克用與黃巢戰於渭南，❶一天工夫，黃巢連敗三陣。李克用乃乘勝衝入長安，黃巢放火焚燒宮殿，出長安城往東南而逃。一路把金銀珠寶隨手拋棄，追軍只顧爭取，因此黃巢兵乃得整隊而去。

❶現今陝西省渭南縣。

黃巢逃至關東，破蔡州，圍陳州，又在河南一帶往來攻掠。其時適逢飢荒，人多餓死。黃巢軍中無糧，使把新死的人體取來當食，每日食數千人，用一百個大碓，把死人碓爛了，拿來吞吃，也不知被他們吃了多少人肉，這眞是從來未有的慘事！

黃巢部下的大將朱溫，在李克用未破長安以前，見黃巢兵勢漸衰，即投降唐朝。唐朝收了，賜名全忠，命他爲宣武節度使。❶黃巢圍攻陳州不下，他便與李克用等合力攻黃巢，黃巢只得解圍而去。李克用隨後追趕，黃巢連戰連敗，部下大將尚讓又投降唐朝。黃巢節節失敗，部下只剩了千餘人，退至山東，紮在泰山脚下。尚讓又去窮追。黃巢又敗一陣。他看來不濟事了，對他的外甥林言說道：『我當初起兵，原是要掃除貪官汚吏，肅淸朝中奸臣，使得政治淸明。後來，大事成了，不知退讓，稱了皇帝，這是一個大錯。現在懊悔已遲，惟有一死。你拿我的頭去，獻給唐天子，可以得到富貴功名，不要被旁人得去了！』林言不忍。黃巢自刎而死；用力輕了，頭沒有斷。林言乃拔刀割下，用木匣盛了；又把黃巢的兄弟妻子，一起殺了。正要去獻功，在路上被沙陀兵截住，連林言一併斬了，獻給唐朝。一場好大的民亂，方算結束。

❶治汴州。汴州卽現今河南省開封縣。

這黃巢原是一個士豪。士豪的思想，一心要佔盡天下的便宜，他那裏知道民衆的利益，那裏有爲民衆的利益而奮鬬的志氣。當世亂年荒民不聊生的時候，他便利用機會，揣摩民衆的心理，對當時在統治地位的罪惡，揭發出來，做他發揮野心的藉口。他的事業一帆風順的時候，便有些振作有爲的表示，困頓失敗的時候，便是放火殺人無所不爲了。中國人有句成語道：『成則爲王，敗則爲寇，』看這黃巢起兵的始末，也可見「敗則爲寇」的一斑了。

【研究問題】

王仙芝黃巢等聚衆作亂的開始，當時的勢力還沒有很強，爲什麼官府不知及早取締？

黃巢自己，不是一個生計艱難的人，爲什麼也要挺而走險？宋威爲什麼要朦報王仙芝已死？

唐朝政府怎麼也要招納反賊呢？

黃巢不殺讀書人是什麼意思？

黃巢竄入廣南，他有什麼計劃？

劉巨容不追黃巢，不怕唐朝責備他處分他的嗎？

黃巢的兵怎麼也知道贈金帛給貧民，而封掠富戶斬殺官僚的？

朱溫倘讓投降唐朝之後，爲什麼這樣的逼迫黃巢？

黃巢臨死說這幾句話是什麼意思？

第三十八章　五代十國的概況

黃巢被討滅後，產生了朱全忠李克用兩個最強大的藩鎭，朱全忠受唐昭宗命入京翦除宦官，就乘機奪了唐朝的天子。中國乃走入五代十國的時代。

這時代，並立割據地盤的，計有十國，先後奪取帝位的，凡經五代：眞是紛亂複雜極了。這紛亂複雜的時代，首尾共五十四年，卽自民國紀元前一千另五年至民國紀元前九百五十二年。

先述五代的興亡。五代的名稱，是後梁、後唐、後晉、後漢、後周。

梁的始祖就是朱全忠。他與李克用合兵討滅黃巢，很得唐天子的信任，受封爲吳興郡王。就宣武節度使治地汴州爲根據地，翦滅黃巢的餘黨秦宗權，❶兼併山東及淮北，收服河北三鎭，攻取義武節度使❷轄地及澤潞邢洛磁等州。又常進逼晉陽，❸李克用頗受他的侵擾，只因沙陀兵強，無法吞滅。而在中原勢力，惟朱全忠獨大。唐昭宗要除宦官，見他兵強，請他幫助。事平之後，進封梁王。他便挾唐昭宗遷都洛陽，以便操縱中央政權。不久，把昭宗殺了，擁立太子李柷，是爲唐昭宣帝。民國紀元前一千另五年，乃受昭宣帝禪，卽皇帝位，改名朱晃，定國號曰梁，是爲後梁太祖。

❶秦宗權本係唐蔡州節度使，黃巢破蔡州，便屬黃巢叛唐。黃巢被滅，他仍橫行河南山東一帶。

❷治定州，定州卽現在河北省定縣。

❸現今山西省太原縣。

朱晃雖稱皇帝，然無法吞滅河東，其勢力終是後梁的大患。李克用於民國紀元前一千另十七年，受唐封爲晉王。唐昭宣帝禪位於梁王。河東仍用唐朝年號。明年，李克用死，子李存勖立。李存勖初立時頗英勇，屢與後梁交兵，奪取義武節度使轄地及河北三鎮。民國紀元前一千年，後梁太祖被其子朱友珪殺死。明年，朱友貞殺其兄友珪而自立，是爲末帝。梁末帝性懦弱，當然不是李存勖的對手。民國紀元前九百八十九年，李存勖在魏州❶稱皇帝，國號曰唐，是爲後唐莊宗。梁末帝派兵攻後唐鄆州，❷大敗。後唐莊宗卽乘機襲取大梁。❸末帝自殺，後梁遂亡。

❶現今河北省大名縣。

❷現今山東省東平縣。

❸後梁都城，現今河南省開封縣。

後唐莊宗滅梁之後，卽遷都洛陽。他從此志得意滿起來了，寵用伶人宦官，自己不問政事。民國紀元前九百八十七年，後瓦橋關❶撤回的戍兵，中途叛變，佔據鄴城。莊宗使其父李克用的養子李嗣源往討，李嗣源的兵也變了，刼着李嗣源入鄴城。李嗣源用計逃出鄴城，收集散兵往相州❷暫駐。李嗣源的女壻石敬瑭說：『做事不宜猶疑，猶疑必然失敗。你給手下的變兵刼着擁入敵人的城中，現在雖然逃出來了，皇帝正是昏瞶的時候，能够不疑心你嗎？皇帝起了疑，你就不免得罪，還不如索性反了罷！』李嗣源一想不錯，就派石敬瑭爲先鋒，直取洛陽。莊宗想要拒敵，可是手下的兵都不聽號令，不料被伶人郭從謙所殺。李嗣源就入洛陽卽皇帝位，是爲明宗。明宗死，養子從厚立，是爲閔帝。不久，閔帝被明宗的又一養子從珂攻殺，從珂自立，是爲廢帝。廢帝要把石敬瑭的兵從河東，調至天平❸，石敬瑭不願，就此造反。

❶在現今河北省雄縣。

❷現今河南省安陽縣。

❸卽鄆州

石敬瑭惟恐自己的力量不足，向契丹借兵。契丹乃派兵南下，大破唐兵，唐廢帝自焚而死。石敬瑭受契丹冊封爲大晉皇帝，遷都於汴，是爲後晉高祖。後晉高祖死，兄子重貴立，是爲出帝。出帝與契丹開釁，被捕去，後晉遂亡。

晉將劉知遠在太原，聞後晉出帝被捕，便自立爲皇帝。後來契丹兵北歸，乃發兵入汴，是爲後漢高祖。其時是民國紀元前九百六十五年。明年，高祖死，子隱帝劉承祐立。民國紀元前九百六十二年，隱帝想翦除樞密使，天雄軍節度使郭威，反被攻殺；後漢僅四年卽亡。

郭威旣攻殺後漢隱帝，乃卽皇帝位，是爲後周太祖。太祖在位三年卽死，養子柴榮繼立，是爲世宗。世宗是個奮發有爲的人，積極整頓軍隊，刷新政治，一時國富兵強。對當時割據的南唐和後蜀，都曾用兵戰勝，略取土地。又親自帶兵北伐契丹，取瀛、莫、易三州。不幸於民國紀元前九百五十三年，卽病死，沒有成就大功業。世宗死，其子柴宗訓立，年僅七歲，是爲恭帝。明年，傳言北方有警，派殿前都檢點趙匡胤帶兵出發；至陳橋驛，❶兵變，擁趙匡胤爲皇帝，後周恭帝卽行禪位與他，是爲宋太祖。宋太祖把割據的各國都滅掉，中國重歸統一。

❶在現今河南省開封縣東北。

這五代並不是統一中國的皇朝，只是割據中的一國。因爲他們的地盤在中原，都城不是大梁，便在洛陽，歷史便姑且把他們當作中央政府。其餘割據的各國，也各自用皇帝的稱號，自立朝廷；即使有不稱皇帝的，政治上亦是完全獨立，不受這五代皇帝的節制。而所謂十國，也不是同時並立的，分併興滅，前後合計而成；此外還有立國不久的小邦不計。十國的名稱，是吳越、南漢、閩、吳、楚、前蜀、南平、後蜀、南唐、北漢。

唐朝滅亡的時候，除五代的後梁，以及虎踞河東的晉王李克用之外，並立割據的，計有六國；這六國的來源，大都是唐朝的藩鎮：

鎮海鎮東軍節度使錢鏐據兩浙，是爲吳越。

嶺南節度使劉隱據嶺南，是爲南漢。

武威軍節度使王審知據福建，是爲閩。

淮南節度使楊行密據淮南，是爲吳。
武安軍節度使馬殷據湖南，是爲楚。
劍南節度使王建據東西兩川，是爲前蜀。

後梁時，
荆南節度使高季興據荆南自立，是爲南平。

後唐時，前蜀被莊宗討滅，各國仍舊，但不久。
劍南西川節度使孟知祥又據兩川自立，是爲後蜀。

後晉時，
吳將徐知誥篡吳自立，建南唐國；
閩國被南唐吳越所分。後漢時，楚國被南唐所滅。後周時，後漢的北京留守劉旻據河東自立，是爲北漢。

錢鏐於黃巢攻掠浙東時，曾以二十八斬黃巢兵數百，因此有名。後受唐任命爲杭州刺史。昭宗時，越州❶威勝軍節度使董昌造反，錢鏐把他討平，乃被任爲鎭海鎭東節度使，❷並封彭城郡王，盡有兩浙之地，駐在錢塘。❸不久封越王，又改吳王。後梁太祖爲皇帝，封爲吳越王兼淮南節度使。後唐莊宗時，錢鏐稱吳越國王，建宮殿，立朝廷，用皇帝排場。錢鏐死，子錢元瓘繼立。錢元瓘死，子錢佐立，用兵取閩國的福州。傳至錢俶，投降宋太祖。至民國紀元前九百三十四年，錢俶乃把所屬十三州治權奉歸宋朝。

❶現今浙江省紹興縣。

❷其時爲民國紀元前一千零十七年，可算是吳越建國的起始。

❸現今浙江省杭縣。

劉隱於民國紀元前一千另七年，受唐任命爲嶺南節度使。後梁太祖封劉隱爲南海王。劉隱死，其弟劉巖繼立，據嶺南四十七州，於民國紀元前九百九十五年在廣州卽皇帝位，定國號曰越，後又改稱漢。傳至劉鋹，於民國紀元前九百四十一年，被宋太祖派兵討滅。

王審知同其兄王潮王審邽隨壽州王緒造反，南至福建，據汀漳二州。❶王緒暴虐，其部下把他殺了，奉王潮爲主。王潮又佔據泉州福州❷。王潮死，王審知繼立。民國紀元前一千另十五年，唐設武威軍於福州，命王審知爲節度使，封瑯玡王。民國紀元前一千另三年，後梁太祖加封王審知爲閩王。審知死，子延翰立。不久，延翰被殺，其弟延鈞立，於民國紀元前九百七十九年在福州即皇帝位，定國號曰閩。其後宗室因奪皇帝位互相爭殺，至民國紀元前九百六十六年，南唐皇帝李璟乘機派兵攻入閩國遂亡。

❶汀州，現今福建省長汀縣；漳州現今福建省龍溪縣。

❷泉州現今福建省晉江縣；福州現今福建省閩侯縣。

楊行密在唐僖宗時，本是江淮的盜匪；後因應募爲兵，斬軍吏作亂，佔據廬州，❶唐朝即命爲廬州刺史。民國紀元前一千另二十年，又乘亂佔據揚州。❷漸漸擴充地盤，擁有八州地方；唐朝乃又命他爲淮南節度使。他又派兵盡力開拓，凡淮南江東各州，差不多全歸他所有。民國紀元前一千另十年，唐昭宗封他爲吳王。後三年，楊行密死，其子楊渥繼立。楊渥又略取江西各州，其國雄立長江下游，聲勢頗大。然而兵權旁落，盡歸其部將張顥徐溫所有。民國紀元前一千另四年，張顥徐溫殺楊渥，擁其弟楊隆演繼立。而徐溫又殺張顥，大權都落在徐溫的手中。楊隆演見徐溫專權，心常怏怏，畢竟憂憤而死。徐溫爲操縱政權便利起見，立楊隆演的幼弟楊溥；而自己屯駐於昇州❸，留其子徐知訓在江都輔政。民國紀元前九百八十五年，徐溫勸楊溥即皇帝位；而徐溫即病死，大權歸其養子徐知誥手中。民國紀元前九百七十五年，楊溥被逼禪位與徐知誥。吳國乃變爲南唐。

❶現今安徽省合肥縣。

❷現今江蘇省江都縣。

❸現今江蘇省江寧縣。

馬殷於唐昭宗時受命爲潭州刺史，其後用兵併連、邵、郴、衡、道、永六州，又攻破桂州。民國紀元前一千另十五年，被任爲武安軍節度使。唐亡後，後梁太祖封他爲楚王。又取嶺南昭、賀、梧、蒙、龔、富等州，而朗、澧、辰、漵、等州亦都歸附。民國紀元前九百八十五年，自立政府。湖南多金銀礦，產茶又豐，所以國中很富。馬殷死後，其子大都奢侈無度，而且互相爭立，因此兵連禍結，於民國紀元前九百六十一年，被南唐所滅。

王建本是許州的無賴，拜唐宦官田令孜爲義父，因此得在神策軍中爲將。黃巢之亂，僖宗逃往蜀中，王建護衛有功，被任爲璧州❶刺史。他又用兵併閬州利州，❷於民國紀元前一千另二十一年，攻入成都；唐朝就命他爲成都尹劍南節度使。不久，併取東川節度使黔南節度使所轄各地，攻略夔、施、忠、萬各州。民國紀元前一千另九年，唐朝封他爲蜀王。唐亡後，他就卽皇帝位於成都。王建死，子王衍立，荒淫無度，於民國紀元前九百八十七年，被後唐所滅。

❶現今四川省璧山縣。

❷閬州，現今四川省閬中縣；利州，現今湖北省施南縣。

高季興於民國紀元前一千另五年，受後梁太祖命爲荊南節度使；所屬十州，都被附近藩鎭侵吞，被剩江陵一城，季興竭力經營，方始漸漸強大。後梁末年，季興又受封爲渤海王。後唐莊宗入洛陽，高季興應召去朝見，又受封爲南平王。後來受後唐攻擊，附屬於吳，受吳册封爲秦王。高季興死，子高從誨立，又臣服後唐。後漢時，高從誨只求大國賞賜財物，不惜向鄰近的南漢和閩蜀都稱臣服小，因此當時有高賴子的徽號，傳至高繼沖，於民國紀元前九百四十九年，投降宋朝。

孟知祥是後唐的劍南西川節度使。民國紀元前九百八十二年，孟知祥因與後唐宰相安重誨不睦，聯合東川節度使董璋起兵反後唐。後唐明宗使石敬瑭往討，無功而回。後來孟知祥又攻殺董璋，併取東川。明宗想安撫孟知祥。於民國紀元前九百七十九年，封他爲蜀王。明年，明宗死，孟知祥在成都卽皇帝位。在位半年卽死，子孟昶繼立。民國紀元前九百五十七年，後周世宗派兵攻取後蜀階、成、秦三州。民國紀元前九百四十七年，宋太祖派兵攻後蜀，孟昶乃降。

徐知誥本姓李，既爲皇帝卽復姓李，改名昪。自以爲是唐朝子孫，故定國號曰唐。李昪死，子李璟立。適閩、楚內亂，出兵把他們攻滅；於是地盤更大，頗自負，有恢復中原的氣概。民國紀元前九百五十四年，後周世宗派兵來攻，李璟自覺力弱，乃割江北各州請和，並卽自行取消皇帝的稱號。宋太祖篡北周爲皇帝，李璟又表面臣服，然終於民國紀元前九百三十七年被宋太祖所滅。

劉旻係劉崇改名，爲後漢高祖劉知遠之弟。後漢高祖入汴，命劉崇駐太原爲北京留守。郭威攻殺漢隱帝，稱後周，劉崇卽以晉陽十州自立。民國紀元前九百六十一年，卽皇帝位於太原，改名劉旻。劉旻屢次請契丹派兵攻後周。民國紀元前九百五十八年，被後周世宗大敗於高平，❶劉旻因此憂憤而死。其子劉承鈞仍借契丹兵攻後周，而終不得志。至民國紀元前九百三十三年，被宋太宗討滅。

❶現今山西省高平縣。

這十國，南平地盤很小，北漢服屬外族，實在是湊集在內的。而此外如唐朝的鳳翔節度使❶岐王李茂貞，於唐亡後仍用唐朝的年號，儼然自成一國；如閩國的泉州指揮使留從效，於閩亡後曾據漳泉二州，亦是獨立之邦。諸如此類，瑣瑣屑屑，不再列舉，概稱十國。這也是舉成數的意思。

❶治鳳翔府，鳳翔府即現今陝西省鳳翔縣。

【研究問題】

五代十國這樣的零碎紛亂的形勢，是怎樣造成的？

爲什麼各方都在沒有統一中國的時候就稱皇帝？

有幾個仍沿用唐朝的年號是什麼意思？

爲什麼這些國家互相攻伐的事跡沒有戰國時代那樣的多？

各國疆土的分立，在地理上有什麼關係？

南平地盤這樣的小，爲什麼也能維持得很久？

爲什麼各國的國主，大都是無賴匪徒或外族？

第三十九章　兒皇帝的罪過

五代紛亂之中，所遺留對於中國最大的惡影響，就是石敬瑭甘心割了邊塞要地，不惜自稱臣子，向外族契丹借了兵來，推倒後唐，自爲皇帝。他個人的寡廉鮮恥，開軍閥勾結外族的惡例，姑且勿論；從此引狼入室，使我們漢族處於外族威脅之下四百餘年，這一層關係於我們民族國家的衰弱，實在不淺。從前五胡亂華，中國雖是大受外族的蹂躪；然而這些外族大都是被征服了的，而且是失了根據地的；那時的擾亂，是他們降服之後的一種騷動，中國所受的影響，只是皇帝的朝廷被推翻了，與人民受了很重的兵災。石敬瑭諂事契丹的影響，簡直是中國開始被外族所征服，開始受外族的宰制呢。

周秦和兩漢時代，與漢族交涉最繁的外族是匈奴；漢以後，他們差不多完全被征服了。魏晉時代，鮮卑與漢族交涉最繁，而其一部分於五胡亂華的中間，與漢族同化了。隋唐時代是突厥和吐蕃，到唐朝末年，他們也都衰了。唐末五代時興起的，是鮮卑的遺族契丹。

契丹的種姓不少，這時興起的，是姓耶律的世貝氏一支。民國紀元前一千另五年，契丹太祖耶律阿保機立為可汗，建都臨潢。❶他很熟悉中國文化，所以知道招用漢族人做他的官吏。他用兵併吞中國北方的各部族：西征回鶻，❷東北滅渤海，❸服室韋，西北服黠戛斯；於是其疆域東至海，西至金山和流沙，北至臚朐河，❹南與中國接界，赫然中國東北的一個大國。

❶在現今熱河省屬阿魯科爾沁旗的地方。

❷即回紇，唐德宗時回紇可汗請改此名。

❸滿族靺鞨人在現今黑龍江吉林兩省和蘇俄沿海省的地方所建立的大國。

❹金山即現今阿爾泰山，流沙指現今新疆甘肅兩省境內的沙漠，臚朐河即現今克魯倫河。

契丹太祖起初和晉王李克用約為兄弟，後來又與後梁交通，與李克用不睦。後唐時，契丹屢次來侵擾，往往失敗而去。然而後唐盧龍節度使周德威自恃勇武，不知嚴守榆關，❶契丹因此，就入據營州平州，❷民國紀元前九百八十六年，契丹太祖死，次子耶律德光立，是為契丹太宗。後十年，石敬瑭向契丹太宗請兵滅後唐。

❶即現今山海關。

❷營州，現今熱河省朝陽縣；平州現今河北省盧龍縣。

石敬瑭與後唐廢帝李從珂素來不睦。李從珂即皇帝位，石敬瑭常恐廢帝奪他兵權，而廢帝也常恐石敬瑭謀反。石敬瑭爲河東節度使，是一個重鎭，廢帝要把他調爲天平節度使。石敬瑭推推托托，不敢遵命，廢帝就把石敬瑭免職，命張敬達進兵圍晉陽，於是石敬瑭造反。

石敬瑭誠恐自己的力量抵敵不住，便派人往契丹求救兵，使桑維翰寫表，稱契丹太宗爲父皇帝，自稱臣子；約定事成之後，割盧龍一道，及雁門關以北各州爲酬報。部將劉知遠勸道：『自己稱臣也够了，何必稱他爲父。許贈金帛則可，許以土地則不可。不宜爲了一時之計，貽將來永遠的大患』石敬瑭不聽。

契丹太宗得了石敬瑭的表，大喜，便帶領傾國人馬南下。至晉陽城外，紮在汾河北岸的虎北口，先使人對石敬瑭說：『我們即日攻擊唐兵罷！』石敬瑭派人回答：『南軍兵力很雄厚，不可造次；明日議定方略，然後開戰不晚。』派去回話的人還未達到，契丹兵已和唐兵接觸，石敬瑭乃使劉知遠出兵助戰。契丹兵勇猛，唐兵很懈怠，結果唐兵大敗，死者萬人。當夜石敬瑭出北門見契丹太宗，契丹太宗執石敬瑭的手說道『我們相見得晚了！』於是相談日間的戰況，石敬瑭表示十分佩服，十分感激。

明日，石敬瑭兵與契丹兵合圍張敬達於晉安營，張敬達派人向廢帝報告戰敗，並請救兵。廢帝命盧龍節度使趙德鈞去救，趙德鈞逗留不進。契丹太宗移駐柳林，有一天，召石敬瑭去，對他說：『我從三千里外出兵到此，幫你的忙，必能成功。我看你相貌堂堂，人材出衆，想把你立爲天子。』石敬瑭暗裏歡喜，表面上再三推辭，經文武官員殷勤相勸，乃受契丹太宗册封爲大晉皇帝。石敬瑭就把幽、薊、瀛、莫、涿、檀、順、新、嬀、儒、武、雲、應、寰、朔、蔚十六州❶割讓契丹，並約定每年奉獻絹緞三十萬匹。從此以後，中國的北邊無險可守，聽強敵自由出入。這好比自己把門牆撤去了，任盜匪自由出入擄掠一般。石敬瑭爲保持個人的地盤和實現非分的欲望，種此禍根，眞是罪大惡極啊！

❶幽州，現今北平特别市；薊州，現今河北省薊縣；瀛州，現今河北省河間縣；莫州，現今河北省肅寧縣；涿州，現今河北省涿縣；檀州，現今河北省順義縣；新州，現今河北省涿鹿縣；嬀州，現今察哈爾省懷來縣；儒州，現今察哈爾省延慶縣；武州，

現今察哈爾省宣化縣；雲州。現今山西省大同縣；應州，現今山西省應縣，寰州，現今山西省馬邑縣；朔州現今山西省朔縣的西北；蔚州，現今山西省朔縣。這十六州中以幽州雲州形勢最重要，故稱爲燕雲十六州。

契丹太宗得了十六州，目的已達，有退兵之意。一面趙德鈞雖受命救晉安營，卻遠遠紮在團柏谷㊟口。他一方對廢帝藉口要挾，一方也想與契丹勾結。他派人往契丹營中見契丹太宗說：『倘肯立我爲皇帝，請即引兵南下，平定洛陽，滅後唐，彼此約爲兄弟之國，仍使石敬瑭鎮守河東。』契丹太宗有允許之意。石敬瑭聞訊，急忙派桑維翰去見契丹太宗說：『大國仗義出兵，來救兒皇帝的危急，一戰之下，唐兵大敗。現在雖困守晉安，但已糧窮力盡，早晚便可攻破。姓趙的不忠不信，只因畏懼大國，而且包藏禍心，所以按兵不動。他決不會出死力與大國之兵交戰，不必顧忌。切勿聽了他的胡言亂語，貪他微細的小利，把將要成功的事業半途拋棄。況且大國若始終助晉國得了天下，晉國將盡力把中國的寶物奉獻，其利益不知要加他幾倍哩！』契丹太宗笑道：『你不見捕鼠的人，一不防備，尙恐被他咬傷手指？趙德鈞現今還算得是個大敵，怎好疏忽？』桑維翰說：『現在大國已把這鼠子的咽喉扼住了，還怕他咬人嗎？』契丹太宗道：『我並非有意違反前約，只是用兵不得不講計謀。』桑維翰說：『大皇帝爲信義救人的危急，天下的人都很注意的；一日改變態度，這是有始無終，大皇帝也是無益的。』說罷，跪在帳前，從早到晚，哭哭啼啼，不肯罷休。契丹太宗過意不去，只得允許專誠幫助後晉，指着帳前的石塊對趙德鈞的使者道：『我與姓石的先已有約，除非這塊石腐爛了，纔好改變。

❶在現今山西省長治縣。

張敬達在晉安營被圍數月，消息隔絕，救兵不至，眞是困苦極了。這人爲人剛強，當時都稱呼他張生鐵。有人勸他投降契丹，他抵死不肯，說：『你們要降契丹，等到力盡勢窮的時候，斬了我的首級去。』因此被部下刺殺。晉安營乃降於契丹，契丹把降兵都撥歸石敬瑭。契丹兵轉攻團柏谷口，趙德鈞戰敗，逃至潞州。❶後被擒擄，送至契丹而死。於是契丹太宗留駐上黨，❷撥契丹兵五千，使石敬瑭攻洛陽。臨行，契丹太宗對石敬瑭說：『我倘往南方，南方的人，必大驚駭。我現在助你五千騎兵，送你到黃河橋頭。其餘留在此地，聽你的消息。有急我便下山救你，你得了洛陽，我便要回去了。』石敬瑭依依不捨。契丹太宗說：『願世世子孫，永勿相忘。』又說：『桑維翰劉知遠等都是好人你不可放棄。

❶現今山西省長治縣。

❷即潞州。

石敬瑭向洛陽進發，一路文武官員紛紛投降，十分順利。後唐廢帝見大勢已去，同太后皇后兄弟等登玄武樓，放火自焚而死。石敬瑭入洛陽，使劉知遠部署京城，把自己部下和契丹兵分別紮定，倘無騷擾百姓的事。事畢，乃餞送契丹兵還國。後來又把洛陽改爲西都，遷都大梁，把大梁所在的汴州改爲開封府。

契丹太宗回到本國，自以爲曾經册封中國皇帝，就侈然自大。他嫌契丹二字做國名不雅，改稱大遼。一切官吏制度，也都依中國改定。石敬瑭對遼國十分恭謹，遼國派使臣送詔書來，他必跪拜接受。去的文書必稱遼太宗爲父皇帝，自署兒皇帝，每年奉獻綢緞三十萬匹之外，逢到遼國君臣，有什麼婚嫁大禮，還要贈送許多古董玩器珍珠寶貝過去。遼國稍不如意，便來責備；石敬瑭也往往恭敬謝罪，不敢怠慢。後晉使臣至遼國，遼國人都很驕傲自大，出言不遜。使者回國，把這種情形告訴出來，朝裏朝外的人，都以爲十分可恥，石敬瑭卻很安然。

民國紀元前九百七十年，石敬瑭死，其兒子石重貴繼立，是爲出帝。其時天平節度使景延廣當國，擬表報告遼太宗，稱孫而不稱臣。遼太宗得表大怒，派人來責備，並問何以不先行承稟，竟擅自即位。景延廣對遼國使臣回言很多挺撞的話，態度也極強硬。遼太宗因此十分惱恨。而趙德鈞的兒子趙延壽，便乘機慫慂，請遼太宗出兵伐後晉。遼太宗便派趙延壽帶兵南下，約定倘能成功，便封他爲中國皇帝。

民國紀元前九百六十八年，趙延壽率遼國兵破貝州，❶出帝親自拒敵，居然把遼兵擊退，從此遼兵屢屢來攻，連年戰爭，後晉國力疲敝，終因內部不能一致對遼，支持不住。民國紀元前九百六十六年，石敬瑭妹壻杜重威想做皇帝，引兵反叛，投降遼國，迎遼國兵入大梁，出帝被擄。

明年，遼太宗至大梁，百官出城匍匐迎接。百姓見了，紛紛逃散。遼太宗乃上城樓，使人對百姓說：『我也是與你們一樣的人，你們不必懼怕，我也知道設法使你們太平有飯吃。我本來不想到南方來，你們漢族人的軍隊引我來的。』遼太宗進了晉宮，分付把出帝和景延廣解回本國。景延廣在路上自殺，出帝到了遼國被封爲負義侯。石敬瑭借了遼國的兵，做了皇帝，不過兩代，仍被遼國滅了。

遼太宗在大梁，既不想好好的統治中國，又不封趙延壽或杜重威爲中國皇帝，一味設法搜括中國的錢財，搬回本國去。又用子弟親信去做各地方長官，也全是外行，做出了許多荒謬的事情。遼國行軍時，本有一種『打草穀軍』，借籌措糧餉爲名，到四方任意刼掠。他在中國，仍行此法。因此大梁附近幾百里之內，錢財牲畜，一掃而空。百姓窮困無聊，便聚衆爲盜，專與遼兵爲難。遼太宗無法應付，嘆道：『我不料中國的事這樣難辦！天氣漸漸熱了，我這裏住不慣，還是回國去罷！』臨走，把後晉府庫中的財寶，一起捲了去。

遼兵攻後晉時，河東節度使劉知遠按兵不救，好像是守中立的樣子，遼太宗入大梁，後晉出帝被擄，他就在太原卽皇帝位。遼太宗帶兵北歸，他乃發兵入大梁。後晉各州郡聞訊，都歸附他，中國纔算恢復，但石敬瑭所割的燕雲十六州，仍歸遼國占有。此後的中國，因此時常受遼國的侵擾，很難防禦了。

【研究問題】

契丹的興起，與當時中國北方各外族之間的形勢有什麼關係？契丹能够強盛所受環境上的好影響是什麼。

榆關的形勢在當時怎樣重要？在現今怎樣重要？

燕雲十六州的地位怎樣重要？

契丹太宗爲什麼也有接受趙德鈞的請求之意？

當時中國的兵力，是否確實敵不過契丹？

遼太宗所辦的事，何以這樣糟法？

劉知遠按兵不救，是什麼意思？

第四十章　長樂老的功績

長樂老就是五代時的馮道。這人的一生，做官不忠於一姓，似乎太不注意氣節，頗不足道。其實那時的時局很混亂，很複雜，殺國君，換朝代的事見得很多，也不以爲奇。以官爲業的官僚，實在也很難把氣節來責備他們了。馮道可以算是當時官僚的代表。看了他一生的事跡，也就可以大概知道當時所謂士大夫的生活的一般。

他最初從燕王劉守光爲參軍。劉守光失敗，改從宦官張承業。張承業受命爲河東節度使監軍，乃把他薦給晉王李克用爲書記。他在軍中生活很能刻苦，常與僕人同飲食。諸將掠得美女，分贈給他，他情不可卻收了，卻使美女別居一室，並訪查來歷，送其還家。因父喪辭職返鄉，亦肯親自耕作。服滿後，再出做官，在後唐莊宗朝中爲翰林學士。莊宗被殺，明宗即位，又被重用，官至宰相。常勸明宗「居安思危」，並將農民的痛苦告訴明宗。明宗死，又爲閔帝的宰相。廢帝攻殺閔帝，他率領百官迎接廢帝，仍爲宰相。後晉滅後唐，他又從後晉高祖，並爲出帝的宰相。契丹滅後晉，又從契丹，入京師朝見遼太宗。遼太宗問他：『爲什麼來朝見？』他答：無城無兵，怎敢不來？』又問：『你是何等老子？』他答：『無才無德，癡頑老子。』遼太宗使爲太傅。遼太宗引兵北歸，他送至常山，❶後漢高祖即位，他即歸附後漢。後周滅後漢，他又從後周太祖。他自稱「長樂老，」著長樂老自序一篇，自敍一生從四姓和契丹的經歷，列舉所得官銜和爵位，以爲榮幸。豈知後世的人即因此笑他太無志節不知廉恥呢！

但是誰也料不到在這紛亂的五代時候，會有一種於文化推行大有功績的事業，就從這位太無志節不知廉恥的癡頑老子親手做成的。這好像是在昏黑的深夜，從一處骯髒的灰燼裏，爆發出一星火種來。這火種漸漸蔓延擴大，竟成爲光燄萬丈的火炬，照耀四方。

這一星火種是什麼？便是印刷術的推行。

印刷術有什麼重要？在現今印刷術很昌明的時代，反不容易覺得。因爲現今有大規模的印刷事業，每年可以出版幾百千萬精美的書籍，使個個人都有書可讀。書籍的來源這樣的旺，大家

❶現今河北省元氏縣？

就不會想到沒有印刷術時書籍難得的情形。在沒有印刷術的時候，要讀書必須抄寫；而要得書抄寫，更是一個很大的困難。那時候不是官府和紳士富豪是沒有藏書的。官府紳士富豪，豈是一般人個個能與他們接近的呢。書籍是人類知識的府庫，文明的鑰匙。各種創造事物的知識載入書中，便不容易散失。讀書的人，就能够接受這種種知識，應用於實際，讀書的人多，就是這種種知識傳布得普遍，文明就很容易發達。倘若書籍難得，讀書的人一定不多，這種種知識只被一小部分所得，文明就不容易發達了。

還有一層，有用的知識，若是僅僅載入有數幾册書籍，這有數的書籍不幸散失了，毀滅了，這種有用的知識便歸於淪亡。所以在沒有印刷術的時候，非但文明不容易發達，並且有中落的危險。有許多有用的知識一時失卻了，往往再經數百千年也不能重新發現。古代人所有有用的知識，不知失傳了多少，實在是非常可惜的事。

世界上發明印刷術最早的，是我們中國。古代的中國人寫字，本是用刀刻在木版上或是竹簡上的。金屬器上鏤刻文字，和刻石紀功，古代也很通行。但這時候還沒有知墨搨的方法，到漢時方有人知道墨搨碑文和其他金石文字。東漢靈帝時，想要劃一經書的文字，教博士蔡邕把經書校寫一遍，刻在石上，叫做石經，立在京師。本意只是確定校正經書的文字，然儒生就因此摹搨石經，來作讀本。這彷彿是印刷術的初步。

隋文帝時恐怕以前所有帝王將相的遺像，古聖先賢的遺著，廢棄失散，教匠人雕刻在木版上。這是石刻初化爲木刻的事實。

唐玄宗時，有一種開元雜報，印刷發行，每頁十三行，每行十五字，字大如錢，四周有邊線界欄；印工雖粗，這大概是雕版印刷的開始。

印刷比墨搨，要省工夫不少，而且又可以省裝潢裱背的費用，雕版印刷事業自然日漸推廣。唐僖宗時，有人在蜀中藏書家看見雕板墨印的書籍；雖字跡模糊，不易認識，但見者很是珍奇。唐朝末年，益州市上，就有雕版墨印的書籍出售。這是散頁的雕版印刷，漸漸演化到雕版印書的事實。

民國紀元前九百八十年，後唐宰相馮道，奏准明宗，教國子監集合博士生徒，依東漢石經用端正的楷書鈔寫了，仔細校讀之後，雇雕字匠人照着雕版。每日雕成五頁，繼續的做去，至民國紀元前九百五十九年，九經木版完全雕成。於是印成書本，頒印全國。這是印刷術由官府竭力推行的事實。同時私人著作的詩文，亦往往印成書本，分贈親戚朋友，刻書的風氣，盛行一時。推究原起，不能不說是有賴於馮道提倡和主持的力量。

馮道幹此事業，本人未必是有意要推行印刷術，他也是一般儒生尊經衞道的見解，利用當世新發明的雕版印書法，做這一番工作，好在歷史上留一個有功聖教的紀念。然而也就於無意中把這有功文化的事業，作登高一呼的提倡，使得普遍傳布。也惟因他一生經四個皇朝，代代得做高官，所以這一種事業，可以經二十餘年持續做去，終究刻成九經，頒行全國；使全國人都認識印刷術是有功文化的事業，大家應用推行，這一點是很值得紀念的。

後來宋朝時印刷術的推行更盛，政府頒行書範，爲全國刻書的法式。所以那時的家塾刻本和書坊刻本都很發達。這類刻本尙有流傳至今，爲考古家珍藏着。宋仁宗時，更有平民畢昇發明活字印書法，書籍的印刷更快更便利了。

印刷術的推行，不但在中國印刷界直接受到便利的影響，而且因交通的力量，又傳入歐洲。中國雖是八九百年來因襲陳法；但在歐洲，則因受了近代科學發達的影響，研究改良，成爲現今精美完備的印刷術。其間接的效果，豈不是助長了世界的文明。這不是於很紛亂複雜的時代，由卑卑不足道的官僚的手中，爆發出來的一星火種，造成的光明嗎？

【研究問題】

爲什麼很難拿氣節二字責備五代的官僚？

馮道這樣不從一姓而終的人格，爲什麼能得當時帝王的信任？

馮道爲什麼以歷從四姓爲榮幸呢？

文化的傳布和發達與書籍有什麼關係？

爲什麼印刷術不能够很早就發明？

馮道時的雕版印書法大概是怎樣的？

什麼叫做活字印書法？

印刷術與現代文明的發展有什麼關係？

本册大事年表

民國紀元前	大事
二〇三八	漢武帝征匈奴。
二〇三二	漢武帝納匈奴渾邪王降，開河西四郡。
	漢武帝使匈奴降人分住在隴西北地上郡朔方雲中五郡塞外。
二〇三〇	漢武帝征匈奴。
二〇一一	漢朝派蘇武出使匈奴。
一九八四	漢與烏孫夾擊匈奴。匈奴大敗。
一九七二	趙充國平羌亂，安置降羌於金城郡。
一九六二	匈奴呼韓邪單于朝見漢宣帝，漢宣帝使他住在五原塞外，匈奴降人雜居幷州。
一八七七	羌人攻臨洮，光武帝使馬援討平，安置降羌於天水隴西扶風三郡。
一八六二	光武帝使南單于駐在西河美稷，其部散居北地、朔方、五原、雲中、定襄、雁門、代郡一帶。
一八四七	漢置度遼營於五原，監視南匈奴。

一八三九	班超出使西域，脅降鄯善于闐，殺匈奴使者。
一八二五	張紆用計毒殺羌人大小頭目八百餘人，羌人數千，羌人動了衆怒。
一八二三	竇憲大破北匈奴，在燕然山刻石紀功而還。
	鄧訓破羌脅迷唐，羌人大都歸服。
一八二一	竇憲派耿夔大破北匈奴於金微山。
一八一一	羌亂勦平，安置降羌於漢陽安定隴西一帶。
一八一〇	置西海郡，開屯田，以治理羌人。
一八〇五	漢使羌人爲騎兵迎回西域都護，羌人乃作亂，涼州糜爛，東延三輔，南延益州。
一七九四	三輔羌亂肅清。
一七八四	羌亂後涼州完全克復。
一七四九	段熲開始痛勦羌人。
一七四三	段熲勦平羌人。
一七二八	黃巾賊張角等造反。
一七二三	漢靈帝死，何進擁立皇子劉辯。

	何進謀除宦官，反被宦官殺害。
	袁紹勒兵盡除宦官。
	董卓入洛陽廢劉辯，擁立獻帝。
一七二二	山東各州郡起兵討董卓。
	董卓挾漢獻帝遷都長安。
一七二〇	王允呂布殺董卓。
	李傕郭汜反入長安，殺王允。
一七一六	曹操挾漢獻帝由洛陽遷都許昌。
一七〇五	曹操大敗烏桓於柳城。
	劉備親至隆中聘用諸葛亮。
一七〇四	孫權劉備合兵破曹操於赤壁。
一六九六	南匈奴呼廚泉單于朝見漢獻帝，曹操把他留住在鄴城。
	曹操自稱魏王。
一六九三	劉備稱漢中王。

一六九二	曹操死，其子曹丕逼漢獻帝禪位，是爲魏文帝。
一六九一	劉備在城都稱皇帝，是爲蜀先主。
一六九〇	孫權自稱吳王。
一六八九	蜀先主死，其子劉禪繼立，是爲後主。
一六八五	諸葛亮出師伐魏。
一六八三	孫權在建業稱皇帝，是爲吳大帝。
一六八八	諸葛亮死於軍中
一六四九	司馬昭派鍾會鄧艾伐蜀，蜀亡。
一六四八	司馬昭爲晉王。
一六四七	司馬昭死，其子司馬炎逼魏帝曹奐禪位，是爲晉武帝。
一六三三	晉武帝使杜預王濬伐吳，吳亡。
一六二一	賈皇后召楚王司馬瑋殺楊駿。　八王之亂開始。
一六〇八	氐人李雄在蜀中建成國。
一六〇四	匈奴人劉淵在平陽稱皇帝，建漢國。

年	事
一六〇二	羯人石勒殺東海王司馬越，八王之亂終止。
一六〇一	漢國劉曜與石勒合兵攻破洛陽，擄晉懷帝。
一五九九	晉懷帝被害，愍帝在長安即皇帝位。
一五九六	劉曜破長安，擄晉愍帝。
一五九四	晉元帝在建康即皇帝位。
一五九三	劉曜自立於長安，建前趙國。
	石勒自立於襄國，建後趙國。
一五九二	漢人張茂繼立爲涼公，是爲前涼國。
一五八三	後趙滅前趙。
一五七五	鮮卑人慕容皝稱燕王，建前燕國。
一五六五	晉將桓溫伐蜀成功，成國亡。
一五六二	漢人冉閔篡後趙，改國號曰魏。
一五六一	氐人苻健入關中，建前秦國。
一五五八	桓溫伐前秦，至灞上。

一五四三	桓溫伐前燕不利。
一五四一	前秦滅前燕。
一五三六	前秦滅前涼。
一五二九	前秦起兵八十萬攻東晉，戰於淝水，前秦大敗。
一五二八	鮮卑人慕容垂稱燕王，建後燕國。
	羌人姚萇稱秦王，建後秦國。
一五二七	鮮卑人慕容冲在阿房稱皇帝，建西燕國。
	鮮卑人乞伏國仁在隴右稱單于，建西秦國。
一五二六	氐人呂光據姑臧，建後涼國。
	鮮卑人拓跋珪在牛川復興，建魏國。
一五二一	漢人李暠據燉煌，建西涼國。
一五一八	前秦滅亡。
	後燕滅西燕。
一五一七	後燕攻魏，後燕大敗。

年	大事
一五一五	匈奴人沮渠氏據張掖，建北涼國。
	鮮卑人托髮烏孤據廣武，建南涼國。
	魏王拓跋珪稱皇帝，是爲魏道武帝。
一五一四	桓溫子桓玄造反，攻至建康。
一五一二	鮮卑人慕容德據廣固，建南燕國。
一五一〇	東晉伐荆州桓玄，桓玄反入建康。
一五〇九	後秦滅後涼。
	桓玄廢晉安帝自立。
一五〇八	劉裕起兵討桓玄。
一五〇七	劉裕迎晉安帝回建康復位。
一五〇五	漢人馮跋滅後燕建北燕國。
	匈奴人赫連勃勃據朔方建夏國。
一五〇三	劉裕滅南燕。
一四九八	西秦滅南涼。

一四九五	劉裕滅後秦。
一四九四	赫連勃勃取長安，稱皇帝。
一四九二	劉裕逼晉恭帝禪位，是爲宋武帝。
一四九一	北涼滅西涼。
一四八九	魏太武帝拓跋燾卽位。
一四八四	魏太武帝伐柔然高平。
一四八二	夏滅西秦。
一四八一	魏滅夏。
一四七六	魏滅北燕。
一四七三	魏滅北涼。於是中國僅剩魏宋兩國對立。
一四四一	魏孝文帝拓跋宏卽位。
一四三八	宋桂陽王劉休範反，被蕭道成討平。
一四三五	蕭道成刺殺宋廢帝，迎立宋順帝。
一四三三	蕭道成遣宋順帝禪位，是爲齊高帝。

一四二七	魏孝文帝頒布均田法。
一四一九	魏由平城遷都洛陽。
一四一〇	蕭衍受齊禪，是爲梁武帝。
一三八三	魏將爾朱榮入洛陽，擁立孝莊帝。
一三八二	魏孝莊帝殺爾朱榮，其子爾朱兆反，攻殺孝莊帝，立節閔帝。
一三八一	魏將高歡起兵信都討爾朱氏。
一三八〇	高歡攻入洛陽，廢節閔帝，立孝武帝。
一三七八	魏孝武帝至長安。 北朝分爲東魏和西魏兩國。
一三六五	東魏將侯景帶河南十三州投降梁武帝。
一三六四	侯景反入建康。
一三六二	高歡子高洋廢東魏孝靜帝自立，是爲北齊文宣帝。 東魏亡。
一三六一	侯景自稱漢皇帝。
	梁元帝在江陵卽位。
	陳霸先起兵討侯景。

一三六〇	突厥土門攻滅柔然，自稱伊列可汗。
一三五八	北朝派兵攻入江陵，梁元帝被害。
一三五五	陳霸先廢梁恭帝自立，是爲陳武帝。
	西魏將宇文覺自稱周天王，廢西魏恭帝。
一三五三	周天王宇文毓稱皇帝，是爲北周明帝。
一三三五	北周滅北齊。
一三三一	北周外戚楊堅廢北周靜帝自立，是爲隋文帝。
一三二八	突厥沙鉢略可汗與隋和。
一三二三	隋文帝滅陳。中國統一。
一三一四	隋文帝伐高麗，不利。
一三〇五	隋煬帝親臨東突厥啓民可汗帳中。
一三〇一	隋煬帝脅迫西突厥處羅可汗來朝。
	煬帝巡遊至涿郡，約高麗王，不來朝，徵兵伐高麗。
一三九七	隋煬帝北巡，被啓民可汗子始畢可汗圍困於雁門。

一二九五	隋晉陽留守李淵起兵。
一二九四	李淵在長安稱皇帝，是爲唐高祖。
一二八六	唐高祖傳位與其子李世民，是爲唐太宗。
一二八三	突厥頡利可汗犯河西，唐太宗發兵十餘萬征突厥。
一二八二	唐將李清李世勣討平東突厥。
一二七八	吐蕃贊普棄宗隆贊派使臣朝見唐天子，求娶公主，唐太宗不許。
一二七八	唐太宗使李靖攻滅吐谷渾。
一二七七	唐太宗使侯君集攻滅高昌。
一二七一	唐嫁文成公主與吐蕃贊普棄宗隆贊。
	印度烏萇國尸羅逸多王派使臣朝見唐天子。
一二六八	唐太宗使郭孝恪破焉耆。
	唐太宗親征高麗，無功而回。
一二六六	唐太宗使李世勣討滅薛延陀。
一二六四	唐太宗使阿史那社爾攻破龜茲。

六五五	唐高宗使蘇定方發回紇兵攻破西突厥。
六六二	唐高祖使蘇定方渡海攻百濟。
六四九	唐將劉仁軌打敗日本兵。
六四六	唐高宗使李世勣伐高麗。
六四四	唐將李世勣薛仁貴滅高麗。
六九三	突厥默啜立爲可汗。
六九六	契丹李盡忠孫萬榮反。
七一〇	唐睿宗任賀拔延昀爲河西節度使。
七五〇	設十節度經略使。
七六八	唐朔方節度使王忠嗣破突厥。
七五五	安祿山在范陽起兵造反。
七五六	安祿山攻破潼關，入長安唐玄宗逃往蜀中。
七五七	安祿山被其子安慶緒所殺。
七五九	史思明殺安慶緒。

一一五一	史朝義殺史思明。
一一五〇	史朝義敗死。
一一四九	吐蕃攻入長安，唐代宗逃至陝州。
一一四八	僕固懷恩反。
一一三一	成德節度使李寶臣子李惟岳反。
一一三〇	淮西節度使李希烈反。
一一二九	涇原兵過長安忽然叛變，推朱泚爲主。唐德宗逃往奉天。
一一〇四	沙陀酋長朱邪盡忠來降。
一〇九五	李愬雪夜襲入蔡州，擒吳元濟。
一〇五三	南詔酋長酋龍自稱皇帝國號大禮。
一〇三七	黄巢起兵造反。
一〇三三	黄巢攻入長安，稱皇帝。僖宗逃至蜀中。
一〇二九	李克用把黄巢驅出長安。
一〇二八	黄巢失敗，退至山東自殺。

年	事
一〇二一	王建攻入成都，被任爲劍南節度使，建前蜀國。
一〇二〇	楊行密據揚州，被任爲淮南節度使，建吳國。
一〇一七	錢鏐據兩浙，被任爲鎮海鎮東節度使，建吳越國。
一〇一五	王審知據福建，被任爲武威軍節度使，建閩國。
	馬殷據湖南，被任爲武安軍節度使建楚國。
一〇一〇	唐昭宗封楊行密爲吳王。
一〇〇九	唐昭宗封王建爲蜀王。
	唐昭宗封朱全忠爲梁王。
一〇〇七	劉隱據廣州，被任爲嶺南節度使，建南漢國。
一〇〇五	朱全忠逼唐昭宣帝禪位，是爲後梁太祖。
	王建在成都稱皇帝。
	後梁太祖封馬殷爲楚王。
	高季興受後梁命爲荆南節度使，建南平國。
	契丹太祖耶律阿保机立爲可汗。

年	事
一〇〇〇	後梁太祖封王審知爲閩王。
九九五	劉隱弟劉岩在廣州稱皇帝。
九八九	李克用子李存勗在魏州稱皇帝，是爲後唐莊宗。
	後唐滅後梁。
九八七	後唐莊宗被殺，明宗繼立。
	後唐滅前蜀。
	孟知祥受後唐命爲劍南節度使，建後蜀國。
九八六	契丹太宗耶律德光立。
九八五	楊行密子楊溥在江都稱皇帝。
	楚國自立政府。
九八二	孟知祥對後唐反叛。
九八〇	馮道奏准後唐明宗教國子監雕刻九經木版預備印刷。
九七九	王審知子王延鈞在福州稱皇帝。
	後唐封孟知祥爲蜀王。

九七八	孟知祥在成都稱皇帝。
九七六	石敬瑭對後唐反叛，自稱臣子，向契丹請兵，攻滅後唐。
	契丹太宗封石敬瑭爲後晉皇帝。
	石敬瑭割燕雲十六州給契丹。
九七五	楊溥禪位與徐知誥，吳國變爲南唐。
	契丹改稱遼國。
九六八	趙延壽引遼兵攻取後晉貝州，後晉出帝親自擊退遼兵。
九六六	杜重威降遼，引遼兵入大梁，後晉出帝使擄。
	南唐滅閩。
九六五	遼太宗至大梁。
	後漢高祖劉知遠在太原自立，遼太宗離大梁北歸，高祖方入大梁。
九六二	郭威攻殺後漢隱帝而自立，是爲後周太祖。
	劉崇在太原自立，建北漢國。
九六一	南唐滅楚。

	劉崇在太原稱皇帝。
九五九	九經木板刻竣，印刷成書，頒行全國。
九五八	後周打敗北漢於高平。
九五七	後周攻後蜀，取階、成、秦三州。
九五四	後周攻南唐，南唐割讓江北各州，自行削去皇帝的稱號。
九五二	陳橋兵變，後周軍隊擁趙匡胤爲皇帝，後周恭帝卽行禪位是爲宋太祖。
九四九	南平降於宋朝。
九四七	宋太祖滅後蜀。
九四一	宋太祖滅南漢。
九三七	宋太祖滅南唐。
九三四	錢俶把所屬十三州獻給宋朝，吳越亡。
九三三	宋太宗滅北漢。

韋休編
朱中翰校

中國史話 (三)

中華民國二十年九月初版

中國史話第三册

目次

中國史話

第四十一章　宋朝開基和中國的衰弱

宋朝於紛雜混亂的五代之後，居然建起一個大一統的皇朝來，照例應該是很發皇很有希望的時代到了。然而宋太祖趙匡胤的得做天子，卻是一幕將錯就錯的喜劇，後來他全憑了這一股虛勁，制定他一朝的法度；因此將中國推入了衰弱的舛運，種下了四百年外族侵迫的禍根。

中國歷朝開國的始祖，不是前朝割據稱強的諸侯或軍閥，便是橫行草澤崛然而起的英雄和豪傑。他們或者用兵力攻滅前朝，自爲天子；或者乘機會攬奪政權，脅迫禪位。三代和秦，都與前朝並立數百年數十年，這且不論。秦以後如漢與唐的興起，都是當大亂之後，力征經營，翦滅並起的羣雄，眞當得起創業艱難的考語。其次如曹操劉裕等，他們確是立過很大的功業，爲人民仰望的中心。再其次如蕭道成蕭衍等，也在前朝執掌大權，處心積慮的謀幹了好多年，方始達其目的。

一舉而得天下的，惟有趙宋。趙匡胤不過區區一個殿前都檢點罷了，從來沒有立過赫赫的功業，也從來沒有起過非常的野心，只是將士們擁他出來，在當時不過將士們暫時利用一下的工具罷了。在趙匡胤，在將士們，都沒有料想到就此弄假成眞，居然建起一個大一統的皇朝來的，這豈不是一幕滑稽的喜劇！

民國紀元前九百五十三年，汴京傳言北漢已與契丹合兵來攻。明年正月，後周恭帝便命殿前都檢點趙匡胤出兵抵禦。其時恭帝年幼，能力薄弱，一般貪利慕勢的武人，乃節外生心，密謀異動。趙匡胤奉命出兵的時候，汴京又傳言諸將士將擁立都檢點爲天子。趙匡胤駐兵陳橋驛的一天，他的部下軍校苗訓自稱懂得天文的，說什麼眼見太陽之下另有一個太陽，黑光摩盪了很久，指示給趙匡胤的親信官吏楚昭輔道：『這只怕是天命吧！』晚上，諸將士便相聚密議道：『主上年幼庸弱，我輩出了死力破敵，有誰知道，不如先擁立都檢點爲天子，然後出征，也還不遲。』都押牙李處耘把這些經過情形，報告趙匡胤的兄弟趙匡義和書記趙普。趙匡義和趙普立即召集兵士準備天明時發動。一面派人飛騎通知在汴京的殿前都指揮使石守信，都虞候王審琦。這兩人都是趙匡胤的心腹，教他們相機行事。

大清早上，趙匡義和趙普便率領兵士擁至趙匡胤的寢帳，實行擁立的把戲。其時趙匡胤正是昨夜酒醉未醒，徐徐的欠伸而起；將士們都已拔刀在手，在帳前呼道：『我們想成大事，只少一個首領，願推太尉❶做皇帝。』趙匡胤正想回話，已被大衆扶下牀來，迎至大帳，給他披上黃袍，紛紛在四圍跪下便拜，口稱萬歲。拜畢，便又扶他上馬，簇擁着向汴京進發。趙匡胤見此形勢，也覺得無可奈何，但心中不免有幾分懼怕，日後不要也如此的受他們挾制。乃向將士們道：『你們貪圖富貴，卻來推我做天子。我對你們也有一個條件，務必聽從我的命令纔是；否則我不願當你們的首領。』大衆答應道：『那自然一定服從命令的。』於是趙匡胤發下命令數道，教大衆務必嚴守秩序，然後整隊前進。

趙匡胤帶兵入汴京時，恭帝早朝還沒有散。朝中接到報告，都很驚駭，宰相范質等，一時也想不出什麼應付的辦法。侍衛親軍副都指揮使韓通，要想設法抵禦，被人刺殺。趙匡胤進了明德門，便指揮軍隊各自歸營，自己也退居公署。將士們把范質等一班文官找到了，同至趙匡胤處。趙匡胤見范質等流淚說道：『我受世宗的恩德不淺，現今被各軍壓迫，竟然到此地步，心上好不慚愧，你看應該怎樣纔是？』范質等未及回言，將士們又拔劍在手，洶洶的嚷道：『我們需要有個賢明的首領，今天務必請太尉卽天子位！』范質見勢不佳，只得和同來的文官一齊跪下，請趙匡胤至崇元殿行禪讓典禮。臨時召集百官，勉強湊合成班。倉卒之間，也來不及準備好恭帝的禪位詔書，卻是翰林承旨陶穀早已擬成一篇，藏在袖中，大衆便取來應用。趙匡胤照例拜受詔書，隨卽升殿登天子寶座，受百官朝賀。頃刻之間，後周的殿前都檢點，儼然新朝的開國皇帝了。趙匡胤乃建國號曰宋。是爲宋太祖。後周恭帝退爲鄭王。而那時，又傳言北漢和契丹業已退兵，遂停止出征。就便是陳橋兵變的一段故事。

將士擁立天子，這風氣也可算由來已久，唐朝各藩鎭的擁立主帥，就是這把戲的原型。後周太祖和後周世宗都是從這把戲裏產生的。將士所以擁立天子的道理，已被宋太祖『貪圖富貴』一語說破。天子而由將士擁立，那末這些將士的聲勢便十分可畏了。常言道：『趙孟之所貴，趙孟能賤之。』天子稍有不如將士之意，將士便可以另行擁立別人爲天子，以達其升官發財之目的。

宋太祖被擁立時有所恐懼的，便是這一層，而他卽提出服從命令的要求，這不能不說其他的聰明辦法。恰是機緣湊巧，割據各國的勢力都已衰退，宋太祖承受了後周世宗的基業和聲威，居然打成了統一的局面。事勢已變，將士擁立的風氣已有不能再延的形勢。又兼繼承宋太祖爲皇帝的宋太宗便是那主持陳橋兵變這把戲的趙匡義，弟擁兄立，兄終弟及，很自然的把擁立之局結束了。

結束唐末與五代擁立主將天子的局面，其主要力量，還是宋太祖苦心孤詣所定的法度。他被擁立時，卽提出服從命令的要求，可見他對於這種軍閥內潰之禍，深有戒心。所以他既得天下之後，便首先着手剷除這禍根，削弱諸將的勢力。其削弱諸將勢力的設施，重要的有下列各端：

一、凡節度使病故出缺的，或升官或辭職的，漸漸任用文官繼任。

二、各州設立通判，統治州中一切軍民大事，與中央政府直接，以分節度使的權勢。

三、節度使只許統治其駐在地的一郡，其餘向來兼轄的各郡，都改由中央政府直隸，以縮減節度使的統治區域。

四、唐以來的節度使，對於地方財政，一手把持。一切賦税收入，由其任意開支。餘款都用『留使』『留州』的名目開銷淨盡，只把一小部分『上供』國家。這還是表面上服從中央的；至於中央斷絕關係的，當然一個大錢也不解的了。既把財政權握在手中，就可以有錢養兵違抗中央而不必顧忌什麽了。宋太祖有鑒於此，便於各路設置轉運使，組織地方財政收支機關。凡各路的財賦，除本地實際的開支之外，掃數解送京師。無論節度使防禦使團練觀察等使和刺史，都不准干預錢穀的事。於是全國財政，統屬於中央政府了。

五、把各地精壯的兵丁，都抽調到京師，編爲『禁軍。』其餘留在本州的，叫做『廂軍。』廂軍大都是老弱殘兵，平時也不注意教練，聽他腐敗。各處需要用兵防守的，再派中央的禁軍出去，一年一換，叫做『番戍。』

同時並演所謂『杯酒釋兵權』的把戲，使功臣都把兵權交出。於是中央集權的形勢就很穩固，唐朝末年以來的藩鎮流毒，完全肅清了。

杯酒釋兵權的把戲，凡演二次：其一，在民國紀元前九百五十一年。石守信王審琦都是宋太祖很親密的舊人，因有功，統帶禁衛兵。趙普屢次勸宋太祖設兵解除他們的兵權。宋太祖道：『他們必不背叛我的，你怎麼這樣的憂慮他們？』趙普道：『臣亦不憂慮他們會背叛皇上。但是我仔細考察他們，都沒有很好的統御才，誠恐不能節制他們的部下，萬一他們的部下有什麼野心，構成禍亂，那末他們也許不由自主了！』宋太祖恍然大悟。一天，宋太祖於晚朝之後，與石守信等飲酒。半醉時，宋太祖使侍從的人退去，對石守信等說道：『我沒有諸位，當然不會到今日的地步。但是做天子實在太艱難，不及做節度使的安樂。我一向沒有安心過，差不多睡眠也不得安穩呢。』石守信等追問其所以然。宋太祖道：『此中的道理很簡明，就是這天子之位，那一個不想來坐？』石守信等都很驚異的問道：『皇上何出此言！現今天命已定，誰敢再有野心！』宋太祖道：『你們固然沒有野心，只是你們的部下，難保不想升官發財。一旦你們的部下，強把黃袍披到你們的身上來時，你們想要不幹也不成的了！』石守信等流淚道：『我們卻沒有想到這一層，但請皇上指示一條生路！』宋太祖從容不迫的說道：『人生一世，要求富與貴的原因，不過想多積金錢，使自已既可充分享樂，子孫也不致窮困罷了！你們何不把兵權解除了，做個淸閑的大官，置些上好的田產，爲子孫立好永久不動的基業；自己也養些歌兒舞女，飲酒取樂，享幾年清福。我和你們都結了姻親，彼此毫無猜疑，永久相安，這辦法不是很妥善嗎？』石守信等都很感激的應允道：『這辦法很妥善。這是皇上格外的愛惜我們？』到明天，都托病請解除兵權，宋太祖一律批准，都有很優的封爵和賞賜給他們。其二，在民國紀元前九百四十三年。宋太祖因鳳翔節度使王彥超，與安遠節度使武行德，護國節度使郭從義，定國節度使白重贊，保大節度使楊廷璋等來朝，在後苑歡宴。也是當年醉時從容不迫的對他們說道：『你們都是於國家有大功勞的舊人，在外面辛苦得很久了，使你們當這樣繁重的責任，我終覺得這不是優待你們的辦法。』王彥超理會得太祖的用意，即便答道：『臣本沒有什麼大功績，昌濫榮寵很久了，如今很願意就此告退，回去享幾年清福。』武行德等亦都願告退。明天，一律辭去節度使職。

藩鎭的流毒中國，業已二百年，設法肅清，本是應有的事。然而宋太祖的集權中央，削弱藩鎭，其最終目的，僅僅爲着一姓的基業保持安穩。所以到後來便矯枉過正，竟然是設法使全國人民都弱，只有君主一人獨強了。他把國中獷悍而失業的人民都收容做兵，荒年時招集飢民來擴充兵額。這實在是使全國除皇帝的侍衛之外不留一個强有力者的辦法。他又設法使當兵的社會地位比一般人民都低下，造成『好男不當兵』的一種觀念，使得民間的風氣，軟弱而不勇敢得達於極點。那些集中京師的禁軍，也因戰亂終止，不注意訓練，漸漸的腐敗。於是國家受了外族侵略也無法抵抗，以致受盡侮辱而不以爲可恥。唉！這又是皇帝專制的政治制度的罪過，爲了一姓的安富尊榮，竟把一國一民族的命運供其犧牲了！

這種政策的不良影響，不但使得國家兵力衰弱，並使財政紊亂，連帶的弄得政治界上發生朋黨的傾軋，以致動搖國本。

把廂軍中的精壯分子升爲禁軍，和荒年招飢民爲兵的兩種辦法，都足以使兵額無限制的增高。宋朝的兵，開國時不過二十萬，太祖末年增至三十七萬八千，太宗時增至六十六萬六千，眞宗時增至九十一萬二千，仁宗時增至一百二十五萬九千，英宗神宗時的兵額與仁宗時相差不多。兵額既是增高，軍費亦必加多。而且兵額雖多，兵力卻是不强，對外戰爭，往往失敗，因此又加多種稱費用。軍費與種種費用的加多，便使宋朝財政紊亂得不可收拾了。太祖時的歲出歲入，無從稽考。太宗末年的歲入二千二百二十四萬五千八百緡，據說當時尙有贏餘。至眞宗末年，約相距二十年，總歲入爲一萬五千另八十五萬另一百緡，總歲出一萬二千六百七十七萬五千二百緡。至英宗時，總歲入一萬一千六百十三萬八千四百緡，總歲出一萬二千另三十四萬三千一百緡，再加非常出❷一千一百五十二萬一千二百緡。看那歲入的增多，不上二十年，便相差將近十倍，這豈是富力的特進，不外乎苛捐雜稅的成績，那末當時民生的艱難，也就可想而知。英宗以後，每年入不敷出之數，總在二十萬以上，財政當然更紊亂了。

宋朝的財權軍權既是絕對集中於中央，地方政治自然毫無發展的餘地。於是有才能的人要想活動，也只有向京師集中。當時的政府中參與政事的職位，不過二三宰相和少數的御史大夫。一國之大，人才之多，而僅有這樣極少極狹的位置和出路，可以有成就功名事業的希望；因此而互相爭競，這也是必然的趨勢。所以宋朝一代的政治歷史，差不多完全是爭奪政權的歷史。不肖的固因私利而與人爭競，賢明的也因實現他的抱負而與人爭競，爭競到劇烈的時候，就難保不是意氣用事，未必都能用正當的手段了。

兵力的衰弱財政的紊亂和朋黨的傾軋這三種現象只要有了一端國家便十分危險宋朝竟三種俱全，給他在疲羸殘破的狀態之下，勉強維持到三百餘年之久，這要算是僥倖萬分的了。

❶後周恭帝卽位時，加命趙匡胤爲檢校太尉。

❷就是臨時費。

【研究問題】

怎麼說宋朝照例應該是很發皇很有希望的時代?

將士們要擁立趙匡胤爲什麼要假託天命?

看來擁立趙匡胤的主動人物是誰?

將士們貪圖富貴爲什麼要擁立天子?

趙匡胤當時爲什麼不拒絕部下的擁立?

怎麼說提出服從命令的要求，是宋太祖的聰明辦法?

爲什麼成了統一的局面，將士擁立的風氣便不能再延?

宋太祖削弱諸將的設施，那幾項是適當的那幾項不適當？

趙普勸宋太祖解除石守信等兵權的話是否合理？

宋太祖勸石守信等交出兵權石守信等怎麼沒有反對的？

爲什麼宋朝的兵額增多而兵力不强？

國家財政紊亂與苛捐雜稅有什麼關係？

財權軍權集中中央是否絕對有弊？有什麼利益？

朋黨傾軋的根本解決辦法是什麼？

第四十二章　宋初和遼夏的交涉

宋太祖竭盡心力於對內的經營，既沒有好結果，而在對外方面，卻因此生了很大的惡影響。起初因爲專力剷除割據的羣雄，不得不對北方的遼國取守勢，便把一個制服外族，或者竟是討平外族的絕好機會蹉跎過去。到國內平定，想要對付遼國，那時他們已度過危機，勢力恢復，因此遂不能取勝，弄得後患無窮。最後終因對內政策的矯枉過正，致於國力大衰，把中國大好河山，葬送在外族統治之下。這眞是糟糕透了！

自從媚外求榮的石敬瑭，把燕雲十六州割給遼國，中國北邊門戶洞開，形勢上已是很難抵禦外族的侵入了。五代後周時，遼國穆宗耶律璟在位，內部腐敗，正是有隙可乘。民國紀元前九百五十三年，後周世祖親自出兵攻遼，取瀛莫易三州，設置雄霸二州❶，於是中國和遼國以瓦橋關爲界。世祖是很想恢復幽州❷的，不幸於進向幽州的路中，得了重病，只得退兵。世宗死後一年，便發生陳橋兵變的事，趙匡胤起來建立宋朝。宋太祖和太宗的政策，卻與世宗不同，他們先用兵平定中國然後着手攻遼國。他們大概以爲用兵中國比較容易成功，所以先做這步工作，把後方的敵人除掉了，以便并力向前。其實那時的遼國正是勢弱，對南的軍事布置也不很完密，宋朝倘乘機努力進取，未始沒有收回燕雲十六州的希望。失此良好機會，眞可惜啊！

民國紀元前九百三十三年宋太宗因中國已經大定，便大舉北伐，先滅北漢，乘勝攻遼，取順薊二州❸，包圍幽州，兵勢很盛。然而其時遼國景宗伐律賢在位，不再如穆宗時的腐敗，且有耶律休哥爲將，兵力也强了。太宗與耶律休哥大戰於高粱河❹，太宗大敗，耶律休哥追擊三十餘里殺死宋兵萬餘人。

民國紀元前九百二十九年，遼景宗死，聖宗耶律隆緒繼立，年僅十二歲，由蕭太后當國。蕭太后很能幹，命耶律休哥專任南邊的戍守，形勢更是完固了。但宋太宗卻誤聽了守邊將賀令圖的話，以爲遼國婦人當朝，有隙可乘，於民國紀元前九百二十六年，命曹彬、崔彥進、米信、杜彥圭由雄州出兵，田重進由飛狐嶺❺出兵，潘美楊業由雁門關❻出兵，大舉北伐。曹彬米信等攻涿州❼，被耶律休哥打敗於歧溝關❽；潘美楊業攻寰、朔、應、雲四州❾，潘美被耶律斜軫打敗於飛狐嶺，楊業被耶律斜軫攻殺於陳家谷⑩；太宗得訊，急忙調回田重進；然宋軍精鋭業已耗亡大半，東北各州大受抄掠。從此宋朝再也無力進取，而遼國卻連年侵擾不休，東北邊永久不得安寧了。

宋太宗死，其子趙恆繼立，是爲眞宗。遼聖宗得訊，即於民國紀元前九百十三年親自統兵南下，至　州⑪，派一枝兵渡過黃河，抄掠山東。宋眞宗也親自出兵抵禦，行至大名⑫，遼兵退去。至民國紀元前九百另八年，遼聖宗又與蕭太后發兵來攻，再至澶州。宋朝守邊將士的告急文書，一晚上接連到了五通，朝中都很驚恐，膽小的紛紛請眞宗遷都。王欽若請遷至金陵，陳堯叟請遷至成都。獨有宰相寇準竭力主張出兵親征。眞宗猶疑不決，寇準十分堅持，眞宗勉強聽從了，進至澶州南城；見遼兵聲勢浩大，想在南城暫駐，觀望風色。寇準又以爲不可，眞宗又勉強渡河至北城登城樓。遠近望見皇帝的御蓋，都踴躍歡呼，數十里之內歡聲雷動。遼兵不料宋眞宗御駕親征，十分驚愕。又因遼聖宗蕭太后都在軍中，用兵不免遲重一些。前鋒攻至澶州城下，被宋兵擊退，勇將蕭撻覽因親自督兵進攻，中箭陣亡。遼兵氣勢漸餒，乃利用降將王繼忠爲居間人與宋朝議和。寇準還想爭持，要求遼國稱臣，並獻幽州；眞宗卻想就此敷衍了事，外間也有不利於寇準的流言，寇準不得已，只得也贊成和議。眞宗派曹利用往遼營磋商條件，寇準邀住曹利用警告他道：『你雖奉命去議和，但若所許賠欵過三十萬，我必殺你！』遼國本想索取後周世宗奪回的地方，宋朝這裏背依。結果宋朝允許每年送給遼國銀十萬兩，絹二十萬匹，雙方約爲兄弟之國，遼聖宗稱宋眞宗爲兄，宋眞宗稱遼國蕭太后爲叔母。這便是所謂『澶淵之盟。』

這次澶淵之盟，雖是發動於遼國，結果還是宋朝吃虧的。宋眞宗於事後尙恐遼國再來侵擾，乃遼國信天，乃託言有天書下降，因而封泰山祠汾陰，想借此驚倒敵人，以求苟安。然而因此大興土木，建造宮觀，從事齋醮，財政上的耗費，倒弄得一天大似一天，成爲後日國家困窮的一種禍根。

民國紀元前八百七十年，遼興宗耶律宗眞見本國富强，想設法恢復被後周世宗奪取的地方，把兵隊集中幽薊一帶示威，一面派劉六符至宋朝要求割地。宋仁宗趙禎便派富弼至遼國談判。富弼見遼興宗，問要求割地的理由。遼興宗責備宋朝不應無端修築城堡，增加兵備，指爲有意違背盟約；並言遼國將士都主張出兵南下，他不願先行開釁，所以派人提出要求，倘若宋朝不從，也只得用兵了。富弼陳說遼國與宋朝和好，宋朝每年依約送給銀絹，這是遼國皇室的利益；倘若一旦開釁卽使僥倖得勝只是造成了將士們掠取財物的機會遼國皇室未必能有實際的利益。又解釋修造城堡，增加兵備，是爲防禦西夏，與遼國無涉。遼興宗竟被富弼說動，取消了用兵的意思。但宋朝從此每年增加送給遼國的銀絹各十萬兩匹。幾乎破裂的國交，總算將就的言歸於好。

宋朝對遼國的交涉，固然是處於弱國被壓迫的地位，但是始終因和約的關係，很久沒有兵釁。宋朝的損失，還只是每年送給他們一大筆銀幣，實際上的受害究竟不算利害。當時宋朝對外交涉受累最深的，倒是西夏。

西夏本姓拓跋，是黨項的一個部落。有人疑他們是鮮卑人，所以姓拓跋；或者是鮮卑人在黨項中做酋長的。唐朝初年，拓跋赤辭歸向中國。他的後人拓跋思恭因助討黃巢有功，賜姓李氏，任爲定難軍節度使，鎭守夏州。唐朝亡後，他們便割據夏、銀、綏、宥、靜五州⑬，儼然西北一派強大勢力。宋太祖時，李彝昌獻馬三百匹。宋太宗攻北漢，李繼筠亦出兵相助。李繼筠死，其弟李繼捧於民國紀元前九百三十年，朝見宋太宗，獻夏、銀、綏、宥四州。李繼捧的弟李繼遷不服，叛據地斤澤⑭。民國紀元前九百二十七年，李繼遷攻占銀州；明年，投降遼國，遼國把義成公主嫁他，封爲夏國王。宋朝乃亦用招徠政策，於民國紀元前九百二十四年賜李繼捧姓名爲趙保忠，仍命他爲定難節度使，鎭守夏州，並許倘能招降李繼遷，亦可授予官職。民國紀元前九百二十一年，李繼遷亦請降，即命他爲銀州觀察使，賜姓名趙保吉。不久，趙保忠叛降遼國，遼國封他爲西平王；趙保吉亦反，攻占靈州⑮。宋朝派兵征討，擒趙保忠，而無法制服趙保吉，只好削去所賜的姓名就此了事。

民國紀元前九百十七年，李繼遷使張浦獻橐駝和良馬給宋太宗，宋太宗想就此覊縻住他，命他爲鄜州⑯節度使，命張浦爲鄭州⑰團練使；李繼遷不受命，張浦被留在京師。明年，李繼遷刧奪宋朝運往靈州的糧草，宋太宗大怒，三路出兵討繼遷，不能得利。宋太宗死，眞宗立，李繼遷又表示投順，再命他爲定難節度使，恢復所賜的姓名；然而他仍是在西北一帶抄掠騷擾。民國紀元前九百十年，趙保吉攻破靈州，改稱西平府，以爲根據地。明年，又攻取西涼府⑱。宋朔方節度使吐蕃人潘羅支集合蕃部攻趙保吉，趙保吉大敗，中箭傷重身死。趙保吉子趙德明又向宋朝請降，宋朝也命他爲定難節度使。民國紀元前九百另四年，遼國封趙德明爲大夏國王。趙德明對於宋朝和遼國，表面上都算服從，而實際上對於所統治的地方，儼然是一個獨立國家的君主。並且很能盡力經營，使他的兒子趙元昊攻取回鶻所據的河西地方，勢力漸强。趙德明在位三十年，對宋朝邊境總算沒有大侵擾過。民國紀元前八百八十年，趙德明死，趙元昊繼立，宋朝的西北邊從此多事了。

趙元昊雄材大略，是西夏的一個豪傑。他兼通中國和吐蕃兩種文字，善於繪畫和製造，又精明佛學，也是一個富於才能的人。他曾勸他的父親不必服從宋朝，應該努力進取。他即位之後，就制定官制，創造文字，區劃郡縣，分配屯兵，西夏的情形，頓呈蓬勃發展的氣象。民國紀元前八百七十四年，趙元昊居然在夏州即皇帝位，並照會宋朝。宋仁宗大怒，下令懸賞，誰能斬趙元昊的，即任他為定難節度使，而趙元昊也就開始侵略中國的邊疆。起初，宋朝命范雍夏竦分守鄜延、環慶、涇原、秦鳳四路⑲。既而乃專用夏竦做陝西招討使，命韓琦范仲淹二人為副。韓琦與范仲淹主張不同，韓主張猛攻，范主張堅守，議論不一，因而防備疏懈。西夏乘機來攻，以致大將任福戰死於好水川⑳。後來又把陝西四路，分派龐籍守鄜延，范仲淹守環慶，王沿守涇原，韓琦守秦鳳，使他們分頭負責經略邊事，也依然不能得利。直到民國紀元前八百六十九年，趙元昊自覺困疲了，纔向龐籍投書請和。明年，和議告成，宋朝封趙元昊爲夏國王，每年送他銀絹茶綵共二十五萬五千。

計算趙元昊的反叛，時間不過五六年，然而宋朝用兵的耗費和沿邊地方的被破壞，所受損失，實在不少。趙元昊請和之後，他卻又取得每年由宋朝送給他的財貨，便可以抵補他歷年用兵的損失，並供休養的用途，可算是十分便宜。至於他受宋朝册封的一點關係，這不過是表面上的虛文，實際上還不是依然自爲西夏的皇帝嗎？那末這種虛文簡直是騙取宋朝財貨的一種假面具罷了！可憐的是宋朝於和議前既大受損失，和議又把這種虛文換取了一筆大虧累，弄得國家困窮而無法振作了啊！

❶瀛州治現今河北省河間縣，莫州治現今河北省鄚縣，易州治現今河北省易縣，雄州治現今河北省雄縣，霸州治現今河北省文安縣。

❷概稱現今河北省東北部和熱河省，州治現今北平市。

❸順州治現今河北省順義縣，薊州治河北省薊縣。

❹在現今北平市西北，即玉泉山水經流的河。

❺在現今河北省淶源縣西北。

❻在現今山西省代縣西北。

❼涿州治現今河北省涿縣。

❽在現今河北省涿縣西南。

❾寰州治現今山西省馬邑縣，朔州治山西省朔縣，應州治山西省應縣，雲州治現今山西省大同縣。

❿在現今山西省朔縣南。

⓫在現今河北省濮陽縣西南。

⓬現今河北省大名縣，宋朝的北京。

⓭夏州治現今陝西省橫山縣，銀州治現今陝西省米脂縣，綏州治現今陝西省綏德縣，宥州在現今綏遠省鄂爾多斯後旂的地方，靜州在陝西省米脂縣之西。

⓮在夏州東北三百里，現今陝西省橫山縣境內。

⓯現今寧夏省靈武縣。

⑯現今陝西省邠縣。

⑰現今河南省鄭縣。

⑱現今甘肅省武威縣。

⑲延是延安府，現今陝西省膚施縣；環是環州，現今甘肅省環縣；慶是慶陽府，現今甘肅省慶陽縣；涇原現今甘肅省平涼縣；秦是秦州，現今甘肅省天水縣；鳳是鳳州，現今陝西省鳳縣。

⑳在現今甘肅省隆德縣東。

【研究題問】

宋太祖爲什麼不先恢復幽州？

寇準請宋眞宗親征，對於當時的情勢是否適宜？

澶淵之盟何以宋朝還是吃虧？

宋眞宗把天書封禪等事應付遼國是否適宜？

遼與宗要恢復失地，爲什麼不用兵攻取，而派人要求割讓？

富弼的一番話，怎麼竟可以使遼與宗取消用兵的意思。

李繼捧李繼遷這樣叛服不定，爲什麼宋朝一味姑息？

趙元昊到底爲什麼要請和？

第四十三章　王安石變法和宋朝的黨爭

宋朝的內政如此腐敗，外患如此緊迫，改革運動的興起，這是當然的一種趨勢。王安石便是應時而生的一個人傑。

王安石，字介甫，臨川❶人，生於民國紀元前八百九十一年，歿於民國紀元前八百二十六年，是中國歷史上有數的大政治家。他從政的時代，正是宋朝勢衰力弱，民窮財盡的當兒。民國紀元前八百四十五年，宋英宗趙曙死，其子趙頊卽位，是爲神宗。據稱神宗是個頗想振作有爲的英明皇帝，卽位後二年，便拔用王安石爲宰相，勵行『新法。』

神宗拔用王安石爲宰相，事在民國紀元前八百四十三年。到民國紀元前八百三十八年解職，出任知江寧府。明年，再入朝爲宰相。民國紀元前八百三十六年又解職。繼任宰相的是韓絳呂惠卿，凡神宗在位的年代，始終行王安石的新法，沒有改變。

當時宋朝所亟待整理的，是財政與軍政，所以王安石的新法，就注意於這兩方面的改革，而尤其注意於財政。

王安石的理財政策，其目的不是只注意於國帑的經常收入，大致在於寬蘇人民，培養社會的富力；社會的富力增高之後，乃取其贏餘，以爲國家的政費。所以實際說來，發達國民經濟，是其第一目的，而整理財政，是其第二目的。

宋朝承五代積弊，財政紊亂已極。王安石爲實施政策的便利起見，便創設一個從根本整理的總機關，叫做『制置三司條例司。』這個機關的主要職責，是節制兼併，救濟貧乏，變通全國的財富，使得民生寬裕，國家太平。這制置三司條例司創設之後，乃考核三司❷簿籍，把一年的支出，都『編著定式』❸。因此削減冗費凡十分之四，用來增加官吏的俸給。據史書所記當時所增官俸，京師每年增四十一萬三千四百餘緡，各地方合計每年增六十八萬九千餘緡。增加官俸，足以保障官風的廉潔，實爲整理行政的根本設施。當時制置三司條例司所舉辦的善良政務一定不少，可惜史書上因後來黨爭關係；都闕略不可考。就所遺留的一鱗一爪看來，已是不凡了。

制置三司條例司所定最有影響於民生的重要設施，爲『青苗法』和『免役法。』

青苗法很像現今官辦的農業銀行。其法是陝西轉運使李參首創。當春天播種時，教農民中缺乏資本的，自己揣度收穫後可得多少贏餘，向官府借貸，到穀熟後歸還，叫做『青苗錢。』在陝西推行數年，地方漸見殷實。王安石在鄞縣❹爲縣官時❺，曾經仿行，也很見成效。旣爲宰相，乃想推行於全國。其法是用各路各州各縣的常平倉廣惠倉❻所有錢穀作資本；農民借貸青苗錢的，官府取利息二分。

農民終年勤勞，如果不遇水旱荒災，大概都很足夠贍養一家的；數年之後，或者還可以有些積餘。但是實際上農民往往十分窮困，其故乃因農民資本不足，在青黃不接的時候，不得不向地方上的豪富借貸。或則因遇非常事故，無錢應付而向豪富借貸。這種豪富，乃能因而盤剝重利。於是農民的收入，很受豪富的侵蝕，逼得年年舉債；負債日多，利息日重，農民的勤勞，無異爲豪富作牛馬了。這是中國歷來民生凋敝國民經濟困乏的重要事實。青苗法的推行，便是救濟貧苦農民，抑制豪富兼併的一種根本辦法。

免役法是改革當時擾害人民最利害的差役制爲雇役制，近於一種人身稅，其辦法很像現今文明國家所行的所得稅。差役制起源很古，國家除徵收賦稅之外，還要徵發力役。唐朝末年以來的役法，更加苛虐。除官紳將士僧道外，按民家的人口資產，調使充當差役。有專任保管運輸官家物件的『衙前』，有專任督課賦稅的『里正』『戶長』『鄉書手』，有專任逐捕盜賊匪徒的『耆長』『弓手』『壯丁』，有充當雜差的『承符』『人力』『手力』『散從』等；其中以衙前里正最爲苦累，往往因公賠貼，至於傾家蕩產而尚不足。人民往往因避免苦役，不敢多種一桑多蓄一牛，積二年之糧，藏十匹以上的絹帛。甚而至於出重價購取『度牒』爲僧，或竟自殺，以求子孫免役；或使孀母改嫁，親族分居，放棄田產，以求免苦累的差役。因差役制而起的慘事，不一而足。

王安石的免役法，是使例當被調爲差役的，各按等第，納『免役錢』；本來無役的人家出『助役錢』。官府卽用此錢，另外募人充役，不再徵調差役。直到如今，人民不再受差役的苦累，實在不能不思念王安石興行免役法的功績。

此外還有調劑物價貴賤的『均輸法』，扶助小農小工的『市易法』，雖推行不廣，不及青苗法免役法的有力；然也都是有關國民經濟的重要設施。這四法可算是新創的，尙有就舊法整理改良的不少。其重要者有二項：

一、督責各路官吏注意農田水利，講究種植方法，修濬陂塘、圩岸、堤堰、溝洫。史書上載當時興修水利凡一萬另七百九十三處，計田三十六萬一千一百七十八頃。

二、積極整理田賦，行『方田均稅法。』以東西南北各千步之地爲『一方。』每年九月，由縣官派人分頭丈量，丈量完畢，乃按其土性的高下，估定賦稅的數額。

王安石對於軍政，入手之初，先舉行大裁兵。宋朝擁兵百餘萬，耗用國帑三分之二，而都不堪作戰。當時一般人都知道裁兵的必要，但恐激起變故，不敢下手。王安石執政後，便毅然決然的放手做去。把不堪充任禁軍的淘汰爲廂軍，不堪充任廂軍的使他們退伍。並准許年滿五十以上的，自請退伍。退伍的很多，冗兵因此大減。計英宗末年的兵額爲一百十六萬二千，神宗時被裁大半，只餘五十六萬八千六百餘，後來稍有增加，亦不過六十一萬二千二百餘。這樣的裁兵成績，也很値得稱道的了。

裁兵之後乃改從前番戍的制度把全國兵隊重行編制其編制法以「將」⑦爲單位編全國兵隊爲九十二將⑧，分駐各路。此次尚有馬軍十三指揮忠果十指揮，土軍兩指揮與將並行。把宋太祖所定將不知兵，兵不知將的制度，完全推翻，變而爲將與兵彼此相知，訓練旣便利，軍權又統一的辦法，實爲宋朝兵制的一大改革。

裁兵與重行編制，都是王安石對於軍政一時權宜的政策。王安石是主張國民皆兵主義的，他所定的保甲法，就是國民皆兵主義的實施方案。

王安石辦保甲的本意，是實行民兵制，但着手時先把他辦成地方自治團體中的警察性質。民國紀元前八百四十二年，始頒布保甲法。以十家爲一保，置保長一人；五十家爲一大保，置大保長一人；十大保爲一都保，置都保正、都保副各一人。每戶有兩丁以上的，選一人爲保丁。每一大保，每晚輪派保丁五人防備盜匪。同保中有犯强盜、殺人、放火、强姦等罪的，應卽告發，否則有罰。有窩藏强盜三人以上，經三日以上的，隣近各保亦有罰。此法先在京畿試行，以次推行各路。第二步乃訓練保甲以爲民兵。先集合大保長，使敎頭和禁軍敎頭等敎他弓馬武藝。大保長武藝成就，乃以大保長爲敎頭，轉敎保丁。當初行敎練保甲武藝時，議論紛紛，反對的不少。保甲武藝敎成，成績果然勝過正兵。

保甲法之外，當時還有保馬法和軍器監。保馬法是使人民代官府養馬，免除其一部分租稅；並獎勵人民自動養馬，等國家有事時，出價收用。軍器監負改良軍器之責，自設立軍器監之後，人民獻器械法式的很多。

這種種改革政策，雖不能說是完全妥善，行之無弊；但是比了沒有變更以前，當然是要好得許多，宋朝的國運，似乎應該從此轉機了。然而事實上卻不是如此，在當時竟引起了絕大的紛擾，以致不見什麼顯著的成效。這完全是宋朝的士大夫的黨爭鬧得太兇的緣故。

宋太祖的立法，是造成劇烈的黨爭的一大原因，在第四十一章中已經述及。還有一種原因，是因爲五代時候，風俗大壞，氣節掃地，到宋朝時乃發生了一種很大的反動，反動得矯枉過正了。成爲『務爲名高』『好持苛論』的氣習。『務爲名高，』便遇事喜歡起鬨；『好持苛論，』便彼此不能相容：這樣便漸漸成了喜歡結黨，喜歡排擠，喜歡標榜，喜歡攻擊的風氣了。

宋朝的黨爭，是從眞宗時鬧起頭的。澶淵之盟的先後，寇準和王欽若就互相排擠。後來，仁宗時，宰相呂夷簡和孔道輔等因仁宗廢郭皇后的事大起爭論西夏旣和，仁宗用夏竦做樞密使，諫官歐陽修等竭力攻擊，說他是姦邪小人；結果夏竦去位，由杜衍繼任。因此就有夏竦之黨和杜衍之黨的互相傾軋，石介的慶歷盛德詩和歐陽修的朋黨論⑨，就是作於此時。英宗時，爲了尊崇英宗生父濮王趙允讓的禮節問題，造成韓琦歐陽修等和司馬光王珪呂誨等兩派的大爭執，刺刺不休，互相詆毀。這就是所謂『濮議』。其實這些都是一人一家的事，本來用不到費許多唇舌的，當時士大夫卻都意氣用事，弄得政局不得穩靜，政治設施，一無成就。

王安石的推行新法，正當濮議之後，大家鬨爭未休，忽然來了一個自信得利害的人，從事於大刀闊斧的改革，自然又要起鬨了。當時一般自居守正的，便都以爲王安石輕變祖宗成法，聯合起來一致的攻擊。他們把青苗法指爲官取民息，是一種搜括政策；把免役法指爲於士大夫不便，是一種過激政策，指保甲法爲勞役農民，是一種擾亂政策；只有意氣，不論是非的攻擊得體無完膚。新法的名稱，也是他們所起。

反對新法的領袖，便是司馬光，其次爲呂公著、韓琦、富弼、歐陽修、范純仁、蘇軾、蘇轍等。歷史上稱他們爲舊黨。民國紀元前八百二十七年，神宗死，哲宗趙煦繼立；因哲宗年幼，太皇太后高氏當朝。高氏素不贊成新法，既執政權，便用司馬光呂公著爲宰相，舊黨大爲得勢，不到一年，把新法一律廢除。凡幫助王安石推行新法的，如呂惠卿、鄧綰、蔡確等，一律免職，並被逐至邊遠地方。然其時舊黨之中，又分爲洛蜀朔三黨⑩互相攻訐。因此對於政治並無良好設施，在朝的都以趨附太皇太后爲能事，對哲宗也不大理會。他太皇太后死，哲宗親政，因積恨在心，有些厭惡舊黨。於是有人獻議繼續神宗重行新法，名爲『紹述』。哲宗就把舊黨免職，起用章惇，政局一變。哲宗死，徽宗趙佶繼立。章惇因議立新君時與向太后意見不合而被免職，一時舊黨很活動。然徽宗亦傾向新法，卻引用了一個反覆無常的蔡京。蔡京借了新法之名，搜括全國財富供徽宗的揮霍，宋朝因此幾乎滅亡。於是天下後世便歸咎於新法，連王安石也受了一翻子不白之冤。

蔡京是王安石壻蔡卞之兄，完全是一個喜於迎合上峯意志的官僚。當哲宗初立，司馬光執政時，下令盡廢新法，免役法亦限五日廢除，大家都以爲難於辦到，舊黨中的范純仁等尚與司馬光力爭免役法不必廢；蔡京知開封府事，獨能依限辦到很得司馬光的讚賞被任爲戶部尙書。後來章惇爲宰相，恢復新法，他也盡力參贊。徽宗卽位時蔡京免職在杭州。徽宗愛書畫，命供奉官宦者童貫往江南採辦。童貫在杭州寓居數月，蔡京竭力與他結交。蔡京能書畫，童貫將其作品進呈御覽，附函推荐，因此得被寵用。既爲宰相，揣摩徽宗之意，將舊黨一百二十人，以司馬光爲首，列爲奸黨，請徽宗御書他們的姓名，勒成黨人碑。徽宗荒淫無度，他除盡力搜括之外，並設蘇杭應奉局，派童貫去監造御用器物；又命朱勔領花石綱，凡東南民家有好的花石，任意徵取，騷擾不堪。弄得民怨沸騰，盜賊蠭起。一部水滸，便是描寫那時一處盜寨的情形。又任用童貫執掌軍事，因此引起金國侵占北方，宋朝偏安東南的禍患來。

❶現今江西省臨川縣。

❷唐朝官制，於尙書省（略如現今的行政院或內閣）設戶部，執掌財政。唐朝的末期，因財政紊亂，特設度支使一職，整理財政。又因還時候鹽鐵兩項都是大宗稅收的來源，特設鹽鐵使一官。宋朝都沒有裁掉，合戶部，度支使，鹽鐵使爲一個機關，叫做三司。

❸就是編造預算案。

❹現今浙江省鄞縣。

❺王安石於二十七歲時，調任知鄞縣事，計時爲民國紀元前八百六十五年。在任四年。

❻常平倉是漢朝耿壽昌所創的法子。豐收的年分，把米穀儲存在倉裏，到荒年發出來平糶；使年歲雖有豐有歉，而米價常就其平，不至於荒年則吃米的人受累，豐年則種田的人吃虧。所以叫做『常平。』歷朝仿辦的很多，也有就叫做常平倉的，也有另立『廣惠』等名目的。

❼『將』並且將帥，是一種軍隊集團的名稱。一將所屬的兵數多少，史書上無明文可考。

❽計擁護京畿的有三十七將，內包河北四路十七將，京畿七將，京東九將，京西四將；充西北邊防的有四十二將，內包鄜延九將，涇原十一將，環慶八將，秦鳳五將，熙河九將；分戍東南的十三將，內包淮南二將，兩浙二將，江南二將，荊湖三將，福建一將，廣南三將。

❾都是杜衍之黨的標榜手段。

❿洛黨以程頤爲首，蜀黨以蘇軾爲首，朔黨以王巖叟劉安世劉摯梁燾爲首。

「研究問題」

整理財政何必特設制置三司條例司？

編著定式與削減冗費有什麼關係？

現今的農業銀行是怎樣的？設立的目的是什麼？

現今的農民是否仍要受豪富的盤剝重利？有什麼方法可以取締豪富的盤剝重利？

青苗法現在是否可行？

何謂所得稅？爲什麼要徵取所得稅？

免役法對財政有什麼關係？對於國民經濟有什麼關係？

裁兵與重行編制，對於當時的軍政有什麼利益？

爲什麼王安石不直接施行民兵制，而先把保甲法辦成警察的性質？

保甲法有什麼優點？現在是否可行？

黨爭何以能妨害新法的推行？

爲什麼那時的士大夫竟不辨是非？

爲什麼因了蔡京的搜括，便歸咎於新法？

第四十四章　宋儒創立理學

宋朝的國勢，雖然是十分衰弱，但是在學術思想方面，宋朝卻占着一個很重要的時代。漢亡以後頓然失勢的儒家學說，因爲融化了許多佛家和道家哲學的成分在裏面，在宋時產生了一種新學派出來，創立理學，重新鞏固其已經動搖的中國學術思想界的獨霸地位。

魏晉六朝，人心都厭棄漢儒經學的拘謏，自由思想一時風行。因時局的混亂和宗敎的發展，佛家和道家的哲學，流布很廣。這種哲學，閎大幽渺，原是很有價値的；然而走到極端，使人有『遺世獨立』的思想，亦有流弊。於是就有人不能滿足，再回過頭來講求切近實際生活的儒家學說。唐時的韓愈，就是這一派人的代表。

韓愈是一位提倡古文運動的文學大家。魏晉六朝以來的文家，駢儷文大盛；專重藻飾，而內容很是淺薄。唐初乃有人變駢體爲散文，竭力改去浮靡的習氣。後來韓愈奮起，盡力提倡，因他才學過人，師資相承。所生的影響最大，歷史上便推崇他爲『文起八代❶之衰』的古文大家。

所謂古文，是對於當時駢體的時文而言，因爲不滿於駢文的浮靡，乃起了一種革新的運動。然而社會上迷古的觀念太深，作這個革新運動的人要想求效，不得不帶一點託古的臭味，無意中乃成了一種復古的傾向。這種革新運動，主張文章不在乎詞采優美，最要緊內容充實，這就是所謂『文以載道』的理論。既然主張文以載道，那末必須捧出一種道統來作號召。韓愈就竭力排斥佛道，推崇儒家，舉性情道德仁義之名以爲標榜。他做的一篇原道裏說：『堯以是傳之舜，舜以是傳之禹，禹以是傳之文武周公，文武周公傳之孔子，孔子傳之孟軻，軻之死不得其傳也。』隱然以繼承道統自承。然而他對於哲學理論，並沒有深厚的根柢。其立說多敷衍門面的話，沒有什麼精深的道理。但是他指明儒家之道，不僅在於誦習經訓，使人注意於學理的探究，實是宋朝理學的先驅。

宋朝初興的時候，社會上倘受着五代紛亂的影響，一時有志救世救國的人，都想再抬出儒家學說來，做中國學術思想的中堅。但儒家學說，從漢儒以來，一向缺乏哲學上的根據。當時佛家道家閎大幽渺的哲學，在學術界上很占重要的地位。那末儒家學說中，必須開闢了一種閎大幽渺的境界，方始可以重振旗鼓，以與佛家道家相爭。這就是講究心性的理學，所以創立發展的背景。

中國哲學最古的典籍，是一部周易。東周諸子百家的學說中，哲學氣味最濃的是老子和莊子。這周易和老莊的學說，在東漢以後，因神仙家的遷變爲道教，被竊取爲道教的根本教義。事實上已變爲與外來的佛家哲學對抗的工具。然而儒家也不是沒有哲學的淵源，先師孔子便是精究周易的。只因其會有少談性與天道的話，所以後來的儒家漸漸缺乏了哲學的根柢。現在那些要抬舉儒家學說的，想開闢閎大幽渺的哲理的境界，唯一無二的法門，當然也是去找到周易。但是那時的周易已經經過了陳摶种放一班道士之手，不免沾染着許多道教的氣息。所以理學的兩個先鋒，邵雍和周敦頤，就是受的道家的薪傳。他們二人受了陳摶种放所傳的學說，演說的先天圖和太極圖的理論，後來成爲理學家講究心性的根據。他們二人可算是道家與理學家的過渡人物。然而理學的內容，不僅帶有道家的氣息，並且大受佛家的影響。唐以來佛教的各宗派中，以主張明心見性的禪宗分支最多，傳布最廣。他們解放了許多教義上的束縛，文字上的障礙，專用內觀的工夫，實在是給予理學家很大的啓示。而儒家的復興運動表面上雖是竭力攻擊佛教，骨子裏卻不免有許多地方，都受了佛家的暗示與啓發。邵雍周敦頤二人的學說中，很有許多佛學的精華。

邵周二人，雖同是在佛家和道家的影響之下，創立理學，然其趨向各有不同。邵雍的學說，趨向於術數的方面；周敦頤的學說，趨向於哲理的方面。趨向於理的方面的學說，容易孳生種種問題，所以對於後來的影響較大。他們的趨向雖不同，而其研究的對象則同是注意行爲的動機一致主張節制欲望。這一點，便成爲理學的根本要義。

與邵周同時的理學家有張載。他和門弟子講學，以『知禮成性，變化氣質』爲教訓。他說：『民衆都是我的同胞，萬物都是我的同伴。凡天下疲癃殘疾惸獨鰥寡，都是兄弟們中困苦無助的人。』這可算是一種很高尙的人生觀。他著的正蒙一書，爲理學家最有系統的著作。

周敦頤傳至弟子程顥程頤，乃確立理學的基礎。程顥的學說注重涵養，程頤的學說注重實踐。程頤年壽很高，門徒很多，所以他的學說在理學中占最重要的位置，而注重實踐的一派，乃被認爲理學的正宗。程頤四傳至朱熹，提倡修私德，安名分，守秩序，其學問可算是集理學之大成。但是學術思想發展的一般法則，到了極盛的時代，就要區分派別。理學至程頤朱熹達於盛極，同時便有程顥與陸九淵與他們對立。二程的參差，當時還不甚顯著；朱陸的異同，便成爲理學中的大爭論了。

朱熹號元晦，爲人端方刻苦，生活很有規律。每日黎明即起，整衣冠拜祖先和先師，乃入書室研究。其書室中几案必正，書籍器用必整。其飲食，杯盤匙箸和飯菜羹湯等，取用都有一定的法式。休息時，瞑目端坐，睡覺時擁衾而坐。一切舉止行動，都謹守禮儀作法，自少年至老年，無冬季與夏季，始終不變，雖遇非常事故，也不肯造次一點。他的學說，以張載程頤的爲根本，偏重於格物窮理的一方面。他的一生勤勤懇懇的注釋古書，如大學、中庸章句或問、論語集注、孟子集註、易本義、詩集傳、正義解等❷，都是後人研究孔子學說和理學的重要參考書。他對於孔子的學說可算是竭盡發揚解釋的能事了，在儒家中爲從來未有的大成功。所以儒家自朱熹以後，始確立宗教的威權，而且成爲中國的國教了。

陸九淵的學說與朱熹不同，以周敦頤程顥的爲根本，偏重於培養德性的一方面。他幼時讀書，就疑心程頤的學說，和孔子孟子不同。他主張『教人先立乎其大，使理會如何爲人。』他的門弟子也不少，計有數千人。有人勸他著書，他說：『六經註我，我註六經；』又說：『學苟知道，則六經皆我注脚也。』

朱陸二人，曾會集於信州鵝湖寺❸，互相辯難，連日不決。後來彼此通信，又互相衝突。大抵朱指陸偏於內心工夫，乃禪宗餘派，非儒家正宗；以爲學者當求古昔聖賢的遺言於書中，而修身之法，自洒掃應對始。陸則指朱爲舍本逐末；以爲學問之道，不在外而在內，不在古人的文字而在其精神；曾詰問朱熹道：『堯舜讀過些什麼書呢？』

理學雖分朱陸二派，彼此辯難，但自宋以後，學者思想出於朱則入於陸，出於陸則入於朱，中國學術界可算是朱陸兩派的舞臺，其他思想絕無發展之餘地。所以儒家學說獨霸中國學術思想的地位，也就十分鞏固了。

比較朱陸兩派的學說，朱學平實，主保守，注意現在的秩序，過於未來的希望，這與我國大多數人民之習性相投合。又因其主安名分，很注意於爲下不悖之義，這與我國當時的政治制度很適宜。因此朱學的勢力往往盛過陸學。明太祖得天下之後，以同姓的關係，更加推崇朱熹，朱學勢力更盛了。然而朱學墨守循序漸進的風氣，一則曰『必先求聖賢之言於遺書』，再則曰『自灑掃應對進退始。』於是學者往往泥於古書，拘於末節，不免流於支離煩瑣。『物極則反，』至明朝中年，王守仁乃以『致良知』和『知行合一』的學說，中興陸學，使得思想界的氣象一新。原來陸學的長處，在於思想自由，工夫簡易，人生觀平等，使學者無所拘泥，而自求進步。王守仁本是一位豪傑之士，眼見朱學末流，把學術界攪成一種像患貧血症者一般的可憐狀態；乃起而發揮陸學，促進思想的自由，鼓勵實踐的勇力。但其末流，終因其注意於『不在外而在內』的緣故，又成了專門談玄，不切時務的弊病。

原來朱陸兩派，學說雖有差別，而其所研究的對象，都是極端注意於行爲的動機。注意動機，當然不免輕忽『經世致用』的學術，其結果不是迂闊，便是空疏。迂闊的成爲不近人情的道學先生❹，空疏的成爲空談性天的道學先生。他們對於國計民生，都無回天手腕，於是國家社會乃不能有迅速的進化。

❶八代指東漢、魏、晉、宋、齊、梁、陳、隋而言。

❷大學中庸本是禮記中的兩篇，其內容可以代表戰國時代的儒家學說，宋儒把他們極力表章，後來遂與論語孟子合稱四書，爲初學必讀的課本。論語大概是孔門再傳的弟子們所記孔子及孔子弟子的談話，是研究孔子學說極可靠極有用的書本。孟子是孟軻和他的弟子所記游說諸侯及與弟子們問答的話。

❸在現今江西省鉛山縣北。

❹理學亦稱道學。

【究研問題】

漢亡以後的儒家學說怎麼會頓然失勢的？

韓愈爲什麼要排斥佛道？

五代後再抬舉儒家學說，是學術思想的進步呢，還是退步呢？

儒家學說要建立哲學的根柢爲什麼只有去找周易？

爲什麼理學的研究對象，會注意在行爲的動機一方面？

爲什麼注重實踐的一派被認爲理學的正宗？

注意行爲的動機與注重實踐有什麼關係？

朱熹的工作對儒家成爲國教有什麼關係？

爲什麼自從理學與，後儒家以外的思想便無發展的餘地？

理學家的學說，與孔子的學說有什麼差別？

爲什麼注意於行爲的動機，便會流於迂闊空疏？

第四十五章　家族制度的鞏固

宋朝在中國歷史上，眞是一個重要的時代，學術思想方面，有理學的創立，同時社會組織方面，家族制度更加鞏固了。

家族制度在中國，已有了久遠的歷史，和深厚的社會基礎。農業生產的經濟組織和皇帝專制的政治制度，就是使家族制度發展鞏固的重大原因。而儒家學說的發生和能夠得到獨霸學術思想界的地位，也是由於這個重大原因。所以家族制度和儒家學說，也成了不可分離的關係。宋儒既經創立理學，把儒家凝成宗教，那末家族制度的鞏固，其勢力的深厚的普及於一般社會，實在是必然的結果。

宋以前的家族制度，本只有皇族和貴族有廣大的組織，能夠比較的持久一點。❶其餘人民，組織的範圍，大概是限於五服以內。五服以外的關係，便很疏遠的了。而且分炊析居，各幹營生，經濟關係亦不甚密切。所以各地雖有聚族而居的村落，而實際上也與異姓團集的鄰里坊保一般。

共炊合住，幾代合居的大家族，就不多見。因此山東壽張張氏者九世同堂，❷便流傳人間，成爲千古美談了。

直到宋朝，因儒家學說大受擡舉，敬宗睦族的信仰深入人心，於是宗法轉盛，大家族的理想便天天在那裏躍躍欲試地要求實現了。宋仁宗時，范仲淹在平江府❸創建義莊，置義田以贍養族人，便是這個使命的實現，也就是大家族培養滋長的起點。

范仲淹爲宰相時，在平江府置義田千畝，爲周濟族人之用。選族中年長而有才能的，董理出納事務。將義田的收入，供給族人衣食的需要。嫁娶喪葬，都有津貼。嫁女者五十千，再嫁者三十千，娶婦者三十千，再娶者十五千。葬者如再嫁之數，葬幼者十千。當時人都很稱道他的辦法，以爲很合於儒家『親親而仁民，仁民而愛物』的主張。

置義田周濟族人，還不過是維持大家族團聚不散的一種辦法。後來再經理學家根據了孔子正名分的學說，演述家禮家訓，訂立家法祠規，家族制度的勢力乃擴大到極點。其影響，使得一般人只覺得做人第一要義，是對得起家庭。凡人能成功立業，原爲着榮宗耀祖；不幸而身敗名裂，則最大的罪過是辱及祖先。因此只認某人是某家族的某關係人，例如某甲是某乙的孫兒，某內是某丁的妻子等，而不認他是完全獨立的一個人。一個人除了服從國法之外還得遵守家法；有時國法的力量還及不上家法的厲害呢。

孔子正名分的學說，原是中國古代封建社會和宗法社會的結晶品。古代的中國，國家組織原是以家庭作基礎的，國家就是個大家庭，國君就是個總家父親。要使國家安和太平，先要使家庭安和太平。要使家庭安和太平，簡易的方法是使各安本分，爲父的盡父道，爲子的盡子道，爲夫的盡夫道，爲妻的盡妻道。家庭之間能夠各安本分，那末對於國家的這個總家父親，也就不致有犯上作亂的表示。所以那時候的教化，就從教人尊敬親長入手。把家庭裏尊長的地位擡舉得尊嚴非凡，那末對於君主自然十分敬畏，甘心低首下氣的服事他了。孔子的學說，就把這種隨便因應的法則整理出一個始終本末，成了一個完備的系統。名分的權威本已積得很深很厚，應運而生的儒家學說，自然能在思想界最占勢力了。到了後來，君主要完固他的尊嚴，便竭力擡舉儒家的學說。儒家學說的其他質素卽使有所變化，有關名分的權威的一部分，總是逐漸澎漲。

宋朝儒家學說的被擡舉原是五代紛亂殘暴的反動。五代時候，殺父害母駭人聽聞的事件❹，不一而足。宋朝統一之後，政府固想竭力掃清亂源，鞏固國基；一般人也覺得有矯正薄俗的必要。於是這名分的權威大受擁護，學術上乃創立了理學，社會上更推廣了宗法的勢力。

然而宗法的勢力膨脹，決不是僅由當時人心理上的需求，也必另有其他社會的原因。大約那時的社會組織社會制度都不完備，社會事業也不發達，家庭成了社會的重心，所以家族制度乃畸形的發展而漸漸鞏固。又因那時的民生簡陋，一個家長有了權勢，就可以養活許多人，所以家長的威嚴自可以籠罩一切而有餘。而且儒家學說久已成爲一般人斷事立行的唯一法則，力量亦屬不少。於是大家都以爲家長權力特大的社會組織，是從古以來一向如此的；即使有什麼不便，這些痛苦也是該受的。並且還以爲能夠忍受這種苦痛，便是道德。像那九世同堂的張氏，他們是謹守着百忍主義❺爲他們的傳家之寶。事實上明白表示九世同居是很苦的事，處處要用含羞忍辱的工夫，這是何等的難言之隱，何等的不自然！但是社會上對於這百忍主義卻是十分景仰，十分稱頌，還受政府襃獎的榮寵呢。

宋以後政治上君主的權威日漸擴大，學術界則朱熹一派的理學大占勢力，所以宗法的推行更是得力。社會上一般人敬宗睦族的成見既是很深，自然更要推波助瀾的拚命硬幹，家庭制度於是更加頑健。有力的大家仿建義莊，借國法以行家法⑥；無力的也得將爲口說，互相號召了。

到了明朝，家庭制度的勢力，已是籠罩着全社會。大家族的家法祠規，修訂得更加周密嚴厲了。理學家霍韜所定之渭厓家訓，簡直把家庭的生活變成牢獄式的生活⑦。家庭間普遍，行的苛細瑣强的禮儀，鬧得做幼輩的和婦女們簡直一舉一動，觸處皆錯。眞是弄得愁雲慘霧似的，影響到全社會都成爲悲慘的畸形的病態了。

家人父子的相敬相愛，本屬天性。自從被這種瑣屑的家法拘束以後，便將他的精神重重剝削，使天眞的趣味日漸減少，結果家庭乃成了一種無情的頑物。古時尊敬親長的禮儀，原是爲着家庭間的安和太平而設，其末流竟使人觸處牴牾，不能一日安居，豈非怪事！

最荒謬的，是一種男女不平等的觀念。宋儒眞德秀著的大學衍義中，集了許多儒者對於女子的心理，替女子定下一個界說道：『女子者，順男子之敎而長其理者也；是故無專制之義，而有三從之道。』所謂『男子之敎，』乃『必敬必戒，無違夫子；』『餓死事小，失節事大；』『女子無才便是德』等話頭。女子受了這種敎育所長的『理』，簡直是奴隸的道德。所謂『三從，』是『在家從父，嫁後從夫，夫死從子，』這簡直是終身不得自由，而否認有完全人格的話頭。據說女子纏足，也是宋朝才盛行的。這又是毁壞女子的健康，把他們終身禁錮的辦法了。

此外家族制度的流弊，簡直不可勝數。因爲我們中國人只有祖宗的子孫，沒有社會的分子，所以家庭的組織越頑健，社會的組織便越薄弱。做孝順的子孫最要緊是『繼承先志。』所謂『父母之所愛亦愛之，父母之所敬亦敬之。』這簡直是阻礙社會進化的辦法，其影響使社會上汨沒了多少有作有爲的青年天才！光大門楣，也是孝子順孫的職任，其結果便是使人努力到社會上去混飯偸錢，以達其顯親揚名的目的，這就造成了許多貪官汚吏腐化分子，豈不是一種爲家庭而拆社會害國家的情形嗎？還有那宗法極嚴的地方，排斥異姓必很厲害，結果釀成了互結怨仇，聚衆械鬬的惡風。凡有莊田富沃的大族，族衆可以仰給於義莊，因此往往不肯自營生產，結果釀成了倚賴爭嗣的惡風。凡此種種，都是中國社會不能進展不得安寧的重大原因。

至於今日，因經濟組織和政治制度的改變，家族制度的流弊，更加顯明。其殘留的痕跡，更充分的表現醜陋相。例如各家宗祠的歲時祭享，子孫固是到的不少。然實際上光是支領歲米的衝動和奉行故事的儀式在那里表現，一些也找不出什麼敬宗睦族的精神。并且當初建義莊，立祠規，不免有些用勢利維持宗族結果的意思，到現今便完全把這勢利的要素明白表露出來。有的宗祠，於祭餘受福的時候，有功名和出身的喫獨桌，或兩人合一桌，或四人合一桌，都以功名出身的高下爲標準。所謂『白衣』的平民，便與兒童們雜坐，八人一桌。這不是明明白白的一幅勢利寫眞圖嗎？

家族制度的流弊，固是很大。但是所謂中國文化，這家族制度和家族制度之下的種種禮法，卻是占着很重要的部分。宋朝時便是這制度及其禮法確立的時代，所以宋朝在中國歷史上要算是一個極關重要的時代了。

❶參考本書第五章第三十二章。

❷從北齊到唐朝初年。

❸現今江蘇省吳縣

❹朱友珪的慘憤殺父，竟罵『老賊萬段』；李彥珣的背鄉從亂，竟忍心發矢害母。

❺唐高宗詢問張公藝，怎麼才能夠做到九世同居的？張公藝寫了一百多個忍字奏對。

❻明朝姜寶請建義莊的奏章中，有『非奉明旨通行所在官司，以官法行家法，似不能行之久遠』等語。

❼浦江鄭家訓所載合族共住的房屋圖，眞像一所舊式的牢獄。

【研究問題】

怎麼說農業經濟和專制政治是家族制度發展鞏固的重大原因。

爲什麼儒家凝成宗教的時候，家族制度的勢力更能擴大？

宋以前的家族制度勢力爲什麼沒有普及到平民社會裏？

范仲淹創建義莊與家族制度的發展鞏固有什麼關係？

理學家爲什麼要演訂家族制度的種種禮法？

正名分的學說究竟有什麼價值？家族制度的發生流弊，是否正名分學說的錯誤？

家族制度的發生流弊與理學演進有什麼關係？

家族制度的流弊那一項的惡影響最大？

怎麼說家族制度的發生流弊是中國社會不能進展不能安寧的重大原因？

第四十六章　金興遼亡和宋金的交涉

宋朝在學術史上社會史上都是一個極關重要的時代，而在民族方面，則是一個受異族侵擾壓逼極嚴重的時代。前半期大受遼國和西夏的侵擾，後半期大受金國的壓逼，結果被蒙古人所吞滅。本章把宋朝怎樣被金國壓逼的情形，大概敍述，關於蒙古强盛和宋朝被滅的情形，在次一章敍述。

金國的祖先，據說就是古代的肅愼氏。三代時候，曾與中國交通。後來因被別的民族隔絕了，很少接觸。後漢時稱爲挹婁，南北朝時稱爲勿吉，隋唐時稱爲靺鞨。靺鞨分爲七部❶其中黑水部和粟末部最强。黑水部在北，粟末部在南。唐朝時粟末靺鞨出了幾個英雄，建立渤海國。其疆域包有現今吉林黑龍江兩省和兩省外面的俄國屬地。開國時，已有書契，後又派人留學唐朝，國內一切文物制度都以中國爲模範，儼然一個海東文明之國。到五代時候，被契丹太祖耶律億所滅❷。渤海被契丹所滅後，靺鞨人大都服屬契丹，稱爲女眞。在南的稱熟女眞，在北的稱生女眞。生女眞散處於黑龍江長白山之間，勢力本來不弱，對遼國不十分服從。其中有姓完顏一部的酋長烏古迺❸受遼國任命爲生女眞部族節度使。他們一面用這節度使的名義，呑併附近各部落；一面對遼國處與委蛇，阻止遼兵入境。至完顏阿骨打時，實力充足了，乃起兵背叛遼國。

遼國當宋徽宗時，業已衰弱。天祚帝耶律延禧專喜畋獵，不理政事。每年派人向近海地方去尋求一種名叫『海東青』的名鷹，對女眞頗多騷擾。完顏阿骨打就乘機激勵部下，圖謀脫離遼國而獨立。民國紀元前七百九十八年，完顏阿骨打借端興兵攻遼，取寧江州❹。天祚帝發兵抵禦，大敗於出河店❺，咸州❻因此失守。明年，完顏阿骨打遂自稱皇帝，定國號曰金。是爲金太祖。

其時金國只是自求獨立，並無呑滅遼國之意，所以佔取寧江州和咸州之後，就派人與遼國議和。遼國偏不量力，對金國所提和條件❼，完全拒絕。金太祖不得已，乃繼續用兵，攻破黃龍府❽。遼天祚帝親自督兵七十萬，至騊門❾拒敵。不料內部自亂，有人想奪取皇位，只得退兵。金太祖得訊，乘勢追擊，至護步答岡❿，大敗遼兵。明年佔取東京。於金國疆域差不多占有現今的奉天吉林兩省地方；女眞民族的獨立運動也算得完全成功了。

金太祖得了黃龍府和東京，已經心滿意足，又派人與遼國議和。而遼國卻爭執條件，態度很强，金國屢屢讓步，而和議終究遷延不成。民國紀元前七百九十二年，遼金兩國再開戰。

當遼金和議尚未決裂的時候，宋朝因聽得遼國屢被金國打破，想乘此恢復石敬瑭割給契丹的地方了。原來宋徽宗爲人旣荒淫無度，卻又好大喜功，聽信蔡京童貫的計劃，於民國紀元前七百九十四年，派馬政由海道赴金國通好，請於滅遼之後，把五代時後晉割讓契丹的地方交還宋朝。金太祖復信，約宋朝同時出兵，誰得到的地方就算誰的。

金太祖出兵攻遼，便占取上京⑪。適逢遼國內亂，耶律余睹叛遼降金，金太祖卽命他爲嚮導。於民國紀元前七百九十年。連克遼國的中京和西京⑫。天祚帝逃至漠南，遼國擁立秦晉國王耶律淳於南京⑬，苟延殘喘。

宋朝與金國原定的夾攻計劃，宋朝攻遼國的南京，金國攻遼國的中京。開戰之後，金兵屢次得勝，宋兵連戰皆敗。結果童貫只得派人到金國請金兵代攻南京。其時遼國的秦晉國王已死，又另立天祚帝的次子秦王耶律定爲皇帝，推尊秦晉國王的妻蕭氏爲太后，協同處理國事。金太祖得宋朝的請求，便親自統兵從蔚州攻破居庸關，直迫南京。遼國秦王耶律定和蕭太后都逃走，南京遂破。於是遼國的五京，完全失陷。天祚帝於民國紀元前七百八十六年被金國人捕獲，遼國就此滅亡。遼國皇族耶律大石尚有兵萬餘，自知力量不能抵敵金國，帶兵向西而去，於民國紀元前七百八十六年建西遼國於阿母河流域，稱天祐皇帝。其後漸漸强大，成爲西域一大國。至民國紀元前七百十一年被蒙古西部的乃蠻國所滅。

金國能夠攻滅遼國，實在是他們意想不到的事。他們也自知接着再求擴充，一時也有些難於消化了。所以他們對於宋朝，起初並不存什麽野心，只想借着代破南京之名，要求一點酬勞。偏是宋朝當國的全是一班徼倖小人，除要求交還後晉時割讓給契丹的地方以外，再索取營平灤三州⑭，於是雙方大起交涉。金國因宋朝過分要求，便也只肯交出南京和薊、景、檀、順、涿、易六州⑮。並且要宋朝把南京的租稅給他們，磋商了好幾次，雙方方纔妥洽。結果是宋朝每年送銀二十萬兩，絹二十萬匹，和『南京代稅錢』一百萬緡給金國，金國把南京和薊、景、檀、順、應、蔚、儒、嬀、奉聖、歸化、武、朔等州⑯給宋朝。宋朝把這些地方，和遼將郭藥師投降帶來的涿易二州，分建燕山府和雲

中府兩路這是宋金第一次和議時在民國紀元前七百八十九年

平州既沒有給宋朝，金國便把他建爲南京，用遼國降將張瑴爲留守。不久，張瑴據城投降於宋，宋朝竟貪此小利，把他收納。其時，金太祖已死⑰，其弟完顏吳乞買立，是爲金太宗。太宗的雄材大略比太祖更勝一籌。聞知張瑴叛，卽發兵攻平州。平州破，張瑴逃至燕山府。金國向宋朝索張瑴，形勢很急，宋朝無奈，只得把張瑴殺死，將首級送去。然而金國到底把這事據爲口實，於民國紀元前七百八十七年，命粘沒喝斡离不兩路大舉進攻。

兩路金兵，粘沒喝自雲中攻太原，經略河東；斡离不自平山攻燕山，經略河北。宋朝方面，太原由童貫駐守，燕山由郭藥師駐守。童貫聽得金國來攻，卽以晉京稟議爲名，先行逃跑。幸有知太原府事張孝純盡力固守，河東一路，暫時相持。郭藥師則於金兵到時，卽便投降，並引導金兵，長驅渡河。宋徽宗見勢不濟，便傳位給兒子趙桓，是爲欽宗。

民國紀元前七百八十六年，斡离不攻破相濬二州。守黃河渡口的宋兵大潰，金兵用小船從容過渡。斡离不笑道：『南朝可算無人，若以一二千人守也渡口，我們怎能過河呢？』金兵旣渡河，乃進圍汴京。童貫已擁宋徽宗先逃至鎮江，汴京由主戰的李綱奉欽宗固守。終因各方來救應的兵很少，無法使金兵退去，不得已而與斡离不議和。這是宋金第二次和議，其條件爲：

一、宋朝送金五百萬兩銀五千萬兩表緞百萬匹牛馬一萬頭給金國。

二、宋朝割讓太原中山河間三鎮⑱給金國。

三、宋朝皇帝尊稱金國皇帝爲伯父。

四、宋朝使親王宰相至金國爲質。

欽宗就汴京城內搜掠金二十萬兩，銀四十萬兩先行交付，並使肅王趙樞爲質。不久，斡离不退兵。粘沒喝還在圍攻太原，聽得斡离不議和，得了許多金銀，也派人來向宋朝要求利益。宋朝認爲和議已定，不應再來需索，拒絕了他。粘沒喝大怒，分兵攻破威勝軍隆德府，進取澤州⑲。宋朝認爲金國破壞和議，知照三鎮固守，並且派兵去救應，又拘留金國使臣蕭仲恭。蕭仲恭的母親本是遼國公主，因卽誑說能爲宋朝招耶律余睹，教他叛金歸宋。宋朝信了，寫了一封信給耶律余睹，封在蠟丸裏，託蕭仲恭帶去。不料這原是蕭仲恭脫身之計，走到燕山，便把蠟丸獻給斡离不。金國因此便與宋朝決裂，再命粘沒喝斡离不攻宋。粘沒喝攻破太原，從河陽⑳渡河斡离不亦攻破眞定㉑，渡河與粘沒喝合圍汴京。圍一月，汴京破，宋欽宗親至粘沒喝營中投降。民國紀元前七百八十五年，金兵把徽宗欽宗和太子趙諶，以及親王后妃等二千餘人擄至北方。

當時宋朝既無可靠的兵力，又兼各處盜賊蠭起，實在有不能維持之勢。幸虧金國新興，一口氣還吞不下整個的中國，因此不致就此滅亡。金國既得汴京之後，只想找一個中國人來，扶植他在河南一帶建立一個緩衝國，以便自己專心經營河北河東。他們先找到一個張邦昌，把他立爲楚帝。張邦昌觀察當的時形勢，覺得這個緩衝國的皇帝實在不好當，便於金兵退出汴京之後，推尊宋哲宗的廢后孟氏爲宋太后㉒使他垂簾聽政。不久，又從宋朝舊臣的意見，以宋太后之命，迎立天下兵馬大元帥康王趙構㉓於南京㉔，是爲宋高宗。

高宗卽位之後，見當時的將士完全以招撫盜匪，利用民兵，勉强支持在北方終難立足，便退至揚州。金國見建立緩衝國的政策，沒有成事實，便取剽掠主義，派兵至河南山東陝西等處。民國紀元前七百八十三年，金兵前鋒到揚州。高宗先已避至杭州，金兵大掠揚州而去。不久，金宗室完顏兀朮帶兵渡江，破建康，過廣德，出獨松關，直逼臨安府㉕。高宗又逃至明州，從昌國出海㉖。金兵也出海追三百里，不及而還。兀朮乃將俘掠所得的財物，席捲由秀州㉗平江退歸北方。至鎮江，遇韓世忠，相持八十餘日，兀朮用火攻燒韓世忠的兵船，才得渡江而去。

張浚受宋高宗任命爲京湖川陝宣撫使，經略上游。金兵在下游剽掠，張浚使出兵牽制。金國果然調兵去應付，兀朮渡江後，也被調往陝西。張浚與金兵大戰於富平㉘，張浚大敗。苦苦相持，才把金兵拒住在漢中，方能保守四川。

民國紀元前七百八十二年，金國又立劉豫爲齊帝，第二次試行他們緩衝國的計劃，把河南陝西的地方給劉豫。於是宋金之間的直接衝突，告一小結束。宋朝的將士，如岳飛韓世忠等，方能乘間打平各地的盜匪，勘定內部。一時宋朝的形勢，頗有一點振作的氣象。劉豫屢次出兵侵犯，都把他擊退。金國見劉豫無用，便於民國紀元前七百七十五年把他廢掉。宋金之間，乃又成了直接交涉的形勢。

宋金直接交涉，不外戰與和兩種方式。在金國是戰亦好，和亦好，都處於優勝的地位。在宋朝卻大成問題；戰則兵力不足，勢難抗敵，和則不消說是喪地辱國，眞是十分爲難。因此當時的武人和官僚，大起爭執，掀動了很大的政潮。武人大都主戰，岳飛尤其激昂；官僚大都主和，以秦檜爲領袖。結果因宋高宗傾向和議，秦檜等主和派乃大占優勢；召還各路將領，並把岳飛殺害。民國紀元前七百七十一年，宋金第三次和議成立。其條件爲：

一、宋朝與金國，東以淮水，西以大散關㉙爲界。

二、宋朝向金國稱臣。

三、宋朝每年送銀二十五萬兩，絹二十五萬匹給金國。

這種條件，宋朝所受的屈辱，實在過於後晉了。但就當時的事實而論，忍辱議和未始不是宋朝的一條出路。以將驕卒惰的局面，怎能抵當勢如破竹的金兵，倒不如暫忍一下，以爲臥薪嘗膽徐圖恢復的地步所可痛恨的，和議之後的南宋㉚政府，依舊腐敗不知振作，未免太沒出息了！

這次和議之後，宋金之間，曾有兩度衝突。第一次是民國紀元前七百五十二年，金國海陵王完顏亮的南侵，結果因金國內亂，宋朝稍佔便宜，於民國紀元前七百四十七年成立第四次和議，改君臣關係爲叔姪關係，並減少每年送給金國的銀絹五萬兩匹。第二次是民國紀元前七百零六年，宋朝宰相韓侂胄的北伐，結果宋兵大敗，宋朝殺韓侂胄與金國議和；改叔姪關係爲伯姪關係，並增加每年送給金國的銀絹十萬兩匹。這是宋金第五次和議。

由此看來，宋朝的對外交涉，往往是『自取其咎』。約金攻遼，簡直是自召一個更重大的壓迫，把錦繡江山，失去了半壁。豈知這樣『創巨痛深』的教訓，還不足以使宋朝感悟。到後來竟照樣再演一次約蒙古攻金，把剩下的半壁江山，也完全斷送！欲知其詳，請看下面的一章。

❶靺鞨七部，便是粟末部、伯咄部、安車骨部、佛涅部、號室部、黑水部、白山部。

❷見本書第三十九章，

❸後來被稱爲金景祖。

❹即現今烏拉舊城，在吉林省吉林縣城北，

❺在現今吉林省扶餘縣附近。

❻在現今奉天省鐵嶺縣東，

⑦主要條件有二：一是起兵時所藉口的，要遼國交出金太祖的仇人阿疏；一是關係於金國獨立自由的，要遼國遷移當初爲監視女眞而建的黃龍府，

⑧現今吉林省農安縣。

⑨未詳，大概離黃龍府不遠。

⑩未詳，大概在現今吉林省長嶺縣。

⑪在現今熱河省開魯縣西南。

⑫中京在現今熱河省凌源縣，西京卽雲州，在現今山西省大同縣。

⑬卽幽州，現今的北平市。

⑭營州治現今熱河省朝陽縣，平州治現今河北省盧龍縣，灤州治現今河北省灤縣。

⑮薊順涿易四州註見本書第四十二章，景州治現今河北省遵化縣，檀州治現今河北省密雲縣。

⑯應州治現今山西省應縣，蔚州治現今山西省朔縣，儒州治現今察哈爾省延慶縣，嬀州治現今察哈爾省懷來縣，奉聖州治現今察哈爾省涿鹿縣，歸化州治現今察哈爾省宣化縣，武州治現今山西省神池縣，朔州現今山西省朔縣西北、

⑰金太祖死於民國紀元前七百八十九年。

⑱太原現今山西省陽曲縣。中山，現今河北省定縣。河間，現今河北省河間縣。

⑲威勝軍，現今山西省沁縣。隆德府，現今山西省長治縣。澤州，現今山西省晉城縣。

⑳現今河南省孟縣有河陽故城。

㉑現今河北省正定縣。

㉒金兵破汴京時，他住在母家，所以沒有被擄。

㉓康王本應到金國去爲質的，走到半路，爲百姓阻止，欽宗便命他爲天下兵馬大元帥，統率各地的援兵。

㉔宋朝以歸德府爲南京，即現今河南省商邱縣。

㉕建康，現今南京市。廣德現今安徽省廣德縣。獨松關在浙江省餘杭縣西北獨松嶺上。臨安府，宋高宗避至杭州，卽改杭州爲臨安府。

㉖明州，現今浙江省鄞縣。昌國，現今浙江省的象山縣。

㉗秀州，現今浙江省嘉興縣。

㉖現今陝西省興平縣。

㉙在現今陝西省寶雞縣南。

㉚宋高宗於民國紀元前七百七十四年，定都臨安府，宋朝竟也無力恢復北方；所以歷史把高宗以後稱為南宋。

【研究問題】

遼金屢次和議不成是什麼緣故？

宋朝約金攻遼的政策是否適當？

宋金的決裂，其咎在那一方面？

金國為什麼屢次想建立緩衝國？為什麼這建立緩衝國的計劃始終不見效？

為什麼金國當時只想專力經營河北和河東？

岳飛主戰，秦檜主和，於當時的形勢，究竟誰的主張適當？

為什麼南宋當時宜於忍辱議和？

金國為什麼始終沒有能完全吞滅中國？

第四十七章　蒙古的强大和宋朝的滅亡

蒙古本是服屬於金國的一個游牧部落，其來源爲數個民族的混合種，與室韋突厥契丹都有關係。唐朝時稱爲蒙兀室韋，散居於望建河南，後又遷至斡難河源之不兒罕山❶。金初起時曾向他們借兵，許過好處；後來不償原約，蒙古由此與金不和。民國紀元前七百七十七年，金太宗派兵攻蒙古，至民國紀元前七百七十三年糧盡而退，反被蒙古追擊，因而大敗。從此兩下積寃更深，勢成仇敵，屢起衝突。然而蒙古新興，其勢方張，雖在中國非常得志的兀朮，用兵攻戰，也不能得利。金國覺得他們不可輕侮，不得已而於民國紀元前七百六十五年與他們連和，割讓西平河❷以北二十七團寨，並許每年送他們牛、羊、米、豆。於是蒙古開始建國，其酋長自稱皇帝。傳至鐵木眞，他是一個極有能力的人，用兵平定現今外蒙古一帶地方，於民國紀元前七百零六年，大會各部族的酋長於斡難河的上源，受大衆公推爲成吉思汗。❸這便是蒙古太祖。

成吉思汗是一個世界有名的大英雄。他首先團結內部，整理軍事，築好蒙古大帝國的基礎，然後於民國紀元前七百零二年開始用兵伐金。明年，蒙古兵攻金國的西京❹，留守紇石烈胡沙虎棄城而逃，蒙古乃乘勢取桓撫二州❺。金兵四十萬拒戰於會河堡❻大敗。蒙古兵遂攻入居庸關，直逼燕京，大掠而去。民國紀元前六百九十九年，成吉思汗親自統兵再伐金國，大敗金兵於懷來❼，進圍燕京。同時並分兵三路，右軍攻河東，左軍攻遼西，自率中軍攻山東，所過地方，完全殘破，河北也大遭蹂躪。明年，成吉思汗還兵，屯紮燕京城北。金國把宗室之女嫁他，因而請和，蒙古兵方始解圍，退出居庸關。蒙古兵退後，金宣宗完顏詢遷都至汴京。成吉思汗得訊，說金國既已請和而又遷都，這是有猜疑之心，再進兵圍燕京。金國發兵去救，都被蒙古兵殺敗。民國紀元前六百九十七年，燕京被蒙古兵攻破。

民國紀元前六百九十三年，成吉思汗因西域花剌子模國❽殺害蒙古商人，勃然大怒，留木華黎經略金國，和他的兒子朮赤、察合台、窩闊台、拖雷大將速不台、哲別，統大軍六十萬西征。金國因此得苟延殘喘，不致即被攻滅。蒙古兵攻入西域，勢如破竹。明年，破花剌子模都城尋思汗❾，國王謨哈默德逃至裏海一小島而死。王子札剌勒丁收集殘兵，逃至印度河邊，被成吉思汗親自擊潰。於是花剌子模滅亡。

花剌子模王逃至裏海時，成吉思汗使速不台哲別去追。花剌子模王既死，速不台哲別繞裏海過高加索山，打破阿速撒耳柯思和欽察的兵。⑩欽察國王求救於俄羅斯，俄羅斯出兵，亦被蒙古兵打敗。據說俄羅斯在這一次戰事裏死掉王侯七十餘，兵士十分之九。這是蒙古兵第一次打進歐洲。

成吉思汗破花剌子模國後，因西夏叛亂⑪，便引兵東還。民國紀元前六百八十六年出兵征西夏。明年，西夏皇帝李晛降蒙古，西夏遂亡。成吉思汗擬乘勝伐金，於民國紀元前六百八十五年行至六盤山⑫，得病而死⑬。

成吉思汗死後，蒙古各部族在都城喀拉和林⑭會集，公推其第三子窩闊臺繼立，是爲蒙古太宗。民國紀元前六百八十三年，蒙古太宗行卽位禮，金國派人去道賀，並弔太祖之喪。太宗對金國的使臣道：『你們國君久不降服，使先帝死在軍中，這恨我如何能忘？』於是起兵伐金，先由拖雷抄入大散關，穿過宋境，從漢中裏際向北進攻。民國紀元前六百八十年，太宗親征，從白坡⑮渡河，命速不台與拖雷合圍汴京。金完顏哈達移剌蒲阿引兵救汴京，與拖雷相遇於三峯山⑯，大戰三晝夜，金兵大敗，精銳全失。但汴京防守堅固，速不台猛攻十六晝夜，還攻不破。金國請和，蒙古也就許了，退兵河洛，磋議條件。不久，金兵殺蒙古使臣，和議破裂。其時汴京大饑荒，金哀宗完顏緒逃出，輾轉至蔡州⑰。速不台再攻汴京，金兵降服，城破，擄金太后嬪妃等北去。而宋和蒙古，又起了夾攻之議。民國紀元前六百七十九年，宋兵蒙古兵合圍蔡州。明年，蔡州城破，金哀宗自殺，金國遂亡。

金國亡後，宋朝斷無可以倖存之理。而宋朝竟全不記得從前受金國大壓迫的敎訓，依然不自量力，輕易計議收復三京⑱，貿然出兵侵入汴京洛陽。既得之而不能守，反因此與蒙古開釁，襄陽成都都被攻破，江淮一帶大受攻擊。幸而蒙古又用兵西征，宋朝纔得勉力恢復成都襄陽，偷安了好幾年。

民國紀元前六百七十七年，太宗命朮赤的兒子拔都爲元帥，偕同太宗的兒子貴由，拖雷的兒子蒙哥等統兵五十萬，以速不台爲先鋒，攻入俄羅斯，破莫斯科和基輔，擄獲俄羅斯王和各部酋長，俄羅斯全境差不多都在蒙古軍蹂躪之下。又分兵攻掠孛烈兒，馬札兒，孛烈兒等國組織聯軍三萬，合力抵禦，被蒙古軍打得全軍覆沒。這是第二次入歐洲的蒙古軍，威勢比第一次更大，兵鋒直達威尼斯，歐洲全部震動。民國紀元前六百七十一年，太宗死，所向無敵的蒙古軍，乃被召回東方。

太宗死後，貴由受大衆公推繼立爲大汗，是爲蒙古定宗⑲。定宗體弱多病，在位三年便死。定宗死後，蒙古內部爲繼承大汗問題，頗有爭執。民國紀元前六百六十一年，蒙哥因兵力較强，得人贊助，立爲大汗，是爲蒙古憲宗。憲宗很有爲，使其弟忽必烈討伐大理⑳吐蕃。使兀良哈台征服安南，使其弟旭烈兀經略波斯和小亞細亞地方，疆域開拓得很廣大。

民國紀元前六百五十五年，憲宗使其弟阿里不哥留守喀拉和林，兩路出兵攻宋，親自指揮西路，命忽必烈指揮東路。憲宗由四川攻入，於民國紀元前六百五十三年圍合州㉑。宋合州守將王堅死力固守，不易攻破。憲宗死在合州城下，蒙古兵退去。據說憲宗是指揮攻城時中箭受傷因而身死的。

蒙古的西路軍，雖因憲宗死了，不得已而退兵，然其東路軍卻很順利，已經渡過長江，進圍鄂州㉒，臨江瑞州亦被攻破㉓。而征安南的兀良哈台，亦由靜江攻入，已至潭州㉔。長江中段，形勢十分底緊張。其時宋理宗趙昀信用賈似道爲宰相，此人少年放蕩，薄有才名，而實際是個銀樣蠟槍頭，毫不中用的。這賈似道居然親自帶兵去救鄂州，卻又毫無辦法，派人到忽必烈軍中去求和；情願稱臣納貢，劃江爲界。忽必烈因憲宗已死，阿里不哥在喀拉和林自立，急欲收兵回去爭奪汗位，也就應允了。賈似道等蒙古軍退後，卻向朝中報告大獲勝利，把那求和的醜事，完全瞞起。

忽必烈還至開平㉕，於民國紀元前六百五十二年自立爲大汗。後來於民國紀元前六百四十一年，改國號曰元。是爲元世祖。世祖即位之後，因既與宋朝成立和議，便派人來修好。賈似道生怕那事發覺，便把蒙古來使拘禁在眞州㉖，不讓他們到臨安府。民國紀元前六百四十八年，蒙古內部問題告一段落，阿里不哥也降服了世祖，世祖乃遷都燕京，專心經略中國。宋將劉整，與賈似道不睦，投降蒙古，勸世祖攻取襄陽。民國紀元前六百四十四年，蒙古出兵圍襄陽。襄陽被圍六年，賈似道坐視不救，守將呂文煥乃忿而投降。

民民紀元前六百三十八年，元世祖命宰相伯顏統兵攻宋，伯顏攻破鄂州，由長江順流東下。

賈似道出兵抵禦至蕪湖，大潰，元兵乃長驅入建康。伯顏分軍三路，一路平定江西兩湖，一路平定眞揚淮南，一路自率進攻臨安。民國紀元前六百三十六年，元兵破臨安，宋恭帝趙㬎被擄。

臨安失陷之後，故相陳宜中擁立益王趙昰於福州㉗，是爲端宗，元兵從明州和江西兩路入福建，端宗出海逃至惠州㉘，元兵占福州。其時北方有事，元兵撤回，文天祥張世傑等乃乘機恢復梅州潮州㉙，進取江西福建。民國紀元前六百三十四年，北方事平，元兵反攻，文天祥被擄，不屈而死。端宗逃至碙州㉚，受驚得病而死。其弟衛王趙昺繼立，再避至崖山㉛。民國紀元前六百三十三年，元兵破崖山，陸秀夫負宋帝投海，張世傑擬退安南中途覆舟溺死，於是宋亡。文天祥陸秀夫張世傑是宋末三忠臣，很受後人的景仰；有人以爲他們不但忠於一姓，也是爲民族而死，那是更可敬了！

憲宗世祖經略中國時，一面也用力經略高麗日本和南洋各地。憲宗時屢次用兵高麗，高麗國王王㬚使其子王倎至蒙古爲質。世祖即位的一年，高麗王王㬚死，世祖乃派兵護送王倎回國承繼爲王。於是高麗實際上成爲蒙古的藩屬。世祖又屢次用兵日本和南洋各地，都因地勢和天時的關係，不甚得利。原來那時的蒙古，已有些盛極而衰的模樣了。

統治蒙古極盛的時代，其疆域東至高麗，西至黑海，北至黠戛斯，南至安南，爲當時全世界唯一的大國，也是世界上從來未有的大帝國。除統治中國及其他藩屬的元朝以外，還有四大汗國。成吉思汗長子朮赤一系的子孫，統治黠戛斯以西，裏海鹹海以北的地方，叫做欽察汗國。成吉思汗次子察合臺一系的子孫，統治現今的中央亞細亞一帶地方，叫做察合臺汗國。太宗窩闊臺一系的子孫統治阿爾泰山一帶地方，叫做窩闊臺汗國。憲宗之弟旭烈兀一系的子孫，統治花剌子模以南，波斯小亞細亞一帶地方，叫做伊兒汗國。

❶望建河，就是現今的黑龍江。斡難河，就是現今的鄂嫩河。不兒罕山，就是現今外蒙古車臣土謝圖爾汗部界上的布爾罕哈勒那都嶺。

❷卽現今克魯倫河。

❸卽最大汋可汗之意。

❹現今山西省大同縣。

❺桓州，現今察哈爾省沽源縣。撫州，現今察哈爾省張北縣。

❻在現今察哈爾省萬全縣西。

❼現今察哈爾省懷來縣。

❽西域的大國。其疆域東至葱嶺，西至裏海，北至鹹海，南至印度河。

❾即現今中央亞細亞的撒馬爾干。

❿阿速在裏海之西，高加索山之北。撒耳柯思在現今俄國頓河流域。欽察在烏拉嶺之西，裏海黑海之北。

⓫蒙古在民國紀元前七百零二年曾用兵西夏，西夏投降，乃伐金國。

⓬在現今陝西省固原縣。

⓭一說在西夏未征服時死的，遺命等西夏平定，然後發喪。

⓮在現今外蒙古庫倫西南。

⓯在現今河南省孟津縣境。

⓰在現今河南省禹縣南。

⑰現今河南省汝南縣。

⑱就是東京汴京，北京大名和西京洛陽。

⑲定宗於民國紀元前六百六十六年即大汗之位。

⑳就唐朝時的南詔國。

㉑那時的合州城在現今四川省合川縣的釣魚山上。

㉒現在湖北省武昌縣。

㉓宋臨江軍，現今江西省淸江縣，現今瑞州江西省高安縣。

㉔靜江，現今廣西省桂林縣，潭州現今湖南省長沙縣。

㉕現今察哈爾省多倫縣北。

㉖現今江蘇省儀徵縣。

㉗現今福建省閩侯縣。

㉘現今廣東省惠陽縣。

㉙梅州，現今廣東省梅縣，潮州，現在廣東省潮安縣。

㉚在現今廣東省吳川縣海中。

㉛在現今廣東省新會縣海中。

【研究問題】

鮮卑突厥契丹各族繁殖的地點在那裏？

金宣宗爲什麼要汴遷都北京？倘不遷都是否可以不受蒙古的侵伐？

宋朝約蒙古攻金是否完全失策？那時最失當的舉動是什麼？

賈似道爲什麼要謊報勝利？

宋朝當時應怎樣對付蒙古，最是適當？

蒙古的強盛與當時各國的形勢，有什麼關係？

第四十八章　元朝的政治和宗教

蒙古人雖是建立了世界從來未有的大帝國，然而他們的行爲始終不脫游牧民族的氣格。他們的能夠突然強大，完全是靠託他們的兵力和軍略，充分表現了游牧民族的天才和能力。他們的政治思想，實還是在部落時代。所以他們征服了一處地方，只知道燒殺擄掠；對於被征服者和被征服的地方應該用什麼方法去治理，完全沒有懂得。卽使我們說他們完全不懂政治，也不算過分。當蒙古太宗滅了金國的時候，近臣別迭曾經獻議道：『把「漢人」[1]留着，於國家沒有什麼好處，不如把他們完全除去了，用這些地方做我們的牧場！』這種思想，簡直野蠻得可笑！他們攻打西域各國，敵人若是用力抵禦了，那末打破一地，照例實行一回大屠殺。幸而有個契丹人耶律楚材，很得成吉思汗和他的後人的信任。每次用兵，他都隨同出發，參贊一切。他是一個很有材幹，而富於經驗的政治家。他差不多做了蒙古人政治的靈魂。他屢次設法阻上蒙古軍人獷悍的殘酷的舉動；保全各地文化事業的功績，實在不小。

他們以爲自己是征服一切的主人翁，對於被征服的人民便可以任意壓迫。宋朝是他們最後的被征服者，所以他們對於『南人』②的壓迫也最是嚴重。元朝的統治中國，把人民分爲四等：第一等當然是蒙古人；第二等是蒙古以外的各部族人，叫做『色目』人；第三等是『漢人』；第四等是『南人』。這四等人的權利義務，一切都不平等。他們在政治上，到處給漢人和南人以很大的刺激。例如各種行政機關，其領袖長官必用蒙古人或色目人，漢人和南人最高只可以當個次官。又如元仁宗於民國紀元前五百九十九年，參酌中國舊制，仿行科舉。他把進士科分爲左右二榜，蒙古人色目人爲右榜，漢人南人爲左榜。蒙古人色目人只考兩場，漢人南人要考三場；倘蒙古人色目人願意應試漢人南人的科目，中式之後，得加一等注授。而且漢人南人更須於考試各門之外，別通蒙古字學和回回教，纔得賜給出身。那麼這時候的中國人，在政治上的活動機會和能力，必然是很有限的了。

關於元朝的用人，有一端是很值得注意的。他們對於中國人是竭力壓制的，而蒙古人的人才卻有限，於是不得不盡量的登用色目人。當時回回人在元朝做官的最多，歐洲人也不少；馬哥孛羅就是其中最著名的一個。馬哥孛羅回歐洲之後，向一位著作家講述他游歷的故事；這著作家便按着他所述的，寫成一部遊記。這遊記一時風行於歐洲各地，因而勾起了東西交通的動機。又因歐洲人到元朝來作官，便把西洋學術帶進了中國。例如回回歷的推行，渾天儀的製作，造礮術的應用等。這是大有影響於中國文化的。

元朝的政治設施，對於財政最注意。然而他們的理財，完全是一種聚斂政策。他們認爲剝削被征服者的利益，供奉自己的享用，是一種天經地義。元朝的官制，關於財政的官署，比其他朝代都詳密，特立十路宣課司，爲各地方徵收機關。他們很注意海外貿易，很看重商人，這也是因爲能擴充稅收，有益於聚斂政策的緣故。元朝在沿海一帶，設有市舶司七所❸。貨物出入，取稅十分之一。又定法禁止人民自由到海外去做買賣，由官家準備船隻，發給資本，招選人民往外國經商，所獲利益以十分之七歸官家❹。看重商人，除收稅之外，還有便利皇室和貴戚大臣等的供奉的作用。太宗時，商人賣貨物給皇室的，好比奉命出差的官員，沿途地方官應供應他們糧食伕馬。太宗死後，定宗未立以前，皇后乃蠻氏當國，信任西域商人奥魯刺合蠻，教他掌理財賦。至於把『御寶』

『宮紙』付給他，聽憑他任意塡發。奥魯刺合蠻出的主意，令史⑤不肯宣傳，便斷其舌，不肯書寫，便斷其手。這種行爲，說到久經進化的民族中給人聽了，簡直要當作笑話，不信竟有此事實的。

他們因爲求享用的安適富麗，對於工匠也是十分優待的。攻破一處地方，實行大屠殺的時候，工匠往往可以倖免。元朝時設有關於工藝的職官，京師和各地方都有『諸色人匠總管府』。此外又隨處設局，如織造、繡染、氈、皮貨、簍、梵像、瑪瑙、玉石、油漆等，都有專官。有人說，元朝這種設官，很有提倡工藝的意思，是歷代所無。其實他們只以供奉皇帝和特殊階級的享用爲目的，於民間並沒有什麼影響。

他們對於中國的一般人民，生恐發生叛變，防遏得十分嚴厲。各地方派兵駐防，完全使用一種兵力高壓的政策。民政長官，往往使駐防軍隊的軍官兼充。軍官大都常駐一地，不大遷調的；所以多與當地土豪惡霸朋比爲奸，强奪人民的田產房屋。又定例南人不准私藏兵器，違則嚴罰。每聚十家，必設一甲長駐在那里監視一切。這輩甲長便可以任意作威作福，侮虐百姓。中國人在這種高壓之下，簡直是搖手觸禁，很難掙扎的了。然而高壓政策往往不能持久，所以元朝末年的軍政便弄得腐敗到極點，在高壓之下的中國人紛紛挺身而起，竟也無法遏制，大革命便一發而不可收拾。

限制政治活動，盡力搜括民財，和種種威力的鎮壓，這還是外族的統治階級應有的態度。元朝的設施，做得過火一點，也還不能算什麽了不得的稀罕。最是荒謬得不成話的，便是縱容一般外來的番僧，在民間任意胡鬧。

原來蒙古與吐蕃交通之後，吐蕃的喇嘛教⑥便流入蒙古，很得蒙古人的信仰。元世祖很崇信喇嘛僧八思巴，尊爲帝師。請他制定蒙古文字，又加封爲大寶法王。於是喇嘛僧的勢力更加盛大。八思巴死後，帝師成爲一種常設的爵位，代代相傳不絕。每逢帝師死後歸葬，必命百官出京祭送。新帝師將至中國，必派大臣去迎候。迎到京師，必排法駕命百官在京城外『郊迎』，皇帝，后妃，公主等，一律要向他膜拜。敬禮如此，眞是無比的尊寵。朝會班列，帝師獨專一席。帝師所發的命令，與皇帝的詔書並行。政府中設有一個『宣政院』，掌管喇嘛教的寺院僧徒；後來也漸漸擴張權衡，竟變爲統轄軍民很有權力的機關。因帝師的尊寵無比和宣政院的權力擴大，喇嘛僧的氣燄乃漸漸盛張，益發放縱恣肆，無所不爲了。

世祖時，命番僧楊璉眞伽爲江南釋教總統。其人貪殘凶暴，達於極點。他以爲宋朝帝后陵墓中，金玉必多，便發掘紹興諸陵，把尸體燒化了，和以牛馬枯骨，建鎭南塔於杭州故宫。又掘紹興錢唐一帶的大臣墳墓，計一百零一所。掠取民間美女，珍寶，田產，不可計數。他還要包庇人民不納賦稅，受庇的有二萬三千戶之多。武帝時，上都開元寺番僧強買民間柴草，百姓向留守李璧告訴。李璧正在查問根由，衆番僧竟帶了棍棒，其勢洶洶的趕至留守衙門，把李璧從公案上拖下地來，亂打一頓。打了之後，還綁回寺中，禁閉起來，很久很久，方始脫逃。李璧至京師呈訴，朝中也擱置不問。不久，番僧又與王妃爭道，把王妃拉下便打。這事朝中也知而不問。但宣政院卻請朝中定例『毆打番僧的斷其手，詈駡番僧的截其舌。』這事雖經太子竭力爭持，不曾實現，也可見番僧的兇燄了。英宗時，陝甘一帶，番僧佩掛了『金字圓符』❼往來中國吐蕃。所過之處，硬要地方官供應辦差。驛館裏住不下，就到民間去借住。因此驅逐男子，奸淫婦女，無所不爲。驛戶居民，受苦之後，也無處告訴；告訴之後，官府也無法處理。這種情形，眞是黑暗到極點了！

喇嘛教的影響，不但騷擾民間，而且使得刑法廢弛，和糜費國帑。元朝的歷代皇帝沒有一個信奉喇嘛教的。因此對於刑罰，往往主張從輕，不免流於寬縱。又不時釋放囚犯，叫做『祈福。』這種照例為它的政策，結果又給番僧造了機會。凡貪官汚吏，盜賊匪徒，坐法當刑的，大都賄通番僧，求免死罪；至於一般人民，是受不到絲毫好處的。又皇室年年要作佛事，所支用費很大。計每年用麵四十餘萬斤，油八萬斤，酥二萬斤，蜜三萬斤，其餘應用物品尚多。齋僧布施，每年約費千萬。貪利的僧徒，往往勾結會計官吏，朦混開支。種種腐敗的情形，也是中國歷史上從來未有的。

❶對於兩河一帶的金國遺民而言。

❷對於江南一帶的宋朝遺民而言。

❸上海、泉州、澉浦、溫州、廣東、杭州、慶元七所，但有時往往停止一二所。

❹這是元世祖時所用理財家盧先榮創立的辦法。盧世榮死後，這辦法也就廢止了。

❺執掌文書的官吏。

❻佛教中的一派，輸入吐蕃後與其本土的宗教思想和習慣化合了，乃成為喇嘛教。

❼本來備着爲邊防報警的人應用的。

【研究問題】

爲什麼游牧民族長於戰爭？

爲什麼游牧民族的政治思想不發達？

中國人與色目人同是蒙古的被征服者，爲什麼蒙古人待色目人特優？

爲什麼高壓政策往往不能持久？

元朝對於帝師爲什麼這樣的尊寵？對於喇嘛僧爲什麼這樣的放縱？

刑法寬縱怎麼也是一種壞現象？

第四十九章　明太祖的崛起

蒙古本是一種文化較低的民族，他們用武力征服中國之後，一味用極度的高壓政策統治中國人，毫不知接受中國的文化。其結果當然是因入主中國之後，享用豐裕，漸失其獷悍的性質，日就腐化，給高壓之下的漢族人以革命恢復的機會。我們看他們未入中國之前，聲勢何等浩大；一經統治中國之後，卻不到一百年，只得拱手退去，正是這個道理。

元朝很快的滅亡，和蒙古大帝國的崩壞，其汗位承繼的爭亂，可算是一個極重要的大原因。原來蒙古的汗位，雖屬於一姓私有的基業；但汗位出缺之後，並沒有一定嗣位的太子，❶是由宗王、后妃、公主、駙馬和重要將領公開大會推定的。這一種集會，他們叫做『庫里爾泰』。成吉思汗死後，因他功業偉大，於是大家共認這汗位的承繼人，總是成吉思汗的子孫了。太宗窩闊台的繼立，是『庫里爾泰』遵奉成吉思汗的遺命公舉的，當時沒有什麼爭議。太宗死後，『庫里爾泰』推舉了定宗。貴由定宗貴由體弱多病，在位三年即死。汗位承繼的爭亂，就在此時開始了。

當部落寡弱的時候，大汗的權利尙少而且對外負重大的責任，所以『庫里爾泰』的推舉，大家都肯顧全大局，公平正直的舉個衆望所歸的人。到了國勢强大之後，汗位的承繼，自不免發生運動暗鬬。其時成吉思汗幼子拖雷一系的後人勢力較强❷；而且宗王之中最有威望的朮赤之子拔都，也與他們聯絡，其勢更盛。『庫里爾泰』的召集，太宗定宗和察合台的後人大半不到，以爲消極抵制。於是憲宗蒙哥不顧缺席抵制，悍然承繼爲大汗。憲宗卽位之後，太宗後人就有反謀。憲宗便用兵力鎭壓，殺定宗的『可敦』❸和用事大臣，並設法分散他們的勢力，蒙古的內爭，至此便有不可彌縫的形勢。

世祖忽必烈更進一步，索性破壞成法，完全不經『庫里爾泰』自立爲大汗。與他對抗的，先有自立於喀拉和林的阿里不哥，後有太宗的後人海都，而朮赤察合台旭烈兀的後人也漸漸和元朝斷絕關係，蒙古大帝國實在就此分崩了❹。

世祖和阿里不哥海都的競爭，雖幸而勝利，然世祖以後元朝皇位承繼的競爭，依然不絕。世祖和其孫成宗鐵木耳，都曾依中國成法，建立太子；不幸都是早死，沒有成太子嗣位的定例。於是成宗死後，皇族便各以兵力奪取皇位鬧得不可開交，國力因此大受損失，國政因此大爲紊亂。

傳至順帝安懽帖木兒，國勢已是危險到極點。財政異常紊亂，物價十分昂貴，國家經濟走到了絕境了。又兼這元順帝十分荒淫無度，只求自己極端的享樂，把政事都委托皇后和近臣。奇皇后和哈麻、雪雪、朴不花等就得乘機弄權，胡作妄爲，製造亂源。適逢水災旱荒連年發生，在民不聊生的狀態中，促起了漢族人的革命運動。朝政既盡被女子小人所把持，應付完全失當；於是這中國的皇位，蒙古人就坐不住了。

民國紀元前五百六十四年，黃巖⑤人方國珍起兵，入海劫掠糟運。元朝迭次派兵討伐，反爲所敗。民國紀元前五百六十一年，白蓮教⑥韓山童的徒黨潁州人劉福通起兵安豐，奉韓山童之子韓林兒爲主⑦。又有蕭縣人李二起兵徐州，羅田人徐壽輝起兵蘄州，都以紅巾爲號。⑧明年，定遠人郭子興起兵濠州。⑨又明年，泰州人張士誠起兵高郵。⑩東南一帶，元朝的統治大爲動搖，成爲四分五裂的形勢。

這時候，元朝各行省討伐叛徒，都不順利。丞相脫脫，乃親自出馬。民國紀元前五百六十年，大破李二於徐州。後二年，擊敗張士誠，圍高郵城。不久將破。而哈麻挾嫌在奇皇后前破壞脫脫，元順帝竟然聽信讒言，把脫脫免職，流至雲南，被哈麻矯詔殺死。於是張士誠乃能把元兵打退，各路革命軍的勢力重又大振。長江上游盡被徐壽輝及其部將陳友諒明玉珍所據，長江下游盡被張士誠和郭子興及其部將朱元璋所據，元朝勢力乃退縮至黃河流域。

黃河流域本有劉福通一派勢力，瀰漫各地，被潁州察罕帖木兒和信陽⑪李思齊起兵代元朝討平。元朝倘就此好好的整頓軍事，尚可以在北方立足。然而奇皇后，一心想脅迫元順帝禪位給他所生的兒子愛猷識果達臘，與哈麻、雪雪、朴不花等朋比爲奸，因此引起兵爭。察罕帖木兒死，其子庫庫帖木兒與李思齊互相攻擊，把討伐南方的事完全拋荒。這正好給朱元璋從容兼併各路，日漸强大的機會。等到朱元璋起兵北伐，元朝倉皇調兵應付，已是來不及了。

朱元璋，鐘離⑫太平鄉人。幼年便喪父母，貧苦不堪，出家皇覺寺爲僧。郭子興起兵時，他投身爲親兵，得郭子興寵愛，娶其養女馬氏爲妻。後見郭子興爲人懦弱，並受李二殘部的脅制，未必能夠有爲；乃別爲一軍，自謀發展，於民國紀元前五百五十七年，攻佔和滁二州。不久，郭子興死，部下都歸朱元璋。朱元璋乃渡江取采石，乘勝占太平，建元帥府⑬。明年，攻破集慶路⑭，改名應天府，以爲根據地；自稱吳國公，派兵出兵，擴充地盤。行軍所至，紀律嚴明，攻下城池，禁止部下屠殺焚掠，因此把得民心。

朱元璋要擴充地盤，向西與陳友諒衝突，向東與張士誠衝突，他便看準時機，先後把他們吞滅。

民國紀元前五百五十二年，陳友諒殺其主徐壽輝，據江西湖廣，建漢國，自稱皇帝。朱元璋生怕他的勢力穩定之後，不容易收拾。但也不敢貿然先發，又恐他與張士誠結合了，前後夾攻。乃乘其布置未妥的當兒，用計挑動他自來尋釁。陳友諒果然中計，派兵東下。朱元璋出兵迎擊，陳友諒大敗，退至武昌。朱元璋乘勝取江州，占隆興路，改爲洪都府。⑮民國紀元前五百四十九年，陳友諒用水軍傾全力圍攻洪都，朱元璋與他大戰於鄱陽湖，陳友諒敗死。於是江西湖廣盡歸朱元璋所有。

張士誠於擊退元兵之後，攻取平江爲根據地，改名隆平府。附近松江、常州、湖州一帶，都被攻下。其時，正是朱元璋攻取集慶路，兩雄相遇，不免決鬥。張士誠勢弱，不得已投降元朝，以求保全。後乘朱元璋與陳友諒交戰的時候，得元朝鎮守江浙各將吏不和的機會，攻取杭州，於民國紀元前五百四十九年又自立爲吳王。朱元璋既勝，卽出兵東下，略取高郵和淮北一帶，然後進圍湖州。張士誠奮力應戰，大敗；湖州、嘉興、松江、杭江，先後失守。民國紀元前五百四十六年，朱元璋命各路會攻平江，四面圍困。張士誠死守不降，並屢次想突圍而出，都不利。明年，城破，張士誠被擒，自縊而死。於是三吳⑯浙西一帶，亦隸屬朱元璋了。

浙東一帶，其時由起兵最早的方國珍佔據着。方國珍的勢力，本來很微弱。對於朱元璋和張士誠，都是虛與委蛇，不作敵對作爲，亦不誠心歸服。屢次派人至各方，名爲通好，實則觀望風色。朱元璋既破張士誠，遂乘勝攻慶元⑰。方國珍逃入海島，因追兵緊迫，不得已乃投降。於是朱元璋又收服了浙東，成爲反抗元朝唯一的勢力。

民國紀元前五百四十五年，朱元璋派兵二十五萬，分道北伐，唾手而得山東河南。明年，北伐軍由濟南開封會師德州，直入通州⑱。元順帝得訊，帶領后妃太子等出居庸關北走。其時，朱元璋已在應天府卽皇帝位，改國號曰明。當初皇覺寺裏的小和尙，此時便成爲明朝開國的太祖高皇帝了！

當北伐軍出發時，明太祖同時派兵平定福建兩廣。元順帝放棄大都後，明兵轉向山西陝西，庫庫帖木兒逃至甘肅，李思齊降服。明兵再攻甘肅，庫庫帖木兒逃往喀拉和林。民國紀元前五百四十二年，明兵出居庸關攻應昌⑲。其時元順帝已死，愛猷識里達臘也逃往喀拉和林，明兵破應昌，只擒獲元順帝孫買的八剌而還。民國紀元前五百四十一年，明兵討平割據四川的明昇⑳。民國紀元前五百三十一年，討平割據雲南的元梁王把匝剌瓦爾密。民國紀元前五百二十五年，討平遼東的元朝遺臣納哈出，乘勝破元朝的殘餘勢力於捕魚兒海㉑於是推翻元朝的事業完全成功，明朝統一中國的基業也完全確立。

明太祖的崛起，在民族方面，確是漢族人驅除蒙古人的勢力於中國之外的革命成功了。在政治方面，明太祖雖由平民一躍而爲皇帝的，照例亦應有所改革；然而君權的擴張，卻比從前更加厲害。這是因爲中國民生狀況並沒有大變更，而封建勢力和注重名分的禮教，仍在推進之中，君權的擴張，乃自然的趨勢。還有一層，明朝驅除外族勢力大功績的震耀，和元朝政治腐敗壓力嚴重的影響，都足以使君權更上一層的發展。而且明太祖出身微賤，做了皇帝，自然要格外裝得威嚴一點，以便維持所謂綱紀，鞏固他的權位。當時的人民，尚未能有政治的覺悟，起來作要求民權的運動，也是君權發展漫無限制的一大原因啊！

❶以嫡生年長的兒子為太子，這是中國宗法制度的特點，他國他民族都沒有這個辦法的。

❷蒙古的風俗稱幼子為「斡赤斤」，承襲家業；所以拖雷一系的實力雄厚。

❸可汗之妻叫做可敦。

❹海都死後，其子察八兒勢力窮蹙，投降元武宗；太宗後人的封地窩闊台汗國全併入察合台汗國。

❺現今浙江省黃巖縣。

❻是元時盛行的一種宗教的祕密組織，其統系出於佛教之白蓮宗。至明時，稱為白蓮教。

❼潁州，現今安徽省阜陽縣。安豐，現今安徽省壽縣。

❽蕭縣，現今江蘇省蕭縣。徐州，現今江蘇省銅山縣。羅田，現今湖北省羅田縣。蘄州，現今湖北省蘄水縣。

9 定遠，現今安徽省定遠縣。濠州，現今安徽省鳳陽縣。

10 泰州，現今江蘇省泰縣。高郵，現今江蘇省高郵縣。

11 現今河南省信陽縣。

12 現今安徽省鳳陽縣有鍾離故城。

13 采石是牛渚山下突入江中的磯，在現今安徽省當塗縣西北二十里。元太平路治現今安徽省當塗縣。

14 現今南京市。

15 江州，現今江西省九江縣。元隆興路治現今江西省南昌縣。

16 蘇州，爲中吳，常州爲西吳，湖州爲東吳。

17 現今浙江省鄞縣。

18 德州，現今山東省德縣。通州，現今河北省通縣。

19 應昌城在現今達里泊旁邊，是元朝外戚翁吉剌氏的地方。元順帝出居庸關後，逃在此地。

21 明玉珍的兒子。

㉑即現今的貝爾湖，在黑龍江省呼倫縣西南。

【研究問題】

君位承繼的辦法，中國是預建太子，蒙古由『庫里爾泰』公推，那一種方法較好？雙方的優點在那裏？

爲什麼國勢强大之後的汗位承繼，易起爭端？

皇族爭奪皇位，怎樣會影響到國力和國政方面？

爲什麼那時白蓮會徒造反的很多？

爲什麼陳友諒不和張士誠夾攻朱元璋？

爲什麼朱元璋攻陳友諒時，張士誠不攻朱元璋？

朱元璋北伐這樣的順利是什麼原因？

君權的發達，與當時的民生狀况有什麼關係？

爲什麼那時的人民不敢有政治的覺悟？

第五十章　明朝的宦官權臣及黨禍

歷代的開國皇帝，從秦始皇帝起，沒有一個不是想建立萬世不壞的基業，使得『子子孫孫永保永昌』的。所以他們制定法度的時候，都是竭盡心力的防止前代因而亡國的弊端。但是扶起東來西又倒，不久便自然地衰亡了。原來皇帝專制的制度，實爲國家禍亂之根源。這制度不經根本改造，就是皇帝的權位存在一天，無論如何，禍亂總是防不勝防的。歷代衰亡的事跡，就是反覆證明這個道理的絕好資料。

然而皇帝專制的制度沒有到根本崩壞的時期，那些英雄豪傑總是要親自去嘗試一下，似乎是深信自己確有能夠消弭禍亂的把握一般。現在我們且看明太祖的一番嘗試！

明太祖的布置，在歷代開國皇帝之中，要算得最是周密的了。他鑒於魏晉六朝武人跋扈的爲害皇室，就於統一中國之後，把許多幫助他打平天下的宿將，先後設法剪除，大都被指爲謀反叛逆或被株連而死。他鑒於漢時太后臨朝，外戚干政，以及東漢和唐朝宦官專權，足以危害皇室；

便宗例不許太后臨朝聽政，下令嚴禁宦官干預政事。對於宦官的限制更加注意，只怕後世子孫日久忘了這個禁令，鑄了一塊鐵牌，掛在宮門上，上面刻著一行大字道：『內臣不得干預政事，預者斬！』

他把一切足以妨害皇室的禍根，統統斬伐乾淨，把大權一概集到皇帝一人的手裏。明朝一代，總算武人跋扈，外戚干政的沒有發生。但是他對於另外的兩點，卻不免失算了。第一，他只防了外人的侵害皇室，沒有想到皇室中自相殘殺的可危。他竟行起封建來，分封諸王子於各地。雖不使他們干預地方的政事，竭力保持中央集權的精神，然而許他們各設護衞兵三千人至一萬九千人，在實際上便也很有些勢力，足以起亹而有餘。大概他以爲子弟們鬧來鬧去，總是一家門，並不足以動搖根本的。他萬不料死後四年，便起了家變，兒子和孫子竟相殺起來，叔父竟要向姪兒奪取皇位的。這家變對於他所建的明朝，雖沒有重大的損失，然而他特鑄的那塊嚴禁宦官干政的鐵牌，卻從此失了效用。第二，他只知道外人覬覦皇位的不可不防，想不到後世子孫不肖，昏庸荒淫起來，他們自會把大權任意放棄，給權臣奸黨們乘機作惡，結果也大足以破壞他的基業。他的廢去丞相一職，似乎是預爲權臣奸黨造設好肆無忌憚的機會。因此兩點，他那艱難締造的基業，畢竟斷送在他不肖的子孫和宦官權臣奸黨們的手裏。

民國紀元前五百十四年，明太祖死，太子朱標早死，太孫朱允炆繼立，是爲惠帝。其時太祖所封的諸王，差不多完全是惠帝的尊屬❶，而且都擁有兵力，不免有些跋扈的表示。惠帝早也想仿照漢平七國的故事，着力裁制他們。對於燕王朱棣，更是注意。只因他守禦北邊，兵力較强，沒有敢造次下手。而燕王見勢不佳，便先發制人，以驅除惠帝左右的奸臣爲名，起『靖難軍』南下。恰好這時候惠帝方因事嚴辦宦官，宦官中恨惠帝的，便私下出京，把京師的虛實報告燕王。燕王得宦官的幫助，遂於民國紀元前五百十年攻破應天府。惠帝於紛亂中逃出，不知去向。燕王便卽位爲皇帝，是爲成祖。改其原駐地北平爲順天府，於民國紀元前四百九十一年遷都，而以應天府爲南京。

成祖的奪取皇位，宦官的幫助，很是得力。所以卽位之後，便十分信任宦官。太祖本不許宦官讀書，成祖便挑選翰林官入宮敎宦官。設京營提督，使宦官作監軍。又立東廠，委任宦官作政治偵探。並使宦官出使外國，鄭和便是其中表表傑出的人才。於是宦官在政治上得了優異的地位，不但違了太祖的禁令干預政事，而且有了軍權和特種司法權，可以任情作威作福了。

成祖死後三傳至英宗朱祁鎮，寵用宦官王振，始開宦官專權亂政之端。王振命其義子馬順管理鎮撫司，有和他反抗的人，便指令鎮撫逮捕問罪。大臣如劉球因而被殺，薛瑄李時勉被拘禁，勢燄盛張異常，朝中都拿他無如何。英宗的被瓦剌兵擄去，也就是誤聽王振之計，輕易出塞親征的緣故。英宗吃了這一場大虧，似乎應該改弦易轍了。然而復辟❸之後，依然寵信宦官門達逯杲，使他們管理錦衣衛❸，非常倚重他們。錦衣衛就廣遣校尉到各處偵探事情，因此敲詐官吏，誣害平民，天下大受其害。英宗死，憲宗朱見深立。門達惡貫滿盈，被憲宗誅殺，而憲宗卻又寵信宦官汪直，於東廠之外，別立西廠，使汪直管理其事。汪直便倚仗勢力，派人四出訪察，屢興大獄。無賴校尉，滿布民間，流毒更不堪設想。後來雖廢西廠，殺汪直，但所信任的仍是臣官梁芳等一班小人。

憲宗之子孝宗朱祐樘在位時，殺梁芳等一班小人，政治尚算清明。孝宗死，武宗朱厚照立，又把鬧得不成樣子了。武宗寵信宦官劉瑾，於東西廠之外，另立一個內廠，使劉瑾管理其事。劉瑾專意引導武宗荒唐嬉戲，朝中大臣竭力諫勸，武宗漸有悔改之意。劉瑾便率領羽黨圍着武宗伏地哭泣，誣說朝中大臣居心不良。武宗果然會聽信他的一派胡言，任憑他把力諫的大臣，拘禁殺害，劉瑾後來雖被人告發得罪而死，但武宗荒嬉得已成慣性，因此誤聽江彬之言，自稱鎮國公朱壽，出京巡遊宣府大同等處，弄得人心皇皇，謠言蠭起，激起了一次同室操戈的把戲。❹

武宗死後，世宗朱厚熜繼立。世宗很迷信神仙，終日從事齋醮；一切政治，都置諸不問。其性又偏於嚴刻，自以爲很明察的。大學士嚴嵩，便利用他這個弱點，往往故意激怒世宗，乘機陷害他人。因此朝中大臣，都畏懼嚴嵩，沒有人敢於和他反抗。嚴嵩便可以蒙蔽世宗，大權獨攬，任意胡作亂爲了。民國紀元前三百六十二年，俺答侵入中國，兵鋒直逼京師。嚴嵩恐防與他們交戰，倘若失敗了，難以掩飾，嚴令各將領毋許出戰。於是俺答的兵在京師一帶任意打掠，滿載而去。世宗看見城外火光燭天，問是什麽事，左右侍臣只說是失火。對於世宗竟然蒙蔽到如此地步。這時候，連年外族侵擾，內部政治腐敗，明朝的元氣，就此大傷了。

世宗二傳至神宗朱翊鈞，那是明朝最昏庸的皇帝了。初卽位時，有張居正輔政，政治情形尚好。親政以後便荒於酒色，不問政事。中年以後，怠荒更甚。朝臣奏事，一律擱置不問。官有缺額，也不選補。竟有二十餘年不上朝堂。這時候鴉片初輸入中國，或者他吸了鴉片，亦未可知。在集權於皇帝一人的政治制度之下，皇帝一事不理，政治界自然發生雜亂的現象，是非不定，黨派分歧了。

其時有個削職在野的顧憲成，在故鄉無錫修復東林書院，聚集同志，以講學爲號召。往往議論時事，批評人物，一時名流附和他們的很多，在朝作官的也有一部分與他們互相呼應。於是東林之名，盛極一時，而忌刻他們的也一天多似一天了。後來孫丕揚、鄒元標、趙南星等相繼在東林書院講學，都是自負氣節，有願與惡勢力殊死奮鬥的精神。東林黨的名目便從此成立。他們也好逞意氣，對於不相投合的人，便盡力攻擊，不留餘地。反對他們的人也就連結一氣，專以排擊東林，快心報復爲能事。到後來雙方便抓着當時的幾件宮廷細事⑤刺刺不休地互相爭執，互相攻擊，各不相下。因此東林黨與非東林黨之間，就成了一個誓不兩立的形勢。

神宗死了，光宗朱常洛即位不到一年便死，熹宗朱由校繼立。這熹宗也是一個非常昏愚的皇帝。寵信乳母客氏，封爲奉聖夫人。宦官魏忠賢與客氏私通，因而也得熹宗的寵信。魏忠賢乃一個不識字的陰狠小人得勢之後，自然十分放肆，使也大遭東林黨的排斥。於是非東林黨就和他相結，希圖把持政局，壓倒敵黨。魏忠賢憑空來了許多黨羽，也正合他需要，雙方便格外相投。民國紀元前二百八十七年，崔呈秀因勾結魏忠賢，被任爲御史。這崔呈秀本是貪官汚吏，曾被趙南星高攀龍攻擊。既爲御史，便把東林黨的黨人名單交與魏忠賢，請他設法一網打盡。其時魏忠賢提督東廠，先後把東林黨人表表有名的楊漣、左光斗、魏大中、周朝瑞、袁紀中、顧大章、高攀龍、周順昌、周起元、繆昌期、李應昇、周宗建等十二人逮捕殺害。又把東林黨人的姓名榜示全國，永禁他們活動。並毁除各地的書院，使得東林黨人，無處存身。

東林黨既被壓倒，惡勢力便布滿中國。趨炎附勢的官僚，都說『這是魏公的功德，幸虧他把奸黨除清，安國安民。』魏忠賢於是勢大滔天，其黨羽有五虎、五彪、十狗、七孩兒、四十孫等名目，自內閣六部至各省總督巡撫，非附和他的便不能存立。最無恥的，浙江巡撫潘汝楨，竟爲首上表稱頌魏忠賢功德，請在西湖建立生祠。一時各省爭先仿傚，仿傚得遲一點的，便得罪論死。每建一祠，所費自數萬至數十萬不等；貪官汚吏乘此攘奪民間田產，斬伐墓上的樹木，敲詐富戶，侵蝕官帑，種種醜態，不一而足。眞是不成體統！直到熹宗死後，思宗朱由檢卽位，才把魏忠賢除掉。然而明朝的國事，業已無收拾的了。

❶明初封建凡二十五王，除靜江王朱守謙爲明太祖從孫之外，其餘都是明太祖的兒子。

❷英宗被擄後，其弟郕王朱祁鈺卽位爲皇帝，是爲景帝，英宗回國，本沒有再做皇帝的道理。適逢景帝有病，朝臣徐有貞總兵石亨宦官曹吉祥都別有心事，乘機闖入宮中，迎英宗復位，把景帝仍廢爲郕王，郕王不久卽死。

❸明朝的禁衞軍。

❹民國紀元前三白九十三年，寧王宸濠乘機在南昌起兵造反，聲勢頗大，幸而王守仁從他後面出兵，把他討平。

❺一件是挺擊案。有一個男子，張差持挺闖入東宮，打傷守門太監。捉住審問，竟與爭立太子有關。後來草草了事，沒有深究。一件是紅丸案。光宗久病不愈，鴻臚寺丞李可灼進呈紅丸一粒，光宗服了便死。有人主張嚴究李可灼，也有人不以爲然。一件是移宮案。光宗死後，熹宗卽位，年僅十六，光宗的選侍鄭氏也住在乾淸宮。御史左光斗力爭必須遷出，選侍才移至噦鸞宮。有人很不贊成左光斗的力爭。

【研究問題】

怎麼說皇帝的權位存在一天，國家禍亂總是防不勝防？

明太祖失算的兩點，有無方法可以補救？

明成祖優待宦官的辦法，那幾項的弊害最大？

英宗憲宗等，爲什麼喜歡信任宦官？

世宗既自以爲明察，何以被蒙蔽到如此？

爲什麼神宗荒怠政事便會引起黨爭？

明朝的黨禍，除政治的原因之外還有什麼其他原因？

爲什麼黨爭劇烈的時候往往以宮廷細事爲爭論的題目？

第五十一章　海外交通的發達

明成祖信任宦官，其結果弄得後來政治腐敗，斷送了明朝的江山。但在另一方面，卻於無意之中促進了海外交通的發達，對於後來的影響非常重大。

我國的疆域，東南沿海洋，西北是大陸。古代海洋的交通不便，所以與外族的交涉，大都起於西北方面；歷代雄材大略的皇帝，其對外發展的功業，也大都在大陸，而不甚注意於海洋方面。魏晉以後，沿海各地的人民，冒着險到海外去經商，方始與南洋各地相往來。到唐朝時候，海外的貿易漸盛，於是國家爲收稅起見，設市舶司於廣州。元朝沿海的市舶司增至七所，可見海外的交通，更是一天興盛一天了。

明成祖起靖難軍，攻入應天府，奪了惠帝的皇位之後，終覺得惠帝的下落不明，難以放心。只怕他逃亡海外，將來總不免落個後患。於是成祖乃決定以招諭南洋諸番的名義，派人出去順便訪查一下。

民國紀元前五百另七年，明中官❶鄭和奉成祖之命，統兵三萬七千人，攜帶多量的金帛和航海必用的羅盤針，乘預先特造的大船六十二艘，從蘇州劉家港❷出海。經過福建的沿海，在長樂縣的太平港裏停泊了一月餘，出五虎門❸放洋，向南行，先至占城❹，依次周歷各番國。到一處地方，便發布明朝天子的諭旨，宣示威德，聽命的，便把金帛贈給他們的君長；不服的便用兵力來鎮壓他。至舊港❺，酋長陳祖義一向專事劫掠商旅，鄭和使人招諭他。陳祖義見其勢難敵，不敢公然反抗，乃假意投降，陰謀襲擊。被鄭和識破，打散了他的部隊，把他擒住。民國紀元前五百另五年，鄭和回國。各番國都遣派使臣，隨同進貢朝拜。陳祖義亦被解至應天府，斬首示衆。明年，鄭和第二次奉命出發，至錫蘭❻，其王亞烈苦奈兒引誘鄭和到他的國裏，勒索多量的金帛，並發兵劫掠鄭和的海船。鄭和伺候他的部隊調至海岸，國內空虛的機會，統兵二千餘人，出其不意的攻取城堡，擒亞烈苦奈兒和他的妻子屬官。劫掠鄭和海船的聞訊趕回救應，鄭和又力戰把他們打敗。民國紀元前五百另一年，鄭和回國。亞烈苦奈兒又被解至應天府，經明成祖特赦釋放。其時成祖已派兵平交趾❼，改爲郡縣，南洋各番國大震動，來歸服的更多。民國紀元前五百年，鄭和至三次奉命出洋，至蘇門答剌⑧，其王子蘇幹剌陰謀殺其王而自立，並想也殺鄭和，鄭和便把他討擒了。這便是歷史上所記鄭和三擒番酋的故事。

此後鄭和又奉成祖命出洋三次，奉宣宗出洋一次。計共先後出洋七次。所過地方，可考的有下列各處：

占城　靈山（與占城相近）　眞臘（現今柬埔寨）　賓童龍（現今柬埔寨海岸的岬角）　崑崙（現今下交趾極南端的一島）　暹羅（現今暹羅沿海的地方）　假馬裏丁（在現今婆羅洲西南海中）　交欄山（現今霹靂盾島在蘇門答剌島東）　爪哇　舊港　重加羅（現今馬多拉島，在爪哇海中）　吉里地悶（現今佛里嶼，也在爪哇海中）　滿剌加（現今麻六甲）　麻逸洞（現今遜單島，在巽他羣島中）　彭坑（疑卽現今彭家島，在暹羅南）　東西竺（現今新加坡）　龍牙門（馬來半島與蘇門答剌之間一小島）　九州山（在滿剌加海峽中）　亞魯（蘇門答剌島北岸）　蘇門答剌　龍涎嶼（蘇門答剌島西北一小島）　南浡里（蘇門答剌島亞齊之西）　黎代（蘇門答剌島西部）　那孤兒

（蘇門答刺島西部）　翠藍嶼（現今安達滿羣島在馬來半島西）　文萊（婆羅洲北岸）　榜葛剌（現今孟加拉）　柯枝（現今可陳，在印度半島西南端）　大小葛蘭（在現今印度半島都蘭樵地方）　錫蘭　古里（現今印度孟買省沿海一小都會）　溜山洋（現今馬拉代勿羣島，在印度半島西南）　忽魯母斯（在現今波斯灣內）　木骨都束（在現今非洲東岸）　刺撒（現今美速不達米亞附近地）　卜喇哇（在木骨都東東南）　天方（現今麥加）　阿丹（現今亞丁）等。取得無名寶物，不可勝計。自鄭和出洋之後，凡奉命海上的使者，還要把他做誇耀的幌子呢。所以世俗相傳三保⑨大監下西洋⑩，爲明初盛事。

鄭和七次下西洋，其對於後來的影響，實在比對於當時的意義更可注意。自此以後，海外交通彷彿經了政府一番提倡，沿海一帶的人民，往海外經商的更多。現今華僑在南洋有那樣大的勢力，還是明初所立的基礎呢。後來歐洲的葡萄牙人西班牙人等到了南洋，與華僑接觸，知道已離中國不遠，漸漸到中國沿海來通商互市。這樣說來，中國與西洋的交通，與鄭和下西洋不是很有關係的嗎?

至於歐洲人的來到東方,有一個動機也與中國歷史上很有關係。本章第四十八章裏,不是提及過一個在元朝做官的歐洲馬哥孛羅,回國之後發表了一部遊記的嗎?這遊記裏過分的描寫中國的富庶,說得差不多像一個黃金世界一般。因此『金契丹』⑪的大名轟傳全歐洲,引起了一般人的注意,尤其是經營海外貿易的商人。

古代的歐洲人,也是不注意航海事業的。大家都以爲航海是一件太危險太困難的事。所以後來與那些著名航海家出洋探尋新航海的伙伴,差不多全是些囚徒或無賴。當中國的南北朝時,歐洲的中部和西部,大受所謂蠻族的蹂躪。一般優秀的人民,都避到地中海沿岸一帶。意大利半島的商業和自由都市因此漸漸發達。當中國的北宋末年,歐洲各國的基督教徒,與土耳其的回教徒發生衝突,乃有十字軍的東征。意大利半島的都市,變成了十字軍軍人上船出發的地點,商業更加發達了。後來十字軍結束之後,東西洋的交通更繁。那些自由都市裏的商人,爲着他們營業上的關係,對於東方十分注意。那時有一部分商人,因爲從南洋各地販運香料至歐洲販賣大獲其利。又兪馬哥孛羅遊記的歆動，他們要到東方的心念，更加急切了。

但是他們要向東走，卻有土耳其人阻住他們的前程。土耳其往往虐待歐洲到東方販運貨物商人，竟至於不許他們通過。因此，歐洲商人既無法打開他們，不得不另尋一條新路。恰好中國的羅盤針，在十字軍的事件中，傳到了歐洲；歐洲人對於航海事業，生了很大的興趣。他們覺得有了指明方向的羅盤針，航過大海達到東方，是有把握的。於是有人以爲可以繞過非洲，到印度和南洋去；又有人以爲地形既是圓的，向西航海，便可直通東方，達到印度和南洋。這兩種理想後來都有很好的成效。

民國紀元前四百二十六年，葡萄牙人地亞士沿着非洲西岸，向南航海，直達非洲南端的好望角。民國紀元前四百十四年，葡萄牙人達伽瑪竟繞過好望角，航至印度西岸的古里，載了一船香料，安然還家。繞過非洲達到印度的理想，完全實現。計其時，約在鄭和下西洋之後八十年。中國向西的航海，歐洲向東的航海，兩下在印度和南洋相遇了。

葡萄牙人發見通達印度的航路之後，便於民國紀元前四百十二年闢商埠於印度的加爾各答和可陳。民國紀元前四百另二年，進至滿剌加爪哇。民國紀元前三百九十五年，就到中國的廣東沿海來要求互市。當時不過是海船停泊在岸邊，做些交易。到民國紀元前三百四十九年，才得向明朝租借澳門爲根據地⑫。

至於向西航海，直達印度南洋的一種理想，西班牙人努力求其實現。民國紀元前四百二十年，哥倫布得西班牙女王的資助，發見了美洲新大陸。民國紀元前三百九十三年，麥哲倫又得了西班牙政府的資助，渡過大西洋，繞過美洲南端的麥哲倫海峽，達到斐律賓。不幸他被土人殺了，只有他的同伴，於民國紀元前三百八十九年回到西班牙，完成了他環繞地球一周的遺志。民國紀元前三百四十一年，西班牙在斐律賓建馬尼剌城爲貿易根據地。當時中國的人民，往馬尼剌經商的很多。西班牙也派人向明朝要求結約通商，因葡萄牙人從中梗阻，沒有結果。然而墨西哥銀圓⑬，就在那時起始流入中國了。

此外，荷蘭也因與西班牙競爭海外貿易，同時航海至東方。他們先把馬來半島席捲在手，然後再向中國方面擴張勢力。所以不久便想奪取澳門，明朝與葡萄牙人合力抵敵，他們方始退至台灣。後來曾屢次來侵擾福建沿海，沒有得手。

與荷蘭人並到東方來的又有英吉利人。明神宗時，與葡萄牙人在印度開戰，葡萄牙人戰敗，因而許英吉利人至澳門通商。後來英吉利人至澳門，葡萄牙人又阻止他們，雙方再戰，葡萄牙人又敗。葡萄牙人乃向中國官吏說明，中國也就許他們通商。然而英吉利在中國的貿易畢竟受葡萄牙人的妨礙，不易發展。

從此，歐洲各國陸續由海道到東方來競爭商務，中國的海疆就一天一天的多事了。

❶即宦官。

❷現今江蘇省太倉縣瀏河口。

❸即閩江出口，在現今福建省閩侯縣東南。

❹現今安南南部。

❺即三佛齊，現今蘇門答臘島東半部。

❻現今錫蘭島。

❼現今安南北部。

❽現今蘇門答臘島西部亞齊地方。

❾鄭和小名三保，所以當時都稱他爲三保太監。

❿明期時人把印度洋西岸叫做西洋。

⓫那時歐洲人稱中國爲契丹。

⓬葡萄牙人每年繳納地租銀五百兩，直至民國紀元前六十三年以前皆向廣東省香山縣（今改中山縣）完納的。

⓭墨西哥銀圓，就是現今市上通行的鷹洋。那時墨西哥屈服於西班牙勢力之下。

【研究問題】

明成祖爲什麼一定要查明惠帝的下落？終究查明没有？

當時的招諭諸番有什麼意義？

明成祖爲什麼釋放錫蘭王？

爲什麼鄭和下西洋之後，沿海人民往海外經商的更多？

為什麼歐洲的十字軍結束之後東西洋交通更繁?

馬哥孛羅遊記中為什麼要過分誇說中國的富庶?

羅盤針與航海事業有什麼關係?

明朝為什麼要限制西洋人在中國沿海經商?

為什麼葡萄牙人要梗阻西班牙人英吉利人在中國沿海經商?並且竟致於發生戰事呢?

實在當時的中國，應當怎樣應付才是?

第五十二章　天主教和西洋科學的傳入

海外交通發達之後，歐洲各國紛紛到中國沿岸通商其大有影響於中國文化的，便是天主教和西洋科學的傳入。

天主教就是基督教中的羅馬舊教。唐朝時，景教從波斯傳來，這是基督教初次流行於中國。唐武宗毀全國佛寺，勒令僧尼還俗，景教也被連帶查禁了。元朝時，東西陸路交通大開，中國信奉也里可溫的，也一時很盛得世祖的許可，在大都建立加特力宗的教堂四所。這是基督教第二次流行於中國。元亡之後，一切帶有外族色彩的，尤其是元朝所尊信的，都不免受到壓迫和冷淡，也里可溫這時候也隨着中絕了。到海外交通發達，中國歐洲的通商開始之後，基督教乃第三次流行於中國，直到現今沒有衰歇。

那時候，歐洲基督教的宗教革命運動，已經大盛，新教的勢力大澎漲，羅馬舊教大受打擊。舊教中有老衛道的人，便組織了一個耶穌會，設法改良內部，圖謀恢復已失的勢力。恰好葡萄牙人已經繞過好望角，在東方得了許多屬地，耶穌會的教士便請得了葡萄牙政府的同意，到東方各地來傳教。「一失之西歐，收之東亞，」耶穌會中人，都知道這是一個絕好的機會，應該努力工作的。民國紀元前三百六十年耶穌會東方布教長方濟各由印度到中國來，不幸行至廣東上川島❶便得病死了。民國紀元前三百三十二年，意大利人利瑪竇從澳門到廣東肇慶府❷傳教，這是天主教傳入中國的開始。

利瑪竇爲人很有機智，他看見當時中國人的排外傾向很厲害，覺得在中國傳教，必須十分講求適應的手段；他便脫下西服，改穿中國裝。學中國話，讀中國書，以求了解中國的思想。改名利西泰，一切起居飲食風俗習慣都勉力倣傚中國人，住的地方也不懸掛聖母的畫像，以免中國一般人的疑忌。他又覺得單純的傳教，不容易收效，應該從學術方面下手，以輸入西洋科學與中國的士大夫相交結。他就把在羅馬時所習的地理數學等知識，向一般中國人講演。果然這方法比較單講教義引人注意得多，喜歡研究學術的士大夫們都來和他親近，而一般人民對他也漸漸信仰了。他循循善誘的於講說學術之餘，宣傳天主教的福音，竟把當時的總督也收爲教徒。於是得了這位總督的保護，再至韶州府❸傳敎，在那裏建立敎堂。他與當時的學問家合力譯成一部幾何原本，印刷發行，因此名望更大。他也用醫病爲傳敎的手段，乃以醫病的機會，於民國紀元前三百十四年跟隨一個高級官員由江西至南京。明年，又至北京。其時明朝方與日本因朝鮮事件開戰，恐招嫌疑，乃退回南京。南京的高級官員大都與他往來。他盡力以科學思想，演說天文地理，對於世俗流行的天圓地方和關於日食月食的荒謬傳說，一一指摘其錯誤，說得頭頭是道。一時西泰先生之名，幾於無人不知，無人不景仰。他乘此機會，在南京設立醫院，爲傳敎機關，很有成效。

民國紀元前三百十二年，利瑪竇使人至澳門籌得大宗款項，偕同他的朋友西班牙人龐迪我由運河至北京。用漢文作成奏章，貢獻天主像、聖母像、天主經、十字架、報時鐘、萬國圖誌、西琴等物，給神宗皇帝，並說明自己明習曆法，倘有詢問，極願進見詳細陳述。明神宗見他誠懇，很優待他。雖也有人反對，請神宗把他逐出京師，然利瑪竇終得勝利，得神宗允許，在京師建立天主敎堂，從事傳敎。

利瑪竇在北京，因通中國文字，懂得中國人心理，所以不到四五年，便收得信徒二百餘人。徐光啓❹李之藻等名士，也都因信仰利瑪竇之故，皈依天主教。卽朝中百官也漸漸因他熟悉中國習俗古義，很願和他往來。而西洋科學，正適合於當時學術界的需要，也是利瑪竇能夠得到勝利的一大原因。

利瑪竇既因譯成幾何原本大受士大夫的歡迎，在北京乃更加努力於譯著的事業，著成乾坤體義坤輿萬國圖和幾種科學書籍印行。當朝見明神宗時，時表西琴等物，很受神宗注意，乃特著西琴曲意一書進呈。爲說明天主教的教義，著天主實義。爲發表其對於儒佛兩教的感想，著二十五言。他進獻萬國圖誌時，把全世界五大洲之說，奏明神宗。他的努力，乃開西洋科學輸入中國的紀元，於中國的學術思想有很大的貢獻，這是很值得紀念的。

民國紀元前三百二十年，利瑪竇死於北京，南京方面反對天主教的空氣突然緊張。反對派所持的理由，大概是指耶穌會教士所稱的天主是一個胡人，並且是有罪而被官府殺死的囚徒。其教儀有灑聖水抹聖油等名目，夜聚晨散，是違反大明律私家告天的禁條。其教士講演天體運行的學說，又與大明律私習天文的禁條相牴觸。於是一般人都指耶穌會所傳的天主教爲邪教。

民國紀元前二百九十六年，明神宗准南京禮部侍郎沈㴶的奏請，下嚴禁邪教的詔書。一時耶穌會的教士大受壓迫，總教士龍華民等都被驅逐至澳門。天主教堂和教士住宅，都被封禁，只留中國教士二人，看守利瑪竇的墳墓。徐光啓等設法挽救，完全無效。

明朝因朝鮮事件與日本開戰時，被日本用銃礮打死明兵無算，於是對於銃礮，認為軍事上必需的武器。熹宗時，明朝又與滿洲開釁，滿洲占取遼東，進略遼西，明朝的軍事很不順利，有人便想用銃礮抵禦滿洲兵，因此不得不利用西洋人了。民國紀元前二百九十年，明熹宗派人往澳門延請耶穌會教士羅如望、陽瑪諾、龍華民等製造銃礮。明年，又召用艾儒略、畢方濟等。澳門的西洋人，除耶穌會教士之外，有許多都受明朝的雇用，或製造武器，或在軍隊中服務。民國紀元前二百七十十三年，畢方濟向明思宗奏陳四事⑤，並盛稱西洋科學對於天文地理農政水利軍事等，都很有研究。這奏章在當時乃西洋科學在中國的一大宣傳，因當時銃礮的成效很好，一般人對於西洋科學的信仰，更深一層，而曆法的改良，也就於這時候開始。

曆法向為中國人所重視。其時元朝以來沿用的『大統曆，』因墨守成法，不加修改，漸有誤推之弊。耶穌會教士德意志人湯若望精明歷法，於熹宗末年至北京。恰當傳教的禁令解放，教堂重修，龍華民再來布教的時候，便在首善書院開設歷局，推步天文製造各種觀象用的儀器譯纂歷書。徐光啓等盡力贊助，成績卓著，很得信用。民國紀元前二百七十一年，新歷完成，進呈明思宗。民國紀元前有日食，欽天監的推算，不及湯若望推算的精確，思宗乃下詔改用新歷。但至明年李自成攻入北京，明朝卽被推翻，新歷也不及推行。

滿洲人入關，把李自成打走了，建立淸朝。民國紀元前二百六十七年，淸世祖下令廢止大統歷，把湯若望等用西法訂定的時憲歷書，頒行全國。封湯若望官爵，命他管理欽天監，許他自由出入宮廷，十分優待。其所以如此，並非確知新歷法的優良，一則用新歷來表示新朝的規模，二則特將外國人抬舉起來，給中國人一種刺激，原來含着利用的意味。而天主教的勢力就因得了政治上的助力，推行更廣了。

不料淸世祖死後，排教運動又起。這原來是楊光先等一班欽天監的舊官員，利用新君初立，政局變動的機會，想攻走湯若望等，恢復他們已失的地位。他們誣指各省耶穌會的教士與湯若望勾結了，謀爲不軌。因此湯若望和比利時人南懷仁都被囚禁各省教士被捕的亦不少教堂也大受破壞。湯若望年紀老了，經此磨折，憂鬱而死。楊光先等居然達到目的，重入欽天監，並恢復舊歷法。然而舊法不如新法的精密，是顯而易見的事實。清聖祖又是一個留心歷法的人，如何瞞得住不出岔子！民國紀元前二百四十三年，使欽天監與南懷仁各對驗日影，結果是欽天監有錯誤，於是命南懷仁爲欽天監監正，再改行新歷法。前被破壞的教堂再行修造，囚禁的教士完全釋放。天主教的推行，也就漸漸恢復原狀。

清聖祖是一個愛好學術的皇帝，南懷仁和西班牙人徐日昇等便因精明西洋科學，大受聖祖的敬重。民國紀元前二百三十八年將李自成所毁的測天儀器，重新製造，以青銅雕龍爲托以大理石爲座，製造的精密堅固，據說可經二百餘年風雨，而不致磨蝕；因此在北京建立極有名的觀象臺。後四年，又編成康熙永年歷三十三卷，爲歷法方面極有價值的書。聖祖巡遊或出征時南懷仁徐日昇等，往往隨從。他們帶着測天測地的儀器，就地測繪地圖，並派耶穌會西教士分頭到各省去測繪，費了三十餘年工夫，製成一部皇輿全覽圖。中國向來的地圖，都是很粗略的，不記經緯線的。這皇輿全覽圖，便是中國第一部記經緯線的地圖。而且各處大都會大城市，都經實地測繪，也是一部比較最精密的大地圖。至今無論中國外國所出版的中國地圖，還是把他當做藍本呢。

總之，利瑪竇湯若望南懷仁等一班西敎士和徐光啓李之藻等對於西洋科學的介紹傳播，看他們所遺下的成績，便可以知道他們是十分忠實十分勤懇的。中國的學術思想，在隋唐之間佛學的傳布發達，是第一次接受外國的影響，明末淸初西洋科學的輸入，便是第二次接受外國的影響。後來學術界的喜歡研究經世實用的學問，利瑪竇徐光啓等實開風氣之先。

❶在現今廣東省台山縣南海中爲明武宗時許葡萄牙人居留的地方？

❷現今廣東省高要縣。

❸現今廣東省曲江縣。

❹徐光啓，號上𨼲，上海人。現今上海徐家匯就是他的故宅。

❺一爲改正歷法，二爲採開礦産，三爲准西商在沿海貿易，四爲購製西國銃礮。

【研究問題】

明朝末年中國人的排外傾向爲什麼很利害?

利瑪竇爲什麼注意和中國士大夫的交結?

有人請明神宗逐利瑪竇出京是什麼意思?

怎麼說西洋科學正適合於當時學術界的需要?

爲什麼利瑪竇死後,反對天主敎的空氣一時便會緊張?

改良歷法對於社會國家有什麼利益?

測繪地圖的成功對於學術文化有什麼關係?

什麼叫做經世實用的學問?西洋科學與經世實用的學問有什麼關係?

第五十三章　明朝與外族的交涉

明朝的興起，正當蒙古衰落的時候，此外也沒有其他强大的外族，來相侵擾，正好一個中國發奮圖强的機會。可惜明太祖於驅除元順帝後，便把心力專注意於如何鞏固一姓的基業上面。他的後代，如成祖，要算是比較有才略的，然也只顧個人的利益，甚至於因急於同室操戈，而把國防要地，任意讓給外族，引起後患。其餘大都荒淫怠惰，不知振作，以致天下大亂，給滿洲以唾手而得中國的機會，使中國重又淪於外族統治之下，說來眞是可歎！

明朝初年，元朝的大寧路來投降，太祖就其地分設泰寧朵顏福餘三衛❶。三衛之中，朵顏地勢最險要，兵力最强盛。當時邊外諸衛，都隸屬於北平行都司；太祖命寧王朱權駐守大寧❷節制他們。成祖起兵南下之先，恐寧王在後方有不利於他的行動，先行出兵襲擊，把寧王擒住。事定之後，改北平行都司爲大寧都司，並使移駐保定❷。因兀良哈❹兵曾參加靖難軍，把大寧地方送給兀良哈，以作酬勞。於是明初所設的開平衛❺地勢上便成孤立，到宣宗時，不得不把衞城移至獨石⑥，而中國遂無力控制漠南和遼西，這是明朝對於邊防上最大的失策。

蒙古自元順帝退出中國，又經明朝迭次攻擊以後，就衰弱。起初還保持着蒙古大汗的號位，經不起對外一再兵敗，內部糾紛不止，只得縮小範圍，改稱韃靼。而其別部占有貝加爾湖西面一帶和阿爾泰山附近的瓦剌，則於此時漸漸强大。中國北方的蒙古族，乃成爲韃靼瓦剌對立的形勢，自已不能統一，南下侵略的力量當然微薄了。明成祖不能乘此時機，經略北邊，以求領土完整，免除後患，這也是很大的失策。

明成祖時，韃靼瓦剌在表面上都是降服明朝的⑦。而韃靼瓦剌，時常火併。瓦剌勢力比較强大，酋長脫歡⑧，連破韃靼，攻殺阿魯台，立元朝後裔脫脫不花爲韃靼可汗。脫歡死後，其子也先繼立，聲勢更盛。西略哈密⑨，東降兀良哈部，脅服明邊朵顏等三衛，時常侵入長城，攻大同宣府。民國紀元前四百六十三年，也先糾合各部族，大舉南下，使脫脫不花攻遼東，親自攻大同，派兵擾宣府甘州⑩，其時明朝英宗在位，寵信宦官王振，王振慫恿英宗親征，也先發兵五十萬，出居庸關，向大同前進。也先假意退避，引明兵深入，明兵前鋒至大同，被也先完全攻沒。英宗得報，急忙退兵。大同總兵郭登請英宗退入紫荊關[11]。王振因其家在蔚州[12]，想乘便請英宗到他家裏，請仍由居庸關退回。行至土木堡[13]，被也先趕到，英宗被擄去，王振死於亂軍之中。這就是所謂『土木之變。』

明英宗既被擄，其弟郕王朱祁鈺，奉太后命即位，是為景帝。遙尊英宗為太上皇。也先挾着英宗，向韃靼可汗脫脫不花引兵入紫荊關，直逼北京。兵部尚書于謙，督率總兵石亨等奮力死戰，也先戰敗，大掠而退。于謙又派重兵鎮守大同宣府，也先屢次來擾，也被擊退。當『土木之變』有宦官喜寧，投降也先，把中國虛實和盤托出，並唆使也先進兵圍北京。也先敗退後，英宗設法使喜寧至中國通訊，密令同行的軍士高磐至宣府，報告守將，把他擒殺。也先用兵既失利，又失了這一個有用的間牒，而韃靼可汗脫脫不花又主張與明朝議和，乃把英宗放回，實行與明朝講和。

也先雖與脫脫不花合力攻中國，而對於脫脫不花亦很疑忌，也先的姊嫁脫脫不花，也先要求脫脫不花把他姊姊所出的立為太子，脫脫不花不許，這是也先很不高興脫脫不花的。脫脫不花主張與明朝議和，這又使也先疑心他與明朝相通，將於他有不利。民國紀元前四百六十一年，也先乃起兵攻殺脫脫不花，自立為田盛可汗。乘勝脅降蒙古各部，其疆域東至兀良哈，建州，西至赤斤蒙古，哈密⑭。不久，也先被其部下阿剌攻殺，於是瓦剌部落分散。韃靼部長孛來，又攻殺阿剌，立脫脫不花之子麻兒可兒，號爲小王子。從此瓦剌勢衰，韃靼勢盛。孛來，小王子等，時常侵略中國北邊，爲患頗深，而明英宗和憲宗都不很注意，任其橫行，北邊一帶的元氣大傷。

民國紀元前四百四十二年，成吉斯汗後裔巴圖蒙克自立爲達延可汗。達延可汗統一蒙古各部，爲蒙古中興的一大偉人。他使幼子格埒森札賚爾統治漠北，這一支後來就成爲喀爾喀部。使三子巴爾蘇和長孫卜赤統治漠南，這一支後來就成爲插漢兒部⑮。巴爾蘇的長子衮必里克圖駐紮河套，這一支後來就成爲鄂爾多斯部。衮必里克圖之弟俺答駐紮陰山，這一支後來就成爲土默特部。衮必里克圖早死，其部下歸俺答兼統，於是俺答的勢力獨强。

民國紀元前三百六十二年，俺答起兵攻宣府，入古北口⑯，直逼北京。其時明朝世宗在位，信任權臣嚴嵩。各路救兵至北京，恐交戰不利，反爲不美，嚴嵩令諸將不許輕易出戰。俺答的兵在北京城外，大焚掠三日，飽取子女玉帛而去。從此十餘年，年年在北邊侵擾，遼陽，宣府，大同，寧夏，延綏等處⑰受害最深。民國紀元前三百五十三年，和民國紀元前三百四十九年兩次又在北京附近，大肆焚掠，明世宗卻始終爲嚴嵩所蒙蔽，差不多完全聽他們自來自去。

民國紀元前三百五十三年，俺答出兵攻佔青海，於漠南和西藏的交通大爲方便，西藏的喇嘛教，也就流入漠南。俺答受了喇嘛教的感化，乃停止侵略中國邊境。又兼俺答的孫兒把漢那吉與俺答不睦⑱，投降明朝。俺答的妻恐明朝難爲了他的孫兒，日夜哭泣。俺答乃向明朝請和，求放回把漢那吉。明穆宗乃於民國紀元前三百四十二年，封俺答爲順義王。從此韃靼對中國十分恭順。俺答所奪把漢那吉的妻並替中國防守邊境，因有功受明神宗封爲忠順夫人。俺答死後，三傳至卜失兔，號令不行，其勢大衰，而東方的插漢兒部轉盛，就與新興的滿洲發生交涉。

死刺韃靼之外，與明朝發生交涉，而使明朝大受侵擾的外族，便是日本。日本自與元朝衝突之後，就禁止其人民與中國交通。一班從事海外貿易的『倭商』，本係邊地的無賴居多，禁止交通則無利可圖，便多流落爲海盜。不久，日本發生南北戰爭，南朝戰敗，其殘部逃至海上的，便與海盜結合，便爲有計畫的侵略；於是中國和朝鮮的沿海，乃有所謂『倭寇』出沒。明太祖時，倭寇已熾，特命湯和等在浙江福建等處築瀕海城以資防守，可見沿海禦倭，早就成爲重要的問題了。但那時浙江福建廣東都設有市舶司，舊時一部分倭商還以貿易爲生計，不肯公然劫掠，自絕於中國。至世宗時，廢去市舶司，貿易事務由劣紳土豪包攬，往往拖欠貨欵不還，倭商乃盡化爲海盜。於是倭寇的聲勢更加猖狂，上海，金山，昌國⑲等衛城，相繼失陷，江南北浙東西都大受騷擾，甚至沿江深入，直逼南京。從此蝴蝶兵⑳八幡船㉑的印象，便深中於沿海百姓的腦裏，覺看做不可抗違的奇災。其時嚴嵩當國，負防倭責任的，只會侵餉冒功，倭寇侵來，如入無人之境，往往以數十人縱横數千里，殺掠數千人。後經胡宗憲在江浙一帶，俞大猷戚繼光在閩廣一帶，嚴密剿辦，倭寇方不敢來犯。然已爲禍二十餘年，沿海元氣消竭大半了。

倭寇只是日本的海盜，其侵擾沿江沿海，原算不得日本國家的舉動。卻是隔了二十餘年，日本與中國竟正式開釁了。從前日本的政權，不是在天皇的手裏，都被大軍閥所組織的幕府所攘奪。其幕府的起滅，彷彿我國朝代的興亡。一幕府倒，一幕府興，便分封其將士於各地，擁護自己，這就是所謂諸藩。諸藩滿布各地，全國成了分裂相爭的局面。明神宗時，有一個豐臣秀吉，起兵征討諸藩，戰無不勝，全國平服。內部既經統一，豐臣秀吉就想向國外擴充勢力，乃於民國紀元前三百二十年出兵攻朝鮮。其時朝鮮軍備廢弛，黨爭劇烈；很像中國宋朝的情形。日本兵突然攻入朝鮮倉卒應戰，結果大敗。朝鮮王李昖逃至平壤，不能立足，再逃義州，派人求救於明朝。明神宗居然允許派兵救援，命兵部侍郎宋應昌為經略，都督李如柏為東征提督。明兵與日本兵戰於平壤，日本兵敗退，漢江以北的地方，差不多完全恢復。不幸李如柏輕率前進，遇了伏兵，在朝鮮京城漢城附近的碧蹄館敗了一陣。日本兵亦因糧餉缺乏，沒有追擊。於是雙方議和，然而遷延數年，終又決裂，來漢江對陣。民國紀元前三百十四年，豐臣秀吉死，日本退兵。明朝對日本的交涉，就此結束。

這一次，明朝損失兵力數十萬，糜費餉項數百萬，結果落得一個『不了了之。』實在太不上算！差强人意的，朝鮮對明朝因此感激不置，總算結了國際上很深厚的情誼。到後來，雖然受滿洲兵力的壓迫，而他們始終心向明朝；明朝亡了，他們始終不用清朝的年號。

❶泰寧衛，在元海西之臺州站（海西為元行政區域之名，即後來扈倫四部的地方。）朶顏衛，在現今吉林省北珠家城子附近。福餘衛，在現今吉林省農安縣附近。

❷在現今熱河省隆化縣境內。

❸現今河北省清苑縣。

❹現今的烏梁海。其時住在現今熱河省一帶。

❺起初建在元上都開平，在現今察哈爾省多倫縣之北。

❻現今察哈爾省沽源縣。

❼明成祖封韃靼的阿魯台爲和寧王，封瓦剌的馬哈木爲順寧王。

❽馬哈木的兒子。

❾現今新彊省哈密縣地方。

❿大同、現今山西省大同縣。宣府，現今察哈爾省宣化縣。甘州，現今甘肅省張掖縣。

⓫在現今河北省易縣西紫荊嶺上。

⓬現今察哈爾省蔚縣。

⓭在現今察哈爾省懷來縣西。

⓮建州，現今吉林省城一帶地方。赤斤蒙古，現今甘肅省玉門縣安西縣一帶地方。

⑮現今譯爲察哈爾。

⑯在現今河北省密雲縣東北。

⑰遼陽，現今遼寧省遼陽縣。寧夏，現今寧夏省寧夏縣。延綏乃延安府和綏州，延安府，現今陝西省膚施縣，綏州，現今陝西省綏德縣。

⑱因俺答奪了他的妻。

⑲現今浙江省定海縣。

⑳倭寇寬衣大袖；跑起路來很快，宛如蝴蝶飛，當時便稱爲蝴蝶兵。

㉑倭寇船上的旂幟，多寫有八幡菩薩等字樣，當時便稱爲八幡船。

【研究問題】

大寧地方在地勢上是怎樣的重要？

什麼叫做領土完整？當時明朝的北邊，怎樣才可以算是領土完整了？

明英宗親征也先是否完全不適當？當時的錯誤是什麼？

俺答侵擾時，爲什麼明世宗始終不想積極剿辦？

明世宗爲什麼廢去沿海市舶司？

倭寇猖狂有幾種原因？

明朝對付瓦剌韃靼和倭寇爲什麼這樣的不濟事？

明神宗救援朝鮮，是否適當？

爲什麼朝鮮這樣的感激明朝？

第五十四章　滿清的興起

明朝的外患概括說來，便是『北虜南倭。』北虜就是蒙古殘餘勢力瓦剌和韃靼，南倭就是日本邊境無賴的海寇。連年侵擾，邀天之幸，都漸漸敉平。不料東北方滿洲人突然而起，不出三十年，居然闖入山海關，做了中國的統治者。

滿洲本係女眞的一部，他們的先世與滅遼破宋的金國，同出一源。金國滅亡後，女眞人完全屈服於蒙古統治之下，因此他們的語言文字風俗習慣，很受蒙古的影響。明太祖崛然而起，蒙古人的勢力退入沙漠。當時女眞人很想乘機起來建一獨立王國，只因明朝用兵迅速，兵力鎭服遼東西一帶，女眞人只得再投降於明朝。明朝設建州海西野人三衞管理女眞人。建州衞又分爲左右二衞，左衞統轄滿洲五部，右衞統轄長白山三部；海西衞統轄扈倫四部，野人衞統轄東海二部。滿洲的始祖孟特穆，受明朝的任命，爲建州左衞指揮使，定居於赫圖阿拉❶。其後建州左衞的勢力漸衰，所屬滿洲五部各自分立。明神宗時，孟特穆的後人努爾哈赤竭力振作，圖結內部。民國紀元前三百二十四年，滿洲五部的統一告成。民國紀元前三百十九年，扈倫四部，長白山二部，和蒙古科爾沁等合組九部聯軍三萬人，攻擊努爾哈赤，都被他打敗，於是滿洲的疆域差不多占有現今的奉天吉林兩省地方了。元末明初女眞王國的企圖，至此實現。努爾哈赤於民國紀元前二百九十六年自稱可汗，因其祖先曾建金國，統轄中國的大半，盛極一時，故仍稱金國，歷史上稱爲後金。後二年，努爾哈赤借了『七大恨』❷之名，起兵攻佔撫順，圍清河堡❸，從此與明朝開釁了。

努爾哈赤早晚必反，明朝人都已料到，卻料不到他發動得這麼快，所以撫順失守的警報傳到明朝，一時頗爲手忙脚亂。好容易雜湊了十萬軍隊，命楊鎬爲遼東經略，分兵四路，號稱二十萬，征討後金。雜色軍隊，怎好抵當『方張之寇?』努爾哈赤統着他積極編練的八旗兵❹，把四路明兵，用各個擊破之法，打破了三路，其中薩爾滸山❺一戰，把明兵正面的一路，打得全軍覆沒，這是滿洲在戰史上最榮譽的一頁，足使後世子孫紀念不忘的。楊鎬聞得三路大敗的消息，急忙逃回，其後因此被監禁而死。滿洲兵更得乘勝打下開原鐵嶺❻並滅葉赫部。明朝傾國出攻，竟大遭挫敗，滿洲的命運從此亨通了。

楊鎬敗後，明朝改任熊廷弼爲遼東經略。熊廷弼很熟悉遼東情形，受命之後，趕赴遼陽❼嚴整軍紀，招集散亡，努力籌辦火器戰具，一意堅守，形勢漸見鞏固。不幸明朝內部黨爭劇烈，熊廷弼秉情剛愎，大遭忌刻，因而不安於位，由一個不善將兵的袁應泰繼任爲經略。努爾哈赤見有機可乘，便於民國紀元前三百九十一年，攻陷遼陽和瀋陽❽，遼河以東大小七十餘衛城，完全歸後金所有。努爾哈赤乃從赫圖阿拉移居遼陽，後五年，又遷至瀋陽，改名盛京。從此興建宮殿，規制漸備，竟立下後來清朝二百年基業的根據了。

遼陽瀋陽同時失守，兵事的爭點乃移至遼河以西。明朝再起用熊廷弼爲經略，命王化貞爲廣寧❾巡撫。熊廷弼定「三方布置」的計劃：以陸軍駐廣寧，沿遼河岸築堡壘嚴密扼守；以水軍駐紮天津和登州萊州❿，準備乘虛衝擊滿洲南部；經略坐鎮山海關，節制雙方。王化貞不聽熊廷弼的調度，擅自行動，分散兵力，以致被努爾哈赤攻破，敗入山海關，於是遼西城堡大都失守，熊廷弼因此受處分而死。

明兵部尚書袁崇煥，曾單騎出關，察看形勢，歸後揚言，『與我兵馬錢糧，我一人足以守此。』

明朝乃使他往關外監軍，並採用他的主張，堅守關外的寧遠⑪。袁崇煥乃在寧遠興造堅城，誓與此城同存亡；並分兵扼守錦州，大凌河，小凌河，松山，杏山等處⑫。後來高第為經略，主張退保山海關，撤錦州等處的守兵，袁崇煥獨堅守寧遠不退。民國紀元前三百八十六年，努爾哈赤引兵十萬，謀取山海關，駐營於寧遠城山海關之間的大路。先派人勸袁崇煥投降，袁崇煥不從，乃攻寧遠城。袁崇煥用向葡萄牙人購來的紅夷大礮抵敵，努爾哈赤因此身受重傷，不久即死，滿洲兵也就退走。

努爾哈赤死後，其第四子皇太極於民國紀元前二百八十五年繼立為後金可汗。皇太極即位後，先用兵威脅朝鮮，要挾他與明朝斷絕關係，然後用兵攻寧遠，為其父雪恨。不料又遭紅夷大礮猛烈的射擊，大敗而回。又轉攻錦州，亦不利。這就是明朝方面的所謂「寧錦大捷」。

民國紀元前二百八十三年，皇太極因寧遠山海關方面用兵不利，乃改由大凌河上流，會合漠南蒙古的東北各部的兵，經西喇木倫河上源，抄入龍井關，⑬一路上竟不見有明兵設防，由遵⑭化薊城至順義，直攻通州。於是北京戒嚴，明朝方始於倉卒之中向各處調集援兵。山海關大同等處的守兵，得訊趕來，皇太極已進圍北京。明思宗卽命袁崇煥爲各處援兵的統帥，抵當皇太極。其時皇太極屯兵南海子，捕得明朝的太監二人，便用計使人故意在這兩個太監那裏走漏消息，說什麼袁崇煥與後金可汗有某種密約。不久便把這兩個太監放走，讓他們把聽得的話報告明思宗。明思宗本有些不滿袁崇煥，得此報告，不知是計，信以爲眞，便把袁崇煥殺死。皇太極聞知了，也算爲先可汗雪恨的，十分得意。就在北京附近各地大肆焚掠，從冷口關⑮退去。

滿洲強盛之時，韃靼達延汗的後人察哈爾部⑯林丹汗也很奮勉的想要恢復達延汗的基業。蒙古與滿洲在歷史上本不並立，蒙古強時往往東併滿洲，滿洲強時亦往往西略蒙古。此時兩雄並起，當然必致於決鬬。然林丹汗的遭遇不幸，統一蒙古的事業進行不順利，科爾沁，喀喇沁，土默特各部反而歸順了滿洲，其氣勢因此大衰。滿洲當努爾哈赤時，專力於山海關方面，所以對於察哈爾止防其側面攻來。至皇太極時因明兵堅守山海關，不得已而改道進兵。民國紀元前二百八十四年，西喇木倫河上流的蒙古喀喇沁各部，與後金會盟，合力攻察哈爾部，至興安嶺地方；於是察哈爾勢力退出西喇木倫河流域，而後金對於明朝遂占得很有利的形勢，民國紀元前二百八十三年，皇太極抄入龍井關圍攻北京的一役，即因此發生。民國紀元前二百八十一年，林丹汗出兵西喇木倫河上源。皇太極得報即於次年大會蒙古歸附於他們的各部，過興安嶺，進至多倫諸爾⑰北方之達爾泊。林丹汗自量勢力不敵，率所部人畜十餘萬向西退走，經歸化⑱渡黃河至甘州的大草灘得病而死。皇太極追至歸化，收編他的殘部數萬人，入長城抄掠明朝的大同宣府附近而還。民國紀元前二百七十三年，林丹汗子額哲降滿洲，並獻其祖遺所得於中國的傳國璽。於是漠南蒙古各部，都歸屬於滿洲。

滿洲得了漠南蒙古，這好比猛虎添了兩翼，明朝在形勢上更加吃虧了。而明朝卻於此時把一枝可以威脅滿洲後方的海上勢力也無端斷送，反而給了滿洲以很大的利益，這眞是明朝的自取敗亡啊！民國紀元前二百九十一年時，守廣寧的巡撫王化貞命毛文龍爲遼東都司，用水軍經遼東半島南部，攻擾鴨綠江口。滿洲很受威脅，無可如何，只好使沿海人民遷往內地，作暫避之計。皇太極初卽位時的討伐朝鮮，也就要想驅除毛文龍的勢力，但沒有成功。這毛文龍盤據鴨綠江口外的皮島，⑲建東江鎭。他並非完全忠於明朝，頗有些海盜的行逕。明朝人卻很重視他，把他與袁崇煥相提並論，竟有人說『明朝若有二毛文龍，努爾哈赤便可俘獲』的話。因此毛文龍十分驕縱，袁崇煥於民國紀元前二百八十四年把毛文龍誘至雙島⑳自往殺死，派人代守皮島。㉑毛文龍部下孔有德，耿仲明，李九成不服，逃至山東巡撫孫元化處。民國紀元前二百八十一年，滿洲兵攻大凌河，孫元化派孔有德帶兵去救應。行至半途，因糧盡兵變，回據登州。明朝派兵圍剿，孔有德耿仲明無可奈何，乃於民國紀元前二百七十八年，攜帶紅夷大礮，投降滿洲。皇太極十分歡迎，使他們組織天祐軍㉒。民國紀元前二百七十五年，孔有德耿仲明便爲滿洲攻取皮島，滿洲後方的大患，從此除去了。

滿洲的聲勢既漸次盛大，皇太極便侈然以爲大有呑滅中國的把握，於民國紀元前二百七十六年自稱皇帝，又因金國的名號對於中國人民的心理很不好，改建國號曰淸，於是後金可汗皇太極便被稱爲淸太宗，而努爾哈赤也被稱爲淸太祖了。淸太宗行卽位禮時，朝鮮的使臣恰在瀋陽。這朝鮮使臣對於皇太極的稱皇帝卻有一種不滿意的表示，後來便因此釀成民國紀元前二百七十五年淸國與朝鮮的戰爭。戰爭的結果，不消說是只有朝鮮屈服。於是淸國各方的敵人差不多全已降服，乃可以專力對付明朝了。

明朝主持山海關方面軍事的，前有熊廷弼，後有孫承宗，都很精神幹練。孫承宗的布置，在山海關建設各種堅固的防禦工事，以爲根本，並經營關外大凌河，錦州，松山，寧遠等四城，以爲屏藩。山海關防守得如此嚴密，清國軍隊便只能繞過山海關抄入長城，作流寇式的打掠侵擾河北山東一帶，而不能佔守明朝一尺一寸的土地。不幸明朝的黨爭，始終使軍事大受影響。民國紀元前二百八十一年，清兵攻陷大凌河城，這老成幹練的孫承宗便被人排擠罷職。民國紀元前二百七十四年，清兵攻掠高陽㉓，孫承宗在家鄉殉難。

大凌河城失陷之後，名將祖大壽守錦州。民國紀元前二百七十一年，清太宗大舉攻錦州。其時守錦州外城的是蒙古兵，見清兵勢猛，志在必得錦州，懼而請降，清兵遂佔錦州外城。明朝得報，便使薊遼總督洪承疇與吳三桂等八總兵率兵十三萬來救，駐營松山。清太宗用兵遮斷松山糧道，與吳三桂等大戰，攻沒明兵五萬餘，築長濠圍松山。明年，松山副將夏承德叛降清國，城破，洪承疇被擒。錦州被圍一年餘，聞知松山失守，亦降。於是關外四城失其三，只留一個寧遠了。然而這占據要害的山海關，依然屹立不動，清兵到底還不敢深入。豈知明朝積年醞釀的內亂，正在此時成了橫決之勢，而守關的遼東總兵吳三桂竟因私人的小忿開關延敵；久想統治中國的滿清，便得達其目的了。

❶現今遼寧省新賓縣。

❷撫順，現今遼寧省撫順縣。清河堡，在撫順西南。

❸努爾哈赤七大恨，無非找出兵的題目，不必列舉。但其至要之點，在明朝幫助扈倫的葉赫部。

❹八旗是八種旗號，也就是滿洲兵編制的標準。努爾哈赤統一滿洲各部兼併海西各部後，革新兵制，每三百人設一牛彔額眞（佐領），五牛彔額眞設一甲喇額眞（參領），五甲喇額眞設一固山額眞（都統）和二梅勒額眞（副都統），便成一旗。初設正黃，正紅，正藍，正白四旗。後來兵數漸多，又增鑲黃，鑲紅，鑲藍，鑲白四旗。這是八旗的由來。

❺在現今遼寧省新賓縣西北。

❻開原，現今遼寧省開原縣。鐵嶺，現今遼寧省鐵嶺縣。

❼現今遼寧省遼陽縣。

⑧現今遼寧省城瀋陽縣。

⑨現今遼寧省北鎮縣。

⑩登州治現今山東省蓬萊縣。萊州治現今山東省掖縣。

⑪現今遼寧省興城縣。

⑫錦州，現今遼寧省錦縣。大凌河小凌河在錦州之東，松山杏山在錦州之南。

⑬在現今河北省遵化縣北。

⑭遵化，現今河北省遵化縣。薊城現今河北省薊縣。順義，現今河北省順義縣。通州，現今河北省通縣。

⑮在現今河北省遷安縣東北。

⑯即前章述及的插漢兒部。

⑰現今察哈爾省多倫縣。

⑱現今綏遠省歸綏縣。

⑲即現今遼東半島之南黃海中的海洋島。

⑳在現今遼寧省金縣西北的海上。

㉑明思宗卽因此大不滿意於袁崇煥，後來思宗中反間計把袁崇煥殺死，這也一個禍根。

㉒天祐軍後來成爲滿洲的主力軍。

㉓現今河北省高陽縣。

【研究問題】

北虜南倭的敉平，是否明朝力征經營的結果？

明朝爲什麼任滿洲人爲建州左衞指揮使？

爲什麼明朝討伐滿洲的十萬兵要由雜湊而成？爲什麼又號稱二十萬？

什麼叫做各個擊破之法？爲什麼努爾哈赤用各個擊破之法打明兵？

薩爾滸山一戰，怎麼關係這樣的重大？

熊廷弼爲什麼主張堅守？爲什麼定「三方布置」的計劃？

皇太極攻入龍井關後，爲什麼不佔領河北一帶？

林丹汗的被攻滅，怎麼是有利於滿洲對明朝的形勢？

毛文龍暗襲滿兵的行徑，果足懲艾之以牽制清兵的後方麼？

朝鮮使臣爲什麼不滿於皇太極稱皇帝？

守山海關爲什麼要經營關外四城？

山海關在當時形勢上怎樣的重要？

第五十五章　流寇破北京和清兵入關

滿清驟然强盛，抄掠東北一帶，其勢雖甚猛烈，然非明朝內容腐敗，他們實在休想得志於中國。明朝的滅亡，事實上雖是由流寇攻入北京，直接把他推翻；因而清兵入關，奪取中國的統治權。而尋究禍根，便要數到神宗以來的政治黑暗，弄得民窮財盡，外患內亂一時並起而無可如何。那末，神宗便是明朝失天下，和把中國斷送給外族的罪魁禍首了。不。神宗確然也有過失，但其重要責任，還該歸到造成當時政治腐敗的制度身上。

明朝的政治腐敗不自神宗始，武宗世宗的時候也是一團糟。但因中經穆宗和神宗初年張居正輔政時的整頓，已有些轉危爲安的樣子了。神宗親政之後一味怠荒。熹宗時更因寵信宦官，把比較有希望的人才一網打盡。前半期斲傷的元氣還沒有大恢復，怎經得起這樣的胡鬧！明朝亡國之君思宗朱由檢，總算是一個有心圖治的皇帝，無如他即位的時候，經濟已經枯竭，政局已經糜爛，外患已經擴大，內亂已爆發，國家早已成了一種千孔百創的局面，無從着手挽救的了。

關於宦官亂政朋黨傾軋和外族侵擾的情形，已詳前數章中，今將經濟枯竭和釀成內亂的經過和影響，述其大概如下：

明朝奢侈豪華的風氣十分厲害，四海困窮可說是當然的結果。武宗世宗時卽已民不聊生，盜匪橫行。張居正當國時，盜風稍息，神宗因國用匱乏，命戶部和錦衣衞辦理採礦；於是宦官們便借開礦之名，到處騷擾。譬如好好的一所良田美宅，他們若是硬指下面有礦脈了，便得就地開掘；勘驗的結果，不見礦脈，便又要勒派用費。他們稍不如意，便指地方官阻撓，或是富豪家盜礦，羅織罪案，索詐賄賂。又興行各種苛捐雜稅，天津有店鋪稅，廣州有採珠稅，浙江福建廣東有市船稅，成都有茶稅，重慶有名木稅，長江有船稅，……名目繁夥。宦官充當稅使，更是任意搜括。不論水路旱路，隔不到幾十里地便設一局。到處收奸民爲爪牙，以便敲剝。以致窮鄉僻壤的米鹽雞豬，都要勒抽捐稅。至於田賦，在武宗時因起造宮殿和世宗時因軍事用款，都已屢次加徵。張居正當國時，稍加整理。神宗時，又因對滿洲用兵，帶征『遼餉』，思宗時，又因剿辦流寇，再加征『練餉』和『剿餉』。賦稅重重，人民因而破產的不知多少，被逼得無路可走，自然要激起變亂了。

民國紀元前二百八十四年，陝西一帶大饑荒，延安一府更甚。人民得不到穀類，便掘取草根充飢。秋冬草木枯死，便剝食樹皮，樹皮盡了，有的因餓極而食人肉，食人肉後，便多病死；有的食土粉，食土粉數日便腹脹而死。人民不甘食土粉而死的，乃流爲盜匪。以爲與其餓死，不如爲盜死，爲盜死尙不致爲餓鬼。飢民爲盜的漸漸團結攏來，土匪土豪又參加其間，到處攻城掠地，殺害官府，得勢的也有稱王號的，例如王大梁稱大梁王，高迎祥稱闖王，張獻忠稱八大王。

飢民之外，流爲盜匪的，還有鬧餉的潰兵和被裁的驛夫。思宗時，軍餉支絀，守遼西寧遠的四川湖廣兵欠餉至四個月，因而譁變，捕縛巡撫總兵索餉，幸而未成大亂。戍守陝西的軍隊，欠餉共至一百三十八萬兩之多，兵卒乃起而刼掠州庫，散爲盜匪。淸太宗抄入龍井關圍攻北京的時候，明朝召集各地的救兵；山西的救兵到達北京三日，未給糧餉，也便鬨然潰散，流爲盜匪。思宗時，因財政困難，裁減驛夫。驛夫本是游民無賴中强有力的，被裁之後，也便煽動潰兵，勾結飢民，成爲盜匪。飢民土匪潰兵驛夫都走同一方向，爲匪作亂，其勢乃不可制了。

當陝西飢民初起鬨時，明朝命三邊總督楊鶴剿辦；匪衆竄入山西，明朝命曹文詔對於山西陝西同時並剿；匪衆便流入河南，湖廣，四川，其勢更大。因他們東竄西流，飄忽無定，故名曰『流寇。』

民國紀元前二百七十八年，陳奇瑜總督各路剿匪軍隊，四面圍剿，匪衆誤入車箱峽❶，大受圍困。高迎祥部下的李自成用計賄通陳奇瑜的手下，假意請降。陳奇瑜允其所請，一時投降的匪衆共三萬六千餘人。陳奇瑜勸諭他們好好的歸農，他們也都答應。陳奇瑜便把三萬六千降匪，編爲每百人一組，每組配一安撫官，解送西安分頭遣散。豈知一出棧道，降匪忽不受約束，殺害護送官員五十餘人，依然四散開去，攻掠各州縣。明朝便把陳奇瑜捕來治罪，命洪承疇代督軍務，責成他嚴行剿辦，

陝西，河南，湖北，四川界上的山窠，正是流寇東竄西流的一個好所在，官兵追剿很難捉摸，所以洪承疇依然無計可施。而李自成居然於民國紀元前二百七十七年，發起各路流寇大會於滎陽，與會的除高迎祥張獻忠之外，有什麼一斗穀，過天星，九條龍，改世王，混十萬，射塌天等，共計十三家七十二營，會中商議對付洪承疇的方法，由李自成提議分爲四川，湖北，河南，陝西，山東五方，

分頭發展，所得子女玉帛，衆家均分。議決後，便四散竄擾。

明朝因流寇蔓延得更利害，乃命洪承疇專辦西北，盧象昇專辦東南。民國紀元前二百七十六年高迎祥被陝西巡撫孫傳庭擒殺，李自成逃往甘肅；張獻忠也被盧象昇打敗，逃至湖北，又被左良玉圍困，不得已而投降，一時流寇勢力頓衰。然而北京又於民國紀元前二百七十四年被清兵圍攻，各路剿匪軍隊都調回援救北京，盧象昇與清兵相遇，戰死於保定，於是流寇乃乘機活動，張獻忠再叛，李自成也竄至河南。

李自成爲人本極殘忍，殺人往往剖心斷足，所過地方，人民都避匿不出。民國紀元前二百七十二年，忽有杞縣舉人李信，盧氏縣舉人牛金星❷投見李自成，假托符命，勸他停止殺人，以收民心；並爲李自成散布「迎闖王❸，不納糧」的口號。李自成居然聽了他們，停止殺人，並把所掠財物，散賑飢民，人民對他的態度也變恐怖而爲歡迎了。而不納糧的口號，更是投合人民痛恨苛捐雜稅的心理。於是李自成竟有些成大業的氣槪，那年攻至河南，無路可走的人民，紛紛投歸他們部下，聲勢更大了。民國紀元前二百七十一年，李自成攻破河南府❹，殺神宗子福王朱常洵，把王府中所藏財物，散賑貧民。又東攻開封，把陝西來援的明兵擊敗。李自成連年得勢，便自稱爲奉天倡義大元帥，定了行軍規制，儼然一枝有組織的軍隊了。

兵部尚書楊嗣昌，本是竭力主張加征練餉剿餉來平賊的人，到那時餉已加了，賊勢反一天浩大一天，覺得不好意思，便只得硬着頭皮，親自督師。剛好張獻忠從四川東竄，走到鄖陽⑤，探得楊嗣昌的軍裝糧餉全在襄陽⑥，便用輕兵把那邊襲破，席捲一空。楊嗣昌無法可施，只得圖個自盡。從此，明朝剿辦流寇的主力軍，差不多完全覆亡了。

民國紀元前二百六十九年，李自成攻破潼關，孫傳庭戰死。李自成乃直抵西安，改西安爲長安府，占爲根據地。明年正月，自稱新順王，定國號曰大順。並即出兵，渡黃河，攻取太原，分兵攻掠大名眞定，自稱精銳向北破代州，過寧武關⑦，由大同宣府入居庸關。一路進行順利，除雁門鎮總兵周遇吉在寧武關死戰抵禦外，餘則到處迎降，眞不費氣力至昌平⑧，北京震動。明朝派騎兵偵察敵情，竟全部投降了李自成，無一人回北京作報告。因此李自成兵至北京，京中人事前絕未知覺。其時北京因乏糧餉，守兵不多，明思宗命太監當兵守城，李自成兵一到，北京便被攻破，思宗便在禁城北面的煤山上自縊而死，朝中官員紛紛投降李自成。

張獻忠始終被左良玉所扼，不能向東發展。李自成攻入西安時，張獻忠亦攻下武昌，改爲天授府，自稱大西國王；沿江一帶，也有響應他的。李自成卻不以爲然，書面責問。而左良玉又來攻，乃竄入湖南，攻取長沙府，其兵鋒直至廣東的西北部，人民被屠殺的數萬人。不久，又轉入四川。

李自成進逼北京時，明思宗召吳三桂帶兵入援。行至豐潤⑨，北京已被攻陷，其父吳襄被擄，李自成命吳襄寫信招他投降。吳三桂得信，已經答應了，又聞得他的愛妾陳圓圓被李自成部將劉宗敏所掠，忽然大怒，便寫信給父親大罵一頓，立即使部下改換素服，宣言討伐李自成。但恐自己兵力不足，便回至山海關，竟以『爲國討賊』的名義，向其負責防禦的敵國，請求派兵援助。

清太宗於李自成攻破北京的前一年死，其弟睿親王多爾袞擁立太宗第三子福臨繼立，是爲清世祖。世祖年方六歲，由多爾袞與鄭親王濟爾哈朗攝政。新君即位之後，多爾袞便出兵遼西，準備攻取山海關。得吳三桂請兵的信，眞是喜出望外，便下令軍中道：『以前三次入中國，專以抄掠爲目的；此次不比從前，入關之後，務必嚴守軍紀！』清兵進至山海關，關上高豎白旂，吳三桂出關歡迎。多爾袞從容帶兵進關，而李自成已占關內要地，來攻吳三桂。多爾袞便命吳三桂先與李自成兵搏戰，待雙方正在鏖戰，清兵突然從吳三桂陣右衝出。李自成望見清兵，急忙收兵退走，清兵大殺一陣，屍橫偏野，血流成渠。李自成逃至永平府⑩，把吳三桂的父親吳襄殺了，退回北京。清兵與吳三桂兵隨後緊追。李自成見其勢北京難立足了，便把宮中金銀器具，一起鎔鑄爲餅，每餅約數千金，計共數萬餅，用騾車發運往西安。並卽在武英殿登皇帝位，受百官朝賀。當夜放火燒宮殿和九門城樓，明日便退出北京，向西逃去。

多爾袞一路平定山海關至北京各地，然後入北京。明朝的文武百官都出城迎接犒勞，人民多焚香表示敬意。清兵自以爲是『仁義之師』，所以入京之後秩序安然。多爾袞並下令爲明思宗服喪三日，以誌哀悼。四個月後，乃迎清世祖遷都於北京，於是清國便老實不客氣的接統中國的政權了。

李自成逃出北京，至眞定，清兵與吳三桂兵跟蹤追躡，便回兵反攻，大敗，李自成中流箭受傷，乃逃入山西，追兵也撤回。李自成方得在山西從容收集部隊，退回西安。清兵就於此時平定山東河南山西一帶。清世祖入關後，分兵兩路，一路由英親王阿濟格帶着吳三桂等由大同攻榆延⑪，一路由豫親王多鐸帶着孔有德等攻潼關。李自成棄西安從藍田出武關⑫，逃至湖北，佔據武昌。英親王隨後追來，李自成逃至通城⑬，被鄉民所殺，其時爲民國紀元前二百六十七年。明年，張獻忠亦被擒殺，但其殘部散在陝西和四川，雲南，貴州的，居然還能活動，清兵完全鎭定中國時，方始消滅。

❶在現今陝西省安康縣境內。

❷杞縣盧氏縣都在河南省。

❸高迎祥被捕殺後，李自成被推爲首領，稱第二闖王。

❹明朝以洛陽爲河南府。

❺現今湖北省鄖縣。

❻現今湖北省襄陽縣。

❼代州，現今山西省代縣。寧武關，現今山西省寧武縣。

⑧現今河北省昌平縣。

⑨現今河北省豐潤縣，

⑩現今河北省盧龍縣。

⑪榆延指榆林延安二府：榆林府治現今陝西省榆林縣，延安府治現今陝西省膚施縣。

⑫藍田現今陝西省藍田縣。武關，在現今陝西省商縣東。

⑬通城，現今湖北省通城縣。

【研究問題】

造成當時政治腐敗的是什麼制度？

開礦，與行苛捐雜稅，加征田賦，那一項最足以使得民不聊生？

倘若那陝西不發生不飢荒，流寇是否可以不發生？

飢民等流爲盜匪，何以會成功東竄西流的流寇？

爲什麼山寨是流寇出沒的好所在？

殘忍的李自成，怎會變得受人民歡迎的？

李自成攻入北京怎麼這樣的容易？

吳三桂不請救兵，清兵是否可以攻入山海關？

清兵爲什麼要平定山東河南山西之後，方始攻滅李自成？

第五十六章　清兵鎮定中國

清兵的入關，本是吳三桂個人去請來的。並且吳三桂請兵的信中，只許平了李自成之後，割地為酬。清兵入關之後，竟然以中國新統治者自居，明朝皇室和一般漢族人那裏甘心就此罷休。清兵的聲威雖是盛大，而漢族因民族精神的表現，對清朝便必然要反抗的了。

北京被李自成攻破時，明神宗之孫福王朱由崧和穆宗之孫潞王朱常淓，都避難到南京。南京是明朝的陪都，本有中央政府的規模留着。思宗自殺，太子也杳無消息，南京便議立新君。這也是很可歎的，熹宗時的黨案餘波，卻又在這危急萬分的時代，乘機發動。比較清正的文武官員，卻主張擁立潞王，獨鳳陽提督馬士英挾兵威擁立昏庸的福王。福王卽位後，馬士英引進魏忠賢餘黨阮大鋮，把持政權。一時所謂正人君子，都自動的或被逼而離開政府。兵部尚書史可法，被擠出內閣，督師江北。而這福王完全是一個糊塗蟲，當此家破國亡的緊要關頭，他卻一味注意個人的享樂，還是修造宮室，點選宮女，傳喚著名的戲班進宮唱戲；軍國大事，一概置之不問，這也是明朝合該滅亡中國合該受外族的統治了！

清兵入關，本自稱爲代平賊匪的仁義之師，所以南京福王即位之後，即派人去講條件，請他們退出關外。多爾袞卻責備南京不知設法討伐賊匪，突然擁立皇帝爲不當。南京方面還想爭辯，清朝便老實不客氣的派兵南下，用武力解決了。其時南方的兵力，長江上游爲左良玉，下游爲史可法。民國紀元前二百六十七年，豫親王多鐸由河南攻泗州，史可法進駐清江謀應付❶。正苦於將驕卒惰，調遣不靈，而南京又因內訌，催史可法回兵救援。上游的左良玉因與馬士英不睦，發兵清除政府中奸黨。史可法行至燕子磯❷，得悉左良玉已在途中病死，其兵已被擊散，乃再回至揚州，而清兵已至盱眙❸。史可法向各處調兵來救，竟無一處應命。清兵圍揚州，史可法力戰七晝夜，城破，遂戰死。清兵渡江取京口❹，京口守兵潰退。不久，南京亦被攻破。福王先已逃至蕪湖，亦被清兵擒殺，南京小朝廷的建立，計時不過一年。於是清兵勢力進至長江流域了。

清兵既攻下南京，便着手平定江蘇南部和浙江北部，而集注兵力於杭州。明太祖九世孫唐王朱聿鍵逃至福州，鄭芝龍❺黃道周等便擁立他爲皇帝。明太祖十世孫魯王朱以海被張國維等擁立於紹興，稱監國。

南京的被攻下，竟這樣迅速，是多爾袞所不料的。他見漢族的勢力這樣脆弱，便下令强迫薙髮⑧。漢族人對於明朝滅亡，清兵入關，這種政治上的變革似乎看得很淡漠，而關係民族象徵的薙髮一事，卻很重視，竟至於不惜犧牲生命，竭力反抗。清朝以薙髮爲分別順逆的一種測驗，執行得很嚴厲，有所謂『留頭不留髮，留髮不留頭』的口號。而從來因怕斷頭而從順如綿羊的漢人，亦因不肯斷髮而奮起作困獸之鬬。因此乃演成一番慘劇，漢人民族精神的强固，實在不可輕視啊！若是當時有强幹的領袖和嚴密的組織起來領導這民族反抗運動，滿清之能否統一中國，或者還是一種疑問。

當時因薙髮問題奮起與清兵抵抗，比較著名的，有江蘇之江陰，嘉定，崑山，吳江，太湖，宜興，松江，崇明，安徽之徽州，寧國，江西之建昌，撫州，贛州等處，結果都因戰鬬力薄弱而失敗。其失敗時受清兵的虐殺，與反抗的强弱成正比例，以江陰嘉定受禍最烈。江陰城破時，被大屠殺三日，民衆無論男女，都甘心被殺而不願屈服，計城內死者約九萬七千餘，城外死者亦在七萬五千以上。其頜袖典史閻應元題敵樓上一聯道：『八十日帶髮效忠，表太祖十七朝人物；十萬人同心死義，留大明三百里江山。』忠義之氣，於此可見。查當時情形，這次民族反抗運動，實很普遍而有力，可惜都是孤軍奮鬬，不能聯絡一氣，以致都被撲滅。然其壯烈的氣概，很足的使後人感奮；而其慘敗的情形，更足以使後人悲憤而起繼續奮鬬的意念了！但是這次壯烈的民族運動，同是也襯托一種民族方面很大的恥辱。原來那指揮清兵鎮壓各處民兵的，不是別人，乃會爲明朝遼東經略的洪承疇。這也可見所謂大人先生，有時竟不能及匹夫匹婦的敢於爲國家效忠爲民族犧牲了。

洪承疇既平江南浙西一帶的民兵，清兵乃進向浙東福建壓迫魯王和唐王。民國紀元前二百六十六年，清兵渡錢塘江攻紹興，魯王遂倉皇避難海上。擁立唐王的黃道周，由廣信出兵衢州，至婺源，遇清兵，兵敗被擒，不屈而死❼。唐王被鄭芝龍所制，欲向江西發展而未能如願。鄭芝龍則於清兵破浙東時，就洪承疇的招撫。清兵由仙霞關入福建，鄭芝龍把防兵全撤，唐王由延平逃至汀州❽，被清兵擒殺。

唐王死後，其弟朱聿鐭被擁立於廣州。瞿式耜等，又擁立桂王由榔於肇慶，這便是在西南支持最久的永歷帝。清兵由福建江西兩路攻入廣東，廣州肇慶先後失陷。朱聿鐭自殺，瞿式耜奉永歷帝逃至桂林⑨。民國紀元前二百六十四年，清朝派至廣東的將領李成棟和江西的金聲桓歸附永歷帝，形勢一變。何騰蛟由桂林突出湖南，恢復洞庭湖以南各地，川東川南各地，亦紛紛響應。於是永歷帝移駐肇慶，其號令所及的地方，有廣東，廣西，江西，湖南，雲南，貴州，四川等七省，一時明朝頗有中興的氣象。

清朝的平定南方，是慣用降將的。民國紀元前二百六十三年，使吳三桂攻四川，耿仲明，尚可喜攻江西，孔有德攻湖南，由鄭親王在後監制，李成棟，金聲桓，何騰蛟，卻被攻殺。前二六一年，清兵破桂林，瞿式耜被擒殺。永歷帝在肇慶不能立足，乃逃至南寧⑩。其時張獻忠餘黨孫可望李定國劉文秀等佔據雲貴一帶，永歷帝乃使人封孫可望爲秦王，請他救援。孫可望派兵三千，保護永歷帝駐安隆⑪。並使李定國攻廣西，劉文秀攻四川；孔有德敗死，吳三桂退漢中。反抗清朝的勢力，又擴大至四川湖南廣東一帶。於是清朝乃改變政策，不積極進攻而嚴密封鎖，使洪承疇守長沙，尚可喜守肇慶，李國英守保寧⑫，靜待孫可望等內部變化，然後收拾這一角地方。

永曆帝在安隆，名爲受孫可望的保護，實則無異於被他監視。民國紀元前二百五十六年，永曆帝因不堪孫可望的跋扈，至雲南依李定國。李定國與劉文秀合力對付孫可望。明年，孫可望攻雲南，不能取勝，乃投降洪承疇。洪承疇乃於民國紀元前二百五十四年與吳三桂等由四川湖南廣西三路出兵，會師平越⑬，攻雲南。李定國扼守北盤江竭力抵抗，終因不能支持，奉永曆帝退至騰越⑭。清兵追擊至高黎貢山⑮，遇李定國預先伏下的精兵，大敗而還。明年，李定國又奉永曆帝入緬甸。民國紀元前二百五十一年，吳三桂發兵十萬出騰越，向緬甸索永曆帝，緬甸乃捕永曆帝交出。明年，吳三桂害永曆帝，李定國憂憤而死於緬甸。

由紹興退至海上的魯王，由張名振擁護，占領舟山羣島。張煌言王翊仍在浙東支持，王翊據四明山寨，與張名振互相呼應。其所居的地位，可以交通閩粵，襲擊蘇松，頗爲清朝東南之患。民國紀元前二百六十一年，清兵攻破四明山寨，王翊被擒殺，舟山亦卽失陷，張名振張煌言奉魯王逃至廈門，依傍鄭成功。

鄭成功乃鄭芝龍之長子。唐王很器重他，賜姓朱，因此有『國姓爺』的稱號。鄭芝龍投降清朝，他不從焚棄儒生的衣裝，退遽金門廈門二島⑯，年年攻擾閩廣沿海，清朝使鄭芝龍寫信招降他，又許以爵位，都不理。他是感激唐王的人，而唐王與魯王不睦，所以魯王至廈門，只是收容他而不肯推戴他，但與張煌言很要好。民國紀元前二百五十四年，永曆帝遙封他爲永平郡王，招討大將軍。明年，便使張煌言爲嚮導，以十七萬大軍攻浙江，陷溫州台州等處⑰。又乘清兵大舉攻雲南，東南空虛的時機，大舉進攻，由崇明入長江，破瓜州⑱，直逼南京，大會將士，致祭明孝陵⑲。可惜因失算被清兵襲擊，只得退回。張煌言由蕪湖攻徽州寧國，亦被由貴州凱旋的清軍打敗，從浙東出海。此後清朝對沿海防備，日漸完固，鄭成功見無隙可乘，乃於民國紀元前二百五十二年，攻取臺灣爲立足之地。驅走荷蘭人，收納明朝宗室遺臣，務農練兵，定法律，興學校，臺灣地方因此日漸開闢了。

明朝的殘餘勢力，雖已撲滅，然而清人還沒有完全握到中國的統治權。原來南方的平定，清朝專使明朝的降將當前陣，在當時未始不是一種適宜的政策。但事定之後，這班人勞苦功高，便不能無故撤廢他們的兵權；他們所部的綠營⑳，留鎮各地，就成了一種尾大不掉的勢力。西南一帝，名義上雖是清朝的疆域，然實際上不過由明朝的殘餘勢力轉換了所謂三藩的勢力；清朝的統治權依然行使不到的。

所謂三藩，就是封在雲南的平西王吳三桂，封在廣東的平南王尚可喜，封在福建的靖南王耿繼茂㉑。其中吳三桂功績最高，兵力最強，聲勢也最壯盛。他坐鎮西南，雲貴的督撫都要聽他節制；用人不經吏部兵部的通過，用財不受戶部的稽核，他所任用的官吏，叫做『西選』，西選的官，差不多徧布全國。這樣豈不成了一種妨礙政權統一的敵體的特殊勢力了麼？結果便有三藩之亂發生。

三藩的跋扈，清聖祖很以爲不使，可是也不好無端把他們撤廢。恰巧尚可喜因被其子尚之信所制㉒，於民國紀元前二百三十九年奏請准他告老歸隱遼東，由其子襲爵鎭廣東。清政府抓住題目，竟以父子不使離異的理由，敎他們撤藩一同歸隱。吳三桂和耿精忠㉓見此情形，不能自安，便也奏請撤藩，試探清朝的意旨。清聖祖以爲准撤藩固然要出亂子，不准將來也是後患，便咬定牙根，一律批准。於是吳三桂乃自稱天下都招討兵馬大元帥，起兵造反。貴州首先響應，湖南郎被攻陷，四川廣西和湖北的襄陽也歸附吳三桂。明年，耿精忠亦起兵與吳三桂聯合，尚之信受吳三桂的運動，早已接應㉔。吳三桂親自至湖南常澧一帶㉕指揮軍事，派一支兵出江西，以聯絡耿精忠，一支兵從四川出陝西，提督王輔臣㉖佔據寧夏響應三桂，甘肅也起動搖。一時聲勢滔天，竟攪動了十多省，清朝似乎岌岌可危的了。

然而吳三桂已年老，暮氣很深，用兵頗有坐失時機之處。起初守荆州的清兵很有些恐懼，不敢向前，吳三桂若乘一鼓作氣，奮力進取，不難突至中原。但是他卻力主持重，專等他所發的兩支兵達到目的。因此清兵能脅降王輔臣耿精忠尚之信，使其孤立。然後用重兵由湖北江西節節進逼，奪其湖南東部各地。於是吳三桂勢漸窮蹙，乃於民國紀元前二百三十四年由長沙退至衡州㉗，自稱皇帝，想借此維持人心。不久，吳三桂暴病死，部下迎其孫吳世璠嗣位，其勢更不能支，只得退至雲南。清兵乃由湖南四川廣西三方逼來，於民國紀元前二百三十一年，會師曲靖，直逼雲南城㉘。守城兵開門內應，吳世璠自殺，雲貴完全平定。尚之信耿精忠又先後被清兵誅滅，三藩全除。於是漢族反抗清朝的勢力，僅剩臺灣一地了。

臺灣鄭成功，於民國紀元前二百五十年死，其子鄭經繼立，仍奉永歷帝年號反抗清朝，然其勢已稍衰。後來耿精忠起兵應吳三桂，約鄭經爲聲援，許割讓泉漳二州㉙給他。鄭經便出兵攻略沿海一帶地方。不久，耿精忠又降清兵，和清兵合力攻鄭經。鄭經乃全失所得福建沿海地方，並最初的根據地金門廈門二島，亦被清水師提督萬正色所奪。鄭經死，次子鄭克塽立，內部大亂，清朝便用鄭成功的降將施琅攻入臺灣，鄭克塽降服，其時爲民國紀元前二百二十九年。漢人反抗清朝的勢力，乃完全消滅；清朝在中國方始完全統一，而可以用力於邊境的經略了。

❶泗州現今安徽省泗縣。清江即清江浦現今江蘇省淮陰縣。

❷在現今江蘇省江寧縣北觀音山。山有大石，下臨長江，形如飛燕，故名燕子磯。

❸揚州現今江蘇省江都縣。盱眙現今安徽省盱眙縣。

❹京口現今江蘇省鎮江縣。

❺鄭芝龍是福建沿海的一個勢豪，海盜都聽他的指揮；東南海上的商船非有鄭芝龍的令旂，不能往來。商船的取得令旂，須納稅三千金，所以他一年收入達千萬，富敵王侯，自築平安水城（在福建省晉江縣城南三十里）蓄兵守衛，勢力

甚强。他的擁立唐王並非忠於明朝，不過想借此擴大他的勢力罷了。

❻清兵入北京，便下令薙髮，因激起反動，故又暫准漢人照舊束髮，誠恐因此細故而妨礙大事也。南京攻下後，清朝的形勢已漸穩固乃强迫執行薙髮令。

❼廣信，現今江西省上饒縣。衢州，現今浙江省衢縣。婺源現今安徽省婺源縣。

❽仙霞關在浙江與福建的界上，離浙江省江山縣一百里，福建省浦城縣一百二十里，在仙霞嶺上。延平，現今福建省南平縣。汀州，現今福建省長汀縣。

❾現今廣西省桂林縣。

❿現今廣西省邕寧縣。

⓫現今廣西省西隆縣。

⓬現今四川省閬中縣。

⓭現今貴州省平越縣。

⓮現今雲南省騰衝縣。

⑮在騰越之東。

⑯金門島，現今福建省金門縣，在廈門島之東。廈門島，現今福建省思明縣，在同安縣東南。

⑰溫州，現今浙江省永嘉縣。台州現今浙江省臨海縣。

⑱在江蘇省江都縣南江濱，亦稱瓜洲。

⑲明太祖的陵墓。

⑳純粹的漢兵，用綠色旗幟，以與八旗分別，因稱爲綠旗兵，簡稱綠營。

㉑起初耿仲明受封爲靖南王，鎮地也在廣東，後來因兩王共鎮一地不便，耿仲明死，其子耿繼茂襲封，乃移鎮福建。

㉒尚可喜因年老把兵權付託其子，因而被其子所制。

㉓耿繼茂已死，其子耿精忠襲封。

㉔尚可喜因此憂憤而死。

㉕常澧指常德府和澧州在湖南省北部。

㉖係張獻忠的餘黨。

㉗現今湖南省衡陽縣。

㉘曲靖，現今雲南省曲靖縣。雲南城，現今雲南省昆明縣。

㉙泉州府治現今福建省晉江縣，漳州府治現今福建省龍溪縣。除泉漳二州外，鄭經並佔取汀州和邵武。邵武府治現今福建省邵武縣。

【研究問題】

武人奸黨爲什麼喜歡擁立昏庸的君主？

左良玉清除奸黨，史可法爲什麼要同兵救南京？

爲什麼當時的人對於明朝滅亡似乎很淡漠，而對於薙髮一事却如此不甘心屈服呢？

要使這種民族反抗運動成功，應該注意什麼？

鄭芝龍既已擁唐王，爲什麼又放清兵攻入仙霞關呢？

清朝爲什麼用降將平定南方？

清朝對於孫可望等爲什麼不積極進取？

鄭成功爲什麼於沿海無隙可乘的時候，方始攻取臺灣？

清聖祖批准吳三桂請求撤藩，在政略上是否適當？

怎麼說吳三桂稱皇帝，是借此維持人心之法？

耿精忠起兵應吳三桂，爲什麼要約鄭經作聲援？

金門廈門二島的失陷，對於臺灣的被攻滅有什麼關係？

第五十七章　清初與俄國的交涉

當清朝沒有完全鎭定中國南方的時候，東北邊黑龍江流域，大受俄羅斯遠征隊的侵略。因無暇兼顧，也只得聽他，到三藩和臺灣完全討平之後，清朝乃移其注意力到東北方來應付俄羅斯遠征隊的侵擾了。

蒙古强盛時，曾把俄羅斯征服，建欽察汗國。明朝時，俄羅斯人乘蒙古勢衰，起兵推翻欽察汗國，自建獨立國家，清朝初興時，服屬於俄羅斯的可薩克族人組織遠征隊，向荒涼廣漠的西伯利亞地方探勘開拓，於民國紀元前二百七十三年達鄂霍次克海。從土人口中，得知關於黑龍江流域的情形，於是遠征隊乃注意於黑龍江流域的探勘。民國紀元前二百六十三年，喀巴羅甫與同伴七十人，從伊爾庫次克至黑龍江，順流而下，達額爾果納河與什勒喀河合流之處。明年，與該處土著索倫人交戰，佔取雅克薩城，以爲根據地，沿江發展，對於土著人頗多滋擾。

這一班俄羅斯遠征隊，大都各地的無賴結合而成。他們聞得黑龍江沿岸是一處富饒的好地方，為發財而來；既到之後，便任意刼掠，絕不能為有計畫的拓殖。當時的俄羅斯政府，對於開拓土地，是高與的；然而黑龍江地方究竟距離窵遠，所以既不能多派軍隊，來保護援助這種探勘開拓的人民，又不能任命官員，來節制這遠征隊的强暴行為，完全取的一種放任態度。黑龍江沿岸的土著，不堪這遠征隊的掠奪殘暴，便都遠避開。有時乘他們勢力孤弱的時候，實行報復，有時引着清朝巡邏邊境的軍隊，前來攻擊。所以遠征隊也往往陷於窘迫或危險的境地。

繼續喀巴羅甫統率遠征隊的名斯特巴諾，於民國紀元前二百五十四年，自呼瑪爾河至松花江與瑚爾哈河合流之地，忽遇清寧古塔章京沙爾瑚達，雙方衝突。俄羅斯人有一部分先行逃散，其餘因衆寡不敵或被殺死，或被捕擄，脫逃的只四十餘人。斯特巴諾亦於此次喪命。這一年，俄國葉尼塞知事泊西庫瑚亦率領一組遠征隊至什勒喀河，建尼布楚城於尼布楚河口，並分兵往援黑龍江下流會斯特巴諾。至中途遇斯特巴諾部下的逃兵，並知斯特巴諾已死，乃退回。民國紀元前二百五十一年，寧古塔將軍巴海來攻，泊西庫瑚亦敗退。黑龍江沿岸的俄羅斯人一時絕跡。不久，清兵的防備稍鬆懈，而俄羅斯人再至，又占據雅克薩城，與尼布楚城互相呼應。

民國紀元前二百四十二年，清聖祖通信給尼布楚守將，詰問他刼掠的原因，責令退去。俄羅斯人知道清朝若正式對他們用兵，他們一定是吃虧的；因此不敢倔强，採用敷衍手段，派人至北京進獻貢品，並表明願意修好通商的意思。清朝便認他們是歸順了，也就不與他們計較，派人至尼布楚，會守城主將，告誡他不准在沿邊肆行刼掠，並要求把逃入俄羅斯的黑龍江土酋罕帖木兒交出。這守城主將一一答應，就允許他貿易通商。豈知事後俄羅斯人非但不守約言，而且仍在黑龍江沿岸築城置寨，並乘機侵略黑龍江沿岸的部落。

清聖祖知道非用相當的武力，黑龍江方面一時不得安寧。乃於民國紀元前二百三十年，命戶部尚書伊桑阿至寧古塔建造戰船。築墨爾根齊齊哈爾二城。設置驛站，開闢驛路，以便運輸糧餉。任薩布素爲黑龍江將軍，準備作戰。先於民國紀元前二百二十八年投書雅克薩守將，勸他們即速退出雅克薩城。雅克薩守將集衆會議，都知道清朝將派兵來攻，但不甘屈服願拚死決戰。因即布置防禦工事，並向附近各地調集救兵，等候清兵來攻。明年，將軍薩布素與都統彭春指揮水陸軍一萬五千，用礮攻雅克薩城。雅克薩守將圖耳波金奮力拒戰，至無法支持的時候，退往尼布楚。俄羅斯兵退後，清兵乃焚毀雅克薩城，奏凱而還。薩布素駐紮於墨爾根城，總攬黑龍江全境的軍務。

圖耳波金退往尼布楚，行至半途，遇從尼布楚來的救兵，懊悔非常。後來探知清兵毀城而退，並不追擊，乃回至雅克薩，再行築城駐守。並積極準備戰具，擴充兵額，欲一雪前日戰敗之恥。清聖祖得訊，命薩布素繼續征剿。民國紀元前二百二十六年，薩布素統水陸軍進迫雅克薩，築營於雅克薩對岸島上及額爾果納河兩岸。兩軍砲戰八十餘日，圖耳波金身受重傷，仍堅守不退。但城中疫病流行，死亡甚多，能戰鬬的，最後只剩一百餘人。清兵屢用箭書放入城中，以容他們退走為條件，勸他們投降，亦悍然不理。幸而雙方政府，開始和議，清兵停止攻擊，雅克薩城終沒有被攻下。

當時俄羅斯本國正是多事，本不欲與中國開釁。黑龍江沿岸的經略，差不多完全放任遠征隊自由行動；有時雖亦酌派軍隊，然亦保遠征隊竭力要求，並且故意造作了緊張的空氣促成。但俄國政府亦深知長此糾紛，終不成事體，亟應正式交涉，訂結條約纔是。曾於民國紀元前二百五十七年，二百五十六年，二百四十三年，二百四十二年，二百三十六年，迭次派遣使臣至中國，無奈因禮數上的枝節問題❶梗着，總是沒有結果。民國紀元前二百二十六年，再派全權公使哥羅維來與清朝媾和，先使人到北京報告起程時日，請約期擇地派人雙方會晤商議。清聖祖的兩次派兵攻雅克薩本非得已，其目的乃在制止俄羅斯人的侵略；對方倘願和平了結，那是再好沒有的事。乃亦於民國紀元前二百二十四年，派內大臣索額圖爲欽差大臣，帶同西教士徐日昇張誠爲通譯官，約在色楞格斯克開議。明年七月三十一日❷，索額圖與哥羅維會於尼布楚。

這時候，清兵駐在什勒喀河南岸的兵，與欽差大臣的扈從兵，共有一萬。索額圖到尼布楚城對岸時，清兵大示威。尼布楚守將派人責問，清水軍乃稍移遠處。八月二十二日，初次談判，哥羅維要求以黑龍江爲兩國境界，索額圖不許。遲十餘日再談判，仍各堅持，談判有決裂之勢。西教士往來調停，亦不見效。清兵與俄兵雙方亟亟備戰，到底因清兵勢盛，俄公使氣餒，不得已表示讓步，續行開議。議定條件重要的摘舉如下：

一、兩國境界，東以外興安嶺，西以額爾古納河爲界。

二、拆除雅克薩城。

三、雙方不許收納逃亡人民。

四、凡獵戶人等，不許越界。

五、兩國人民持有護照的，各許入境通商。

條約於九月七日簽字，於是兩國四十年來的境界糾紛完全解決。這就是中國對外交涉雙方平等的尼布楚條約。

中俄交涉，除境界糾紛之外，尚有通商問題。在尼布楚條約訂立以前，俄國已屢次要求通商。俄國派來要求通商的使臣，清朝一概以藩屬國的朝貢使看待他們。不帶貢品的，不許朝見。不肯跪拜的，不許朝見有貢品肯跪拜的，乃許其沿途發賣貨物。民國紀元前二百三十六年至北京的俄使，係荷蘭商人，一切都依朝貢禮節，朝見時要求通商，居然邀准，但未有確實的辦法。尼布楚條約中雖有『兩國人民持有護照的各許入境通商』的規定，而事實上未能實行。民國紀元前二百十九年，俄羅斯皇帝彼得又派德意志人伊德斯到北京，請求依約通商。淸朝乃准許俄羅斯商人每三年到北京貿易一次，人數以二百爲限，指定寓居於俄羅斯館，准予滯留八十日，其貨物並得免稅俄羅斯人以爲通商有了辦法，很是高興；而清朝依然把朝貢使看待他們，由理藩院掌理其事，並使遵行跪拜大禮，自以爲十分得意。

到北京三年一回的定期貿易之外，喀爾喀土謝圖汗部與西伯利亞接壤的地方，即土拉河色楞格河沿岸，亦每年開放互市一次。這事清朝任土謝圖汗自行處理，並不設官監督，所以互市的時候，兩國人民叢集，極爲紛擾。俄羅斯人又以毛皮貿易爲名，進至雅克薩，建立砲台，佔據要隘，仍如尼布楚條約以前的狀態。清聖祖乃派蒙古兵將雅克薩城攻破，並禁止北京和土謝圖汗部的通商。民國紀元前一百九十二年，俄國再派使臣至北京交涉，並留瑞典人特蘭克爲交涉坐辦，貿易復通。然北京方面的貿易，因管理的官吏十分苛求，不甚發達。而土謝圖汗部的貿易，紛擾情形比從前更甚。蒙古逃至俄境的，俄羅斯人又往往不肯交回，土謝圖汗因此請清朝停止他們的貿易。天主教在北京的西教士，又與俄羅斯人不睦，竭力攛掇清聖祖驅逐特蘭克。民國紀元前一百九十年，清聖祖乃下令驅逐特蘭克和境內的一切俄羅斯人，中俄通商關係斷絕。

關於通商條約的修訂，民國紀元前一百九十二年，俄羅斯使臣曾經提出，因清聖祖不允而作罷。中俄通商既絕，俄羅斯女皇加他鄰第一，乃派使臣拉克青斯基，請議通商條約，和俄蒙邊界事宜。拉克青斯基於民國紀元前一百八十五年至北京，適淸聖祖已死，世宗初立，乃允予開議。但是和外國使臣在京師議約，無此舊例，乃使拉克青斯基往恰克圖，派內大臣策凌，色格，理藩院侍郎圖理琛去和他開議，訂立恰克圖條約。大要如下：

一、開放恰克圖，西林亞尼布楚爲通商地。

二、北京貿易仍定三年一次；人數加至三百，居留期限亦展至三年。

三、俄蒙交界：自額爾古納河岸到齊克達奇蘭，以楚庫河爲界；自此以西，以博木沙奈嶺爲界，而以烏特地方，爲兩國中立之地。

民國紀元前一百七十五年，停至北京貿易，歸幷恰克圖一處，從此恰克圖貿易大盛。然此後交涉迭起，每有藤葛，中國就以停止互市爲要挾地步。民國紀元前一百四十八年，一百四十四年，一百三十三年，一百二十七年，共停市四次。民國紀元前一百二十七年的一次停市最久，至民國紀元前一百二十年方始復開。而彼此糾紛，終無法徹底解決；後日中國東北失地的禍根，卽伏於此。

❶清朝以大國天朝自居，對於來使必要他跪拜禮，並於往來文書運用清朝年號和陰歷；來使亦不肯遵從。

❷依陽曆計算。

【研究問題】

西伯利亞和黑龍江沿岸當時是怎樣一種情形?

黑龍江沿岸的土著遠避開，對於俄羅斯遠征隊有什麼影響?

清兵既把俄羅斯遠征隊擊退，爲什麼不向黑龍江以北的地方開拓，或是固守黑龍江流域?

罕帖木兒逃入俄羅斯，何以清朝竭力要索還?後來對於逃亡人民的交涉，怎麼也列爲一種交涉條件?

清兵攻雅克薩城，爲什麼要這種忙碌的準備?

俄羅斯人爲什麼不肯放棄雅克薩城，而清朝一定要他們拆除?

尼布楚條約中國能得勝利有幾種原因?

清朝認通商的外國人爲朝貢使，對於外交上有什麼影響?

清朝爲什麼不肯與俄國使臣在北京議約?

第五十八章　清朝經略蒙回藏和苗族的成績

現在我們概舉中國的種族或區域，大家都知道是漢，滿，蒙，回，藏。這五大族或五大區的結合，是清朝初年力征經營的成績。滿清入關爲中國皇帝，這便是漢滿的結合，上面已經述其大概。本章中再把怎樣與蒙回藏結合的經過，敘明一番。又中國本部的西南一帶，本有苗族分布，行政上不很統一，也是淸朝時纔切實推行『改土歸流』的政策，經略定妥的。本章中也將其經過情形概略敘述。這兩端，都是近代中國民族方面的重要事實，很値得注意的。

滿淸當未入關以前，已與蒙古發生交涉，就是討伐察哈爾部林丹汗，收服漠南蒙古的事件。蒙古除漠南各部之外，還有漠北喀爾喀各部和瓦刺後裔衞特拉各部。喀爾喀各部自喇嘛教輸入之後，獷悍好殺的性質漸次變化，其勢力也漸次萎弱。而衞特拉各部卻日强一日，其勢力籠罩着喀爾喀西藏靑海和回部。所以淸朝的略定蒙，回，藏，除漠南蒙古各部外，差不多完全是對衞拉特的交涉。

衞拉特卽厄魯特，亦稱西蒙古，本分和碩特，準噶爾，杜爾伯特，土爾扈特四部，其牧地向在天山北路和厄爾齊斯河流域，後來和碩特部由烏魯木齊❶遷至青海，向西藏發展。部長固始汗❷因五世喇嘛羅卜嘉穆錯的招請，並於民國紀元前二百七十年乘西藏內訌，進占喀木和衞藏等三部，西藏完全歸其統治之下❸。同時，準噶爾部長渾台吉亦以伊犂爲根據地，擴張勢力，把土爾扈特部逐至俄羅斯境窩瓦河流域，使服屬自己的土爾扈特屬部輝特部住在塔爾巴哈台❹地方，並脅服杜爾伯特部，獨霸天山北路。於是和碩特部與準噶爾部成爲衞拉特的兩雄，而和碩特部尤强。

渾台吉死，其子僧格繼立，因內亂被殺。僧格有一弟噶爾丹向在西藏達賴喇嘛處，聞其兄被殺，奉達賴之命回伊犂。準噶爾本崇信喇嘛教，對於久在達賴喇嘛處而又奉命趕回的噶爾丹，當然十分信仰，於是噶爾丹定亂自立。噶爾丹與達賴喇嘛手下的『第巴』❺桑結很有交誼，而桑結與固始汗之子達顏汗❻不睦，想由噶爾丹引進準噶爾部的勢力，驅除和碩特部的勢力。民國紀元前二百三十五年，噶爾丹攻殺達顏汗，統一衞拉特四部，自稱四衞拉特汗。

唐朝末年的回紇，被黠戛斯打敗後，一部分逃至天山南路。元朝時稱畏兀兒，爲察合臺後王統治的地方。後來蒙古勢衰，便由回教徒所謂和卓木的代握政權，駐喀什噶爾⑦。而住喀什噶爾的回教徒，分白山黑山二派，互相競爭。不知如何，失勢的白山派首領阿巴克竟至向西藏異教的達賴喇嘛求救，而達賴喇嘛竟也應允了，命噶爾丹出兵。民國紀元前二百三十四年，噶爾丹出兵攻破黑山派，立阿巴克爲喀什噶爾汗。準噶爾的勢力籠罩着天山南北和青海西藏了，乃打算向東發展，侵略喀爾喀，於是與清朝起衝突了。

喀爾喀各部的內訌，爲噶爾丹實行侵略的絕好機會。民國紀元前二百二十四年，噶爾丹藉口不敬達賴⑧，出精兵三萬，攻入喀爾喀。喀爾喀三汗⑨的部衆數十萬不能抵敵，拋棄了他們的帳幕和器物馬駝牛羊等，分道渡過大沙漠至內蒙古，投降清朝。

清朝對於喀爾喀和準噶爾本係同等看待，並不袒護那一方。喀爾喀來降，清聖祖發粟賑濟，並將科爾沁部的地方借給他們放牧；而一面派向準噶爾調停，豈知噶爾丹不服。民國紀元前二百二十二年噶爾丹竟進攻清兵，直至烏蘭布通⑩，被清兵打敗，退據科布多。民國紀元前二百十七年，噶爾丹又率兵三萬，佔據克魯倫河上源。明年，清聖祖親征，出兵三路，使薩布素統滿洲科爾沁的兵由東方進攻，費揚古統陝西甘肅的兵從寧夏過沙漠在西方截擊，聖祖居中出獨石口。噶爾丹得訊，撤兵後退，遇費揚古的兵，大敗於昭莫多⑪，退至塔米爾河。又明年，聖祖至寧夏，再使薩布素費揚古出兵深入，剿噶爾丹。其時，噶爾丹的根據地伊犂，已被其兄子策妄阿布坦襲據⑫，阿爾泰山以西之地已失，回部青海亦叛，連年用兵，牲畜精銳喪亡將盡，聞大兵來攻，乃自殺。清聖祖乃命喀爾喀各部還至漠北，仍以阿爾泰山與準噶爾部爲界。

西藏的第巴桑結，是一個狡黠非凡的人。自從招噶爾丹襲殺達顏汗之後，西藏大權，都在其掌握之中。民國紀元前二百三十年，五世達賴喇嘛死，桑結祕不發喪。噶爾丹的攻略喀爾喀，一半亦出於桑結的教唆。噶爾丹失敗，清聖祖從俘虜口中得知其中底細，乃用詔書責問桑結。桑結無法，乃託言因轉生的六世達賴年幼，恐西藏發生變亂，所以暫守祕密；現今六世達賴已成長，不久便當迎立。清聖祖不欲深究，也就置之。民國紀元前二百零七年，固始汗的孫兒拉藏汗因議立新達賴與桑結不睦，起兵把桑結攻殺，擁立伊西嘉穆錯爲六世達賴。奏明清聖祖，聖祖封拉藏汗爲翊法恭順汗。而青海的蒙古各部，卻指伊西嘉穆錯是假的，別立裏塘的噶爾藏嘉穆錯爲六世達賴，也來奏明淸聖祖。淸聖祖命噶爾藏嘉穆錯暫居西寧的塔爾寺聽候設法調停。

襲取噶爾丹根據地的策妄拉布坦，也是一個野心勃勃的人。他也有志呑併和碩特部，統一四衞拉特，便於民國紀元前一百九十六年乘機派兵攻入拉薩，襲殺拉藏汗，搜刼各寺廟的寶器，並囚禁伊西嘉穆錯。於是淸聖祖命年羹堯由成都出兵，皇十四子允禵由西寧出兵，於民國紀元前一百九十二年與準噶爾兵戰於青海西部，準噶爾兵大敗，逃回天山北路。淸兵乃把暫居西寧塔爾寺的噶爾藏嘉穆錯護送至西藏，西藏亦不信伊西嘉穆錯而歡迎噶爾藏嘉穆錯，淸聖祖乃頒發册印，承認噶爾藏嘉穆錯爲第六世達賴喇嘛。淸朝乃握有西藏全權，派蒙古兵二千駐防拉薩。

民國紀元前一百九十年，淸聖祖死。固始汗孫羅卜藏丹津勾結策妄拉布坦煽動青海各部起兵，遊牧喇嘛二十萬同時作亂。明年，淸世宗命年羹堯出兵征伐。又明年，岳鍾琪乘青草未生，出兵掩襲，羅卜藏丹津逃至準噶爾，青海亦被平定。固始汗後裔有一部分散居於賀蘭山以北一帶俗稱阿拉善蒙古的，亦於清世宗時歸服，衛拉特的和碩特部乃完全服屬於清朝。

和碩特部被略定後，準噶爾部聲勢大衰，清朝便積極設法把他征服。民國紀元前一百八十五年，策妄拉布坦死，其子噶爾丹策零立，驍勇好兵，盡如其父，屢次侵略附近各地。民國紀元前一百八十三年，清世宗乃命傅爾丹屯兵阿爾泰山東，明年築科布多城。民國紀元前一百八十一年，傅爾丹誤聽間諜的話，出兵襲擊準噶爾，至和通泊，被準噶爾擊敗。準噶爾乘勝攻喀爾喀，遇扎薩克圖汗部的『額駙』⑬策凌，大戰於光顯寺，準噶爾大敗，幾乎全軍覆滅。清世宗乃進封策凌爲超勇親王，使在扎薩圖汗部與土謝圖汗部之間，特建三音諾顏汗部，於是喀爾喀成爲四部。

民國紀元前一百六十七年，準噶爾噶爾丹策零死，內部大亂，相殺不止。輝特部長阿睦爾撒納擁立噶爾丹策零之孫達瓦齊，其亂乃平。不久達瓦齊又與阿睦爾撒納不和，阿睦爾撒納投降清朝。民國紀元前一百五十七年，清高宗乃出兵兩路攻入準噶爾，擒達瓦齊和羅卜藏丹津。清高宗想以輝特部，杜爾伯特部，和碩部和綽羅斯特部仍爲衛拉特四部，各封降人爲汗，使如喀爾喀之例，爲清朝外藩。阿睦爾撒納想兼統四部，反對清高祖的辦法。民國紀元前一百五十五年，清高宗使兆惠和成袞扎布兩路出兵攻阿睦爾撒納。其時衛拉特各部內訌甚烈，又逢天痘流行，阿睦爾撒納不能抵敵，逃入俄羅斯。不久，阿睦爾撒納因天痘身死，俄羅斯把他的屍體交還清朝，於是衛拉特全平。⑭衛特拉本有戶數二十餘萬人口六十餘萬，這一次因天痘而死的十分之四，因戰事和兵災而死的十分之三，逃入俄羅斯的十分之二，存留的不過十分之一，人稱爲『衛拉特的一浩刼。』清朝既定天山北路，乃於伊犂，烏魯木齊，塔爾巴哈臺等處各設滿兵駐防，並使漢兵屯糧。西北一帶，只有天山南路沒有平定了。

天山南路各城，是回紇遺民分布的地方，所以稱爲回部。噶爾丹奉達賴喇嘛之命出兵助白山派破黑山派，準噶爾的勢力乃擴大到回部。噶爾丹死後，策妄拉布坦又助黑山派攻白山派。白山派瑪罕木特想占據葉爾羌⑮自立，被策妄拉布坦擒獲，并將其二子和回民數千移至伊犂。長子名布羅尼特，次子名霍集古，即所謂大和卓木和小和卓木。民國紀元前一百五十七年，清兵平伊犂，大和卓木回至葉爾羌，小和卓木仍留在伊犂。後來小和卓木附和阿睦爾撒納，阿睦爾撒納敗，小和卓木逃至大和卓木處。清朝派人招撫，大小和卓木都叛。民國紀元前一百五十四年，兆惠由伊犂南征，因兵少被圍困。明年，清兵來救，方始解圍。而大小和卓木因用兵，稅斂甚重，回民漸漸厭惡他們。民國紀元前一百五十二年，兆惠富德再出兵，大小和卓木被殺，回部乃定。清朝的兵威，直達葱嶺以西。

蒙回藏都討平後，清兵又於民國紀元前一百四十三年收服緬甸⑯，一百二十三年收服安南⑰，一百二十年征服廓爾喀⑱。民國紀元前一百三十年，暹羅亦來朝貢。疆域之廣，東起鄂霍次克海，日本海，西過葱嶺至浩罕；北自恰克圖，南至南海暹羅灣和印度洋孟加拉灣；西北從巴爾喀什湖起，東南隔海直達臺灣，琉球都在屬下；雖不及蒙古大帝國，然亦遠過於漢唐了。

以上是清朝開拓邊疆的豐功偉烈，至於對內部的經營，則勘定苗族改土歸流一事，也很著勞績的。

苗族居住的地域，本在長江流域中部。後來漢族的勢力膨漲，他們乃不得不退至南嶺和橫斷山脈一帶。他們的語言風俗，都與漢族不同。這些苗族分布的地域，秦漢以來，雖亦設置郡縣，但是有名無實，行政上一向沒有完全統一。平時治苗，常用羈縻政策，往往仍他們的舊俗，就用他們的土酋爲地方官，聽他們世襲。元明以來的治苗政策乃進一步。元朝對於苗族酋長來朝的，命他們爲宣撫，宣慰，安撫，招討，長官諸土司，此外又有土府，土州，土縣，土巡檢，土吏目的，總稱爲『土官』，仍許子孫承襲，但必須請得朝廷的認可或任命，有違反朝廷命令或不稱職的，便把他們廢黜。遇有機會，便把土酋廢掉，改設普通的官吏，就是所謂『流官』。明朝仍用此法，而都不肯明白揭出『改土歸流』的標語。至清朝便老實不客氣標明改土歸流的政策，用兵力硬幹了。

民國紀元前一百八十六年，雲貴總督鄂爾泰奏明清朝道：『雲貴二省的大患，無如苗蠻。欲安民非先治苗，欲治苗非改土歸流不可！』清世宗批准了，特任鄂爾泰爲雲貴廣西三省總督，責成他治苗。鄂爾泰奉命之後，用總兵石禮，游擊哈元生，知府張廣泗等先後征闢『苗疆』⑲二三千里，勒令土酋繳前勅印和所藏軍械，不上三年，三省邊防大致就緒了。後來因繼任的人不善處理，苗人又於民國紀元前一百七十七年起而作亂。清世宗派哈元生，張照等去剿撫，久而無功。高宗即位，仍命張廣泗經略苗事，纔於民國紀元前一百七十四年，把作亂的苗人逼束到丹江都勻臺拱三縣㉒之間的牛皮大箐裏，一鼓盪平。這一次，一共燒燬苗寨一千二百餘座，殺戮得十分可慘。從此苗族的勢力大衰，土司的數目日漸減少。此後雖也曾發生變亂，但力量已弱，都是不久即平。所以直到現今，除雲南尚有土官百餘，廣西尚有土官二十外，其餘西南各省，都已沒有土司存在了。

❶即現今新彊省迪化縣地方。

❷亦作顧實汗。

❸西藏本分爲青海，喀木，衛藏西部。

❹現今新彊省塔城縣地方。

❺達賴喇嘛所屬的政務官官名。

❻固始汗已於民國紀元前二百五十八年死。

❼現今新彊省疏勒縣。

❽喀爾喀各部因內訌開會談判和解，會上喇嘛教蒙古首領哲布尊丹巴，呼圖克圖與達賴喇嘛的代表並席，因此被指爲不敬。

⑨車臣汗，土謝圖汗，和札薩克圖汗。

⑩在現今熱河省赤峯縣治東南。

⑪昭莫多，蒙古語謂大樹林，在庫倫之東。

⑫策妄阿布坦卽僧格之子。其父被殺時，他避居於吐魯番。吐魯番，現今新疆省吐魯番縣。

⑬就是尙公主的駙馬。

⑭被準噶爾部驅入俄羅斯的土爾扈特部，亦於民國紀元前一百四十年來歸服，清高宗仍使他們住在天山北路。

⑮現今新疆省莎車縣。

⑯這一年，清朝與緬甸議和，清朝封其酋長孟雲爲緬甸國王，並定十年一貢之例。

⑰這一年，清朝與安南議和，清朝封阮文惠爲安南國王。

⑱西藏之南的一個一個佛教國，就是唐朝的泥婆羅。

⑲貴州湖南廣西三省交界之處，爲苗族盤據之地，周圍三千里，環列苗寨一千三百餘，以古州（現今貴州省榕江縣爲中心，統稱苗族。

⑳都在貴州省內。

【研究問題】

達賴爲什麼要使噶爾丹回伊犂?

第巴桑結使噶爾丹攻殺達顏汗，除感情之外，還有其他作用嗎?

回教徒怎麼向達賴求救，而達賴怎麼居然也肯救他?

清聖祖爲什麼不於噶爾丹死後便攻入天山北路?

清聖祖封拉藏汗爲翊致恭順汗和送噶爾藏嘉穆錯入西藏含有什麼作用?

清朝爲什麼要收服青海西藏之後纔積極經略準噶爾?

爲什麼歷代治苗都用羈縻政策?爲什麼元明都實行改土歸流而不明?爲什麼清朝便又積極經略了呢?

略定苗族對於中國的前途有什麼關係?

爲什麼現今尙有土司存在?

第五十九章　清朝全盛時期的政績

清朝雖與元朝一般，同爲外族在中國建立的皇朝，然其政績比元朝要高明許多。倘看我們拋開了民族的成見來看，清朝的政績，豈但比元朝高明，簡直可以與漢，唐相提並論。他們雖是剛柔並用的對付漢人，然而除了維持其統治權存在的設施以外；對於中國的經濟，絕不像元朝一般的盡力搜括；對於中國的文化，絕不像元朝一般的任意摧殘。當其全盛時代，民生的康樂，遠勝於明朝。文化事業的提倡，和學術思想的發展，都有很好的成績。

清太祖努爾哈赤，還是以獷悍好殺的野蠻性習來打天下的。他對於漢人，十分虐待。擄獲了漢人，便分給滿人和蒙古人當奴隸。對於儒生，尤其痛恨，擄獲了大都殺害。太宗皇太極時，便改換政策，一變虐待漢人爲重視漢人。限制把擄獲的漢人當奴隸，又恐其受滿人的欺侮，使他們與滿人分區居住，另選漢人治理。他又知道漢族的文化程度較高，漢人很有許多人才可用。民國紀元前二百八十三年，舉行考試。下令凡儒生都可投考，現充滿人和蒙古人奴隸的，主人毋許阻撓。考取後，普通漢人賞給布帛，並免差徭；充奴隸的，准予自由平等。他竭誠的接受中國文化，開始用滿文翻譯中國的經史。凡此種種，都與他們後日的昌大，很有關係。

清兵入關的時候，雖有抄沒明朝皇族的田產和嚴厲執行薙髮易服等事，引起擾亂，演成慘劇。然於用兵之際，能毅斷然廢除明朝的苛稅，實在是難能而可貴的。明朝末年，財政的混亂，民生的凋敝，已達極點。國家對於人民的征稅，除正供的田賦之外，還有附加的『三餉』❶。這三餉的數目，比正供還多。睿親王多爾袞一至北京，便下令廢除三餉。又凡大兵經過的地方，都得酌量減免賦稅。北京附近屯駐兵隊的餉項，甚至於向其根據地滿洲提取帑銀開支。此種設施，一般人民是否受到實惠，雖不可知，而其絕對不搜括中國的財賦，於此可見。

世祖親征後，又切實清理田賦，定賦役全書，整頓會計，造會計清册，使國家收支都有明白的規定，經手的官吏無從濫取和浪用。這非但不搜括財賦，而且進一步注意國家預算，整理財政了。其時各處用兵，軍費浩繁，財政上入不敷出，乃竭力裁汰冗官冗兵，節減大臣俸餉，並另設其他彌補辦法，而不肯輕易加賦。這也是歷代政府所罕有，很值得稱美的。

世祖早死，聖祖繼立。八歲卽位，十六歲卽用計誅戮權臣鼇拜，發揮非常的才能，從此大展鴻圖。綜其一生事蹟，可算是中國歷史上第一流的賢明天子。爲人天資聰穎，性情豁達，樂於求學，勤於辦事。其樂於求學，並非以學問粉飾耳目，實有心於經世致用。每日命績學的大臣，入宮講學，不肯間斷。三藩亂時，軍事紛煩，有請隔日進講的，亦被駁斥不許。少年時熟讀四書五經，喜閱資治通鑑。其學問對於宋儒理學頗有根柢，並亦尊信科學，注重實驗；所以天文，地理，音律，歷法，算術等，多所通曉。辦事不辭勞苦，自言『前人往往說帝王應當注意大綱，不必兼管細事，我以爲不然；一事不謹，足以影響西海，一時不謹，足以影響千百世。所以我事事謹愼，不問大小，卽使奏章之內，有一訛字，必加改正，然後發出。』這話或者不免有幾分矯飾，然而他能勵精圖治，確是實在的。

最難得的，他對於個人自奉，力求節省，曾命大臣稽核宮廷費用，有無再可縮減之法；當時的大臣推爲三代以上所未有。他自稱『當時宮中費用，各宮合用，尚不及明朝妃嬪一宮之數；三十六年的開支，不及明宮一年的用度。』『明朝末年，宮中一日耗用萬餘金，今我交付內務府總管應付之銀，每月不過五六百兩，幷一切賞賜，亦不過千金。』又說：『所有巡狩行宮，不求華美，每處所費，不過一二萬兩。比較了河工每年經費三百餘萬兩，實不及百分之一。』這話亦或者不免有過情之處，而其力求節儉的精神，已屬不可多得。

他對於國家財政，向人民征取賦稅，也是力求寬厚。其時國家亂事漸平，軍費縮減，他便屢次蠲免租稅，並將各項附加細目，一應豁除，差不多減卻全國財賦三分之一。三藩削平之後，中國秩序大定，人民安居樂業，國家富力漸增，國庫收入也日漸加多。三藩未平以前，國家財政狀況還是入不敷出的。至民國紀元前二百零三年，庫藏裏就有了五千萬兩的儲蓄了。聖祖便主張藏富於民，下令於民國紀元前二百零一年起，三年之內，全國錢糧通行蠲免一次。明年，又通令以後征收錢糧，以民國紀元前二百零一年所收的定額爲標準，新生人丁永不加賦。這種辦法，對於國家經濟，雖非根本改善的政策，但也是中國歷史上少有的，或者也可算是專制時代所謂仁政的極則了。

然而這種寬厚的政治，在當時也不能行之而無弊。又兼聖祖晚年，因精力衰退，不免有所寬縱，於是政治界漸呈鬆懈不緊張的狀態。各省欠解錢糧的很多，也都沒有認眞追查過。世宗即位，就一變方針而以嚴肅爲治。首先從整頓財政入手，嚴查各省庫款，追繳欠解的錢糧。又以積極政策，講求國庫收入之法，向例地方官吏征收賦稅，於正額之外，都帶征火耗幾分，如現行的規費。世宗查出此中情弊很多，便下令將火耗化私爲公，以爲文官養廉金和地方公費之來源。又對於鹽課，關稅和捐納等，也都竭力整頓，因此國庫收入增加不少。國家財政，經此一番清理，基礎更加鞏固了。一時國庫餘欵，會積至六千萬兩。末年雖因用兵消耗，但在高宗初卽位時，仍存有二千四百萬兩。至於世宗的用財，亦是十分節儉。在位十三年，個人享樂毫不講究，從未建造離宮別館一所，以供玩賞。做皇帝的自奉如此儉約，對國家財政又能嚴查會計，擴充收入，國帑的豐盈，那是自然的結果。

世宗的治法，是以嚴明爲方針的。對官吏上自督撫大員，下至州縣小吏，都有剴切的告誡，嚴密的糾察，所以百官都能小心謹愼的辦理政事。他竭力集中大權於一人，嚴防權臣的蒙蔽。創設軍機處，命親信的大臣爲軍機大臣，以分內閣之權；並漸漸提高其地位，使成爲國家唯一最高之統治機關。又設奏事處，令奏事的不必盡由通政司，機要事情，並許直達御前。然因擴充君權，力求嚴明，乃不免矯枉過正。世宗很喜歡私行察訪，各處都派有密探和間諜，以爲耳目因此朝臣都慄慄危懼，誠恐有不測之禍。其影響使官吏的品格跌落，到後來全剩了一班奉承顏色的小人，很少正色立朝的君子；因此政治上的成就乃不能及聖祖的遠大。

世宗死後，高宗繼立，清朝的國運便到了盛極而衰的轉機，高宗處處想模仿聖祖，但不能學聖祖的克勤克儉，以至流於奢靡和虛飾。又想模仿世宗的明察，時時以不測的恩威對付朝臣，但其才具不及世祖，以致受小人的欺蒙。高宗本不能算是昏庸，而其政績如此，這也是受其處境豐足安樂的影響。於此更可見皇帝專制制度的根本弱點了！

然高宗亦非一無可取，其盡力於文化事業，成績亦不讓於聖祖世宗。這三朝是淸朝文運鼎盛的時代，特開詞科，招攬名士，廣求遺書，勅撰巨籍，都是於當時的學術思想大有裨益的。究其用心，雖亦爲着牢籠漢族的優秀分子，消弭反動勢力起見，但與摧殘文化的元朝相比，畢竟高明多了。

淸初的學者，反滿洲的傾向很厲害。世祖末年和聖祖初年，曾用高壓政策，而結果反使漢人反抗的氣燄增高。聖祖親政之後，乃改取懷柔政策，於民國紀元前二百三十四年，開博學弘儒科，命在京三品以上及科道官❷，在外總督巡撫及布政使按察使等各就所知的薦舉。明年將內外所薦的一百四十三人，召集考試，取彭孫遹等五十人，都授爲翰林官，使他們纂修明史。當時第一流的學者如黃宗義顧炎武等雖咬定不就，而湯斌朱彝尊等名士卻已紛紛入彀了。

聖祖又命所延攬的名士，先後編成佩文韻府，淵鑑類函，數理精蘊，歷象考成，音韻闡微，康熙字典，韻府拾遺，駢字類編，分類字錦，子史精華等書數十種，於是將進學術的聲名已立，無形中把漢人排滿的氣燄平息了不少。世宗時，沿襲聖祖成規，輯古今圖書集成一萬卷，爲中國空前的巨著。

高宗卽位，步聖祖後塵，於民國紀元前一百七十六年再開博學鴻詞科❸。又陸續編成三禮義疏，明史，通鑑輯覽，皇朝通典，皇朝通志，皇朝通考，律呂正義，大清一統志等，出版的卷帙，比聖祖時超出一倍以上。

民國紀元前一百三十九年，又特開四庫全書館，乘財力充裕的機會，網羅古今已刊未刊之書，勒成一部。命紀昀爲總纂官，參與校勘的，如戴震王懷祖等，都是一時績學名士。民國紀元前一百三十年，全書告成，總計存書三千四百五十七部，七萬九千零七十卷；存目六千七百六十六部，九萬三千五百五十六卷。前後繕寫七分，貯藏七處：造文淵閣於北京紫禁城，造文源閣於圓明園，造文溯閣於奉天，造文津閣於熱河，是爲內廷四閣；造文匯閣於揚州之大觀堂，造文宗閣於鎭江金山寺，造文瀾閣於杭州西湖聖因寺，是爲江浙三閣。七閣之中，現今惟有文淵文溯文津三閣的書還算完好，文瀾閣的已有散失，其餘完全被兵火所燬了。這四庫全書編選的時候，對於那一部應存書的，那一部應存目的，去取方面，未必完全精當，而有許多緊要的書籍，也許沒有編入。但其規模之大，總算是空前，而且也是絕後，於文化的保存，其價値實在不小。可惜在另一方面，又大興文字之獄，焚燬許多書籍，終究露了他們的盡力文化事業是別有作用的馬脚。自世祖至高宗，文字之獄每朝都有，往往因一二字稍有可疑，便尋根究柢的株連開去，造成大獄。結果已死的人也要戮尸，而且貽禍及其子孫。一時被親友拖累或處分較輕的案子，更是指不勝屈，而且也不足爲奇了。焚書事件，起於民國紀元前一百三十八年，至民國紀元前一百二十四年尚未終止。計焚書二十四次，書五百三十八種，一萬三千八百六十二部。爲了文字獄，不知冤殺了多少有用的人才；自經焚書後，不知喪失了多少有用的書籍，這是中國的一大損失！而漢人的排滿思想，卻不因此消滅，反而成了後來排滿運動絕好的口實。站在統治地位而喜歡用高壓手段的，看了這個榜樣，也應該有所感悟了！

❶即遼餉剿餉練餉三項。

❷當時都察院衙內中設吏戶禮兵刑工六科給事中，及京畿遼瀋等各道監察御史，統稱科道官。

❸因高宗名弘曆，在專制時代皇帝御名應避諱，乃改弘儒爲鴻詞。

【研究問題】

清太宗優待漢人，起用漢人，接受中國文化，與後日清朝的光大有什麼關係？

清兵入關時，廢除苛稅，在當時有什麼作用？

怎麼說減免賦稅不是改善國家經濟的根本政策？

清世宗的明察爲治，對於當時的政治有什麼利害？

爲什麼清高宗受了處境豐樂的影響，其政績便不好？

清聖祖用懷柔政策招攬人才，爲什麼第一流的學者不肯就？

聖祖世宗高宗爲什麼要勅撰大部書籍？

文字獄是怎樣發生的？何以弄成這樣的慘酷？

清高宗爲什麼要焚書？與編四庫全書有什麼關係？

第六十章　清初的學者和學術思想

滿洲人入關建立清朝，在當時是突如其來的一大變故，全社會都受着劇烈的震動。學術思想界恰當理學的末流，也就從這劇烈的震動之中湧現了一個新的時代。

理學到明朝末年，無論朱學或陸學，都已顯露破綻，不是迂闊，便是空疏；再夾着政治上的影響，在黨派傾軋的潮流中，把學術界和一般社會，鬧成一種烏烟瘴氣的樣子。忽然起了一羣東奔西竄的流寇，把明朝鬧翻了，而野心勃勃滿洲人便闖進關來收拾起這大好河山，做了中國的皇帝；於是志氣清明的學者們禁不住直跳起來，想做一番旋乾轉坤的事業。他們覺得已往的空談明心見性的學術和學風，應負這蠻夷猾夏的責任。他們覺得眼前的境地不宜談學問，應該做實事。他們便奮然而起，領導着願爲民族犧牲的大多數民衆，不顧一切的與氣燄方張的外族人的新朝相對抗。江南一帶爲薙髮問題而起的民兵，是他們鼓舞起來的。唐王魯王的在浙閩沿海掙扎，永曆帝的在西南奮鬬，是他們發動主持的。他們全憑一片血誠，赤手空拳的要爲民族爭光，堅苦卓絕的支撐了幾十年，不幸都遭慘敗，給後人永遠的景仰和紀念。

這班充滿着民族反抗精神的學者，本想奮力把外族驅出中國，痛痛快快的一洗以前空談明心見性的惡風，切切實實的趕起經世致用的實學，以建設新的中國。他們把半生生涯送在悲慘困苦的政治活動中，爲政治而做學問，以爲建設的準備。到政治完全絕望，不得已纔再回到學者的原地位。其中奮鬬而死的很多，如黃道周，張煌言，王翊，瞿式耜等。賸下生存的如黃宗羲，顧炎武，王夫之等不甘無聲無臭的苟活着，便都來把他們所主張的經世實用之學，依舊從談學問的老路上，樹立起新的學風，以冀收將來的效果。現在把黃宗羲，顧炎武，王夫之的行略和思想的大概敘述如下。

黃宗羲號梨洲，浙江餘姚人。民國紀元前三百零二年生，他的父親是東林名士，被魏忠賢所害。他從小有志爲父復仇，曾上書明思宗訴冤。魏忠賢死後，他的聲望漸高，隱然爲東林子弟的領袖。明亡後，他在浙東起義兵抵抗清軍。不幸失敗，逃入四明山寨，把餘兵交給王翊，自己跟着魯王在舟山，和張煌言等計劃軍事，祕密往來內地，有所布置。清朝屢次指名捕他，因此年年在患難之中。後來清兵鎭定南方，乃無意於政治活動，從事著作事業。其後在浙東講學，從者頗多。清聖祖徵求博學弘儒，許多人要薦他，他的門弟子恐反因此促其自殺，竭力勸止。又久，清朝又要請他去編明史，他力辭不去。至民國紀元前二百十七年去世，年八十五歲。他的著作，有一部明夷待訪錄，其中原君原法等篇含有民主主義的精神很富。對於三千年專制政治的思想，爲極大膽的反抗。關於『主張凡能耕田的皆有田可耕，』和『廢止金銀貨幣』的議論，尤其警拔。所著宋元學案和明儒學案，在學術上尤有千古不磨的功績。此外的重要著作，如易學象數論和授書隨筆，都是於清朝經學極有關係的書本❶。

顧炎武，江蘇崑山人，學者稱爲亭林先生。民國紀元前二百九十九年生。他本是江南有名富戶的世家子弟。他少年便留心經世之學，最喜歡抄書。徧覽二十一史，明朝十三朝實錄，天下圖經等書，見有關於民生利害的記載，卽便錄出，分類研究，著天下郡國利病書。書未成而明亡。清兵下江南，他糾集同志起義兵守吳江，失敗後，他的朋友死了好幾位，他幸而逃脫。他的母親從崑山城破之日起，絕食二十七日而死，遺命不許他在滿洲政府裏辦事。這個熱烈激刺的致訓，[illegible]配了他一生的行爲。他血心的要設法反抗滿清，一生東奔西走，到老也不肯安居一日，唐王在福州，曾授他官職，因路遠未去。他看定東南的形勢無法進取，便決然遊歷北方，想通觀形勢，陰結豪傑，以謀光復。他善於理財，一身飄零在外，無困乏之時。每到一地，他認爲有注意價値的，便在那裏墾田。墾好了，交給他的朋友和門生，自己再到別處去。江北的淮安，山東的章邱，山西雁門之北，臺之東，都有他墾田的遺跡。據說山西的票號是由他創辦的。後人依其所定的組織規則，繼續經營遂成爲二百餘年的金融中心。這就可見他絕對不是一個空談學問的書獃子。他旅行時，常帶着應用的書籍，逢到險要地方，使找些老兵退卒，問長問短。倘有疑惑，便就地打開書來對勘。他晚年因陝西華陰形勢最好，定居在那裏。他在山東曾因文字獄被拘，入獄半年。他一生所遇的險難，比黃宗羲平穩得多。聖祖徵求博學弘儒和開明史館，都曾請到他，他都抵死不從。至民國紀元前二百三十年去世，年七十歲。他把『行己有恥，博學於文』二語，爲做人求學的標準。他反對宋明以來談心說性的學風，主張做學問要用客觀的工夫，講求事物條理，愈詳博愈好。他自少至老，無一日不在讀書中。他讀書並非專讀古書，最注意當時的記錄。又不徒向書籍中討生活，而最重實地調查。

一部日知錄，便是他的學問心得的總賬，也可算他平生最得意之作；每門類所說的話，都給後人開分科研究的途徑。後來因政治環境的關係，天下郡國利病書和日知錄二書中，所載關於經世實用的學問，都傳布不廣，影響不大。其精勤搜求資料的求學方法，則開後來古典考證的風氣。他的學問方面極多，尤精音韻和金石，所著音學五書和金石文字記都是極有價值的書。清朝音韻學金石學極盛，大半由他提倡出來的。此外尚關於地理的著作，對於後來的影響亦很大。

王夫之，湖南衡陽人，學者稱爲船山先生。民國紀元前二百九十三年生。張獻忠蹂躪湖南時，他因爲不肯從賊，幾乎把性命送掉。清兵下湖南，他在衡山起義兵反抗。失敗後逃至桂林，很受瞿式耜的敬重，被薦至永曆帝朝中作官。後因母病回衡陽，而瞿式耜在桂林死難。他見大事不可爲，從此不再出山。當時清朝嚴令薙髮，不從的便當死。他誓死抵抗，避居苗猺山洞中，吃盡辛苦。到處拾些破紙或爛賬簿之類當著作的稿紙。民國紀元前二百二十年去世，年七十四歲。生平著作極多，因不交當世名士，不開門講學，二百年來幾乎沒有人知道。直到清宣宗時有人發見了他的遺書，蒐集起來，編成一張書目，方始引起學術界的注意。穆宗時，纔有人刊印船山遺著，共七十七種，二百五十卷，此外未刊的和已散失的還不少。其學說偏在哲理一方面。其著作最爲一般社會歡迎的，是他的讀通鑑論和宋論，也是有主義有組織的有價值書本。

這些遺老大師固因政治絕望而退修學問了，但清朝既大吃其虧，到全國粗定的時候，便要放出高壓手段來出一口氣，這就是文字獄的起因。原來滿洲入中國，覺得對付中國的軍人沒有多大的困難，而這一班文人，不料竟這樣的難馭；等到力征經營成功之後，對於這種反動的文人，自然要特別摧殘了。當時中國人文淵藪的江浙兩省，受壓迫最深。民國紀元前二百四十九年的湖州莊氏明史案中，一時知名之士，牽連被難的，有七十餘人之多。然而這種政策，徒然助長了漢人反抗的氣燄，結果毫無成效。恰當其時，豁達大度的清聖祖親政了，清朝乃大變其對漢政策，尤其注意於籠絡文人名士。

清聖祖的自己勤於學問，對於當時的學術界，也有很大的影響。他對於學問也有多方面的趣味，喜歡研究宋儒的理學，也很注意西洋的科學。他對於美術和文學，都有相當的賞鑑能力。在專制政體之下，君主對於全國的影響很大，所以他當然成爲當時學術界極有關係的人物。

此後，明末的遺老大師大半凋謝了。後起的學者，其反滿洲的傾向，也因時局關係，漸漸和緩。而且國內亂事漸平，社會秩序漸安，又逢着這樣注意學問的皇帝當國，學術界很有自由發展的餘地。於是清初各大師大刀闊斧打開的局面，此時乃走入健實而有條理的境界。其時學術重要潮流，約分四支：一派是專門治經考古的，以閻若璩胡渭爲領袖；一派是專門研究歷算的，以梅文鼎王錫闡爲領袖；一派是改進的理學，以陸世儀陸隴其爲領袖；一派是專講做實事，主張研究兵農身習六藝的，以顏元李塨爲領袖。

聖祖死後，政局一變。西洋科學的大本營耶穌會，因受政局的影響和內部的問題❷不能立足，學術界研究歷算的一派，乃大受頓挫，不能發展。改進的理學，也受清初所遺留「反宋學」運動的影響，爲時代思潮所不容而衰歇。專講做實事的一派，在當時的政治環境中也不適於存在。世宗大興文字獄，御著大義覺迷錄，干涉學者的思想自由。高宗繼立，接着發布焚書之令。於是學術界的潮流，只有傾注到治經考古的一路上，所謂「漢學」便應運大興。

漢學家的治經考古，雖是算不得經世實用的學問，然也是站在反對談心說性的宋學的大旂之下的。他們爲着要壓倒宋儒，便以『去古不遠』的牌子竭力抬舉漢儒。漢學之名，也便因此成立。他們爲漢儒的學問比較的不失古義，所以主張非兩漢以上的書不讀。因爲要讀兩漢以上的古書，所以對於文字學，訓詁學，校勘學，考訂學❸都下極深的研究工夫。恰好那時清高宗開四庫全書館，漢學家得到了這個機會，便占爲大本營而努力推廣其勢力。四庫全書館中對於存書的，每種都替他作一篇提要，編成一部四庫提要，就是漢學思想的結晶體。漢學家得此好機會，苦心經營，乃將宋，元，明以來的理學勢力打敗，占領學術思想的中堅地位。

漢學大興的時候，學者約可分爲二派。一派以信古爲標幟，以惠棟爲中心，叫做吳派。一派以求是爲標幟，以戴震爲中心，叫做皖派。這分法是從他們各個人的學風和地域區別的，其實共同之點甚多。他們做學問的方法，與近世科學的研究法極相近。他們所做的工作，方面很多。最重要的，是把從前亡佚的經說搜輯出來；漢人的傳注有不明白的，大都補做新注新疏。原來他們講究的那套治學工夫，眞是整理古書，了解古人的切要手段。因此，不但經學昌明，突過前人；而且對於各種子書和史學方面，都有極大的成績，供獻給當時，遺留給後世。中葉以後，又有今文之學。曾信西漢經師舊聞倡言託古改制，影響到政治方面去便成了戊戌變法。

❶後來閻若璩胡渭的開創治經考古一派學問，就以這兩部書爲淵源。

❷世宗的繼立，在當時的諸皇子中很有一番爭鬬；據說耶穌會黨附世宗的敵派，世宗獲勝，耶穌會勢力遂一敗塗地。事前，歐洲的羅馬教皇下令禁止中國教徒拜祭祖先，引起中國人的反感，傳教事業已大受頓挫。

❸文字學包括字音的變遷，文字的假借通轉等等。訓詁學是用科學的方法，客觀的證據，來解釋古書文字的意義。校勘學是用科學的方法來校正古書文字的錯誤。攷訂學是考定古書的眞僞，古書的著者，及一切關於著者的問題學問。

【研究問題】

王夫之的著作爲什麼讀通鑑論和宋論最受人歡迎？

顧炎武的治學方法有什麼優點？

黃宗羲的學術思想，怎樣會與後世的民主主義暗合？

爲什麼談心說性的學術，應負中國陷入外族統治之下的責任？

理學對於明末的政治和社會，曾發生什麼影響？

為什麼明末的軍人不如文人的難馭？

由經世實用之學的提倡轉到治經考古的漢學風行，在學術上是好現象嗎？為什麼？

漢學的盛行，對於中國學術有什麼影響？

為什麼漢學直至今日還不曾破產？

本册大事年表

民國紀元前	大事
九五三	後周世宗伐遼取瀛莫易三州，置雄霸二州。
九五二	陳橋兵變，趙匡胤爲皇帝，是爲宋太祖。
九五一	宋太祖『杯酒釋兵權』。
九三三	宋太宗滅北漢，乘勝攻遼，取順薊二州圍幽州，大敗於高粱河。
九三〇	西夏李繼捧獻銀夏綏宥四州。其弟李繼遷叛走地斤澤。
九二七	李繼遷襲據銀州。
九二六	宋太宗伐遼，不利。
	李繼遷降遼。
九二四	宋太宗命李繼捧爲定難節度使，賜姓名趙保忠。
九二一	李繼遷請降，宋太宗命他爲銀州觀察使，賜姓名趙保吉。
	趙保忠叛宋降遼，遼封爲西平王。

年	事
九一八	趙保吉叛宋攻麟州，宋削其所賜姓名。
	宋派兵入夏州擒趙保忠。
九一七	李繼遷使張浦獻橐駝良馬，宋太宗命他爲鄜州節度使，不受。
九一六	宋太宗討李繼遷，不利。
九一五	李繼遷請降，宋眞宗命他爲定難節度使，復姓名趙保吉。
九一四	遼聖宗攻宋至澶州，分兵攻掠山東，宋眞宗引兵至大名，遼兵退。
九一〇	趙保吉攻佔靈州改稱西平府，以爲根據地。
九〇九	趙保吉攻取西涼府，被吐蕃人潘羅支攻殺，其子趙德明繼立。
九〇八	遼聖宗與蕭太后攻宋，至澶州。宋宰相寇準奉眞宗親征。遼請和，結澶淵之盟。
九〇六	趙德明請降，宋眞宗命他爲定難節度使。
九〇四	遼封趙德明爲大夏國王，趙德明對宋遼都稱服從。
八八〇	趙德明死，子趙元昊繼立。
八七八	趙元昊叛宋，攻環慶路。
八七四	趙元昊在夏州稱皇帝。

八七一	趙元昊攻渭州，宋將任福戰死於好水川。
八七〇	遼興宗派人向宋要求割地，宋仁宗派富弼去交涉。
八六九	趙元昊請和。
八六八	宋夏和議成立。宋封趙元昊爲夏國王。
八四三	宋神宗用王安石爲宰相。
	王安石創立制置三司條例司，推行新法。
八三六	王安石免職。
八二七	宋神宗死，哲宗立，太皇太后當國，用司馬光爲宰相，盡廢新法。
八一八	宋哲宗用章惇爲宰相，再行新法。
八一二	宋哲宗死，向太后當國，舊黨活動。
八〇九	宋徽宗用蔡京爲宰相。
七九八	女眞完顏阿骨打借端起兵攻遼，取寧江州。
七九七	完顏阿骨打稱皇帝，國號曰金，是爲金太祖。
七九六	金太祖攻取遼國的東京。

七九四	宋使馬政與金通好，請與滅遼之後，將後晉割讓給遼國之地還宋。
七九二	金太祖攻破遼國的上京。
七九〇	金太祖攻破遼國的中京西京，並代宋朝攻取燕京。遼國五京皆破。
七八九	金太祖死，太宗吳乞買立。
	宋金第一次和議成立。
七八七	金太宗命粘沒喝斡离不兩路攻宋。
七八六	遼天祚帝被金人捕獲，遼國亡。
	遼遺族耶律大石建西遼國於阿母河流域。
七八六	宋金第二次和議成立。
	宋金決裂，金兵攻破汴京。
七八五	金兵擄宋徽宗欽宗北去。
	宋康王趙構在南京卽皇帝位，是爲南宋高宗。
七八三	金國立劉豫爲齊帝。
七七七	金太宗派兵伐蒙古。

七七五	金國廢齊帝劉豫。
七七四	南宋定都臨安。
七七三	金國伐蒙古的兵，因糧盡而還，蒙古出兵追擊，金兵大敗。
七七一	宋金第三次和議成立，宋向金稱臣。宋宰相秦檜害死岳飛。
七六五	金與蒙古議和。
	蒙古開始建國，其酋長自稱皇帝。
七五二	金海陵王完顏亮攻宋，因內部變亂死於瓜州，金兵退走。
七四七	宋金第四次和議成立，改君臣關係爲叔姪關係。
七一一	西遼國被乃蠻攻滅。
七〇六	宋宰相韓侂胄出兵攻金大敗。
	蒙古鐵木眞大會各部族於斡難河上源，被推爲成吉思汗。
七〇五	宋金第五次和議成立。
七〇三	成吉思汗出兵攻金。
七〇一	成吉思汗攻取金國的西京。

六九九	成吉思汗攻金，圍燕京。
六九八	蒙古與金議和，金國將宗室之女嫁成吉思汗。蒙古兵退出居庸關。
六九七	蒙古攻破金國的燕京。
六九三	成吉思汗伐西域花剌子模國。
六八六	成吉思汗伐西夏。
六八五	西夏王李睍投降蒙古，西夏亡。
	成吉思汗死於六盤山。
六八三	成吉思汗第三子窩闊台被推爲大汗，是爲蒙古太宗。
六八〇	蒙古太宗攻金國，圍汴京。
六七九	宋約蒙古夾攻金國宋兵蒙古兵合圍蔡州。
六七八	蔡州城破，金哀宗死，金亡。
六七七	蒙古太宗發兵五十萬西征，入歐洲。
六七一	蒙古太宗死。
	蒙古西征軍自歐洲被召回。

六六一	蒙古太宗的姪兒蒙哥被推為大汗，是為憲宗。
六五五	蒙古憲宗出兵攻宋。
六五三	蒙古憲宗率兵圍合州，死於合州城下，蒙古兵退。
六五二	蒙古憲宗之弟忽必烈在開平自立，是為世祖。
六四八	蒙古世祖遷都燕京。
六四四	蒙古出兵，圍攻襄陽。
六四一	蒙古改國號曰元。
六三八	元世祖使伯顏攻宋。
六三六	元兵攻破宋京臨安，宋恭帝被擄，端宗立於福州。
六三四	宋端宗死於𥕢州，衛王趙昺繼立，退居厓山。
六三三	元兵破厓山，陸秀夫負宋帝趙昺投海死，宋亡。
五七九	元仁宗參酌中國習慣，仿行科舉。
五六四	方國珍起兵。
五六一	劉福通李二徐壽輝起兵。

五六〇	元丞相脫脫大破李二於徐州。
	郭子興起兵。
五五九	張士誠起兵。
	元丞相脫脫大敗張士誠，圍高郵。
	元丞相脫脫被哈麻排擠死於雲南。
五五七	朱元璋攻取和州滁州。
五五六	朱元璋攻取集慶路，以爲根據地，改名應天府。
五五二	陳友諒殺徐壽輝據江西湖廣，建漢國，自稱皇帝。
五四九	朱元璋與陳友諒大戰於鄱陽湖，陳友諒敗死。
五四五	朱元璋攻破平江府，擒張士誠。
	朱元璋發兵二十五萬北伐。
	方國珍投降朱元璋。
五四四	朱元璋在應天府卽皇帝位，定國號曰明，是爲明太祖，
	明兵攻至通州，元順帝逃出居庸關。

五四二	明太祖派兵出居庸關，攻應昌，擒元順帝孫買的八刺。
五四一	明太祖派兵平四川，明玉珍之子明昇投降。
五三一	明太祖派兵平雲南，元梁王把匝刺瓦爾密敗死。
五二五	明太祖派兵平遼東，元朝遺臣納哈出投降。
五一四	明太祖死，太孫朱允炆繼立，是爲惠帝。
五一〇	燕王朱棣的靖難軍攻入應天府，惠帝下落不明。燕王卽皇帝位，是爲明成祖。
五〇七	明成祖命中官鄭和出洋招諭各番國。
五〇四	鄭和二次奉命出洋。
五〇〇	鄭和三次奉命出洋。
四九六	鄭和四次奉命出洋。
四九一	明成祖遷都順天府，以應天府爲南京。
四九一	鄭和五次奉命出洋。
四八八	鄭和六次奉命出洋。
四八二	鄭和七次奉命出洋。

四六三	瓦剌也先攻明至大同，明英宗親征，在土木堡被擄。
四六一	也先殺韃靼可汗脫脫不花，自立為田盛可汗。
四五八	也先被其部下阿剌攻殺。
四五五	英宗復辟。
四四二	成吉思汗後裔巴圖蒙克自立為達延可汗。
四二六	葡萄牙人地亞士沿非洲西岸航海至好望角。
四二〇	哥倫布得西班牙女王的資助，發見美洲新大陸。
四一四	葡萄牙人達伽瑪繞過好望角直航至印度西岸的古里。
三九五	葡萄牙商人至廣東要求通商。
三九三	麥哲倫得西班牙政府的資助，渡大西洋，繞美洲南端的麥哲倫海峽至斐律賓。
三六二	俺答攻入中國，在北京附近大掠而去。
三六〇	耶穌會東方布教長方濟各到中國來，行至廣東上川島而死。
三五三	俺答出兵攻青海，漠南和西藏交通，喇嘛教傳至漠南。
三四九	俞大猷、戚繼光討平倭寇。

	葡萄牙人租借澳門爲貿易根據地。
三四二	俺答請和，明穆宗封俺答爲順義王。
三四一	西班牙建馬尼剌城於斐律賓爲貿易根據地。
三三二	利瑪竇至中國。
三二四	滿洲努爾哈赤崛起，統一滿洲五部。
三二〇	日本豐臣秀吉出兵攻朝鮮，朝鮮王向明朝求援，明神宗派兵去救，不利。
三一九	努爾哈赤打敗扈倫等九部聯軍。
三一四	日本退兵，朝鮮事件了結。
三一二	利瑪竇至北京。
三〇二	利瑪竇死於北京，南京排教運動大盛。
二九六	明神宗下令，驅除耶穌會教士。
	努爾哈赤自稱金可汗。
二九四	努爾哈赤以「七大恨」爲名起兵攻明。
二九一	努爾哈赤攻取瀋陽遼陽。

	努爾哈赤從赫圖阿拉遷都遼陽。
	明遼東都司毛文龍用水軍攻據鴨綠江口，占皮島，滿洲大受威脅。
二九〇	明熹宗派人往澳門請耶穌會教士製造銃礮。
二八七	明宦官魏忠賢大殺東林黨人楊漣左光斗等。
二八六	努爾哈赤遷都瀋陽。
	努爾哈赤攻寧遠城，受傷身死。
二八五	努爾哈赤第四子皇太極繼立為金可汗。
	皇太極攻寧遠錦州，不利。
二八四	蒙古喀喇沁各部與皇太極會盟，合力攻察哈爾。
	明將袁崇煥誘殺毛文龍。
	陝西大饑荒，饑民變為流寇。
二八三	皇太極引兵抄入龍井關攻掠北京附近。
二八一	察哈爾林丹汗出兵西喇木倫河源。
	皇太極攻明破大淩河城。

	毛文龍部將孔有德等反，占據登州。
二八〇	皇太極大會蒙古歸附各部，攻林丹汗，林丹汗逃至青海病死。
二七八	孔有德等投降皇太極。
	明將陳奇瑜圍剿流寇，流寇入車箱峽，投降後又逃散。
二七七	流寇李自成等十三家七十二營大會於滎陽。
二七六	金可汗皇太極稱皇帝，改國號曰清，是爲清太宗。
	流寇高迎祥被陝西巡撫孫傳庭擒殺。李自成入甘肅。張獻忠投降左良玉。
二七五	清太宗伐朝鮮，朝鮮屈服。
	孔有德等爲清國攻取皮島。
二七四	清太宗攻明，圍北京。
	張獻忠又叛，李自成竄至河南。
二七三	林丹汗子額哲投降皇太極。
二七一	清太宗攻錦州，破外城。
	耶穌會教士湯若望編製新歷完成，進呈明思宗。

	李自成攻破洛陽開封。
二七〇	清兵攻破松山，錦州亦降。
	衞拉特和碩特部固始汗侵占喀木衞藏，統一西藏。
二六九	李自成破潼關入西安。
	張獻忠在武昌稱王。
	清太宗死，睿親王多爾袞擁立太宗第三子福臨，是爲清世祖。
六八	李自成稱新順王攻入北京，明思宗自殺。
	明遼東總兵吳三桂請清兵入關，攻李自成，李自成逃回西安。
	張獻忠入川。
	明福王朱由崧被擁立於南京。
六七	清世祖下令廢止大統曆，頒行時憲曆。
	清兵破南京，福王逃至蕪湖被擒殺。
	清朝嚴令漢人薙髮，江南民兵紛起，不久卽被滅，江陰嘉定等處大遭屠殺。
	明魯王朱以海被擁立於紹興，稱監國。

	明唐王朱聿鍵被擁立於福州。
卅	李自成逃至通城，被鄉民所殺。
二六六	清兵渡錢塘江攻魯王，魯王逃至舟山。
	清兵入仙霞關攻唐王，唐王被擒殺。
	明桂王朱由榔被擁立於肇慶，是爲永曆帝。
	張獻忠被清兵擒殺。
二六二	清兵破桂林，永曆帝退至南寧。
	俄羅斯遠征隊佔取雅克薩城。
二六一	清兵攻破四明山寨和舟山，魯王至廈門依鄭成功。
二五六	永曆帝至雲南。
二五四	鄭成功受永曆帝封爲延平郡王。
	清、古塔章京沙爾瑚達攻殺俄羅斯遠征隊斯特巴諾。
	俄羅斯葉尼塞知事泊西庫瑚築尼布楚城。
二五三	永曆帝退至緬甸。

	鄭成功攻浙江江南，直至南京。
二五二	鄭成功據台灣。
二五一	吳三桂出兵逼緬甸交出永曆帝。
二五〇	吳三桂殺害永曆帝。
	鄭成功死，其子鄭經繼立。
二四三	耶穌會教士南懷仁被任爲欽天監監正。
二三九	吳三桂起兵反清。
二三五	準噶爾部噶爾丹攻殺和碩特部達顏汗。
二三四	清聖祖命大臣薦舉博學弘儒。
	吳三桂在衡州稱皇帝，不久便死，其孫吳世璠繼立。
	噶爾丹平回部，立阿巴克爲喀什噶爾汗。
二三一	清兵攻入雲南，吳世璠自殺。
	鄭經死，次子克塽繼立，內部大亂。
二三〇	西藏五世達賴死，第巴桑結祕不發喪。

	清聖祖準備用武力對付黑龍江沿岸的俄羅斯遠征隊。
二二九	鄭成功降將施琅為清國攻入臺灣。
二二七	清聖祖命薩布素攻雅克薩城，俄羅斯人退走，清兵毀雅克薩城。
二二六	薩布素再攻雅克薩城。
二二四	噶爾丹攻入喀爾喀。
二二三	尼布楚條約成立。
二二二	噶爾丹攻清兵至烏蘭布通，被清兵打敗，退至科布多。
二一六	清聖祖親征噶爾丹，噶爾丹大敗。
二一五	清聖祖再征噶爾丹，噶爾丹自殺。
二〇七	和碩特固始汗的孫兒拉藏汗攻殺第巴桑結。
二〇一	清聖祖下令自本年起，三年之內，全國錢糧通行蠲免一周。
一九六	準噶爾策妄拉布坦攻殺和碩特拉藏汗。
一九二	清兵護送六世達賴由西寧入西藏。

一九〇	清聖祖下令驅逐俄羅斯人，並斷絕通商。
	青海遊牧喇嘛作亂。
一八八	清兵平青海。
一八六	雲貴總督鄂爾泰奏請厲行改　歸流，清世宗特命鄂爾泰爲雲貴廣西三省總督專任治苗。
一八五	恰克圖條約成立。
一八一	清兵被準噶爾兵打敗。
	札薩克圖汗部額駙策凌大破準噶爾。
一七六	清高宗開博學鴻詞科。
一七四	張廣泗蕩平苗亂。
一五七	清兵攻破伊犂，準噶爾平。
一五二	清兵平回部。
一四三	清兵收服緬甸。
一三九	清高宗開四庫全書館。
一三八	清高宗頒布禁書令。

一二〇	暹羅入貢。
	四庫全書輯成。
一二三	清兵收服安南。
一三〇	清兵征服廓爾喀。

韋休編
朱中翰校

中國史話（四）

中華民國二十年九月初版

中國史話第四冊

目次

中國史話（原名中國的故事）

第六十一章　清朝衰落的開始

滿清本是中國東北的一種半開化民族，當中國衰亂的時候，接連出了幾個豪傑之主，碰到絕好的機會，闖入山海關，在中國建立了大一統的皇朝，力征經營，居然十分昌盛。但是皇帝專制的國家，總是逃不掉盛極而衰的循環之路的；所以清朝經過了聖祖（康熙）世宗（雍正）的鼎盛時期，傳到高宗（乾隆），便轉入衰替時期，到仁宗（嘉慶）以後，國家勢力便一步一步的墮落下去了。一個皇朝的衰亡，本不算什麼一回事；可是清朝因國勢衰退而開始崩壞，適逢列強帝國主義者開拓殖民地到東方競爭劇烈的時候。其結果，中國便隨着清朝的崩壞，陷入受帝國主義壓迫的半殖民地地位，因而內部亦發生紛雜混亂的現象。本册中記載的，就是這個時代的故事；這些故事，與現今的中國都有極深切的關係的。本章先把滿清盛極而衰的情形，述其大概。

清高宗（乾隆）是一個「席豐履厚」的天子，承襲聖祖（康熙）以來的聲威，完成平定藩屬的事業。所以他志得意滿，御著十全記，繙成漢滿蒙回四種文字，勒石紀功，自誇其「十全武功」❶，其實這十全武功之中，有一半已表現出強弩之末的現象，國力耗亡便發端於此。他又是一個自負不凡，喜歡闊綽的人，處處想模仿聖祖。三次巡遊江南，糜費無算，國家元氣被他斵喪的不少。仁宗（嘉慶）以後一種內亂外患迭起而無法應付的形勢，全是他種的禍根。

清朝的勢力怎樣會弄成強弩之末的呢？推究起來，其根本所託的八旗兵的戰鬬力衰退，和旗民的生計困難，實爲主要原因。這也是文化較低的民族戰勝文化較高的民族之後，因奢侈而萎靡的老例。八旗兵入關之後，恃勝而驕，荒棄平時的訓練，其戰鬬力乃漸漸衰退。吳三桂起兵造反的時候，八旗兵已不可用了。然而畢竟是清朝嫡系的軍隊，所受待遇依舊十分豐厚。旗兵家屬，都由國家給予肥美的田地。但是他們並不能自己耕種，全是典賣給漢人的。清初的旗民，本有在各地經商的；後來因有人以賣人參爲名，到處騷擾，引起漢人的惡感，即被一律禁止。因此旗民既不耕田，又不經商，完全成爲不勞而食的特殊階級，謀生的能力便完全喪失。到後來生齒日繁，乃呈生計困難的現象。聖祖（康熙）世宗（雍正）時，因旗民欠債太多，屢次發帑金代他們償還。又屢次頒給賞賜，每家平均數百兩，都是不久即被化盡。高宗（乾隆）初年，曾使丁壯旗民三千餘人，移墾吉林。但他們大都因生活不慣，紛紛逃回。旗民生計，便成爲不易解決的問題。

八旗兵的戰鬬力衰退，旗民的生計艱難，固是清朝的致命傷；但若沒有高宗（乾隆）的寵用和珅，勾起禍亂，尙不致就此顯露破敗。所以清朝的崩壞，高宗是很負責任的。和珅是滿洲官學生，充高宗親近的侍從者。爲人十分伶俐，曾念過四書五經，約略記熟幾句。有一次，高宗有事將出發，一切儀仗都齊備了，倉皇之中缺了一個黃蓋。高宗怒道：『是誰之過歟？』一時侍從的人都嚇慌了，答不出話來。和珅卻應聲答道：『典守者不得辭其責！』❷態度從容，吐音宏亮。高宗因此很賞識他，屢次問話，他也能應對的很得當。於是和珅便被拔充侍衞，不久又升副都統，進爲侍郎，在軍機處行走，一直做到尙書大學士，眞個榮寵無比。他的兒子豐紳殷德，居然尙了高宗的公主，聲勢更見得赫奕了。但是和珅生性鄙吝，愛財如命。凡銀錢出入，無不親自秤兌。家中雖有許多婢子僕人，終年不給賞賜，天天吃些薄粥罷了。他有了這種性格，掌了國家大權，自然就要納賄。專制時代的政治界，此風一開，便不可收拾。各省官吏，爲着保全祿位起見，便四處張羅財物，一意孝敬他。於是貪官汚吏，滿布全國，民衆的血汗，就做了他們的犧牲。當時被發覺的贓官贓款往往多至數十萬。民衆被剝削的痛苦，也就可想而知。內亂的爆發，那是必然的趨勢了。

元明以來，民間有一種宗教性的祕密組織，叫做白蓮教，以禱告念咒，給人治病。民國紀元前一百三十七年，教首劉松被捕，發往甘肅充軍。但其餘黨劉之協宋之清等，已在陝西四川湖南等省，祕密傳教，得了許多信徒。乃宣言清朝的國運將盡，奉河南省鹿邑縣的王發生爲明朝的後裔，煽惑人心。民國紀元前一百十九年，他們的謀反計劃被清朝官吏發覺了，把王發生等拿住問罪，而劉之協在逃。清朝下令各府州縣，一體嚴密搜捕。河南安徽湖北等省，挨戶查緝，騷擾不堪，因此激起變亂。民國紀元前一百十六年，白蓮教徒，一時蠭起：聶傑人張正謨等起反於荊州，姚之富齊林的妻王氏等起反於襄陽，徐天德王三槐羅其清冷天祿等起反於川東，張士隴張天倫等起反於陝西。西部各省，差不多成了白蓮教徒的天下。官兵四面征剿，不見功效，亂勢乃更加擴大，蹂躪殺掠，肆無忌憚，尤以荊州襄陽一帶，受禍最深。這次事變，歷史上叫做「川楚教匪之亂」。

這種教匪的擾亂，其實不過是所謂「小醜跳梁」而已，然而當時卻因和珅的貪黷，軍隊的腐敗，鬧成了「勢如燎原」的大患。其時清朝的軍隊，不但八旗兵衰弱不堪，綠營亦已不可用。將帥既毫無謀略，匪徒又極爲飄忽，亂事乃大蔓延。當交戰時，官兵以臨時雇募的鄉勇爲先鋒，其次爲綠營，八旗兵在最後。匪軍亦使擄獲的難民擋頭陣，眞匪在後觀望。鄉勇與難民對仗，而官兵與眞匪不交鋒，所以鄉勇與難民的傷亡特多。鄉勇勝，官兵便冒他們的功來邀賞；鄉勇敗，官府也毫無撫卹給他們。匪軍所到的地方，入一村燒一村，入一鎭燒一鎭。匪軍退，官兵到，也是大搶大掠。因此被難的人民流離失所，只得從匪，而匪勢更大。最可痛心的，那貪黷的和珅，全不知如何設法爲國家戡定匪亂，卻乘此機會，對於出征的將帥恣意的索取賄賂。將帥爲免罪邀功起見，就不得不剋扣軍餉，略取民財去奉承他。出征的將帥由前敵歸來，無不購置田產，頓成殷富；所以在京的軍官，紛紛賄送賄賂，請求出征。這樣的玩兵養寇，擾亂三四年，糜費數千萬，國家元氣，社會秩序，大受影響了。民國紀元前一百十三年，高宗（乾隆）死。仁宗（嘉慶）已即位四年，深知和珅的罪惡，只因礙於高宗，不便下手除他。高宗既死，仁宗便因王懷祖等的參劾，數和珅二十大罪，命他自盡，抄沒他的家財。據仁宗諭旨：『清查和珅之遺產，共計一百零九號，內八十三號尚未估價，已估價的二十六號，合算共計銀二億二千三百八十九萬五千一百六十兩，』照此推算，未估價的又應值銀八億兩有餘。當時國家的正供收入每年不過七千萬兩；和珅做了二十多年宰相，其私蓄竟可抵國家十餘年的收入。法王路易十四的私產不過二千多萬，法國人民已經認他爲搜括的罪惡很大，豈知還不及滿清宰相的四十分之一呢！

和珅被除之後，仁宗（嘉慶）採行堅壁淸野的方策，命四川湖北陝西河南等省各築堅厚堡壘，嚴防匪軍攻掠，再用額勒登保楊遇春等名將往來剿辦，匪勢乃漸漸衰退。至民國紀元前一百十年，陸續擒殺匪首多人，大股匪徒總算平定。其餘衆出沒山林的，到民國紀元前一百零九年方纔肅清。

川楚教匪正鬧得很兇，江蘇浙江福建廣東等省又有所謂「艇盜」發生。民國紀元前一百二十年，淸高宗（乾隆）所封的安南國王阮光平死，明年其子阮光纘嗣立。因國用支絀，招集中國沿海的亡命之徒，封他們官爵，供給他們軍械船隻，教他們入海刧掠往來商船。福建廣東一帶海面，就大受其害。後來中國內地的土盜，又和他們勾通，其勢更大，蔓延到江蘇浙江的沿海。土盜消息靈通，艇匪火器精良，此起彼應，很不容易剿辦。而滿清政府又急於應付教匪無暇兼顧東南，於是爲害愈深。民國紀元前一百十年，安南政變，阮福映攻殺阮光纘，統一安南，禁絕海盜，艇匪失了靠山，都投奔福建的海盜蔡牽。蔡牽據海島爲根據地，仍與陸上的土匪相聯絡，對浙江福建沿海肆行刼掠。浙江巡撫阮元向官商勸募捐款十餘萬，造大船三十艘，配置大礮四百餘尊，名爲霆船，交由水師提督李長庚統率，剿辦海盜，居然把蔡牽打潰。後來蔡牽又與廣東海盜朱濆聯合，仍出沒於福建廣東的沿海。民國紀元前一百零八年，淸政府命李長庚總統閩浙水師，使負責剿辦海盜，屢與蔡牽朱濆在海上交戰，都得勝利。而先後任閩浙總督的都與李長庚不睦，遇事掣肘，因此不能把海盜完全打平。民國紀元前一百零五年，李長庚追蔡牽至南澳洋面，中礮陣亡。淸政府仍命李長庚部將王得祿邱良功繼續剿辦海盜，勉爲李長庚復仇。民國紀元前一百零四、一百零五兩年，先後把朱濆蔡牽打死。民國紀元前一百零二年，兩廣總督百齡收降朱濆蔡牽的餘黨二萬餘人，艇匪方始完全消滅。

教匪艇匪好容易打平，而民國紀元前九十九年，白蓮教支派天理教徒又在京畿一帶作亂，釀成奇變。天理教本名八卦教，教徒滿布直隸河南山東山西各省，奉河南省滑縣人李文成和直隸省大興縣人林清爲魁首。林清賄通太監，想乘清仁宗（嘉慶）往木蘭秋獮③時，襲取北京。這消息給滑縣知縣強克捷知道了，捕李文成入獄。教徒見事勢嚴重，立卽起事攻破滑縣城，救出李文成，殺強克捷和他的家屬數十人。於是直隸省長垣、東明等縣，山東省曹、定陶、金鄉等縣，也同時響應；曹縣定陶縣兩城，都被攻破。林清亦使徒黨二百餘人喬裝混入京城，傍晚時事起，由太監劉得才楊進忠引導，攻東華門西華門，閻進喜爲內應。攻入西華門的，約有百人。仁宗次子綿寧親自抵禦，發鎗擊死教徒多人。餘衆不敢深入，放火燒宮門。留守京師的王大臣得信後，率領禁兵來救，一時礮火交加，教徒大敗，林清逃至黃村，被擒殺。通謀的太監，亦處死刑。楊遇春奉命攻克滑縣，李文成自焚而死。這一次亂事，蔓延得不廣，時間也還短；然而宮內的太監居然也交結叛徒，充當內應，足見當時人心動搖的程度了。

除此以外，還有好幾次小小的變亂，例如高宗（乾隆）末年仁宗（嘉慶）初年湖南貴州兩省交界地方的苗亂，宣宗（道光）初年新疆回教徒張格爾等的叛變，雖是都被剿平，然而政府威權等已大受打擊，社會現狀業已很不安寧，而帝國主義的侵略不久便相逼而來。於是對外有所謂鴉片戰爭，內部有太平軍的事變，清朝從此一蹶不振，而中國也就日見衰亂了。

❶兩平準噶爾，一勘回部，兩定金川，一滅臺灣，一收緬甸，一服安南，兩勝廓爾喀。

❷「是誰之過歟」是論語中的成語，「典守者不得辭其責」是論語註解中的成語。

❸現今熱河省圍場縣，本是蒙古喀喇沁敖漢翁牛特各旗的地方，清聖祖（康熙）時，進獻爲皇帝狩獵的所在。其地周圍一千三百餘里，林木蓊鬱，聖祖以來歷代皇帝每年八月在此行圍。叫做木蘭秋獮。行圍的時候，吹哨引鹿，蒙古人叫做「木蘭。」

【研究問題】

爲什麼皇帝專制的國家逃不掉盛極而衰的循環之路？

八旂兵和旂民與清朝是什麼關係？

八旂兵戰鬬力衰退是什麼原因？對於清朝有什麼影響？

爲什麼旂民得了肥美的田地不自己耕種而典賣給漢人？

爲什麼清朝要禁止旂民經商？這政策是否適當？

旂民生計問題不易解決的癥結在那裏？

和珅只是應對得當，爲什麼清高宗便這樣的寵信他？

川楚教匪之亂，弄成勢如燎原的大患，其幾種原因。

爲什麼和珅被除之後，教匪方始漸漸平定。

海盜爲什麼要與陸上的土匪相聯絡？

白蓮教徒天理教徒爲什麼喜歡作亂？

第六十二章　鴉片戰爭

鴉片戰爭是中國對外交涉失敗的開始，是中國對外締結不平等條約的開始，也是帝國主義的勢力侵入中國的開始；是中國歷史上應該大書特書的一件事，也是中國國民應該痛切紀念的一件事。

鴉片戰爭的原因，極爲簡單，便是中國政府要禁止鴉片輸入，英國商人強要輸入鴉片，因而兩國開戰。這個交涉，中國完全是理直氣壯的，可恨那時候的滿清政府太腐敗，應付的很不得法，中國竟致於大大的失敗。其結果，使中國對外交涉開了不少的惡例，損失了許多的權利；而鴉片從此流毒中國，至今還受害不淺，說來眞是使人萬分痛心！

鴉片出產於印度，宋朝時已輸入中國，那時是當作藥用的。明神宗時，廣東福建的沿海地方，始有吸食鴉片的風氣。民國紀元前一百八十三年，清世宗（雍正）曾下令嚴禁吸食鴉片，但不久法令漸弛，此風又盛。其時輸入的數量還不多，大概是由葡萄牙人經手輸入的。清高宗時，英國人在印度的勢力大盛，乃廣種鴉片，多量的輸入中國，中國民間吸鴉片的風氣大流行。清仁宗又重申禁令，然禁令愈嚴，祕密買賣愈盛。英國商人私擅在廣州灣中的伶仃島和大嶼山等處用船屯積，叫做「鴉片躉。」沿海奸商備有配置鎗礮的快艇，叫做「快蟹，」以包運鴉片爲業。廣州城裏設有販賣鴉片的總機關，叫做「大窯口；」各地的分銷處叫做「小窯口。」英國商人對於中國官員致送賄賂，販賣機關亦各與當地衙門的吏役私定陋規，每鴉片一箱，納陋規若干。因此官員吏役對於鴉片禁令大都陽奉陰違，鴉片流毒的範圍便愈加擴大。鴉片的輸入額，在民國紀元前九十六年，不過三千二百餘箱，至民國紀元前七十六年，已增至二萬七千餘箱。鴉片輸入漸盛，中國的銀錢漏出漸多，內地銀價十分高漲，經濟上發生了顯然的影響。於是明白的官吏都說，「國內銀錢一天缺少一天，無賴游民一天加多一天，其原因都是不禁鴉片，」奏請政府下令嚴禁，以免動搖國本。湖廣總督林則徐的話，尤其剴切，說：『煙不禁絕，國日貧，民日弱，數十年後，豈但無餉可籌，而且無兵可練。』清宣宗（道光）大爲感動，便於民國紀元前七十四年命林則徐爲欽差大臣，查辦廣東海港事宜，兼節制廣東水師，實行杜絕鴉片貿易。

民國紀元前七十三年，林則徐至廣東，先捕殺販賣鴉片的奸商數人，表示雷厲風行的態度。然後傳令英國商人限他們三天之內，把鴉片全數繳出。英國商人不聽，林則徐派兵包圍英國商館，英國商人不得已繳出鴉片一千三百十七箱。林則徐知他們尚有隱藏，下令停止供給英國商人糧食，再派兵包圍英國商館。英國領事甲必丹義律見勢不佳，勸商人將鴉片全數繳出，計二萬零二百八十三箱，每箱一百二十斤，約值五六百萬元。林則徐連忙奏明清帝，清政府命他就地銷燬。林則徐乃就虎門海岸挖掘兩個方塘，塘前開一涵洞，塘後通一水溝，先由水溝戽水入塘，和鹽成滷，將鴉片切開，投入滷中，泡浸半日，然後投入石灰，頃刻便沸熱發火燒化，等潮水退落的時候，開放涵洞，隨浪送出大洋。天天如此，凡一月餘，方始銷燬完畢。英國領事和商人都怏怏不樂地退出廣州往澳門去。各國商人亦兔死狐悲，隨着退去。一時廣州城外二百八十餘艘的外國商船，只留着二十餘艘。

這時候，清政府決心禁煙，訂定新例三十九條，懲治私運私賣私吸鴉片的，十分嚴厲。林則徐自銷燬鴉片之後，更想進一步，杜絕鴉片的來源，一面請政府訂立專條，「凡洋人輸入鴉片的，分別爲首和從犯，或斬或絞；」一面布告各國商人，凡商船進口，都要具立「有夾帶鴉片者，船貨沒收，人卽正法」的切結。葡萄牙美利堅等國商人都已遵照具結照舊貿易，獨有英國領事甲必丹義律堅執不從。林則徐乃命英國商人退出澳門，並下令沿海州縣，禁止供給英國人食物用品，義律只得率同英國商人聚居香港對岸的尖沙嘴，調軍艦兩艘武裝貨船三艘，進逼九龍，借索取食物爲名，開礮示威。後來見林則徐堅持不動，又恐中國水師圍攻尖沙嘴，請葡萄牙人居間轉圜，修改結語削去「人卽正法」一句。林則徐因與各國不一致，不許。並新得清政府訓令，：「不怕操切，但怕過於畏葸」的話，林則徐乃更不肯讓步。義律又命軍艦開礮攻擊，轟沈中國水師礮船數艘，淸政府乃下令停止英商貿易。但義律又因新到英國商船二三十艘，再請人轉懇仍許英商向居澳門，願遵守中國所定辦法。其時淸政府排外的氣燄很高，林則徐只得拒絕。於是兩國國交完全破裂。

英國政府中比較明白事理的，本以爲鴉片貿易是汚辱大不列顚國旗的事。林則徐銷燬鴉片時，英國政府尙持和平主義，訓令義律不必袒護營鴉片貿易的商人。到國交完全破裂之後，英國主戰的人漸多。民國紀元前七十二年，英國政府向議會請求通過軍費，議會中尙有人反對用兵，陸軍大臣報告『事實上英國商人已與中國開戰，英國政府倘若坐視不救，不但有損國威，亦是大不列顚民族的大恥辱。』雙方激烈爭辯多日，議會終究贊同出兵。英國政府乃命加至義律和伯麥統率海陸軍一萬五千人，軍艦二十六艘，大礮一百四十門出發，於民國紀元前七十二年六月下旬抵澳門。

清政府下令停英商貿易的時候，卽任命林則徐爲兩廣總督。林則徐見事勢必至於開戰，積極治軍備。自虎門至橫當山裝設鐵練木筏，購西洋大礮二百餘門，列置珠江兩岸。又備戰船六十，火船二十，小船一百餘，招募壯丁五千，演習攻戰方法。英軍至澳門，林則徐便派火船十艘，乘風潮進攻，燒燬英軍的杉板船兩艘。英軍見廣東方面防備很嚴，乃向北攻福建浙江的沿海。七月初，至浙江定海。定海毫不防備，卽被英軍攻下。英軍又攻乍浦寧波，破中國水師，封鎖錢塘江口。沿海各省得訊，文武官吏都怕英軍來攻，做不成好官，抱怨林則徐，便大家設法攻訐，只怪他孟浪操切，激成事變。清政府見英軍聲勢很大，也便改變態度，密令兩江總督伊里布到浙江以督師爲名，與英軍商議休戰。

加至義律從英國出發時，英國外相巴墨斯敦交他一封給中國宰相的公文，教他於戰事勝利時，卽行投遞。這公文中要求六款：（一）償還貨價，（二）開放廣州廈門福州定海上海爲通商口岸，（三）兩國交際禮儀彼此平等，（四）賠償軍費，（五）不得因英國商船夾帶鴉片累及無辜英商，（六）盡裁公行❶浮費。義律攻下定海後，就把這公文派人送到寧波府衙門。寧波府怕擔責任，不敢收受，教他送到北洋去。於是英軍分一部分北上，至天津，將這公文投送直隸總督衙門。直隸總督琦善收受了❷，轉呈清政府。當時天津道陸建瀛建議，請提出廢止鴉片貿易爲先決問題，取得英國承認後，乃許以免稅代第一款，開放澳門代第二款，海關監督與他們平行代第三款，其餘使他們回到廣東與林則徐商議，清宣宗（道光）業已聽信讒言，完全不聽，以「辦理不善貽誤國事」的罪案革林則徐職，任命琦善爲兩廣總督，派人知照義律，教他回廣東去守候與新總督談判。義律乃引英軍回舟山，與伊里布定休戰條約，留一部分英軍駐屯該處，卽行退往澳門。

琦善到廣東後，辦法與林則徐完全相反。他惟恐和議不成，把海口的防禦工事撤廢了，算是與英國開誠相見的。談判初開，他便允許賠償煙價七百萬元。其時加至義律有病，由甲必丹義律當談判，見琦善庸弱好欺，態度越發強硬，便於已經提出的六款之外，另提割讓香港的要求。琦善不敢應許，再三拒絕。伯麥便指揮英軍突然進攻，佔取虎門之外的沙角大角兩礮臺。琦善大恐慌，連夜派人請求義律繼續談判，並允許賠償煙價之外，開放廣州，割讓香港。雙方乃於民國紀元前七十一年一月二十日❸簽定草約。義律卽行交還沙角大角兩礮臺，撤退舟山方面駐屯的英軍；一面卽行在香港出示安民，起造房屋埠頭，開始經營。

當英軍退往廣東議和時，清政府中主戰的論調漸占勢力。英軍突然攻佔沙角大角兩礮臺的警報至北京，清宣宗勃然大怒，於一月三十日再下令對英宣戰，先後任命御前大臣奕山爲靖逆將軍，提督楊芳尙書隆文爲參贊大臣，帶兵往廣東；調兩江總督裕謙爲欽差大臣，往浙江備戰；使伊里布回兩江總督原任；革去琦善的大學士職銜，全局又一變。

琦善得知政府決意用兵，十分狼狽。屢次開盛筵宴請義律等，想要遷延時日，徐徐設計補救。

不料反因此啓了義律的疑竇，並被探知清政府變計主戰的消息。義律卽與伯麥議決先下手攻擊虎門，於二月二十日指揮英軍向廣州進攻。其時弈山楊芳等的援軍尚未開到，廣州防備空疏，沒有幾天工夫，橫當虎門各礮臺都被英軍攻陷，水師提督關天培力戰陣亡，各要隘大礮三百餘門，和林則徐去年新購的西洋礮二百餘門，盡入英軍之手。二月二十八日，楊芳率湖南兵一千餘人趕到，正想就珠江各要害布設障礙物抵制英軍深入；而英國印度總督新派的陸軍司令臥鳥古已經帶了生力援軍衝入，盡佔珠江各要害，楊芳亦束手無策了。

英軍雖以船堅礮利的暴力，對於戰局占了先着，然各國商船四十餘艘被阻在港口之外，損失很大，都怪英國的舉動不免過激，美利堅法蘭西兩國商人，便央了公行商人伍怡和的介紹，居間調停，說明義律不再作過分要求，但願與各國一體通商。楊芳將此情飛報清政府，清政府因新得英國擅在香港經營布置的消息，方將琦善革職拿問，不便就此罷休，遂嚴詞拒絕。四月十四日，奕山隆文和新任兩廣總督祁墳同抵廣州，變更楊芳固守的主張，想僥倖一試，亟亟備戰。五月二十一日，奕山派水師乘夜襲擊英國海軍，結果只打破了英軍雙桅大船兩艘，杉板小船五艘。卻縱兵刼掠商館，誤傷美利堅商人數名。次日，英軍還擊，盡焚港內木筏數百具，油薪船三十餘艘，直逼廣州城下。激戰四五日，廣州城外各礮臺都被英軍佔領，廣州形勢全失。奕山等大窘，派廣州知府余保純出城向英軍求和，於五月二十七日議定休戰約條如下：

一、中國於賠償煙價之外，先償英國軍費六百萬元，五日內交付。

二、中國軍隊退駐城外六十里地。

三、香港割讓事件緩日再商。

四、英軍退出虎門。

休戰條約既定，奕山認爲這六百萬元的償金，是廣州居民生命財產的代價，命廣州行商擔負二百萬元。英軍亦於勝利之後，遊行街市，大肆騷擾。於是廣州人民的一腔不平之氣，一旦迸發。五月三十日，三元里居民萬餘人，忽樹「平英團」的旂幟，乘英軍陸續退去的當兒，突起襲擊。義律陷入重圍，遣信給知府余保純告急。余保純極力向民衆調解，好容易將義律救出。英軍見民氣十分激昂，不可輕敵，仍依休戰約條退去。這是中國民衆直接反抗帝國主義的第一次示威運動。

這休戰條約，明明是很屈辱的城下之盟。然而奕山等報告清政府卻只說英國不過要求照舊通商，對於賠償軍費改稱清還商欠，對於煙價和香港問題一字不提。清政府以爲事情已經妥洽，便一方命奕山等增修廣東守備，一方追論林則徐開釁之罪，發遣伊犂。英國方面因上年要求的六款和香港問題，尙未解決，屢次催促奕山訂立正約，奕山一味延宕，英國乃決計再用兵。其時英國政府已另派璞鼎查爲大使，與海軍少將巴爾克同至澳門。乃由臥烏古與巴爾克統率海陸軍北上，於八月二十七日破廈門，九月二十六攻舟山。總兵王錫朋鄭國鴻葛雲飛守定海，與英軍血戰五晝夜，力竭陣亡。英軍連陷鎭海寧波，欽差大臣裕謙自殺。清政府得訊，命大學士奕經爲揚威將軍，進兵浙江，責令恢復失地；任命廣東巡撫怡良爲欽差大臣，移駐福建，調河南巡撫牛鑑爲兩江總督，使他們分任南北沿海的防禦事宜。奕經調四川陝西河南的新兵六千，募集山東河南江蘇安徽的義勇和沿海亡命之徒，共約數萬，於民國紀元前七十年二月抵杭州；分兵三路攻寧波鎭海定海，都不利。英軍得印度總督訓令，變更方略，反於五月七日撤退寧波鎭海駐屯的兵，只留少數部隊守定海及錢塘江口，於五月十七日大舉攻乍浦。乍浦守兵見英軍大隊開到，已氣餒；

所以英軍一擊，即陷乍浦。清政府大驚，又派伊里布至浙江與英軍議和。而英軍已於六月九日達吳淞，兩江總督牛鑑對於戰或和猶豫不決，遲延至十五日方派人與英軍接洽，事已不及。英軍於十六日黎明攻吳淞，提督陳化成戰死，英軍連陷寶山上海，清政府又命奕經派參贊一員會同牛鑑相機與英軍議和。牛鑑很大意，以為長江沙線曲折，敵兵斷然不敢深入。豈知英軍已闖過福山江陰圌山等要隘，於七月十五日達鎮江。七月二十日臥烏古指揮攻鎮江，二十一日即破攻破。八月九日英軍大隊直逼南京。清政府又命欽差大臣耆英與伊里布正式向英軍請和。英大使璞鼎查指摘他們沒有得清政府全權議和的委任，拒絕談判。清政府乃明令耆英伊里布牛鑑為媾和全權大臣，便宜行事。璞鼎查恃強要挾，屢次用兵力威脅。耆英等但求媾和成就，處處讓步。民國紀元前七十年八月二十九日（清宣宗道光二十二年七月二十四日）媾和條約在英國軍艦康威利斯號中正式成立，這就是所謂「南京條約。」其中重要的條款，大意如下：

一、中國政府向英國政府納軍費一千二百萬元，商欠三百萬元，煙價六百萬元，分四年交兌清楚。

二、中國政府把香港全島，永遠割讓與英國。

三、中國政府將廣州、廈門、福州、寧波、上海五處開爲通商口岸，准英國派領事居住，並許英國商人帶同家眷自由來往。英商貨物，照例納進口稅後，准由中國商人販運至內地各處，所過稅關，不得加重課稅。

四、以後兩國往來文書用平等款式。

五、放還英國俘虜，凡戰役中爲英軍服務的中國人，亦一律免罪釋放。

這條約於當年九月十五日經清宣宗（道光）批准，並將第一期償金六百萬元交清之後，英國卽將南京鎭江上海吳淞寧波鎭海等處的駐軍撤退。惟定海和鼓浪嶼的駐軍依約仍不撤退。十二月二十八日，英國女皇亦將條約批准，兩國於民國紀元前六十九年六月二十六日由耆英璞鼎查在香港換約。七月間，兩國又在虎門訂立善後事宜條約和五口通商章程，作爲南京條約的附錄。這就是所謂「虎門條約」。虎門條約中，有幾點頗關重要，摘舉大意如下：

一、善後條約中訂明：『五處通商口岸，旣准英國人自由居住，中國地方官須與英國領事官就各地情形劃定一區域准英國人租賃。』這就是所謂「租界」的起原。

二、通商章程中將進出口重要貨物一一開列依照百分之五的標準作成一個稅則表，表末附載『凡未列本表的貨物，概貨價納值百抽五之稅。』這就把中國自定關稅的主權完全取消了。

三、善後條約中訂明：『倘若將來中國有新恩施行各國，亦應准英國一體均霑。』這就是片面的最惠國條款的惡例。

四、通商章程中訂明：『倘有英國人與中國人因事涉訟，由英國領事與中國官員共同查明，秉公處斷；至於英國人如何定罪，由英國議定章程法律，發給領事照辦。』這就是所謂「領事裁判權」的規定。

這四點，就是中國對外締結的不平等條約的骨幹，在南京條約及其附錄中都已全備了！所以有人說，『鴉片戰爭可算是帝國主義侵略中國的開幕儀式，』這話是不錯的。

南京條約公布之後，歐美各國都非常高興。比利時、荷蘭、普魯士、西班牙、葡萄牙等國都派遣領事或公使到廣東；美利堅法蘭西兩國，並特命全權公使到中國，要求締結通商條約。民國紀元前六十八年七月三日，耆英與克心古在澳門成立中美修好條約。同年十月二十四日，耆英與拏拉克勒尼在黃埔成立中法修好條約。這些條約，都是與南京條約一個系統的。

民國紀元前六十六年，中國應付英國的償金完全交淸，通商口岸除廣州一處因平英團屢次示威反對，沒有開放，其餘四處都已照約辦到。耆英與英國香港總督台維斯會議於虎門，請卽撤退定海鼓浪嶼駐屯的英軍，並說明廣州民情激昂，請對於廣州開放爲通商口岸一事，延期二年。台維斯要求「舟山羣島永不割讓給他國」爲交換條件，耆英一口應允。於是駐屯定海、鼓浪嶼的英軍，方始退去，而因鴉片問題引起的兩國交涉完全結束。然而中國對於引起戰爭的禁煙主張，卻也就此放棄，談判條約時，既絕口不提；交涉結束後，便漸漸弛禁。以致中國的人民官吏吸鴉片的漸多，而英商的鴉片貿易漸盛；彷彿是中國因戰敗的緣故，不得不任英商將毒物輸入一般。嗚呼，帝國主事侵略手段眞兇狠！嗚呼，滿淸政府外交手段眞拙劣！

❶從前不准外國商人與中國人民直接做買賣，由中國商人組織公行，經國家認可後，爲華洋貿易的中買機關外國

商人的貨物都要賣給公行，再由公行發賣給一般中國商人。

❷其時清政府已訓令沿海督撫「如有洋船投遞公文，卽行收受轉呈。」

❸卽清宣宗道光二十一年陰歷十二月二十八日。

【研究問題】

爲什麼鴉片輸入漸盛，能使經濟上發生顯然的影響？

林則徐禁煙的辦法是否適當？何以必須這樣強硬的對付？

英國政府爲什麼先持和平主義而後來又主張用兵？

英國巴麥斯敦提出的六條要求是什麼用意？

陸建瀛的建議是否妥當？

義律爲什麼要求割讓香港？割讓香港與英國對中國的侵略有什麼關係？

清政府爲什麼忽而主戰，忽而主和？對於交涉前途有什麼影響？

奕山爲什麼要隱瞞清政府？

英軍攻南京有什麼作用？

議和代表何以必須查明對方是否有全權的委任？

南京條約重要的五條有什麼用意？

制定租界有什麼弊害？失去關稅自定的主權有什麼弊害？訂明片面的最惠國條款有什麼弊害？准許領事裁判權有什麼弊害？

南京條約公布之後，爲什麼歐美各國都非常高興？

英國爲什麼要求舟山羣島永不割讓給他國？

清政府爲什麼在交涉的時候不提禁煙的事？

第六十三章　英法聯軍入北京

鴉片戰爭的結果，中國雖受了英國的武力壓迫，締結不平等條約；然政府與人民的排外傾向，並不因此而衰退，且因積憤在心，更想乘機發動。廣州的民氣最爲激昂。五口通商中的上海、寧波、福州、廈門四處，都已依約辦妥，建有領事館，獨廣州一處，人民自起團練，堅決拒絕英國領事入城。兩廣總督耆英覺得這事終究是一個難處，便一面與英國香港總督竭力敷衍，請他們的廣州領事暫緩入城，而一面設法運動政府把他調往他處，以爲脫身之計。民國紀元前六十五年，清政府果然把耆英調開，任命徐廣縉爲兩廣總督，葉名琛爲廣東巡撫。

民國紀元前六十三年，英國香港總督派軍艦開入廣州省河，脅迫實行條約。徐廣縉密召各鄉團練至省城，先後應召而來的凡十餘萬人。徐廣縉乃自乘小船赴英國軍艦說明地方紳民頑強不可犯的情形，英人擬將徐廣縉留置在軍艦中要挾一切，而兩岸練勇呼聲震天，英人見勢不佳，只得讓步，仍修前好，不提領事入城的事。於是廣州人民益加自得，以爲洋人不難對付，好事者便散布流言，想乘機阻礙通商事宜。英國香港總督文翰，因此十分擔心，移書徐廣縉，請重定「廣東通商專約。」徐廣縉與地方紳士先行接洽，教他們出面竭力要求訂明「嚴禁入城」一條。香港總督文翰見羣情洶洶，誠恐有妨商務，勉強承認。廣州人民得了勝利，自然十分歡喜。徐廣縉葉名琛把這事的經過情形，報告清政府，大受清宣宗（道光）之嘉奬，徐廣縉受封爲一等子爵，葉名琛受封爲一等男爵。

民國紀元前六十年，徐廣縉被調爲湖廣總督，葉名琛坐升爲兩廣總督。英國方面，也把文翰調開，另派包冷爲香港總督。這包冷生性剛愎，對中國抱積極侵略主義，與文翰的和緩態度很不同。其時中國正有太平軍的亂事，而廣東幸未波及。因其地方殷富，交通便利，乃成鄰近各省籌餉購械的要地。葉名琛調度兵將，也能做到保境安民，大受清政府的倚重，他因此也十分自負。凡遇對外交涉事件，因曾運用民氣，阻止洋人入城，自以爲很能雪大恥尊國體，態度更是傲岸。每接文書，往往只回答寥寥數語，或者竟然一字不覆。這樣自負的葉名琛與剛愎成性的包冷碰在一起，自然要發生事故了。民國紀元前五十六年，英國政府任命巴夏禮爲廣州領事。此人更是倔傲而喜爭小節，屢次依據南京條約要求入城，被葉名琛拒絕，心中很不高興，處心積慮的想借端生事，達其目的。恰有「亞羅事件」發生，便引起大禍。

這時候，清政府忙於應付太平軍，政令廢弛。東南沿海各省，鴉片貿易，漫無限制。奸商乘機倚仗英國人的勢力，都想以販運鴉片獲大利。而英國亦乘我內亂，利用奸商，給與護照和國旗，使他們自由各海港。因此華商船隻，往往在香港政府註册，懸掛英國國旗，往來沿海各口岸；這等情形，地方官很不滿意。民國紀元前五十六年十月八日，有中國船亞羅號由廈門至廣州，桅上張掛英國國旗，而所載完全是中國人。巡河水師千總見了，探知係奸商託庇英籍，便上去搜捕，拔下英國國旗，投在甲板上，拘去中國人十三名。西洋通例，對於國旗很敬重，現在把英國國旗拔下，這是對英國大不敬了。巴夏禮知道了這正是一個難找的機會，乃向葉名琛提出抗議，指摘中國官員擅在英國船上捕人是違反條約，而侮辱國旗更是失禮，要求把所捕十三人交出，並書面道歉。葉名琛查明這亞羅號在香港註册已於十日前期滿，遂答覆道：『中國官員捕中國海盜於中國船中，事屬正當，與英國無干。』巴夏禮又辯稱『註册期雖過了十天，但因在航行中不能脫卸，實際還是英國的商船；而且既是懸掛英國國旗，便不能有這般的處置。』葉名琛因其強詞奪理，不予答覆，巴夏禮乃告訴香港總督包冷，包冷卽出而向葉名琛嚴重交涉。葉名琛亦深知爲此小事，不值得與他們多計較，便派人將所捕十三人送至領事館。豈知巴夏禮有意尋釁，已與香港總督等定了計謀，想要乘機推翻徐廣縉文翰所訂廣東通商專約，一定要入城；所以故意拒絕不受，要求葉名琛必須書面道歉，並保證以後不再發生同樣的事件。葉名琛大怒，命將十三人監禁。包冷致送最後通牒給葉名琛，葉亦不理，但也毫無防備。十月廿四日，包冷卽使英國軍艦開礮轟擊黃埔礮臺。葉名琛派人至領事館詰問何故突然開釁。巴夏禮答道：『兩國負責官員不當面接洽，諸多隔閡，請許入城面議。』葉名琛仍堅持前約，不許。巴夏禮請在城外擇地爲會場，葉名琛亦不許。其時英兵不滿千人，而中國兵和團練合計有數萬人，但英兵火器精良，中國兵和團練不能抵敵。自廿七日至廿九日，英兵用重礮攻城，竟被攻破。然而英軍此次舉動，沒有奉本國政府的命令，不過是一種恐嚇手段，想借此達到要求入城的目的。而且兵數很少，力量薄弱，雖得廣州，不能實行佔領，卽便退去。英兵退後，廣州人民，大起暴動，不分皂白，將英、法、美各國商館和十三家洋行，一起放火燒盡。巴夏禮見事勢業已鬧大，心中暗喜，遂飛報本國政府，請增兵決戰，自己便退居香港，等候消息。

英國政府接到報告，首相巴墨斯敦力主用兵，向議會陳述十餘年來中國政府凌辱外人的事件二十八端，請求通過軍費。議會中有人以爲亞羅事件，中國並未錯誤。巴墨斯敦的請求被否決。英國政府卽行解散議會，巴墨斯敦竭力宣傳『中國的廣東行政長官野蠻無禮，侮辱英國國旗，不知遵守條約，英國對他非用武力懲罰，不足以雪國恥。』新選議員贊成巴墨斯敦主張的占多數，遂決議「先派公使要求中國改訂條約賠償損害，不聽然後用兵。」英國政府乃照會俄美法各國，請他們一致行動。俄美兩國不願與中國宣戰，但贊成要求中國改訂商約；所以只派公使，沒有出兵。惟有法國因路易拿破崙方由大總統爲皇帝，很喜歡用兵海外，正好有廣西人殺害法教士的事件作口實，遂與英國聯盟，共同出兵攻中國。

英國特命全權公使額爾金於民國紀元前五十五年十一月至香港，先給葉名琛一信，請「約期會議賠償損害和改訂約章事宜，否則以礮火相見。」葉名琛因其有威迫的態度，置之不復。法美兩國領事，亦因商館被燬，要求賠償損失，並言『英國已決意攻城，願居間排解。』葉名琛以爲也是勾串了來脅迫的，亦不覆。不久法國公使葛羅，美國公使利特，俄國公使布恬廷都到了。英法聯軍乃於十二月二十五日給葉名琛最後通牒，限他四十八小時之內獻廣州城。葉名琛之父葉志詵好扶乩，葉名琛也深相信，一切軍機大事，都取決於乩壇。得最後通牒後，也向乩壇請示，乩語『過十五日必無事，』遂深信不疑，毫無防備。❶英法聯軍到期不見葉名琛答覆，便於二十七日晚間上陸，於二十八日早晨攻佔海珠礮臺，用大礮向廣州城轟擊。千總鄧安邦帶領粤勇一千八殊死拒戰，殺傷頗相當，因無後繼，終不能支。廣州城卽於二十九日被攻陷。英法聯軍入城大掠總督衙門，並刼去庫銀二十萬兩。搜索葉名琛，於一星期後捕獲，被擄去。❷廣州巡撫柏貴被聯軍刼持，執行政令。從此廣州城在英法聯軍占領之下凡三年，至民國紀元前五十二年方交還。

英法聯軍的目的，並不在攻城略地，是要乘戰勝的形勢，脅迫中國政府改訂約章，承認賠款，增開商埠。然清政府於廣州失守後任命的兩廣總督黃宗漢僅駐守惠州城，既不能進兵恢復廣州城，又不與英法兩國公使進行交涉。而廣州北門外九十六鄉卻是民兵紛起，設團練局於佛山鎮，洶洶然有與洋兵決戰之勢。英公使額爾金法公使葛羅見坐守廣州不得要領，乃與美公使利特俄公使布恬廷聯合致書清政府首相裕誠，請其於四月一日派全權代表至上海協議善後事宜。這信派人送給兩江總督何桂清，請他轉呈。這時候清政府有一個觀念，便是什麼事情都不願意中央同外人直接，都要給封疆大員去辦。乃用裕誠的名義，仍經何桂清照會四國公使，說明「英、法、美三國交涉事宜，已交由兩廣總督黃宗漢辦理，俄國交涉事宜，委黑龍江辦事大臣辦理。」英公使額爾金法公使葛羅至上海得裕誠復信，很不滿意，乃決議北上。於是英法聯軍由上海向天津進發。至白河口，投書直隸總督譚廷襄，請其轉達首相，速即派出全權代表議和。清政府即命戶部侍郎崇綸內閣學士烏爾棍泰，會同譚廷襄往大沽談判。英法兩公使尚嫌他們官職不很重要，不足以當全權代表，概不會見；僅由俄美兩公使與他們往來數次。而英法聯軍突然闖入大沽口，開礮轟擊大沽礮臺。大沽礮臺守兵稍爲抵抗、即行潰退。英法二公使統率礮艦直抵天津。清政府得知大沽陷落，即很驚惶，一面急命科爾沁親王僧格林沁督兵趕至天津防堵，一面重派大學士桂良，吏部尚書花沙納爲全權媾和大臣。桂良花沙納至天津，英公使持所擬新約五十六款，法公使持所擬新約四十二款，要求照簽。桂良花沙納據情報告清政府，清政府終因戰守都沒有把捉，只得完全依允。民國紀元前五十四年六月二十八日，桂良花沙納竟無談判照所擬各款簽字，這就是所謂天津條約。其主要條款分別摘舉大意如下：

中英天津條約

一、增開牛莊登州臺灣潮州瓊州五處爲通商口岸。又長江一帶等中國內亂平定之後，再選擇三處爲通商口岸。（後來開了鎭江九江漢口三處）

二、此次英商損害銀二百萬兩，英國所費軍費二百萬兩，由廣東督撫設法賠償後，英軍始退出廣州城。

三、自後英國得派公使駐中國北京，中國亦得派公使駐英國倫敦。

四、安分的耶穌敎天主教徒中國官不得苛待禁阻。英國人民攜帶護照的，得往中國內地遊歷。

五、英國僑民犯罪，由英國領事懲辦，中國人民欺害英國僑民，由中國地方官懲辦，兩國人民爭訟事件由中國地方官與英國領事會同審辦。

六、南京條約成立之後，進出口貨按值百抽五課稅，現今物價低落，課稅亦應減輕，由兩國派員另定新稅則。經此次協定稅則之後，凡關於通商各款，每十年修改一次。凡商船滿一百五十噸以上的，每噸課銀四錢，一百五十噸以下的，每噸課銀一錢。

中法天津條約

一、開瓊州、潮州、臺灣、淡水、登州、江寧六處爲通商口岸，江寧等中國內亂平定之後開放。各通商口岸准法國派設領事，准法國商人攜帶家眷自由來往，並准法國派兵船保護。

二、此次法商損害費與法國軍費共銀二百萬兩，由廣東海關賠償後，法軍始退出廣州城。

三、四、五、六、各款與中英天津條約大致相同。

七、若以後中國許予他國更優的權利利益時，法國得一體享受。

這兩約是就南京約條擴充範圍，通商口岸由沿海擴充至內河，通商範圍亦擴充至內地，通商權利更見進步，領事裁判權規定得更加明確，領事觀審卽從此開端。又准法國派兵船至各通商口岸，其後各國援片面的最惠國條款一體享受同等權利，其損害中國主權更大。

條約訂定之後，英法聯軍卽退出白河南下。而關於新税則的改定，必須至海口實地考查，清政府乃命桂良花沙納趕往上海會同兩江總督何桂淸妥議。桂良花沙納何桂淸至上海，適逢廣東佛山鎭團練的排外運動進行更烈，竟至懸賞購求巴夏禮首級，英公使要求淸政府撤換兩廣總督黃宗漢，解散廣東團練，桂良等完全容納。並卽與四國公使各定同樣的通商章程。又准許鴉片公然輸入，以洋藥之名，完納關税。中英通商章程中更有一種重要的規定，卽『各口收税，應有劃一辦法，總理通商事宜大臣，得邀請英國人幫辦税務。』從此以後，海關管理權竟也被外人所侵奪了。通商章程訂定後，英公使卽率領軍艦開往長江上游，至於漢口，經一月餘方退去；法公使也卽派遣宣教師至各省設立天主教堂，地方官都不敢過問。

僧格林沁奉命至天津後，見洋人的跋扈和桂良等的過於柔順，深知係海口防禦不固，以致外國軍艦闖入之故。英法聯軍退出後，他便在白河兩岸建立堡壘，建築礮臺，在河口植立木樁，布置障礙物，並調集馬隊嚴密設防。民國紀元前五十三年，英公使卜魯士法公使布魯伯倫爲循例換約，乘軍艦抵白河口。僧格林沁使人通知他們改由北塘入口，英法二公使不聽，擅將防禦工事破壞，硬行闖入大沽口。僧格林沁卽命礮臺發礮，打破英國軍艦四艘，登岸的洋兵，非被殺，卽遭擒。英法二公使因兵力單薄退至上海，各向本國政府告急。美公使華若翰乘軍艦後至，遵由北塘入口，從容換約而去。其時一般輿論，都以爲對外交涉，自此可有轉機；而清政府竟想把中英天津條約和中法天津條約都廢了，重行改訂。豈知不及一年，英法聯軍再至，卽因此釀成大禍。

英法二國，得知所派公使在大沽口受中國兵攻擊大受損害，仍命額爾金葛羅爲公使，帶兵出發，於民國紀元前五十二年三月至香港。先行照會清政府「倘許交換天津條約賠償大沽口事件的損害，亦可不必以兵火相見。」清政府答覆「兩公使不帶軍艦至北洋，仍可交換天津條約，至於大沽口事件非中國開釁，不負責任。」於是英法二公使決意用兵，先取舟山羣島爲根據地，然後北上。英軍集合於大連灣，法軍集合於芝罘，扼住渤海口，乃共同進攻北塘。僧格林沁在北塘本亦布防，後因大沽口得勝，有人獻計放洋兵入北塘後，把他們撲滅，乃完全撤兵。所以此次英法聯軍攻取北塘，毫不費力。僧格林沁率領騎兵三千，想實行其一舉撲滅的計畫，不料反被英法聯軍打得全軍覆沒。於是防禦周嚴的大沽要害，亦被英法聯軍從後路出兵攻陷。僧格林沁奉命退守通州，天津亦卽失守。清政府乃命大學士桂良直隸總督恆福向英法聯軍請和。英公使額爾金提出要求：

一、於天津條約允開各處通商口岸之外，增開天津爲通商口岸。

二、中國政府賠償此項戰事英法二國軍費八百萬兩。

三、英法二公使各帶隨從數十人至北京換約。

清政府因要求甚苛，又倚着僧格林沁還有大軍在張家灣，不肯批准。英法聯軍就再向北京前進，直逼河西務。清政府再派怡親王載垣求和，聯軍乃派巴夏禮到通州去會議。僧格林沁想一雪北塘戰敗的恥辱，把巴夏禮捕獲，拘禁起來，並乘機與英法聯軍大戰於張家灣。交戰數時，僧格林沁大敗，聯軍再進，至八里橋。副都統勝保從河南來救北京，督同禁兵萬人，與聯軍大戰，因頭戴紅頂花領身穿黃馬褂，很受人注目，被鎗擊中，跌下馬來，禁兵紛紛潰退。於是清文宗（咸豐）出京逃往熱河，命恭親王奕訢留守，並付予全權，與聯軍議和，英公使卽照會奕訢，限三日內交還巴夏禮，奕訢請聯軍退至天津再議，不許。又請退至通州，亦不許。聯軍至北京城外，先佔取奕訢所駐的圓明園，奕沂逃往長辛店，並即釋放巴夏禮。圓明園所藏清皇室私有的珍貴寶器，被英法兩軍當作戰利品平均分取。近時陸戰法規，凡私有財產不與戰爭有關涉的，不得沒收破壞。英法聯軍此種行動，實與野蠻國的軍隊無異。不久，與巴夏禮同被拘禁的十餘人得病而死，英公使額爾金大怒，一把火，把圓明園燒掉。清朝從聖祖（康熙）以來，歷代經營的十分壯麗宏大的皇帝避暑宮殿，變成了一片瓦礫場！

巴夏禮被釋放後，聯軍再要求開城，限三天爲期，過期不開，便用大礮轟擊。守城官兵不得已，乃如期開城門，把聯軍迎入。奕沂膽小如鼠，深恐洋人難爲他，不敢出來。英法二公使急於議和，苦無談判的對手。額爾金提議承認太平天國政府爲中國中央政府。俄公使伊格那替業福別有用心，乘機居間調停，一面勸英公使取消承認太平天國政府之意，一面竭力勸恭親王出來議和，擔保英法聯軍決不給他喫眼前虧。於是奕沂與英法二公使在俄國公使館鄰近的禮部衙門中會議媾和條約。民國紀元前五十二年十月二十四日成立中英北京條約，二十五日成立中法北京條約。條約內容除承認天津條約之外，增開天津爲通商口岸，賠款各改爲八百萬兩；把九龍司地方一區割讓給英國，准法國宣教師在各省租買田地，建造房屋。十一月六日，北京條約經清文宗（咸豐）批准，公佈於北京街市，並通令各省督撫遵照辦理，英法二公使方始率領聯軍次第退出北京。

這英法聯軍之役可算是鴉片戰爭的餘波，其所訂天津條約和北京條約也是根據了南京條約把範圍大擴充，使得帝國主義在中國的侵略更進一步，不平等條約對於中國的束縛更緊一步，而中國任人宰割剝削的局勢也更是危急了！

❶民國紀元前五十五年十二月二十五日係清文宗咸豐七年陰曆十一月初十日。依此推算，陰曆十五日當係陽曆三十日，恰是廣州城陷後一日。

❷葉名琛於民國紀元前五十四年一月六日被英法聯軍捕獲，由英兵押送往香港，後又被解至印度加爾各答，於民國紀元前五十三年病死。有人說，英國人把葉名琛的屍體浸在蜜糖裏防腐，於議和後送還廣東，不知確否。

【研究問題】

徐廣縉葉名琛和廣東人民為什麼嚴拒洋人入城？是否妥當？

亞羅事件發生後，葉名琛的應付有什麼錯誤？

英國政府要出兵中國。爲什麼照會法俄美各國，請他們一致行動？

清政府爲什麼不願與外國直接交涉？

英法聯軍佔廣州後爲什麼不繼續進攻，屢次請清政府派全權代表議和？

天津條約的內容於中國有什麼影響？

鴉片公然輸入，於中國有什麼影響？

海關管理權被外人侵奪，於中國有什麼影響？

英國軍艦開往長江上游與法國教士在各省設立天主教堂，於中國有什麼影響？

英法聯軍第二次進攻，中國怎麼會失敗的？

英國要求割讓九龍，法國要求准許宣教師在各省租買田地，建造房屋，是什麼用意？

第六十四章　太平天國的起滅

鴉片戰爭之前，滿清在中國的統治地位，業已岌岌動搖。川楚教匪等雖是終於被平定了，然而由動搖而崩壞的局勢，仍是不能挽回的。恰好由西洋闖到東方來的帝國主義者，由英國當先，用武力侵略，脅迫清政府作城下之盟，奪去了許多許多權利。於是因種族問題社會問題而起的擾亂，就此大規模的爆發了。太平天國便是反抗清朝的擾亂勢力中最大的一股。

中國的歷史，自從秦漢以來，已成了一種刻板文章。一個皇朝興起之後，經過了數十年以至百餘年的承平，國家衰亂的敗徵便漸漸呈露；同時因社會方面人口繁殖貧富不均等影響，亂事漸漸蔓延擴大，終於舊皇朝被掀翻了，另有一個新皇朝代之而興。而新皇朝過了數十百年，往後也不免這般的下場。這種刻板文章，大概是皇帝專制的國家必然的表現。

清朝至高宗（乾隆）以後，承平的時代業已過去，照例又交進了擾亂的時代。但這一個擾亂時代，適逢世界大變，帝國主義大潮流衝入中國的當兒，把秦漢以來的成例衝破了，造成一種從來未有，使中國人驚疑莫定的局面。所以太平天國的起滅，與帝國主義的宗教侵略政策發生關係，而其結果給與此後的中國一種莫大的影響。

太平天國的興起，尙不脫歷史上假借宗教迷信來號召羣衆攪起內亂的老例；但是他們所依託的宗教，便和從前不同了。自張角張魯以至李文成林淸，他們依託的不出佛教和道教。淸朝自仁宗（嘉慶）宣宗（道光）之後，歐西人至中國的漸多，基督教的傳播，一時雖受法律上的抑制，而其教義則漸漸深入民間，尤其是廣東因地理上的關係，受影響最早。於是宗教性的祕密結社中，乃有依託基督教的新組織發生。廣東人朱九濤，自稱是明朝的後人，創上帝教於廣州，一時信從的人很多。花縣人洪秀全馮雲山等都拜他爲師。朱九濤死後，洪秀全與馮雲山繼續宣傳上帝教，採入基督教教義更多，成立三點會，由洪秀全爲領袖。民國紀元前七十六年，洪秀全馮雲山至廣西省桂平武宣兩縣之間的鵬化山中設立祕密機關，從此漸與桂平縣人楊秀淸韋昌輝，武宣縣人蕭朝貴貴縣人石達開秦日綱等相結納，分頭至各縣宣傳，招集徒黨。洪秀全曾害大病，痊愈後，自稱死去七日而復活，能知未來之事。預言世界不久將有大亂，惟有入三點會信仰上帝教的可免災厄。入會規則，先納香燈費銀五兩，只拜上帝，不拜他神。會中男的相稱爲兄弟，女的相稱爲姊妹，一律平等，稱洪秀全爲洪先生。一時信上帝教入三點會的頗多，聲勢大張，洪秀全乃又自稱爲教主，稱上帝耶和華爲天父，耶穌基督爲天兄，自己是耶和華的幼子，耶穌的幼弟。不久，集合徒黨至二千人以上，上帝教在廣西乃漸漸成爲民間的一大勢力。

清宣宗（道光）末年，廣東廣西大饑荒，盜匪蠭起作亂；以廣西省中部柳州慶遠思恩潯州梧州各府爲最甚。盜黨約共數十股，以柳州陳亞癸一股人數最多，亦最強悍。廣西巡撫鄭祖琛年老多病，不能積極設法剿治，因此盜風更熾。人民見官軍不能平定盜匪，乃自起團練來防守地方。團練是地主的武力，漸與貧農的集團上帝教的勢力發生衝突。上帝教徒爲自衞起見，團結更堅。民國紀元前六十二年，三點會各巨頭楊秀清韋昌輝石達開秦日綱等就在廣西省平南縣和藤縣之間的金田村，集合各村徒黨，奉洪秀全爲首領，乘機起事。一時自命爲豪傑的貴縣林鳳祥揭陽羅大綱衡山洪大全等，都聚衆趕來，與洪秀全會合。

清政府對於廣西的盜匪，屢命鄭祖琛督兵剿辦。鄭祖琛出省城駐平樂府，自問力不能勝，乃請清政府派大將主持。清政府先後命固原提督向榮，雲南提督張必祿趕至廣西。其時洪秀全等異軍突然，尚未著名。向榮先行討伐慶遠思恩等處盜匪，洪秀全即乘此機會，從容佈置，漸露頭角。張必祿攻洪秀全，竟然戰死。清政府得此消息，方始注意。但是在廣西的各路軍隊，指揮不統一，又給了洪秀全漸漸昌盛的機會。民國紀元前六十一年秋，洪秀全破永安，建國號曰太平天國，自稱天王，封楊秀清爲東王，蕭朝貴爲西王，馮雲山爲南王，韋昌輝爲北王，石達開爲翼王，洪大全爲天德王。其軍隊要表示反清，一律蓄髮不薙；所以清朝的官書上便稱他們爲「長髮賊，」俗稱「長毛。」當時的西洋人認他們爲與清軍的交戰團體，稱爲「太平軍。」

太平軍在永安，清朝的欽差大臣賽尚阿督率各路軍隊把他們包圍。因向榮與烏蘭泰不睦，所以圍永安四月，不能攻破。民國紀元前六十年春，太平軍衝破清軍的包圍，由陽朔攻桂林。向榮先行趕至桂林防守，烏蘭泰追太平軍，中礮陣亡。太平軍攻桂林三十餘日不下，乃向北出興安破全州，由水道入湖南省。湖南省新寧縣人江忠源率鄉勇扼守簑衣渡，與太平軍激戰兩晝夜。太平軍的船隻幾乎全被燒燬，南王馮雲山亦中礮陣亡。於是太平軍棄去輜重，改走陸路，連破道州、江華、永明嘉禾藍山桂陽郴州等處。西王蕭朝貴探知長沙守備單薄，率領一支隊由安仁攸縣醴陵突進。總兵和春和江忠源向榮先後趕來救援，蕭朝貴奮力攻城，中礮陣亡。洪秀全楊秀清等在郴州得訊，卽引全部軍隊，趕至長沙。清軍在長沙的兵力頗厚，太平軍猛攻三月不能破，乃渡湘水，由寧鄉破益陽，出臨資口，過洞庭湖，直取岳州。守岳州的清軍棄城而逃，城中所藏吳三桂遺下的軍械，盡被太平軍所得。洪秀全本擬由常德北進，取陝西爲根據地，東向出山西而攻北京。得岳州後，聞知長江一帶淸軍很單薄，乃封船五千餘艘，順流東下，破漢陽武昌。在武昌將軍隊稍行整頓一下，卽於民國紀元前五十九年陰曆元旦出發東進。不到一個月工夫，連破九江、安慶、太平、蕪湖，直抵南京城下。其時太平軍水陸合計號稱百萬，攻南京七日，城破。洪秀全卽將南京定爲天京。

洪秀全在永安，卽頒行奉天討胡檄，歷數滿淸入關以來蹂躪中國的罪惡，自稱係奉上帝之命起義兵救中國，全篇都是喚起種族思想激勵人心的話。由永安出發至長沙，在途中制定軍制：凡五人爲「一伍」，其中一人爲「伍長；」五伍二十五人爲一「兩，」首領爲「兩司馬；」四兩一百人爲一「卒，」首領爲「卒長；」五卒五百人爲一「旅，」首領爲「旅帥；」五旅二千五百人爲一「師，」首領爲「師帥；」五師一萬二千五百人爲一「軍，」首領爲「軍帥；」軍帥以上有監軍，由天王自爲元帥。軍中都是血氣方盛，富有排滿思想的青年，不僅是男子，亦有女子兵。男女分營，不相混雜，禁止吸鴉片和飲酒賭博，軍紀極嚴。所以由永安至南京，到處受人民歡迎。西洋人見了也都歎服。行軍所到的地方，便開會宣傳上帝教，叫做「講道理。」每七日一禮拜，讚美上帝，儀式與基督教略同。立有天條十通，略仿摩西的十誡，內容除關於宗教信仰的以外，都是有益風化的。一路禁煙，禁酒，禁賭博，禁淫穢歌曲，禁婦女纏足，禁娼妓，禁蓄妾，禁買賣奴婢，對於改良習俗提倡人權的設施很努力。在南京立天京後更創設種種新的制度。仿太陽曆法，制定新曆，以三百六十六日爲一年。又主張土地國有，訂立田畝分給的制度，很有有田同耕無人不飽暖的深意。金錢亦不許私藏，凡貯銀滿十兩貯金滿一兩的，認爲私藏犯法，應受處罰。英美法等國，曾派公使至天京考察，見其政府中人多係青年，軍隊秩序十分良好，都很敬佩。可惜洪秀全從此安於小成，深居宮中；楊秀清從此專權放肆，排除異己；而且封賞太濫，有王號的多至不可勝數，乃伏下後來內部爭亂的禍根。對於列強，亦不知講求外交手段，漸失同情，終於大吃其虧。

太平軍由武昌向東，向榮卽在背後跟蹤追趕，南京城破後十數日，亦至城外，卽結營於城東孝陵衛，是爲江南大營。琦善亦率領直隸陝西黑龍江馬步各軍，奉命自河南至揚州結營，是爲江北大營。這兩座大營名爲負責剿辦太平軍的，其實八旗綠營的暮氣已深，徒然糜費軍餉罷了，於清朝毫無利益，於太平軍的活動並無多大妨礙的。

太平軍佔領南京後的活動有兩個方向，一是北伐，一是西征。北伐的太平軍，由林鳳祥李開芳等統率。從南京東出，佔鎭江，渡江破揚州，據臨淮關，陷鳳陽府，入河南省，取歸德，攻開封，過黃河圍懷慶。適逢清軍漸在懷慶集合，攻守的形勢一變。太平軍乃突至山西省，經垣曲曲沃，破平陽，出潞路黎城之間的小徑，襲取直隸的臨洺關，打潰由懷慶凱旋的淸軍，向北進占深州。清政府命僧格林沁勝保合力抵禦，太平軍與他們大戰於深州城外，大受挫折，乃棄深州突擊天津。勝保隨後追趕，太平軍不敢圍攻天津，退至靜海，分屯獨流鎭楊柳青等處，與清軍相持不久，太平軍糧食缺乏之勢漸窮蹙，不得已乃退阜城。楊秀清派兵由安徽入山東，以救阜城被困的孤軍，不料被勝保連破於臨清曹縣。於是阜城的太平軍更不能支，突圍向南至連鎭，分兵據高唐州。終於民國紀元前五十七年，被僧格林沁擊潰，林鳳祥在連鎮被擒，李開芳由高唐州逃至馮官屯被擒。

西征的太平軍，由胡以晃賴漢英羅大綱等統率，從南京西出，分攻安徽江西，進規湖北湖南。起初進行尚順利，再陷安慶、九江、漢陽、武昌，連破岳州湘陰，八旗綠營，那裏抵當得住。豈知湖南書生江忠源曾國藩等招集農民臨時編練的鄉勇，反成了太平軍的勁敵。

當川楚教匪作亂時，清朝便已利用鄉勇爲平亂的主要武力。太平軍起事後，清朝見江忠源率領鄉勇，屢挫太平軍之鋒，乃於民國紀元前六十年，命丁憂在籍的侍郎曾國藩會同湖南巡撫，辦理本省的團練。曾國藩既奉命，即就地募集樸實的農民爲兵，使秉性質直通曉軍事的書生爲軍官，但求其精不求其多，參酌明朝戚繼光的兵法，編制訓練。其最初目的，只是清除湖南會匪，保護鄉里。後來出境與太平軍交戰，也不是完全爲着維持清朝；但看其於民國紀元前五十八年所發佈的討粵匪檄，便足見其別具用意。這檄文的大意，完全是指斥太平軍違背中國固有的習俗，滅絕中國固有的禮教。舉太平軍在郴州焚孔子廟毀孔子木主，和沿途破壞佛寺、道院、城隍、社壇，不敬關帝岳王等事實，以激起一般書生和農民的義憤，使大家因信仰不同而與太平軍爲敵。所以此後洪秀全與曾國藩的戰爭，實在是含有宗教戰爭的意味；也可以算是新思想與舊禮教的衝突。畢竟舊禮教在中國社會有根深蒂固的勢力，所以曾國藩領導的擁護舊禮教運動，終於把洪秀全領導的民族革命社會革命的運動壓倒了。曾國藩的勝利，又給了滿清政府便宜，使得再延長五六十年的運命。

曾國藩所練的鄉勇，後來因出省征戰而擴充，乃有湘軍之稱。民國紀元前五十九年，賴漢英率太平軍圍南昌，入江西腹地。江忠源在九江得訊，即趕至南昌，並向曾國藩告急。曾國藩使羅澤南帶湘勇千餘人往救，其銳氣居然使太平軍解圍而去。這是湘軍出省與太平軍交鋒的第一次。南昌之戰，江忠源等見太平軍都以船爲營，方知編練水師的緊要。於是曾國藩移駐衡州，督造礮船，練成水師十營。民國紀元前五十八年，湘軍水陸共一萬七千人，由衡州過湘潭至長沙。其時太平軍連破岳州湘陰，曾國藩即派兵抵禦，終把太平軍驅出湖南省。然後進至湖北，會同荊州清軍，克復武昌漢陽。清政府即命曾國藩進取九江安慶，恢復南京。湘軍攻九江急，太平軍乃向長江上游，設法牽制。武昌漢陽都遭陷落，曾國藩攻九江不下，成了上下受敵之勢，乃留一部分兵圍九江，而自往南昌籌劃戰守。這時候，江西各州縣，幾乎全被太平軍佔有。湘軍重要將領塔齊布羅澤南先後在九江武昌因攻城戰死。曾國藩困居南昌，一籌莫展。

湘軍的受困，當然於太平軍有利益。豈知所伏內部爭亂的禍根，恰在這當兒發作，把一個大好機會，憑空錯過，並致元氣大傷，從此漸漸衰落。民國紀元前五十六年，楊秀清乘向榮分兵攻安慶寧國和江蘇溧水的時候，督同李秀成陳玉成攻江南大營。向榮兵力單薄不能抵禦，逃至丹陽，得病而死，江南大營乃潰。楊秀清久已有廢洪秀全自立之意，此時以爲大功莫及，更加專橫。洪秀全見勢不佳，密召韋昌輝從江西入天京，設法除楊秀清。韋昌輝乃用計殺楊秀清，並殺其黨羽三千餘人。石達開在湖北得訊，頗不以爲然，趕回責備韋昌輝。韋昌輝不服，擬將石達開一併殺害。石達開覺察了，從城上縋下，逃至寧國。洪秀全見韋昌輝殺戮過度，便密約楊秀清餘黨把他攻殺，召回石達開。石達開至天京，見洪秀全對他也不免疑忌，乃回至安徽自成一軍，脫離洪秀全。於是起兵時的諸王，重要的一個也不存了，軍國大權，全落入洪秀全的兄弟洪仁福洪仁達的手中，漸漸腐化。太平天國，從此開始崩壞。

太平軍的內訌，使正在轉機的西征軍事大受頓挫。而擁護舊禮教的湘軍，得此機會，便轉危爲安。羅澤南攻武昌戰死後，由其大弟子李續賓接統其兵，居然把武昌攻下。胡林翼坐鎮武漢，竭力經營，屹然爲長江上游的重鎮。於是湘軍乃能回救江西，攻破九江，向下游發展。江南大營自向榮死後，淸政府又命和春爲欽差大臣，督同向榮舊部張國樑盡力攻戰，亦於民國紀元前五十五年冬連破鎭江瓜州，仍在南京城外紮營。太平軍的軍勢，日漸窮蹙，至民國紀元前五十四年夏，只佔有南京安徽了。但是這時候淸政府又遭英法聯軍之禍。太平軍中後起之秀李秀成陳玉成乃能乘機進取，再作一度迴光返照的發展。

陳玉成專負安徽湖北方面攻略的責任，以安慶爲根據，由英山霍山，繞商城破黃安。胡林翼亦使李續賓統湘軍攻安徽北半部，都興阿統水師攻安慶。李續賓先克復黃安，追至商城，連破太湖、潛山、桐城、舒城。太平軍又佔廬州，李續賓由舒城往救，統率精銳四五千人攻三河集。陳玉成等從廬州來戰，連營數十里抄湘軍後路。李續賓在四面包圍之中，奮力死鬬，力竭陣亡。湘軍精銳，差不多全滅。而都興阿的水師，也只得由安慶退至宿松。李秀成卽乘此機會，調集各方軍隊，探知江南大營兵分力薄的時候，突然進攻。張國樑苦戰八晝夜，終不能支，潰退丹陽。太平軍追至，張國樑因傷投河自尋。和春逃至常州，亦受傷嘔血而死。太平軍乘勝進佔常州蘇州松江太倉嘉興湖州等處，盡得東南財富之區，軍勢一振。

湘軍在三河集大敗後，曾國藩統籌全局，以爲要削平大亂，必將南京攻破；要將南京攻破，必先佔有安慶。民國紀元前五十三年秋，曾國藩至黃州，與胡林翼商定進兵安徽的計劃。其時安徽的太平軍與捻子會合，聲勢方張。曾國藩駐宿松，胡林翼駐英山，指揮進攻。陳玉成由廬州帶兵十萬來迎，與湘軍先鋒鮑超相遇於太湖潛山之間的小池驛。鮑超部下只有三千餘人，苦守不退。曾國藩胡林翼調各軍應援，於民國紀元前五十二年春，大敗陳玉成。這是湘軍攻入安徽的第一次大戰。此後，曾國藩專攻安慶，並派兵北進攻桐城。江南大營被攻破後，清政府命曾國藩爲兩江總督，督辦江南軍務。曾國藩乃將攻安慶的責成，交付其弟曾國荃，自己進駐祁門。太平軍出全力環而攻之，意欲使曾國藩撤退攻安慶的重兵。曾國藩冒險支持，堅守其力攻安慶的計劃不動。安慶終於民國紀元前五十一年，被曾國荃攻破，而戰局一變。曾國藩乃使鮑超肅清江西，多隆阿攻安慶以北，曾國荃平定沿江要隘。民國紀元前五十年，多隆阿破廬州，陳玉成逃往壽州，投奔練匪苗沛霖，反被擒獻於勝保，於是太平軍在安徽的勢力完全失墜。曾國荃亦同時由安慶東下，連破蕪湖太平，佔大勝關秣陵關，直逼南京，駐營雨花臺，湘軍的勢力逼近天京城下，太平天國的末日將到了！

安慶被曾國荃攻下後，李秀成見事勢危急，即行分兵攻杭州，以圖牽制。曾國藩乃薦左宗棠爲浙江巡撫，主持浙江軍事，薦李鴻章爲江蘇巡撫，主持江蘇軍事。又因湘軍戰守各地，無可分撥，屬李鴻章仿湘軍成規，往淮徐一帶招募勇丁，別立一軍。李鴻章遵囑辦事，練成淮軍。民國紀元前五十年，僑居上海的江蘇官紳，雇輪船七艘，由安慶迎淮軍至上海。

上海爲南京條約所開五口之一，有外人居留地在城北。太平軍入南京時，上海英領事即組織義勇隊，防守居留地。民國紀元前五十九年，七首黨占領上海縣城，各國領事即宣言居留地中立，不供雙方攻擊防禦之用。同時各方避亂人民，紛集上海，地方乃日漸繁盛。於是帝國主義者即乘機竭力經營，利用機會，超出不平等條約許給的權利，盡量侵奪中國的主權，使上海租界，變成與外國領土無異。李鴻章帶領淮軍至上海後，帝國主義者見其往日所歎服的太平軍已漸入沒落時期，乃盡力援助淮軍，恢復松江蘇州，這種投機的行爲，並非愛護清政府，是要使淸政府忘卻南京條約天津條約北京條約的奇辱大恥，以便任意侵略，並可以承認其在上海所有超出於不平等條約的規定的各種經營。帝國主義者的用心和行爲，眞是險惡極了！

民國紀元前五十年，南京大疫，曾國荃營中病死的人很多。李秀成由蘇州率領號稱六十萬的大軍，猛烈進攻，湘軍苦守四十六日，沒有被攻破。而江浙兩省卽在此後二年間，漸被李鴻章左宗棠分頭平定。民國紀元前四十九年冬，李秀成從蘇州敗退至南京，卽勸洪秀全棄了南京避至他處，洪秀全不聽，於是蔓延十六省如火如荼的太平軍最後竟坐困南京苟延歲月。民國紀元前四十八年夏，曾國荃鑿隧道轟破南京城。洪秀全於城破前一月服毒自殺，李秀成於城破後逃出被擒殺。其石達開一股，自與洪秀全分離後，從江西入湖南，又入廣西，最後於民國紀元前五十一年在四川覆沒。太平天國自金田村起兵，至南京城破，凡十五年而亡。

【研究問題】

清朝平定川楚教匪之後，爲什麽仍不能挽回由動搖而崩壞的局勢？

爲什麽帝國主義的大潮流衝入中國後，能够把秦漢以來的成例衝破？

這種宗教性的祕密結社爲什麽在民間能够占大勢力？

團練是防盜匪的，爲什麽要與貧農的集團相衝突？

太平軍能有這麽的聲勢，是什麽原因？

太平軍怎樣會主張土地國有，並且禁止私藏金錢的？

曾國藩既不爲擁護清朝爲什麽要與太平軍爲敵？

太平軍不敬孔子關帝岳王，破壞佛寺廟宇，怎樣會使書生和農民起反感？

爲什麽攻太平軍必須編練水師？

太平軍爲什麽會發生內訌的最主要的原因是什麽？

胡林翼坐鎭武漢與討伐太平軍的戰局有什麽關係。

曾國藩的軍略有利於戰局的是那幾著？

李鴻章帶淮軍至上海，與戰局有什麼影響？

在中國的外人居留地由外國人組織義勇隊，和對於中國的內亂宣告中立，於中國的主權有什麼影響？

太平天國的滅亡有幾種原因，對於此後的中國有什麼影響？

第六十五章　捻亂和回亂

當太平軍佔江南的當兒，淮北又有捻子和練匪之亂。太平軍和捻子在中國中部鬧得正急，西南的雲南和西北的陝、甘、新疆，又有回亂發生。那時候的中國，差不多沒有一處地方不經亂事的了！

捻子是山東的游民，相聚而爲流寇式的盜匪。其名稱，不知道是怎樣起源的。據說初起於山東，後來漸漸蔓延到河南、江蘇、安徽、湖北四省接界的地方。當淸聖祖（康熙）時，每逢農事空閑的時候，農民照例有所謂「拜捻」的集會，大家捻紙燃脂爲龍戲，以爲可以驅瘟逐疫的。後來不知怎樣這「捻」字變成了匪徒集團的名稱，那些尋仇燒殺、嚇詐取財、擄人勒贖的匪徒，或數十人爲一捻，或數百人爲一捻，在捻的匪徒，就被稱爲捻子。仁宗（嘉慶）宣宗（道光）時，匪徒聚黨日多，白晝行刼，漸成地方的大患。山東河南安徽湖北的地方官，都立有以人數多少定罪名輕重的案例，處治被捕的捻子。太平軍起事於廣西，淸政府乃下令嚴拿捻黨，河南安徽一帶乃大起騷動。太平軍佔有南京，出兵北伐西征的時候，亂事區域與捻子出沒的區域接連了，捻黨便大爲活動。清政府正忙於應付太平軍，無力剿辦，捻子乃屢起擊敗官兵，十分猖獗。巨魁張洛行，占安徽省蒙城縣的雉河集❶爲根據地，北攻河南省歸德府，影響太平軍。清政府迭命勝保袁甲三剿辦，雖屢獲大勝，然而他們東流西竄，又兼練匪苗沛霖從中搗鬼，非但不能根本撲滅，反見愈鬧愈兇。

苗沛霖係安徽省鳳臺縣的一個秀才，捻子作亂時，他借着防捻爲名，組織團練；實際是一個勾結捻黨的土豪，擁兵自重。民國紀元前五十四年，受勝保之招撫，因功保舉爲川北兵備道。但是他的態度依然很曖昧，雖受了清朝的官職，卻不肯穿清朝官員的制服，仍使部下呼他爲苗先生。不久，又擅自動兵攻壽州，凡與他不合的豪族，多被殺戮。清政府得訊，卽行將他革職，將派兵討伐他，他再求勝保收撫，而一面又與太平軍陳玉成通聲氣，受太平天國封爲平北王，還是不脫反覆叵測的本相。

民國紀元前五十二年，英法聯軍入北京，捻黨乘機竄至山東，陷濟寧，攻略曹州附近。清政府命僧格林沁負責剿辦；僧格林沁急功自負，想把捻子一鼓盪平，反因輕進連敗於鉅野菏澤。但是僧格林沁的部隊，是由蒙古騎兵組織而成的，比了其他清軍畢竟要算是比較能戰的，往來奔馳，經大小數百戰，終於民國紀元前四十九年攻破匪巢雉河集。巨魁張洛行逃至宿州，被苗沛霖設伏擒住，獻給僧格林沁，因此被殺。苗沛霖自以爲建立大功❷，當受重賞，不料清政府十分冷淡他，連革去官職也不給他開復，因此憤憤不平，即於擒獻張洛行後五月，勾結捻黨，再行攻陷壽州懷遠，進圍蒙城，連營百餘，聲勢頗大。僧格林沁引大軍南下來攻，苗沛霖部下親兵，原係陳玉成舊部，因畏懼僧格林沁的軍威，突然叛變，殺苗沛霖而投降。餘黨聞知苗沛霖已死，便紛紛降服清軍，於是所謂練匪的勢力，完全消滅。

練匪雖滅，捻子的聲勢又盛。張洛行的姪兒張總愚與任柱牛洪各有部下數萬，出沒於河南安徽一帶。湘軍破南京，遵王賴文光逃往北方，亦變爲捻黨首領。由陝西向東的太平軍亦多在河南湖北兩省接界之處與捻黨化合。捻黨力量大增，乃竄入山東，有進逼京畿的模樣。僧格林沁帶兵在河南南部搜剿捻黨時，因人民怨其部下殘暴轉與捻子聯絡；被捻黨所算，屢次布設伏兵，殺害其部下良將數人。因此捻黨竄往山東，僧格林沁親自帶領輕騎數千，日夜追二三百里。捻子的行蹤更飄忽，往東西分走，使僧格林沁往來追逐，十分疲乏。民國紀元前四十七年夏初，僧格林沁追捻黨至曹州以南，遇伏兵大敗，退入空堡。捻黨在堡外包圍數重，僧格林沁因軍糧乏缺，乘夜突圍，在黑夜混戰中被殺。

僧格林沁陣亡的消息傳至北京，清政府大驚恐，卽命曾國藩督辦直隸山東河南三省軍務。曾國藩見捻黨已成流寇，不宜一味追剿，乃立圈制之法，於安徽臨淮關、山東濟寧府、河南周家口、江蘇徐州府，四處各設重兵，鎭守捻黨出沒最熟的區域，於是剿辦捻黨，漸有條理。不久，曾國藩因湘軍於平定太平軍後已遣散大半，不如把剿捻的責任交給其勢方盛的淮軍，乃薦李鴻章代督軍務。李鴻章接辦後，又築造長牆，扼守運河，編練水師，扼守黃河。從此捻黨處處觸網，不得不分爲東西兩大股。張總愚等一股竄入陝西，叫做西捻；賴文光任柱等一股出沒於湖北河南山東之間，叫做東捻。民國紀元前四十五年，東捻得鄆城梁山寨土匪的幫助，攻陷戴廟，衝過運河長牆而向東。李鴻章定倒守運河的計畫，使東捻不再衝至運河以西。任柱賴文光屢次想衝破堤牆，都被擊退。捻黨窮蹙，任柱在江蘇省贛榆縣被部下刺殺，賴文光竄至揚州被擒，東捻遂平。西捻入陝西後，清政府命左宗棠督辦陝甘軍務，專任剿治。左宗棠帶兵入潼關，與張總愚轉戰於涇水渭水之間。張總愚大敗於同州東北，即由宜川縣渡黃河入山西，從平陽絳州至河南省，攻陷衞輝府，竄入直隸省。左宗棠帶兵追擊，李鴻章也派隊渡黃河來會剿。捻黨用馬隊到處衝突，官軍不易合圍。清政府乃一面用堅壁清野法，使捻黨難於抄掠，漸漸受困；一面也用長牆圈制法，使捻黨不能衝至黃河以南，運河以西。民國紀元前四十四年，張總愚被逼束在運河黃河徒駭河之間，至山東省荏平縣境，十分窮困，乃投水而死，西捻亦平。

太平軍和捻黨既平，清朝對於中國的統治地位，又歸穩定，乃進向西南和西北邊地，剿辦回亂。然太平軍和捻黨的平定，雖以湘軍和淮軍爲主要的武力，但尙有滿洲兵和蒙古兵參加；而剿辦回亂，則完全倚仗漢人的力量。這就可知那時滿族勢力的漸漸衰替，而漢族勢力漸漸強盛了。

回族的雜居於中國，是唐朝時開始，而元朝時更盛。回族人的宗教習慣是與漢族不同，漢回間之感情終不甚浹洽，往往至於爭鬪。地方官吏平時大都袒護漢人，抑壓回人。回人積怨漸深，便激成變亂，仇殺漢人。官吏又怕鬧出大事來，便只管糊塗敷衍。這種互相猜忌而不能相安的情形，已非一日了。

太平軍起，清朝的聲威大跌落，雲南的回人，乃因細故而激變，一時紛起，竟至無法平定。民國紀元前五十七年，永昌回人杜文秀在蒙化糾衆萬餘人起事，攻佔大理府。大理以東的回人，紛起響應。雲貴總督恆春見勢不佳，自縊而死。雲南巡撫徐之銘被盤據省城的回人掌教馬德新挾制，徐之銘亦卽靠了回人的勢力，把持權位。清政府命潘鐸爲雲貴總督，於民國紀元前四十九年，竟被馬德新招來的回將馬榮所殺。一時雲南形勢十分混亂。幸而有個由廣西土司出身的代理雲南布政使岑毓英，竭力抵抗，他又撫用回將馬如龍先行平定省城，逐走馬榮。馬榮逃至曲靖與回酋馬聯陞聯合。岑毓英與馬如龍合力進攻，於民國紀元前四十八年大破馬聯陞於天生關。不久卽攻克曲靖，殺馬聯陞，克尋甸，殺馬榮。岑毓英卽以曲靖爲根據地，養兵積糧，準備攻打杜文秀。民國紀元前四十五年，杜文秀乘岑毓英奉命往貴州西境剿治苗亂，大舉圍攻省城。明年，岑毓英出貴州凱旋，總兵楊玉科亦從四川來援；岑毓英乃使楊玉科收復省城迤西各重要城邑，自己與馬如龍協力救省城。又明年，省城的圍解，岑毓英與楊玉科合兵經略省城迤西。至民國紀元前四十年，破大理府，杜文秀自殺，蔓延五十餘城，歷時十八年的雲南回亂，於是大定。

雲南發生回亂時，陝甘的回民，亦被煽動。民國紀元前五十年，太平軍糾合捻子突入陝西，陝西的回勇聞風驚潰，散至各地擾害人民。人民聚衆抵禦，殺死回勇二人，回民紛起反抗，就此觸發了陝甘回亂的動機。恰有雲南叛亂的回人於失敗後逃至陝西，乃乘機煽動陝西回民起兵作亂。清政府命多隆阿爲欽差大臣，督辦陝西軍務，陝西的回亂略平。但甘肅回人，又起擾亂，固原平涼寧夏靈州等處，先後失陷。馬化龍佔據金積堡，自命爲教主。雲南的藍大順藍二順從四川突入陝西，與陝回聯合，攻佔盩厔。多隆阿將追剿甘回，先攻盩厔。盩厔城雖小，但十分完固，藍大順又竭力守禦，急切不易攻下。清政府詰責多隆阿，多隆阿乃掘地道轟城，把藍大順攻殺，自己也傷重身死。

民國紀元前四十五年，清政府命左宗棠爲欽差大臣，督辦陝甘軍務。其時陝甘境內亂事，有捻子，有回民，左宗棠亦把軍隊分爲二部，一部分剿捻，一部分剿回。但因西捻出陝西後，竄入直隸，左宗棠即帶兵出境追剿。至西捻剿平後，左宗棠乃於民國紀元前四十四年回師西安，專心剿回。其時甘肅土匪董福祥新起，佔據花馬池，十分猖獗，陝西北部亦受其影響。甘回白彥虎在董志原設立大營，指揮回民到各處騷擾。左宗棠乃立定三路平回的計畫：命劉松山指揮北路，由綏德取花馬池，直搗金積堡；命周開錫指揮南路，由秦州出鞏昌，攻狄道河州；親自督同劉典等由中路，將陝回驅入甘肅，以便與甘回一併解決。劉松山至綏德，攻滅大理川小理川一帶的敵營凡數百，斬回民無算。董福祥的老巢在鎮靖堡，劉松山派兵包圍，董福祥窮蹙了，只得投降。白彥虎在董志原也站足不住，撤營退往金積堡，行至靈州，亦被打敗。於是陝西肅清。馬化龍屢次與劉松山戰，都失敗，乃假意請降，暗地裏準備抵抗。劉松山察出他的詭計，引兵直逼金積堡，不幸中彈陣亡。左宗棠即命劉錦棠接統劉松山部，繼續猛攻金積堡，終於民國紀元前四十二年攻破，馬化龍被殺。至民國紀元前四十年，三路平回的計劃完全實現，左宗棠即進駐蘭州省城，派兵經略黃河以西。當年，劉錦棠大破回兵於西寧大通。明年，左宗棠親自督兵攻下肅州，白彥虎逃出嘉峪關，於是剿回的戰事亦即隨着移入新疆。

陝回作亂時，派人至各處煽動，於是新疆回亂大起。陝回阿渾妥得璘出嘉峪關至烏魯木齊，勾結參將索煥章，於民國紀元前四十八年據地自立，稱淸眞王。同時喀什噶爾回民金相印亦引浩罕回酋阿古帕汗佔取天山南路八城。天山北路的漢民因亂組織義勇兵，行屯田制自衞；迪化的徐學功最有勇略，擁有民兵五千人。妥得璘與阿古帕相攻，阿古帕引徐學功爲幫手，合力攻烏魯木齊，妥得璘敗死。不久阿古帕又與徐學功起衝突，徐學功抵敵不住，退入綏來南山。於是阿古帕占有天山南路的全部和天山北路的一半，便由喀什噶爾移駐阿克蘇，經略伊犂。民國紀元前四十一年，俄國派兵侵佔伊犂，阿古帕乃退歸喀什噶爾，從事整頓內部，想要聯合中央亞細亞的回教徒，建一回教國於中英俄三國領土之間。便一面託徐學功介紹，向淸政府求册封；一面派人與英俄通好，求他們承認。俄國竟然與他締結通商條約，英國也頗想利用他，由印度總督派人與他往來。駐北京英國公使又代他向淸政府請求封他爲外藩。所以淸政府中也因阿古帕聲勢浩大，用兵繁費，有人主張把天山南路放棄，以求苟安。左宗棠於民國紀元前三十七年，奉命督辦新疆軍務，卽向淸政府陳述：『臣一介書生，享高位顯爵，爲平生夢想所不到。現今年已六十五，豈有再想立功邊疆，貪圖功名。實因俄國佔據新疆，阿古帕佔據喀什噶爾，倘若置之不問，後患不堪設想，所以堅決主張討伐，』淸政府見了。乃決意用兵平新疆。明年，左宗棠進駐肅州，命劉錦棠出嘉峪關由巴里坤❸進佔古城，收復烏魯木齊和迪化府。又明年，劉錦棠連破哈密吐魯番各城阿古帕見天山南路將不保，而浩罕又於昨年被俄國吞滅，氣忿不過，服毒自殺。其子伯克胡里與白彥虎合力保守天山南路。劉錦棠破白彥虎於庫車，天山南路東四城次第收復，伯克胡里和白彥虎退守喀什噶爾。左宗棠再進兵，至民國紀元前三十四年，天山南路西四城亦完全平定，阿古帕妻子和金相印父子都被擒殺。伯克胡里與白彥虎踰葱嶺逃入俄國境。

這紛擾西南和西北邊境的回亂，雖幸而平定，然因此又勾起了對俄對法的交涉。雲南的回亂，馬如龍託法國商人秋華伊購備軍械，法國的勢力，因此得由紅河深入雲南，以致後來在外交上發生無窮的糾葛。新疆的回亂，俄國乘機占領伊犂，後來亦成爲中俄外交上一大問題。

❶現今安徽省渦陽縣。

❷捻獻張洛行之前一年，太平軍陳玉成於廬州失敗後投奔他，亦被擒獻給勝保。

❸現今新疆省鎭西縣。

【研究問題】

捻子發生蔓延的區域，在山東河南安徽等省，是什麼緣故？

苗沛霖爲什麼要這樣的反覆叵測態度不明？勝保爲什麼要收撫他？

僧格林沁的陣亡，與他的戰略和軍紀有什麼關係？

爲什麼流寇不宜一味追剿？圍制法有什麼優點？

爲什麼又要築造長牆？爲什麼又要編練水師？爲什麼又要用堅壁清野法？

漢回的衝突有幾種原因？有什麼方法可以消弭？

雲南回亂爲什麼蔓延得這樣大這麼久？

陝回作亂時，爲什麼要派人至各處煽動？

阿古帕要建立回教國爲什麼要求中英俄三國的承認？爲什麼中國不允封他爲外藩，而英俄却都承認他？

左宗棠主張用兵新疆，與清政府有人主張放棄天山南路，對於當時的情勢那一種主張相宜？

第六十六章　俄國在東北及西北的侵略

清文宗（咸豐）穆宗（同治）兩朝，外患内亂，一時並起，鬧得京師殘破，各省受兵，紛擾得不可收拾。於是向抱侵略野心的俄羅斯，便乘太平天國勢焰方盛，和英法聯軍攻入北京的機會，攫取東北邊黑龍江烏蘇里河以外的地方；又乘新疆回亂的機會，出兵佔領伊犂，引起糾葛。因而索詐霍爾果斯河以西至巴爾喀什湖一帶地方。

民國紀元前二百二十三年，中俄尼布楚條約的締結，俄國經略黑龍江的野心，大受打擊；但是實在不能甘心。鴉片戰爭之後，歐洲列強都向遠東方面擴張勢力，俄皇尼古拉斯一世自然也躍躍欲試，乃於民國紀元前六十五年命木喇福岳福中將爲東部西伯利亞總督，付予經略遠東的責任。木喇福岳福以爲經略遠東，必須取得黑龍江航路；要取得黑龍江航路，必須得海軍的協力。俄皇尼古拉斯一世乃命海軍中將聶念爾斯克爲貝加爾號艦長，負鄂霍次克海堪察加海沿岸防守和黑龍江探勘的責任。民國紀元前六十四年，木喇福岳福至堪察加考察，見彼得羅保羅斯克形勢優勝，卽定爲太平洋海軍根據地。同年，聶念爾斯克探勘黑龍江口，深入韃靼海峽發見庫頁島係與大陸脫離的一個大島；凡吃水十五英尺的大船，可以由常年不凍的韃靼海峽航至黑龍江口。於是黑龍江口的價值大爲增高，而俄國經營黑龍江的野心更加急切。民國紀元前六十二年，聶念爾斯克占領黑龍江口的地方一區，命名爲尼古拉伊佛斯克，商由木喇福岳福請得俄皇的允許，建立城堡，編練軍隊一萬餘人，鎭守此地。並假借「俄米公司」的名義照會清政府道：「俄米公司爲經營事業的便利，在黑龍江口建築兵房一座，調駐軍艦一艘，以防他國侵入。」顢頇的滿清政府，竟然不提抗議，聽他們占領。此後五六年之間，聶念爾斯克繼續實行侵略領土，將庫頁島韃靼海峽和黑龍江下游地方陸續占領，並將太平洋海軍根據地由彼得羅保羅斯克移至亞歷山大羅甫斯克。而清政府正忙着應付太平軍，無暇顧及；守禦邊境的將吏亦貪圖苟安，對於俄國的侵略行爲，絲毫不加干涉。

民國紀元前五十九年，俄國與土耳其開戰，將引起英法二國的干涉。木喇福岳福歸俄京聖彼得堡，報告遠東形勢，主張乘機占領黑龍江，明年，俄皇命木喇福岳福擔任遠東守備事宜。木喇福岳福乃一面照會清政府，請派代表劃界，一面派兵由什勒格河入黑龍江。過雅克薩，至愛琿，派人見愛琿副都統，申明俄國軍隊航行黑龍江的緣由。都統見俄軍大部已至城下，十分驚惶，只得任他們通過。此後又於民國紀元前五十七五十六兩年，由黑龍江強行運送軍隊二次，並在黑龍江左岸扼要地點建設屯營四所，置兵防禦。於是黑龍江下游地方，實際上成爲俄國的領土了。

英法聯軍與中國開釁，俄國政府得英國「共同出兵攻北京」的請求，派布恬廷爲公使，與中國協議國境和通商事宜。布恬廷使道至伊爾庫次克，與木喇福岳福作一度協商，然後由黑龍江出海至廣東，與英法美三國公使取一致行動。木喇福岳福則在黑龍江左岸積極經營，築造許多營房。清政府派人向他詰問，他便說：『俄國派有公使在上海，一切可與公使協商。』一面只管積極經營不止。原來那時中國內有太平軍的擾亂，外有英法聯軍的侵迫，無暇再顧及黑龍江方面了。

民國紀元前五十四年，木喇福岳福忽然藉口清政府曾有「俄國交涉由黑龍江辦事大臣辦理」的話，先移哥薩克兵一萬二千於黑龍江口，再派人通知黑龍江將軍奕山道：『總督因有緊急事件回本國，將過愛琿，貴國若是要與總督商議境界事件，可以乘便一談，但總督因十分匆遽，也不希望急切協商。』奕山轉陳清政府，清政府不知是計，卽命奕山爲全權大臣，至愛琿與木喇福岳福會議。談判開始，木喇福岳福主張黑龍江口爲俄國戰勝英法所獲得的領土，要求將黑龍江以北烏蘇里河以東的地方劃歸俄國，提出預擬草案六條，逼奕山於明日回答。至明日，木喇福岳福託病不出席，使繙譯官代行談判。奕山竭力主張以尼布楚條約作根據，這繙譯官反對，說：『尼布楚條約是成立於中國兵力威迫之下，並非雙方願意締結。』並且出言恫嚇，有不惜開戰之意。奕山不敢堅決抗拒，乃於五月十六日簽訂愛琿條約，定黑龍江北岸完全爲俄國領土，烏蘇里河以東亦爲中俄兩國共管之地。尼布楚條約賦予中國的大興安嶺以南廣大領土，無端被割，殊可痛心！

兩星期後，英法聯軍攻下大沽礮臺，清政府派桂良與英法公使締結天津條約，俄公使布恬廷與美公使利特亦隨英法聯軍至天津。布恬廷卽與桂良結天津條約十二條。民國紀元前五十三年，俄國派伊格那替業福爲駐北京公使。伊格那替業福亦先至伊爾庫次克與木喇福岳福會晤，從恰克圖由陸路進北京。木喇福岳福送伊格那替業福至恰克圖後，即往愛琿條約規定中俄共管的烏蘇里河以東地方，派探檢隊考察沿海及內地情形，發見海參崴爲絕好軍港，即豫擬爲俄國將來太平洋海軍根據地。明年，俄國即派軍艦至海參崴，實行占領。

伊格那替業福至北京後，即利用機會介紹恭親王奕訢與英法公使議和，訂立北京條約。英法聯軍退出北京後，伊格那替業福即向恭親王索取酬報，要求將愛琿條約所定兩國共管的烏蘇里河以東地方完全讓與俄國。恭親王不便拒絕，乃於民國紀元前五十二年十一月與伊格那替業福訂立北京條約十五條，承認割棄烏蘇里河以東地方。木喇福岳福十餘年來苦心經營的對中國東北邊侵略的大計畫，至此竟不發一彈不折一兵的完全成功。俄國政府乃劃黑龍江以北爲阿穆爾省，劃烏蘇里河以東爲東海濱省。中國東北的邊防，從此不堪問了！

俄國的侵略手段，不僅施行於極東方面，在中央亞細亞一帶也着着進行。民國紀元前九十九年，與波斯戰爭，取得裏海沿岸一帶地方。民國紀元前八十四年再戰，又得阿美尼亞的一部。後來即進向東方，於民國紀元前七十二年脅服哈薩克布魯特二國。漸次經營葱嶺以西的回部大國布哈爾，於民國紀元前四十八年攻陷撒馬爾罕；至民國紀元前四十四年，布哈爾便成爲俄國的保護國。民國紀元前三十九年，又取基華國。民國紀元前三十六年又滅浩罕國。於是中國西北邊新疆的形勢，遂成赤露。

清高宗（乾隆）時，曾有俄國商人至喀什噶爾一帶貿易民國紀元前一百五十七年，衞拉特人有一部分人逃入俄國❶，高宗便察出俄國的侵略勢力，將成後患，乃派兵將喀什噶爾的俄國商人驅逐出境，下令除恰克圖之外，不許俄國人經商。此後俄國商人常優待浩罕人，經浩罕人的手，將俄國貨銷售於新疆方面。民國紀元前六十二年，俄國要求開放喀什噶爾爲貿易場，清政府不許，明年，伊犂將軍奕山與俄國結約，用試行貿易爲名義，開伊犂塔爾巴哈台二處爲貿易場。民國紀元前五十二年，中俄北京條約中國又許將喀什噶爾援照伊犂塔爾巴哈台的例開放，試行貿易。

新疆回亂發生之後，俄國便於民國紀元前四十一年以維持邊境治安爲名，出兵攻佔伊犂。又以通商爲名，想要進兵烏魯木齊，至綏來縣境，被徐學功打破，即行折回。同時並由俄國公使照會清政府，說明俄國派兵暫時佔領伊犂的事。清政府方始大驚，詰問理由。俄國政府答稱：『這是出於維持邊境安寧的必要，並無侵吞土地的惡意，倘若中國威令再能在伊犂方面通行，可保國境安全的時候，俄國當將伊犂卽行交還。』當時俄國政府以爲中國無力平定新疆的，所以如此說法。不料左宗棠劉錦棠等居然用兵收服天山南北路，竟把回亂壓平。清政府卽於新疆平定的一年，要求俄國踐約交還伊犂。俄國政府卻道：『若中國能保護國境將來的安全，又賠償俄國佔領伊犂的軍政各費，則俄國可以應許中國交還伊犂的要求。』清政府乃於民國紀元前三十四年派崇厚爲全權大臣，使根據俄國的答覆，往俄國交涉交還伊犂的事件。

這崇厚眞是一個昏庸的東西，到俄國後，一受俄國的威脅，竟忘了政府委任的權限，越出俄國關於交還伊犂的答覆的範圍，締結了十八條還付伊犂條約。其內容：除承認償還俄國佔領伊犂軍政費至五百萬盧布之外，輕易允許將伊犂南部關係國防很大而且十分肥沃的特克斯河流域廣大平原讓與俄國；並有關於劃界通商的條款，喪失權利很大。約文傳至中國，政府民間，無不萬分駭怪。崇厚回國時清政府卽下令將他革職，並議治死罪。一時主戰的空氣，轟動全國。清政府令左宗棠劉錦棠李鴻章等分頭整頓新疆軍備，和天津海防，亟亟備戰。俄國政府亦責備清政府不應治崇厚死罪，調海軍向黃海進發。兩國國交，有行將破裂之勢。

後來助剿太平軍的英將戈登，向清政府詳述開戰不利各點，力勸和平交涉。熟悉外交事宜之郭嵩燾曾紀澤等，亦剖陳萬不宜貿然動兵的事勢。清政府乃命駐英公使曾紀澤爲欽差大臣，往俄國改訂還付伊犂條約。曾紀澤奉命後，先赦免崇厚死罪，然後由倫敦往聖彼得堡，重開談判。俄國起初不肯廢棄成約，曾紀澤力爭，以崇厚所訂條約有越出政府委任權限之處爲理由，主張另從新議。結果雙方讓步，就崇厚所訂條約加以修改，於民國紀元前三十一年二月二十四日，改訂還付伊犂條約。約中重要條件的大意如下：

一、中國償還俄國代守伊犂的費用九百萬盧布。

二、伊犂西邊，從別珍島山，沿霍爾果斯河，南至烏宗島山廓里札特村以西的地方，割歸俄國。

三、准俄國在嘉峪關、吐魯蕃二處設置領事，其餘科布多，烏里雅蘇台、哈密、烏魯木齊、古城五處等商務興旺之後，由兩國陸續商議添設。又張家口設未設領事，亦准俄國商民建造舖房行棧。

四、蒙古各處各盟，均准俄國商民貿易，照舊不納稅，并准俄國商民在伊犂、塔爾巴哈台、喀什噶爾、烏魯木齊、和關外天山南北路各城貿易，暫不納稅，等將來商務興旺之後，由兩國議定稅則，即將免稅的成例廢棄。

這個新約，除爭回特克斯河流域一端之外，將償金增加四百萬盧布；並許俄國擴張通商權利，從此俄國的勢力可以公然侵入天山南北和內外蒙古，中國的損失亦頗不小。

❶參考本書第五十八章。

【研究問題】

俄國經略遼東，何以必須取得黑龍江航路？

俄國占領黑龍江下游，爲什麼清政府竟置之不問？

俄國由黑龍江強行運兵三次，對中國有什麼用意？

木喇福岳福要與中國協議劃界，爲什麼先移兵一萬二千至黑龍江口？

俄國割取黑龍江以北烏蘇里河以東的地方，與他們經略遠東有什麼關係？

俄國既佔伊犂，爲什麼要照會清政府？

清政府委任崇厚的權限是什麼？

怎麼說那時中國對俄宣戰是不利的？

還付伊犂條約中中國受到些什麼損失？

第六十七章　英法在西南的侵略

歐洲列強的經略遠東，在他們本是開拓殖民地的大競爭。英國首先把中國的紙老虎拆穿，其他各國亦即同時並起，對中國就彷彿成了「協以謀我」的形勢。所以俄國在東北和西北攘奪土地伸張勢力於滿、蒙新疆一帶的時候，英法兩國也在西南方面大肆活動了。

中國的西南，印度半島上有安南緬甸暹羅三國。清朝國勢極盛的時代，這三國都曾歸服，做清朝的藩屬。清仁宗（嘉慶）以後，英法兩國開始經營緬甸和安南。其時中國內部已不很穩定，無餘力顧及藩屬的事，英法兩國乃得了從容進佔無所顧忌的絕好機會。

民國紀元前一百二十三年時，清高宗（乾隆）所封的安南王阮文惠，原係西州土豪，歷史上稱爲「新阮」。原來佔據順化府自立的廣南王阮潢一系，歷史上稱爲「舊阮」。新阮攻滅舊阮時，阮潢的後人阮福映逃入暹羅，與法國教士百多祿悲柔相交好。阮福映有志恢復，百多祿悲柔爲他向法國政府求援。阮福映派其子阮景叡隨百多祿悲柔至法國，於民國紀元前一百二十五年在維薩里與法國政府締結法安同盟草約，訂明法國派兵助阮福映復國，事成之後法國割取化南島爲酬報。其時法國大革命起，盟約沒有正式簽字，法國政府也沒有派兵，僅由法國將校數十人以私人志願襄助阮福映。阮福映既攻入安南境，百多祿悲柔又請得駐在印度的法國軍隊來助，於是阮福映軍勢大振，恢復順化府，自稱嘉隆王。民國紀元前一百十年，阮福映攻破河內，滅新阮，統一安南，即派人至中國報告清政府，並請改國號爲越南。民國紀元前一百零八年，清仁宗（嘉慶）封阮福映爲越南國王。

當阮福映初起兵，得法國軍隊援助的時候，對於法國將校和教士都十分優待。百多祿悲柔死後，越南國基亦已穩固，對於法國人的待遇，不免漸漸冷淡。民國紀元前九十四年，法國內亂平定，法王路易十八世乃派公使與越南修好，並提及維薩里盟約。阮福映僅優禮款待公使，對於維薩里盟約取置之不理的態度。阮福映死後，他的後人漸與法國失和，甚至拒絕公使，驅逐教士。兩國間的惡感，乃愈積愈深。

清文宗（咸豐）時，法國總統路易拿破崙稱皇帝，想要向海外立些功績，好收拾國內的人心，得此機會，便樂得一幹。先行派遣公使向越南政府要求履行舊條，割讓化南島，並許通商傳教。越南政府不但不理，反派兵攻擊法國公使的乘船。法國公使大怒，開礮還擊而去。越南人更憤激，仇殺教士迭連發生。民國紀元前五十五年，又誤殺西班牙教士，明年，法國與西班牙聯軍伐越南，攻佔廣南港，其時法國又與英國聯軍攻中國，對越南的用兵，不免分散力量。在越南的法軍將領因廣南港離順化不遠，孤軍很難支持，乃於民國紀元前五十三年，攻下西貢，撤廣南港的兵，集中西貢，盡力把守。越南政府派大軍逼西貢，築營長圍；法軍守城的只有六七百人，形勢很危急。後二年，英法聯軍與中國的戰事結束，法軍凱旋過西貢，將越南軍擊退。明年，法西聯軍佔下交趾邊和定祥嘉定三州，又破永隆州，據康道爾羣島。而越南發生內亂，不得已乃向聯軍求和，於六月五日結媾和條約十二款，是爲西貢條約。重要條文的大意如下：

一、越南割讓邊和、定祥、嘉定三州和康道爾羣島給法國。

二、越南賠償法西聯軍軍費二千萬佛郎。

三、越南許基督教士自由傳教，並保護教士。

四、法西越三國人民，此後彼此自由通商；法商船舶得在湄公河自由往來。又爲監視一切起見，法國軍艦亦得在湄公河往來。

五、此後越南若割讓土地給其他外國時，須經法國認可。

這條約雖將越南放在法國的勢力範圍之內，但是還沒有明定越南爲與中國無關的獨立國家。民國紀元前四十五年，東埔塞發生民亂，下交趾全部動搖。法軍乃以代平亂事爲名，攻佔永隆、安江、和仙三州。於是下交趾六州，全歸法國佔有，就是現今的法屬交趾。

法國佔領下交趾之後，便多派測量隊探測通中國內地的水道。結果發見湄公河不適於航運，大爲失望，乃轉而注意紅河。恰有法國商人秋畢伊於中國雲南回亂時，受雲南提督馬如龍的委託，給發護照，使由紅河運輸軍械。民國紀元前四十年，秋畢伊居然由海防過河內安抵雲南。明年，由雲南回河內，想再販運食鹽至雲南。越南政府對於食鹽輸出，一向嚴禁，秋畢伊犯此禁例，當然要被阻止。秋畢伊倔強不聽，越南政府乃向法國西貢總督提出交涉。然而秋畢伊已與西貢總督部下將領勾通，西貢總督聽了部下將領之言，竟派軍艦闖入紅河。

這時候，紅河上游有中國太平軍餘黨廣西人劉永福佔據着，部下共二十五萬人，號稱黑旗兵；名爲受越南政府的招撫，其實是割據六七百里地面的一個軍閥。法國人闖入紅河，態度十分强硬，心上不服，極願幫助越南政府驅逐法國人；越南政府亦暗下資助他，教他動手。秋畢伊帶了法國軍艦闖入紅河，攻破河內，再進便與劉永福的勢力接觸，竟被黑旗兵打敗。西貢總督得訊，乃命秋畢伊退去，改取懷柔政策，得越南政府的歡心，乘機於民國紀元三十八年三月十五日在西貢締結法越和親條約二十條，其大旨如下：

一、法國承認越南爲獨立國，越南有內亂外患時，法國有盡力援助的義務。

二、此後越南的外交事務，須受法國的監督。

三、開河內東奈寧海三處爲通商口岸，許法國沿紅河至中國雲南省蒙自縣的河道內自由通航。

四、越南需用海陸軍教練官和軍艦軍器等一切軍用品，均由法國供給。

這條約的實際，已確定越南爲法國的保護國。然而越南向來是中國的藩屬，法國也不得不向清政府申明。清政府雖迭向法國抗議，但因忙於西北對俄交涉，沒有積極對付的動作，爭執多時，終於不得要領。民國紀元前三十二年，法國派兵駐守河內海防順化廣南等處，並派遣測量隊深入內地探測河道鑛脈。越南政府漸漸感悟西貢條約和親條約的不妥，有反抗法國之意，便一面派使臣至北京，仍請爲中國的保護國，一面竭力與劉永福聯絡，想利用他的兵力與法國爲敵。因此法國在紅河內的航運事業，大受黑旗兵的阻礙，損失不小。

民國紀元前三十年，法國爲保護紅河運航的權利，命海軍大佐黎威爾帶兵前往彈壓至河內，越南軍閉城拒絕，黎威爾開礮轟擊，即把河內攻陷。明年，劉永福與法軍開戰，黎威爾遇伏陣亡。法國即派大軍至河內，同時攻擊劉永福和越南京都順化府。攻劉永福的兵雖遭失敗，而攻順化的兵節節勝利，逼近順化府。越南政府不得已，向法軍求和，於民國紀元前二十九年八月二十三日立媾和新約二十八條，是爲順化條約，其主要條件如下：

一、越南自認爲法國的保護國；雖與中國交涉，亦須由法國紹介。

二、割讓平順州給法國。

三、法國在越南各要地得自由駐兵。

四、法國設高等理事官於順化府，統理外交事務，有獨自謁見越南王之權。

五、越南的外交關稅民政司法一切均受法國理事官的監督。

當黎威爾轍擊河內時，曾紀澤即向法國提出嚴重抗議，清政府亦以保護邊境爲名，派兵入越南。至順化條約成立之後，清政府即決計積極對付，命雲貴總督岑毓英兩廣總督張樹聲督辦邊防，統大軍入越南；任劉永福爲越南經略大臣，命廣西巡撫徐延旭進兵諒山，雲南巡撫唐炯進兵北寧；又任彭玉麟爲欽差大臣，總理廣東軍務，命南海大小軍艦一律備戰。曾紀澤向法國政府交涉，法國政府不承認中國對於越南事件有發言權，完全拒絕，外交上亦無可挽回，勢必出於一戰。

中國亟亟備戰之時候，越南政府亦起政變，不承認順化條約。法國政府大怒，再向越南出兵，於是中法開戰。法軍攻山西北寧，徐延旭唐炯敗逃，劉永福的黑旗兵亦潰退，越南人民紛紛服降。消息傳至北京，清政府主戰派都失勢，李鴻章主持和議，乃由廣東稅務司德國人德特林居間調停，與法國全權代表福爾尼在天津議定媾和草約五款，內容大致是：中國承認法國與越南前後所訂各約，立卽撤退派入越南的軍隊；法國軍隊不侵犯中國邊境，不要求賠償軍費，不侵犯中國國威等。中國方面，反對聲浪大起，一時彈劾李鴻章的奏章多至四十七封；法國方面亦以爲對中國讓步太多，和約被議會否決。不久，和局卽行破裂，戰事再起。

法軍以巡邊爲名，進至諒山，要求中國軍隊撤退。中國軍隊因未奉到本國政府的命令，請延緩十日。法軍不允，卽發生衝突。結果法軍敗了一陣，死傷數十人。法國卽指爲中國違背和約，要求中國賠款一千萬鎊。中國當然不肯答應，法國海軍少將孤拔率領軍艦攻臺灣，陷臺北基隆扈尾等礮臺。督辦臺灣軍務劉銘傳奮勇抵敵，方把法軍打退。孤拔又突入馬江，攻擊中國南洋海軍。中國海軍戰鬬力太弱，開戰不久，旗艦揚武號卽被擊沈，一小時內中國軍艦或沈沒或起火，完全沈沒。船政局和福州馬尾各礮臺，一起被燬。船政大臣何如璋，會辦海疆欽差大臣張佩綸皆逃，沿海各省，大受震動。孤拔再率艦隊攻臺灣，因有劉銘傳竭力防禦，不很得手，乃佔領澎湖島。

諒山方面，法國於開戰後調來援軍，把中國軍隊逼退，攻至鎭南關。中國名將楊玉科於法軍攻鎮南關時戰死，廣西大震。後來提督馮子材總兵王孝祺收集殘部，與法軍戰於鎮南關。馮子材年逾七十，奮勇當先，士兵見了大爲感動，都拚命向前；一場殊死戰，好容易把火礮精良的法軍打敗，軍氣大震。馮子材乃乘勝出關，克文淵州，奪回諒山。岑毓英亦同時大破法軍於臨洮，克復廣威承祥二州，前鋒抵與化府。這是鴉片戰爭之後，中國對外戰事唯一的勝利，其時爲民國紀元前二十七年三月。

法軍失敗的消息傳至巴黎，法國政府主戰派被反對派壓倒，乃命公使巴特納德赫向中國提出和議。在中國做總稅務司的英國人赫德，以彼此撤兵不索賠款爲條件，居間調停。始終主張和議的李鴻章，見法國來請和了，即便接受。於民國紀元前二十七年四月四日與法公使巴特納德赫議成媾和條約十款，大要如下：

一、中國承認越南爲法國的保護國。

二、中國擇勢開以上諒山以北二處開爲通商口岸。

三、法國撤退基隆澎湖的軍隊。

四、中國於南數省築鐵道時雇用法國人。

五、兩國另行派員勘定邊境，協定通商細則。

和約成立後，清政府即令各路軍隊退還邊境，將士們都恨恨連聲，拔劍斫地，不肯撤退。彭玉麟張之洞亦屢次通電詰問，表示反對。終因清政府貪圖苟安，嚴令依約辦理，戰爭於是結局。明年，又訂立越南邊境通商細則十九款。又明年，締結中越界務專約五款，和商務續約十款。在商務續約中訂明，「中國開廣西的龍州和雲南的蒙自蠻耗爲通商口岸。」把一個數千年來關係深切的越南輕易斷送了不算，還要無端放任法國的勢力伸入廣西雲南，以致西南邊防從此多事，這不可以說不是當時負外交責任者的一大罪過！

法國的侵奪越南，原爲與英國競爭在遠東的勢力，英國那裏肯甘心退讓。當法國苦心經營越南的時候，英國也在緬甸下手了。緬甸也是與中國很有關係的，民國紀元前一百四十三年緬王孟雲受清高宗（乾隆）册封，也就確定爲中國的藩屬了。緬甸的西邊，與印度孟加拉接界，因此和英國很容易發生糾葛。清宣宗（道光）時，緬甸王出兵攻西北各小國，吞併阿薩密。阿薩密不服，向英國求救，英國便於民國紀元前八十八年與緬甸開戰。區區緬甸，怎好與英國爲敵，結果當然是向英國割地請和了！從此緬甸人深恨英國，時常發生排英的事件。民國紀元前六十一年，英國因緬甸窘辱公使，虐殺教士商人，再與緬甸開戰，割取其南部海口擺古地方。緬甸的海口既被佔去，國內商務大受影響，經濟漸漸枯竭；因此屢想恢復，都歸失敗。乃又想要利用法國的勢力來抵制英國，於民國紀元前二十八年，與法國立約，割湄公河以東的地方給法國。英國得知了，便於民國紀元前二十七年借端出兵攻緬甸。❶其時法國正因越南事件與中國開戰，無暇兼顧。緬甸兵力不支，被英兵攻入國都蠻德勒，緬王錫多默被擄。明年，緬甸各地都歸英軍佔領，緬甸乃完全滅亡，成爲印度的屬地。清政府知道了，向英國抗議。結果，英國允許由緬甸人照向例每十年至中國進貢一次，中國承認英國對於緬甸有最高主權，雙方遷就了結。

越南緬甸既先後被法國英國吞併，印度支那半島上同爲中國藩屬，而介於越南緬甸之間的暹羅，當然也不免要受影響了。英國既併緬甸，便想進占湄公河上游，以通中國的雲南。法國也藉口暹羅以前曾侵占越南所有湄公河以東的地方，要求交還。暹羅政府不允，法國便出兵占據湄公河口，實行封鎖，兵鋒直逼其國都曼谷。暹羅政府不得已，於民國紀元前十九年把湄公河以東的地方，和河口的幾個小島割讓給法國。英國生怕法國吞併了暹羅於自己有礙，便與法國協商；分割暹羅所轄的南掌地方；共認暹羅爲獨立國，使與中國斷絕關係；相約不准派兵入境，也不准謀取特殊利益。從此暹羅便在英法兩大國互相箝制之下，維持其獨立國的地位了。

英法兩國在印度支那半島上的競爭，暹羅是得了幸運，但中國卻只有吃虧。江洪問題，便是一例。

英國既滅緬甸，便與中國發生境界的糾紛。民國紀元前二十一年，英兵至雲南騰越附近與居民大起衝突，於是兩國開始滇緬劃界的交涉。民國紀元前十八年，中國駐英公使薛福成與英國外相羅斯伯里，在倫敦締結滇緬境界及通商條約二十四款，其中訂明：『永昌騰越邊界以外的隙地歸英國，科干和從前中緬共有的孟連江洪二地歸中國；但孟連江洪二地，中國若不先與英國議定，不得讓與他國。』這孟連江洪二地卽爲緬甸王割讓給法國的湄公河東岸之地，英國並非不知，其所以給中國而不許中國任意讓與他國，用意是很深遠的。若中國能依約辦理，則可以避免自己與法國的直接衝突；否則自己再可以向中國要索賠償。這是英國外交家的絕好手腕，可是中國的外交官眼光短淺，入了圈套還不知覺！果然，中英滇緬境界及通商條約發表之後，法國便將從前對緬甸的野心，轉移到中國，於民國紀元前十七年，向中國要求修改前訂中越界務專約和商務續約。中國政府不能堅拒，由慶親王奕劻與法公使哲拉爾訂結中越境界及通商續議等條，胡亂將江洪地方認爲法國領土。英國得訊，便先與法國成立協約，除規定兩國領地境界和暹羅獨立事件外，訂明「對於中國雲南四川兩省的一切權利，兩國同樣享受並協助進行。」然後向中國責問違背江洪不割讓的成約，要索賠償。清政府無法拒絕，乃於民國紀元前十五年命李鴻章與英公使將滇緬境界及通商條約修正，除增開通商口岸外，並許「中國將來於雲南築造鐵道時，須與英國的緬甸鐵路相接。」

這樣看來，帝國主義者對於中國的侵略，除了武力以外，還用着狡黠的外交政策，詐取權利，這眞使人防不勝防！而中國的大受虧累，除了國力不強的重要原因之外，外交官的庸弱也是無可諱言的一大缺點。

❶緬甸王與孟買緬甸商業公司有爭議，印度總督出面調停，緬甸王不理，印度總督乃向緬甸宣戰。

【研究問題】

清朝對於藩屬是取什麼態度？他們國內有亂事時怎樣？那末這些小國爲什麼要請清朝册封呢？

阮福映借了法國軍隊復國，復國後怎麼不很受制呢？

西貢條約各要點，法國對越南有什麼作用？

法國爲什麼要先占下交趾？

越南政府怎肯聽法國的誘惑，訂和親條約？

順化條約訂明法國高等理事官有獨自謁見越南王之權，是什麼意義？

中法戰爭中國得了勝利，媾和條約中爲什麼中國還是吃虧？

越南的放棄，於中國西南的邊防有什麼影響？

緬甸被英國攻滅後；中國提出抗議的結果，中國是否吃虧？

緬甸的被棄，於中國西南的邊防有什麼影響？

江洪問題中國有何方法可以避免損失?

爲什麼英法協約要規定關於中國雲南四川一切權利的處分?這協約於中國有什麼影響?

第六十八章　琉球的放棄及中日之戰

列強帝國主義爭向遠東尋求殖民地的大潮流中，印度被吞滅了，中國被侵略了，獨有島國日本卻成了一個例外。大概是他們短小精悍的緣故吧，所以稍受驚動，即便覺醒，順着這大潮流發憤自強，非但不被吞滅，不被侵略，不久竟然追隨着先進國家吞滅人家侵略人家了。本章所記的中日戰爭，這要算是日本雄飛世界的一大關鍵。

當初日本也和中國一般抱着閉關主義，受過帝國主義壓迫的。民國紀元前五十九年❶，美國因日本仇殺教士，拒絕通商，派海軍提督配里率軍艦四艘，至日本逼開通商口岸。其時日本政府還是在封建軍閥控制之下，一切大權，都操在所謂幕府中將軍的手裏。幕府中的將軍們在美國軍艦威脅之下，自問兵力不敵，無法抵禦，只得應允。以後俄英法等國相繼而來，日本又增闢通商口岸數處。然當時日本的天皇尙是反對通商的，所以時常有排外的事件發生。民國紀元前五十年，有英國商人被薩摩藩王的部下殺害，英國軍艦即行進攻薩摩藩王的根據地鹿兒島地方。

明年，又因日本不許其商船駛入內海，發生礮擊下關的事件。那時候的日本，是與中國陷於同一的命運。不平等條約的束縛，各國也會強迫日本忍受的，日本人忍受不住，便急起掙扎，奮力從半殖民地的地位中跳出。民國紀元前四十四年，明治天皇即位，即行着手統一政權，變法維新。政治方面，幕府倒亡，封建制度根本崩壞。經濟方面，工商業大興，資本主義迅速發展。民國紀元前二十五年，日本人民向大皇請願立憲，二年後憲法完成，於是日本儼然成爲一個近代的國家，而以帝國主義爲國是了。

日本既變法，振興工商業，於是也有取得殖民地的要求。其第一目的，便是琉球。琉球從明朝以來，服屬中國，後來兼爲日本的藩屬。中英鴉片戰爭後，歐美各國認琉球爲獨立國，直接與琉球政府締結通商條約。日本於明治維新後，即設計要把琉球吞併。恰好民國紀元前四十一年，有琉球人民六十六人因航海遭遇颶風，漂流至臺灣。其中五十四人被生番牡丹族所掠殺，只剩十二人保全性命，由臺灣地方官保護歸國。明年，日本鹿兒島知事把這事報告政府，一時喧傳全國，彷彿是他們本國的一種重要事件。其時琉球王子至日本賀天皇統一政權，天皇即正式册封琉球王爲藩王，派外交官四人駐藩，代辦一切外交事宜。同時便照會各國公使，申明琉球已歸日本，接辦琉球政府與各國所訂的條約。布置妥貼後，乃開始辦理琉球難民被害事件。

事前，日本與中國已於民國紀元前四十一年締結修好條約，規定日本得設置領事於中國各處通商口岸。民國紀元前三十九年，日本派副島種臣爲全權大使至中國換約，卽乘便將琉球難民被害事件向清政府提出交涉。清政府推諉道：『臺灣生番向在化外，其殺人刼掠，中國政府不負責任。』副島種臣回國後，奏明天皇，卽以中國不負責任爲理由，命陸軍中將西鄉從道出兵攻臺灣。清政府得訊，乃責問日本何故擅行攻擊臺灣，並派沈葆楨爲欽差大臣，率大軍往臺灣，促日軍退出臺灣，西鄉從道不理，兩國國交勢將決裂。駐北京英國公使威妥瑪恐中日開戰有礙商務，乃居間調停。中日兩國乃於民國紀元前三十八年，由恭親王奕訢與專使大久保利通訂立和約：

一、日本此次出兵攻臺灣係保護人民應有的舉動，中國不認爲不是。

二、中國賠償撫卹難民銀十萬兩，賠償日本在臺灣修路建屋費四十萬兩。

三、臺灣生番由中國自行設法妥爲約束。

這條約的第一款，就是中國承認琉球屬於日本的一個確證。當時中國的外交官承認這曖昧條文，無端把琉球放棄，眞好糊塗啊！明年清德宗（光緒）元年，琉球王擬派使臣至中國慶賀朝貢，被日本禁止，琉球王尙因與中國有五百年歷史關係，戀戀不捨。民國紀元前三十二年，日本廢琉球藩，改爲冲繩縣，召琉球王入京，設縣知事統治地方，琉球於是被滅。清政府雖也提出抗議，英國公使亦向日本干涉，但清政府不能積極對付，終歸無效。這是日本侵奪中國藩屬的第一遭，也是中國放棄藩屬的第一遭，越南緬甸暹羅的放棄，還在其後。

日本旣收得琉球，第二步便想取得朝鮮。朝鮮與中國，從周秦至滿淸，一向很有關係。雖與日本也是從漢朝時起，卽發生交涉，但其關係遠不如與中國的密切。日本明治維新前十餘年間，日本與朝鮮間的國交一時中斷，民國紀元前四十九年，李熙卽位爲朝鮮王，其父大院君李昰應攝政，因執鎖國主義，排外事件迭有發生。法國美國先後派海軍攻擊，都無功退還。日本明治天皇卽位，派人往朝鮮修好。朝鮮政府見日本國書有大日本皇帝字樣，以爲惟中國君主可用皇帝的尊稱，不肯接受。日本使臣回國，報告朝鮮頑固，非用武力威嚇不可。於是日本輿論，一時征服朝鮮的主張，很占勢力。而朝鮮大院君亦卽下令與日本絕交，禁止人民與日本人往來，違者處死刑。當副島種臣至中國換約時，除提出琉球難民被害事件交涉外，亦曾把朝鮮政府拒絕日本國書的事件向清政府提出詰問。清政府答覆：『朝鮮雖受中國册封，遵中國年號，但其內政外交，向由自主，中國不加干涉。』副島種臣回國後，日本卽決定以獨立國對待朝鮮的外交方針。但是其時日本內政改良尙未完成，國基尙未鞏固，所以經營朝鮮，暫時不積極進行。

民國紀元前三十七年，日本軍艦因測量朝鮮沿海及中國牛莊等處，過朝鮮月尾島，泊江華灣，派一小船駛入漢江。朝鮮礮臺守兵，卽行開礮轟擊，日本軍艦亦卽應戰；日軍攻下礮臺，並佔領永宗城。報告至東京，日本政府卽派軍艦護衞全權代表至朝鮮，責問前年拒絕國書和此次礮擊軍艦的無理由；要求締結修好條約。其時朝鮮政府中，已有堅持鎖國主義的大院君一派，和主張開國主義的王妃閔氏一派，互相傾軋。江華事變發生後，兩派爭議很烈。結果，閔妃一派因得輿論贊助占勝勢，乃由他們主持，與日本締結修好條約，是爲江華條約。其最重要者如左：

一、朝鮮爲獨立自主國，與日本平等。
二、朝鮮在沿海開通商口岸二處。
三、朝鮮沿海，任日本人自由測量。

這條約的第一款，與法越和親條約第一款是同一筆法。於是日本所定以獨立國對待朝鮮的外交政策，完全實現。而清政府於日本向朝鮮遣使問罪的時候，既沒有嚴重交涉；至江華條約發表之後，亦不提出抗議。因此日本對於朝鮮可以任意侵略，不受中國的干涉了。這是中國放棄朝鮮宗主權的第一步。

江華條約成立之後，朝鮮政府中閔妃一派更加得勢，於民國紀元前三十一年派金玉均等數十人遊歷日本，考察維新後政治情形。金玉均等由日本回國，朝鮮維新運動積極進行，聘日本陸軍中尉堀本禮造等訓練新軍，與日本的關係漸密切，其時守舊的大院君雖已退休，然見新黨聲勢猖獗，十分嫉忌，乃亦陰謀糾合黨徒，恢復勢力。民國紀元前三十年，朝鮮京都漢城因裁汰舊兵發生變亂。變兵懷恨新黨，要殺害閔妃一派各要人。大院君想乘機奪取政權，即唆使變兵侵入王宮，襲擊日本使館，殺害訓練新軍的堀本禮造等七人。日本公使花房義質逃回本國告急，日本政府即派兵護送至漢城，向朝鮮政府問罪，並提出要求條件，限期答覆。朝鮮政府奉大院君的意旨答覆，「現因有其他要事，請緩日商議。」日本公使大怒，即出京回濟物浦軍艦，勢將決裂。

清政府得知漢城發生變亂，即命北洋水師提督丁汝昌廣東水師提督吳長慶帶兵往朝鮮，並使駐日公使黎庶昌向日本政府申明中國有調停之意。日本政府以「日本一向承認朝鮮爲獨立國，自有江華條約以來更不須中國調停」爲理由，表示拒絕。李鴻章恐因此引起戰爭，不論日本與朝鮮，或中國與日本，都非中國之福，即命駐漢城中國公使馬建忠會同丁汝昌等將禍首大院君逮捕，解送天津。於是朝鮮政府乃派全權代表至濟物浦，與日本公使訂約所謂濟物浦條約六款，修好續約二款，許日本駐兵漢城護衛公使館，並遣派專使赴日本謝罪。

被派至日本謝罪的專使，係新黨朴詠孝，金玉均等都隨行。回國之後，即糾合同志，組織獨立黨，準備變法維新。日本政府多方協助，駐漢城公使竹添進一郎就近參贊一切。中國方面亦命袁世凱爲駐朝鮮全權委員，並使吳長慶率兵二千駐漢城。袁世凱竭力與朝鮮外戚閔詠駿等相結託，造成對抗獨立黨的勢力；於是向來贊助新黨的閔妃一派，變成守舊黨了。民國紀元前二十八年，中法開戰，日本公使竹添進一郎乘機煽動獨立黨起事，奪取政權。十二月四日，獨立黨賴日本公使實力援助，乘漢城郵政局開業式，刺殺守舊黨大員數人，挾制朝鮮王，宣布革新國政。袁世凱使吳長慶討獨立黨，竹添進一郎助獨立黨督兵應戰。結果獨立黨失敗，竹添進一郎放火自焚公使館，率日軍退至濟物浦，朴詠孝金玉均亦隨同逃出漢城。歷史上稱爲「甲申之亂」。日本政府得報，即派井上馨爲全權公使，帶兵入漢城，威脅朝鮮政府訂善後條約，內容爲謝罪、懲兇、撫卹、建公使館，增加護衛兵額等五款，是爲漢城條約。中國亦派吳大澂爲欽差大臣，帶兵至朝鮮辦理善後。當井上馨與朝鮮政府全權代表金宏集談判漢城條約時，吳大澂曾突入會議室干涉，被井上馨拒絕。但漢城條約成立之後，日本爲維持其在朝鮮的權利起見，不得不與中國協商。乃於民國紀元前二十七年三月，派伊藤博文爲全權大使，西鄉從道爲副使，至中國會議朝鮮問題。清政府亦即派李鴻章吳大澂爲正副全權代表，與他們在天津談判。雙方議定條約三款：

一、中日兩國駐紮朝鮮的軍隊，各於四個月內全數撤退。

二、朝鮮練兵，中日兩國都不派員充當教練官。

三、將來朝鮮有事兩國或一國認爲有出兵的必要時必先行文知照。

這個條約明白訂定中日兩國對於朝鮮的勢力處於平等地位，這是中國放棄朝鮮宗主權的第二步。

此後數年，中日兩國爲朝鮮問題暗鬭得更利害。袁世凱充任朝鮮商務總辦，與朝鮮政府很接近。日本與朝鮮的交涉，因有袁世凱暗中爲朝鮮政府主持，大都遷延不易解決。朝鮮政府派人刺殺獨立黨首領，金玉均在中國被刺，清政府卽將刺客與金玉均尸體交還朝鮮；而派至日本刺朴詠孝的，非但沒有刺成，反被日本政府捕殺。這都是中日兩國後日爲朝鮮問題而決裂的醞釀。

至民國紀元前十八年，朝鮮東學黨作亂，乃燃着了中日兩國直接衝突的導火線。東學黨的宗旨，是提倡中國學術，排斥西洋宗教，對於朝鮮的政治現狀很不滿意，有顚覆政府的陰謀。朝鮮政府曾於民國紀元前四十七年，將其首領捕殺，但其勢力反起擴大，黨徒漸漸滿布於朝鮮南部。民國紀元前十八年，在余羅道古阜縣起事。朝鮮政府無力平定，向清政府告急。李鴻章派直隸提督葉志超太原總兵聶士成帶兵前往，屯駐牙山縣。同時因實踐天津條約，把出兵緣由照會日本政府。但日本先已派兵，直抵漢城，占據各要隘。中國軍隊開到牙山，聞知亂事已平，擬即撤退，而日本反源源進兵。中國約日本同時退兵，日本卻以爲不必撤兵，約中國各派大員至朝鮮，協同改革朝鮮內政。中國主張改革內政任朝鮮自主，日本卻表示中國若不贊同改革朝鮮內政的提議，日本亦將獨力行動，軍隊決不撤回。中日交涉，漸漸惡化。

原來日本以爲朝鮮此次向中國請兵，都是閔妃一派守舊黨的主張，深恨守舊黨與中國親善的政策。並懷疑朝鮮政府對於日本的嫉忌，都是袁世凱從中挑撥指使的。所以決計乘此機會以改革內政爲名，用兵力推翻守舊黨政府，使親日派主持朝鮮政府。這樣做法，中國當然不許的；那末就此決戰一次，若得勝利，即可以將中國兵驅出朝鮮。所以其進兵朝鮮，便密令駐朝鮮公使大鳥圭介務使步步立於先發制人的地位。而中國方面，李鴻章的主張，力求避免衝突。袁世凱屢次約同葉志超電請增兵，他恐怕日本藉口，總是不許。他始終想依據天津條約和靠託列強的干涉，要求日本退兵；力戒葉志超切勿將軍隊移近漢城，以免衝突。豈知他這種委曲求全的辦法，遇着了早具決心的對方，終是白費心計，反弄得戰事一開中國處處立於被解決的地位。

日本既向中國表示決不撤兵的態度，卽命大鳥圭介引兵入漢城威脅朝鮮政府承認改革內政的要求。朝鮮政府不得已，只得承認；但不久又因袁世凱的干涉，宣言取消，並要求日本退兵。至列強調停無效，中日交涉決裂之後，大鳥圭介又奉命向朝鮮政府提出最後通牒。朝鮮政府的答覆不合，大鳥圭介卽引兵入王宮，格殺衞士，擄朝鮮王李熙，使大院君主持國政❷，把閔詠駿流至荒島，閔妃一派的守舊黨被殺的不少。袁世凱見勢不佳，卽出京由仁川歸國。大院君卽依大鳥圭介的指示，宣布廢棄與中國歷年所結一切條約，並委託日本使用武力驅逐中國駐屯牙山的軍隊。日本卽向中國軍隊開始攻擊。中國則於袁世凱回國報告後，李鴻章方始不再堅持和議，調兵備戰。中日戰爭，於是開幕。

中國軍隊開往朝鮮的，本只有葉志超、聶士成的兵，大營在牙山。開戰後，李鴻章乃命提督馬玉崑、總兵衞汝貴、左寶貴都統豐仲阿由陸路繞遼東渡鴨綠江入朝鮮。但又恐牙山孤軍有失，乃租英國商輪高陞號載北塘防軍，派軍艦護送，直航牙山。不料走漏消息，行至半途被日本海軍攻擊於豐島，操江號沈沒軍艦受傷逃回。牙山方面望救兵不至，聶士成因地難守，勸葉志超移公州，自己往成歡。而日軍先鋒恰到成歡，聶士成即迎戰，獲小勝。不久，日軍大隊來到，聶士成不能支，乃退公州。葉志超聞訊先逃，聶士成追上了，乃合軍繞道退至平壤。馬玉崑等由陸路入朝鮮的軍隊，亦才開到，乃就地布防，而日軍已由野津道貫指揮三路攻來。葉志超雖奉命爲各軍統帥，然毫無布略，結果又歸失敗，左寶貴戰死，其餘都退過鴨綠江。朝鮮境內的中國軍隊，於是完全被日本逐出。

陸軍既敗退，海軍在黃海亦同時被日本進攻。提督丁汝昌率北洋艦隊定遠、鎮遠、靖遠、致遠、來遠、經遠、威遠、揚威、超勇、廣甲、廣丙、平遠十二軍艦，及水雷艇六艘，護送劉盛休銘字軍十二營乘運送船六艘往平壤，至大東溝上陸後，軍艦將回旅順。而日本海軍正由伊東佑亨率領，游弋北黃海，見中國艦隊，即排陣前進。丁汝昌亦指揮迎戰，遙見日艦將到，即開大礮轟擊；然相距有六千米突，礮力尚不能及，日艦不應。至雙方相距三千米突時，日艦大活動，一部分抄過中國艦隊的後面，將中國艦隊前後夾攻。中國艦隊陣形大亂，節節分離，彼此不能相應，或沈沒，或起火，或受重傷，或誤中水雷，漸不能支。戰至傍晚，日艦停戰，丁汝昌負傷率領殘艦八艘，退至威海灣，不敢再出。黃海的制海權，於是全歸日本所有，中國黃海沿岸，日軍處處可以下攻擊了。

陸海軍大敗後，李鴻章大受淸政府的譴責，中國乃想固守邊境，命四川提督宋慶幫辦北洋軍務，主持鴨綠江方面的防禦事宜，命丁汝昌修理殘艦，嚴防渤海灣口。而日本則於平壤黃海戰勝後，分組兩軍進攻，銳不可當。第一軍由陸軍大將山縣有朋指揮，渡鴨綠江，連破九連城鳳凰城。中國軍隊紛紛潰退，宋慶雖決心死戰，終因獨力難支，退至奉天省城。日軍又分一支取大東溝大孤山進佔岫巖奉天省東南部，都被日本第一軍佔領。其二軍由陸軍大將大山巖指揮，由海道至貔子窩上陸，先陷金州大連，進圍旅順，旅順守將各自逃生，總督姜桂題總兵徐邦道竭蹶支持；日本陸軍佔四周礮臺，海軍由海面攻入，旅順終被攻破。旅順旣失，蓋平營口不久亦卽陷落。日軍卽由旅順渡海佔登州榮城攻入威海衞城。其時丁汝昌方率殘艦困守威海衞之外的劉公島。日本海軍將定遠、來遠、威遠三艦擊沈，陸軍由威海衞礮臺轟擊，丁汝昌因部下變心，不聽指揮，服毒自殺，殘艦完全投降日軍。於是渤海門戶洞開，北京大受威脅。日軍想要占取臺灣、澎湖，另編艦隊一支南下，戰事又要蔓延至南洋之勢了。

清政府見軍事失敗到如此地步，不得不向日本求和。先命天津海關稅務司德國人德采林攜李鴻章的信至神戶見伊藤博文，因非正式媾和代表被拒絕。乃託美國公使鄧畢調停，派張蔭桓邵友濂爲全權代表，往日本談判。日本又因張邵二人未帶全權證書，表示拒絕，並要求中國改派有資望而能擔保條約實效的人爲代表，方肯談判。清政府乃改派李鴻章前往，與日本全權代表伊籐博文陸奧宗光會議於日本馬關春帆樓。日本先提出很苛的休戰條件，李鴻章不允。恰有日本暴徒行刺李鴻章，各國嘖有煩言。日本乃許無條件休戰，開始談判媾和條約。民國紀元前十七年四月十五日，卽清德宗光緒二十一年三月二十日，媾和條約成立，凡二十一款，是爲馬關條約。其主要條約的大意如下：

一、中國確認朝鮮爲完全獨立自主國。

二、中國將遼東半島和臺灣島澎湖羣島割讓給日本。

三、中國賠償日本軍費二萬萬兩。

四、開沙市、重慶、蘇州、杭州，長沙爲通商口岸，並許日本通航內河。

五、兩國從前所訂條約作廢，另結與中國和歐美各國所訂條約同等的條約。

馬關條約成立，李鴻章回國，中國輿論大憤激。清政府命李鴻章之子李經芳爲交付臺灣大臣，與日本臺灣總督樺山資紀在日本軍艦中行臺灣授受式。臺灣人民不願歸日本，乃宣言自立爲獨立民主國，舉巡撫唐景崧爲總統。日本派兵攻基隆，唐景崧正在調兵應戰，而舊巡撫署衞兵突然變亂，唐景崧見勢不佳，倉皇渡海至廈門，日軍乃佔領臺北。總兵劉永福在臺南，秣馬厲兵，臺灣人民又奉他爲總統。劉永福不受總統職，但竭力抗拒日軍，苦戰數月，糧盡兵變，土匪蠭起，至無可挽回時，亦逃回中國，臺南又歸日本占領。

遼東半島的割讓，俄國大不甘心，遂糾結德法二國共同干涉。由三國駐日本公使向日本外交當局勸告道：『日本若占領遼東半島，不僅有礙中國國都的安穩，朝鮮的獨立也歸於有名無實，是遼東和平的大障礙；三國特以至誠的友誼，勸告日本政府放棄遼東半島。』勸告之後，俄國卽調兵遣將，準備戰事。日本政府審度國際形勢和本國力量，覺得無法拒絕，只得忍痛對三國讓步，表示「願將遼東半島永久占有權全然拋棄。」三國又催日本退兵，日本乃向中國要求賠償銀一萬萬兩，中國請予減讓。結果由三國公斷減為三千萬兩。於是中日戰爭，完全結局。

❶其時為明治維新前十六年，西元一千八百五十三年，清文宗咸豐三年，太平天國在南京建立天京的一年。

❷大院君於民國紀元前二十七年，即由中國放回。

【研究問題】

什麼叫做封建軍閥？

封建制度的崩壞，與資本主義的發展有什麼關係？

什麼叫做近代的國家？

琉球難民被害事件，清政府的應付方法什麼地方是錯誤的？

琉球的放棄，於中國有什麼影響？

江華條約於中國有什麼影響？濟物浦條約於中國有什麼影響？

中日天津條約成立後，中國在朝鮮的經營是否適當？

李鴻章爲什麼這樣委曲求全，力求避免衝突？

開戰以前，清政府的對日外交什麼地方是錯誤的？

中日之戰，中國爲什麼節節失敗？

什麼叫做制海權？制海權喪失後，有什麼損害？

中國將遼東半島割讓日本，何以俄國要糾合德法二國共同干涉？

日本爲什麼只得對三國的干涉讓步？

中日戰爭怎麼是日本雄飛世界的一大關鍵？

第六十九章　列強勢力範圍的劃定

中日戰爭以前，中國對外的軍事外交，雖屢次失敗，然列強的侵略還不很急劇。中日戰爭的結果，喏大的中國，竟給區區的日本打敗，列強對於中國更輕視得厲害了。而日本竟於一戰之後，也插足於侵略中國者之列，獲得許多權利，列強實在不能甘心。俄、德、法三國對於日本割取遼東半島實行干涉，便足見列強對於日本嫉忌的態度了。但是列強雖嫉忌日本，對於中國決不肯放鬆的。非但不肯放鬆，而且因互相嫉忌的緣故，更加爭先恐後的採取急進的侵略政策，所以中日戰爭之後三四年間，列強紛紛向中國要求租借地，劃定勢力範圍。一時瓜分中國的空氣，十分緊張。

俄、德、法三國的干涉日本，割取遼東半島，俄國是其中的主動者。這雖因俄國也是存着侵略遼東的野心之故，然一半是由於李鴻章的外交政策所促成。李鴻章後半世的精力，完全化在練新軍和辦外交上頭，想要以此挽救中國。不料突然間給一個向來藐視爲小國的日本打得一個大敗虧輸，他如何不氣？❶他處心積慮的要想報讎洩恨，就不免有些急不擇路了。他拿定的外交方針，是利用各國的力量互相牽制，這就是所謂「以夷制夷」的手段。所以他出發往馬關與日本議和的時候，曾對駐北京俄國公使喀西尼私約『俄國倘能出來干涉，中國定有相當的報酬』。事後，李鴻章出任外省總督不與聞中央政事，無法履行前約。於是喀西尼千方百計的找尋機會，以求達到取得酬報的目的。

民國紀元前十六年五月二十六日爲俄皇尼古拉二世加冕日期，各國都派專使去道賀，清政府也派王之春爲專使❷，俄公使喀西尼乃聲言「皇帝加冕，是俄國極隆重的大典。中國派王之春爲專使去道賀，似乎不很相當。論起來，像李鴻章這樣的大人物，才配充當這個專使。」又說，「遼東事件，俄國爲中國盡力很大，中國不可以不有報酬。而且日本因還付遼東，很不甘心，將捲土重來。中國若要保全疆土，不可不與俄國協同防禦。」清政府居然允許這個要求，改派李鴻章爲頭等專使。

李鴻章奉命往俄國，俄國恐其先至西歐，爲他國外交家所操縱，特派人在蘇彝士運河左近迎候。李鴻章一到，即被迎入俄政府所備的專船，直航俄迭薩❸。西歐各國邀請李鴻章繞道參觀的電報，如雪片一般的飛來；但李鴻章終被俄國人包圍，沒有能够先往他國。既至俄國，受極隆重的儀節款待，並有大隊兵士扈從了他，迎入俄京。俄皇即命熟悉中國情形的財政大臣微德，與李鴻章磋商「西伯利亞鐵道通過中國黑龍江吉林兩省境內的辦法」❹循例道賀之後，俄皇又特邀李鴻章入宮面談，表示十分親密，說明西伯利亞鐵道的通過中國境，完全爲協助中國抵抗日英之故，並無侵略土地的作用。然後被引至莫斯科，談判攻守同盟性質的中俄密約。當時傳說的密約，凡有兩本。一本由西歐各國外交界傳出，❺一本係從李鴻章給清政府的密電中探得。李鴻章密電中的一本，與後來事實較近，今將其大意摘錄如下：

一、日本國如侵佔俄國亞洲東方土地，或中國土地，或朝鮮土地時，中俄兩國約明應盡量調遣水陸各軍，互相援助；軍火糧食，亦盡力互相接濟。

二、中國允許俄國在黑龍江吉林兩省境內，由赤塔接造鐵道，直達海參崴，由中國交華俄銀行承辦經理；其合同條款，由中國駐俄公使與銀行就近商訂。

三、俄國依約禦敵時，得由此鐵道運兵運糧運軍械，平時亦得運兵糧過境；除因轉運暫停外，不得借端停留。

李鴻章於訂約後，漫游歐洲。喀西尼持密約直接向清政府要求批准，清政府始而拒絕，後經喀西尼多方行賄運動，終得承認。乃由駐俄公使許景澄與俄政府訂立華俄道勝銀行契約，許該銀行在中國得代理收稅、鑄幣、募債並經營實業，布設鐵道電線等業務。又與該銀行訂立中國東三省鐵路公司條約，並由清政府下明令委任華俄道勝銀行承辦經理從赤塔至海參崴的鐵道。俄政府又頒布東清鐵路條例，規定鐵路公司並有開採鑛山設置警察之權。於是俄國「假借遼東事件的酬報爲名義以共同防日本侵略爲口實，利用一銀行一鐵路公司爲工具，奪取東三省北部，置於自己的勢力範圍以內」的計畫，完全成功。這是李鴻章外交政策一誤再誤的結果。

俄國得了酬報，法國當然也不肯放鬆的。民國紀元前十七年的中越境界及陸路通商續議專條中法國取得的權利雖不及俄國的豐厚，而民國紀元前十六年要求再與福州船政局的權利，和民國紀元前十五年要求瓊州島不割讓與他國，及龍州至南寧龍州至百色的鐵道建築權，兩廣雲南鑛山的開採權等，淸政府一律承認，這報酬也不能算很薄了。獨有德國，尚絲毫沒有得到什麽。而且中國爲償付日本賠款需募外債時，俄國與法國協同應募，德國也沒有參加。於是德國急於要在中國取得海陸軍根據地一處，以爲對抗。但又不願顯露其嫉忌俄國的私心，乃慫恿俄國「乘日本海軍尚未擴張之前，占領旅順，」而密約「由德國先占膠州灣」以爲俄國占領旅順的口實。這兩全的外交政策，俄國當然樂從。不久山東發生德國教士被害事件，德國就得了派兵佔領膠州灣的機會。

原來中國對於天主教教士的負責保護，是規定於民國紀元前五十四年的中法天津條約中。條文上規定的是「天主教教士，」不僅是法國的教士，所以各國的天主教教士在中國，都由法國公使獨任保護之責。天主教教士遊歷內地的「照會，」都由法國公使館發給。遇有「教案，」也是由法國公使獨當交涉之衝。德國宰相俾士麥，素以利用宣教事業達其政治上的目的爲殖民政策；對於法國在中國保護天主教教士的專有權，屢想打破。民國紀元前二十五年，在中國山東傳教的德國天主教教士安守回國，俾士麥殷勤接待，勸令轉知在中國傳教的德國天主教教士，此後概歸德國公使直接保護。從此德國教士遊歷的照會，就在德國公使館領取；關於德國的教案，也由德國公使直接向清政府交涉，與法國無關了。

民國紀元前十五年，德國教士安守的弟子二人，在山東省曹州府鉅野縣被山東巡撫李秉衡遣散的遊勇殺害。德國政府得訊，即派軍艦先行佔領膠州灣，隨即任命皇弟顯理親王爲遠東巡洋艦隊司令官，率大隊至中國，於民國紀元前十四年脅迫清政府訂立膠澳租借條約。其要點爲：

一、中國以膠州灣兩岸地方，及灣內與灣口附近各島嶼，租借與德國，以九十九年爲期；但不得轉租與他國。

二、在租借區域內，德國得行使主權，建築礮臺等事。

三、中國准德國在山東省從膠州灣至濟南省城的鐵道；鐵道附近左右各三十里內的鑛產，准其開採。

四、山東省內經營新事業，須用外國資本，外國材料，或需聘用外國人才時，德國有優先權。

依此條約所規定，中國所喪失的不止膠州灣一地，簡直是將山東全省斷送，而且又開了各國在中國租借土地用作海陸軍根據地的惡例。

德俄既先有密約，德國佔了膠州灣，俄國便引爲口實，派軍艦入據旅順口，並以防禦他國侵犯東三省爲理由，要求租借旅順口大連灣，以及築造自哈爾賓至旅順的鐵道權。其時英國雖不反對俄國租借旅順大連灣，然而以爲俄國若占領旅大爲軍事上之用，則足以引起列強瓜分中國的事端，勸他們將旅大開爲商港。但是俄國不聽，卽以「各海軍國在中國皆有海軍根據地」爲理由，拒絕英國的勸告。清政府既不能拒絕德國的要求，當然也無法拒絕俄國，乃亦於民國紀元前十四年，由李鴻章與俄國公使訂立旅順大連灣租借條約九條。其要點如下：

一、中國將旅順口大連灣及其附近一帶地方租借與俄國，以二十五年爲期。但期滿後，得由兩國會商斟酌續借。

三、旅順口作爲俄國海軍港，祗准中俄兩國船舶出入；大連灣開爲商港，各國船舶皆得出入。

三、俄國在旅順大連灣築造礮臺營壘，中國軍隊不准在界內駐紮。

四、由俄國築造從哈爾賓至旅大，和從牛莊沿海濱至鴨綠江的鐵道。

於是日本因三國干涉而還付的遼東半島，一變而爲俄國所有，俄國政府並以遼東租借地爲關東省，設總督府於旅順。東三省全部，都在俄國的勢力範圍以內了。

德國占據膠州灣時，英國本想反對，而德國皇帝顯理親王忽於出發至中國的途中至倫敦，與英國女皇面訂「英國討伐蘇丹時德國守中立」之約，英國因此就默然不發一言。俄國占據旅順口時，英國一面向俄國提出勸告，一方卽向中國提出下列各項要求。

一、長江沿岸的各省地方，不得租借或割讓給他國。

二、開放內河。

三、二年後開長沙爲通商口岸。

四、中國永久聘用英國人爲總稅務司。❻

清政府對於以上要求，次第承認。後來俄國表示不聽英國的勸告，英國乃亦向中國要求以與俄國租借旅大相同的條件，將威海衞租借給英國。其理由爲「俄國將旅順作爲軍港，則中國異常危險；只有將威海衞租給英國，方可以牽制俄國。」其時威海衞尙因擔保賠款，被日軍佔領。清政府即以此爲理由，希圖拒絕。而英國態度非常強硬，表示「能拒絕俄國租借旅大，則英國亦可不租威海衞。」清政府乃於民國紀元前十四年命慶親王奕劻與英公使訂立威海衞租借條約，其租借期與旅順大連灣相同。

德俄英如此爭先恐後的宰割中國，法國豈願袖手旁觀，便亦以「各國均勢」爲理由，向中國提出下列要求：

一、廣東廣西雲南三省不割讓給他國。

二、從安南東京至雲南省城的鐵道，由法國承造。

三、將廣州灣租借給法國，租期九十九年。

四、郵政事務由總稅務司分出，歸法國人承辦。

上列要求，第四項因英國反對，不能成議。第一第二兩項，清政府立即承認。第三項，清政府亦大體承認，惟關於廣州灣租借區域和期限有所爭議，國交幾乎決裂。而廣州灣附近遂溪縣忽有法國武官教士被害的事件發生，法國乃亦派軍艦闖入廣州灣。清政府不得已，於民國紀元前十三年，與法國締結廣州灣租借條約，大要如左：

一、中國將廣州灣及附近地方租借給法國，以九十九年爲期，許法國作軍事上的設備。

二、赤坎至安鋪之間，法國得設鐵道與電線。

法國佔據此地，一則足以爲東京方面之防衛，一則足保持其在兩廣的利益而與英國的勢力相對抗。不久，廣西又有法教士被害的事件發生，法國又要求讓與南寧北海之間鐵道的築造權，清政府亦予承認。

法國既提「廣東廣西雲南三省不割讓給他國」的條件，英國政府又以其在中國南部數省的勢力，將被法國蹂躪爲口實，向清政府要求租借九龍地方，以爲抵制。九龍係香港對岸的一小半島，地勢較香港稍高，北部又有高山。若在山上建築礮臺，則香港全市在威脅之下。所以英國乘此機會，想占取九龍以保全香港。清政府因其與法國的要求抵觸，起始表示拒絕，既而因英國態度強硬，不得已以九龍山上不築礮臺爲承認條件。然而英國仍是毫不讓步，說明「租借九龍係爲抵制法國租借廣州灣起見，怎好不作軍事上的設備；」並提出「中國若能拒卻法國租借廣州灣的要求，英國亦可不租九龍」的對案，其時法國租借廣州灣的交涉已將辦妥，勢難翻悔，乃不得不承認英國的要求，於廣州灣租借條約訂立後一月，結九龍租借條約，亦以九十九年爲租期。其租借區域包含大鵬深州二灣，而寬水深，可容大軍艦自由操縱，形勢勝於廣州灣。於是英國在中國的勢力，北與俄國相並，南與法國相等，合俄法兩國的利益，兼而有之，其侵略手段可算是又妙而又辣了。

除俄德英法四國之外，日本亦於民國紀元前十四年以「福建省與臺灣相接利害關係甚大」爲理由，要求清政府用公文申明「福建省及其沿海永不租借割讓與他國，」清政府亦備文承認。惟意大利於民國紀元前十三年要求租借三門灣，因受英國的拑制，沒有達到目的。

這二三年來列強對於中國的情勢，宛如十九世紀初年列強對於非洲的情勢；各自劃定勢力範圍，或直接脅迫中國政府承認，或由列強互相協定，中國差不多在準備瓜分的狀態之下了。

而且列強相互之間的利益衝突，亦伏下很大的危險。於是美國以超然第三者的地位，標榜世界和平的好名詞，於民國紀元前十三年，發表開放中國門戶宣言書，提舉下列三條件：

一、各國對於中國所獲的利益範圍，或租借地域，或別項既得權利，互不相干涉。

二、各國範圍內的各港，無論對於何國入港商品，都遵中國現行海關稅率課稅；（自由港不在此例）其關稅歸中國政府徵收。

三、各國範圍內的各港，對於他國入港船舶，不得課比其本國船舶以上的入港稅；各國範圍內各鐵道，對於他國貨物，不得課比其本國貨物以上的運費。

這宣言書由美國駐俄德法英日意六國公使，先後向駐在國政府提出。英國政府首先贊成。其餘五國，亦先後承認。於是列強對中國的侵略，由互相爭競的急進政策，一變而爲共同協調的緩進政策，至於美國的發表這個宣言書，實在也是爲本國謀利益。既把於自己不利的瓜分中國的局面打破，以便本國的經濟勢力與各國同等的擴張於中國；又得了中國人的好感，和維持世界和平的美名，眞是一個絕頂聰明絕頂巧妙的帝國主義者啊！

❶有人說，中日之戰，日本人不是和中國打仗，簡直是和李鴻章一個人打仗。

❷民國紀元前十八年，清政府曾派王之春爲專使往俄國弔前皇的喪，並賀新王卽位，所以此次也就派他。

❸在黑海北岸，爲俄國南方的重要商港。

❹查俄國西伯利亞鐵道，本擬經黑龍江之北，沿烏蘇里河以達海參崴。路綫旣長，經過的地方又很荒涼，不如直貫黑龍江吉林的便利而省費，而且使略東三省的作用亦較大。

❺西歐外交界所傳的密約中，除許築東淸鐵道之外，並許租借膠州灣給俄國作軍港。

❻五口通商之後，各口設立海關，本由各國領事按貨課稅，交與中國政府。後因發生私弊，乃於民國紀元前六十一年改由中國官吏直接課稅。民國紀元前五十九年七首黨占領上海，管理關稅的官吏逃走，關稅由英美領事代收後，轉交上海道。明年，上海道奉令與英美法三國領事約定，由三國領事推的代表爲稅務監督官。其中英國領事所派稅務司微德最有幹才。又因英商貿易最盛，所以海關實權，漸入英稅務司之手。民國紀元前五十四年的中英通商章程中，又明定「總理通商事宜大臣得邀請英國人幫辦稅務，」因此淸政府卽行任命英稅務司勒伊爲總稅務司。至民國紀元前五十一年勒伊請假回國，由廣州海關副稅務司英人赫德繼任。赫德就任後，海關業務大發展，於是總稅務司一職，漸爲列強所注意。其

後任問題，難免各國不爭競，因此英國特地提出這項要求。

【研究問題】

爲什麼列強嫉忌日本，更要急劇的侵略中國？

「以夷制夷」的外交政策，是不是絕對的不可用？

俄國這樣的包圍李鴻章是什麼用意？

俄國爲什麼要引李鴻章往莫斯科，然後訂結密約？

李鴻章的外交政策錯誤在那裏？

德國爲什麼不願顯露嫉忌俄國的私心？爲什麼先與俄國密約？

宣教事業怎麼好用作行使殖民政策的工具？

德國租借膠州灣，爲什麼同時要求膠濟鐵路的建築權？

爲什麼俄國要租借旅大，獨有英國出來干涉？

英國要求租借威海衞，除侵略中國外，還有什麼作用？

列強要求承造鐵路有什麼用意?

法國要求租借廣州灣,除侵略中國外,還有什麼作用:

英國租借九龍,除侵略中國外,還有什麼作用?

列強在中國的勢力範圍那一國最優?為什麼這一國可以特優?

租借地與勢力範圍有什麼關係?要求鐵路築造權和租借地及勢力範圍又有什麼關係?

美國為什麼不要求租借地和制定勢力範圍而發表開放中國門戶的宣言呢?

為什麼各國都贊同美國的宣言?為什麼英國又首先贊成?

第七十章　維新運動及其反響

從鴉片戰爭失敗，至列強劃定勢力範圍，中國所受的刺激，實在太覺難堪了，尤其是中日戰爭以後的四五年間！一般有心的人受到這樣的刺激，自然會得與奮起來，想把當前的切身問題求得一個解決的。於是取法歐美和日本的維持運動，乃勃然而起。但是這個運動也不是臨時發生的，其動機的來源很遠，其醞釀的時期很久。要知道，中國自與西洋交通以來，對外的認識因事勢而逐期變化。考其變化的經過，卽可知維新運動的由來。

中國的對於外國，一向看作文化未開的番邦。自從明朝末年，西教士到中國來譯著書籍，才有人注意到外國也有文化；而對於中國學術亦發生些微的影響。但是感覺到外國也有文化的，眞正是極少數人，而且除了天文算學之外，竟絲毫不能到中國人的注意。例如西教士艾儒略著有職方外紀五卷，是在中國介紹世界情形的第一部書。然而被收入四庫全書時，紀昀作的提要，卻說他的內容多奇異不可究詰，疑心世界實在沒有這麼大，他說的是揑造假話。可見那時候士大夫們的對外認識實在茫漠得很，以致於有那樣顢頇的態度。到了鴉片戰爭之後受着了一次戰敗的刺激，對於外國的情形，纔些微認識得清楚了一點。於是有中國人自著的海國圖志一類的書籍出來坐實這世界之大，並非是虛話了。然而那時候的士大夫們，還是抱着閉關思想，對外純取防禦的態度；所講求的，還是如何把守海口，不給外國人攻入的方法。到太平軍起事後，西洋人在上海組織義勇團，保衞居留地，李鴻章並借用了他們的力量平定江南。於是西洋人的「船堅礮利，」大爲中國一般人而信服。事定之後，就要注意於造船練兵，設船政局於福州，設製造局於上海，開同文館於北京，廣方言館於上海，並選派年幼機警的學童出洋留學。就是興辦鐵路輪船電報等事，也都起於此時。這時候的對外態度，有一句流行語可以代表，便是「中學爲體，西學爲用。」當時尙不承認西洋除能製造、能測量、能駕駛、能操練之外，更有其他學問勝過中國，所以只注意於造就技師和繙譯通事等人才，對於學術思想方面的影響也微乎其微。及經「中法、」「中日」兩役戰事，這種模仿末節忽略根本的辦法，其弱點乃盡情暴露和外國人接觸較深的，認識更清，知道船堅礮利之外，他們還有關於政治社會的文化，大足以取法。於是這班有覺悟的人，乃應時而起，喊着「變法維新」的口號，鼓起政治改革的運動來了。

但是二千年前爲中國人民信仰中心的儒道，其勢力依然十分頑健；孔子的偶像崇拜，還不能打破。所以維新運動的首領，還要讓研究經學出身的康有爲來擔任。從他經學上說破孔子是一個「托古改制」的思想家，發明了「春秋三世」的學說。所謂「三世」，是據亂世、昇平世、大平世等三個時代。他說漢朝以來的治法，只是個小康之法，孔門另有大同的道理。其實就是他也要「托古改制」來幹變法維新的運動罷了。明明是一種取法外國的改革，卻要從經學上強立一個根據，這就可見中國的人心被儒家思想禁錮得可憐！而且像康有爲能有這種奇特發明的人，也不能跳出這個禁錮。他信仰孔子的改制，是空前絕後的大業；所以後來竟要創立孔教，奉孔子爲帶有神祕性的教主。在他也是一片苦心，以爲西洋各國是因崇信基督教而富強，所以他也想以孔教救中國了。結果，孔教終沒有救得中國，而康有爲反因此變成了時代落伍者，到後來便走入歧途，竟做了開倒車的機手。但是他在中日戰爭的前後數年間的確還是一個改革運動的領導者，對於歷史的使命總算是能盡力一時的。

康有爲的改革運動，其方略還不脫儒家「得君行道」的老法子。民國紀元前二十三年他就到北京上書清德宗（光緒），陳說列強侵迫中國的危險情狀，請取法歐美日本實行改革。中日之戰將要媾和的時候，他恰在北京會試，便糾合各省同時進京會試的青年學子一千三百餘人，上書請遷都續戰，並陳說通盤籌劃變法維新的大計。這就是轟傳一時的「公車上書」❶。後來他又單獨上書兩次。德國強占膠州灣時，又上書一次。前後上書凡五次，大都被大臣阻格，只有一次達到，清德宗看了很感動。

中日戰後，康有爲創立強學會於北京，以爲聚集海內有志青年，講求變法大計的機關。得兩江總督張之洞的贊助，又設強學會分會於上海。不久，北京強學會因御史楊崇伊的反對，竟被封閉。上海強學會分會，即改辦時務報館，由康有爲的大弟子梁啓超爲主筆。梁啓超年方二十餘歲，英氣勃勃，又善作文。變法自強的主張，經了這一番大宣傳，乃風行一時。各地方受其影響，學會紛起，報館林立，學術思想方面，亦大受影響。

民間變法自強的空氣，這樣的緊張，政府中卻依舊給一羣頑固昏庸的東西盤踞着，不動不變。原來那時候的政治中心，是一個十分不安分的孝欽皇后（慈禧太后。）他於淸穆宗（同治）死後，爲便於操縱政權起見，立了一個年僅四歲的德宗（光緒）。他把同理國事的孝貞皇后（慈安太后）毒殺了，獨攬政權，任情荒淫奢侈，寵信宦官，賄賂公行，攪得當時的政治界十分烏烟瘴氣。爲抵禦外侮而籌來編練海軍的經費，給他興造獨自享樂的頤和園耗去大半。對外戰爭的迭遭失敗，這也是一個重大原因。民國紀元前二十三年，德宗親政。其人還算老氣淸明，可惜內受孝欽后（慈禧）的箝制，外受恭親王奕訢和軍機大臣孫毓汶的阻撓，不能有爲。民國紀元前十五年，見康有爲請變法的奏章，擬卽行召見，詢問一切。恭親王卽使阻止，說是與四品以下官員不召見的成例不合。德宗乃改命王大臣傳達康有爲的意見書，看了都很滿意。協辦大學士翁同龢，是德宗的師傅，很贊成變法的主張，在德宗前力薦康有爲，說此人可以大用。民國紀元前十四年，恭親王病死，德宗立下宣布維新的詔書，並召見康有爲，命他在總理各國事務衙門❷行走，並拔用梁啓超辦理譯書局事務。孝欽后見德宗如此行爲，大不贊成，認爲都是翁同龢從中主持的，逼令德宗將翁同龢免官。但是德宗已決心變法，自夏初至秋初三四月內疊下督責朝中和外省大臣勵行新政的上諭凡數十道，如廢八股，改科舉，興學堂，行保甲，裁汰宂官，删訂各衙門則例，開辦中國通商銀行等。都是犖犖大端，使得耳目一新。

然而朝中外省滿布着那班頑固昏庸的腐敗官僚，責令勵行新政的上諭雖如雪片一般的飛下，而實際上一事也不動。而謠言蠭起，人心動搖，說什麼皇帝已信奉西教了，什麼皇帝已病重了，這種無稽之談，喧傳一時。德宗（光緒）看看氣忿，便把違礙新政的禮部尚書懷塔布等革職，李鴻章亦因奉行新政不力被處分。一面便破格拔用楊銳劉光第林旭譚嗣同入軍機處，參預新政。並一再發布上諭，說明改行新政的用意，一時頗有雷厲風行的氣象。豈知舊派的反動陰謀，卽因此很快的發作了。

舊派對於新政，本多懷疑。對於新黨，非常的嫉忌。懷塔布被革職後，恐慌更甚。懷塔布的妻便向孝欽后（慈禧）哭訴，說滿人的位置將完全不保，求太后作主。孝欽后本不很滿意於德宗（光緒）經舊黨竭力構煽，乃命懷塔布與御史楊崇伊往天津與直隸總督榮祿商量收拾德宗和新黨的辦法。榮祿授意御史李盛鐸奏請德宗擇期奉太后至天津閱兵，預備乘機實行廢立。德宗見事機已很急迫，而苦於自己手下沒有實力，乃召袁世凱入京，加官爲侍郎，命他專辦練兵事務，使譚嗣同傳密諭，教他奪取榮祿兵權。袁世凱見舊派勢力盛大，新黨不免失敗，回至天津，即向榮祿告密。榮祿大驚，急忙乘車進京，與懷塔布楊崇伊逕至頤和園見孝欽后，只說德宗與康有爲等定計，將用兵包圍頤和園，於太后不利。孝欽后大怒，淸晨直入德宗住所，把所有奏章一起捲取了，詰問德宗道：『我撫養了你二十餘年，你竟聽了小人之言，謀害我嗎？』德宗嚇得渾身發抖，徐徐答道：『我無此意。』孝欽后啐道：『癡兒，今天去了我，只怕明天你也難保！』遂將德宗軟禁在南海瀛臺，託德宗口氣，假造詔書只說因病不能理事，請太后重行訓政。立時派兵拿提新黨，捉獲楊銳劉光第林旭譚嗣同和康有爲之兄弟康廣仁御史楊深秀六人，一併斬首。康有爲事前奉德宗命派往上海，督辦官報局，尙在途中，榮祿發電各處截拿，幸而上海英領事派人在吳淞口救至英國軍艦；梁起超在北京，亦由日本領事護送出關；二人都逃亡海外。一時與新黨有關係的，被稱爲康黨，連累的不少，或革職，或查抄，或監禁，或發遣軍臺，連早經罷免的翁同龢亦被奪去職銜，交地方官嚴加管束。凡德宗興行的新政，一律停止復舊。並下令禁止報館，拿辦主筆，禁止集會結社，竟闢得入翻馬仰，全中國都在反動的恐怖政策之下了。這個事變，歷史上叫做「戊戌政變」。

舊派既得勝利，榮祿便入軍機處主持北洋軍務。袁世凱亦得了四千兩賞銀，並奉命駐紮小站，專練新軍；這就是鼓鑄北洋軍閥的開始。反動政局，十分穩定。然孝欽后（慈禧）榮祿等，因德宗（光緒）仍居皇帝之名，不免有後患發生，尙密謀把他廢除。一面徵請全國名醫，爲德宗治病；每日假造脈案藥方，送各衙門傳觀。一面由軍機處密電各省督撫，詢問對於廢立的意見。一時議論紛紛，莫明宮廷中的用意。得君而未能行道的康有爲，乃在海外組設保皇會，作保全德宗的運動。兩江總督劉坤一和上海紳商海外僑民，紛紛電請孝欽后保護德宗。英國公使亦向總理各國事務衙門提出忠告，「萬一皇帝有意外之變，影響所及，歐西各國將與中國以不利益。」於是孝欽后未便遂行廢立，然德宗已全失自由，不禁有「朕不如漢獻帝」之嘆了。

廢立的計畫雖不能實現，但孝欽后（慈禧）排除德宗（光緒）的陰謀並沒有完全打消，榮祿等乃獻計「以皇帝無子爲名，擇宗室近支子，立爲大阿哥，準備將來得有機會奪取德宗的皇位」。孝欽后採納了，乃於民國紀元前十三年冬，下詔立端郡王載漪之子溥儁爲大阿哥，承繼穆宗（同治）爲子。孝欽后因包庇康梁，干涉廢立，頗恨外國人。載漪亦知非給外國人一種嚴重打擊，其子溥儁不能早登大位。軍機大臣榮祿剛毅徐桐等是竭力迎合孝欽后和端郡王的意旨的。於是清政府中的排外空氣，一時很盛。恰有標榜「扶清滅洋」的義和團應運而起，便釀成了八國聯軍入北京的空前大禍；從此大好中國，把自由獨立的主權完全喪盡。

❶這奏草就後，在北京宣武門外的松筠庵的諫草堂會議傳觀，預備遞呈都察院代奏。（那時士民上書，例須由都察院代爲陳奏，不能直接投呈。）後因馬關條約清政府已蓋印交換，並未上呈，但把原草印行，附以此事本末的說明，便是現在流傳的公車上書記。

❷起初清政府的對外交涉事宜，都歸理藩院統轄。英法聯軍入北京後，國威日漸低落，外交棘手。乃依恭親王主張於民國紀元前四十年設立總理各國事務衙門，爲主辦外交的機關。

【研究問題】

爲什麼中國對於外國，一向看作文化未開的番邦？

爲什麼中國人對外的認識這樣不容易清楚？

怎麼纔不算是模彷西學末節忽略根本？

爲什麼康有爲主張變法，要在經學上硬找一個根據？

西洋是否因崇信基督教而富強？創立孔教是否可以救得中國？

清德宗所下勵行新政的上諭，其內容各項，與中國維新有什麼關係。

爲什麼清德宗要力行新政，朝中和外省的官員竟敢一步不動？

外國人爲什麼要搭救康有爲和梁啓超？

維新運動失敗的原因是什麼？

英國公使爲什麼要干涉清帝的廢立？

德宗既被軟禁，爲什麼孝欽后念念不忘的要行廢立？

第七十一章　義和團事件

維新運動可算是中國士大夫們的反帝國主義運動，不過他們是誤取了改良主義和溫和手段。其結果雖於民國紀元前十四年被盤據中央政府的頑固陳腐的反動勢力壓倒了，然而民間反帝國主義的熱情，還是繼續高漲不已。民國紀元前十二年的義和團事件，便是民間由民教衝突而激起的反帝國主義運動，不幸是由迷信神權的祕密結社領導着，又誤被盤據中央政府的頑固陳腐的反動派利用了，終於被帝國主義的暴力所蕩平，致中國陷溺於帝國主義勢力壓迫之下更深一層。但是我們不要蔑視了當時英勇的奮鬪精神，我們更不可輕忽了此次所以慘敗的教訓！

義和團原稱義和拳，係白蓮教的餘派。白蓮教在清朝本以「反清復明」爲宗旨，清高宗（乾隆）仁宗（嘉慶）時，曾在四川湖北河南河北一帶作亂。失敗後，分爲天理教和八卦教，八卦教中的一派稱義和拳。後來因政府查禁，義和拳乃改稱梅花團、大刀會、紅燈會等名目，潛伏山東等處。鴉片戰爭後，帝國主義的勢力深入內地。西教士倚不平等條約作靠山，對於平民往往任意欺壓。凡教徒與平民發生事訟，西教士不問曲直，竭力袒護教徒，以致地方官不能公平處理。士豪奸民，見此形勢，即紛紛投入教會，以便仗勢欺人。因此各地人民漸起仇恨洋人教士教會的觀念，而民教衝突的事件，遂屢有發生。民國紀元前四十二年的天津教案❶發生後，民教的仇恨，愈加深切。潛伏山東的義和拳，便以「仇洋滅教」為號召，乘機活動，到處設壇，傳習拳棒，鼓起民間反帝國主義的熱情。壇中所奉的神，有唐僧、悟空、八戒、沙僧、黃飛虎、黃三太、關雲長、趙子龍、馬孟起、黃漢升、尉遲敬德、秦叔寶、楊繼業、李存孝、常遇春、胡大海、濟顛活佛等，都是西遊記封神傳三國演義等小說書中的人物。其組織，以八卦分團，有乾字團坎字團等名目。總首領是陝西人李中來，各團首領有曹福田、張德成、韓以禮等。對於洋人、教士、教民分為大毛子、二毛子、三毛子三種名目，倘被擒見了，便都沒命。拜神時，頭頂着地，叩頭三十六下。練術有渾功清功；渾功一百天，清功四百天；渾功能避鎗砲，清功能飛昇上天。凡此種種，眞是離奇怪誕，不值一笑。豈知山東巡撫李秉衡因喜他們與自己仇視洋人的趣旨相合，便十分獎勵他們。民國紀元前十五年的曹州教案❷，即因此發生。李秉衡免職後，繼任山東巡撫毓賢仍是竭力庇護他們，改稱義和拳爲義和團。他們從此便揭起「扶清滅洋」的旗幟，大聲疾呼的號召排外運動了。

民國紀元前十三年，沂州又發生教案，德國再向清政府嚴重交涉。清政府命毓賢派兵剿辦義和團，毓賢陽逢陰違，反寫信給協辦大學士剛毅道：「義和團實係義民，其神技大可用，倘能加以保護，便可以用着他們把山東的洋人驅除。」剛毅得信，即與端郡王載漪等內定利用義和團實行排外之計。後來德國公使聯合各國公使竭力要求清政府將毓賢撤換，清政府不得已乃召毓賢入京，命袁世凱爲山東巡撫。其時肥城又發生英教士卜克斯被害事件，清政府因英國公使的要求，命袁世凱嚴辦。袁世凱卻不信義和團，即召義和團首領來面試法術，都不靈驗，乃派兵痛剿，前後七次，義和團在山東站脚不住，乃全部逃入直隸。

毓賢至北京，見端郡王載漪，極口稱贊義和團有神技，忠勇可用，並將李中來介紹給端郡王。端郡王大喜，轉告孝欽后（慈禧），孝欽后亦深信不疑。毓賢即被任爲山西巡撫，義和團乃蔓延於直隸山西。直隸總督裕祿起初亦不信義和團，後來見太后王大臣都有庇護之意，乃漸漸崇信；

對於義和團的首領，竟敬如上賓。恰好副將楊福同至淶水勦捕，遇伏被殺，義和團乃乘勝進至北京附近，琉璃河、長辛店、蘆溝橋、豐臺各車站都被焚毀，並破壞鐵道電線，交通全被阻斷。在長辛店保定的外國人得官軍保護，逃入北京。北京各國公使調兵自衞，並提出質問。孝欽后乃以調查勸導爲名，派剛毅和刑部尚書趙舒翹順天府府尹何乃瑩引義和團數萬人入京，不久即釀成大亂。義和團被引入北京後，即四處設立壇場，收集徒黨。大戶人家的僕役，紛紛加入義和團，主人不敢輕慢，且借以保護。朝中大臣，崇信的十分之七八，大學士徐桐崇綺等信仰頗虔，王宮貴宅，亦延聘義和團設壇教拳。義和團聲勢洶洶，肆無忌憚，每逢傍晚，成羣結隊，遊行街市。首領跳躍舞踏，說是神靈附着在身上了。教居民焚香迎接神聖，向東南方禮拜。香煙繚繞，結成黑霧，全城森森然有鬼氣。有敢公然非笑的，便要遭殃。凡家藏洋書洋畫的，都被指爲二毛子，捕殺不赦。最荒謬的，因德宗（光緒）變法，竟指爲洋教教主。但是這很投合孝欽后端郡王的心理，孝欽后便密召曹福田入宮，賞給銀二千兩，呼爲義民。義和團因此氣燄更盛，揚言將取一龍二虎頭，一龍即指德宗，二虎指歷年主辦外交的李鴻章和慶親王奕劻。不久，端郡王被任爲總理各國事務衙門管理大臣，調董福祥帶領甘軍三千人駐京師。各國公使因董福祥的部下曾殺害外國人，要求將甘軍移至離北京三十里地。端郡王已決心下手驅逐外國人，當然置之不理。明日，董福祥部下果然戕害日本公使館書記杉山彬於永定門外。義和團亦即開始在右安門一帶屠殺教民，焚燒內外城各處教堂洋房，正陽門外繁盛街市三千餘家大半被燬。事勢業已鬧大，孝欽后乃召集王公大臣六部九卿開御前會議，討論應付方針以圖諉卸責任。剛毅趙舒翹報告出京調查的結果，竟說「天降義和團掃滅洋人，雪恥救中國」。孝欽后端郡王即竭力主張撫用義和團，對付洋人。德宗向在孝欽后威脅之下，不敢多言。此時危急，亦不顧一切發表意見，苦勸莫向各國開釁。稍明事理的大臣，如內閣學士聯元、太常寺卿袁昶、兵部尚書徐用儀、戶部尚書立山、吏部左侍郎許景澄等，都說義和團不可恃。端郡王盛氣凌人或矯辯，或呵斥，竭力要貫徹其對外宣戰的主張。爭議多日，不得要領，端郡王竟使人僞造公使團照會要求孝欽后交還政權與德宗，以激怒孝欽后，孝欽后乃堅決主張宣戰，當衆宣言：『我爲江山社稷不得已而宣戰，但勝敗不可知，倘不幸戰敗，江山社稷仍不保，諸公今日皆在此，當知我苦心，勿將過失歸到我一人身上，說我皇太后斷送祖宗三百年天下。』於是宣戰的上諭便發表了。孝欽后卽命莊親王載勛與剛毅提督義和團，並明令褒獎義和團爲義民，發給內帑十萬兩。端郡王使人知照各國公使，限二十四小時出京。德國公使克林德往總理各國事務衙門有所要求，中途被董福祥部下邀殺。其餘各國公使因無法出京，卽固守東交民巷。孝欽后命董福祥率甘軍，榮祿率武衞軍圍攻東交民巷。榮祿本不贊成宣戰的，因卽暗下保護使館，爲將來議和地步，因此東交民巷被攻兩月餘，終未攻破。而京中秩序大亂，官軍任意刼掠，義和團更橫行無忌，無辜良民被殺的不少；聯元袁昶徐用儀立山許景澄等都因曾經反對義和團，被端郡王殺害。

宣戰的上諭發表時，並通令各省盡殺境內洋人。裕祿在天津卽縱令義和團屠殺教民，焚燒教堂，攻擊租界。毓賢奉令後，卽將山西境內的洋人，無論男女老幼，一律捕殺。東三省亦由黑龍江將軍壽山發動，與保護鐵道的俄兵開戰，以致被俄國派大軍占領，引起後日國際間的軒然大波。惟東南各省的督撫，都不奉孝欽后的亂民。山東省雖爲義和團發源地，但因袁世凱痛剿之後，亦未牽入漩渦，袁世凱並將所統新軍駐在直隸省內的，完全調至山東省。兩江總督劉坤一湖廣總督張之洞，兩廣總督李鴻章，閩浙總督許應騤等並聯名用正式公文通知上海領事團，申明「無論北京成如何形勢，本省內的和平秩序和外人條約上的權利仍竭力維持。」領事團欣然承認爲中立地。於是東南各省居然暫時成爲對北京政府脫離關係的聯邦組織；其境內雖不免亦有另碎暴動戕害外人的事件發生，然大規模的排外運動，終沒有蔓延到。黃海、東海、南海、長江一帶，因此亦免了外國軍艦的蹂躪。

當鐵路被破壞，各國公使向大沽各國軍艦請派隊入北京的時候，英國東洋艦隊司令官西摩亞率領英美俄德日奧意法八國海軍陸戰隊二千五百人，由天津乘車至楊村，被董福祥部甘軍和義和團圍困，乃退回天津。同時，天津租界亦大受義和團的攻擊。各國軍艦乃決計先攻占大沽礮臺。總兵劉榮光戰死。孝欽后（慈禧）的召集御前會議決計宣戰，這也是一個原因。清政府既宣戰，日本見有機可乘，乃取得英國的贊助，派福島安正率兵一師團至天津。其時天津方面的中國軍隊，有聶士成馬玉崑等四十餘營兵力甚厚，八國聯軍取守勢。福島安正至天津，又請本國第二次派兵，而俄英法美四國亦陸續派兵來援，乃由福島安正製定作戰計畫，攻擊天津城。聶士成的軍隊本來還算是能戰的，只因在落伍曾與義和團衝突，開戰後義和團便乘武士成與聯軍作戰時，在後方殺其家屬，掠其家財，裕祿亦袒護義和團掣他的肘，武士成大憤，苦戰而死，天津乃被攻下，裕祿退北倉。聯軍又續到援兵，聲勢更甚，乃由天津乘勝長驅直入，破北倉楊村，沿白河信河西務張家灣直取通州。裕祿於北倉陷落後自殺。首先縱容義和團的李秉衡由清江至北京，孝欽后命其至通州禦敵，亦因兵敗在金自盡，通州遂失守。

聯軍破通州，北京大震，孝欽后（慈禧）急得向王公大臣哭泣。可是那耀武揚威的董福祥部甘軍，和裝神作怪的義和團，竟完全無用，符咒也不靈了，礮火也不能避了，一聽得聯軍來攻，紛紛搶掠財物，各自逃命。可憐一座大好的北京城，不多時卽被聯軍攻下。先一日，孝欽后攜同德宗（光緒）由德勝門逃出，出居庸關經宣化大同至太原。留二十日，再逃往西安。端郡王大阿哥等亦都隨行。一路受飢受寒，十分狼狽。

聯軍入北京時，城內外大混亂。守城兵戰死的計二千人，文武官員自盡的不知多少，以致死尸到處都有。聯軍分區駐紮，各就區域內掠取民間財物。戶部庫藏中所存金銀，盡被日軍收沒。北京的精華，與數千年歷史相傳的寶物，完全被聯軍分佔爲戰利品。清聖祖（康熙）時，南懷仁所造的天文儀器也被德軍取去。不久，聯軍統帥德國大將瓦德西由大沽入北京，在儀鑾殿組設司令部，混亂時期方結束。聞義和團和董福祥的殘部在保定，即派兵西進。破保定時，將義和團任情屠殺；義和團佔住的房屋，都被焚燬。又因大沽口冬季結冰海運將斷，爲維持海陸聯絡起見，派兵東進，佔山海關。軍事告一段落，各國公使乃會議媾和條件，準備議和。北京至天津至保定，至山海關的鐵道逐漸修復，並設法恢復各占領地方的秩序。而孝欽后（慈禧）在途中，亦已調任李鴻章爲直隸總督，派李鴻章與慶親王奕劻爲議和全權大臣。日軍將領知事局必以和議了結，即設法迎慶親王奕劻入京，並由野戰電信代邀李鴻章入京，於是和議開始。

民國紀元前十二年十二月下旬，奕劻李鴻章與英、俄、德、法、日、意、美、奧、西、荷、比十一國公使在西班牙公使館開始談判。各國公使將預先擬定的和約大綱十二條提示，並要求以懲辦禍首爲先決條件。幾經磋商，清政府終於被迫而下令將端郡王載漪、輔國公載瀾黜爵，發往新疆永遠監禁，命莊親王載勛、英年、趙舒翹自盡，將毓賢、啓秀、徐承煜正法，革董福祥職，已死的剛毅、徐桐、李秉銜都追革官職，其餘得監禁、革職、永不敍用等處分的，凡百餘人。談判至民國紀元前十一年九月七日，和約完成，這就是所謂辛丑和約。其主要條款除懲辦禍首外，有下列各項：

一、賠款四萬五千萬兩。——這就是所謂「庚子賠款」。

二、清政府派醇親王載灃爲頭等專使，爲克林德公使被害事件，往德國謝罪；並在遇害地方建立紀念牌坊。

三、派戶部侍郎那桐爲專使，爲杉山彬書記被害事件，往日本謝罪。

四、劃定公使館區域，不准中國人住居，並許各國駐兵保護。

五、大沽口礮臺和有礙北京至海口之間交通的各礮臺，一律平毀。

六、許各國駐兵黃村、郎坊、楊村、天津、軍糧城、塘沽、蘆臺、唐山、昌黎、灤州、秦皇島、山海關等處，保持由北京至海口之間的交通。

七、永禁加入排外團體，違者正法；各省官吏，倘遇有傷害外人事件，不能立卽彈壓懲辦的，革職永不敍用。

八、將總理各國事務衙門改爲外務部；並改定各國代表使臣謁見皇帝的禮節。

和議成立，聯軍陸續退出，孝欽后（慈禧）和德宗（光緒）乃從西安回北京。孝欽后鬧了這一場大禍，覺得難以爲情，不得已依允各省督撫的請求，舉辦新政。但是他並沒有根本覺悟，不過敷衍而已。而且回京之後，依舊是只求個人的安富尊榮，修理頤和園，窮奢極欲的胡攪。於是一般人民對於這種腐敗的滿清政府漸生厭棄之心，而推翻滿清改建共和的革命運動便得大大的發展了。

❶天津教案的起因，是有個拐匪在天津被捕，忽然起了一種謠言，說天主教民迷拐人口，挖眼剖心。謠言漸傳漸盛，竟引起了人民仇教的暴動。法領事豐大業恃強行兇，對官放槍，打死知縣的僕從一人。人民公憤難遏，便羣起圍毆豐大業，把他打死，並焚燒教堂，殺傷教民數十人，天津大紛擾。直隸總督曾國藩與法公使羅淑亞交涉，被所劫持。結果處滋事人犯正法的十五人，軍流的二十一人，天津知府張光藩，知縣劉傑都遣戍，並派原辦此案的通商大臣崇厚往法國道歉，纔把此案了結。

❷就是引起德國強租膠州灣的事件。

【研究問題】

怎麼說維新運動也可算是反帝國主義運動?

反帝國主義運動取了改良主義和溫和手段怎麼說便是錯誤?

爲什麼戊戌政變後的民間反帝國主義的熱情繼長增高?

怎麼說義和團事件也是反帝國主義運動?

西教士爲什麼一味袒護教徒?

義和團怎麼會揭起,「扶清滅洋」的旂幟的?這標語有什麼錯誤?

毓賢端郡王孝欽后爲什麼都會這樣的迷信義和團?

端郡王這樣的堅決主戰,是什麼用意?

八國聯軍中爲什麼日本很賣力?

日本軍的將領爲什麼又要迎慶親王入京?

辛丑和約中,中國受的損害怎樣?

義和團事件給與我們的教訓是什麽?

排外與反帝國主義有什麽區别?我們應該怎樣作反帝國主義運動?

第七十二章　日俄戰爭與中國的關係

日俄戰爭，從字面上看來，不像是與中國有關係的，但是若問日俄爲何戰爭，日俄戰爭如何引起的，日俄在何處戰爭，那就要使人感覺到這簡直是中國的事，豈但與中國有關係哉！

日俄戰爭，是爲着互爭遼東和朝鮮，遼東尤其是爭鬭的焦點。中日之戰，日本已用兵力占得遼東，並經馬關條約訂定中國把這地方割讓給日本的了。這遼東已是日本弄到手裏的東西，誰料到俄國無端以「遼東若歸日本，則不僅中國國都有危險，朝鮮獨立亦歸於有名無實」爲口實，糾合德法，出來干涉，強逼日本放手，還付中國。更不料日本交還遼東之後，俄國卻引誘中國締結密約，並利用時機，把整個滿洲完全劃入他自己的勢力範圍之內；而且還要伸張勢力入朝鮮，與日本爭鬭。俄國這樣的盛氣凌人，日本豈能甘心屈服，豈能無限制的讓步！

義和團事件發生之後，黑龍江將軍壽山不自量力，奉了孝欽后（慈禧）的亂命，與俄國輕易開釁。俄國久想進兵霸佔滿洲，這正是千載一時的機會。便以保護東淸鐵道爲名，發大軍分四路進攻，先破黑龍江，會師於齊齊哈爾，長驅南下，把吉林奉天，一氣吞下。雖宣言「於秩序恢復之後，卽行撤兵」，而事實上則處處顯露其永佔不去之意。這種突飛猛進的態度，不獨沒有把中國放在眼裏，便是對於各國，也是旁若無人。所以各國對他都不免疑忌，尤其是英國和日本。日本雖十分懷恨，只是沉機觀變，英國耐不住，便要積極對付了。

其時俄國與德國，彼此很接近。英國深怕他們串在一起，妨礙他在中國優越的利益；便利用了德國一向想與英國共享長江流域的利益的心理，先與德國成立協約，中明開放中國門戶，保全中國領土的宗旨，使俄國勢成孤立，並抑制其在東三省獨占的野心。協約成立後，通知俄、日、美、法、意與六國。五國都表示無條件贊成，惟俄國主張「該協約的效力，只以英德兩國的勢力範圍爲範圍，而不適用於東三省」。德國便承認俄國的主張，英國則宣言否認。日本見了，暗喜自己得了抵禦俄國很好的幫助，便表示「英德協約是包括中國的全領土，東三省當然亦在其內」。當時英德協約是否適用於東三省，便成爲列強之間的一問題。

後來中國與十一國公使議和，俄國便藉口與中國曾訂密約，有特別關係，中明東三省的問題應另由兩國直接商議。同時又盛傳俄國關東總督脅迫中國奉天將軍增祺締結密約，將東三省歸俄國保護之說。既而又有俄國政府與中國駐俄公使楊儒訂立密約之說。日英德奧意美等國，先後向清政府警告。中國內部亦有慶親王奕劻，兩江總督劉坤一，湖廣總督張之洞等竭力表示反對。英國向俄國質問，俄國力辯其無。日本更激昂，竟一面準備軍事，一面向俄國提出嚴重抗議。俄國不得已，即向各國申明廢棄密約。

辛丑和約之後，孝欽后（慈禧）德宗（光緒）回北京之前，俄國又藉口北京主權尚未確定，申明繼續占領東三省，並由俄公使與李鴻章祕密商議協約。劉坤一張之洞兩總督仍竭力反對，清政府亦拒不批准。李鴻章年已七十八，遇了這個難題，操心太勞，刺激太深，即便病死。而孝欽后德宗亦即回京，俄國失了占領東三省的口實。日美兩國，又起而反對。密約終未成立。

但是俄國仍是不把東三省的駐兵撤退，清政府屢次催促，也都不理。日本輿論十分激昂，有主張以兵力迫俄國撤兵的。日本政府乃因義和團事件發生時英國贊助日本出兵的關係積極與英國聯絡。英國亦因英德協約沒有發生相當效果，知道德國不可靠，正想另求協同抵禦俄國的同志。於是英日兩國，於民國紀元前十年一月三十日在倫敦成立同盟條約。約中申明：「承認中韓兩國的獨立。❶英對中，日對中韓的利益，因他國侵略而受損害時，各得執行必要的手段。因此而與一國開戰，同盟國須嚴守中立。若同盟國與他國交戰，而另有一國或數國加入敵方時，另一同盟國應即出兵援助。」俄國見勢不佳，乃將舊有的俄法同盟關係，擴張至遠東方面，與英日同盟對待。於三月十二日向各國發表「俄法兩國在遠東的利益受侵害時，兩國政府得取防衛的手段。」三月二十六日，俄公使乃與清政府訂結東三省撤兵條約，以六個月爲一期，分三期將東三省的兵撤盡：第一期撤奉天省西南部的兵，第二期撤盡奉天省內及吉林全省的兵，第三期撤黑龍江的兵。

民國紀元前十年十月十六日爲俄國第一期撤兵滿期之日，俄國政府居然先期半月，即將應行撤退的兵，完全撤退。第二期到期，爲民國紀元前九年四月十九日，俄國非但不撤兵，反向清政府提出要求七款，大體是將東三省歸俄國保護。日、英、美三國都向清政府警告，俄國乃將要求撤回。但不久俄公使又向清政府提出條件，要求將東三省事業歸兩國共同經營。

俄國對於遠東問題，內部分爲兩派：關東總督亞歷塞夫和鴨綠江圖們江兩岸經營伐木公司的倍索白拉索夫因經濟關係，主張急進；陸軍大臣苦魯巴金因戰略關係，主張愼重。倍索白拉索夫竭力包圍俄皇，亞歷塞夫在遠東取積極行動，急進派聲勢大盛，對日宣戰漸成箭在弦上的形勢。苦魯巴金爲愼重起見，親至遠東考察，於六月十二日抵東京，在東京四日，卽至旅順召集會議，駐中駐韓公使，關東總督，道勝銀行總理，駐東三省各軍領袖，都來參與會議後，苦魯巴金歸國，力主撤兵。倍索白拉索夫極力向各方游說，反對苦魯巴金的主張。當時俄國要人多與伐木公司發生關係，所以倍索白拉索夫的運動，終得勝利。八月五日，俄國政府就阿穆爾省和關東省合設一遠東大總督府，命亞歷塞夫爲大總督，付與指揮阿穆爾省和關東省的陸軍，及太平洋的海軍之權，宣戰媾和皆許便宜行事，駐東洋的外交官都受其節制。同時又積極向韓國侵略，要求租借龍岩浦，脅迫韓國履行過期作廢的森林條約❶。韓國因英國日本提出警告，不敢允許。俄國卽自由行動，築礮臺於龍岩浦，布設龍岩浦至安東的電線。其對於日本挑戰的用意，業已十分顯著。

然而日本尙擬與俄國和平商議，不願就此衝突。於民國紀元前九年七月二十八日，由駐俄日本公使向俄國外務大臣申明「兩國在遠東的利益；願協商和平辦法。」俄國政府亦表示接受。日本乃提出協約草案，劃淸兩國的勢力範圍，日本承認俄國對於滿洲的特殊權利，俄國承認日本對於韓國的特殊權利；而相互尊重中韓兩國的獨立，並保全其領土。這就是所謂「滿韓交換」的磋商。俄國外務大臣託言將隨從俄皇出國遊歷，請日本政府與駐日俄公使在東京就近談判，而使亞歷塞夫當此交涉之任。駐日俄公使與亞歷塞夫會商後，提出對案，將關於滿洲的規定删去，而對於日本在韓國的權利，多方限制。這明明是表示不承認保全中國的領土，並公然侵略韓國，打擊日本。日本對於韓國，早已當作囊中之物，斷難承認其權利有所限制；而對於滿洲亦斷不肯放在協定範圍之外。幾經磋商，雙方終不能妥洽。至民國紀元前八年一月，兩國交涉漸由停頓而至於破裂。至二月六日，日本卽宣布與俄國斷絕國交，實行軍事活動。十日，日俄兩國，遂正式宣戰。

俄國占據滿洲，不肯遵約撤兵，中國政府與人民，無不憤恨。日俄交涉中，俄國又表示不承認保全中國的領土，尤足以使與日本同情。但至日俄開戰，中國既無力幫助日本，日本亦不希望中國的幫助，而列國更惟恐中國牽入漩渦，中國乃不得不坐視外人在國內爭鬬，而於三月十二日覲顏向日俄二國宣告局外中立。申明「滿洲駐紮外國軍隊尚未撤退的地方，中國因力量不及，恐難實行局外中立；但東三省疆土權利，兩國無論誰勝誰敗，仍歸中國自主，不得占據。」日俄二國，均答覆承認。於是三國公認遼河以東爲交戰地，以西卽爲中立區域。但明年一月，俄國竟侵犯遼西中立地以攻日本，中國無法制止，乃又劃自溝幫子至新民屯的鐵道爲中立地與交戰地的界限。

日本的用兵，眞是兵法上所謂「守如處女，出如脫兔。」二月六日，對俄絕交，其聯合艦隊司令東鄉平八郎，卽率領艦隊出發，於八日夜半襲擊旅順口外的俄艦。俄艦退入港內，不敢輕出。九日正午，又在仁川擊沈俄艦二艘。俄國的海軍既遭挫敗，日本的陸軍乃得由海道很敏速的運至仁川和鎭南浦上陸，進占平壤定州義州，作成據韓國以攻滿洲的形勢。俄國在開戰前雖已陸續調兵至滿洲，但開戰後的行動則頗遲緩。日軍至義州，對岸的俄軍尚未集中，得知日軍已到，乃急忙徵調應付，據九連城水口鎭安東，與日軍隔江相持。日本第一軍由大將黑木維楨統率，以礮兵掩護工兵，在鴨綠江上築橋三座，強行過渡，破九連城，長驅入遼東。同時日本海軍迭次沈船閉塞旅順口，設法阻礙俄國軍艦的自由出入。日本第二軍即由大將奥保鞏統率，渡海至貔子窩上陸，佔取金州。乘勝攻南山，得海軍在金州灣援助，占領南關嶺柳樹屯靑泥窪等處，封鎖金州半島，截斷旅順口俄軍的後路。

俄軍總指揮苦魯巴金於四月十一日抵營口，其時日軍已佔優勢，乃決定戰略，擬集大軍數十萬於遼陽、瀋陽與日軍作一大決戰；所以不肯浪戰，坐視日軍在貔子窩上陸，不加攻擊。至旅順被圍，俄皇電命苦魯巴金派兵救援。苦魯巴金仍不願放棄其不浪戰的計畫，僅調兵三萬，號稱二十萬，進佔得利寺。奥保鞏得訊乘俄軍尙未集中完畢，留兵三分之一守金州，迅速北進，逆擊俄軍，大破得利寺，乘勝陷熊岳蓋平。苦魯巴金調重兵守大石橋，築堅固防禦工程，當阻日軍。日本加派乃木希典第三軍攻旅順，使第二軍專攻遼陽。奥保鞏奮勇前進，不顧重大犧牲，苦戰奪大石橋，連破營口、海城、牛莊等處，於是俄軍南下救旅順的計畫，大受挫折。

當日本第二軍在貔子窩上陸時，第一軍亦由九連城，連陷鳳凰城寬甸，過摩天嶺，進占本溪湖、同時又派野津道貫統率第四軍由大孤山登岸，攻取岫岩析木城。於是日本第一、第二、第四三軍先後逼近遼陽，總司令大山巖乃偕同總參謀兒玉源太郎親至前敵指揮。俄軍亦出全力拒守，在各要地深溝高壘嚴密防禦。日軍分途苦戰，凡經十日，遂克遼陽。不久，俄國由西方調來精銳大軍，苦魯巴金編爲四隊，分三路反攻。但因長途跋涉，疲勞尚未恢復，又逢遼東早寒，途中已有積雪，不便進攻，終於敗退渾河北岸。其時日軍亦已疲憊，天氣更寒，乃休止渾河南岸，暫停攻擊，一面即用全力攻下旅順。旅順俄國海軍，被日本封鎖，屢想衝出，都歸失敗。日軍攻遼陽時，又因乃木希典的第三軍愈逼愈近，而救兵不至，困守終不是辦法，乃設法逃出旅順。俄艦十八艘順次出港，日本艦隊見了，即上前包圍猛攻。激戰數時，俄艦不支，一半退入港內，一半逃往庫頁、芝罘、膠州灣、上海、西貢等處。旅順艦隊，乃殘破不能成軍了。起初海參崴艦隊出沒海上，避實擊虛，日本商船運輸船被擊沉不少。上村彥之丞督率船隊攻海參崴，因天寒無功退還。此時，忽相遇於蔚山，上村彥之丞急下令奮擊，俄艦大受損失。海參崴艦隊乃亦敗退入港，不再活動。日本海黃河的制海權，於是全歸日本所有了。

旅順於海軍被打破後，其勢更加窮蹙。但因地勢險要，俄軍出死力拒守，日本第三軍猛攻三次，終不能得手。俄軍反攻遼陽失敗後，日本乃抽調軍隊，協助第三軍，行第四次攻擊。日軍肉薄而進，盡佔旅順背面的高地。俄軍見形勢已失，知不能守，不得已而投降。凡將校八百七十八人，士兵二萬三千四百九十一人，盡爲俘虜。日軍獲得堡壘礮臺五十九所，其他戰利品無算。俄國強古的東洋最優良軍港，遂落入日本人之手。

背魯巴金卽乘此日本全力攻旅順的機會，命新到的騎兵團，侵犯遼西中立地，以攻牛莊營口。日軍突然遇敵，一時大狼狽，奮力拒戰，勉強抵住。而俄軍又襲擊日軍第一軍於黑溝臺，日軍敗退後，得了援軍，方始奪回陣地。此後俄軍兵力漸厚，日軍總司令大山巖亦續向本國調兵，於民國紀元前七年二月上旬，雙方大決戰。俄軍總數爲步兵三十八萬，騎兵二萬六千，紀兵三萬，大砲一千一百門。戰線延長四十里，千三百門；日軍總數步兵二十萬，礮兵工兵輜重兵合十五萬，大礮一千一百門。戰線延長四十里，爲開戰以來最大的一戰。結果，俄軍被日軍大包圍，不得已乃總退卻。日軍乘機猛進，遂破瀋陽。這一役，日軍死傷四萬餘人，俄軍死二萬傷十一萬。於是俄軍形勢大壞，背魯巴金辭職，大將李尼維齊代理總指揮，整理敗兵。日軍乘勝再佔開原鐵嶺昌圖等處。俄軍一時不能再戰，日軍亦無力再進，滿洲的陸戰卽便結局。

最後，俄國調波羅的海艦隊，分兩批出發，作一萬八千海里的大遠征。又想調黑海艦隊，被英國所阻。波羅的海艦隊於民國紀元前七年五月至黃海分隊遊弋，擬入海參崴。日本海軍司令官東鄉平八郎料定俄艦必由對馬海峽通過，乃設伏靜候。五月二十七日，俄艦果然相接駛入日本海。東鄉平八郎卽發出「皇國興廢，在此一戰，將士各宜努力」的訓令，指揮艦隊上前要擊。交戰不及半小時，俄艦因向在內海，不習慣大海風浪，紛散錯亂，運動不能一致。日艦乃集其主力艦於鬱林島附近，乘夜猛攻，俄艦大敗，沈沒十餘艘，其餘或降或逃。於是日本陸戰海戰，獲得完全勝利。

民國紀元前七年六月九日，美國大總統羅斯福致書俄國皇帝和日本天皇，勸他們媾和，雙方都表示接受。日本派小村壽太郎爲全權代表，俄國派微德爲全權代表，於八月九日開始在美國朴資茅斯議和。日本代表先提出條件，俄代表申明「俄國雖已戰敗，但是沒有被征服，割地賠款的條件不能承認。」彼此磋商半月餘，於八月二十九日和約成立，是爲朴資茅斯條約。其重要條文的大意如下：

一、俄國承認日本對於韓國，有政治上、軍事上、及經濟上的卓絕利益；日本對於韓國行指導，保護，及監督的必要處置時，俄國不阻礙，干涉。

二、俄國將旅順大連及其附近領地領水的租借權讓與日本。

三、俄國將長春旅順之間的鐵道，無條件讓與日本。

四、俄國將庫頁島北緯五十度以南的半部及其附近一切島嶼割讓給日本。

五、俄國許日本人民，在日本海鄂霍次克海白令海的俄領沿岸有漁業權。

這次和議，因爲歐美列強，嫉忌日本，日本在外交上的地位非常惡劣，所以和約中給予日本的利益十分微薄。因此和約發表日本人民因不滿意於政府外交當局，大起暴動。日本政府竭力鎮壓，方始敉平。但是日本自經此次戰勝之後，已一躍而列入世界第一等強國的班次。其戰勝的酬報，直接由俄國取得的，雖不免使人失望；然而從韓國和滿洲取得的，那就足以抵償戰時的損失而有餘了。

韓國於日俄開戰時，卽被日本脅訂保護條約，規定韓國的財政外交，完全受日本的監督。朴資茅斯條約成立之後，日本、韓國再結新協約，許日本派統監一員於韓國京師。民國紀元前五年，韓皇密派代表向海牙平和會議陳訴日本的強暴，求各國干涉，希望脫離日本的保護關係，被海牙平和會議所拒絕。於是日本以韓國違反條約，侮辱日本爲口實，脅迫韓皇李熙讓位給其子李坧，並解散韓國軍隊。民國紀元前三年，韓國志士安重根將侵略韓國的主要人物伊藤博文刺死於中國哈爾濱車站。明年，日本卽悍然不顧，脅迫韓皇李坧退位，宣布日韓合併了。

滿洲於日俄戰後，便以長春爲界，其北屬俄國勢力範圍，其南屬日本勢力範圍，而北滿洲南滿洲的名詞也就從此發生了。民國紀元前七年十二月，日本便派小村壽太郎爲全權代表至北京與慶親王奕劻等訂立中日滿洲善後條約，由中國承認朴資茅斯條約中關於旅順大連和長春至旅順間鐵道的處分，日本承認遵行中俄兩國所立的租借地和築造鐵路等條約。又訂附約十一款，擴充至朴資茅斯條約規定的範圍以外，取得下列各項權利：

一、開鳳凰城、遼陽、新民屯、鐵嶺、通江子、法庫門、長春、吉林、哈爾濱、寧古塔、琿春、三姓、齊齊哈爾、海拉爾、愛琿、滿洲里等處爲商埠。

二、安東奉天之間的軍用鐵道，由日本繼續經營，改爲專運各國商工貨物的鐵道。

三、設立中日合辦的材木公司，採伐鴨綠江右岸的森林。

民國紀元前六年，又先後設立南滿洲鐵道株式會社和關東州都督府；並設總領事於瀋陽，其權限與本國的知事相同。這簡直是把南滿洲當作他們的殖民地了。

❶朝鮮於民國紀元前十六年改稱韓國。

❷這條約是民國紀元前十六年訂立的，約定五年以後不着手卽作爲無效。此時已過期一年多了。

【研究問題】

俄國既想霸佔滿洲，爲什麼退兵之時又要宣言「於秩序恢復之後，卽行撤兵」？

俄國霸佔滿洲，爲什麼英國也要嫉忌？

日本既十分懷恨俄國，爲什麼不先行積極對付？

英國要抵制俄國，爲什麼要與德國訂結協約？

俄國主張把東三省除外，爲什麼德國竟表示贊成？

俄國爲什麼幾次三番要誘迫中國訂結密約？各國爲什麼要反對？

爲什麼日英同盟之後，俄國便與中國訂撤兵條約？

苦魯巴金爲什麼對遼東問題主張愼重？

俄國步步進逼，爲什麼日本却要求協商和平辦法？

日俄開戰時，中國怎麼不能幫助日本？日本爲什麼不希望中國的幫助？列國爲什麼要阻止中國牽入漩渦。

俄國的軍事活動爲什麼比日本遲緩？

東鄉平八郎攻俄國波羅的海艦隊時爲什麼說「皇國與廢，在此一舉？」

俄國戰事失敗的原因是什麼？

日本打敗俄國後，爲什麼歐美列強又嫉忌日本？

日本當時在外交上的地位怎麼這樣的惡劣？

海牙平和會議爲什麼拒絕韓國告訴日本？

日俄戰後，日本侵略南滿洲，當時中國有沒有方法可以抵制？

日本爲什麽要求中國在滿洲開這許多商埠？

日俄戰爭與中國的關係是怎樣？

第七十三章　立憲運動及革命運動

義和團的事件發生，充量表現了滿清政府的頑舊腐敗，和帝國主義壓迫中國的嚴重。日俄戰爭的爆發，又明白表露了帝國主義者因對中國侵略，互相嫉忌，由暗鬭而明戰的情態，和中國危急萬分的形勢。這種猛烈的激刺，疊連而來，中國一般人便不得不從睡夢中覺醒過來，在愛國志士的領導之下，盡力於抵禦外侮，挽救中國的運動了。

但是國人的觀點不同，所取的方針和手段，也就不能一致；所以當時的運動，便分成並立的兩大派。一派是取改良手段的溫和派，主張立憲救國。一派是取革命手段的急進派，主張推翻滿清，創建民國。這兩派的發生，都在中法戰後，而成爲有力的運動，則在日俄戰後。

主張立憲救國的溫和派，雖與康有爲、梁啓超等主張變法自強的所謂「維新黨」沒有直接關係，就其政治思想的系統而言，那是一貫的。所以中日戰後的維新運動，實爲中俄戰後的立憲運動之淵源。維新運動實現手段太單簡了，僅從包圍皇帝一人着手，所以只成了曇華一現的政潮。失敗後，康有爲尙以擁護德宗（光緒）爲宗旨，在海外組織保皇會，勾結會黨，祕密活動，從事於推翻以孝欽后（慈禧）爲中心的舊派政府的工作。民國紀元前十二年，保皇會會員唐才常等二十餘人乘北京發生義和團事件，潛至漢口圖謀起事，因走漏消息，被湖廣總督張之洞捕殺。這是保皇會唯一的武力運動，此後卽不再見有軍事的工作。但一方面已能注意於宣傳的工作，由梁啓超在日本橫濱發行清議報和新民叢報，竭力鼓吹其君主立憲的主張，一時風行全國。日俄戰後立憲運動的實現，這宣傳工作，是頗有力量的。

日俄戰爭，俄國失敗，給了立憲運動者一個反對專制政體的有力證據；一時要求淸政府立憲，成爲全國最有力的輿論。孝欽后迫於衆議，不得已乃於民國紀元前七年派載澤紹英戴鴻慈徐世昌端方五大臣出洋考察政治。載澤等正由北京出發，被革命黨吳樾在正陽門車站拋擲炸彈，卽折回。紹英徐世昌因遇炸驚恐，不能成行，淸政府乃改派尙其亨李盛鐸，命與載澤等出洋。由日本，過美洲，至歐洲，於民國紀元前六年回國。考察結果，一致贊成改行立憲政體。淸政府乃下詔預備立憲，逐漸改革官制，修訂法律，遞減科舉，興辦學堂，頒定資政院和各省諮議局章程，發布立憲大綱等。但這是孝欽后的粉飾政策，實際仍毫無立憲誠意。所以民間的立憲運動，依然進行不懈。江浙各省的士紳張謇等，遂有預備立憲公會的組織，各省亦有類似的團體成立。至民國紀元前四年，預備立憲公會等便聯合起來，作請願速開國會的運動。清政府乃下詔規定預備立憲的期限爲九年，並勒定分年籌辦事項，責成京內各衙門和京外各督撫府尹司道依限舉辦。民國紀元前三年，各省諮議局成立，立憲運動乃得了堅實的根據。江蘇諮議局議長張謇，派人遊說各省諮議局，得十六省諮議局的贊同，各派代表三人，集合上海，聯合組織國會請願同志會，相約國會不成立，決不解散。明年一月，十六省諮議局代表孫洪伊等三十四人入京上請願書，上諭不許。代表團乃設立機關於北京，推孫洪伊等六人爲常駐委員，相機進行。至汪兆銘炸彈事件發生，請願團以爲有機可乘，乃作第二次請願，仍不許。直至資政院成立，各省代表又聯合入京，作第三次請願，資政院也決議請求速開國會，清政府不得已，才許把預備立憲的期限九年，縮減爲五年。然而一方面下詔縮減預備立憲年限，一面卻「着民政部及各省督撫對各省代表剴切曉諭，令其卽日散歸，各安職業。」接着又令民政部與步軍統領衙門將東三省代表硬送回籍，不准逗留，並令各督撫開導彈壓，如有違抗，查拏嚴辦。不多時，天津人溫世霖在籍組織第四次請願團，把他逮捕，發遣新疆。於是立憲運動中的急進分子譚延闓湯化龍等，便分裂出來，加入革命運動的隊伍中了。

主張推翻滿清創建民國的急進派，其最先的發起人要推孫中山先生。孫先生名文，號逸仙，廣東省香山縣人，因逃亡日本時化名中山樵，所以一般人通稱他爲中山先生。據他自述，「自中法戰敗之年，始決傾覆淸廷創建民國之志。」他在廣州博濟醫學校肄業時，識同學鄭士良，其人專結納江湖之士，曾投身會黨，聞知他的革命主張，十分信服，願助他羅致會黨圖謀起事。中日之戰開始，乃利用時機，赴檀香山美洲等處結納華僑，創立興中會，爲革命機關。因時機尙早，入會的只寥寥數十人。後來中國被日本打敗，人心憤激，興中會乃決計在廣州聯絡會黨防營乘機起事，因運送軍械不愼，被海關截獲，事機洩漏，不幸失敗，被捕的凡七十餘人。孫先生因此亡命海外，改裝易服，奔走日本、檀香山、美洲、歐洲、等處，推廣興中會。民國紀元前十六年秋，孫先生由美至英，在倫敦被中國駐英公使館中人誘捕，預備解送回國，幸而其師康德黎得信，在外營救，並得英國政府干涉，輿論攻擊，雙方並進，終得安然出險。於是中國革命領袖孫逸仙的大名，乃傳遍全世界了。

孫先生脫險後，在歐洲留心考察政治社會狀況，凡二年，頗有心得。見歐洲列強國家富強，民權發達，猶不免有社會革命的運動。乃決計採取民生主義，以與民族民權問題，同時解決。「三民主義」的主張，於是完成。後因歐洲留學生尚少，華僑亦不多，革命工作，無從進行，乃再至日本。與日本民黨相往來，深得他們的贊助，但其時保皇會方大活動，主張君主立憲，反對革命，反對共和，三民主義的宣傳大受阻礙，革命事業的前途，十分黯澹。但是孫先生及其同志毫不灰心，一面派人在香港創辦中國報，鼓吹革命，一面派人至長江及沿海一帶，招納會黨，招納會黨的工作，很著成效，長江和兩廣福建的會黨，即於此時與興中會併合。

義和團事件發生，孫先生擬至廣東組織一支有秩序的革命軍，以救危亡。不料行至香港，被監視不能登岸。乃命鄭士良先往惠州發動，擬改由台灣潛入內地，亦不可得。而鄭士良在惠州已聚衆萬餘，占據大鵬至平海一帶沿海地方，因無後援，即歸失敗。靑天白日旂的使用，即於此時開始。在廣州謀響應的史堅如，見惠州事已不成，乃變計擬用炸毀兩廣總督德壽的衙門，炸發不中，被擒殺。但其時中國人心已與從前不同，向來把革命事業看作大逆不道的，此時聞知惠州事敗和史堅如被殺，也有表示惋惜的了。

清政府的與列強締結辛丑和約，這彷彿是給中國革命一個大的啓發。留學日本的青年，受此影響，傾向革命最早。長江一帶和西南各省漸漸亦發生革命風潮。一時革命團體風起雲湧。除興中會之外，較著名的上海有光復會，湖南有華興會。光復會係章炳麟、鄒容、吳敬恆、蔡元培等所組織，致力於革命的宣傳。在張園開會演說革命，辦蘇報鼓吹革命。章炳麟著的馗書，鄒容著的革命軍，都是打擊君主立憲的主張，和宣傳排滿革命最有力的著作。華興會係黃興、宋教仁等所組織，聯絡會黨，圖謀起事。民國紀元前八年，廣西會黨首領陸亞發在柳州發難，黃興、宋教仁與湖南會黨首領馬福益擬在長沙響應；因事機不密，馬福益被捕殺，黃興、宋教仁逃亡日本。黃、宋至日本，創辦雜誌命名二十世紀之新支那。東京留學生，討論革命問題的風氣更盛。這是革命風潮初盛的時代。

民國紀元前八年，孫先生由日本赴檀香山、美洲。出發時，有廖仲凱夫婦、馬君武等來見，表示贊成革命，願聽驅遣。孫先生卽委托他們在日本結納有志革命的青年，結合團體。這是革命同盟會成立的先聲。明年，孫先生由美國至歐洲，留學生已多數贊成革命。孫先生卽以三民主義五權憲法號召同志，組織團體；開第一會於比京，加盟者三十餘人；開第二會於柏林，加盟者二十餘人；開第三會於巴黎，加盟者亦十餘人。這年夏季，孫先生再經美國，回至日本。黃興宋教仁等開歡迎大會於東京富士見樓，爲日本留學界空前未有熱烈的盛會。於是同盟會光復會華興會，乃合組爲革命同盟會，加盟者數百人，中國本部十八省除甘肅省外，皆有人參加。孫先生大樂觀，相信革命事業，可以及身而成了。同盟會推孫先生爲首領，黃興爲副首領。中華民國的名稱也於此時規定。孫先生乃與黃興宋教仁擬定黨綱六條：

一、推翻滿清政府。

二、建設共和政體。

三、維持世界眞正和平。

四、主張土地國有。

五、主張中日兩國國民的聯合。

六、要求世界列國贊成中國革命事業。

又發布宣言，提出「驅除韃虜」「恢復中華」「建立民國」「平均地權」四大綱，和「軍法時期」「約法時期」「憲法時期」的程序。一面派人至內地各省調查宣傳，一面將黃宋所辦的二十世紀之新支那改爲民報，以汪兆銘胡漢民章炳麟爲主筆，與保皇會的新民叢報相對抗，彼此辯論甚烈。畢竟保皇會的主張與當時的國情和世界新潮不合，不能得有志青年的信仰，漸漸失敗。汪兆銘所著的民族的革命，在當時影響頗大。一時革命刊物，如雨後春筍一般的發生。同盟會各省支部亦先後成立，不及一年，加盟者達萬餘人。革命運動的發展，乃有一日千里之勢。

黃興於同盟會成立後，潛回湖南，指揮會黨，編爲三路，一路由瀏陽向長沙，一路以萍鄉安源爲根據地，一路由萬載向南昌。民國紀元前六年冬，因事機不密，瀏陽萍鄉兩處被迫發動，被清軍圍攻，革命軍乃潰散。清政府見革命勢力以日本爲策源地，漸漸蔓延各省，卽要求日本政府驅逐孫先生出境。日本政府因欲取得清政府的歡心，以便擴張其對於中國的權利，竟允許清政府的要求。孫先生不得已，乃偕同汪兆銘胡漢民至安南，設機關於河內。清政府會要求法國當局阻止入境，法國不理。

孫先生在安南，於民國紀元前五年夏，運動廣東省饒平縣會黨與福建省詔安縣會黨在潮州黃岡起事，殺官吏數人，占領寨城，被潮州鎮兵擊敗。同時，又運動惠州會黨在離城二十七里的七女湖起事，博羅會黨響應，亦被清軍打散。恰好廉州三那地方有萬人會抗捐運動，欽州會黨亦起事，清政府派郭人漳趙聲各帶新軍三四千人往討伐。孫先生派人游說郭趙，二人皆贊成革命，允爲內應，乃一面派人攜款往日本購運軍械，一面即聘定法國退伍軍官，準備組織軍隊，並聯絡民團，約期起事。不料東京同盟會本部發生風潮，購運軍械的計畫失敗。革命軍起事之後，勢力薄弱，郭人漳趙聲都不敢響應，革命軍遂敗退十萬大山。冬間，孫先生又與黃興等偕同法國軍官及安南同志百數十人，改由安南進攻廣西，襲取鎮南關，與清軍交戰三日，占領礮臺三所，滿擬會合了退入十萬大山的革命軍進攻龍州。不料十萬大山的革命軍因路上發生阻礙不能趕到，孫先生等據三礮台與龍濟光陸榮廷等苦戰七晝夜，終因軍火不繼，退入安南。而法國當局已因清政府屢向交涉，亦下令驅孫先生出境，孫先生乃往星加坡。黃興等仍由安南入欽廉上思一帶，轉戰數月，所向無前，復因孤軍奮鬬，餉彈俱盡而退；但黃興的威名，因此大著。

民國紀元前四年，黃明道奉孫先生命，率同志百餘人，聯絡清兵爲內應，攻佔河口，殺道員王鎭邦，奪據礮台四所，收降清兵五千人。孫先生因無法親往指揮，委黃興前往。不幸在半途被法國官吏疑爲日本人，把他截留了送回河內，河口的革命軍因乏人指揮，受清兵四方壓迫，只得放棄河口，退入安南。黃興與黃明道等先後被法國當局遣送出境。

孫先生因連遭失敗，香港日本安南等處，皆不能自由居住，乃將指揮軍事工作的責任交付黃興胡漢民，自己再漫遊歐美，籌集款項。黃胡在香港設立南方總機關，派趙聲倪映典等運動廣東新軍。運動成熟後，將於民國紀元前二年陰歷正月某日起事。而新軍中熱心過度的，先一日因事起風潮，倪映典即倉卒入營，率領一部分從沙河進攻廣州，至橫枝岡，清軍來迎，倪映典中彈被擒殺，軍中無主，因即潰敗。孫先生在三藩市，得訊取道檀香山折回。過日本時，祕密登岸，被日本警察探悉，不許逗留，乃由橫濱至檳榔嶼，約黃興胡漢民晤商此後進行計畫。各同志因經濟困乏，頗有頹喪氣。孫先生竭力勸勉，並就地招集華僑募捐，一晚上得了八千餘金。又派人往南洋各埠籌募，數日間達五六萬元。各同志因此精神再振，與黃興等回香港，計畫大舉攻廣州的軍事。孫先生親歷南洋各埠，而往美洲。

民國紀元前一年三月，黃興趙聲等由香港運械入廣州，約期會攻總督衙門。計畫很周密，不難一舉成功。不料內情被奸細密告兩廣總督張鳴岐，張鳴岐乃調兵嚴防，並分頭搜查黨人。陰歷三月二十八日革命黨祕密機關被破獲數處，同志十餘人被捕。黃興見事勢急迫，乃於二十九日倉卒間率同志百餘人，突起攻總督衙門，猛擲炸彈，炸燬大門。衛兵紛紛逃散，有一二人棄槍投降，願作嚮導。黃興朱執信乃入內搜捕張鳴岐，而內部已逃避一空。搜畢退出，清軍已蠭擁而來。黃興奮力抵禦。終因衆寡不敵，慘遭失敗。黃興傷右手，僥倖逃出，朱執信熊克武等亦皆負傷。當場殉難和被擒受刑的，事後檢得尸體七十二具，由善堂聚葬黃花崗。事雖不成，而黃花崗七十二烈士轟轟烈烈的精神，已震動全國。半年後武昌起事的成功，這一役大有造成時勢的功效呢。

革命黨人除進行大規模的軍事工作外，同時亦實行暗殺清政府各要人。吳樾在北京謀炸五大臣，是暗殺事件的開始。民國紀元前五年，安徽巡警學堂舉行畢業典禮，巡撫恩銘到場閱操。徐錫麟爲巡警學堂會辦，乘機突出手搶將恩銘擊斃，本想就此起事，因預備不足，被擒剖心而死。明年，熊成基在安慶起事不成，逃至哈爾濱，適清宗室載濤由歐洲回國，擬卽行刺，因事前洩漏風聲被擒，在吉林遇害。民國紀元前二年，汪兆銘因革命軍屢遭失敗，憤而與黃復生等數人入北京謀刺攝政王載澧，以振起民族精神，一擊不中，與黃復生同時被捕，判永遠監禁。民國紀元前一年，廣州將軍孚琦出城看飛機，在途中被溫生財刺殺。三月二十九日廣州之役的失敗，水師提督李準與黨人結深仇。事後，陳敬岳在雙門底拋擲炸彈行刺，李準受輕傷，陳敬岳被捕殺。武昌起事後，廣州將軍鳳山，由香港乘寶璧兵輪到省，纔登岸，行至大南門外，被岑開始擲炸彈轟斃。這種暗殺事件，雖不是革命的重要工作，但是造成恐怖，鼓動革命空氣，對於革命的前途，未始沒有相當的影響。

革命運動這樣的步步緊張，清政府卻不知利害，依然用假「立憲」的手段，敷衍門面。改革官制的結果，只成了親貴專權的政局。❶官場的黑暗，達於極點。而且爲嚴防革命黨人起見，禁止學生干預政治，不許在京師開會演說，竭力抑制民氣。這無異於製造革命，把二百七十年的政治地位，自行打翻。所以至民國紀元前一年十月十日的大革命爆發起來，便無法收拾了。

❶民國紀元前六年，第一次改革官制時，除慶親王奕劻向為軍機處領袖外，其餘十一部尚書，則那桐、溥頲、溥良、鐵良、壽耆、榮慶、載振等滿族親貴占了七席。民國紀元前一年第二次改革官制時，組織新內閣，以奕劻為總理大臣，那桐為協理大臣外，其餘國務大臣十員，則善耆、載澤、蔭昌、載洵、紹昌、溥倫、壽耆等滿族親貴又占七席。

【研究問題】

維新運動與立憲運動有什麼不同？有什麼關係？

日俄戰爭俄國的失敗與立憲不立憲有什麼關係？

立憲是否要有預備時期？清政府為什麼要先行預備立憲？

立憲運動為什麼要各省諮議局成立之後，方得了堅實的基礎？

為什麼立憲運動不能成功？

為什麼要推翻滿清？為什麼要創建民國？

保皇會和興中會爲什麼都要結納會黨？

什麼叫做三民主義？什麼叫做民生主義？

歐美列強爲什麼還要有社會革命？

爲什麼在義和團事件發生以前立憲運動可以阻礙革命運動？

爲什麼義和團事件發生以後革命運動方始漸盛？

革命同盟會的成立，於革命運動的前途有什麼影響？

什麼叫做平均地權？爲什麼要平均地權？

怎麼說暗殺不是革命的重要工作？

爲什麼抑制民氣反足以製造革命？

第七十四章　十月十日大革命

立憲運動本是有利於清朝的，然而清朝始而拒絕他，打擊他，繼而冷淡他，敷衍他，因此反玉成了大不利於他們的革命運動。革命運動的聲勢漸漸盛大了，清朝總應該妥愼的應付，嚴密的防範；然而除了一味抑制之外，別無其他方法。並且給他造設機會，引他爆發。清朝的末路，眞是愚蠢得可憐。清朝爲革命運動造設的大爆發的機會，便是硬行鐵道國有的政策。要講鐵道國有這件事。其來歷也頗有一敍的價値。原來從中日戰爭之後，列強爭先恐後的在中國劃定勢力範圍。既經劃定，便各就範圍，着手經營。其經營的主要手段，便是建築鐵道。當時列強向清政府要求的鐵道建築權，是把「借款」「承造」「管理」三件事混爲一談的。某一鐵道，既借了某一國的款項，便請該國的公司承造，造成後便請該公司管理，而且總是以該路的一切產業爲抵押的。於是鐵道所到的地方，就是帝國主義勢力所及的地方。中國所損失的，不但是經濟上的利益，政治軍事上也受害不淺。這種弊害，後來中國人漸漸的覺悟了，於是對於已經和外國訂約築造的鐵道，往往不惜重利賠償，竭力爭回自辦。便是尙無外國條約關係的鐵道，一時籌劃自築的聲浪也甚盛。清政府方面，其時已採取粉飾的政策，開辦新政，知道籌築鐵道，不僅是對外的關係，卽中國政治的設施和經濟的開發亦頗需要，故也認爲當務之急。但是國庫空虛，政府要籌築鐵道，則非利用外資不可。而且各省爭回自辦或自行籌築的鐵道，亦因人民企業能力的薄弱，都沒有多大的成績，於是又有鐵道宜於國有的議論。利用外貲而實行鐵道國有的政策，和承認列強鐵道建築權的要求，大不相同。承認列強鐵道建築權的要求，是妨害國家主權的。利用外資而實行鐵道國有的政策，則於國家主權既無妨礙，而又可以獲得振興國家產業的實效。因爲利用外資，只需付出相當的利息；至於借款的抵押和條件，照例僅受經濟上的約束，與政治軍事可以不生關係。而且利用外資倘能得法，還能使得列強因投貲而有所顧忌，或互相牽制，藉以避免他們政治上的侵略。所以清政府當時所定的政策，平心而論，原也未可厚非。只因當時的清政府裏，全是昏庸的滿族親貴和頑舊的腐敗官僚，僅知攬權攘利，一味胡鬧，已經失去了大多數人民的信仰。何況實行鐵道國有的政策，又是與商民的利益相衝突的，那就更不容易得到人民的諒解了。再加着辦理的手段有些操切，自然要激起公憤鬧成風潮咧！

盛宣懷在清朝末年的官僚中本足以通知「洋務」著名的，對於開採鑛山和建築鐵道也有些經歷。既被任爲新內閣的郵傳部大臣，便把御史石長信倡議的鐵道國有政策定爲新內閣的大政方針之一。收路的辦法，由政府籌借英法德美四國之款一千萬磅和日本之款一千萬元，作爲收回鐵道的基金。凡全國幹綫均歸國有，支線准商民量力酌辦；從前批准的商辦鐵道各案，一律取消。收路的上諭發表之後，四川湖北湖南的人民卽表示反對，竭力爭持。清政府便用「業經定爲政策」的理由，嚴行拒絕。湖南巡撫楊文鼎、四川總督王人文先後代人民奏請收回成命，都遭申斥。後來清政府又嫌王人文太軟弱，改派趙爾豐入川嚴厲處辦。四川鐵路公司開保路大會，決議罷市，學堂亦停課，商民供德宗（光緒）牌位舉哀。趙爾豐與將軍玉崑聯名奏請川路暫歸商辦，清政府不允。粵漢、川漢鐵路督辦大臣端方參劾趙爾豐庸懦無能，清政府卽命端方帶兵入川查辦。趙爾豐見政府態度嚴厲，卽將保路會會長鄧孝可、諮議局正副議長蒲殿俊、羅綸等十人設計誘捕，拘禁總督署內。四川人民齊集總督署前哀求釋放，衛兵便開鎗，打死四十餘人，以致激成民變。趙爾豐見事不了，即向淸政府揑報人民謀叛。各省諮議局得訊，大動公憤。浙江諮議局議長陳黻宸等電請「速將盛宣懷趙爾豐斬首以謝天下。」淸政府反催促端方進兵並起用前兩廣總督岑春煊馳往四川，會同趙爾豐辦理剿撫事宜。岑春煊至武昌，與湖廣總督瑞澂商議不合，托病辭職；而趙爾豐也恐怕岑春煊到四川之後，眞相破露，於他不便，乃又揑報川中亂事已平，岑春煊遂沒有入川。淸政府不知四川實情，得趙爾豐的報告後，方因對川事辦理迅速，嘉獎趙爾豐瑞澂等，而革命軍卻大起於武昌了。武昌據中國本部的中心，是一個衝要的所在，向爲中國用兵必爭之地，革命黨人已屢議在此起兵。在武漢的新軍，早經孫先生派法國武官運動成熟，只因防範很周，不能輕動。川路風潮發生後，淸政府命端方帶兵入川，瑞澂即將新軍中最富於革命思想的一部分交端方調遣，這原是調虎離山之計。然武漢空虛又正好給革命黨起事的機會。瑞澂有鑒於此，即與某國領事相約，請調軍艦入武漢，倘有革命黨起事，即開礮轟擊。民國紀元前一年九月三十日，瑞澂接到外務部密電，說：「黃興等革命黨人將於中秋（十月六日）前後在武漢起事，步兵三十標同時響應。」於是軍警各界，嚴密查防，陸軍第八鎭統制張彪，分布軍隊，按區梭巡派兵駐防漢陽兵工廠，並調集特別巡警、巡防隊等護衛總督衙門。十月九日巡防隊在漢口英租界捉住革命黨二人。俄租界亦破獲祕密機關，搜出炸彈、手槍、旂幟、印信、鈔票、匯票等甚多。同時，張彪在武昌小朝街雄楚樓等處又踏破機關，捕獲革命黨彭楚藩等三十餘人，並搜得名册。十日，被捕的彭楚藩等數人遇害。瑞澂十分高興，以爲按名册緝捕，武漢革命黨可一網打盡了。革命黨本定十五日起事，見事機危急，卽決定提早發難。十日晚間九時，工程營兵士熊秉坤等殺督隊官阮榮發先起，步兵二十九、三十兩標的士兵卽殺斃管帶排長等五人響應，合力攻火藥庫，刼取子彈。同時十五協士兵與工兵聯合，由閱馬廠直撲總督署。防護總督署的馬隊，亦卽倒戈。革命軍乃分兵佔鳳凰山、蛇山、楚望台，架礮向總督署轟擊。瑞澂張彪等見勢不佳，卽於天明時棄城而逃。那時，革命軍因倉卒起事，重要人物沒有驟集，軍中乏人主持，乃臨時公推二十一混成協協統黎元洪爲中華民國湖北軍政府大都督，並舉諮議局議長湯化龍爲民政總長，武昌秩序大定。十一日，軍政府卽派兵渡江至漢陽，先佔兵工廠，仍令照常工作，以供軍用。次卽收管附近鐵廠，並佔領漢陽城。十二日，有土匪在漢口放火行刼，軍政府得信，立刻派人前往救火拿匪，隨卽派兵佔領，由詹大悲組織軍政分府。於是武漢三鎮完全光復。

瑞瀓逃至漢口，請某國領事依約開礮攻擊革命軍。某國領事卽向領事團會議提出，擬待多數表決，卽行礮擊。各國領事對於此事，皆無成見。法國領事係孫中山先生舊友，深知革命內容，乃力言孫逸仙派革命黨以改革政治爲目的，決非無意識的暴動，不能以義和團一例看待而加干涉。俄國領事亦與法國領事取一致態度，礮擊的提議，卽被否決。而軍政府卽於十三日照會漢口領事團，申明從前淸政府對外締結的條約，仍繼續有效，並許盡力保護各國商民的生命財產，要求轉呈各該國政府嚴守中立。領事團見革命軍確有秩序，卽允宣告中立。不多時，各國政府也都承認民軍與淸軍爲交戰團體。革命軍在武漢居中一呼，各地黨人都以爲大革命的時機，業已成熟，先後響應。湖北省內沿長江漢水一帶的各大城市，如宜昌襄陽等處，半個月之內，先後被革命軍佔領。各省最先響應的，便是湖南，由新軍驅逐巡撫余誠格，舉焦達峯陳作新爲正副都督。不久，焦陳二人因兵變被殺，另舉譚延闓爲都督。其次爲江西省，九江湖口馬當等要隘先由馬毓寶佔領，黨人乃在南昌起事，巡撫馮汝騤服毒自殺，吳介璋彭程萬馬毓寶先後被推爲都督。接着陜西新軍趕走巡撫錢能訓，山西新軍攻殺巡撫陸鍾琦，先後獨立。雲貴總督李經義想先發制人，繳新軍的械，反被三十七協協統蔡鍔攻佔雲南省城，雲貴兩省卽光復。江蘇省光復的歷史最複雜，先由陳其美在上海起事，攻取製造局，建滬軍都督府；次由滬軍都督府派人至蘇州運動江蘇巡撫程德全宣布獨立。而江南提督張勳挾兩江總督張人駿據南京頑抗，由徐紹楨率蘇浙滬聯軍進攻，張勳方始敗退江北。浙江省亦係由上海派往的敢死隊，聯合新軍起事，拘巡撫增韞，攻破旂營，舉湯壽潛爲都督，宣布獨立。福州革命軍起事，與旂兵血戰，將軍樸壽被捕殺，總督松壽，服毒自盡。安徽廣西、廣東由諮議局議決獨立。四川人民爭路風潮爲武漢起義的導火綫，然宣告獨立反落後。最後獨立的，是甘肅和新疆。山東獨立，在四川之先，但不久又取消。東三省設保安會，爲變相的獨立。惟有河南直隸，雖有人醞釀獨立，終未實現。這是各省響應革命軍的大概。

清政府於武昌起事後一日，卽得警報。內閣總協理，爲着籌劃應付方略，商議了一個通宵。十月十二日，卽派陸軍部大臣廕昌統兵由京漢路趕往湖北勦辦，並令薩鎮冰率領海軍開往武漢江面助戰。然而當時的北洋陸軍，都是暗聽罷職閑居的袁世凱的指使，清政府未必能夠調遣如意。所以清政府只得起用袁世凱爲湖廣總督教他抵禦革命軍，給他調遣湖廣所有軍隊和各路援軍之權，卽蔭昌薩鎮冰所帶水陸各軍，亦歸他調遣。袁世凱卻推托足疾還沒有痊愈❶，再三辭謝。經徐世昌親往勸說，才肯應命；但是還說要招集舊部，籌備糧餉，遲遲不出。蔭昌往來孝感信陽之間，軍事毫無起色。不得已乃向清政府奏明，非袁世凱督師，不能平亂，自請回京調度。二十七日，清政府下令召回蔭昌，命馮國璋總統第一軍，段祺瑞總統第二軍，改任袁世凱爲欽差大臣，付予調遣陸海軍水師和湖北剿撫事宜的全權，軍諮府陸軍部不爲遙制。袁世凱奉命後，方始出來指揮軍事，前敵將士也便奮勇作戰了。二十八日，馮國璋的第一軍，由灄口直逼大智門。革命軍占據漢口市街，竭力抵禦。清軍便放火焚燒民房，乘機猛攻，革命軍乃放棄漢口，退守漢陽。漢口的大火，三四日不息，燬民房千餘所，繁盛街市，盡成焦土。

袁世凱指揮清軍攻下漢口之後，便設法攫取清政府的政權。十一月一日，清政府准奕劻那桐徐世昌等辭職，任袁世凱爲內閣總理，命他將軍事略爲布置，卽行入京組織內閣，而調遣陸海軍水師的全權，仍不解除。袁世凱仍在前敵指揮軍事，但也沒有表示不就。後經代替國會的資政院選舉他爲內閣總理，方始請政府簡任各部大臣，入閣辦事。不久，攝政王載灃亦辭職。於是清政府政治軍事的大權，完全落入袁世凱一人的手中了。

革命軍方面，於漢口失守之後，不久卽取得上海，以爲抵補，革命大局，尚不致動搖。但各省的獨立，投機的官僚紳士，紛紛表示贊成革命，混入各機關。革命勢力的內部，遂因分子複雜，漸漸的不健實，而不得不與反革命勢力謀妥洽。武漢的各路革命軍，又發生暗潮，以致被清軍攻奪漢陽，而大受威脅。同時因帝國主義者把持海關收入和鹽稅收入，經濟上大受影響。不得已，乃在袁世凱的暗示和威脅之下，實行停戰議和了。

十二月十八日，各省軍政府公舉的議和代表伍廷芳，與袁世凱所委的全權代表唐紹儀，在上海公共租界市政廳開始會議。英、美、法、德、俄、日各國領事和發起調停的洋商李德立亦參列會場，但對於會議事件絕不干涉。伍廷芳堅執改建共和政體，要求清帝退位，並申明如清政府不承認共和，卽無可開議。唐紹儀將此情形電告袁世凱，袁世凱卽據以奏明清帝，並提出辭職。隆裕后乃召集親貴和內閣大臣商議辦法，決定召集臨時國會，取決政體問題。唐紹儀因此卽與伍廷芳議定召集國會辦法，而袁世凱忽然表示召集國會辦法唐紹儀沒有與他先行商明，不肯承認，和議因此停頓。

當和議開始時，各省軍政府卽派出代表，協議組織臨時政府。先推定伍廷芳溫宗堯爲外交總次長，並暫定武昌爲中央軍政府所在地。十二月二日，蘇浙滬聯軍攻下南京，各省代表乃決議以南京爲臨時政府地點，代表會移至南京。二十六日，孫中山先生由海外歸國，抵上海。南京各省代表會卽於二十九日開臨時大總統選舉會，到會的有十七省代表，孫先生以十六票當選。各代表卽公推議長湯化龍王正廷到上海，歡迎孫先生到南京就職。孫先生卽於一月一日由上海乘專車至南京舉行就職典禮，立卽下令改用陽歷，以本日爲中華民國元年元旦。三日，孫總統任命黃興蔣作賓等爲各部總次長，組織內閣。各省代表會亦卽改組爲臨時參議院。於是中華民國臨時政府成立。

南京成立臨時政府，正當和議停頓的時候，袁世凱得信，便發電質問伍廷芳道：『國體問題現今正在商議正當辦法，爲什麼南京忽然組織臨時政府？倘若國會議決爲君主立憲，南京民國政府是否立即撤消？』伍廷芳覆電說：『設立臨時政府，係民國內部的事情，與國會未開以前，清政府仍然存在，同一道理。』並也還詰：『倘若國會議決共和政體，清帝是否立即退位。』袁世凱見改建共和已成必然的趨勢，便一面運動清帝退位，一面向民國要求舉他爲總統。清朝的親貴有持頑強態度的，袁世凱的部下段祺瑞等四十餘將領便聯名奏請清帝早日宣布共和，並且說將帶隊入京，和各親貴剖陳利害。同時軍諮使良弼被人炸斃，各親貴大恐慌。清帝退位的運動，乃見成效。袁世凱隨即與伍廷芳電商清帝退位後優待條件，結果商定優待清皇室條件八款，待遇清皇族條件四款，待遇滿蒙回藏各族條件七款，大要如下：

一、清帝退位後，尊號仍存而不廢，中華民國以待各外國君主之禮相待。

二、清帝退位後，中華民國撥給每年用費四百萬兩。

三、清帝退位後，暫居宮禁，日後移居頤和園，侍衛人等，照常留用。

四、清帝退位後，其原有私產，由中華民國特別保護。

五、清皇族和滿蒙回藏各族王公世爵，概仍其舊。

六、清皇族對於中華民國國家的公權和私權與國民同等。

七、清皇族私產和滿蒙回藏各族私產，一體保護。

八、滿、蒙、回、藏原有的宗教，聽其自由信仰。

優待條件既定，清帝即於民國元年二月十二日宣布退位。詔書中有「袁世凱前經資政院選舉爲總理大臣，當此新舊交代時期，宜有南北統一的方法，即由袁世凱以全權組織共和政府，與民軍協商統一辦法」等語。

清帝退位前，孫總統曾提出最後協議條件，交由伍廷芳轉告袁世凱。其中重要的三條是：

一、袁世凱須宣布政見絕對贊成共和。

二、孫文向臨時參議院辭職。

三、由臨時參議院選舉袁世凱爲臨時大總統。

清帝退位後，袁世凱即電告南京臨時政府，申明本人絕對贊成共和。孫總統即於十三日向臨時參議院提出辭職書，大意是「前由伍代表電北京有約，清帝實行退位，袁世凱宣布政見絕對贊成共和，本總統卽當推讓。此次清帝退位，南北統一，袁君頗有力量，既經表示絕對贊成共和，舉爲公僕，必能盡忠民國，故敢以私見貢荐於貴院。」十五日，臨時參議院卽選舉袁世凱爲臨時總統。袁世凱既當選，孫總統卽發電請袁世凱到南京就職，電文中有「不宜在北京接受清帝的委任而組織臨時政府」的話。袁世凱覆電申辯，並表示不能到南京就職。孫總統堅持袁世凱必須到南京就職，臨時參議院亦議決臨時政府仍設在南京，臨時政府卽派蔡元培汪兆銘爲專使到北京迎接袁世凱。而北京天津保定等處突然發生兵變，袁世凱卽借此爲不能南下的理由，商得臨時參議院同意，在北京就職。孫總統於三月十一日公布臨時參議院議決的中華民國臨時約法五十六條，袁世凱在北京組成內閣，方於四月一日到臨時參議院行解任禮。臨時參議院卽於四月二日遷就袁世凱的意見，議決將臨時政府移往北京。轟轟烈烈的大革命，誰料到政權竟終於落在代表反革命的袁世凱手中。

【研究問題】

❶民國紀元前四年，攝政王把袁世凱開缺，是硬以他有足疾爲由的。

怎麼說立憲運動是有利於清朝的？爲什麼清朝不知道利用？

什麼叫做鐵道國有政策？鐵道究竟是否應該歸國有？

當時實行鐵道國有的政策，何以必須利用外資？

清政府應付人民爭路風潮，什麼地方是錯誤的？

武昌起事能够成功有幾種原因？

湖北軍政府對漢口領事團的照會是否適當？

爲什麼各省都獨立，而河南直隸獨沒有獨立？

袁世凱對於北洋陸軍怎麼會有這麼大的勢力？

清政府怎麼甘心把政治軍事的大權完全交給袁世凱的？

反革命勢力混入各機關，怎麼革命黨不知設法抵制的？

各國領事和洋商對於當時的和議，怎麼這等的熱心？

袁世凱爲什麼要不承認唐紹儀與伍廷芳所定的召集國會辦法？

孫中山先生的被舉爲臨時總統，對於當時的局勢有什麼關係？

清室優待條件對於民國前途有什麼影響？

清帝退位詔書中，爲什麼將組織共和政府的全權指定給袁世凱？

孫先生爲什麼要把臨時總統推讓給袁世凱？

孫先生爲什麼要袁世凱宣布政見，絕對贊成共和？

孫先生爲什麼堅持要請袁世凱到南京就臨時總統？

袁世凱爲什麼不肯到南京就職？

臨時參議院怎麼竟肯遷就袁世凱的意見，將臨時政府移往北京？

臨時政府移至北京，對於民國前途有什麼影響？

第七十五章　日本經營南滿洲和各國大投資

日俄戰爭之後，中國的內部因清朝的假立憲釀成了十月十日大革命；列強的侵略，則因日本積極經營南滿洲引起了各國的大投資。帝國主義者對中國從此改取緩進的政策，不急於分割中國的領土了。他們都憑藉着由不平等條約賦予的政治上優越的勢力，共同在中國領土之內，施行經濟侵略。這樣，既可以和緩各個帝國主義者的互相衝突，又可以利用「保全領土」「開放門戶」等迷人的名詞，來欺弄中國人民，減少反抗的力量。而中國所受的影響，卻比了在分割領土的急進政策之下，還要可怕。帝國主義者的衝突和緩一點，便是「協以謀我」的形勢嚴重一點。「協以謀我」的極點，便是所謂「共管」。在共管的趨向之下，中國政治上經濟上的被壓迫，實在比瓜分空氣極緊張的時代，還要厲害得多呢！

日本的積極經營南滿洲，是以中日滿洲善後條約及其附約爲有力的憑藉，而以南滿洲鐵道株式會社和關東州都督府爲負責的機關。南滿洲鐵道株式會社的總資本金凡二萬萬元，其中一萬萬元由日本政府投資，即以已成鐵道和附屬財產充數，其餘一萬萬元，名爲聽中日兩國人共同投資，實際中國人不得入股的。關東州都督府，管轄關東州，兼掌保護南滿洲鐵道線路及監管事項，並監督南滿洲鐵道株式會社的業務，都督以陸軍大將或中將充任。一個是受日本政府的特許而實行拓殖政策的機關，一個是治理殖民地的官署，相輔而行的侵略南滿洲。

滿洲善後條約及附約成立之後，中日兩國的紛爭問題次第發生，除採伐鴨綠江右岸森林的問題於民國紀元前四年夏訂立條約，和新奉吉長兩鐵道借款的問題於民國紀元前五年春成立契約外，造成了所謂五懸案：

（一）撫順煤鑛問題　這煤鑛在奉天省城之東約六十里，含煤量至少在八萬萬噸以上。民國紀元前五年春，日本公使林權助主張「這煤鑛是東淸鐵道的附屬事業，依朴資茅斯條約和滿洲善後條約，應該是日本的權利，」向淸政府外務部要求承認。淸政府以爲「這煤鑛在東淸鐵道線路三十里以外，不是東淸鐵道的附屬事業。」林權助以「俄國於民國紀元前八年春修築煤鑛鐵道，中國並沒有反對；」和「東淸鐵道公司開採的鑛山，大都在三十里以外，」爲理由，提出答辯。雙方相持不下，遂成爲懸案之一。

（二）間島問題　圖們江流域長白山附近的中韓國界，清聖祖（康熙）時，兩國各派勘邊大臣，實行勘定，「西以鴨綠江東以圖們江爲界，」於長白山（韓國叫做白頭山）上，立有界碑。於是國境問題，根本解決。但清政府因滿洲是發祥之地，不准人民移住；所以吉林省東部，人煙寥落。圖們江北部間島地方，清政府雖曾設敦化縣和琿春廳，然而居民稀少，好像是無主的地方。清穆宗（同治）時，韓國咸鏡道人民因本地飢荒，渡過圖們江至間島地方墾種田地，設立村落，漸漸成了韓國人的部落。清德宗（光緒）時，吉林將軍銘安發見了韓國人民越界侵入的情形，報告清政府。清政府向韓國政府交涉，不得要領，乃設立延吉廳，重徵韓國人的租稅。日俄戰後，韓國成爲日本的保護國。民國紀元前五年，日本的韓國統監，便代韓國派兵直接侵占間島，設理事官廳，公然與中國爭主權。清政府得訊，迭次向日本交涉，日本不理，並多使日本人移殖此地。於是成爲懸案之二。

（三）新法鐵道問題　滿洲開放以來，商務日盛。日本以開放滿洲爲名，實行壟斷政策。營口英國商人，獻議清政府，「借英國款修築新民府至法庫門的鐵道，並延長至齊齊哈爾，以便實行開發滿洲商務，而抵制日本對於南滿洲的壟斷政策。」清政府很歡迎，便與英國談判。正在交涉中，日本政府即向清政府提出抗議道：『新法鐵道線路與南滿洲鐵道並行，是南滿洲鐵道的競爭利益線，違反滿洲善後條約附約會議錄中的聲明。』英國輿論大反對日本壓迫中國的舉動，日本當局亦有相當的答辯。清政府無可如何，提議交付海牙平和會議仲裁，日本不允，乃成爲懸案之三。

（四）營口支線問題　民國紀元前十三年，清政府許俄國爲築造南滿洲鐵道運送材料便利起見，暫時敷設營口支線，於南滿洲鐵道落成後，即行撤去。日俄戰後，南滿洲鐵道的主權歸日本，清政府即依約要求日本撤去該支線，以便歸中國自行經營。日本抱壟斷南滿洲一切權利的志向，不肯踐約，答覆道：『俄國志在封鎖滿洲，故惟恐營口發達；日本以開放門戶，使滿洲公平開發爲主義，所以不能不變通辦理。』清政府亦無可如何，遂成爲懸案之四。

（五）吉會鐵道問題　民國紀元前五年春，清政府與日本結新奉、吉長兩鐵道借款契約。

明年，又訂續約，規定「新奉鐵道借日幣三十二萬元，吉長鐵道借日幣二百十五萬元。」日本又要求將吉長鐵道延長至延吉廳南邊境，與韓國的會寧鐵道相聯絡，仍向南滿洲鐵道株式會社借款築造，清政府不允，又成為懸案之五。

以上五案，經東三省前後總督趙爾巽、徐世昌，及軍機兼外務大臣袁世凱，在任中與日本領事、公使交涉多次，都沒有解決辦法。民國紀元前四年春，日本船二辰丸密運軍火至澳門附近，將輸入中國內地，被中國礮艦所扣留。日本政府乃一面運動葡萄牙政府乘機擴張澳門領地，一面向清政府要求賠償謝罪，脅迫承認。因此引起中國人民和政府對日的惡感，廣東即發生抵制日貨運動，而五懸案更不易解決。這一年秋，孝欽后（慈禧）德宗（光緒）病死，袁世凱被罷免，中國政局一變。日本乃乘機向清政府要求派員會勘安奉鐵道線路，脅迫承認他們所提條件；五懸案也被脅迫同時解決。

安奉鐵道本是日俄戰爭時，日本所築的軍用鐵道。滿洲善後條約中，訂明「安東至奉天間軍用鐵道，仍由日本接續經營，改為專運各國商工貨物的鐵道。除日本運兵歸國躭延十二個月不計外，以二年爲改良工事之期。工事完竣後十五年，中國得備價收回。」依約改良工事，應於民國紀元前六年年底開始，至四年年底完竣。兩國派員會勘線路，應該是民國紀元前六年年底的事。乃日本竟延至民國紀元前三年年初方始與清政府交涉，這就可見是包藏禍心了。其時清政府政局尚未穩定，對外亦無一定方針。先由郵傳部派交涉使與日本所派委員會勘。大部分勘定後，日本即向清政府外務部要求已經勘定線路，即行收買地基。外務部爲諉卸責任起見，交由東三省總督錫良與奉天的日本總領事談判。錫良卻不問已經勘定線路的事，主張依現成線路改良，不許擴張軌道，改易線路，交涉因此起了齟齬。日本遂取「自由行動」的手段，一面發最後通牒給清政府外務部，一面命南滿洲鐵道株式會社即時動工，並準備軍事行動。清政府不得已，命錫良與奉天巡撫程德全依日本的要求，與日本總領事締結安奉鐵道協約，方始了事。

日本爲安奉鐵道問題送給清政府外務部的最後通牒中，有「其他懸案，希望同時以妥協的精神解決」的話。語意中隱約含有「中國僅承認安奉鐵道改築的辦法，日本的自由行動尚不能取消」的態度。清政府乃又於民國紀元前三年秋命外務部會辦梁敦彥與日本公使伊集院訂立間島協約和滿洲五案協約。其重要條文，摘錄大意如下：

一、兩國仍以圖們江爲界。中國仍准韓國人民在圖們江以北的墾地居住；但須服從中國的法權，歸中國地方官管轄裁判。關於韓國人民一切訴訟事件，由中國官吏照中國法律秉公審判，日本領事或委員可任便到堂聽審；惟人命重案，則須先行知照日本領事到堂，如領事能指出不按法律判斷之處，可請中國另行派員複審。

二、承認日本政府有開採撫順和煙臺兩處煤鑛之權。

三、許日本於南滿洲鐵道期滿的時候，將營口支線一倂交還中國。

四、中國將來將吉長鐵道延長至延吉廳南邊界，與韓國會寧鐵道相聯絡；其一切辦法，與吉長鐵道一律辦理；至於應於何時開辦，由中國政府酌量情形再與日本政府商議。

五、中國如築造新法鐵道，允與日本先行商議。

於是所謂五懸案都因安奉鐵道問題自由行動之故，完全依照日本的要求解決了。而日本的行動能够不遭列強的反對，是得力於民國紀元前七年的日英新同盟和民國紀元前五年的日法協約和日俄協約，民國紀元前四年的日美照會。❶從那時起日本已自任爲侵略中國的先鋒，而列強亦承認日本爲東洋的盟主了。

間島協約及滿洲五案協約發表之後，美國輿論都說日本違背開放門戶主義和朴資茅斯條約的精神。同時，日俄將起第二大戰爭的風傳也很盛。民國紀元前三年冬，美國國務卿突然向中、俄、日、英、法、德六國提出通牒，主張「滿洲鐵道中立。」其辦法是：

『由各國共同借款給中國，使中國把東三省的鐵道贖回自辦。其管理權，在借款未清償以前，由投資各國共同行使。凡東三省鐵道，禁止軍事政治上的使用，只限於商業的運輸。使滿洲任事實上成爲中立地帶，杜絕日俄兩國衝突的禍根，並確保列國機會均等的主義。

日俄兩國對於滿洲雖是利害衝突，但彼此都不願有第三國來干涉，所以美國這個提議，反而促成了他們的聯合。兩國密商之後，都提出抗議。英國附和日本；法國附和俄國，德國因對於滿洲關係淺薄，不願有所表示；中國左右爲難，還是那副聽憑人家怎樣解決的態度；美國陷於孤立的地位，這提議便全然失敗了。而且日俄兩國因此次接近了，便於民國紀元前二年夏間成了新協約，約定相互協力維持滿洲的現狀，若遇有侵迫性質的事件發生時，兩國得隨時商議必要的辦法。協約之外，並再成立祕密協商。其內容據後日發生的事實看來，大概是「日本併吞韓國，俄國不干涉；俄國在蒙古、新疆有所活動，日本不反對」的勾結。帝國主義者的縱橫捭闔，歸根結蒂，中國終免不了他們的計算。

美國的富力爲世界第一。其對於中國的侵略，一向注意於經濟方面。「保全領土」「開放門戶」「機會均等」的主張，和最近「滿洲鐵道中立」的提議，都是他們的經濟侵略政策的表現。「滿洲鐵道中立」的提議，雖被日俄二國所破壞，但他們對於中國投資的計劃，務求達其目的。恰好清政府在那時正想利用外資，與行新政。美國得此機會，便於民國紀元前二年秋，由駐北京公使喀爾霑五與清政府度支部大臣載澤訂立改良幣制的借款豫約七條。這借款爲異常鉅額，美國政府根據機會均等利益均霑的主義，招呼英德法日等國加入。英德法三國資本家都欣然加入，日本爲避免各國牽制起見，沒有參加。不久，清政府因四國新提出財政顧問的條件，不肯承認，中止談判。日本公使伊集院與正金銀行主任小田切萬壽乘機祕密活動，忽與清政府郵傳部大臣盛宣懷協定借日款一千萬元爲鐵道公債，於民國紀元前一年春成立契約；「以江蘇省折漕庫平銀一百萬兩爲擔保，利息五釐，指定京漢鐵道的進款兌付。」這時候，日本所負外債的總額，達十四萬四千七百萬，此項借款，日本合十五家銀行，勸全國資本家應募，只得一半，其餘一半，畢竟向英法比各國資本家轉募得來。可知其承借的作用，完全不是經濟的而是政治的了。

中日借款契約成立之後，四國借款的交涉，也迅速進行，財政顧問的條件，也允許從緩另議，不記入借款契約中。民國紀元前一年春，淸政府度支部大臣載澤也與四國銀行代表成立改革幣制和滿洲興業借款一千萬鎊（卽一萬萬元），約定利息五釐，實收百分之九十五，期限二十五年，以滿洲的煙草稅、燒酒稅、生產稅、消費稅和各省新課的鹽稅作抵。並訂明本借款所與事業，以後或因繼續或求完備，再需借外債時，四國銀行有優先應募權，除與四國協商不成功之外，不得與他國資本家相商。此項借款，最可注意的一點，便是以滿洲各稅作擔保，使此後四國對於滿洲有發言權，以抵制日俄兩國的壟斷，維持均勢；因此大招日俄二國的反對。然不久中國便發生十月十日大革命，四國銀行只付出墊款四十萬鎊，卻做了民國成立後善後大借款的前身。

同時，還有一筆借款，是直接關於粵漢、川漢兩鐵道，成爲大革命爆發的導火線的。粵漢鐵道當初曾向美國合興公司訂立借款草約。後來因發生拒款運動，乃廢約收歸自辦。這件事，張之洞在湖廣總督任內，很出些力的，因此就得清政府任命爲粵漢川漢兩路督辦大臣。民國紀元前三年，張之洞因鐵道收歸自辦迄無成效，向英、美、德、法四國銀行訂立粵漢、川漢鐵道借款草約，預定借款六百萬鎊，以一部分償還美國合興公司舊債，一部分爲築造川漢鐵道全線和粵漢鐵道在湖廣境內線路之用。但還沒有訂立正約，張之洞卻死了。四川湖北湖南人民又起籌款自築鐵道的運動。四國銀行因張之洞係代表國家所定的草約，不能無效，由四國公使向清政府外務部要求締結正約。民國紀元前一年，清政府新內閣成立，盛宣懷爲郵傳部大臣，他是主張利用外資開發實業的，乃與四個銀行締結借款正約。締約前一日，清政府宣布全國鐵道幹線歸國有的政策，因此釀成川路風潮，促起大革命，四國銀行遂沒有交款。

革命軍起後，中國經濟大恐慌。列強恐防清軍和革命軍爲軍用關係，佔取關稅和鹽稅，妨害各國的債權，乃協議由各國銀行代表組織聯合委員會，監督中國的海關收入和鹽稅收入，以爲外債的擔保。並協定各國對於南北雙方皆不借款，使戰事不致延長。因此清軍和革命軍都是軍費支絀，是爲促成南北和議的重要原因。和議成立，南北統一以後，民國內閣總理唐紹儀先向四國銀行團以將來大借款爲條件，請付墊款三百萬，充收束南京政府組織北京政府的費用。北京政府成立後，唐紹儀又向四國銀行團商借六萬萬元，以爲（一）統一中央和各省行政，（二）解散軍隊，（三）改良貨幣，（四）振興實業之用。這便是中國借用政治借款的發端。四國銀行團因承辦政治借款，若不給與中國有密切關係的日俄二國參加，難保不引起他們的自由活動，便公然勸誘日俄兩國加入銀行團。日俄表示願意加入，但提出「四國承認滿蒙爲日俄兩國的特殊勢力範圍」爲條件。四國對此條件，當然是不樂意接受的，但終因日俄兩國的堅持，附以「不違反門戶開放」主義的申明而承認了。於是四國銀行團變爲六國銀行團。數十年來持帝國主義壓迫中國的英美德法俄日六國，乃協同步調以對付新生的中華民國了。

四國銀行團提出「以後不得向他銀行借款」的條件，唐紹儀大斥四國銀行不應壟斷中國借款，宣言「中國有自由選擇借款的權利。」北京政府乃於民國元年三月十四日、四月六日，以京張鐵道爲擔保，先後向比國銀行借款一百二十五萬鎊，借款契約發表，四國公使提出抗議。北京政府不得已，允許將來大借款成立，把比國借款還掉，方始結局。後來四國銀行團變爲六國銀行團。唐紹儀向六國銀行團要求從五月到十月墊款八千萬兩，銀行團要求「須用外人監查用途。」唐紹儀斷然拒絕，交涉又中止。但北京政府需用甚亟，終不得不遷就銀行團，乃改由財政總長熊希齡出面交涉。銀行團對於監查用途一節，毫不讓步，提出監查用途的條件七款。政府把條件提交參議院核議，參議院認爲外人干涉內政，不同意。南京留守黃興首倡拒絕外債，發起募集國民捐，得全國輿論的贊同。借款交涉，乃又停頓。六月十九日，銀行團在巴黎決定根本規約，電告駐北京銀行代表，向中國政府提出借款條件，於監查用途之外，又要求監督鹽税。熊希齡對於監督鹽税，絕對反對，但願聘用外國技術人員。請求減少借款額而減輕其條件，並從六月到十月每月墊款六百萬。銀行團不理，借款談判差不多破裂了。不久，北京政府內閣更迭，而財政困難達於極點，非借外債有不能維持之勢。趙秉鈞代理財政總長時，向銀行團中明將向他銀行商議借款。周學熙爲財政總長時，密令駐英公使劉玉麟向英國克利斯浦公司成立借款一千萬鎊，於八月三十日在倫敦正式簽訂借款契約，以「鹽餘」❷作抵，利息五釐，六國銀行團又起而反對，並由與庚子賠款有關係的各國公使出來抗議說：「鹽稅係庚子賠款的擔保，不能移作別用。」❸北京政府不得已，命周學熙爲辦理借款專員，與六國銀行團磋商十一十二兩月間，關於借款的重要條件，除利息及債票發行價格外，大致協定。監查用途，由中國政府於審計院設外債稽核科，用外人爲稽核員。監督鹽稅，由中國政府設鹽務稽核所，聘用外人襄辦。周學熙將此情形報告於參議院，亦大致經其承認。而俄法二國對於監督用途的用人問題忽生異議，借款談判於行將成立之時，又告停頓。這樣的曲曲折折，原來是帝國主義者看透袁世凱對於民國的野心，所以極盡其包圍引誘的手段，以求達到其獲得政治上之權利的目的。

民國二年三月二十日，美國總統威爾遜因銀行團要求監督中國財政，與美國向來對中國的政策不合，令美國銀行退出銀行團，並獎勵便宜投資。於是五國政府的態度一變。銀行團亦因借款交涉已經一年有餘，空費金錢在百萬以上，而且買入銀塊不少，若借款不成，損失太大。而北京政府正因宋教仁被刺事件發生，應付時局急需用財，渴望大借款的成立。因此種種關係，借款談判，漸就妥洽，於民國二年四月二十六日，北京政府與五國銀行團成立所謂一九一三年善後五釐金幣借款契約。其要點如下：

一、借款總額爲二千五百萬鎊，利息五釐，期限四十七年。

二、中國鹽務收入，除擔保前債尚未清償者外，全數爲擔保此項借款之用。此借款沒有全部清償以前，鹽務收入爲此借款的獨占優先權。倘若將來海關收入除去債務擔保外有餘款時，亦儘先作爲本借款的擔保。

三、中國政府設鹽務署於北京，內設稽核總所，由中國總辦一員，洋會辦一員，主管發給引票，彙編各項收入報告等事。又在各產鹽地方，設稽核分所，設華經理一員，洋協理一員，會同擔負征儲鹽務收入的責任，鹽稅都存銀行，非由總會辦會同簽字，不能提用。本借款的本利，拖欠過「展緩日期」，即將鹽政事宜，歸入海關管理。

四、中國政府於審計院中設外債室，置華洋室長各一人，掌稽核外債事務。❹凡領款憑單須由外債室華洋室長會同核准簽字。

這大借款成立之後，袁世凱即用來與革命黨宣戰，把革命勢力壓倒。就此開了帝國主義者資助軍閥擾亂中國，和軍閥媚外賣國的惡例。也可說是帝國主義者破壞中國革命事業的第一次大成功。

❶日俄戰後，日本恐俄國聯合他國與他爲難，英國亦欲抵制俄國對於中央亞細亞的侵略，所以雙方成立新同盟。日本承認英國對於印度國境附近有執行必要處分的權利，英國認承日本對於韓國有指導監督保護的必要處分權，並且約爲攻守同盟。同盟成立後，日本即實行吞併韓國，英國對於中國的雲南西藏積極侵略。法國和俄國誠恐日本在東洋妨礙他們的權利，美國亦恐太平洋海權將爲日本所佔有，先後與日本成立協約照會；其性質皆以彼此尊重締約國的領土權利與保全中國領土，保障機會均等爲主義。於是中國的前途，更加危險。

❷其時鹽稅每年總數庫平銀四千七百五十餘萬兩，內除每年二千四百萬兩，尚餘二千三百五十餘萬兩。

❸當辛丑和約締結時，鹽稅只有一千二百萬兩。後來漸漸增加，至此時已有四千七百五十餘萬兩，則除一千二百萬爲庚子賠款的擔保外，其餘應任中國政府撥供他項用途，實無抗議之必要。又辛丑以後，中國曾一再以鹽餘爲他項借款的擔保，公使團從未抗議，此次更不應抗議。

❹契約中只指明民國元年十一月十六日大總統公布的審計院暫行規程，應立卽實行。並申明以後更改規程不得與本約有窒礙情事。

【研究問題】

帝國主義者對中國主張保全領土和開放門戶是什麼意思？

日本對於南滿洲的經營，爲什麼這樣的急進？

錫良對付安奉鐵道的交涉什麼地方是錯誤的？

間島協約和滿洲五案協約中國受到些什麼損失？

列強爲什麼竟承認日本是東洋的盟主呢？

美國提議的「滿洲鐵道中立」案於中國的利害如何？怎樣說中國是左右爲難？

美國與清政府訂立改革幣制的借款豫約後，爲什麼要招英、德、法、日等國加入？日本不加入是什麼意思？

四國銀行團爲什麼要勸誘日俄二國參加？日俄爲什麼要提「承認滿蒙爲特殊勢力範圍」的條件？四國爲什麼不樂意接受？爲什麼又終於接受了？爲什麼要附以「不違反門戶開放主義」的申明？

銀行團爲什麼要提「以後不得向他銀行借款」的條件？

銀行團爲什麼要自定根本規約？

美國總統威爾遜爲什麼命英國銀行退出銀行團？

銀行團爲什麼一定要監查用途監督鹽稅？

怎麼說大借款是帝國主義破壞中國革命事業的第一次大成功？

第七十六章　蒙藏的事變

列強對中國取經濟侵略的緩進政策的時候，分割領土的急進政策，也並非絕對放棄的。能夠遇有相當機會，不必多費力量，又不致惹起各國彼此間的衝突，則當然還是積極進行的。俄國的對於蒙古，英國的對於西藏，便是取的這一種態度。

俄國對於遠東的侵略，是以西伯利亞大鐵道爲唯一的命脈；爲保持西伯利亞大鐵道的安全，侵略蒙古實在是必要的政策。中俄伊犁條約訂明「蒙古各處各盟，均准俄人貿易，照舊不納稅，」俄國便積極的侵入內、外蒙古。至於滿清政府的對於蒙古，則既不能指導蒙古人自行開發，又不許漢人移殖，算是爲蒙古人保全土地的。豈知蒙古人有了土地，也不會利用，倒不如租典給漢人，卻是很有利益。所以蒙古王公，往往私占公地，招漢人前往墾種；到窮困的時候，又往往私向漢人抵借款項。❶俄國見了這種情形，便以爲中國政府有意用這種政策奪取蒙古人的土地。其實滿清政府，那有如此遠大的計畫。義和團事件發生的前後，俄國人也取同樣的手段，借款給蒙古人，以取得蒙古的土地。德宗（光緒）末年，給清政府發覺了，不免大吃一驚，急忙代蒙古人償還債款，向俄國人贖回土地。俄國人雖是無可如何，然而總想「在蒙古取得廣大的權利，並限制中國人經營蒙古。」

中俄伊犂條約，本定十年修改一次。民國紀元前二十一年和前十一年兩次期滿，都沒有實行。民國紀元前二年夏，日俄密約成立之後，日本實行合併韓國，俄國卽於民國紀元前一年春，突然向清政府提出下列六項要求：

一、中俄兩國陸路邊界百里以內，彼此運銷貨物，一概免稅。

二、俄國人在中國境內，如與中國人發生民事訴訟，中國官廳應請俄國派員會審。

三、蒙古及長城以外，及天山南北，俄國人得自由往來居住，及貿易貨物，一概無稅，華人不得專利，更不得禁止或限制其貿易之自由。

四、俄國政府得添設科布多哈密古城等處的領事。

五、凡設有領事之處，遇有華俄商人發生爭執，華官須與俄員會同裁判。

六、伊犁、塔城、庫倫、烏里雅蘇台、喀什噶爾、烏魯木齊、科布多、哈密、古城除准俄國設立領事外，各該處及張家口，均准俄國人民購置土地，建造房屋。

並申明「中國政府如不承認以上各款，即爲中國不願遵守條約敦睦邦交的表示，俄國政府將自由行動。」清政府起初不肯承認，另提對案。俄國政府居然發出最後通牒來威嚇。清政府不得已，就完全承認了。

自從俄國的勢力積極侵入內外蒙古之後，因清政府所派治蒙官吏刻薄寡恩，蒙古人漸有疎清親俄的傾向。清朝末年，也知道邊境地方的岌岌可危，頗想設法整頓。然而既沒有實力，又沒有能幹的人才，和適當的政策，一味想實行干涉主義。特派專員，在庫倫招練新軍，設兵備處，創辦新式巡警。所辦各事，不免鋪張表面，或竟擾害地方，大招蒙古人民的反感。又派人往蒙古遊說政教分離，徒然引起蒙古王公的猜疑。俄國政府的手段便大不同，一面從宗教方面聯絡感情，一面從政治方面收拾人心。於是蒙古人疎清親俄的傾向，愈加利害了。

蒙古杭達多爾濟王，爲親俄派領袖，常往來聖彼得堡。民國紀元前一年十月，乘革命軍在武漢起義的機會，由俄國回庫倫，慫恿活佛，宣布獨立；把清政府所派庫倫辦事大臣三多驅逐出境。活佛自稱大蒙古帝國日光皇帝，請俄國為教官，編練蒙兵，出兵攻取黑龍江省西南部的呼倫貝爾。這時候，清政府正忙於應付革命軍，那裏還有工夫注意到蒙古的事。而俄國政府卻於民國紀元前一年十二月三十一日向清政府外務部提出下列要求。

一、中國與外蒙古訂約：（一）中國不在外蒙古境內駐兵，（二）不在外蒙古境內殖民，（三）不干涉外蒙古內政，許外蒙古自治。

二、中國所有治蒙主權，改歸辦事大臣管轄；中俄交涉，仍由兩國政府協商。

三、中國承認俄國有建設由俄邊至庫倫鐵道之權。

四、俄國應飭駐蒙領事等官，協助擔保蒙人對於中國應盡的義務。

五、中國將來在蒙古有何項改革，須預先商得俄國政府的同意。

清政府外務部因無暇過問，置之不覆。至民國臨時政府成立，也忙於南北統一的事務，俄國的要求，仍然擱置。俄國政府便於民國元年十月二十一日命全權參贊官廓索維慈直接與庫倫政府訂立協約，約內規定「俄國政府扶助蒙古自治，爲蒙古編練國民軍，拒絕中國駐兵殖民」等事。

並訂俄蒙商務專條，規定俄國對於蒙古❷的權利如下：

一、俄國人民得在蒙古自由居住移動，經理商工業及其他各事。

二、俄商在蒙古貿易，免納出入口稅和其他一切稅項。

三、俄國銀行得在蒙古設立分行。

四、俄國人民得在蒙古租地或置地，建造工廠鋪戶、房屋、貨棧和租地墾種。

五、俄國人民得在蒙古經營鑛產、森林、漁業及其他各事項。

六、俄國得在蒙古各處派設領事。

七、俄國領事得與蒙古地方官協商設立貿易圈以便俄商營業居住。

八、俄國得在蒙古興辦郵政，設立郵站。

九、俄國領事及其所派出公務人員往來各地，得使用蒙古台站。

十、蒙古河流流入俄國的，俄國船舶在其本流或支流內，都可航行。

十一、俄國得在蒙古建築橋梁渡口，准其向通過的行人收費。

十二、俄國領事或其代表得與蒙古官員組織會審委員會，審理俄蒙人民民事的爭訟事件。

俄蒙協約和商務專條成立後，俄國政府即公然向中國政府和日、英、法三國發出通告，表示其對於蒙古的特殊地位。中國接到這個通告，外交總長梁如浩即棄職避往天津，全國譁然，一時出兵征蒙的議論，甚囂塵上。但是實力不足，輕率主戰，徒然表示虛憍浮動之氣罷了。北京政府一面分電東三省新疆綏遠察哈爾阿爾泰各地方嚴密防守，一面命陸徵祥爲外交總長，使專任與俄國交涉。

國際方面，英、日、法三國政府默然不發一言，似乎都已承認這俄蒙協約的了。原來蒙古獨立之後，日本即派桂太郎公爵於民國元年七月至聖彼得堡，與俄國政府訂立第二次密約，「劃長春以南的南滿洲和內蒙古的東部❸爲日本所有，長春以北的北滿洲和蒙古其餘地域爲俄國所有」，約定互相援助，不相牽制。同年九月，俄國外相薩佐諾夫至倫敦與英國政府約定「西藏歸英國，蒙古歸俄國」。所以俄蒙協約發表，雖是違反保全中國領土的主義，而與中國很有關係的日英二國，都一聲不響。法國因與俄國，當然也不反對。英、日、法三國默不發言，誰肯出來多事。於是中國在外交上的地位孤立，只得忍受俄國的欺壓，懇請俄國另訂中俄協約，而把俄蒙協約取消。自民國元年十一月至二年七月，陸徵祥與俄公使磋商了二十餘次，議定草約六款。陸徵祥把草約提出國會，要求同意，被參議院否決。不久內閣更迭，新外交總長孫寶琦再與俄公使磋商。俄公使堅持前定草約的精神，不能改變。十一月四日，國會被袁世凱破壞，五日，孫寶琦即與簽定條約五款。內容是：

一、俄國承認中國在外蒙古的宗主權。

二、中國承認外蒙古的自治權。

三、中國對外蒙古不派兵，不設官，不殖民。但中國得任命大員，偕同屬員衛隊駐紮庫倫；此外又得酌派專員，駐紮外蒙古各地方，保護中國人民利益。俄國除領事館衛隊外，不駐兵；不干涉外蒙古內政；不殖民。

四、中國聲明按照以上各款大綱，及一九一二年十月二十一日俄蒙商務專條，明定中國和外蒙古的關係。

五、凡關於俄國及中國在外蒙古的利益，暨各該處因現勢發生的各問題，均應另行商訂：

又另用照會申明：

一、俄國承認外蒙古爲中國領土的一部分。

二、凡關於外蒙古政治、土地、交涉事宜，中國政府允許和俄國政府協商，外蒙古亦得參與其事。

三、正文第五款所載隨後商訂事宜，由三方面酌定地點，派委代表接洽。

四、外蒙古自治區域，以前淸庫倫辦事大臣烏里雅蘇臺將軍、科布多參贊大臣所管轄的地方爲限。

依此商訂，俄國雖承認蒙古爲中國的領土，然只承認有宗主權；而中國既不能干與外蒙古的內政，又無監督外蒙古外交的專權，宗主權的範圍也很有限了。民國初成立，卽承認這個破壞中國領土完全的條約，殊可痛心！

民國三年，袁世凱派畢桂芳陳籙與俄國庫倫總領事亞歷山大密勒爾和外蒙古的委員，在恰克圖會議民國二年十一月五日中俄條約第五款和聲明書第三項中指定的事件。經過九個月，會議四十八次，乃於民國四年六月七日成立中俄蒙協約二十一款。其中重要條件是：

一、外蒙古沒有與各外國締結關於政治土地國際條約之權。

二、外蒙古博克多哲布尊丹巴呼圖克圖汗的名號，由中華民國大總統册封。外蒙古公文上用民國年曆，但得並用蒙古干支紀年。

三、中俄兩國承認外蒙古自治官府辦理一切內政，關於商工事宜，有與各外國訂立國際條約之權。

四、中國駐庫倫大員，衞隊以二百人爲限。其佐理員分駐烏里雅蘇臺科布多恰克圖等處的，衞隊以五十八人爲限。

五、俄國庫倫總領事，衞隊以五十八人爲限。其他各處領事亦同。

六、民刑訴訟事件，若俄人爲原告，華人爲被告，俄國領事或代表得參加會審。若華人爲原告，俄人爲被告，中國官員只得觀審。華人與蒙人的訴訟，由華蒙官員會同審理。這協約，中國所得的是虛文，俄國所得的是實利。中國的宗主權大受限制，而俄國所留的進取地步很多。司法方面中國與外蒙古平等，而與俄國不得平等，尤其是很大的恥辱。

庫倫獨立時，呼倫貝爾亦被捲入漩渦。所以俄國政府又要求北京政府於民國四年十一月六日另訂呼倫貝爾條約。其要點如下：

一、呼倫貝爾定爲與省同等的特別區域，直屬於中華民國中央政府。

二、呼倫貝爾的軍隊，全用本地的民兵組織。倘地方上發生變亂，不能自定時，中國通知俄國後，得派兵救援；但事定之後，卽須撤回。

三、呼倫貝爾各種收入，完全作爲地方經費。

四、呼倫貝爾將來敷設鐵道時，借款須先儘俄國。

五、俄國企業家與呼倫貝爾官憲，訂結條約，經中俄兩國委員審定者，中國政府應卽予以承認。

此約雖比承認外蒙古完全自治強得多，然而中國的主權大受限制，而俄國所得的特殊權利亦頗不少。事實上這呼倫貝爾地方，業已成爲中俄兩國的緩衝區域了。

民國六年，俄國內部發生空前的大革命，布爾塞維克黨起來建立「蘇維埃政府。」凡舊政府與他國締結的含有侵略性質的條約，一律宣告無效。外蒙古的獨立和自治，完全是受俄國舊政府的教唆，得俄國舊政府的接濟。俄國舊政府既倒，他們便失了靠山，當然無法維持。北京政府所派的駐庫倫大員陳毅即乘機活動，勸外蒙古活佛王公取消自治。中間雖因徐樹錚想以西北籌邊使的頭銜，對外蒙古行使統監政治，引起了王公喇嘛的猜疑。但終因北京政府決取懷柔政策，命陳毅盡力勸慰；外蒙古活佛王公，乃於民國八年十一月十七日向北京政府請願取消自治。北京政府便於十一月二十二日下令封活佛爲外蒙古翊善輔化博克多哲布尊丹巴呼圖克圖汗。二十四日，外交部即照會北京俄國公使聲明取消中俄間關於蒙事的一切條約和文件；並將蒙古取消自治的情形，照會各國公使。同時，呼倫貝爾各總管，亦於十二月二十一日，請副都統貴福，呈請東三省巡閱使張作霖、黑龍江督軍孫烈臣轉呈北京政府，取消特別區域，及關於呼倫貝爾的中俄協約。民國九年一月二十八日，北京政府下令允許，並由外交部通知俄國公使和各國公使。但是北京政府對於外蒙古，仍不能好好的經營，竟命外蒙古人所厭惡的西北籌邊使徐樹錚督辦外蒙善後事宜。當時的徐樹錚正是志在奪取中央政權，那裏有心經營邊務。而日本卻野心勃勃，竭力援助俄國舊黨高爾哲謝米諾夫等，希望他們把布爾塞維克黨打倒之後，把北滿洲和蒙古的一切權利讓出。一面又直接派人往外蒙古遊說王公，允許接濟軍械借款，勸他們恢復自治。於是外蒙古匪亂猖獗，竟於民國十年二月將活佛刼去，而俄國舊黨謝米諾夫的部下恩琴隨即率同俄蒙兵匪攻據庫倫。後來恩琴雖被遠東共和國擒殺，而庫倫也就入於俄國布爾塞維克黨的勢力之下，外蒙古青年受布爾塞維克黨的影響，便起來剷除舊日貴族階級，建立民主國家。雖沒有經中國政府正式承認，實際上又是脫離中國而獨立了。

英國的注意西藏，由來已久。民國紀元前一百三十二年，班禪喇嘛到北京賀清高宗（乾隆）萬壽。英國印度總督就派人去和他商議印度西藏通商的事情。班禪說：『這件事情，須進京之後，奏明皇上，方能決定。』後來班禪死在北京，這事也就擱過了。

英國處心積慮要求一條由印度入西藏的通路，給他發見了一個哲孟雄國。這哲孟雄是西藏的附屬國，是由印度通西藏最便利的路。英國先從廓爾喀奪取土地，送給哲孟雄，買他的歡心。又用金錢，收買土地爲殖民地，和換取築造鐵路之權。至民國紀元前五十二年，才把他收入自己勢力範圍一方面，又再三向清政府要求許他派人探測雲南西藏之間的商路，清政府許了他。民國紀元前三十六年，英公使館書記官瑪加理率領探測隊行至雲南騰越地方，被土人殺害。英公使就乘機脅迫清政府訂立芝罘條約，攫取許多權利，並另以專條規定英國得派人入西藏探測的事。其時，英國忽又變計，想不走雲南，由印度直入西藏。清政府也不很願意，西藏人更是竭力反對。民國紀元前二十六年，英國滅緬甸，與清政府結緬甸條約。清政府要求取消入藏探測的成約，英國勉強允許。西藏人便以爲英國的允許取消入藏探測的成約，是畏懼他們，便派兵入哲孟雄，在哲孟雄和印度的交界處建築礮臺，遮斷英商貿易的通路，並且勸哲孟雄王搬往西藏。印度總督大怒，派兵把西藏兵驅出哲孟雄，在哲孟雄設置統監。民國紀元前二十二年，印度總督蘭斯頓與清政府所派駐藏幫辦大臣升泰，在加爾各答訂立藏印條約，中國承認哲孟雄歸英國保護。民國紀元前十九年，中英再訂藏印續約，規定開亞東爲商埠。但西藏人不肯履行，印度西藏間的通商，依然不成。然而俄國在西藏的勢力反見著著進步。原來俄國故意尊崇黃教，大得西藏人的好感。達賴喇嘛十三世，受俄國的籠絡，屢次派人至俄國修好。英國見此情形，好不擔心。恰好日俄戰爭發生，英國便乘機於民國紀元前八年，派兵攻入拉薩。達賴逃往青海。英國便與班禪額爾德尼締結英藏媾和條約，卽是所謂拉薩條約。其要點如下：

一、亞東實行開放外，再開江孜，噶大克爲商埠。

二、西藏賠償英國軍費五十萬鎊，分七十五年還淸。

三、西藏允將從印度邊界到江孜拉薩的礮臺山寨一律撤廢。

四、西藏土地不得讓賣租典給他國；西藏一切事宜，不受他國干涉。

這條約的宗旨，不外乎把西藏整個的歸入英國勢力範圍之內。簽約時，英國要求淸政府所派駐藏大臣有泰也同時簽字，有泰電告外務部請示，外務部因此約有害中國主權，令有泰萬勿承認。民國紀元前六年，淸政府命外務部侍郞唐紹儀與英公使薩道義在北京訂藏印續約六款，把拉薩條約作爲附約。約中申明：

一、英國不佔據西藏的土地，不干涉西藏的政治；中國亦承認不准他國占據西藏的土地，不准他國干涉西藏的政治。

二、拉薩條約中所指的他國，中國不在此例。

拉薩條約本定西藏賠償軍費五十萬鎊，分七十五年還清。後來印度總督爲結好西藏人起見，減爲二百五十萬盧比，分二十五年還清。藏印續約成立後，清政府又承認代付償金，分三年付清。英國於民國紀元前五年將駐在西藏的兵完全撤退。

當英兵入西藏，拉薩條約成立的時候，俄國正迭被日本打敗，沒有餘力干涉英國。而日英兩國又在日俄媾和之前成立新同盟，英國對於西藏的地位更有勢力。民國紀元前五年八月三十一日，俄國亦與英國成立關於波斯、阿富汗、西藏的英俄協約。其中關於西藏的規定，大體如下：

一、兩國爲保全西藏領土，各不干涉其一切內政。

二、兩國承認中國在西藏的宗主權，此後非經中國政府承認不得與西藏作任何交涉。

三、兩國各不派代表駐在拉薩。

四、兩國相約不要求獲得西藏的鐵道、道路、電信、鑛山及其他權利。

達賴十三世逃出拉薩，本想往俄國的。開知俄國被日本打敗，乃留在西寧。英俄協約成立後，清政府准達賴入京。達賴於民國紀元前四年至北京朝見孝欽后（慈禧）和德宗（光緒），清政府不以優禮待遇。而英俄兩國公使卻十分款待他，清政府對達賴很留意監視。達賴因此心中不樂，敢怒而不敢言。不久德宗和孝欽后病死，宣統帝繼立。達賴出京回拉薩，便有作亂之意。其時，趙爾豐爲川滇邊務大臣，會同四川提督馬維祺，竭力經營川邊，逐漸設置縣治。達賴回至拉薩，很反對這事，便唆使西藏人反抗。趙爾豐便派鍾穎帶兵一千五百人，於民國紀元前二年春，攻入拉薩。達賴逃入印度，求印度總督援助，不得要領，即回至大吉嶺，等候機會。清政府得悉達賴逃亡，便將他的封號革廢。但對於統治西藏的方針不能決定，亦不另立新達賴，以致武漢起義後，受蒙古獨立的影響，達賴十三世再出來搗亂，釀成民國成立後的中英大交涉。

清朝末年的駐藏大臣聯豫所帶的軍隊，很沒有紀律。大革命的消息傳至西藏，他們更乘機擾亂，刼掠財物。因此激怒藏人，羣起反抗。結果，中國駐藏的軍隊完全被逐。達賴十三世乃被迎回拉薩，宣布獨立。民國元年六月，西藏兵侵入四川省境，攻陷巴塘裏塘，進占打箭爐。四川都督尹昌衡親自征討，雲南都督蔡鍔也派兵會剿，在裏塘巴塘把藏兵打破。四川雲南的軍隊，因餉械不繼，不敢深入。而英國公使朱爾典竟於八月十七日突然向北京政府提出抗議，要求中國不干涉西藏內政，不派多量軍隊入西藏，而且說「英國還沒有正式承認中華民國，倘若中國不容納英國的意見，英國惟有與西藏直接交涉。」

其實英國這個抗議，是違反民國紀元前六年的藏印續約，和民國紀元前五年的英俄協約，不難駁斥的。而當時的北京政府竟然一受威嚇，即便軟化。尹昌衡已經任命爲征藏軍總司令，竟改爲川邊鎭撫使。淸政府革廢的舊封號，無端也給達賴恢復。又承認英國的要求，派陳貽範爲代表，與英藏兩方的代表，於民國二年十一月開始，先後在大吉嶺和印度的西摩拉共同會議，以解決對藏問題。交涉的結果必然吃虧，這是可以預料的。豈知貪得無饜的英帝國主義，竟然妙想天開，硬要模仿俄國對於蒙古的辦法，杜撰出內、外藏的名目來，推廣其勢力於西藏境界之外。偏遇着了崇厚第二的陳貽範，不顧越權誤國，受人唾駡，但求會議不破裂，甘心被英國劫持了，於民國三年四月二十七日，在西摩拉與英藏代表簽定草約。其大旨爲：

一、英國承認中國對於西藏的宗主權，中國承認外藏的自治權。

二、中英兩國都不干涉西藏內政，中國不改西藏爲行省，英國不侵奪西藏的土地。

三、中英兩國對於西藏都不派軍隊，不駐文武官員，不辦理殖民事宜。

四、西藏境界及內、外藏的分界，用紅藍線繪明於本約所附圖上。

此項條約，把中國在西藏的主權，縮減到與外蒙古一般。尤其無理的，是所謂內、外藏的分界，用紅藍線繪明的附圖，當時除陳貽範等參加議約的三數人，中國人沒有見到的。據後來外交部發表，竟然包括川邊，分割青海。英國人的橫蠻，陳貽範的昏庸，堪稱雙絕。清政府對於崇厚的越權簽約，尚能嚴厲處置，對俄國亦曾據理力爭。當時的北京政府，對於陳貽範只是電令萬勿簽字於正約。而與英公使朱爾典直接交涉時，英公使要求以西摩拉草約爲解決西藏問題的唯一法案，政府卻又答復「西摩拉草案雖可同意，內、外藏界線萬難承認，」輕易承認放棄西藏的統治權。這種巽弱自誤的外交，實在令人痛心！後來英國和西藏代表，於七月三日，將西摩拉條約正式簽訂。北京政府與英公使的交涉，也不能將內、外藏的劃分根本否認，僅就界線爭議。英公使則一味堅持草約，不肯多改。民國四年六月，袁世凱因籌備帝制，希望英國諒解，命外交部提出最後讓步案四款：

一、打箭鑪、巴塘、裏塘各土司所屬的地方，歸四川省治理。

二、察木多、八宿、類烏齊各呼圖克圖及三十九族土司所屬的地方，都劃入外藏。

三、崑崙山以南，當拉嶺三十九族，察木多德格土司以北，及青海西南部的地方，皆劃入內藏。但內藏改名康藏。

四、雲南四川的省界，依然如舊。

英公使接了此案，置之不覆。西藏問題，一時遂成懸案。

民國六年秋，四川省內部發生戰事。藏兵卽乘機侵入，連陷類烏齊、恩達、昌都、貢覺、同普、德格、白玉、登可、石渠、瞻化等處。川邊中國軍隊力量單薄，抵敵甚苦。七年十月，英國領事台克滿乘機居問調停分劃地界立約停戰一年。八年五月，台克滿到北京，請英公使朱爾典向外交部以停戰期限將滿爲理由，催促解決西藏問題，要求將停戰時劃界分守的地方，即定爲內外藏界綫。北京政府請根據四年六月所提最後讓步案協議。英公使提出甲乙二案，稱爲調停辦法，大意如下：

甲案　取消內外藏名稱，將打箭鑪、巴塘、裏塘、瞻對、岡拖等地，劃歸中國；德格以西，劃歸西藏。

乙案　仍用內、外藏名稱，對打箭鑪、巴塘、裏塘、瞻對、岡拖等地，劃爲中國內地；崑崙山以南，當拉嶺以北，劃爲內藏，中國不設官，不駐兵；德格劃歸外藏。

北京政府即就所提甲案磋商，交涉將解決。西南各省電詢交涉，北京政府即於九月五日通電有關係各省，徵求意見。於是人民方悉西藏問題的內容，見英國欺蒙北京政府想騙取川邊青海的地方，大起反對。北京政府不得已，乃以南北未統一以前暫緩解決西藏問題的意見，通知英公使，中止交涉。從此西藏問題，懸擱至今。

⓭內蒙古近邊各處，即因此逐段開闢，設立縣治，民國二年就成爲熱河察哈爾綏遠三個特別區域，至民國十七年，都

改建爲省。

❷原文只稱蒙古，後經中國承認，俄國乃允改蒙古爲外蒙古。

❸係指現今遼寧省熱河省內的蒙古舊地。東蒙的名詞，遂因此而起。

【研究問題】

蒙古在地理上對於中國的關係怎樣？

清政府當時應該怎樣經營蒙古，方可以抵制俄國的侵略？

那時蒙古獨立，其於自身的利害有什麼關係？

蒙古獨立之後，日本爲什麼卽與俄國訂立密約？

孫寶琦與俄公使訂立的關於蒙古問題的條約和聲明文件，中國所受的損失是怎樣？中俄蒙協約中的損失又怎樣？

呼倫貝爾地理上的地位怎樣重要？

俄國爲什麼要求把呼倫貝爾改爲特別區域？

呼倫貝爾條約中，中國所受的損失怎樣？

英國爲什麼要杜造內外藏的名稱?

西摩拉草約中,中國所受的損失怎樣?

西藏獨立後,英國干涉中國派兵攻西藏,爲什麼俄國不依據英俄協約,出來反對?

英兵入拉薩後,俄國爲什麼要與英國訂立協約?

中國爲什麼要代西藏付賠款給英國?

民國紀元前六年的藏印條約中國有沒有受損失?

英國爲什麼要在日俄戰爭時派兵攻入拉薩?

西藏在地理上對於中國的關係怎樣?

外蒙古受俄國布爾塞維克黨的影響,建立民主國,中國對他應取什麼態度?

什麼叫做統監政治?

俄國蘇維埃政府爲什麼要把舊政府與他國所訂含有侵略性質的條約,一律宣告廢棄。

什麼叫做布爾塞維克黨?什麼叫做蘇維埃政府?

袁世凱提出最後讓步案，英公使爲什麼置之不理？

藏兵攻入川邊，英國領事爲什麼要出來調停？

西藏問題這樣懸擱不解決，中國有什麼損害？

根據孫中山先生的民族主義，中國對於蒙藏問題應取什麼態度？

第七十七章　山東問題的發生和結局

從列強在中國劃定勢力範圍，和承辦大借款的劇烈競爭，也就可以知道帝國主義者在世界上爭奪殖民地的狀況的一斑了。當時競爭最烈的帝國主義國家，便是資格最老的英國和後生可畏的德國。德國競爭的最後手段，不免出於戰爭。於是有史以來空前未有的世界大戰，便於民國三年七月因奧塞兩國的衝突突然爆發了。在大戰期內，歐洲各國都沒有空閑工夫和力量來顧到遠東方面，日本就得了發揮其「大亞細亞主義」的絕好機會，而中國乃大吃其虧了。

大戰既開始，中國便於八月六日向各關係國宣告中立。日本卻藉口英日同盟，於八月十五日對德國發出最後通牒，要求：

一、在日本及中國附近海面的德國軍艦，應即退去；如不能退去，應即解除武裝。

二、德國政府須將膠洲灣租借地全部，於一九一四年九月十五日以前，無條件無賠償交與日本，轉還中國。

以上二項，德國政府若於一九一四年八月二十三日正午，尚無完全承認的答覆，則日本政府應採取必要的行動。

德國政府接此通牒，置之不覆。日本遂於八月二十三日對德宣戰。依國際公法，凡交戰團體，不得在中立國區域內戰爭；而日本對德攻擊的軍隊，並不逕向青島，却運至中國山東省東北部的龍口登岸，占領城鎮和郵電機關，強截萊州半島爲交戰地。中國政府無可如何，只得於九月三日宣告「劃出萊州、龍口和接近膠州灣的地方爲交戰區域，」並與日本約，「以濰縣車站爲界，日軍不得越界西出，破壞中立。」不料九月二十六日，日軍四百餘名，突然占領濰縣車站。十月三日，又迫退中國軍隊，沿膠濟鐵道西進，於十月六日直抵濟南車站，占據膠濟鐵道全線，並分兵騷擾近旁各地。中國政府迭提抗議，完全無效。三十一日，日軍會同從勞山灣上陸的英軍，向青島開始總攻擊。十一月七日，青島德國守將投降日英聯軍，戰事結束。

中國政府因日本先曾聲明「決不占中國土地，」至戰事結束後，卽請日本撤去中國領土內的軍隊，日本政府有意尋釁，認此要求爲汚辱日本，命駐北京日本公使日置益於民國四年一月十八日，破國際慣例，逕向袁世凱總統提出五號二十一條的要求。其內容如下：

第一號

一、中國政府允諾日後日本政府與德國政府協定之「關於山東省依據條約或其他關係，享有一切權利利益讓與等項的處分，」一概行承認。

二、中國政府允諾凡山東省內並其沿海一帶土地及各島嶼，無論何項名目，概不讓與或租借給他國。

三、中國政府允准日本建造由煙臺或龍口接連膠濟路線的鐵道。

四、中國政府允諾爲外人居住貿易起見，從速自開山東省內各主要城市爲商埠；其應開地方，另行協定。

第二號

一、兩締約國互相約定將旅順、大連租期，並南滿洲、安奉兩鐵道期限，均展至九十九年爲期。

二、日本國臣民，在南滿洲及東部內蒙古爲建築商工業應用的房廠，或爲耕作，可得其須要土地的租借權或所有權。

三、日本國臣民，得在南滿洲及東部內蒙古，任便居住往來，並經營商工等等各項生意。

四、中國政府，允將南滿洲及東部內蒙古各鑛開採權，許與日本臣民；至擬開各鑛，另行商定。

五、中國政府，應允關於下列各項，先經日本政府同意，然後辦理：

1，在南滿洲及東部內蒙古允准他國人建造鐵道，或爲建造鐵道而向他國借用款項之時。

2，將南滿洲及東部內蒙古各項稅課作抵，向他國借款之時。

六、中國政府允諾如在南滿洲及東部內蒙古聘用政治財政軍事各顧問教習，必須先向日本政府商議。

七、中國政府允將吉長鐵道管理經營事宜，委任日本政府；其年限自本約畫押之日起，以九十九年爲期。

第三號

一、兩締約國互相約定，俟將來相當機會，將漢冶萍公司作爲兩國合辦事業；並允如未經日本政府同意，所有屬於該公司一切權利產業，中國政府不得自行處分，亦不得使該公司任意處分。

二、中國政府允准所有屬於漢冶萍公司各鑛附近之鑛山，如未經該公司同意，一概不准該公司以外的人開採；並允此外凡欲措辦，無論直接間接，恐於該公司有影響的，必須先經該公司同意。

第四號

一、中國政府允准所有中國沿岸港灣及島嶼，概不讓與或租借給他國。

第五號

一、中國中央政府須聘用有力的日本人，充爲政治財政軍事等項顧問。

二、所有在中國內地所設日本病院寺院學校等，概允其土地所有權。

三、向來中日兩國，屢起警察案件，以致釀成糾葛不少，因此須將必要地方的警察，作爲中日合辦，或在此等地方的警察官署，須聘用多數日本人，以資籌劃改良中國警察機關。

四、中國由日本採辦一定數量（所需半數以上）的軍械，或在中國設立中日合辦之軍械廠，須聘用日本技師，並採買日本材料。

五、中國政府允將接連武昌與九江南昌的鐵路，及南昌杭州間，南昌潮州間各鐵路的建造權，許給日本。

六、福建省內籌辦鐵路鑛山，及整理海口（船廠在內）如需外國資本時，先向日本協議。

七、中國政府允日本人在中國有宣教之權。

這種要求，簡直是戰勝國對於戰敗國壓迫的條件，日本竟無端向宣布中立的中國提出，實爲歷史上國際間絕無僅有的事。據確實的消息，日置益當時對袁世凱說道：『日本全國都懷疑貴大總統是排日的。如果貴大總統能够答應這項要求，那末日本極希望貴大總統高陞。』又要求嚴守祕密，倘若洩漏，日本又要索取賠償；並要求從速解決，不得延緩。袁世凱聽了高陞二字，自然心領神會，便派日本指定的陸徵祥曹汝霖爲全權委員於二月二日開始，與日置益祕密會議。其時中國國內輿論沸騰，十九省將軍通電反對作亡國的退讓。英美各國亦向日本詢問二十一條的內容，日本的答覆把最苛刻的第五號和其餘重要條件完全删去。

實在條件提得太兇了，袁世凱不敢造次承認。而且日本公使的態度異常強硬，絲毫不肯輕減。因此祕密會議至五月初，尚無結果。五月七日，日本政府乃提出最後通牒，限「中國政府於五月九日下午六時以前要有滿足的答覆，否則日本政府將執行必要的手段。」袁世凱接此通牒，連日在總統府開軍政界特別會議。延至九日午前，終究派曹汝霖先行通知日本公使，表示承認。二十五日由陸徵祥與日置益正式簽定，二十一條除第五號被逼簽「容日後協商」及第四號用命令宣佈外，其餘都用換文簽字。當時全國輿論竭力攻擊外交當局，並實行對日經濟絕交，民氣十分激昂。從此年年五月九日紀念國恥，反日意識永不消泯。而袁世凱卻便深信日本希望他「高陞」，居然認眞安排他「高陞」的設計了。不料各省獨立反對帝制的聲浪中，日本竟「食言而肥，」糾合了英俄，反來忠告他展緩變更國體。一團高興的袁世凱，看看賣國的大不韙是冒了，而求榮的夢想卻不成，不免憂憤成病，一命嗚呼，只落得做了「高陞」的犧牲。

日本利用大戰的機會，奪了德國在東方的地盤，又對中國施了特殊的侵害，好不躊躇滿志！但是他一想到大戰終了之後，不免要遭各國的干涉，便心事重重了！於是展開外交手腕，向各國進行密約，使各國承認其在太平洋的特殊勢力。民國五年七月，先與俄國訂立操縱遠東的新協約，並相約「倘有第三國妨礙他們在中國所得的權利時，即取一致動作。」民國六年二月，德國政府向世界各國宣告採用無限制的潛水艇攻擊政策，美國首先對德絕交，同時並邀請其餘各中立國共同對德作強硬的表示。中國有一部分人，即主張和美國一致，以便與美國和協約國接近，爲將來在和會中控訴日本的地步。這原如溺在海裏的人，拾着一條水草，便當做救生帶一般的無聊之極思。然而日本政府卻一點不放鬆，於二月九日中國向德國提出抗議以後，便命公使警告中國外交部道：『日本很贊成中國對於德國的抗議；但是如此大事，竟不先行通知日本，甚爲遺憾，希望中國政府以後注意。』同時又向英國請求，以同意於日本的處分山東問題爲日本容許中國參戰的交換條件。英國在那時候，正渴望中國參戰，便祇得慌忙的答應道：『日本政府請求英國政府、將來在和會，關於德國在山東的權利，和赤道以北德國所有各島嶼的處分，英國當維持日本的要求，並於此時與以保障，英國政府欣然承諾。』日本得了英國的承認，便挨次向俄、法、意三國請求同樣的保障。俄國不用說，法意兩國見英俄已經答應，便也同樣的允許了。這種手續，於六年五月以前，完全辦妥。於是一變態度，與英法等國一致慫恿中國對德宣戰。北京政府乃於八月十四日正式向德奧宣戰。但日本又覺得美國尚未入其彀中，還不十分穩妥，乃以商議對德作戰事宜爲名，派石井菊次郎爲全權大使往美國與國務卿藍辛接洽。因此遂有所謂石井藍辛協定，內容有『美日兩國政府承認領土相接近的國家之間，發生特殊的關係。因而美國政府承認日本在中國有特殊的利益，尤其是與日本接壤的地方爲甚』等語，有了這協定的約束，日本便不怕美國將來在和會中妨礙其關於山東問題等的要求了。這便是日本對中國在外交上大包圍政策的成功，也就是中國在巴黎和會中爭山東問題大失敗的重要原因。

中國的參戰，本有一部分人想運用對抗日本的計謀。豈知日本於慫恿中國參戰的時候，也安排一個很酷虐的對策。他曉得袁世凱雖死，其餘黨還是想承繼遺業，躍躍欲試。他就暗示他們道：『中國參戰，要軍械和借款日本可以供給。』這麼一來，袁世凱的餘黨正中下懷，便以參戰爲名，大做其武力統一中國的迷夢，把中國攪成一個「對外宣而不戰，對內戰而不宣」的局面。借款和軍事協定，便滔滔進行。日本非但將計就計，不但把一部分中國主張因參戰而與美國和協約國接近的作用打破，而且使北京政府在政治上經濟上完全受其支配，乘機大施其侵略手段。唉！說到此處，不能不佩服日本軍閥的精明強幹，而痛恨中國軍閥政府愚蠢無知冥頑不靈了！

就借款來說，從參戰起至大戰終止，北京政府向日本所借的，約有五萬萬元之多。其名目繁多，有善後借款，參戰借款，軍械借款，電信借款，金鑛森林借款，鐵道借款等，不勝枚舉。查其用途，則完全是化在內戰和政爭上頭。最可痛心的，當時北洋軍閥走狗駐日公使章宗祥，不知利害，竟然投入日本爲「杜絕中國將來爲山東問題向和會控訴日本的口實」而設的圈套中，於民國七年九月二十八日與日本訂立濟順高徐兩鐵道預備借款契約；而且得意忘形，在當時答復日本的照會中，竟說：『接奉貴翰……提議關於山東省諸問題，……中國政府，……欣然同意。』這無異於中國對於日本在山東省取得的特殊權利，加上一重有力的保障。這章宗祥，眞可以稱得賣國聖手了！

民國七年二月，俄國蘇維埃政府與德奧單獨媾和。協約國各國政府不願俄國布爾塞維克黨的勢力侵入東亞，共同提議出兵西伯利亞，援助反對新俄的捷克軍隊。日本政府因此引誘中國參戰督辦段祺瑞，共同出兵。於是陸軍軍事協定，海軍軍事協定，於民國七年五月十六十九日先後成立。協定內容當時嚴守秘密，至民國八年二月二十八日方於南北和議席間發表，是否當時秘密文件的眞相已不可知。但就其內容看來，是藉口於防備德國的勢力，由俄國蔓延至中國。其實當時的德國方在歐洲與協約國苦戰，那有多餘的力量顧及遠東？這眞是不値一笑的面事實上當時中國並沒有眞正出兵、只是日本藉此協定出兵北滿，大發揮其侵略北滿的野心。協定中又訂明「關於共同防敵所需的軍械和軍需品及其原料，兩國相互供給。」相互二字，眞說得肉麻，中國那裏會有得供給日本。老實一句話，二十一條的第五號第四款，當時最後通牒稱爲「俟日後再商」的，那時便實行一下。所以全國輿論，對於這個軍事協定，始終反對。後來於民國十年十一月二十八日由國務總理靳雲鵬與日本政府交換取消軍事協定的照會，纔算廢止。

還有，日本的處心積慮，其細密可算得無以復加。在民國七年十月，歐洲戰事將行結局的時候，日本政府誠恐中國在和會中活動得各國的同情，嗾使北京公使團向中國政府提出參戰不力的覺書，責備北京政府用着因參戰而得各國承認緩交的庚子賠款和關餘款項及參戰軍從事內戰和黨派私爭，以致津浦隴海兩鐵道沿線的土匪大擾亂；而對於敵國人在中國的利益和活動，沒有切實禁止。北京政府接此覺書，頗爲狼狽。後來派陳籙往各公使館解釋了，方始了事。

大戰終止，各國開和平會議於法國凡爾賽。中國政府便於民國八年一月二十一日派定陸徵祥、顧維鈞、王正廷、施肇基、魏宸組爲全權代表，出席與會。和會沒有開幕的時候，美國大總統威爾遜曾提出和約大綱十四條。其中至要的條文有：

一、和平條約須用公開方法決定；此後無論何事，不得私結國際盟約，凡外交事件，均須開誠布公，不得祕密進行。——大綱第一條。

二、對於殖民地人民的請求，也該看做通常政府的請求一般，寬厚公正的和他商量；就是有關於宗主權的問題，也該確守利益均霑的原則。——大綱第五條。

三、確定約章，組織國際聯盟，其宗旨爲各國相互保障其政治自由及土地統轄權，國無大小，一律享同等的權利。——大綱第十四條。

和會開幕時，各國對於這十四大綱，表面上都承認爲議和的基本條件。所以久困於日本侵略的中國人民，當初對於巴黎和會都抱有絕大的希望。

中國代表提出於巴黎和會的有二案：其一，以公道和正義爲根據，對於各國提出希望條件；內容爲（一）廢棄勢力範圍，（二）撤退外國軍隊警察，（三）裁撤外國郵局及有線無線電報機關，（四）撤消領事裁判權，（五）歸還租借地，（六）歸還租界，和（七）關稅自主權。這幾項都是關係中國生死存亡的，中國代表不說要求而說希望，眞是可憐！其二，以參戰國的資格，主張收回德國在山東省的一切權利和利益，及收回膠州灣租借地。這一案名爲對於德國，實際是對於日本，所以歷敘日本當對德宣戰時破壞中國中立的事實，和日本在膠濟鐵道一帶的橫暴行動，以及二十一條要求脅迫簽訂的情狀，希望引起各國的同情。

豈知這巴黎和會，依然不脫帝國主義者分贓會議的性質。開會以來，英、美、法、意、日、五國另組所謂最高會議，壟斷一切。威爾遜的和約大綱完全成了一種欺人的假文章。威爾遜本人雖也參列和會，但是和法國的克里蒙梭、英國的路易喬治等一混，完全失了主意，所以中國的提案自然沒有好結果了。希望條件的下落，是由克里蒙梭用和會議長的名義，給中國代表團一封信道：『本會議充量承認此項問題的重要，但不能認爲和平會議權限以內的事件，擬請等到國際聯盟行政部行使職權的時候，請其注意。』這不是完全拒絕了嗎？

山東問題，則於所謂最高會議討論處置德國殖民地的時候，日本代表要求列入，請將德國在山東的一切權利，無條件讓與日本。中國代表王正廷顧維鈞被邀出席，即提出詳細說帖，要求由德國直接交還中國。雙方爭執，未有結果，而和會因事停頓。至四月二十二日，英美法日四國再開最高會議，招中國代表陸徵祥顧維鈞出席。威爾遜在會議席上，提出七年九月章宗祥發出的欣然同意的換文，質問中國代表，中國代表無言可答，但是堅持不允將山東省德國所享權利，移轉於日本。路易喬治見已成僵局，乃提議將山東問題交英、美、法三國專門委員核議。三國專門委員核議的結果，依然是由日本繼承德國在山東的權利。四國會議卽依日本的意見，在對德和約中插入『德國根據一八九八年三月六日的中德條約，及其他關於山東省一切協約所得的權利、特權、鐵道、鑛山、海底電線，國有動產不動產，一概讓與日本』的條文。這原來是日本先與英法等國訂有密約的效力。中國代表竭力設法保留，始而要求在和約山東條項之下聲明保留，不許；次則要求在和約全文之後聲明保留亦不許；又次要求於和約之外，另行聲明保留，亦不許；最後要求不用保留字樣，但得聲明，終不許。最高會議的偏袒日本，於此可見。

可笑當時的北京政府，竟會受日本的指使，訓令代表忍痛簽字。幸而北京學生於五月四日首先發起示威運動，表示反對和會處分山東問題的辦法；各地方的學生商人，接着罷課罷市，一致要求懲辦賣國賊，拒絕和約簽字。巴黎留學生也起來響應，就近對中國代表團嚴重監視。六月二十八日，是對德和約簽字的日期，中國代表團順從民衆，拒絕簽字；並對於北京政府發電報告說：『……不料大會如此專横，……若再隱忍簽字，我國……將更無外交之可言。』這可算得是自從鴉片戰爭以來中國對於帝國主義第一次消極抵抗的表示，也值得稱許的。對德和約中國既沒有簽字，北京政府乃用布告宣布「對德國戰爭態度，一律終止。」山東問題，遂成爲懸案。

日本在巴黎和會中，其繼承德國在山東的權利的要求，雖是得了滿足，然而在另一方面也就很引起歐美列強的妒忌。英法等國只因有密約在先，不能發言，但其妒念已如烈火中燒，不可遏止。美國上議院的不批准對德和約，也很有幾分妒忌日本的意味。妒忌日本，既成了歐美列強一致的傾向，乃有民國十年，由美國總統哈定以籌議限制海軍和調解遠東問題爲名發起的華盛頓會議應運而生。

這華盛頓會議於民國十年十一月十四日開幕，參與會議的，爲美、英、法、意、日、比利時、荷蘭、葡萄牙和中國，共九國。當時中國一般人又以爲在這次會議中，可得美國的幫助，總不致再如巴黎和會的令人失望。豈知帝國主義的國家，口頭都說爲公道正義，骨子裏完全爲着自己的利益。這會議的精神和目的，祇爲着抑制日本在歐戰期間對於中國的單獨急進的侵略政策，而再回復到歐戰以前各國對於中國的共同緩進的侵略政策。對於中國共同緩進的侵略政策，美國尤爲需要，所以他首先發起這個會議，那裏是幫中國的忙？中國滿擬將山東問題提交大會討論，而英美兩國竟以居中調停的名義，脅迫中國在會外與日本直接交涉。中國因爲不願和日本直接交涉，所以拒簽對德和約。中國的不願和日本直接交涉，卽所以表示不承認脅迫簽訂的二十一條。英美兩國的脅迫中國在會外與日本直接交涉，豈不是等於脅迫中國承認全國人民一致主張拒簽的對德和約，和全國人民疾首痛心引爲國恥的二十一條嗎？原來他們的本意，祇要日本嘔出些已經吞下的權利，平平各國的妒忌之心。至於正義公道，那裏是帝國主義國家所知道？若說幫助中國，更完全沒有這麼一回事！

山東問題的會外直接交涉，於民國十年十二月一日開始，幾經曲折，終於十一年一月三十一日，雙方訂立中日魯案條約二十八條。其主要者如下：

一、日本應將前德國膠州租借地歸還中國。

二、日本政府允將前德國膠州租借地所有公共財產，均移交中國政府。

三、膠濟鐵道沿線及其支線的日本軍隊和憲兵，於本約簽字後三個月內撤退；至遲亦不得過六個月。

四、青島海關自本約發生效力時起應成爲中國海關之完全部分。

五、日本應將膠濟鐵道及其支線，並各種附屬財產，全數移交中國；由中國以四千萬元的國庫券交付日本。日本國庫券的期限爲十五年，以鐵路財產及收入爲擔保。五年以後，得全數淸償。在未還淸前，中國任用日本人爲車務總管及會計主任。

六、濟順高徐兩鐵道歸國際公辦。烟濰鐵道由中國自造。

七、淄川、坊子、金嶺鎭三鑛，由中國政府許與中日合組的公司經營，但日本投資，不得超過中國的資本。

八、中國政府宣告開放膠州租借地爲萬國通商口岸。

至於中國的希望條件，在巴黎和會只向國際聯盟一推，而華盛頓會議中居然交由九國代表組織的遠東問題委員會討論。結果是：廢案勢力範圍問題，諉爲已成的往事。撤退外國軍隊和警察，落得一個授權於各國駐在北京的外交代表，調查後再行斟辦，並保留各國承認或拒絕的自由。裁撤外國郵局及有線無線電報機關，卽須中國保證外國人郵政總辦的地位，方肯贊同，但租借地和條約特別規定的，仍在例外。撤銷領事裁判權，要由各國各派代表組織委員會考察後，再定漸進或其他辦法。歸還租借地一項，各國表示不同：日本老實說膠州灣早已決定交還，旅順大連休想；英國老實說，山東問題能解決，威海衞可以交還，九龍休想，其實後來威海衞還是落空；法國只是含糊的說願與各國共同交還，實際是不肯把廣州灣歸還。歸還租界，簡直不理。關稅自主，中國代表團提的是很妥協的漸進辦法，而各國還不肯應許，定要開什麼關稅會議。總而言之，還是一個不得要領。最不幸的，竟被列強在這遠東問題委員會中嬲住了，定了一個什麼九國協定，對於列強由不平等條約在中國取得的權利和利益，再經一番正式承認。中國也是九國中的一國，這不是作繭自縛的辦法嗎？這一個當，眞上得不小！

華盛頓會議終了後，北京政府卽於十一年三月三日特派王正廷督辦魯案善後事宜。六月二日，中日魯案條約正式換文。七日，王正廷被任爲魯案中日聯合委員會委員長，與日本委員小幡酉吉等協議關於青島行政及鐵道接收的具體辦法。十二月十日，王正廷正式接收青島行政事宜。十二年一月一日，中日聯合委員會中國委員勞之常接收膠濟鐵路和附屬財產。於是全世界注目的山東問題，總算有了結局。然而隨伴山東問題而起的，爲中國全國人民痛心疾首引爲國恥的二十一條，則還在一方不允取消，一方不認有效的相持中；不知道要何年何月，纔得解決。

【研究問題】

山東省在地理上對於中國日本的關係如何？

二十一條要求，日本對中國的侵略目的是什麼？

日本提出二十一條時，爲什麼要求嚴守祕密和從速解決？爲什麼又要提起什麼「高陞」的話呢？

當時中國有無方法避免這個重大的侵害？

爲什麼那時英俄法意等國都肯保障他獲得山東的權利？

那時的中國，究竟應否對德宣戰？

那時日本爲什麼要借給中國北京政府這許多借款？

巴黎和會中爲什麼要立最高會議？

中國爲什麼要向巴黎和會提希望條件？爲什麼巴黎和會推卻不理？

巴黎和會中中國抗爭山東問題終還失敗，有幾種原因？

中國拒簽對德和約，這種消極抵抗有什麼意義？

各國既是嫉忌日本，爲什麼又要袒護日本而抑制中國？

華盛頓會議中爲什麼英美要脅迫中國與日本在會外直接交涉山東問題？

山東問題的解決，中國所受的損害是怎樣？

華盛頓會議既不肯好好的解決中國的希望條件，爲什麼竟接受討論？

華盛頓會議對中國的影響如何？

第七十八章　民國以來的軍閥擾亂

歐美列強，都是代表工商業社會的勢力。他們向東方來強迫各國開放通商，原來是工商業社會的勢力，向農業社會進攻的一種運動。農業社會的衰滅和工商業社會的昌旺，這是社會進化。經濟發達的必然趨勢，實在是無法違抗的。日本受了歐美列強的侵迫，便很迅速的接受時代潮流，自行建設工商業社會，代替固有的農業社會勢力，這樣就造成了明治維新的局面，和後日雄霸東方的基礎。中國的維新運動，立憲運動和革命運動，從社會經濟方面說來，也可說是因受工商業社會的資本帝國主義的經濟侵略後而生的覺醒。

鴉片戰爭，是中國第一次受列強的打擊。其時滿清政府還是居於中國封建勢力的中心。太平軍被撲滅後，清朝已是名存實亡，湘軍淮軍隱然成了中國封建勢力的中心。後來湘軍消散，淮軍獨存，內政外交重心乃聚集在淮軍首領李鴻章一人的身上。中日戰後，淮軍的聲勢大衰，新軍代興。新軍中鼎鼎有名的首領，便是袁世凱。李鴻章死後，他就漸漸的承襲了李鴻章的地位。就其經歷看來，他實在是一個生性反動，而十分狡詐的人物。奉命駐在朝鮮的時候，他竭力與守舊黨相勾結。這雖是爲着對付日本的需要，然而朝鮮的走上滅亡之路，未始不是受了他的影響。德宗（光緒）維新的時候，若不是他有意破壞，戊戌政變的結果尙未可逆料。他爲着自身的利益計算，覺得還是依傍舊勢力的好，所以一意結歡於孝欽后（慈禧），於是得了小站練兵的機會，以製造北洋軍閥。立憲運動時，他已占舉足重輕的地位，乃周旋於新舊勢力之間，利用時機充實自己的勢力。革命軍起事之後，滿淸政府不得不將封建勢力的中心地位，正式讓渡給他。同時各地的封建勢力都冒着革命的旂幟，腐蝕革命的勢力來響應他。生性反動，十分狡詐的袁世凱，乃騙得了中華民國大總統的名義，領導全國的反革命勢力，混過革命大潮流，竊取統治全國的地位；而革命勢力即在勝利的歡聲中破壓迫了。

袁世凱雖是竊取了統治全國的地位，南方各省的都督，起初還是革命黨人居大半；如江西都督李烈鈞，安徽都督柏文蔚，廣東都督胡漢民，都是革命有功，夙著聲望的。革命黨人見袁世凱作事專制，當然不免存心猜防；袁世凱野心勃勃終想下手剷除革命黨，兩下的衝突，勢有所必至。

但是當時的財政困難，達於極點，袁世凱的實力本可以打倒革命黨，因此亦不敢輕易發作。帝國主義者從旁靜觀，覺得扶助袁世凱，打倒革命黨，對於他們的侵略，比較有益。而借款給袁世凱，又不難獲得許多權利。六國銀行團便應運而生，對袁世凱百般勸誘，盡力包圍，以監督財政爲條件，供給二千五百萬磅的大借款。袁世凱得此接濟，頓然膽壯。借款契約也不待國會通過，即擅自簽訂。革命黨的反對，更不在他的注意之下了。

革命同盟會會員宋教仁，受了當時流行語「革命軍興，革命黨消」的暗示，發起將同盟會改組爲國民黨，拋棄革命事業，從事選舉運動。第一屆國會中，國民黨大占勢力。宋教仁乃更加得意，昌言「總統非袁世凱莫屬，而內閣必須由政黨組織」，沿長江各省，到處宣傳。袁世凱不是得做總統便能滿足的，所以對於宋教仁的活動，十分嫉忌。民國二年三月二十日晚上，突然有人在上海滬寧車站把宋教仁刺死。兇手武士英和主謀犯應桂馨在上海先後被捕。應桂馨家中又被搜出與國務院祕書洪述祖往來的密電多件，都與暗殺案有關，而且偵查的結果又牽連到當時國務總理趙秉鈞的身上。於是民黨中人攻擊袁世凱甚烈，就做了第二次革命的直接導火線。

袁世凱手頭既得了大借款的接濟，便先發制人，把江西李烈鈞、安徽柏文蔚、廣東胡漢民先後免職，並命李純帶兵入江西，扼守九江。又從津浦、京漢兩路，陸續運兵南下。李烈鈞便於七月十二日在湖口宣布獨立，組織討袁軍，安徽、廣東、福建湖南各省先後響應，陳其美在吳淞起事，黃興亦入據南京，稱討袁軍總司令。北洋軍隊，水陸並進，先破湖口。黃興因北軍抵浦口，棄南京出走。李純攻入南昌，倪嗣冲占取安慶，李烈鈞柏文蔚皆逃。陳其美攻上海製造局亦敗退。福建湖南即自行取消獨立，廣東被龍濟光平定。不滿兩個月，興兵數十萬，蔓延五六省的二次革命，完全被平定。長江流域，盡入於北洋軍人的治下。

二次革命既被壓平，袁世凱乘戰勝的聲威，遂造成「先選總統後定憲法」的空氣。國會憲法起草委員會即先將憲法一部分的總統選舉法制定，於民國二年十月四日公布。十月六日，國會議員依法組織總統選舉會，實行選舉。袁世凱一面用金錢運動，一面用武力脅迫，終得被選爲正式大總統。就職之後，便下令解散國民黨，撤消加入國民黨的議員資格，用軍警執行追繳議員證書。國會因即不足法定人數，不能開議。將要制定的憲法，因此擱置。不久，又授意各省都督民政長呈請解散殘留的國會，乃以總統總理各部總長法官及蒙藏局所派的委員，和各省區行政長官所派的代表組織政治會議，而於民國三年一月十日下令停止議員職務，將政治會議作爲評議政治的機關。政治會議即秉承袁世凱意旨呈請召集各省區代表，組織約法會議，修改約法。五月一日，新約法公布，改名爲中華民國約法。其修改要點，係設立參政院代行立法機關，廢責任內閣制改爲總統制。同時，下令停辦各省自治，解散各省省議會。外省官制，亦改都督爲將軍，民政長爲巡按使。總統專制的政局實現，帝制運動亦即應運而生了。

民國二三年，北京已有共和政體不適合中國國情的議論。民國四年八月，總統府顧問美國憲法學者古德諾作論文一篇，題目是共和與君主，在北京報紙上發表；大意是說中國如改行君主政體，比較共和政體適當。接着，參政院參政楊度也發表君憲救國論的小册子，鼓吹帝制。不久，楊度、孫毓筠、嚴復、劉師培、李燮和、胡瑛等便發起籌安會，說是要「從學理上研究君主民主，在中國孰爲相宜。」其時國民黨中重要分子都亡命海外，所以贊成君主政體的論調，風行一時。梁士詒沈雲沛等，便出來組織請願聯合會，聯合各省請願團體，向代行立法機關的參政院，作大規模的請願，要求變更國體。參政院居然受理，依據新約法，呈請大總統召集各省國民代表大會，根本解決國體問題。十二月八日至十日，各省國民代表在北京投票決定國體，結果共一千九百九十三票完全贊成君主立憲。十一日，卽由國民代表大會委託參政院爲總代表，推戴袁世凱爲皇帝。袁世凱下令承認改國體爲君主立憲，而辭謝推戴。參政院再爲第二次的推戴，袁世凱卽於十二日下令允許。於是設立大典籌備處，改明年爲洪憲元年，準備於舊曆元旦實行登極。

北京的大典籌備正是熱鬧，各地反對帝制的運動也同時積極進行。蔡鍔李烈鈞等祕密跑到雲南，有力的反對便轟然而起了。十二月二十三日雲南將軍巡按使電請袁世凱取消帝制，限二十五日上午十時答覆。二十五日唐繼堯蔡鍔等通電各省宣告雲南獨立。民國五年一月一日，雲南設立都督府，推唐繼堯爲都督；並組織護國軍，以蔡鍔爲第一軍長，李烈鈞爲第二軍長，誓師出兵。貴州響應最早，廣西陝西不久亦便繼起，廣東民軍紛紛起事，龍濟光被迫而宣布獨立。袁世凱派曹錕張敬堯由四川攻雲南，在四川被護國軍阻住，不能前進。同時日本糾合英俄公使勸告緩行帝制，法意兩國亦進同樣的勸告。雄才大略不可一世的袁世凱稱帝八十三日，卽於民國五年三月二十二日下令撤消帝制廢止洪憲年號。不久，其心腹陳宧湯薌銘竟亦在四川湖南宣布獨立了、眼見已到衆叛親離的地步，又羞又憤，於六月六日病歿。各省便一致擁戴副總統黎元洪繼任大總統，恢復臨時約法，召集國會，懲辦帝制罪魁，並廢止一切帝制的設施。

袁世凱死後，北洋軍閥分爲馮國璋和段祺瑞兩系，亦卽所謂直系和皖系。馮國璋才具不及段祺瑞，所以一時北京政府便在段祺瑞操縱之下。段祺瑞爲國務總理，做事喜歡專斷，往往使黎元洪難堪。黎元洪不能甘心，乃想利用國民黨來抵制段祺瑞。總統府與國務院之間，因此暗鬭很烈。恰好參戰問題發生，彼此便鬧翻了。段祺瑞信從梁啓超林長民的建議，竭力主張參戰，黎元洪不以爲然，國會中民黨分子便想藉此推倒段內閣。段祺瑞乃召集各省區督軍都統到北京開軍事會議，會議結果，一致主張參戰。段祺瑞得督軍團爲後盾，便實行硬幹，想仿照袁世凱脅迫選舉的辦法，使公民團包圍國會，脅迫通過對德宣戰案。不料因此橫生枝節，給國會得了擱置參戰案的藉口。督軍團竟然要求黎元洪把國會解散，並出京至徐州開會，準備舉動。黎元洪見勢不佳，想先發制人，把段祺瑞免職。軒然大波，卽時而起。安徽省長倪嗣沖首先宣告「與中央脫離關係，」

並扣留津浦鐵道火車，向天津運兵。山東河南奉天浙江福建等，先後響應。黎元洪因安徽督軍曾
反對段祺瑞參戰的主張，又不贊成各省與中央脫離關係的辦法，乃召他入京作調人。張勳帶兵
五千至天津先逼黎元洪解散國會，然後入京。誰料他入京之後，竟突然擁清帝復辟了。張勳本是
一個最頑固的武人，雖在民國，念念不忘清朝。他的部下依然穿的清朝舊式軍服，都不剪髮，督軍
團在徐州會議，他曾提議復辟，據說到會的人都不反對。入京之後，通電各省請取消與中央脫離
關係的宣言，各省一致聽命。他便以爲有指揮各省督軍的權威了，又經康有爲竭力慫恿，乃於民
國六年七月一日上午三時實行擁清帝溥儀復辟。黎元洪倉皇避入日本公使館，密書任命段祺
瑞爲國務總理的命令和請副總統馮國璋代行職權的通電，派人送往天津，交付段祺瑞。段祺瑞
聞知復辟消息，即與梁啓超等準備討伐。於七月四日，得師長李長泰曹錕旅長馮玉祥的贊助，在
馬廠誓師，通電討逆。十二日，討逆軍入北京，張勳逃荷蘭公使館，復辟之亂即平；黎元洪即通電辭
職，段祺瑞再組內閣，馮國璋被迎入京。引起糾紛的參戰問題，終究給段祺瑞貫徹了主張。

段祺瑞再任總理後，氣燄更盛。他本有志繼續袁世凱的事業，所以也就直截爽快的承襲了

他的政策，對於民黨和國會竭力以高壓手段對付。他主張民國已經中斷，國會不必恢復，乃仿照民國初元的特例，召集臨時參議院。西南各省非北洋系的督軍，乃以擁護約法爲名而起兵，並組織軍政府，與北京政府對抗。段祺瑞正因參戰的關係，與日本帝國主義勾結得很好，款項軍械有人源源供給，不愁缺乏。因此西南起兵護法，在他便認爲武力統一的絕好機會。豈知與他同屬一家的總統馮國璋，偏要和他立異，主張和平。直皖兩系遂起了暗鬭。其暗鬭情形，說來眞是可笑。一面段祺瑞派兵入湖南，一面馮國璋卻不下討伐令。所謂「對外宣而不戰對內戰而不宣」，便是這個出典。最奇怪的，南北兩軍正在湘南作戰，而北軍在前敵的直系將領王汝賢范國璋竟然受了馮國璋的密令，通電請停戰。湖南督軍傅良佐即被迫北走，王范亦不戰而退，南軍遂得進佔長沙岳州。段祺瑞因主戰失敗，不得已辭職下野。但其潛勢力尚強，馮國璋不得不特設一個參戰督辦位置他。段祺瑞乃使陸軍總長段芝貴與日本成立軍械借款，購買軍械。一面由徐樹錚聯絡張作霖，將這項軍械在中途截奪了運至奉天，歸徐張二人平分。徐樹錚即行編練軍隊四混成旅，與張作霖的奉軍一同入關，威脅馮國璋。一方面南軍亦節節前進，直入湖北省境。皖系軍人乃振振有詞，竭力主戰，擁段祺瑞再上台。直系軍人曹錕吳佩孚等亦只得聽受指揮，與南軍開戰，把岳州長沙奪回，進至衡陽。段祺瑞在北京成立參戰督辦處，組織安福俱樂部，與日本密訂軍事協定，大借日款。借得日款，即一面大編參戰軍，培植自己的實力，一面籌備新國會，着手把馮國璋排出中央。民國七年十月，新國會選舉徐世昌爲總統，馮國璋交卸政權，段祺瑞亦同時辭職。一時和平空氣瀰漫全國，南北雙方各派代表集議於上海。終因南方力爭取消參戰軍，國防軍和議破裂。

北軍的奪回湖南，大半是直系軍人的功績，而段祺瑞卻命皖系張敬堯任湖南督軍，使直系軍人十分不平。後來巴黎和會中中國爭持山東問題完全失敗，全國輿論對於段祺瑞和安福俱樂部大不滿。直系軍人吳佩孚乃利用時機，於民國九年四五月間突然通電主張和平，由衡陽撤兵北上，移駐鄭州。南軍遂乘勢驅逐張敬堯，占領湖南全省。直系領袖曹錕乃聯絡奉軍領袖張作霖通電數說安福派禍國罪狀，請罷斥西北籌邊使徐樹錚和安福派的交通總長曾毓雋，財政總長李思浩，司法總長朱深。總統徐世昌雖係安福派擁戴起來的，但因做事常受牽制，也很不滿安福系政客和皖系軍人，遂下令免徐樹錚職。段祺瑞大怒，即將參戰軍改編的邊防軍等組織定國軍，逼徐世昌把曹錕吳佩孚免職，下令討伐。七月十四日至十七日，定國軍與直軍在高碑等處交戰，定國軍大敗。張作霖的奉軍也同時在天津攻破徐樹錚。段祺瑞乃通電自請免職，奉軍即入北京，封閉安福俱樂部。這便是直皖之戰。直皖戰後，北方成爲直奉兩大勢力對峙的局面。奉系軍人注意於操縱內閣，控制中央政權。直系軍人於戰敗皖系之後，吳佩孚即襲用段祺瑞的武力統一的政策，對湖南四川兩次用兵，都得勝利，乃穩植其勢力於長江流域。民國十年十二月，張作霖硬擁曾參與帝制運動的梁士詒爲內閣總理，並爲被通緝的安福派各罪魁請特赦。吳佩孚即通電攻擊梁士詒內閣，指斥梁士詒面許日本公使要求，借日款贖還膠濟鐵道爲賣國行爲。其實吳佩孚何嘗注意國家利權，不過乘華盛頓會議開會，人民注意山東問題的時機，想利用民氣來壓制敵派，以洩其被扣軍餉的私憤罷了。梁士詒通電辯白，張作霖亦請徐世昌代爲洗刷。直系各督軍，仍攻擊梁士詒不止，張作霖乃以擁護京師爲名，調兵入關。吳佩孚與張作霖乃直接發電對罵，吳指張是匪閥，爲賣國賊保鑣；張指吳爲破壞統一，非武力對付不可。張作霖於十一年四月十九日通電「以武力促進統一，」將入關奉軍，定名爲鎮威軍。直系軍人，紛紛通電反對。二十九日，奉直兩軍在京津附近開始接觸。奉軍分三路由馬廠固安長辛店攻直軍，直軍亦分三路抵禦。到五月五日，奉軍三路大敗，漸漸由軍糧城灤州退出山海關。是爲奉直之戰。

奉軍既敗，直系軍人遂獨據北方政局的中心。徐世昌無所憑藉，乃被迫下野。曹錕吳佩孚等主張請黎元洪復位。黎元洪居然也願作傀儡，入北京就職爲「事實上的總統」。六月十三日，黎元洪下令撤銷民國六年六月的解散國會命令，表示尊重法統。於是直系軍人即從國會方面進行賄買議員，選舉曹錕爲總統的計畫。其時華盛頓會議方過，英美正在設法竭力抑制日本在中國的勢力，曹錕吳佩孚乃大得其資助，直系勢力一時有涵蓋全中國的模樣。民國十二年六月，賄選運動積極進行。直系軍人乃唆使北京軍警，包圍總統府索餉，威嚇黎元洪。黎元洪乃於六月十三日被迫出京，總統印信亦在天津車站被直系軍人王承斌勒逼繳出。北京政府由接近直系軍人的政客，以攝政內閣名義維持。十月五日，國會開總統選舉會，曹錕果然當選。反曹派議員，有以賄選證據向北京地方檢察廳控告，並向各報發表的。一時全國反對賄選的聲浪四起。孫中山先生在廣州以大元帥名義通電討伐曹錕，下令通緝賄選議員，並電請段祺瑞張作霖盧永祥一致聲討。這便所謂「反直戰爭」醞釀的開始，廣東浙江東三省，成三角同盟。協力對直。

福建省本為直系勢力鞭長莫及的地方，徐樹錚曾於民國十一年十月在延平起事，占據福州。不久徐樹錚因福建人民反對，自行退去。直系軍人孫傳芳周蔭人即帶兵由湖北江西入福建，北京政府依曹錕之請派孫傳芳督理福建軍務善後事宜，孫傳芳於十二年四月十一日入福州。福建反直軍人臧致平即據廈門對孫傳芳獨立。十三年三月，孫傳芳周蔭人合力驅逐非直系軍人王永泉。臧致平與王永泉合力抵禦，不能支持，殘部退入浙江。直系軍人齊燮元等乃以此為藉口，向浙江盧永祥尋釁。江浙戰爭，即於九月三日爆發。孫傳芳將福建交付周蔭人，率兵攻入浙江。盧永祥腹背受敵，結果大敗。同時，奉軍向熱河方面活動，廣東政府出兵北伐。北京政府即下令討伐張作霖，由吳佩孚親率彭壽莘等至山海關與奉軍作戰。不料山海關方面戰事正劇烈，而直軍第三軍總司令馮玉祥等，忽於十月二十三日倒戈入北京，通電停戰主和，要求曹錕頒發停戰命令，懲辦主戰的重要人物，召集各省代表。共同解決時局。曹錕不得已，下令停戰，並將吳佩孚免職。馮玉祥一方面組織國民軍，準備對吳佩孚作戰；一方面推黃郛組織內閣逼曹錕下野。吳佩孚得訊，由秦皇島回天津，自稱奉曹錕密電囑其代行總統職權，討伐馮玉祥。但國民軍與奉軍已聯合進攻，津浦鐵道和京漢鐵道亦被山東鄭士琦，山西閻錫山阻斷，吳佩孚陷於四面包圍之下，知形勢無可挽回，遂由塘沽乘輪至南京。既而又由南京至武昌，擬組織護憲政府，對抗北方，因人民反對，遂退居岳陽。於是袁世凱所培植的北洋軍隊，大半消亡。只剩張作霖的奉軍，和盤踞長江流域的孫傳芳蕭耀南等直軍殘餘勢力。軍閥互鬬的活劇從此結局，此後便是國民革命軍與殘餘軍閥戰鬬的時代了。

至於西南方面，雖是革命勢力的策源地，然戴着革命的面具，實行割據地盤的封建軍閥也是不少。例如六年六月國會被黎元洪解散後，西南各省以護法爲名，與北京政府對立的軍政府，就是在陸榮廷莫榮新唐繼堯等軍人的控制之下。所以護法事業，終於毫無成績，革命志士，先後都被排除。弄到後來，竟然祕密與北洋軍閥相結合，而與革命勢力相對抗了。便是陳炯明是赫赫有名的革命巨子，在直系勢力涵蓋全國的時代，也會存着割據地盤的思想，而實行背叛革命，以致演成十一年六月脅迫非常大總統孫中山先生下野的事變。而後來驅逐陳炯明，迎回孫先生的楊希閔劉宸寰等軍人，也終不脫借革命之名行反革命之實的窠臼。此外，四川雲南貴州等省的軍閥，爭城奪地，徘徊於南北政府之間的，那簡直是冠冕土匪，也不足數了。

總而言之，自從帝國主義侵入中國以來，社會經濟已有變動，但其勢力尚未能促成中國集權法治國家的建立，而十月十日大革命以來，統一的軍事封建國家，一經打翻，亦已無法再興起來。再加着帝國主義者不希望中國產生一個強有力的統一政府和他們對抗，而歡喜各自援助其勢力範圍以內的小封建國家首領，因而獲得特殊的權利和利益。因此就成了「割據軍閥源源產生，而占領中央的軍閥必歸崩壞」的循環不息的局面。這種矛盾的狀態不能打破，中國的禍亂將永無終止之日。

【研究問題】

怎麼說農業社會的衰滅和工商業社會的昌旺是社會進化經濟發達的必然趨勢？

宋教仁發起改組同盟會爲國民黨，與當時的事勢有什麼關係？當時是否可以拋棄革命事業了呢？

二次革命大失敗的原因是什麼？

袁世凱爲什麼要造成先選總統後定憲法的空氣？

袁世凱爲什麼要修改約法？

共和政體是否不適合中國國情？君主立憲是否可以救中國？

袁世凱稱帝之後，爲什麼漸至衆叛親離的地步？

張勳復辟，爲什麼各軍閥都不贊成？

北洋軍閥爲什麼在南北對立時候，內部便自相火併？

直皖之戰，皖系失敗是什麼原因？奉直之戰奉軍失敗是什麼原因？江浙之戰，浙方失敗是什麼原因？

馮玉祥倒戈，於中國時局有利的還是有害的呢？

什麼叫做集權法治國家？要怎樣才可以促成集權法治國家的建立？

爲什麼十月十日大革命以後，大封建國家即無法再興起來？

怎樣才可以打破這種矛盾狀態？

第七十九章　五卅事件與反帝國主義運動

民國以來的內亂外患，雖足以使中國的國運更加危急，然而也能使民衆普遍的認識清楚帝國主義和軍閥窮兇極惡的形相，而發生以羣衆的力量起來奮鬭的動機。從前的維新運動立憲運動和造成十月十日大革命的革命運動，都不過一部分先知先覺的人以政治改革爲目的的活動，到了世界大戰終止以後，以羣衆運動爲基礎的國民革命運動，在中國方始開場。大戰方終的時候，世界和平與民族自決的聲浪，喧傳全球。久困於帝國主義及其工具軍閥，蹂躪之下的中國人民，也就與奮起來了。偏又遇着巴黎和會對於中國的提案，不是拒絕便是否決，於是所謂「五四運動」便轟然突起於彼時中國的首都北京。接着，全國各地紛紛響應，到處學校罷課，商店罷市，民衆救國的熱忱，表示得非常充分。其結果雖不過把幾個賣國軍閥的爪牙懲戒了一下，而軍閥和帝國主義者，依然相互勾結了，圖害中國不止，然而中國前途的一線生機，却就在此時誕生了。這一線生機是什麼呢？就是中國人民，從此乃感覺到民衆運動的力量很偉大，並且漸漸的明白要求中國的自由平等，必須一面打倒軍閥，一面反抗帝國主義，雙方並進。

同時，俄國革命的成功，給予世界各國革命運動一種極好的影響，具體指示革命黨的組織完密和紀律嚴明爲完成革命事業的重要條件。中國領導革命運動最久，而且「老當益壯」的孫中山先生，受此影響，乃毅然決然於民國十三年一月實行改組中國國民黨，召集第一次全國代表大會於廣州，結合全國的革命分子，振起精神來作有主義有組織有紀律的奮鬥。於是中國的國民革命運動，被帶上了正軌，不久便有驚人的發展了。

民國十三年十月，北洋軍人中覺悟的分子馮玉祥等組織國民軍，摧破曹錕吳佩孚的勢力。中國國民黨認爲這是「武力與國民相結合」的開始，卽發布對時局宣言，主張召集國民會議，以表現國民的需要，而謀中國的統一與建設。孫中山先生又應國民軍將領的邀請，離廣州北上，沿途宣傳，說明此次北上，主張開國民會議以解決國內人民生計問題和廢除不平等條約兩件大事。各地國民黨黨員同時作促成國民會議的廣大運動，打倒軍閥，打倒帝國主義的口號，深入全國民衆中。偏有個臨時執政段祺瑞，爲求列強承認起見，對外表示尊重條約；爲求軍閥苟延殘喘起見，對內竭力破壞國民會議；以致孫先生盛怒之下肝病大發而死。孫先生死後，全國各地廣開追悼會，國民黨黨員都努力宣傳其先總理的革命主義，以求彌補革命驟失導師的重大損失於萬一。因此全國人民的革命情緒大啓發，革命勢力乃有一日千里的進步。

帝國主義者對中國革命勢力的高漲，當然是以加緊壓迫的手段來應付。中國民衆對於帝國主義的加緊壓迫，當然要堅決的反抗了。這樣，便引起了民國十四年五月三十日上海南京路的大慘殺事件。就是所謂「五卅事件」。

上海是因民國紀元前七十年的中英南京條約開爲通商口岸的。一年後，又依通商章程指定租界。所謂租界，與租借地的性質絕然不同；租界不過是劃出一定區域，准許外國人民居住，至於領土主權與行政司法權，照例還是不受侵犯的。滿清政府爲謀外人的居住便利起見，容許租界內外人有市政自治權，但這自治權，在條約上也只限於市政而止。然而因中國國勢積弱，與人民政治觀念缺乏的緣故，租界內外人的勢力，得步進步，自上海開埠八十餘年來，中國主權，剝削幾盡。直到五卅事件發生時，上海租界已化成變相的列強共管區域，中國已完全失去了宗主權。

中國軍隊不能通過租界，中國政府在租界無收稅權，中國的法律在租界不能完全有效，這都是條約上所沒有規定，而數十年來却已相沿而成爲慣例了。其時，公共租界工部局，又編訂限制中國住民自由的「印刷附律」❶，並未得中國政府允許，任意增加「碼頭稅，」制定「交易所註册條例。」這三種提案，雖因納稅人會議❷屢次開會不足法定人數未經通過，但工部局終不顧中國住民幾次三番的表示反抗，而有非得通過實行不休的表示。因此上海中國市民十分憤恨，成爲五卅事件因起的一部分。

五卅事件的導火線，是顧正紅案。日本資本家在上海開設的內外紗廠待遇工人十分苛刻。民國十四年二月，工人要求改善待遇，同盟罷工。經上海總商會等各團體調停，雙方簽定協約，工人卽行復工。不料復工之後，廠主不肯履行協約條件，並任意開除工會代表，工人乃二次罷工。五月十五日，工人與廠主爭論，發生衝突，廠內日人於紛亂時開放手鎗，擊斃工人顧正紅，此外受鎗傷及刀傷者計七人。公共租界巡捕房對於此事，不但不依法處置行兇的日本人，反用强力壓迫工人。於肇事後，逮捕工人，以聚衆擾害租界罪，向會審公廨起訴。上海各報館有的因第一次罷工時登載工會宣言被罰，所以對於第二次罷工風潮，只有數段殘缺的冷靜的記載，而不敢公然抗議日本的行兇。所以外間對於此事，絕少注意。上海各大學學生，因此非常憤慨，紛紛出發沿途講演顧正紅被殺的眞相，喚起各界注意。巡捕房因學生援助工人，即拘捕學生。被捕學生不但不准學校保釋，而且待遇十分苛刻，甚至拒絕親友探問，與盜匪同樣嚴密監視。上海學生聯合會及工會雖向交涉署呼籲，亦置之不理。這是五卅事件發生前租界處於高壓下的大概情形。

因租界捕房的高壓，報紙態度的消沈，學生與工人方面憤無可洩，乃決議於五月三十日一律出發，向公共租界作大規模的示威講演，並散發傳單。講演和傳單的要點，是「援救被捕學生工人」「反對印刷附律」「反對增加碼頭捐」「反對交易所註册條例」「反對工部局越界築路」「反對帝國主義」等。此外並無激烈言辭。租界捕房不問情由，將講演和發傳單的學生拘捕。下午三時後，學生講演隊漸進至南京路一帶。西捕拘學生兩人執衣領拉往老閘捕房，一大隊學生約二百人追隨其後，漸漸鬨動了看熱鬧的羣衆，聚集在老閘捕房左近。當時的情狀，除道路被擁塞外，並無其他擾亂秩序的事件發現。而老閘捕房英捕頭愛伏孫忽召集通班巡捕約二十餘人，不先警告，突然命巡捕開鎗。副捕頭英人愛威爾首先向羣衆射擊，發出一彈，全體巡捕連開兩排鎗，計發四十餘響。當場中彈死傷的，有四五十人；其中大部分是看熱鬧的羣衆，小部分是無辜青年學生。其餘擁塞在南京路中心的羣衆和學生，立即驚慌逃散。受鎗死傷的，計在馬路中倒斃四人，送至醫院後因救治無效陸續斃命的七人，此外受重傷的八人，輕傷的十餘人，帶傷逃散自行醫治的不計。這是上海開埠以來空前未有的大慘劇，是帝國主義對於中華民族所加的一大威脅，是中華民族的獨立與生存受威脅的最嚴重的顯露。

慘案發生後，上海各國領事團和公共租界工部局，不但對於行兇的警吏不加處分，對於被難的市民不加優恤，而且還調集萬國義勇隊及駐滬外艦水兵，宣布特別戒嚴，肇事區域的南京路西段，除汽車外，禁止車輛行人往來。馬路交叉口，由水兵、義勇隊、印度巡捕集合扼守；在浙江路口，老閘捕房門前，新世界遊戲場門前，都架設機關鎗，砲車，戒備森嚴，如臨大敵。萬國義勇隊全體武裝排隊，在各馬路遊行示威，遇有形似學生的華人，便任意盤詰搜查，稍有違抗，即被毆打逮捕。晚間八時後，租界內一部分區域，即禁止華人行走。工部局所發戒嚴令，甚至禁止華人攜帶任何印刷物品，禁止在街道駐足觀望，禁止三人以上結合行走，其苛刻爲從來所未有。

最無理的，是租界軍警對於華人，在慘案發生後一星期間仍繼續其屠殺政策。對於平和的、無抵抗的羣衆，任意開鎗轟擊，絕無顧忌。慘殺事件，每日必有數起。六月二日下午六時，西藏路新世界遊戲場前，忽有流彈擊中駐在該地的萬國義勇隊隊員的乘馬❸，駐在附近的西捕及義勇隊立卽開機關鎗，步鎗，手鎗掃射，南京路西段立時成爲火線，鎗聲歷十餘分鐘方止，發彈以數千計，而僅擊斃無辜華人一名❹。這是最嚴重而最無謂的一次。同時，租界當局又開始佔領商店和學校。新世界遊戲場於六月二日肇事後，卽由巡捕房下令佔領，作爲水兵及萬國義勇隊駐紮所。六月四日上午，英美海軍陸戰隊及萬國義勇隊將上海大學包圍，學生教職員經嚴密搜檢後一律驅逐，校內書籍及印刷物全被沒收，校舍卽由海軍陸戰隊佔領。六月五日，工部局又將租界內的大夏大學、南方大學、文治大學、同德醫校及其附設的同德醫院，派兵佔領，學生教職員亦都被逐。佔領的理由，據巡捕房說是因爲在戒嚴時期借作駐紮軍隊之用；而上海大學則因其有共產黨機關的嫌疑，奉令封閉，但究竟有否查得共產黨的證據，卻始終不曾發表。總之，在五卅慘案發生後的數星期內，上海公共租界完全陷於恐怖狀態。這時期中租界工部局的行動，實比戰時在敵國佔領地內的行動還更嚴酷的多。界內市民，在戒嚴期內，不但失了一切自由，而且失了生存的權利。可以說在此時期，無論是誰，在租界內行走，都有被鎗斃的危險。

上海市民，身受這樣的暴力壓迫，深知非以全民族的力量，起而抗爭，不足以促起對方的覺悟，保持國家的權威，於是全市的大罷課大罷市和大罷工實現。學生方面，於慘案發生之後，即一律罷課，在租界外分頭講演，爲外交後援。學生聯合會非常活動，一時成爲市民運動的領導機關。商界亦於六月一日起，公共租界各馬路店鋪一律閉門停業，表示對於五卅慘案的憤慨。但是罷課是一種悲痛的表示；罷市對於對方的損失較小，而於華商的犧牲較大；只有罷工却是加於對方的有力的打擊。六月一日，租界各商店罷市後，總罷工運動亦即發生。電車、公共汽車、電燈廠、印刷工人、電話接線生、外人僕役、奶媽、清道夫、電車路工，均於六月一日起局部罷工。楊樹浦、小沙渡以及浦東方面英日人所設工廠，幾於全體罷工。公共租界華捕，亦於六月五日起罷工。六月中旬，罷工更擴大，碼頭搬運夫及英日輪船海員亦加入罷工。罷工的結果，影響極大，使租界內外人的生活，感受非常困難，食品幾乎有斷絕的恐慌。最足以使對方感受困難的，則爲碼頭搬運夫與海員的罷工。使到埠的外國船舶，無法起卸貨物，而英日船舶到埠後均不能開駛，這於他們的營業有大損害，甚至於有不能支持之勢。罷工的效率雖大，而罷工工人必須經濟援助。上海市民便分頭募捐，交由總工會或臨時濟安會散發。全國各地雖窮鄉僻壤，亦多募款匯滬接濟，各處學生會更多盡力。上海這次對英日大罷工，能作持久戰，則又不得不歸功於全國各界的經濟援助了。總之，上海全市有秩序的大罷業，和全國一致的援助，實爲中國近年民氣發揚的一大徵驗。

上海大罷業的時候，全國各地的民氣也都非常激昂。凡各大城市大商埠，都有熱烈的示威運動。無論學生商人工人，幾乎全體參加。而帝國主義者，則始終誣蔑這次全國一致的愛國運動爲赤化，爲排外，紛紛派遣軍艦，徵調水兵，對中國用武力嚴重壓迫。因此全國通商大埠，到處發生紛擾，如鎮江、九江、漢口、寧波、香港、廣州、厦門等處，受上海慘案影響，都先後發生衝突。鎮江九江寧波發生事故都非常細小，不久便卽平熄。其餘各地，亦未釀成重大事變。只有漢口與廣州兩處，死傷至數十百人之多，情勢比上海慘案更嚴重。

六月十日，漢口英租界太古碼頭苦力，因武昌輪抵埠搬運貨物起岸，略有錯誤，被公司雇員毆打受傷。衆苦力大憤，羣起譁噪，幾釀暴動，經當地中國軍警趕到彈壓，始將羣衆驅散。工人不服，乃於十一日全體罷工，集合二千餘人遊行示威。漢口警察廳長恐釀事變，乃邀同鎮守使署參謀長，與太古公司經理交涉。但外間不知情，工人仍聚集江漢關前不散。忽有一印度巡捕於下午七時許揚棒毆打工人，被工人包圍質問，一時江邊一帶，人衆擁擠。漢口英領事即調義勇隊和各國海軍陸戰隊，分佈英租界各區，在要口架設機關鎗，如臨大敵。割據湖北的軍閥蕭耀南得了報告，立即派軍警至租界附近彈壓工人。羣衆因見中國軍警到來，紛紛走入租界。租界方面的義勇隊及水兵，不問情由，即開機關鎗向羣衆射擊，歷時至三十餘分鐘，街道中彈如雨下，當場擊斃八人，傷數十人，內有六人送到醫院後即行斃命。肇事後，蕭耀南即派軍警入租界接防，並宣武漢戒嚴，禁止人民示威遊行。可恨媚外自重的軍閥，竟受帝國主義的指使而壓迫人民的愛國運動了！

廣東的民氣，本來最爲發揚。自從中國國民黨取爲革命根據地以來，更成反帝國主義運動的策源地。上海慘案發生後，廣州政府及人民即起響應，爲上海市民的聲援。但當時因廣州政府正在撲滅楊希閔劉宸寰等叛軍，無暇兼顧，所以沒有大規模的運動發生。到內戰結束；學生工人乃設法對英帝國主義表示反抗。六月十九日，香港各工團祕密議決總罷工，組織全港工商委員會指揮一切。二十一日，電車工人及印刷排字工人首先罷工。其餘各業，也陸續響應。數日內香港全部工作，差不多一起停頓。罷工工人紛紛退出香港，由廣州工團招待食宿。同時，廣州沙面租界內的工人，亦與香港工人取一致行動。各業工人以至西人侍者看護婦等，於二十日左右，陸續退出沙面。外人大起恐慌，紛調義勇隊及水兵守衛，戒備嚴密。廣州政府亦派軍隊保護工人，雙方對峙，形勢險惡。二十三日，廣州農工商學軍各界對外協會議決在東校場開各界民衆大會到會者五六萬人，廣州要人如胡漢民廖仲凱汪兆銘等，都到會演說。下午一時，大會羣衆整隊遊行示威，以工、農、學生、商民居前，軍隊在後隨護。行經沙面西橋口時，英租界內忽有一外國人向遊行羣衆放鎗一響。西橋內的英兵，接着放步鎗一排。遊行羣衆見勢不佳，卽行逃避，隨護的軍隊，也因未帶子彈，不能抵抗，紛紛退走。而租界內的外兵，却還繼續用機關鎗掃射，停泊河面的英國軍艦亦開砲相助，鎗砲聲連續至半小時之久。中彈慘死的華人凡百餘人，中鎗受傷，和踐踏受傷的，亦有數百人。禍變的劇烈，死傷的衆多，更甚於上海漢口兩慘案。

帝國主義者於五卅慘案之後，竟不顧人道法律，繼續在漢口廣州連演更兇的慘劇，這就可見他們是執着一貫的政策嚴厲對付中國方興的國民革命運動了。豈知那時的北京政府不知輕重，竟把這個關於民族全體的重大外交事件，移作就地交涉。而上海總商會又不能與各團體一致行動，對於市民運動總機關工商學聯合會提出的，並經北京外交部一部分採用的，分作先決條件四款正式要求十三款的十七條要求條件，貿然删改爲籠統的十三條，❺顯示意見不一致；以致交涉的進行，發生了好些不良的影響。而北京政府外交部特派委員蔡廷幹曾宗鑒和上海交涉員許沅等又紛亂交涉步驟，❻不顧外交部提出的四項先決條件，輕易改提總商會的十三條件；以致將錯就錯的就地交涉，亦被北京公使團所派六國委員❼所拒絕而停頓。

上海就地交涉破裂後，上海又有奉軍開到，宣布戒嚴，開始壓迫愛國運動，雖有一部分頗抱悲觀，但民氣却因此更加激昂。但是鑒於英日帝國主義態度頑強，軍閥政府愚蠢而又怯懦，交涉斷非短時期內可了，乃轉換方向，先行結束罷市，而準備作大規模的持久戰，致力於經濟絕交和對外宣傳的工作。所謂經濟絕交，包含（一）不買英日貨，（二）不賣貨物給英日人，（三）不替英日人服務，（四）與英日斷絕金融往來。其中以不替英日人服務與斷絕經融往來兩節，在事實上最感困難，因爲英日兩國在中國的商業勢力，已根深蒂固，一時實在不易打破。而抵制英日貨頗有效力，在抵制期內，定貨完全停止，英日兩國的對華貿易，都受重大打擊。對外宣傳，經我國各公團及大學教授各學術團體等通電全世界揭發五卅事件眞相，打破帝國的新聞封鎖政策，亦有相當效力。各國勞動團體，對中國都有同情的表示。蘇俄全國舉行大示威，爲被壓迫的中國人民聲援，並募集鉅款，救濟中國罷工工人。英國工黨在國會中向英政府提出數次質問，尤注意於上海童工問題。美國參議員波拉更正式宣言，認定取消領事裁判權爲解決滬案的根本要着。各國社會上並無黨派關係的有名人物所組織的國際革命者救濟會亦發生援助的宣言。這宣言裏有幾句很誠懇的話道：『我們對於上海烈士的家屬父母妻子，敬表深切的同情。我們願意與以實力的援助；願死者不爲枉然的犧牲；願意我們中國的弟兄們，幸而還保存着自己生命的，知道隔着幾萬里的海洋，幾萬重的山岳，有幾千百萬的勞動者和工人，對於他們抱着深切的同情，準備着爲他們的自由而奮鬬至死呢！你們的仇敵，就是我們的仇敵。你們的勝利，就是我們的勝利。』所以五卅事件，不但已引起全國人民的激憤，而且又引起全世界公正人士的注目了。

至於罷工的繼續，那是與政治環境有很大的關係。上海在反動的政局之下，所以工人雖竭力掙扎，各界雖不斷的接濟，終被賣國軍閥所破壞。先製單獨對英的空氣，帶騙帶逼的把對日罷工於八月中旬結束。至九月十八日，上海戒嚴司令部便老實不客氣把上海總工會封閉，通緝負責人員，強迫結束對英罷工了。廣州方面，則因省港罷工委員會得國民政府竭力維護，省港罷工和港澳封鎖政策，繼續維持了一年又四個月之久。直至國民革命軍出師北伐之後，爲鞏固後方起見，才由國民黨中央黨部與省港罷工委員會協議決定變更罷工和封鎖政策，擴大對英運動的範圍，採取普遍全國的新政策，而於十五年十月十日宣布實行停止罷工，取消封鎖港澳政策。這個持久對英運動，使香港荒落，英人無所施其技，亦大足以表示中華民族的奮鬬能力，畢竟不可輕視了。

民衆的奮鬬如此，交涉的進行又怎樣了呢？北京政府於上海就地交涉破裂之後，完全取消極態度，這也是在反動政局之下必然的趨勢。帝國主義者方面，卽想乘此機會，得一個敷衍了結。六國委員回北京向公使團報告調查結果後，公使團卽於七月六日議決自動的辦理滬案直接關係者辦法：（一）懲戒工部局董事，（二）公共租界巡捕房總巡免職，（三）處罰發令開鎗的捕頭愛伏孫。不料上海公共租界工部局却表示拒絕，而英公使又竭力袒護工部局，以致公使團內部發生意見。後來英國主張再行司法調查，以圖諉卸責任，北京政府表示拒絕。而公使團所推英美日三國委員逕自於十月七日在上海開始調查，十二日開庭傳訊證人及各關係人，中國人也沒有出席。豈知這司法調查的結果，又因三國委員的報告不同，延不發表。至十二月二十三日，乘北京附近發生戰事的時候，由公使團將司法調查的三國委員報告書和六月間的六國委員的調查報告，節要發表；其結果是上海公共租界工局部總巡麥高雲捕頭愛伏孫各引咎辭職，工部局以七萬五千元的支票請領事團送上海交涉公署，作爲死傷撫卹費。喏大的事件，帝國主義者延宕推諉，而最後竟不經中國政府承認，擅自用如此輕描淡寫的方法來解決，其蔑視中國國家的權威，可謂遠於極點！然而北京政府却除了命上海交涉公署退回這七萬五千元的撫卹費以外，並無其他積極的表示。五卅烈士的公墓雖於十七年五月三十日落成，而五卅事件的交涉至今尚是懸案這也是熱心愛國努力革命的人們所不能不認爲一大遺憾的！

所可聊以慰情的，中國反帝國主義的熱潮，經五卅事件的一激，日增月盛。一向不敢違忤帝國主義的北京政府外交部，也敢於廣州沙基慘案之後，向公使團提出要求修改不平等條約的照會。「修改」與「廢除」，雖是還差一間，但也足見不平等條約在中國已至不能勉強維持的地位了。而廣州政府應付沙基慘案的手腕，和維護省港罷工的毅力，大足以吸引全國的人心。國民革命軍北伐的勝利，這也是一個很大的先兆啊！

❶取締租界內的一切印刷物品，其苛細爲各國法規中所未有。

❷卽租界的市議會，只有西人納稅人得以參加。

❸彈從何來，無從證明，據巡捕房方面宣稱是從新世界遊戲場內射出的，但亦無確鑿證據。

❹因該處爲戒備區域，行路華人甚少，故傷斃只一人。

❺總商會修改工商學聯合會的要求條件，除太籠統而無細目的說明外，就是把「工人有組織工會及罷工之自由」

及「不得因此次罷工而開除工人」的兩項，改爲「工人工作與否，隨其自願，不得因此處罰，」頗有一點護衛自己的私利的意義。

❻這就是採用的工商學聯合會的提案內容爲（一）宣布取消戒嚴令；（二）撤退海軍陸戰隊，並解除商團及巡捕的武裝；（三）所有被捕華人，一律送回；（四）恢復公共租界被封及佔據之各學校原狀。

❼英、美、日、法、意、比六國委員，本以調查爲職責。

【研究問題】

什麼叫做羣衆運動？羣衆運動與革命有什麼關係？

五四運動對於中國有什麼影響？

爲什麼要求中國的自由平等，必須一面打倒軍閥，一面反抗帝國主義？

革命黨的組織和紀律，與革命事業的關係怎樣？

孫中山先生那時爲什麼要改組中國國民黨？

什麼叫做「武力與國民相結合？」怎樣才算是「武力與國民相結合」？

孫中山先生那時爲什麼要主張召集國民會議？

帝國主義在上海租界的特殊勢力怎樣造成的？

上海公共租界當局爲什麼要取締報紙登載關於日本紗廠罷工的消息？爲什麼要拘捕援助工人的學生？

租界巡捕怎麼敢對無抵抗的羣衆開鎗？慘案發生後，爲什麼還要宣布特別戒嚴繼續屠殺？

上海全市大罷業，對五卅事件的交涉有什麼影響？

帝國主義者爲什麼要誣蔑這次愛國運動爲赤化爲排外？

漢口慘案發生後，蕭耀南爲什麼反而壓迫人民的愛國運動？

爲什麼廣州沙基慘案更要比上海漢口兩慘案嚴重？

北京政府把上海慘案移作就地交涉怎麼說是錯誤的？北京政府爲什麼要移作就地交涉？

籠統的十三條件，怎麼要被公使團所派的六國委員所拒絕？

爲什麼要對英日經濟絕交？爲什麼要注意對外宣傳的工作？

國際革命救濟會援助宣言中的話是否眞誠？爲什麼有這種表示？

廣州政府自行宣布停止省港罷工怎麼不算是對英讓步的？

爲什麼公使團對於辦理上海慘案的善後，也會內部發生意見的？

爲什麼五卅事件至今成爲懸案？這五卅事件應該怎樣解決才是？

修改不平等條約與廢除不平等條約有什麼不同？

第八十章　國民革命軍北伐成功

中國革命，雖是在孫中山先生領導之下，已有三四十年的歷史，但其結果除了得到一個中華民國的空名，實在說不到成功。蘇俄革命對內打倒威權很大的帝制政府，對外抵敵四面包圍的帝國主義，得了成功之後，孫先生乃大受感動，發覺中國革命的兩大缺點：一爲革命黨的組織不完密，一爲沒有實行主義的革命軍。爲使革命黨組織完密，乃有十三年一月的中國國民黨改組。爲創立實行主義的革命軍，乃使蔣中正赴蘇俄考察，採取成法，於十三年六月設陸軍軍官學校於黃埔。這兩大設施，便成爲後日中國革命獲得良好效果的基礎。國民黨改組後，中國革命運動有突飛猛進的發展，在前一章中已述其大概。本章專述創設黃埔陸軍軍官學校後革命軍事的進展。

民國十三年冬，孫先生爲倡導和平統一，促成國民會議廢除不平等條約，離廣州北上。陳炯明在東江，以爲有機可乘，自稱救粵軍總司令，圖謀顛覆廣州政府。廣州政府乃於十四年一月十五日下令東征。但當時在廣州政府治下的軍隊，尚有不脫軍閥面目的楊希閔劉宸寰等，暗與陳炯明相勾通。黃埔陸軍軍官學校創立伊始，祇有教導團兩營及入伍生一營，實力尚不甚充足，此時爲事勢所迫，不得不參加作戰。因其在軍校深受訓練，已養成效死革命的決心，居然以能以少擊衆，協同粵軍堅苦奮鬭，大破敵人於淡水、平山、棉湖、蕉嶺處，佔領潮汕，不及兩月，卽行奠定東江。是爲第一次東江之役，黃埔軍官學生英勇善戰的威名，乃震動全國。不料東征戰事方終，楊希閔劉宸寰又因逆跡顯露，不能自安，將其所部鎭桂軍集中廣州，密謀異動。其時教導團已改爲黨軍第一旅，將中正奉命率黨軍粵軍回師，協同服從政府各軍，得鐵路工人之助，將楊劉撲滅。帝國主義者見廣州革命勢力陡盛，不勝嫉忌，起而威迫，致演成六月二十三日的沙基慘案。七月一日，廣州政府正式改組爲委員制的國民政府，卽行着手統一政權。所有軍隊，編組爲國民革命軍，先成立五軍，以黨軍爲第一軍。而陳炯明又於黨軍粵軍回師廣州之後，襲取潮汕，再據東江作亂。國民政府乃命蔣中正第二次東征，先將阨東江要害的惠州堅城攻破，漸次將東江陳炯明的勢力完全肅清。一面因陳炯明餘黨鄧本殷乘東江作亂時，在南路滋擾，亦出兵三路，把他討平。於是廣東全省，遂告統一。不久，廣西又加入國民政府治下，革命根據地乃十分鞏固，而可以準備出師北伐了。

在敍述國民革命出師北伐之前，北方的形勢亦須說明一下。自從十三年十月馮玉祥組織國民軍推翻曹吳的勢力之後，北方成爲國民軍與奉軍對立的形勢。張作霖兵多力強，想伸張其勢力於長江流域，消滅直系勢力，以達其稱霸北方的素願，頗爲各方所不滿，乃有所謂反奉戰爭的醞釀。五卅事件發生後，奉軍在上海防制愛國運動輿論也非難。由福建入浙江的直系軍人孫傳芳即利用時機，一面以秋操爲名調集軍隊，一面通電反對上海奉軍壓迫罷工工人復工，及執政府任聽各國實行司法調査，而於十四年十月十五日自稱浙、蘇、閩、皖、贛五省聯軍總司令，分兩路向上海宜興出動。江蘇安徽的奉軍，即在楊宇霆指揮之下，退回北方，而由張宗昌扼守徐州。不久，湖北安徽江西三省的直系軍人都響應孫傳芳，通電討奉，並請吳佩孚出山。吳佩孚即由岳陽至漢口，自稱受十四省推戴，就討賊聯軍總司令職。十一月初，孫傳芳擊敗奉軍，佔領徐州。馮玉祥亦因國民軍屢受奉軍的壓迫，表示反奉。奉軍第三四軍團副軍長郭松齡，亦因不滿於張作霖的作爲，與馮玉祥通聲氣，將所部改組爲東北國民軍，而從灤州倒戈出山海關。這個反奉的軍事變化，一時似乎很有利於革命的局勢。

不料日本帝國主義突於十二月初出兵滿洲，扶助其忠順的工具張作霖；郭松齡的倒戈，終歸慘敗，並遭張作霖捕殺於新民屯。而盤據直隸山東李景林張宗昌又組織直魯聯軍，以討赤爲名，攻擊國民軍。國民軍苦戰之後，雖把李景林驅入山東，而乘反奉潮流再起的討賊聯軍總司令吳佩孚突然變更態度，宣告結束反奉戰爭，與張作霖相諒解了，改以國民軍爲討伐的目標。馮玉祥見勢不佳，爲保全實力起見，即於十五年一月初通電下野。但國民軍已陷於四面受敵的環境中，其勢漸漸窮蹙。國民軍第二軍岳維峻部，首先在河南潰敗。第一第三兩軍亦因受奉軍和直魯聯軍的夾擊和山西閻錫山的牽制，不得不漸漸退却。日本軍艦砲擊大沽事件，和三一八慘案發生後❶，一三兩軍又通電求和，並撤前敵各軍退駐西北，亦終不得敵方的諒解。最後只得放棄天津北京，退至南口扼守。於是張作霖調大隊奉軍入關，吳佩孚亦率兵由京漢鐵道北上，會攻南口。國民軍在南口苦戰四月，終因不支而退往西北極邊，並與閻錫山化敵爲友，將不及退却的大部軍隊相託。其時吳佩孚的雄心，不但要把國民軍撲滅，並且想動搖革命根據地。乘趙恆惕與唐生智衝突的機會，派兵助趙，想把湖南省奪爲己有，接納陳炯明等的殘部，陰謀擾亂兩廣。兩廣雖沒有受其擾亂，而唐生智確已敗退衡州，勢將不支。一時反動的氣燄頗盛，革命勢力大受威脅。

國民軍既被困於南口；吳佩孚的勢力又深入湖南，國民革命軍乃不得不即時出師北伐。兩廣統一後，國民革命軍由五軍擴充爲七軍，任何應欽、譚延闓、朱培德、李濟琛、李福林、程潛、李宗仁七人爲軍長。唐生智在湖南被迫後，亦投歸國民政府，即續編爲第八軍。六月五日，國民政府特任蔣中正爲國民革命軍總司令，主持北伐軍事。因湖南形勢緊急，先命第七軍和第四軍各一部分提前出動。七月九日，蔣總司令即在廣州誓師，行極隆重的典禮，隨即由軍事委員會頒發動員令，限各軍於一星期內開拔完竣。提前出動的四七兩軍部隊，於七月十日前至湖南，唐生智被任爲前敵總指揮，即指揮四七八三軍，乘湖南大水，敵方防備鬆弛的時候，大舉渡漣水，取湘潭，以迅雷不及掩耳的手段，於七月十二日佔領長沙。捷報至廣州，蔣中正即將後方防守事宜布置妥當，於七月二十六日出發赴前敵，於八月十二日抵長沙。決定迅速進攻，使敵人無整頓增援的餘暇。於十八日下總攻擊令，命唐生智率第八軍爲左縱隊，渡汨羅攻岳陽；李宗仁率第四第七軍爲右縱隊，攻平江。右縱隊得平江農民協會之助，由農民任偵探嚮導，深知敵軍虛實，因此出奇兵將敵軍中堅部隊攻沒，得迅速占領平江。左縱隊亦得乘勢衝過汨羅，進克岳陽。敵軍趙恆惕李濟臣部，向北逃竄。右縱隊又攻下通城，占羊樓司。黃蓋湖以內的敵軍肅清。其時正是吳佩孚與張作霖合力攻下南口後一星期，吳佩孚聞知國民革命軍連破長沙岳陽，即由長辛店南下，在保定、鄭州都召集重要軍事會議，磋商抽調軍隊。八月二十六日抵漢口，次日即率衞隊至前敵督戰，設司令部於賀勝橋。準備堅守汀泗橋天險，以待調集北方精銳軍隊，着手反攻。並約孫傳芳由江西襲平江長沙，以斷革命軍的歸路。豈知革命軍勢如破竹，第四軍已由崇陽急進，佔領汀泗橋。吳佩孚即將退縮不前的旅團營長斬殺九人，振作軍威，命劉玉春部，狂烈反攻。第四軍出死力拒戰，汀泗橋失而復得。於是吳佩孚軍與第四軍大戰於汀泗橋與賀勝橋之間。吳佩孚軍受主將威力的劫持，戰鬬力頗不弱。第四軍衝鋒肉搏，前仆後繼，終得最後的勝利。吳佩孚使大刀隊監視各軍，反被潰兵圍攻，不得已而退至武昌。革命軍威名大震，第四軍即因此獲得「鐵軍」的稱號。

汀泗橋大戰後，革命軍右縱隊第四第七兩軍急速前進，猛攻武昌。左縱隊在嘉魚附近渡江攻漢陽。武昌城頗堅固，陳嘉謨劉玉春二部奉吳佩孚命死守。革命急攻不下，乃改取長圍之計，留第四軍監視城敵，分出第七軍，經略下游，防守平江一帶。左縱隊則進行順利，於九月六日攻克漢陽，並得劉佐龍部的響應，進佔漢口。吳佩孚還想調兵反攻，無奈部下都已氣餒，不肯應命，只得退出武勝關，困居信陽。武昌自九月一日至十月十日，被圍攻凡四十日，方始破城；陳嘉謨劉玉春二人都被擒。於是兩湖大定。國民革命軍北伐之第一目的，打倒吳佩孚，已經達到。

國民革命軍出師時，對於割據東南沈機觀變的孫傳芳，本來很希望他能受時勢推移，改變態度，歸順革命，一致打倒吳佩孚。無如他終究是一個自負精明強幹的後起軍閥，對於吳佩孚固所嫉忌，對於革命勢力的發展。尤其不能甘心。所以革命軍入湖南時，他即使江西軍隊協助吳佩孚。革命軍攻下長沙岳陽，他便取積極行動，將精銳部隊盧香亭、謝鴻勛、鄭俊彥各師陸續調至江西。並使福建的周蔭人，乘虛攻廣東，擾亂革命軍的後方。革命軍總司令蔣中正，於攻岳陽平江時，即編第二第三兩軍為左翼軍，集中攸縣醴陵，監視江西。九月初，孫傳芳敵對革命軍的形勢完全顯露，蔣中正乃命監視江西的第二三兩軍，改取攻擊行動，又調第六軍及第一軍第一師由通城瀏陽入江西。並任何應欽爲東路軍總指揮，攻擊福建。孫傳芳亦卽致電蔣中正，限期撤退侵入江西的軍隊，雙方乃正式宣戰。

革命軍乘孫傳芳的軍隊運輸集中未完畢，先行進攻，所以對於江西戰事，常立於主動的地位。但孫傳芳的軍略，亦頗能應付適當，所以也能掙扎多時，並使革命軍很受損失。初開戰時，革命軍第六軍卽在修水方面得當地人民的助力，擊退謝鴻勳，進取武寧。盧香亭調兵救謝，方將武寧奪回。而第三軍已由萍鄉過分宜至新喻，第二軍已由贛州北攻，西南風雲緊要，江西總司令鄧如琢乃至樟樹應付。正在相持中，第六軍又與第三軍的一部密集於高安，乘虛至生米，得學生工人及警備隊的內應，突然佔領南昌。鄧如琢由樟樹還救，盧香亭鄭俊彥亦從南潯鐵道運兵協助，經劇烈的戰鬪，方將革命軍逼退。但第六軍退走後，蔣中正已率第一軍第一師親至高安，南路第二軍亦已躡鄧如琢之後，進逼南昌，使南昌孫軍成困守之勢。孫傳芳想變被動爲主動，派兵沿江西進，攻大冶陽新，以威脅武漢，兼斷革命軍湘鄂之聯絡。不料被革命軍第七軍避實擊虛，由防守大冶的軍隊佯爲被迫退却，暗中折往武寧，乘孫軍不備，大破謝鴻勳於箬溪。謝鴻勛身受重傷，逃出重圍而死。第七軍卽乘勝攻佔德安，截斷南潯鐵路，使九江南昌的孫軍不能聯絡。於是孫軍不得不將沿江西進的部隊撤回，又被動而救德安。德安雖經猛烈的戰鬬後卽行奪回，但南昌又大受包圍，不得不再救南昌。南昌圍解後，孫傳芳又想沿江再進。不料準備方畢，第四軍已於攻破武昌後偕同獨立第一師賀耀祖部集中武寧，蔣中正亦已利用外間謠傳於圍攻南昌之役受傷身死的機會，迅速調集援軍，準備充足。於是革命軍於十一月一日，兩路猛攻，南路由蔣中正親率各軍從高安撲南昌，北路由第四第七兩軍及獨立第一師從武寧撲德安。孫傳芳在南潯鐵道佈成常山蛇的陣勢，自以爲擊首則尾應，擊尾則首應，萬無一失。今革命軍於南昌擊其尾，於德安扼其喉，他便動彈不得了。獨立第一師，又於孫軍出全力爭德安時，突然分出一支隊，攻取馬迴嶺，乘勢掩襲九江。防守九江的孫軍周鳳歧部與革命軍已暗有妥洽，見敵卽退，九江乃於十一月四日被革命軍佔領。孫傳芳在江面的司令艦中見大勢已去，不得不急駛回南京。南昌方面的盧香亭鄭俊彥等部，聞知九江德安已失，軍心大亂，乃倉皇向鄱陽湖以東退却。蔣中正於十一月七日入駐南昌。於是孫傳芳派入江西的軍隊，差不多完全消滅，其師旅長亦有多人被俘，江西全省，盡入國民革命軍的掌握中了。

江西開戰時，孫傳芳催促周蔭人由福建攻廣東的潮梅。周蔭人卽於九月下旬，發兵五路，攻入潮梅邊境松口饒平等處，設大本營於永定，居中指揮，其勢力頗雄厚。革命軍東路總指揮何應欽統第一軍及獨立第四師張貞部駐守潮汕，論兵力實不如周蔭人，見其來勢兇猛，知不可以力敵，乃出奇兵由三河壩出大埔襲永定。周蔭人突受攻擊，倉皇逃遁。革命軍旣占永定，卽回師峯市，將進入松口的敵軍主力，包圍解決。攻饒平的敵軍張毅部得訊，卽竄回漳州。周蔭人五路進攻的計畫，被完全打破。其部下早與革命軍有默契的，卽乘機反戈，同時民軍亦卽紛紛起事，周蔭人乃不得不退往延平，準備入浙。革命軍乘勝定閩南，節節進逼。進至永泰，得海軍的協助，卽將張毅部完全消滅。十二月下旬，革命軍入福州。周蔭人殘部李生春先在福州迎降，後又在延平建甌叛變。革命軍再行圍剿，福建全省方始大定。

孫傳芳的勢力雖被驅出江西福建，但因頗能布置，還能在江浙境內苟延殘喘。十月中旬，夏超貿然獨立，孫傳芳使其留守江浙的盂昭月部將他撲滅。周鳳歧於九江敗退後，本有與夏超協同動作之意，夏超旣敗亡，遂亦嚴被監視，不敢輕發。然而張宗昌又集中重兵準備乘機南下。孫傳芳見腹背受敵，終難應付，乃決定聯絡奉系，而與革命軍繼續作戰的計劃。十一月十九日，孫傳芳突然至天津見張作霖，面定聯絡辦法。結果十二月一日張作霖就安國軍總司令職於天津，孫傳芳張宗昌被任爲副司令。決定計劃，使吳佩孚由河南反攻湖北，孫傳芳則由浙江攻江西；另以張學良統率奉軍入河南助吳，張宗昌的直魯軍接防江蘇安徽兩省的北部，並由安徽分兵攻湖北江西。但計劃雖定，吳佩孚部下恐奉軍奪取河南地盤，表示反對；而張宗昌志在吞併江蘇安徽全部，因不能滿其欲望，延不出兵；惟有孫傳芳獨依計集中兵力於滬寧滬杭兩鐵道，準備作孤注一擲的戰鬬。

蔣中正得知孫傳芳聯奉的消息，亦卽定規復南京肅清長江下游的作戰計劃。命唐生智爲西路軍總指揮，由黃陂孝感向河南；何應欽爲東路軍總指揮，白崇禧爲東路軍前敵總指揮，由江西福建分道入浙，進取松滬，並與江右軍協力取南京；李宗仁爲江左軍總指揮，由英山霍山進取安慶，並協助江右軍攻南京；程潛爲江右軍總指揮，由九江東下，略取蕪湖南京。統限於十六年二月二十日以前集中出發。周鳳歧與陳儀卽於十五年十二月在紹興桐廬響應。孫傳芳卽調兵入杭州，進擊周陳。周鳳歧在富陽一戰，大受損失，退往衢州。陳儀部在紹興亦站足不住，向溫台退却，突遇周蔭人由福建入浙江的兵，竟被打破。孫傳芳乃分布軍隊於蘭谿、淳安等處，等待革命軍來決戰。二月上旬，革命軍與孫軍一戰於嚴州，再戰於桐廬。革命軍的勇猛不減於兩湖江西作戰的精神；孫軍雖占據形勢，竭力振作軍威，無奈士兵一見革命軍中堅部隊，卽生畏懼之心，因此終於敗退杭州。而周蔭人竟在此緊要時期，與孟昭月爭奪地盤，結果都被革命軍驅出浙江省境。其時何應欽的東路軍，已水陸並進，到達浙江。乃依總司令作戰計劃，由白崇禧指揮進攻松滬，何應欽由長興宜興，與江右軍協攻南京。

革命軍的勢力，發展至長江流域，大起列强的疑懼，尤其英帝國主義最感不安。英國一向是聯合各國來壓迫中國，所以此時便竭力尋找機會，再圖一試。十六年一月三日，漢口英租界附近，有宣傳隊舉行演講。英國水兵用武力干涉，死傷聽衆多人，激動了公憤。國民政府外交部長陳友仁方由廣州抵漢口，卽運用民氣。施展外交手腕，把漢口英租界收回。不久，九江英租界亦以同樣的原因被收回。英帝國主義卽借此鼓鑄恐怖空氣，首先調重兵開至上海。各國受其暗示，亦紛紛派兵。其目的在維護其在中國的商業根據地，並威脅國民政府承認其由不平等條約取得的特殊權利。上海民衆見此情形十分憤激，乃於二月十九日開始大罷工，一方表示反對帝國主義增兵上海，一方也含有反對孫傳芳，響應革命軍的用意。孫傳芳乃命上海防守司令李寶章與租界當局協同壓制罷工運動，並肆行大屠殺。大罷工乃因嚴重的壓迫無結果而終止，但暗中仍進行援助漢口事件，反對帝國主義增兵和破壞鐵道響應革命軍的工作。

孫傳芳眼見自己決難立足於江南了。乃斷然將地盤讓給張宗昌，調本人部下嫡系軍隊退往江北，希圖保全實力。張宗昌乃派畢庶澄至上海，代李寶章爲防守司令。本受孫傳芳調遣的陳調元王普，不甘屈服於張宗昌之下，乃在安徽表示參加革命。駐在揚子江口的海軍，亦因楊樹莊受任爲國民革命軍海軍總司令，一律歸服國民政府。沿長江東下的革命軍，進行乃更順利。三月中旬，江右軍占領當塗溧水，進攻秣陵關江寧鎭。直魯軍徐源泉王棟部於激戰之後，敗退入南京。

適東路軍已由長興宜興占常州鎭江，攻至棲霞龍潭。直魯軍恐被包圍，乃渡江退去，革命乃於三月二十三日入南京。東路前敵各部，亦由滬杭鐵道北進。畢庶澄已有投降之意，但條件磋商未妥，而革命軍已逼近上海。上海工人糾察隊乘機起事，響應革命軍，畢庶澄部被繳械，上海即於三月二十一日克復。滬寧鐵道一帶崑山、蘇州、無錫等處亦同時被革命軍佔領。於是長江以南，完全在青天白日旂之下了。

蔣中正於三月二十六日乘軍艦抵上海，即布置清除國民黨內共產分子的計畫。由廣州移至武漢的中央黨部和國民政府各委員，大半對於清除共產分子不甚贊同。汪兆銘適於此時由海外歸國，想從中調和。但蔣中正對於清黨的主張，十分堅決，汪兆銘乃離上海至武漢。汪兆銘至武漢時，武漢方面反對蔣中正的表示已顯露。蔣中正乃於四月十五日，與一部分中央委員決議以南京爲首都。於是國民黨的勢力，分爲寧漢兩派。

寧漢雙方，對於黨的意見雖有衝突，對於北伐的工作，仍各就近進行。南京政府成立後，蔣中正即命何應欽爲第一路軍總指揮，負責肅清江北；自兼第二路軍總指揮，命李宗仁爲第三路軍總指揮，合力沿津浦鐵道北進。五月五日，全線渡江。第一路軍將孫傳芳殘部驅走，進佔清江浦、海州，前鋒直入山東省境。二三兩路，於五月十四日克復蚌埠。第一路軍既佔海州，徐州民軍蠭起響應，破壞鐵路，與直魯軍爲難。直魯軍大恐慌，卽棄徐州北逃。五月十六日，革命軍乃入徐州。武漢政府亦於四月下旬，命唐生智張發奎出兵河南。河南方面，吳佩孚的殘部，因奉軍進逼，分爲聯奉反奉兩派。反奉各軍轉與武漢取聯絡，以求達反奉之目的。革命軍入河南時，奉軍正從郾城派隊南下，在駐馬店以北包圍反奉的靳雲鶚部，想把他繳械。革命軍卽在奉軍陣線之外，再作一大包圍。奉軍前後受敵，大敗於汝南洪橋一帶，退至漯河以北。五月五日，革命軍與奉軍在上蔡附近，開始作主力戰鬬。吳佩孚殘部聯奉的田維勤軍從旁牽制，革命軍地位很危險。但其結果，革命軍雖受重大的犧牲，終得最後的勝利。奉軍主力大敗，退過郾城西華。韓麟春擬在許昌與革命軍再敵一陣，無奈軍心已亂，又兼馮玉祥已率國民聯軍出潼關，由隴海鐵道向東急進，各地紅槍會又紛起搗亂，只得渡河北退。革命軍乃長驅直入，唐生智部沿鐵路攻取鄭州，張發奎部在東路亦入開封。隴海鐵道，全線都入於革命軍的掌握中了。

馮玉祥於十五年一月通電下野後。即往俄國遊歷。九月十五日，由俄國回抵五原，其舊部公舉爲國民聯軍總司令。十七日在五原宣誓就職。將部隊加以整頓，乃繞道甘肅入陝西。十一月中，由邠州大道向西安攻擊前進，先占咸陽，次解西安之圍。十六年一月下旬，馮玉祥進駐西安，積極整頓內部，準備攻擊河南，與革命軍會師。五月上旬，進駐潼關，督師東下。一路克復閿鄉、靈寶、陝縣、澠池，與吳佩孚系聯奉的張治公部大戰於新安，進圍洛陽。張治公向奉軍求救，奉軍撥萬福麟富雙英等往援。而國民聯軍的騎兵抄襲洛陽之東偃師一帶，前後夾擊，一戰而克洛陽。俘敵軍四千餘人，彈藥輜重無算。奉軍得訊，即下總退却令退出鄭州，國民聯軍乃於六月一日與唐生智軍在鄭州相會。同時國民聯軍右路軍出紫荆關，破淅川，占內鄉，攻鄧縣，使吳佩孚殘部于學忠等不能乘虛侵犯武漢。鄭州開封克復後，乃增加兵力，攻佔南陽。吳佩孚自奉軍入河南，占鄭州後，即至南陽依于學忠，此時乃不得不逃往四川。於是河南省內吳佩孚的殘餘勢力，差不多全被國民聯軍肅清。

鄭州開封克復後，馮玉祥先與汪兆銘唐生智等武漢派要人開鄭州會議，商兌關於黨內糾紛和北伐軍事的意見。會議後，唐生智張發奎的部隊，完全撤回武漢。鄭州會議後，馮玉祥又至徐州與蔣中正胡漢民等南京派的要人會議，決議積極北伐。革命軍即於此時進佔韓莊臨城，國民聯軍亦渡過黃河發展，攻取新鄉衛輝彰德，突入直隸省境。

武漢政府因出兵河南時，很受南京方面的威脅，所以唐生智張發奎回師後，即動員東征。長江中部的形勢，頓形嚴重。蔣中正得訊，急忙抽調進入山東省境的北伐部隊南下，對上游布防。其時武漢方面亦因湖南的農民運動與共產黨人相衝突，於七月十五日開始取締共產黨的活動。東征軍的一部分受共產黨的指使，便於八月一日在南昌暴動。因此武漢方面對共產黨決取斷然處置，並接受馮玉祥的調解，與南京方面合作。而蔣中正則於合作聲中，突然宣布下野。於是寧漢分裂告一段落，而敵人即乘機侵入了。

當蔣中正由山東抽調部隊防禦武漢東征時，張宗昌孫傳芳即隨着由津浦鐵道南攻，佔取徐州蚌埠，並蔓延江北各地。蔣中正下野後，孫傳芳以爲有機可乘，即於八月二十四日起將五師三混成旅的部隊，強行偸渡，佔領高資龍潭棲霞山一帶，希圖襲取南京，恢復江南。南京政府倉皇調兵抵禦，李宗仁坐鎮南京，居中策應，白崇禧何應欽東西夾攻龍潭，經五六日苦戰，至八月三十一日好容易將孫軍完全擊破。這便是所謂龍潭之役，革命軍死傷達一萬餘人，其戰鬬的劇烈，實為北伐出師以來所僅有。

南京因寧漢間的糾紛致北伐軍中輟的時候，閻錫山在山西組織北方國民革命軍，單獨對奉軍奮鬭。閻錫山於革命軍克復南京時，表示服從三民主義，將所部改稱晉綏軍。徐州鄭州克復後，山西省乃開始懸青天白日旗。閻錫山亦於六月六日就職為北方國民革命軍總司令。就職不久，南方即因內部糾紛，無暇兼顧北伐，閻錫山遂落於孤軍奮鬭的地位。但是還想奮力一擊，以求突破危局，便於九月間命商震由北路出京綏鐵道攻張家口，徐永昌由南路出娘子關攻保定，傅作義率領特派隊直攻北京之西。戰事於九月下旬發動，起初頗得手，北路過張家口攻至宣化，南路攻至離保定不遠的望都，終因兵力單薄，一受奉軍重兵壓迫，都不得不退却，而成北路守雁門，南路守娘子關的局面。特派隊因山路行軍困難，至十月中旬方到達目的地，於十月十四日占領涿州。但已在南北兩路受奉軍攻擊之後，乃陷於奉軍重圍之中。而傅作義以輕兵八千苦守此周圍十里的孤城，自十月十四日至次年二月四日，經奉軍五次猛攻，相持一百另一日，方與敵軍立對等條約而讓城，也可算是革命戰爭的一個奇跡了。

北方革命軍對奉單獨奮鬬時，國民聯軍的境遇亦頗艱苦。九月間，河南發生靳雲鶚的叛變，陝西有黃得貴韓有祿的擾亂，幸其力量尚少，都於十月間討平。但受此影響，以致河北豫東被奉軍直魯軍侵入。十月下旬，奉軍攻佔衛輝，直魯軍進迫歸德蘭封，其勢都很兇猛。歸德之戰，敵人以鐵甲車衝鋒，飛機拋擲炸彈，大砲機關猛烈射擊，國民聯軍出全力應付，總算竭蹶支持。至十一月上旬方始突破危險時期，出兵兩路，分攻曹州和徐州。而南京方面亦因西征軍事結束，於十一月中旬由何應欽統兵北上，攻佔蚌埠。雙方協同作戰，軍威大振。十二月十六日，國民聯軍與革命軍乃同時占領曹州與徐州。其時蔣中正亦已由日本歸國復職，聲浪一時頗盛。於是北伐軍事，又轉入積極進行的時期了。

蔣中正下野後，寧漢合作表面雖已成功，而暗潮還很利害。十月二十日，南京方面派李宗仁程潛西征唐生智，又引起一度糾紛。結果促成了國民黨第二屆中央執行委員第四次全體會議的召集；而其預備會議中，即由汪兆銘提議請蔣中正繼續執行國民革命軍總司令職權。蔣中正即於十七年一月四日至南京重組總司令部，九日通電復職。復職後，即着手整理部隊，將何應欽所統的第一路軍編爲第一集團軍，由蔣自兼總司令；將國民聯軍改爲第二集團軍，任馮玉祥爲總司令；將北方革命軍改爲第三集團軍，任閻錫山爲總司令；後來又將李宗仁所統的第三路軍和兩湖原有軍隊編爲第四集團軍，任李宗仁爲總司令。二月中旬，蔣中正至開封，與馮玉祥及閻錫山代表會議北伐大計。會議後，即製定全部作戰計畫，於四月七日開始進攻。

第一集團軍由徐州海州四路進兵攻張宗昌，正面東路都很順利，惟西路被孫傳芳攻佔豐縣，稍受挫折。經第二集團軍派部援豐縣，並猛襲孫傳芳的根據地濟寧，大破孫傳芳軍，張宗昌乃節節敗退。第一集團軍長驅直入，連破滕縣泰安。第二集團軍騎兵進至長淸，威脅濟南，張宗昌孫傳芳的殘部，不得不向北過黄河奔逃。濟南乃於五月一日被第一集團軍佔領。不幸濟南克復，日本派入山東的軍隊即向革命軍尋釁，以致釀成濟南慘案。戰地政務委員會外交處長蔡公時及其屬員十數人無端均被殺害。蔣中正見日軍行動係有意破壞北伐軍事，乃竭力隱忍，令各軍退出濟南，繞道長清等處渡黃河追擊敵兵，與第二集團軍協力攻取德州，而日軍又提出無理的五項要求❷，限期答復。其時交通阻斷，蔣中正接到通牒，派員交涉，已過限期。日軍不待答復，即行轟擊濟南城，破壞黃河鐵橋，炸燬火藥庫，強佔辛莊兵房，掠奪革命軍糧食輜重。留守濟南的革命軍奉命衝出重圍，日軍遂於十日入城，即行大屠殺，將革命軍後方病院中的傷兵七百餘人，全數殺死，民衆被殺的不計其數。日軍如此行動，不但違背國際公法，簡直非人類所應行，革命軍受此影響，北伐進行不免稍受影響。幸而前敵將領力持鎮靜，沒有引起更大的事變。但此種奇恥大辱，為我中華民族生存與獨立的重大傷害，又豈能隱忍到底，不謀積極對付呢？

第一集團軍在津浦鐵道上節節勝利時，第二集團軍的主力，正由鹿鍾麟統率在彰德與奉軍主力苦戰。敵軍的計畫，注意於攻破河南。四月五日，奉軍即由張學良楊宇霆統率猛攻彰德第二集團軍出死力抵拒，激戰甚烈。自九日起，彰德東側觀城濮縣南樂等處，皆起劇烈的戰事。因敵軍兵力較強，三處先後失守。第二集團軍堅守內黃清豐以北，濮縣以西一帶，敵軍一日猛撲數十次，都被擊退。至二十八日，敵勢稍衰。第二集團軍乃於彰德方面全線反攻，戰至五月一日夜，方將敵軍打破，乘勝恢復濮縣觀城，進克大名順德。濟南慘案後，蔣中正將渡過黃河的第一集團軍交馮玉祥指揮，第二集團軍騎兵乃協助第一集團軍於五月十三日占領德州，第三集團軍亦於五月三日起在娘子關方面以七晝夜激戰的結果占領石家莊；並由北路出雁門關向張家口進攻。奉軍勢漸窮蹙，只得以重兵扼守滄州、保定、南口。五月下旬，第三集團軍攻下保定張家口，第二集團軍攻下河間，第一集團軍攻下滄州，第四集團軍亦派隊北上，於是北京天津形勢動搖，張作霖不得不自動撤兵。六月三日，張作霖偕吳俊陞離北京，由京奉鐵道出山海關。次日清晨，在皇姑屯站遇日本人預設的凶猛爆烈物，被炸身死。留守北京辦理善後的張學良楊宇霆得訊，卽指揮奉軍退至灤州，陸續撤往關外。北京天津先後由國民革命軍和平接收，北伐軍事，於是完成。軍閥窟宅的北京，卽經國民政府下令改名北平，直隸省亦改河北省，京漢鐵道、京綏鐵道、京奉鐵道亦改爲平漢鐵道、平綏鐵道、北寧鐵道。

皇姑屯事件發生之後，奉軍將領大感悟，漸起從順國民政府之心。惟張宗昌野性難馴，不肯服從。乃由各集團軍派隊混合組成的右路軍，與奉軍前後夾擊，於九月十二日至二十三日將直魯軍殘部包圍繳械。十二月二十九日，奉軍將領由張學良張作相萬福麟等通電服從國民政府，東三省卽改換青天白日滿地紅的國旗。全國統一，亦告完成。

十七年七月六日，國民革命軍總司令蔣中正各集團軍總司令馮玉祥、閻錫山、李宗仁總指揮朱培德、鹿鍾麟、商震、白崇禧等及參與北伐軍事的軍長數十人各界代表等在北平香山碧雲寺中國國民黨故總理孫中山先生靈前，舉行北伐完成的祭告。祭告典禮行過後，蔣中正邀集各將領討論整理全國軍事辦法，製成整理軍事方案，主張成立編遣委員會，挑選各軍精良部隊，編成六十師；編餘官兵改充憲兵警察保安隊等，並實行兵工政策，開墾邊荒，凡軍隊編制訓練經理調遣等事權，都統一於中央。北伐之目的，不僅在覆滅北洋軍閥，尤在北洋軍閥覆滅之後，永無同樣繼起之人，以繼續反革命之惡勢力。北伐之目的能否貫徹，今後要看軍事整理工作的有無成績了。

❶十五年三月十二日，日本駐旅順的驅逐艦兩艘，得國民軍允許，駛入大沽，臨時發生衝突，日艦向岸上守備軍開砲，國民軍開槍還擊，日艦退去。因此兩國引起交涉，而辛丑和約八國公使又向中國提出最後通牒，外交形勢很嚴重。十八日，

北京民衆團體開國民大會後，赴國務院請拒絕八國通牒，執政府衛隊與羣衆衝突，開鎗射擊，死亡四十餘人，負傷二百餘人。

❷五項要求係：（一）懲辦最高軍事長官，（二）濟南城二十里以內不准革命軍駐紮，（三）辛莊大營房讓日軍駐紮，（四）賠償損失，（五）中國軍隊見日本軍隊時，須解除武裝。以上各項，統限十二小時完滿答復，否則自由行動，不負其咎。

【研究問題】

要完成革命，爲什麼必須有實行主義的革命軍？

怎樣才算是實行主義的革命軍？實行主義的革命軍怎樣造成的？

反奉的軍事變化怎麼說是有利於革命的呢？

郭松齡倒戈反奉，日本爲什麼要出兵滿洲？

吳佩孚爲什麼與張作霖相諒解而共同對付國民軍？

三一八慘案對於當時的局勢有什麼關係？

吳佩孚在兩湖失敗的原因是什麼？

革命軍怎麼對孫傳芳也希望他歸順？

孫傳芳既不願革命勢力發展，爲什麼不積極協助吳佩孚？

孫傳芳在東南失敗的原因是什麼？

國民政府收回漢口九江的英租界對於當時的局勢有什麼影響？

各國派兵至上海，對於中國革命有什麼影響？

孫傳芳怎麼甘心把江南的地盤讓給直魯軍而自己退往江北？

蔣中正爲什麼堅決主張清黨？當時武漢政府爲什麼反對清黨？

共產黨怎麼不能與國民黨合作到底？

龍潭之役，對於革命軍事有什麼關係？

革命軍入山東，日本爲什麼也要出兵山東？

日本爲什麼要造成這樣慘無人道的濟南事件？

蔣中正對於濟南慘案力持鎭靜是否適當？

北伐軍事幾經曲折何以終得完成？

日本人爲什麼要炸斃張作霖？

北伐完成後爲什麼要整理軍事？怎樣才可以使軍事整理有很好的成績？

怎樣才可以使永無繼起的軍閥？

北伐完成是否卽是革命成功？

怎樣才可以算是革命成功？

本册大事年表

民國紀元前	大　　　　　　　　　　　　　　　　事
一八七	清世宗下令嚴禁鴉片。
一三七	白蓮教首劉松被捕發往甘肅充軍。
一三二	英國印度總督派人向西藏班禪喇嘛商議印藏間通商事宜，不得要領。
一一九	白蓮教徒奉爲明朝後裔的王發生被捕。
一一七	湖南貴州之間發生苗亂。
一一六	白蓮教徒蠭起作亂。
一一三	清仁宗命和珅自盡，並抄沒其家財。
一一〇	川楚教匪的大股被討平。
一一〇	阮福映得法國之助，攻殺阮光纘，統一安南。
一〇九	川楚教匪蕭清。
一〇八	清仁宗封阮福映爲越南國王。

年	事
一〇五	李長庚追勦海盜蔡牽中砲陣亡。
一〇二	「艇匪」完全消滅。
〇九九	天理教徒李文成林清造反，不久即被平定。
八八	英國與緬甸開戰，緬甸割地請和。
八七	回匪張格爾作亂。
七六	洪秀全馮雲山在廣西鵬化山中設立祕密機關，開始活動。
七三	林則徐奉命至廣東禁煙。
七二	英國反對中國禁煙，派兵攻中國。
七一	廣州三元里人民樹「平英團」旂幟，反抗英軍。
七〇	英軍攻至南京，清政府派耆英等與英軍媾和訂立南京條約。
六九	中英南京條約在香港換約，並續訂虎門條約。
六八	中美修好條約成立。
	中法修好條約成立。
六六	中國付清英國南京條約訂明的賠款，駐屯定海鼓浪嶼的英軍，完全撤退。

六五	俄皇命木喇福岳福為東部西伯利亞總督，經略遠東。
六四	俄國貝加爾號艦長聶念爾斯克探勘黑龍江口，發見庫頁島係與大陸脫離的大島。
六三	英國香港總督派軍艦入廣東省河，要求領事入城。
	兩廣總督徐廣縉與香港總督文翰重定廣東通商專約。
六二	洪秀全在廣西金田村起事。
	俄國佔領黑龍江口。
六一	洪秀全破永安，自稱天王，建國號曰太平天國頒行奉天討胡檄。
	伊犂將軍奕山與俄國訂約，許俄商在伊犂塔城實行貿易。
	英國再與緬甸開戰，緬甸再割地請和。
六〇	太平軍出廣西入湖南，在途中制定軍制。
	清政府命曾國藩在湖南辦團練。
五九	太平軍由武昌東下，佔領南京，定為天京。
	向榮追太平軍至南京，立江南大營於孝陵衛。
	太平軍圍南昌，曾國藩派所練湘軍去救。

	美國軍艦闖至日本，逼開通商口岸。
五八	湘軍大舉攻太平軍，曾國藩發布討粵匪檄。
	俄國強行由黑龍江運輸軍隊。
五七	太平軍北伐隊被清軍僧格林沁撲滅。
	雲南永昌回匪杜文秀攻佔大理府。
五六	太平軍攻破江南大營，向榮逃至丹陽，病死。
	太平軍內訌，勢力渙散。
	清軍克復武昌由胡林翼坐鎭。
	廣州水師千總搜查亞羅號商船，拔去所掛英國國旂，捕去中國人十三名。
五五	清軍和春張國樑再立江南大營於南京城外。
	英法聯軍攻佔廣州城總督葉名琛被擄。
五四	陳玉成大敗湘軍於安徽三河集。
	英法聯軍北上攻大沽口，脅迫清政府訂立天津條約。
	木喇福岳福脅迫黑龍江將軍奕山訂立愛琿條約。

五一	湘軍曾國荃破安慶。
	中俄訂北京條約，許俄商在喀什噶爾試行貿易。
	英國把西藏附屬國哲孟雄收入勢力範圍。
	俄公使伊格那替業福自居調停之功，索取酬謝，要求割讓烏蘇里河以東的地方。
	清政府與英法聯軍訂立北京條約。
	英法聯軍再來攻，入北京，火燒圓明園。
	捻黨竄入山東，清政府命僧格林沁剿辦。
	太平軍佔常州蘇州松江。
	一
	江南大營再被太平軍攻破，和春張國樑都死。
五二	湘軍擊敗太平軍陳玉成於安徽小池驛。
	法西聯軍攻佔西貢。
	英法二公使乘軍艦至天津換約，強行闖入大沽口，被僧格林沁擊退。
五三	曾國藩胡林翼合力攻安徽。
	法西聯軍攻越南。

	陳玉成被擒殺。
	曾國荃率湘軍直逼南京城下。
五〇	李鴻章帶淮軍至上海。
	陝西發生回亂。
	法西聯軍佔下交趾三州，越南乞和，訂西貢條約。
四九	淮軍得上海西人助力佔領蘇州。
	僧格林沁破捻黨匪巢雉河集，擒斬匪首張洛行。
	練匪苗沛霖被殺。
	雲南總督潘鐸被回民攻殺，雲南大混亂。
四八	曾國荃攻破南京，太平天國滅亡。
	新疆回亂開始。
四七	僧格林沁因追剿捻黨陣亡。
四五	東捻被李鴻章討平。
	回酋杜文秀圍攻雲南省城。

	法國與越南訂立和親條約。
三八	中國與日本因琉球難民被害事件起爭執，結果雙方成立和約，中國放棄琉球。
	日本大使副島種臣至中國換約。
三九	秋畢伊引法國軍隊與劉永福交戰，法軍敗退。
	陝西回亂被左宗棠完全平定。
	法商秋畢伊爲馬如龍運軍械由紅河抵雲南。
四〇	清軍岑毓英破大理府，杜文秀自殺，雲南回亂全平。
	中國與日本締結修好條約。
	琉球難民漂流至台灣，被生番掠殺。
四一	俄國派兵占伊犂。
	日本明治天皇卽位。
	左宗棠同師西安，專力勦回。
四四	西捻被左宗棠李鴻章合力討平。
	東埔寨發生民亂，法軍完全佔領下交趾。

年	事件
三七	清政府命左宗棠督辦新疆軍務。
	日本軍艦至江華島與朝鮮發生衝突，結果雙方成立江華條約。
三六	雲南土人戕害英國公使館書記官瑪加理，英公使脅迫清政府訂立芝罘條約。
三五	左宗棠平定天山北路。
三四	左宗棠平定天山南路，新疆回亂全平。
三三	日本廢琉球藩，改爲冲繩縣。
三二	法國派兵入越南，越南人大起反感。
三一	中俄成立還付伊犂條約。
三〇	朝鮮漢城發生變亂，中國日本各出兵。
二九	法軍攻劉永福主將黎威爾陣亡。
	法軍攻順化府，越南乞和，訂順化條約，自認受法國保護。
二八	中法因越南事件開戰，法軍攻福州，中國南洋海軍被攻沒，船政局被毀。
	朝鮮因甲申之亂，與日本結漢城條約。
	緬甸與法國訂約，割湄公河以東的地方。

	馮子材大破法軍於諒山，岑毓英大破法軍於臨洮，法國向中國請和，與清政府訂立媾和條約。中國承
	認越南爲法國保護國。
	英國借端攻滅緬甸，緬甸王被擄。
	中日爲朝鮮問題在天津立約。
二六	中法訂立越南邊境陸路通商細則。
	中英訂立緬甸條約。
二五	中法訂中越界務專約和商務續約。
二三	中英訂立藏印條約，認哲孟雄歸英國保護。
一九	中英訂立藏印續約，開亞東爲商埠、
一八	朝鮮因東學黨作亂，向中國求救，中國派兵往朝鮮，遂與日本開戰。
	中英成立滇緬境界及通商條約。
	孫中山先生創立興中會。
一七	中日戰爭，中國海陸軍大敗，向日本請和訂立馬關條約。
	中法訂立中越境界及通商續議專條。

	孫中山先生在廣州起事不成，逃亡海外。
	康有爲等公車上書。
一六	李鴻章往俄國賀俄皇加冕，卽與俄國訂立密約。
	孫中山先生在倫敦被中國使館誘捕，得救釋放。
	英法協約認暹羅爲獨立國，暹羅從此與中國脫離關係。
	朝鮮改稱韓國。
一五	中英修正滇緬境界及通商條約。
	山東曹州發生戕害德教士事件，德國派兵占膠州灣。
一四	德國脅迫中國訂立膠澳租借條約。
	俄國脅迫中國訂立旅順大連租借條約。
	英國脅迫中國訂立威海衛租借條約。
	日本要求福建省不租借割讓給他國。
	清德宗下詔宣布維新，發生戊戌政變。
	孫中山先生確定三民主義。

一三	法國脅迫中國訂立廣州灣租借條約。
	英國脅迫中國訂立九龍租借條約。
	美國發「開放中國門戶」宣言。
	孝欽后立溥儁爲大阿哥。
一二	義和團在京津大鬧，八國聯軍入北京。
	俄國出兵占東三省。
	保皇會會員唐才常在漢口謀起事，被捕殺。
	興中會會員鄭士良在惠州起事不成。
	史堅如謀炸兩廣總督德壽，炸發不中，被捕殺。
一一	清政府派李鴻章奕劻與各國公使訂辛丑和約，
一〇	英日同盟成立。
	俄公使與清政府立東三省撤兵條約。
九	光復會辦蘇報宣傳革命。
	日本向俄國提「滿韓交換」的協商。

年	事件
八	日俄，「滿韓交換」的協商決裂，雙方開戰，中國宣告局外中立。
	英國由印度派兵攻入拉薩，與西藏訂拉薩條約。
	興華會謀在長沙起事，不成，會黨首領馬福益被捕殺，黃興宋教仁逃亡日本。
七	日俄戰事俄國陸海軍皆敗，經美國調停，雙方各派代表在美國朴資茅斯議立媾和條約。
	日本與中國訂立滿洲善後條約。
	清政府派五大臣出洋考察政治，出發時有革命黨人吳樾在北京行刺未成。
	興中會華興會光復會在日本東京合組革命同盟會。
六	出洋考察政治的五大臣回國，清政府宣布預備立憲。
	黃興組革命軍在瀏陽萍鄉起事，都被清軍擊潰。
	日本應清政府要求，驅逐孫中山先生出境。
	中英再訂藏印續約，以拉薩條約為附約。
五	革命黨人在潮州、惠州、欽廉、鎮南關等處起事，都遭失敗。
	徐錫麟在安慶刺殺巡撫恩銘，被捕剖心而死。
	清政府規定預備立憲的期限為九年。

月	事件
	清政府罷免袁世凱。
	中日訂立新奉吉會兩鐵道借款契約。
四	革命黨人在雲南河口起事又失敗。
	熊成基在哈爾濱謀刺載濤未成，被捕殺。
	中日協定中日合同材木公司章程。
	中日訂立新奉吉會兩鐵道借款續約。
三	中日成立間島協約及滿洲五案協約。
	各省諮議局成立。
	美國提議滿洲鐵道中立，因日俄反對，結果失敗。
二	革命黨人運動新軍在廣州起事，被擊潰。
	汪兆銘謀刺攝政王未成，被捕永遠監禁。
	清政府將預備立憲期限縮減爲三年。
	俄國突然向清政府提出關於蒙古的要求，六項，脅迫承認。
	趙爾豐派兵攻入拉薩。

一	黃興等在廣州起事，慘遭失敗，殉難烈士七十二人叢葬於黃花崗。
	溫生財刺殺廣州將軍孚琦。
	陳敬岳刺李準，李準受傷，陳敬岳被捕殺。
	清政府借日款一千萬元爲鐵道公債。
	李開始炸殺鳳山。
	清政府與英、美、德、法四國銀行成立改革幣制和滿洲興業借款一千萬鎊，只付了墊款四十萬鎊。
	清政府與四國銀行成立粵漢川漢鐵道借款六百萬鎊，因戰事發生未交款。
	清政府宣布鐵道國有政策，四川湖北人民大起反對。
	十月十日，革命黨人在武昌起事，各省紛紛響應。
	清政府爲應付革命軍，起用袁世凱。
	清政府命袁世凱與民軍議和。
	蒙古宣布獨立。
民國元年	孫中山先生被舉爲臨時總統，於元旦就職。
	袁世凱與民軍議定優待條件，脅迫清帝退位。

年份	大事
	孫中山先生辭職，袁世凱被舉爲臨時總統。
	北京政府請四國銀行墊款三百萬，開始大借款交涉。
	北京政府向比國銀行借款一百二十五萬鎊。
	北京政府祕密向英國克利斯浦公司借款一千萬鎊。
	俄國與蒙古直接訂立協約和商務專條。
	中國與俄國爲蒙古問題成立條約五欵。
	西藏獨立。
民國二年	國民黨要人宋教仁在上海車站被刺。
	北京政府與英、法、德、俄、日五國銀行成立一九一三年善後五厘金幣借款二千五百萬鎊。
	黃興李烈鈞等組織討袁軍起二次革命，被袁世凱派兵討平。
	袁世凱被選爲正式大總統。
民國三年	中英藏在西摩拉議成草約。
	歐洲大戰開戰，中國宣告中立。
	日本破壞中國的中立，奪取德國的膠州灣租借地，並佔據膠濟鐵道全線。

年代	事件
	袁世凱下令停止國會議員職務。
	袁世凱修改約法。
民國四年	中俄蒙協約成立。
	中俄訂立呼倫貝爾條約。
	袁世凱爲西藏問題向英公使提出最後讓步案四款。
	日本提出二十一條要求，脅迫中國承認。
	楊度等發起籌安會陰謀擁戴袁世凱爲皇帝。
	蔡鍔等在雲南起兵，反對帝制。
民國五年	袁世凱自行撤消帝制，不久病死。
	黎元洪繼任爲大總統，恢復臨時約法，召集國會。
民國六年	藏兵乘四川內戰，攻入川邊。
	德國向全世界各國宣布採用潛水艇無限制攻擊政策，中國對德由抗議而絕交，而宣戰。
	黎元洪與段祺瑞因參戰問題發生衝突。
	張勳擁清帝復辟，被段祺瑞起兵討平。

	黎元洪辭職，馮國璋代理總統。
民國七年	蘇俄與德奧單獨媾和，日本勾引中國共同出兵西伯利亞，與北京政府訂立軍事協定。
	歐戰將終止，日本嗾使北京公使團對中國提出參戰不力的覺書。
	歐洲大戰終止。
	安福國會選舉徐世昌爲總統。
民國八年	外蒙古活佛王公請願取消自治，呼倫貝爾亦請取消特別區域。
	英公使爲西藏問題提出調停辦法。
	北京政府公布西藏問題對英交涉經過，大受輿論反對。
	各國開和平會議於法國凡爾賽，中國抗爭山東問題，竟遭失敗。
民國九年	直皖戰爭，直勝皖敗。
民國十年	外蒙古活佛被俄黨刼去，俄國舊黨占庫倫。
	北京政府與日本政府交換取消軍事協定的照會。
民國十一年	山東問題經英美居中調停解決，成立中日魯案條約。
	奉直戰爭，直勝奉敗。

	直系軍人排除徐世昌，迎黎元洪復職，恢復國會。
民國十二年	中國接收青島和膠濟鐵道。
	直系軍人排除黎元洪。
	國會賄選曹錕爲大總統。
民國十三年	中國國民黨改組並創立黃埔陸軍軍官學校。
	江浙戰爭，盧永祥逃。
	馮玉祥倒戈，逐曹錕吳佩孚，組織國民軍。
	國民黨主張召集國民會議。
民國十四年	孫中山先生在北京逝世。
	革命軍第一次東征勝利。
	上海發生五卅慘案，漢口慘案和廣州沙基慘案相繼發生。
	革命軍撲滅楊希閔劉震寰的叛變。
	廣東省港大罷工，廣州政府盡力援助。
	國民政府成立。

年份	大事
	革命軍第二次東征勝利。
	吳佩孚在反奉潮流中再起。
	郭松齡倒戈反奉，組織東北國民軍。
	日本出兵滿洲。
民國十五年	吳佩孚與張作霖諒解合力攻國民軍，馮玉祥通電下野。
	革命軍肅清南路。
	國民政府統一兩廣。
	北京發生三一八慘案。
	國民軍退至南口，吳張合力進攻，乃退西北極邊。
	國民政府特任蔣中正爲國民革命軍總司令，出兵北伐。
	國民革命軍克復兩湖及江西福建。
	馮玉祥回國就國民聯軍總司令於五原。
民國十六年	國民革命軍發展至長江下游。
	漢口發生一三慘案，國民政府收回漢口九江英租界。

國民黨內部因清黨問題分爲寗漢兩派。

武漢方面的國民革命軍與馮玉祥的國民聯軍，會師鄭州，

寗漢合作，蔣中正宣布下野。

孫傳芳偷渡長江，與國民革命軍大戰於龍潭，被擊潰。

閻錫山在山西組織北方國民革命軍。

國民黨內部因西征問題又起糾紛。唐生智爲李宗仁程潛所敗。

民國十七年

蔣中正復職。

國民革命軍攻克濟南時因日本出兵山東，發生濟南慘案。

奉軍退出北京天津，國民革命軍北伐完成。

張作霖由北京乘車回奉天在皇姑屯遇炸斃命。

國民革命軍各將領祭告孫中山先生。

東三省歸服國民政府，全國統一。

中國史話

四册

此書有著作權翻印必究

中華民國二十年九月初版

每部定價大洋貳元肆角

外埠酌加運費匯費

編纂者　韋休

校訂者　朱中翰

發行人　王雲五　上海寶山路五〇一號

印刷所　商務印書館　上海寶山路

發行所　商務印書館　上海及各埠

SOME INTERESTING TOPICS OF THE CHINESE HISTORY

BY WEI HSIU

EDITED BY CHU CHUNG HAN

PUBLISHED BY Y. W. WONG

1st ed., Sept., 1931

Price: $2.40, postage extra

THE COMMERCIAL PRESS, LTD., SHANGHAI